Recursos Terapêuticos em Fisioterapia

Recursos Terapêuticos em Fisioterapia

Quarta edição

Chad Starkey, PhD, AT, FNATA
Professor
Coordinator, Division of Athletic Training
Ohio University
Athens, Ohio

Título original em inglês: *Therapeutic Modalities, 4th edition*
Copyright © 2013, 2004 F. A. Davis Company. Todos os direitos reservados.

Esta obra contempla as regras do Acordo Ortográfico da Língua Portuguesa.

Editor-gestor: Walter Luiz Coutinho
Editora de traduções: Denise Yumi Chinem
Produção editorial: Priscila Pereira Mota Hidaka

Tradução: Lilia Breternitz Ribeiro (caps. 1-7 e glossário)
Mestre em Fisiologia Humana pelo Instituto de Ciências Biomédicas da Universidade de São Paulo (USP)
Graduada em Fisioterapia pela Universidade de São Paulo (USP)

Ronaldo Luís da Silva (caps. 8-19 e apêndices)
Professor de Fisiologia no Centro Universitário São Camilo de São Paulo
Mestre em Ciências da Reabilitação pela Universidade de São Paulo (USP)
Graduado em Fisioterapia pela Universidade de São Paulo (USP)

Revisão: Depto. editorial da Editora Manole
Diagramação: Luargraf Serviços Gráficos
Capa: estúdio suburbano | Fabio Oliveira

Dados Internacionais de Catalogação na Publicação (CIP)
(Câmara Brasileira do Livro, SP, Brasil)

Starkey, Chad
Recursos terapêuticos em fisioterapia / Chad Starkey ; [tradução Lilia Breternitz Ribeiro
e Ronaldo Luís da Silva]. – 4. ed. – Barueri, SP : Manole, 2017.

Título original: Therapeutic modalities.
ISBN 978-85-204-4084-1

1. Atletas - Reabilitação 2. Medicina esportiva 3. Traumatismos em atletas - Tratamento
4. Treinadores de atletas I. Título.

| | CDD-617.1027 |
| 16-06622 | NLM-QT 260 |

Índices para catálogo sistemático:
1. Medicina esportiva : Ciências médicas   617.1027

Nenhuma parte deste livro poderá ser reproduzida, por qualquer processo, sem a permissão expressa dos editores.
É proibida a reprodução por xerox.
A Editora Manole é filiada à ABDR – Associação Brasileira de Direitos Reprográficos.

Edição brasileira – 2017

Direitos em língua portuguesa adquiridos pela:
Editora Manole Ltda.
Avenida Ceci, 672 – Tamboré
06460-120 – Barueri – SP – Brasil
Tel.: (11) 4196-6000 – Fax: (11) 4196-6021
www.manole.com.br
info@manole.com.br

Impresso no Brasil
Printed in Brazil

Nota: Os autores e os editores tomaram o cuidado de assegurar que as informações e recomendações técnicas contidas nesta obra fossem baseadas em pesquisas e consultas a especialistas. Esses dados são acurados e compatíveis com os padrões geralmente aceitos no momento da publicação. No entanto, conforme novas informações vão sendo disponibilizadas, surge a necessidade de modificação das práticas clínica e técnica. É recomendável que o leitor consulte atentamente as instruções dos fabricantes e o material informativo referente a todos os suprimentos e equipamentos antes de usá-los, e que também consulte um profissional da área médica sempre que necessário. Esta recomendação é especialmente relevante quando novos suprimentos ou equipamentos são usados para fins clínicos. Os autores e os editores não assumem nenhuma responsabilidade em relação a qualquer tipo de encargos, perda, lesão ou danos decorrentes, direta ou indiretamente, do uso e aplicação do conteúdo deste livro.

Dedicatória para a quarta edição

Give me strength or give me mercy
Don't let me lose heart
From rage to anaesthesia
*Twenty percent amnesia**

Dedicatória para a terceira edição

Though I look right at home
*I still feel like an exile**

Dedicatória para a segunda edição

I'm just about glad that I knew you once and it was more than just a passing acquaintance
I'm just about glad that it was a memory that doesn't need constant maintenance
There are a few things that I regret
But nothing that I need to forget
For all of the courage that you never had
I'm just about glad
Once again, these words mean so much more than they might
*And so the cycle continues**

Dedicatória para a primeira edição

A statement of resiliency more than despair
I never wanted to hear that song you dedicated tonight
Because, you see, I heard that song so long before we met
That it means so much more than it might

---

* N.E.: Trechos das músicas *20% Amnesia*, *New Amsterdam* e *Just about Glad*, respectivamente, de Elvis Costello.

Prefácio à quarta edição

Nesta quarta edição, no vigésimo ano de sua publicação, *Recursos terapêuticos em fisioterapia* apresenta uma evolução que reflete o estado atual dos princípios de atendimento em saúde, especificamente em sua ênfase nos recursos terapêuticos usados primariamente como adjuntos aos exercícios ativos. Além dessas mudanças, há exclusões e adições de equipamentos descritos. Como nas edições anteriores, o livro está organizado em cinco partes.

Os dois primeiros capítulos da Parte 1 descrevem a resposta do corpo à lesão: a resposta à lesão e à dor, de modo a fornecer o contexto para o uso dos recursos terapêuticos apresentados nas partes subsequentes e a base para o desenvolvimento e aplicação das estratégias de intervenção (Capítulo 3) e para as considerações administrativas (Capítulo 4) pertinentes ao uso desses equipamentos. O Capítulo 3, escrito por Sara Brown, foi atualizado para incluir as partes sobre a Classificação de funcionalidade, incapacidade e saúde da Organização Mundial da Saúde; o desenvolvimento de questões clínicas e objetivos relacionados ao paciente; e a tentativa de incorporar evidências científicas ao atendimento do paciente.

A Parte 2 consiste em dois capítulos. O Capítulo 5 aborda os efeitos fisiológicos da aplicação de frio e calor superficial. As aplicações clínicas dessas técnicas estão descritas no Capítulo 6. Os efeitos biofísicos e a aplicação clínica de agentes de aquecimento profundo, ultrassom terapêutico e diatermia por ondas curtas estão apresentados na Parte 3.

A estimulação elétrica é abordada na Parte 4. Os princípios básicos da eletricidade e das correntes elétricas terapêuticas estão apresentados no Capítulo 11, seguidos pelos efeitos biofísicos e as metas da estimulação elétrica abordados no Capítulo 12. O Capítulo 13 descreve como administrar correntes elétricas ao corpo tendo como base os parâmetros das correntes.

Vários agentes mecânicos estão descritos em capítulos individuais da Parte 5: compressão intermitente (14), movimento passivo contínuo (15), trações cervical e lombar (16), massagem terapêutica (17), *biofeedback* eletromiográfico (18) e laserterapia de baixa intensidade (19). Algumas técnicas terapêuticas antigas, como as lâmpadas de infravermelho e ultravioleta, foram removidas. Várias técnicas que não demonstram eficácia fisiológica ou clínica estão ainda incluídas, porém com a explicação teórica para o fato de tais equipamentos de tratamento poderem ser ineficazes.

Esta edição mantém sua tradição de incorporar as pesquisas atuais (evidências científicas) na discussão e nas limitações dos efeitos de equipamentos terapêuticos. Nos casos relevantes, os capítulos incluem uma discussão geral das evidências que apoiam ou refutam os efeitos de um equipamento. Como foi observado no Capítulo 3, a revisão e aplicação de evidências científicas às intervenções terapêuticas não é algo tão simples como no caso das técnicas de diagnóstico. Minha esperança é que a informação apresentada aqui ajude os estudantes e profissionais clínicos a tomarem decisões conscientes. Do mesmo modo, tento instilar no leitor a responsabilidade pessoal para que permaneça atualizado sobre as pesquisas científicas.

Esta edição traz a maioria das características da edição anterior, como os quadros *Em foco*, *Estratégias de tratamento*, *Evidência prática* e *Técnicas clínicas*. O exame de lesões ortopédicas e atléticas foi adaptado para uso com recursos terapêuticos. Esses pequenos traços de evidências científicas são úteis, voltados para a clínica e, espero, facilitarão a compreensão e aplicação pelos estudantes. Os esquemas dos efeitos que cada tipo de recurso terapêutico tem sobre a fisiologia e resposta de cicatrização devem ajudar a remover parte do mistério de como a energia afeta a cicatrização.

Como sempre, o leitor é encorajado a enviar seu *feedback*. Estou disponível para responder perguntas ou ajudar a esclarecer qualquer informação do livro para professores e estudantes (mas não farei a lição de casa para você!). Sinta-se livre para me contatar [em inglês] no seguinte e-mail: scalenes@gmail.com.

Prefácio da primeira edição

Este é um livro elaborado para preencher a lacuna entre o conhecimento básico dos estudantes de graduação e treinadores esportivos, e as informações apresentadas nos livros existentes no mercado sobre recursos terapêuticos. A abrangência e o conteúdo deste livro foram escritos de modo a contemplar uma grande variedade de estudantes de contextos educacionais variados. A apresentação desses recursos terapêuticos tem uma forte inclinação para a prática, porém não em detrimento da teoria e da pesquisa científica. As técnicas de aplicação tradicionais são apoiadas ou refutadas com base na literatura atual.

O objetivo foi escrever este livro para os estudantes de modo a facilitar sua compreensão do material. A informação é apresentada de maneira sequencial. Cada capítulo começa com informações básicas e progride para níveis mais avançados. Termos importantes estão destacados em negrito ao longo do texto, e o livro também inclui um glossário completo. No final dos capítulos há um questionário para avaliar o aprendizado do leitor.

O ponto essencial desta obra é o Capítulo 1, que apresenta a resposta fisiológica e psicológica do corpo ao trauma. Cada capítulo subsequente relaciona como cada recurso terapêutico afeta o processo de resposta à lesão. O Capítulo 2 discute conceitos básicos de física envolvidos na transferência de energia.

Recursos terapêuticos específicos estão classificados pelo modo como emitem sua energia para o corpo. O Capítulo 3 apresenta agentes térmicos e diatermias. O Capítulo 4 abrange os princípios, efeitos e a aplicação da eletricidade. O Capítulo 5 trata dos agentes mecânicos. Cada recurso terapêutico recebe uma seção introdutória como prefácio, que é seguida pelos efeitos específicos que a energia exerce sobre o processo de resposta à lesão. A unidade então progride para a instrumentação, regulagem e aplicação dos recursos terapêuticos e conclui com as indicações, contraindicações e precauções de uso.

O Capítulo 6 introduz a tomada de decisão clínica por meio da abordagem de solução de problemas e é suplementado com estudos de caso. O último capítulo aborda questões de organização e administração no uso dos recursos terapêuticos em fisioterapia.

Colaboradores

Sara D. Brown, MS, ATC
Clinical Associate Professor
Boston University
Boston, Massachusetts

Kerry Gordon, MS, ATC, CSCS
Las Vegas, Nevada

Brian G. Ragan, PhD, AT
Assistant Professor
School of Applied Health Sciences and Wellness
Division of Athletic Training
Ohio University
Athens, Ohio

Revisores

Amanda A. Benson, PhD, ATC
Department Chair, Program Director
Athletic Training
Troy University
Troy, Alabama

Steve Cernohous, EdD, ATC, LAT
Assistant Professor, Clinical Coordinator
Physical Therapy & Athletic Training
Northern Arizona University
Flagstaff, Arizona

Shawn D. Felton, MEd, ATC, LAT
Athletic Training Clinical Education
Coordinator/Instructor
Physical Therapy & Human Performance
Florida Gulf Coast University
Fort Myers, Florida

Joseph A. Gallo, DSc, ATC, PT
Director, Associate Professor
Sport & Movement Science Department
Salem State University
Salem, Massachusetts

Peter M. Koehneke, MS, ATC
Professor, Director
Sports Medicine, Health & Human
Performance
Canisius College
Buffalo, New York

Michele D. Pruett, MS, ATC
Clinical Coordinator
College of Physical Activity & Sport Sciences
West Virginia University
Morgantown, West Virginia

Jennifer Volberding, MS, ATC
Instructor
Health, Sport & Exercise Science
University of Kansas
Lawrence, Kansas

Scot A. Ward, MS, ATC
Coordinator of Clinical Education
Physical Education
Keene State College
Keene, New Hampshire

Delaine Young, ATC, LAT
Associate Professor, Assistant Athletic Trainer
Health & Fitness Sciences
Lindenwood University
St. Charles, Missouri

Agradecimentos

Os agradecimentos da terceira edição concluíram com a pergunta: haverá uma quarta edição? O suspense acabou. Esta edição é resultado de incontáveis horas de trabalho de muitas pessoas. Agradeço à equipe da F. A. Davis: Quincy McDonald (editor sênior de aquisições), Richard Morel (editor de desenvolvimento), George Lang (gerente de desenvolvimento), Stephanie Rukowicz (editora associada de desenvolvimen-

to) e Julia Carp (gerente de marketing). Este livro não teria sido possível sem o apoio e sugestões desses profissionais.

Agradecimentos adicionais a Kerry Gordon, Brian Ragan e Sara D. Brown por suas contribuições. Eles trabalharam incansavelmente para ajudar a melhorar a qualidade das informações apresentadas nesta obra. E certamente alcançaram o objetivo.

Sumário

Parte 1
Resposta à lesão e planejamento do tratamento 1

Capítulo 1
O processo de resposta à lesão 3

Estresses aplicados aos tecidos 3
Síndrome de adaptação geral 4
Relação entre estresse físico e trauma 4
Estresse físico e sua relação com o tratamento 5

Tipos de tecidos moles do corpo 6
Tecidos epiteliais 6
Tecido adiposo 6
Músculo 6
Tecido nervoso 8
Tecido conjuntivo 12

O processo de lesão 13
Resposta inflamatória aguda 14
Fase de proliferação 18
Fase de maturação 21
Outras consequências possíveis da lesão 21

Inflamação crônica 31

Capítulo 2
Fisiologia e psicologia da dor 32

Dimensões da percepção da dor 33
Limiar de dor e tolerância à dor 33
Influências na percepção da dor 33

O sistema somatossensorial 34
Receptores sensoriais especializados 34
Hiperalgesia 34
Neurônios de primeira ordem 36
Neurônios de segunda ordem 38
Centros superiores 39

Teoria do controle da dor 39
Teoria da comporta para controle da dor de Melzak e Wall 40
Opiáceos endógenos 41
Modulação central 41

Síndromes dolorosas comuns 42
Dor crônica 42
Dor referida 43
Raízes de nervos periféricos e medula espinal 45
Síndrome da dor miofascial 45
Síndrome da dor simpaticamente mantida 45

Controle clínico da dor 46
Recursos terapêuticos 46
Medicamentos 47

Avaliação da dor 47
Autorrelato da dor do paciente 48
Escalas de dor PROMIS 51
Sensibilidade das escalas de dor 52

Capítulo 3
Desenvolvimento e aplicação das estratégias de intervenção 54

Classificação internacional de função 55

XVIII   Sumário

Resultados da intervenção   55
Medida dos resultados   56

Incorporação das evidências científicas à
tomada de decisão   56
Elaboração de questões clínicas   57
Encontrando as evidências   57
A abordagem de solução de problemas   58

Exame do paciente   61
Histórico médico   61
Identificação do problema   64
Priorização dos problemas   67
Estabelecimento de metas   68

Influências no atendimento do paciente   75

Capítulo 4
Considerações administrativas   78

Considerações legais no atendimento do
paciente   78
Âmbito de prática   78
Prescrições médicas   79
Consentimento informado   79
Confidencialidade do paciente   79
Negligência   80
Supervisão da Food and Drug Administration
(FDA)   83
Regulamentações de segurança ocupacional e
administração da saúde   84

Documentação médica   84
Continuidade do atendimento   84
Tratamento oferecido e progresso do paciente   84
Registro legal   85
Documentação para reembolso   85

Reembolso por terceiros   86
Códigos de cobrança de procedimentos   86

Prática baseada em evidências   87

Locais de atendimento   87
Sistemas elétricos   87
Área de tratamento   87
Área de hidroterapia   88

Manutenção dos produtos   89
Manual de políticas e procedimentos   90

Revisão da Parte I   91

Referências bibliográficas   98

Parte 2
Uso de frio e de calor superficial como agentes terapêuticos   103

Capítulo 5
Recursos terapêuticos térmicos   105

Recursos terapêuticos frios   109
Magnitude e duração da diminuição
na temperatura   110
Padrões de temperatura terapêutica   113
Sensações associadas à aplicação de frio   114

O processo de resposta à lesão   114
Resposta celular   114
Inflamação   115
Dinâmica do sangue e dos líquidos corporais   115
Formação e redução do edema   116
Condução nervosa   116
Espasmo muscular   119
Função muscular   120

Efeitos do tratamento imediato   120

Criocinética   121

Lesão relacionada ao frio   121
Neuropatia induzida pelo frio   122
Geladura   122
Contraindicações e precauções no uso
de recursos terapêuticos frios   122

Visão geral das evidências científicas   124

Recursos terapêuticos quentes   124

Magnitude e duração do aumento
de temperatura   126
Reaquecimento do tecido   127
Padrões de temperatura terapêutica   127

O processo de resposta à lesão   127
Resposta celular   128
Efeito na inflamação   128
Dinâmica do sangue e dos líquidos corpóreos   128
Formação e redução do edema   129
Condução nervosa   129

Espasmo e função muscular   129

Elasticidade dos tecidos   130

Exercício como agente de aquecimento   130

Contraindicações e precauções para a aplicação de calor   130

Visão geral das evidências   130

Contraste e comparação da aplicação de calor e de frio   131
Uso de calor *versus* Uso de frio   132

Capítulo 6
Aplicação clínica dos recursos terapêuticos térmicos   133

Compressas frias   133
Bolsas de gelo   134
Bolsas frias reutilizáveis   134
Terapia de compressão a frio   135
Bolsas frias instantâneas   135

O processo de resposta à lesão   135
Preparo e aplicação   137
Duração do tratamento   139

Massagem com gelo   139
O ciclo de resposta à lesão   140
Preparo e aplicação   140

Imersão com gelo   140
O processo de resposta à lesão   141
Preparo e aplicação   142

Crioalongamento   144
O processo de resposta à lesão   144
Preparo e aplicação   144

Turbilhões   145
Efeitos físicos da imersão na água   146
O processo de resposta à lesão   147
Tanques de Hubbard   148
Preparo e aplicação   148

Compressas úmidas quentes   151
O processo de resposta à lesão   152
Preparo e aplicação   152
Manutenção   152

Banho de parafina   154
O processo de resposta à lesão   155
Preparo e aplicação   155

Fluidoterapia   157
O processo de resposta à lesão   157
Instrumentação   158
Preparo e aplicação   158
Manutenção   158

Terapia de contraste   159
O processo de resposta à lesão   160
Preparo e aplicação   160

Fim da Parte 2   162
Referências bibliográficas   164

Parte 3
Agentes produtores de aquecimento profundo   169

Capítulo 7
Ultrassom terapêutico   171

Produção de ultrassom   171

Transmissão de ondas ultrassônicas   171
Ondas longitudinais   173
Ondas transversais (cisalhamento)   174

Energia ultrassônica   174
Área de radiação efetiva   176
Frequência   176
Potência e intensidade   177
Não uniformidade do feixe de ultrassom   178
Profundidade de meio valor   178
Ciclo de trabalho   178

Transferência de ultrassom pelos tecidos   180

Biofísicos da aplicação de ultrassom   180

O processo de resposta à lesão   185
Resposta celular   185
Inflamação   185
Dinâmica do sangue e dos fluidos corporais   185
Condução nervosa e controle da dor   185
Espasmo muscular   186
Elasticidade dos tecidos   186
Cicatrização de músculo e tendão   186
Cicatrização de feridas   186

Cicatrização de fraturas   187

Fonoforese   188

Contraindicações para o uso do ultrassom terapêutico   190

Visão geral das evidências científicas   191

XX   Sumário

Capítulo 8

Aplicação clínica do ultrassom terapêutico   193

Área tecidual de tratamento   193

Métodos de acoplamento   193
Acoplamento direto   194
Método do balão   196
Técnica de imersão   196

Seleção dos parâmetros de saída   197
Frequência de saída   197
Ciclo de trabalho   197
Intensidade de saída   198
Duração do tratamento   199
Tratamentos orientados pela dosagem   199

Ultrassom e estimulação elétrica   199

Configuração e aplicação
de ultrassom terapêutico   200
Instrumentação   200
Preparação do paciente   202
Início do tratamento   203
Aplicação de fonoforese   203
Término do tratamento   203

Manutenção   204
Manutenção diária   204
Manutenção mensal   204

Capítulo 9

Diatermia por ondas curtas   205

Geração de diatermia por ondas curtas   205
Diatermia por campo de indução   206
Diatermia por campo capacitivo   207

Modos de aplicação   208

Biofísicos da aplicação de diatermia por ondas
curtas   209
Efeitos não térmicos   209
Efeitos térmicos   210

O processo de resposta à lesão   211
Inflamação   211
Condução nervosa e controle da dor   211
Dinâmica do sangue e dos fluidos   211
Elasticidade tecidual   212
Cicatrização de feridas   212

Contraindicações e precauções para diatermia
por ondas curtas   212
Visão geral da evidência   213

Capítulo 10

Aplicação clínica da diatermia por ondas curtas   214

Dosagens de tratamento   214

Configuração e aplicação de diatermia por
ondas curtas   214
Instrumentação   215
Inspeção do aparelho de ondas curtas   216
Preparação do paciente   216
Ajuste paciente/gerador   220
Aplicação (configuração geral)   220
Manutenção   221

Referências bibliográficas   224

Parte 4
Estimulação elétrica   229

Capítulo 11

Princípios da estimulação elétrica   231

Correntes de estimulação elétrica   231
Correntes contínuas   233
Correntes alternadas   233
Correntes pulsadas   234
Atributos de pulso   237

Medidas de fluxo de corrente
elétrica   240
Carga elétrica   240
Impedância   242
Potência   242

Tipos de circuito   243
Circuito em série   244
Circuito paralelo   244

Características de geradores
elétricos   244
Atributos da corrente   244

Capítulo 12

Técnicas de estimulação elétrica 246

O circuito corporal 246
  Conectores de eletrodos 248
  Eletrodos 248
  Colocação do eletrodo 251
  Movimento de correntes elétricas através do corpo 254
  Estimulação seletiva de nervos 255
  Interferência nos sistemas nervosos central e periférico 256

Estimulação elétrica clínica 258
  Estimulação de nível motor 258
  Reeducação neuromuscular 262
  Controle da dor 263
  Corrente sanguínea 263
  Cicatrização de feridas 264
  Controle e redução do edema 264
  Consolidação de fratura 266

Contraindicações e precauções 266

Visão geral da evidência 268

Capítulo 13

Aplicação clínica de agentes elétricos 269

Diretrizes básicas para a configuração e aplicação de eletroterapia 269
  Preparação do gerador 270
  Preparação dos eletrodos 270
  Preparação do paciente 271
  Término do tratamento 271
  Manutenção 271

Corrente pulsada de alta voltagem (corrente monofásica) 272
  Configuração dos eletrodos 273

O processo de resposta à lesão 273
  Configuração e aplicação 278
  Métodos alternativos de aplicação 278

Estimulação elétrica nervosa transcutânea (corrente bifásica balanceada) 279

O processo de resposta à lesão 279
  Aplicação do eletrodo 283

  Instrumentação 283
  Configuração e aplicação 283
  Formas alternativas de aplicação 285

Estimulação elétrica neuromuscular (corrente [premodulada] monofásica, bifásica ou alternada) 285

O processo de resposta à lesão 287
  Instrumentação 288
  Configuração e aplicação 288

Estimulação interferencial (correntes alternadas) 289

O processo de resposta à lesão 289
  Aplicação do eletrodo 292
  Instrumentação 294
  Configuração e aplicação 294

Iontoforese (corrente direta) 295
  Mecanismos de iontoforese 295
  Dosagem de medicamento 297
  Medicamentos 297

Biofísicos de iontoforese 298
  Aplicação do eletrodo 298
  Instrumentação 299
  Configuração e aplicação 299

Estimulação elétrica por microcorrente (correntes variadas) 300

Biofísicos de terapia elétrica por microcorrente 301
  Aplicação do eletrodo 302
  Instrumentação 302

Configuração e aplicação 303

Resumo da Parte 4 304

Referências bibliográficas 306

Parte 5

Modalidades mecânicas e luminosas 313

Capítulo 14

Compressão intermitente 315

O processo de resposta à lesão 316
  Edema 317

XXII Sumário

Corrente sanguínea 317
Amplitude de movimento 317
Dor 318

Contraindicações e precauções 318

Visão geral da evidência 320

Aplicação clínica da compressão
intermitente 320
Instrumentação 320
Configuração e aplicação 320
Manutenção 322

Capítulo 15
Movimento passivo contínuo 323

O processo de resposta à lesão 323
Amplitude de movimento 325
Nutrição articular 326
Redução de edema 326
Redução da dor 326
Cicatrização ligamentar 326

Contraindicações 327

Visão geral da evidência 327

Aplicação clínica do movimento
passivo contínuo 328
Instrumentação 328
Configuração e aplicação 328
Manutenção 330

Capítulo 16
Trações cervical e lombar 331

Princípios da tração 331
Tipos de tração 331
Ângulo de tração 333
Tensão 333

Usos gerais para as trações cervical
e lombar 334
Protrusões discais 334
Doença degenerativa discal e compressão da raiz
nervosa 336
Patologia articular facetária 336
Espasmo muscular 336
Outros efeitos 337

A tração cervical 338
Parâmetros de tratamento 338

O processo de resposta à lesão 340
Dor 340
Contraindicações para o uso da tração cervical 340
Visão geral da evidência 341

Aplicação clínica da tração
cervical intermitente 341
Instrumentação 341
Configuração e aplicação 343
Manutenção 344

Tração lombar 344
Parâmetros do tratamento 345

O processo de resposta à lesão 347
Contraindicações para o uso de tração lombar 347
Controvérsias no tratamento 348
Aplicação clínica de tração lombar
intermitente 349

Capítulo 17
Massagem terapêutica 352

Toques de massagem 352
Deslizamento 352
Amassamento 353
Massagem de fricção 353

Técnicas neuromusculares 355
Compressão isquêmica 355
Massagem desportiva 356

Liberação miofascial 357

Mobilização do tecido mole assistida por
instrumento 361

O processo de resposta à lesão 362
Efeitos cardiovasculares 362
Efeitos neuromusculares 363
Redução de edema 363
Controle da dor 364
Benefícios psicológicos 364

Contraindicações à massagem terapêutica 364

Controvérsias no tratamento 365

Aplicação clínica da massagem 365
Preparação 365
Considerações gerais 367
Massagem tradicional 367
Término do tratamento 367

Capítulo 18
Biofeedback eletromiográfico   368

Mensurações   369

Processos biofísicos e integração elétrica   370

O processo de resposta à lesão   370
Efeitos neuromusculares   371
Redução da dor   374

Contraindicações   374

Visão geral da evidência   374

Aplicação clínica de *biofeedback*   374
Instrumentação   374
Configuração e aplicação   375
Manutenção   376

Capítulo 19
Laserterapia de baixa intensidade   377

Lasers terapêuticos   377

Características do laser   378
Parâmetros de saída do laser   378
Comprimento de onda e frequência   379
Potência   381
Dosagem de tratamento   381

O processo de resposta à lesão   382
Inflamação e reparação tecidual   383
Cicatrização   383
Redução da dor   383
Consolidação de fratura   384

Contraindicações e precauções   384

Visão geral da evidência   385

Aplicação clínica de lasers terapêuticos   385
Configuração e aplicação   385

Fim da Parte   388

Referências bibliográficas   390

Apêndice A
Propriedades físicas que regem modalidades terapêuticas   397

Apêndice B
Pontos-gatilho e padrões de dor   402

Apêndice C
Abreviaturas   405

Apêndice D
Pontos motores   409

Apêndice E
Lei de Ohm   411

Apêndice F
Respostas das questões para revisão   413

Apêndice G
Discussão de estudo de caso   415

Glossário   417

Índice remissivo   433

PARTE 1

Resposta à lesão e planejamento do tratamento

Esta seção descreve as respostas fisiológicas e psicológicas do corpo à lesão e sua influência subsequente no planejamento do tratamento. São discutidos também fatores administrativos no planejamento e na execução do tratamento.

Capítulo 1

O processo de resposta à lesão

Este capítulo oferece uma visão geral das reações físicas e psicológicas do corpo ao estresse e à lesão. Também introduz vários termos e conceitos usados no decorrer do livro. A resposta fisiológica ao trauma e o processo de cicatrização subsequente são afetados pelos recursos terapêuticos descritos adiante neste livro. A dor, um fator importante de limitação na função, é apresentada no Capítulo 2.

Por que um livro que trata de recursos terapêuticos enfocaria sua atenção inicial na célula? Para compreender o propósito e os efeitos dos recursos terapêuticos, é preciso, antes, obter um conhecimento básico da resposta do corpo à lesão. Quando os recursos terapêuticos são aplicados ao tecido vivo, não se trata apenas de um tornozelo ou de um joelho. Está sendo aplicado um **estresse** às células que influenciará sua função metabólica e auxiliará a cicatrização.

Poucos recursos terapêuticos, talvez nenhum deles, realmente *aceleram* a cicatrização de uma lesão. O corpo cicatriza a lesão no seu próprio ritmo. Contudo, ao tratar uma lesão com energia térmica, elétrica, mecânica ou luminosa, tenta-se oferecer o ambiente ideal para que a cicatrização ocorra. No entanto, o que é um recurso terapêutico? Para os propósitos deste livro, recurso terapêutico é uma forma de estresse aplicado ao corpo com a finalidade de desencadear uma resposta fisiológica involuntária.

É necessário definir o termo "terapêutico" para compreender os princípios que estão por trás da aplicação de energia ao corpo. Para ser considerado terapêutico, o estresse aplicado ao corpo precisa conduzir ao processo de cicatrização da lesão no seu estado atual de recuperação. As condições ideais para cicatrização requerem um equilíbrio entre a proteção da área contra perturbações adicionais e a restauração da função tecidual no menor tempo possível.[1] A aplicação de um recurso terapêutico em um momento impróprio da recuperação pode obstruir ou mesmo retroceder o processo de cicatrização. Para completar esta definição, os recursos terapêuticos envolvem a aplicação correta de energia, de acordo com o estágio de inflamação, para promover a melhor cicatrização.

Para ilustrar este conceito, considere um dedo lacerado. Se for permitido que sujeira e pó entrem no corte, ocorrerá uma infecção e esta atrasará o processo de cicatrização ao obstruir a resposta fisiológica normal de cicatrização. Se a área for limpa, uma pomada com antibiótico for aplicada e a ferida for coberta com um curativo, a cicatrização progredirá de forma relativamente livre. Os recursos terapêuticos funcionam de maneira similar; esses meios são utilizados para influenciar as funções fisiológicas do corpo de modo a oferecer ao tecido traumatizado o melhor ambiente para sua recuperação.

Estresses aplicados aos tecidos

Qualquer tipo de força mecânica, química, térmica ou emocional aplicada ao corpo pode ser considerada um estresse. Embora seja frequente pensar em estresse somente como algo negativo, muitos dos "estresses" na vida são positivos. Na verdade, existir sem estresse é existir sem viver.

Tome-se como exemplo os vários tipos de estressores encontrados por um atleta: os benefícios cardiovasculares associados ao condicionamento, o contato físico associado a esportes como o futebol, a batida repetida dos pés durante a corrida, a euforia ou a angústia relacionada ao resultado de uma partida e os tecidos ligamentares danificados associados a um entorse de tornozelo. Quando o estresse, independentemente de sua natureza, é aplicado com magnitude suficiente, o corpo é submetido a várias alterações fisiológicas no nível celular (tecido) e **sistêmico**.

A teoria do estresse físico descreve como os tecidos reagem com relação à quantidade de estresse que recebem em relação ao normal[2]:

Nível de estresse físico	Resposta do tecido
De nenhum a baixo	Morte celular
Baixo	Tolerância diminuída (p. ex., atrofia)
Normal	Manutenção
Moderado (sobrecarga positiva)	Aumento da tolerância (p. ex., hipertrofia)
Alto	Lesão
Extremo	Morte celular

Os extremos de estresse físico – muito baixo ou muito alto – são prejudiciais ao corpo. A principal diferença entre os dois extremos é o tempo necessário para causar mudanças no tecido. Estresse excessivo causa um surgimento mais rápido de consequências negativas; os efeitos de um nível muito baixo de estresse se acumulam com o tempo. Em um entorse, a morte celular se dá em um instante; já na tendinopatia e na atrofia, a morte celular ocorre com o tempo. A teoria do estresse físico explica essa relação em termos de magnitude (força por unidade de área), tempo (duração, frequência, etc.) e direção (níveis aumentados ou diminuídos de estresse).[2]

Apesar de servir como uma boa base teórica para descrever a reação da célula ao estresse positivo e negativo, a teoria do estresse físico não aborda o efeito da lesão no nível de função do paciente. O resultado – melhora – com o atendimento prestado é o padrão com o qual as intervenções terapêuticas são medidas. O Capítulo 3 descreve o processo de desenvolvimento e mensuração da eficácia dos planos de intervenção para o paciente.

Síndrome de adaptação geral

No início dos anos 1900, pesquisadores observaram que os pacientes hospitalizados compartilhavam de um conjunto comum de sintomas, independentemente da sua **patologia**. Esses sintomas incluíam desconforto e dores difusas nas articulações, perda de força, perda de apetite e temperatura corporal elevada. Tais similaridades marcantes levaram à conclusão de que os sistemas corporais têm um mecanismo comum para lidar com o estresse. Esse fenômeno, denominado síndrome de adaptação geral, descrevia três estágios da resposta ao estresse[3]:

1. Estágio de alarme.
2. Estágio de resistência.
3. Estágio de exaustão.

O **estágio de alarme**, exemplificado pela resposta "luta ou fuga," é a reação inicial súbita do corpo a uma mudança na **homeostase**. Os sistemas corporais despertam, mobilizando seus recursos para responder aos efeitos do estressor, colocando seus sistemas defensivos em estado de alerta. Os suprimentos sanguíneos aumentados são redirecionados às áreas que necessitam de recursos por meio da elevação da frequência cardíaca, volume sistólico e força das contrações do miocárdio. O suprimento sanguíneo para áreas não essenciais é diminuído pela **vasoconstrição** das artérias superficiais e abdominais. O **cortisol** é liberado na corrente sanguínea para regular a inflamação, estimular a produção de energia no nível celular e também ajudar a preparar o corpo para lidar com o trauma. Algumas proteínas são decompostas em **aminoácidos**, em preparo para períodos longos de jejum, de modo a prover uma fonte de energia potencial no momento em que a lesão de fato ocorre.

Após o estágio de alarme, há um platô na adaptação do corpo ao estresse: o **estágio de resistência**. O corpo continua a adaptar-se ao estressor usando recursos homeostáticos para manter sua integridade. Essa é a fase mais longa da síndrome de adaptação geral, durando muitos dias, meses ou anos. Durante esse estágio de resposta ao estresse, a pessoa adquire resistência fisiológica ou, como em geral se denomina nos exercícios, "condicionamento físico."

Quando o corpo já não pode suportar os estresses a que é submetido, ele atinge o **estágio de exaustão**. Nesse ponto, um ou mais sistemas corporais não conseguem mais tolerar o estresse e, portanto, falham. Esse estágio pode também ser chamado de ponto de sofrimento, o ponto em que os estressores produzem um efeito negativo. Em termos clínicos, o estágio de exaustão pode se apresentar na forma de lesões traumáticas ou de lesões por esforço repetitivo.

Relação entre estresse físico e trauma

As pessoas experimentam estresses benéficos ou prejudiciais como parte da vida diária. Os estresses prejudiciais podem ser uma lesão **aguda**, como um **entorse**, **estiramento** ou fratura. Nesses tipos de lesões, o corpo é vencido por uma força excessiva aplicada durante um período muito curto (macrotrauma).[4] O sofrimento pode também ocorrer como resultado de forças repetidas aplicadas com intensidade relativamente baixa, como exemplificado pelas fraturas por estresse, condições inflamatórias **crônicas** e dor muscular tardia (microtrauma). Períodos de imobilização ou inatividade resultam em uma diminuição na massa muscular e na função cardiorrespiratória.

A quantidade de estresse aplicada ao corpo precisa ter intensidade e duração apropriadas para que o organismo desenvolva resistência fisiológica. Se o estímulo é intenso demais ou dura muito tempo, o corpo reage de maneira negativa ao estresse, com o potencial de causar lesão. No contexto dos exercícios, ocorre pouco benefício fisiológico (ou nenhum) quando a pessoa treina com intensidade e duração insuficientes. Por outro lado, quando a intensidade do trabalho é grande demais, o corpo é levado ao estágio de exaustão e pode ocorrer lesão.

O corpo tem certos mecanismos para equilibrar os efeitos dos estressores positivos e negativos. De acordo com a lei de Wolff, o osso se adapta às forças a que é submetido (Quadro 1.1). Tal remodelação pode ser exemplificada pela deposição de fibras de **colágeno** e sais inorgânicos em resposta à presença prolongada de estressores. Essa adaptação baseia-se no equilíbrio entre as atividades dos **osteoblastos**, células que produzem osso, e dos **osteoclastos**, células que absorvem e removem o osso indesejado. Por exemplo, os estresses físicos repetidos associados à corrida aumentam a taxa de atividade osteoblástica ao longo das linhas de carga. Esse aumento na remodelação osteoblástica resulta em novas áreas de força estrutural e no aumento da densidade óssea. Se o estresse for aplicado sem que haja tempo para que o corpo se adapte, a atividade osteoclástica será maior do que a atividade osteoblástica, resultando em uma fratura por estresse. Por outro lado, um fêmur imobilizado por 20 dias pode perder até 30% de seus depósitos minerais e se tornar poroso e frágil.[5]

Estresse físico e sua relação com o tratamento

Os princípios descritos pela teoria do estresse físico, a síndrome de adaptação geral e a lei de Wolff também se aplicam ao uso dos recursos terapêuticos. Por exemplo, quando a intensidade de aplicação de um recurso terapêutico é muito baixa ou a duração do tratamento é muito curta, ganha-se pouco ou nenhum benefício. Uma compressa "fria" com 15°C aplicada por 5 minutos não penetra fundo o suficiente nos tecidos para

Quadro 1.1 Lei de Wolff

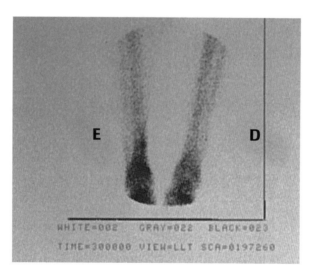

Cintilografia óssea mostrando fraturas por estresse no pé esquerdo (área escura)
Os ossos se remodelam e se adaptam às forças impostas sobre eles por meio do aumento de sua força ao longo de linhas de estresse mecânico. Com base nas flutuações que ocorrem na corrente elétrica intrínseca dos ossos, a atividade dos osteoblastos e dos osteoclastos se modifica em resposta à presença ou ausência de estresse funcional. O osso é removido de locais com pouco ou nenhum estresse e é formado ao longo de locais de novos estresses.

É muito comum que esses estresses sejam causados por forças de compressão, separação ou cisalhamento associadas a corrida, arremesso, etc. Contudo, a remoção desses estresses pode também fazer com que o osso se remodele sozinho. Se um membro é imobilizado, os estresses diários impostos aos seus ossos são removidos. Como resultado, o corpo se adapta à falta de estresse por meio da diminuição da densidade óssea.

produzir mudança. Se a magnitude empregada for alta demais, como no caso de uma compressa quente úmida aplicada sem cobertura ou aplicada no momento errado do processo de cicatrização (p. ex., durante o estado agudo), ocorrerá mais lesão.

Evidência prática

Para que qualquer forma de intervenção terapêutica seja bem-sucedida, esta precisa ser aplicada com a intensidade e a duração apropriadas para desencadear a resposta fisiológica necessária. Esses conceitos são descritos pelo princípio de Arndth-Schultz (ver Apêndice A).

Tipos de tecidos moles do corpo

Este texto enfoca os tecidos epitelial, adiposo, muscular, nervoso e conjuntivo. Esta é também a sequência pela qual as diferentes formas de energia terapêutica precisam passar para afetar os tecidos que são o foco do tratamento, os **tecidos-alvo**. Com base na sua estrutura celular, cada tecido tem propriedades únicas que permitem sua reprodução após o trauma (Tab. 1.1). Quando ocorre uma lesão, o âmbito e a gravidade do trauma costumam ter uma proporção direta ao número e tipo de células que foram danificadas. Ao selecionar os recursos terapêuticos, é preciso levar em consideração o potencial de regeneração e a habilidade de cada um desses tipos de tecidos de transmitir ou absorver as diferentes formas de energia.

Tecidos epiteliais

Os tecidos epiteliais revestem pele (epitélio escamoso estratificado), coração e vasos sanguíneos (epitélio escamoso simples), órgãos ocos (epitélio de transição), glândulas e aberturas externas. Esse tipo de tecido é capaz de secretar e absorver várias substâncias e se di-

fere por ser desprovido de vasos sanguíneos. O tecido epitelial tem excelente potencial de regeneração, uma característica oportuna, já que é o tecido mais comumente lesionado. Como ilustração, vale imaginar como o corpo humano seria se a pele falhasse em se regenerar cada vez que sofresse um pequeno corte.

A camada mais externa da pele é formada pelo estrato córneo, uma camada de células mortas achatadas, densamente agrupadas (Fig. 1.1). Diferentes das células vivas, que são preenchidas com citoplasma, as células do estrato córneo são preenchidas com queratina, uma proteína fibrosa seca. Essa estrutura forma uma barreira que impede a entrada de muitas substâncias externas, como os germes, e ajuda a manter os líquidos corporais dentro do corpo.

Todas as formas de energia produzidas pelos recursos terapêuticos precisam passar pelo estrato córneo e o restante da epiderme, derme e tecidos adiposos para afetar os tecidos-alvo. Os agentes térmicos primeiro aquecem ou resfriam essa camada, e os tecidos subjacentes perdem ou ganham calor entre si por meio de **condução**. A energia ultrassônica passa com relativa facilidade pelo estrato córneo. Como as células do estrato córneo são mortas e secas, essa camada de tecido resiste às correntes de estimulação elétrica e impede que elas afetem os tecidos subjacentes. Medicamentos aplicados por via **transdérmica** precisam passar pelo estrato córneo encontrando passagens como os folículos pilosos e as glândulas sudoríparas ao redor.

Tecido adiposo

Imediatamente embaixo da derme, há uma camada de tecido adiposo que consiste em células de gordura. Os tecidos adiposos protegem estruturas subjacentes, como o calcanhar e a palma da mão, de golpes duros (ver Fig. 1.1). O alto conteúdo de água do tecido adiposo torna-o um meio ideal para a passagem do ultrassom; ele também é aquecido de forma seletiva durante algumas formas de **diatermia**. Como a camada de gordura do corpo serve também de isolamento contra calor e frio (retendo o calor no centro), a eficácia de agentes térmicos, como as compressas frias ou compressas de calor úmido, é reduzida quando eles são aplicados sobre camadas grossas de tecido adiposo.

Músculo

O músculo tem a habilidade de encurtar-se ativamente e de ser alongado passivamente. Os músculos são classificados pela função a que se prestam: músculo liso, músculo cardíaco e músculo esquelético. O músculo liso, que não se acha sob controle voluntário, está associado aos órgãos ocos do corpo e ao sistema vascular, com ex-

Tabela 1.1 Tipos de células encontradas no corpo

Tipo	Tecidos onde se encontram	Capacidade de regeneração
Células lábeis	Pele, trato intestinal, sangue	Boa
Células estáveis	Osso	Alguma
Células permanentes	Músculo	Alguma
	Sistema nervoso periférico	Alguma
	Sistema nervoso central	Nenhuma

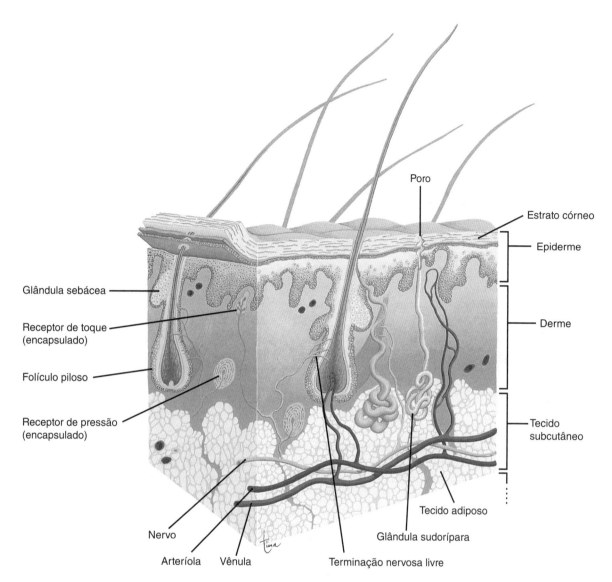

Figura 1.1 Corte transversal da pele. Os recursos terapêuticos precisam primeiro penetrar na epiderme, na derme e no tecido adiposo subcutâneo antes de afetar os tecidos mais profundos, incluindo o músculo. (Reproduzido com permissão de Scanlon, VC: Essentials of Anatomy and Physiology, ed 4. Philadelphia, FA Davis, 2003.)

ceção dos capilares. O músculo cardíaco é responsável pelo bombeamento do sangue. A contração do músculo esquelético resulta no movimento das articulações do corpo. O tecido muscular possui pouca ou nenhuma habilidade para reproduzir réplicas das células perdidas.

A fibra de músculo esquelético é classificada pela intensidade e duração da contração que pode produzir ou pela sua proporção de propriedades contráteis (Tab. 1.2). As **fibras musculares do tipo I** se fadigam lentamente e são prevalentes nos músculos posturais (p. ex., músculos eretores da coluna vertebral, grupo quadríceps femoral, músculos gastrocnêmio e sóleo). As **fibras musculares do tipo II** (contração rápida) são capazes de gerar uma grande quantidade de força em um curto período. As fibras do tipo II são predominantes nas contrações musculares explosivas.

As contrações musculares voluntárias baseiam-se no princípio do tamanho, segundo o qual os **nervos motores** do tipo I, de pequeno diâmetro, são recrutados primeiro na contração. Quando é necessária mais tensão dentro do músculo, os nervos motores do tipo II, de diâmetro mais largo, são ativados, recrutando mais unidades motoras na contração. O aumento da tensão muscular é produzido com recrutamento de mais **unidades motoras** ou aumentando a frequência com que cada unidade é despolarizada.

O músculo esquelético é comumente lesionado durante esportes, trabalho ou mesmo atividades da vida

Tabela 1.2 Tipos de tecidos de músculo esquelético

Tipo	Tipo de fibra	Fonte de energia	Tipo de contração
Tipo I	Contração lenta	**Aeróbica**	Longa duração, baixa intensidade
Tipo II	Contração rápida	**Anaeróbica**	Curta duração, alta intensidade
Tipo II-A	Mista	Ambas	Características tanto do tipo I como do tipo II
Tipo II-X	Contração rápida	Anaeróbica	Curta duração, alta intensidade

Axônio	Função	Diâmetro	Velocidade de condução (m/s)
AFERENTES			
Ia (A-alfa)	Aferente do fuso muscular	12-20 **mcm**	70-120
Ib (A-alfa)	Tendão aferente de Golgi	12-20 mcm	70-120
II (A-beta)	Aferente de toque/pressão Aferente muscular secundário	6-12 mcm	30-70
III (A-delta)	Aferente de temperatura Dor aguda	1-6 mcm	6-30
IV (C)	Aferente de temperatura Dor mal localizada	<1,5 mcm	0,5-2
EFERENTES			
A-alfa	Eferente do músculo esquelético	12-20 mcm	70-120
A-gama	**Eferente do fuso muscular**	2-10 mcm	10-50
A-beta	Eferente do músculo e do fuso muscular	8-12 mcm	30-50

diária. Apesar dessa frequência de lesões relativamente elevada, o tecido muscular tem habilidade de regeneração apenas limitada. Os tecidos musculares são aquecidos ou resfriados por condução via contato com os tecidos sobrejacentes. O fluxo de sangue quente e o **metabolismo** celular aumentado, como o que se experimenta durante o exercício, também aumentam a temperatura dos músculos. O ultrassom terapêutico aquece o músculo sem aquecer a pele ou os tecidos adiposos. Em alguns casos, uma corrente elétrica pode fazer com que as fibras musculares se encurtem diretamente, porém produzindo dor. Em termos clínicos, as contrações musculares induzidas eletricamente são causadas pela despolarização dos nervos motores.

Tecido nervoso

Os nervos são classificados por sua localização no sistema nervoso central ou periférico. O sistema nervoso central (SNC) inclui cérebro e medula espinal. O sistema nervoso periférico (SNP) é formado por todos os nervos que chegam ao SNC ou saem dele. Os nervos no SNP podem ser traumatizados durante uma lesão ou enviarem um sinal – dor – de que ocorreu dano tecidual. O sistema da dor e o SNC estão descritos no Capítulo 2.

Os nervos conduzem impulsos **aferentes** e **eferentes** por meio dos potenciais de ação. Células nervosas individuais, os neurônios, formam a unidade funcional básica do sistema nervoso, com três segmentos distintos formando cada neurônio: (1) dendritos, que transmitem os impulsos na direção do (2) corpo do nervo e (3) o axônio, que transmite os impulsos para longe do corpo do nervo. Os impulsos nervosos são transferidos de um nervo para o outro por meio de uma sinapse (Fig. 1.2). Embora sua estrutura e processos anatômicos e fisiológicos sejam similares, os nervos têm funções especializadas (Tab. 1.3). Essas diferenças podem ser usadas por diferentes tipos de recursos terapêuticos com finalidades que vão do alívio da dor até o desenvolvimento de contrações musculares mais fortes.

As junções sinápticas são elétricas ou químicas. As **sinapses elétricas** têm junções comunicantes que permitem que o impulso nervoso seja transferido diretamente para o nervo seguinte. Os nervos que transmitem as informações em direção à sinapse são neurônios pré-sinápticos; aqueles que transmitem o impulso para longe da sinapse são neurônios pós-sinápticos. Como mostra a Figura 1.2, um nervo pode ser tanto pré-sináptico como pós-sináptico.

A maioria das sinapses do corpo são **sinapses químicas**, nas quais um pequeno espaço, a fenda sináptica, separa os nervos pré-sinápticos e pós-sinápticos. Um neurotransmissor químico é liberado do nervo pré-sináptico, escorre através da fenda sináptica e se liga a um sítio receptor no neurônio pós-sináptico (Tab. 1.4). Na

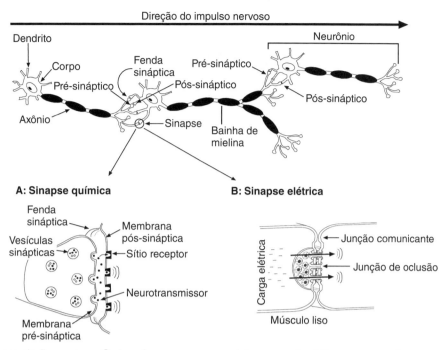

Figura 1.2 Transmissão nervosa. Os impulsos nervosos se originam nos dendritos, passam pelo corpo e são transmitidos ao longo do axônio (ver no Quadro 1.2 uma discussão sobre a propagação dos impulsos nervosos). A junção entre dois nervos é chamada de *sinapse*. A ilustração A representa uma sinapse química na qual o impulso é **propagado** pela liberação de um neurotransmissor proveniente do nervo pré-sináptico, que cruza a fenda sináptica e se liga a um sítio receptor pós-sináptico. A ilustração B mostra uma sinapse elétrica na qual a despolarização do nervo pré-sináptico continua diretamente até o nervo pós-sináptico.

Tabela 1.3 Tipos e função de diferentes nervos periféricos

Axônio	Função	Diâmetro	Tamanho do grupo	Velocidade de condução m/s	Receptor	Estímulo/ação
AFERENTE						
Ia (A-alfa)	Aferente do fuso muscular	12-20 mcm	Grande	70-120	Proprioceptivo	Velocidade do músculo
Ib (A-alfa)	Aferente tendinoso de Golgi	12-20 mcm	Grande	70-120	Mecanorreceptor	Mudança de comprimento
II (A-beta)	Aferente de toque/pressão Aferente muscular secundário	6-12 mcm	Grande	30-70	Receptores cutâneos Proprioceptivo Mecanorreceptor	Toque Vibração Receptor dos folículos pilosos Comprimento do músculo
III (A-delta)	Aferente de temperatura Dor fina	1-6 mcm	Pequeno	6-30	Mecanorreceptor Termorreceptor Nociceptor	Toque Mudança de temperatura Estímulo nocivo mecânico e térmico
IV (C)	Aferente de temperatura Dor mal localizada	<1,5 mcm	Pequeno	0,5-2	Nociceptor Mecanorreceptor Termorreceptor	Estímulo nocivo mecânico e térmico Toque Mudança de temperatura
EFERENTE						
A-alfa	Eferente do músculo esquelético	12-20 mcm	Grande	70-120	N/A	Inerva a fibra muscular extrafusal

(continua)

Tabela 1.3 Tipos e função de diferentes nervos periféricos *(continuação)*

Axônio	Função	Diâmetro	Tamanho do grupo	Velocidade de condução (m/s)	Receptor	Estímulo/ação
A-gama	Eferente do fuso muscular	2-10 mcm	Pequeno	10-50	N/A	Inerva a fibra muscular intrafusal
A-beta	Eferente do músculo e fuso muscular	8-12 mcm	Grande	30-50	N/A	Inerva a fibra muscular intra e extrafusal

sinapse excitatória, o neurotransmissor ativa o nervo pós-sináptico, facilitando a ocorrência de outro potencial de ação (um potencial pós-sináptico excitatório). A ativação de uma sinapse inibitória torna o nervo pós-sináptico mais difícil de despolarizar, inibindo potencialmente sua função.

A membrana semipermeável da célula nervosa separa cargas elétricas opostas, criando uma diferença de voltagem através da membrana, o **potencial de repouso.** O potencial de repouso é de cerca de -70 **milivolts (mV)** entre o lado de dentro e o lado de fora da membrana. Há uma concentração mais alta de partículas com carga positiva do lado de fora da membrana e uma concentração mais alta de partículas com carga negativa do lado de dentro da membrana. Um fluxo elevado de íons de potássio (K^+) saindo e os compostos remanescentes com carga negativa que permanecem dentro da membrana celular criam uma carga negativa dentro da célula. O sódio (Na^+) fora da membrana cria uma carga positiva. A membrana celular é mais permeável ao potássio do que ao sódio. Desse modo, uma quantidade maior de íons de potássio com carga positiva se move para fora da célula e uma quantidade menor de íons de sódio se move para dentro da célula, resultando na manutenção de um interior relativamente negativo. A **despolarização** do nervo representa um aumento na permeabilidade da membrana celular ao sódio, que desencadeia o potencial de ação. Durante a despolarização, há uma perda de carga interna negativa quando os canais de sódio na membrana se abrem e permitem a entrada de grande quantidade de íons de sódio com carga positiva (Quadro 1.2).

Tabela 1.4 Neurotransmissores comuns e suas funções

Neurotransmissor	Localização	Funções
Acetilcolina	Nervos motores	Transmite os impulsos motores
Peptídio relacionado ao gene da calcitonina (CGRP)	Sistema nervoso central	Causa vasodilatação Ativa os leucócitos Reduz o limiar de dor
Dopamina	Tronco encefálico	A ausência resulta em disfunção motora Aumenta a pressão arterial Aumenta o débito cardíaco Causa vasoconstrição
Epinefrina	Tronco encefálico	Comportamento Broncodilatação Emoções Humor Vasoconstrição
Norepinefrina	Sistema nervoso autônomo	Despertamento (resposta "luta ou fuga") Sonhos Regulação do humor Vasoconstrição
Serotonina	Plaquetas Mastócitos	Percepção sensorial Sono Regulação da temperatura Vasoconstrição
Substância P	Fibras nervosas que transmitem a dor	Transmite impulsos **nocivos** Produz respostas semelhantes à inflamação nos tecidos locais

Quadro 1.2 Propagação de impulsos nervosos

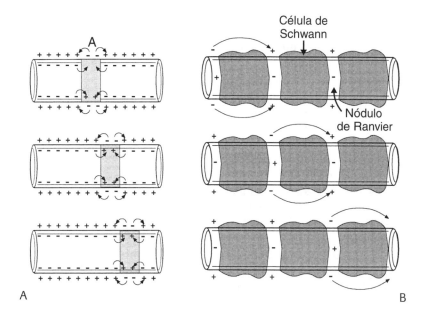

Os impulsos nervosos são criados pela despolarização da membrana da célula nervosa. Em repouso, o lado de fora da membrana tem uma carga positiva e o lado de dentro tem uma carga negativa. Quando chega um estímulo que excede o limiar da célula nervosa, aquela localização na célula nervosa se despolariza e os íons de sódio (Na^+) se movem rapidamente para dentro, causando uma reversão da polaridade da membrana. Essa reversão se alastra pela membrana em um processo chamado de **propagação**. Em um nervo saudável, essa sequência se repete por toda a extensão da célula nervosa até que o impulso atinja a sinapse.

Todas as membranas de células excitáveis têm uma carga elétrica diferente entre o lado de dentro e o lado de fora da membrana, o potencial de repouso. Os potenciais de ação que são iniciados no receptor do nervo causam uma despolarização na direção de ocorrência natural (no sentido aferente para os nervos sensoriais e eferente para os nervos motores). Os potenciais de ação que são iniciados ao longo do axônio resultam na transmissão do impulso para as duas direções.

A transmissão dos impulsos nos nervos não mielinizados (A) envolve a despolarização ao longo da extensão do axônio, um mecanismo mais lento e menos eficiente do que o mecanismo de condução saltatória encontrado nos nervos mielinizados (*saltare* é a palavra em latim para "pular"). (B) Os axônios de nervos mielinizados são cobertos por uma bainha de mielina gordurosa (células de Schwann) que é interrompida pelos nódulos de Ranvier, fendas nas quais a membrana celular fica exposta. A bainha de mielina, que é 80% gordura e 20% proteína, funciona como um isolante. A despolarização ocorre somente nos nódulos de Ranvier, saltando de um nódulo para o seguinte. Como apenas áreas selecionadas do axônio são despolarizadas, a transmissão ao longo dos nervos mielinizados é mais rápida, mais eficiente e requer menos metabolismo do que nas fibras não mielinizadas (B).

O diâmetro do nervo também afeta a velocidade com que o impulso é transmitido. Nervos de diâmetro mais largo transmitem os impulsos mais rápido do que os nervos de diâmetro menor, embora os nervos mielinizados de diâmetro pequeno tenham uma velocidade de condução mais rápida do que nervos mais largos não mielinizados. Os nervos de pequeno diâmetro também têm períodos refratários mais longos e frequência de disparo mais baixa do que os nervos de diâmetro mais largo.

Cada impulso é seguido por um período refratário, durante o qual os canais de sódio se fecham e o nervo pode se repolarizar (ver Fig. 1.3). Correspondente à mudança na permeabilidade ao sódio, há um aumento de carga dentro da célula, a hiperpolarização. O período refratário absoluto representa o período (cerca de 25% do período refratário total) durante o qual nenhum estímulo adicional causa o disparo de outro potencial de ação, independentemente da sua magnitude. O período refratário absoluto garante que o nervo pode se recarregar de forma completa antes que o próximo potencial de ação seja iniciado. A duração desse período determina a frequência com que o nervo pode se despolarizar. Após o período refratário absoluto, há um período refratário relativo durante o qual um estímulo que seja mais forte do que o normal pode iniciar outro potencial de ação. Um anestésico local comum, como a novocaína, funciona diminuindo a permeabilidade da membrana ao sódio, impedindo que esta se despolarize.

As diferenças nas velocidades de condução nervosa formam a base da teoria da comporta, um método fundamental de controle da dor.

A **repolarização** retorna o equilíbrio elétrico ao potencial de repouso da célula. Usando trifosfato de adenosina (ATP) de sua reserva de energia, a bomba de sódio-potássio transporta ativamente dois íons de potássio de fora para dentro da célula, para cada três íons de sódio movidos de dentro para fora dela; a duração desse processo é o **período refratário** (Fig. 1.3).

As células danificadas no SNC não são substituídas por meio do processo natural de cicatrização humana, e sua função é perdida (embora venham sendo feitos alguns progressos na estimulação da regeneração das suas células). As células nervosas danificadas no SNP têm alguma capacidade de se regenerar. Suas funções também podem ser restauradas por um sistema colateral no qual os nervos intactos brotam em direção aos tecidos danificados.[6] O tecido muscular pode falhar em cicatrizar se os nervos intramusculares não se regenerarem.[6]

A maioria dos recursos terapêuticos tem algum efeito na função nervosa, sobretudo afetando a bomba de sódio-potássio. Os agentes térmicos e o ultrassom influenciam a função nervosa alterando sua velocidade de condução. Quando se diminui a velocidade de transmissão nervosa da dor ou se ativam os impulsos de toque e pressão, mas não os da dor, pode-se diminuir a percepção da dor e reduzir o espasmo muscular. A maioria das formas de estimulação elétrica visa especificamente a fibras nervosas sensoriais, motoras ou nociceptivas. O estímulo elétrico causa uma despolarização desses nervos de uma maneira ordenada e previsível.

Tecido conjuntivo

Os tecidos conjuntivos são o tipo mais abundante de tecido no corpo. Produzido por fibroblastos, o tecido conjuntivo é formado pela **substância amorfa fundamental** e as fibras de colágeno, que servem como um cimento para dar suporte e conectar os outros tipos de tecidos.[4,7] Esse tecido fornece força, estrutura, nutrição e defesa contra trauma para os outros tecidos. Os tipos fundamentais de células de tecido conjuntivo e sua função estão apresentados na Tabela 1.5.

O colágeno, tipo predominante de tecido conjuntivo, é encontrado com alta densidade nas fáscias, tendões, ligamentos, cartilagens, músculos e ossos. São encontrados 11 tipos de colágeno no corpo e, exceto a cartilagem dos meniscos, são altamente vascularizados, o que auxilia no seu reparo (Tab. 1.6).

A elasticidade dos tecidos conjuntivos é determinada pela proporção de fibras de colágeno inelásticas e fibras de elastina amarelas elásticas. Para ilustrar o efeito da densidade e elasticidade do colágeno, deve-se considerar a diferença entre músculo e tendão. Os músculos são altamente elásticos e contêm uma porcentagem muito mais alta de fibras de elastina do que de fibras de colágeno. Os tendões são relativamente inelásticos, pois 86% de seu peso seco é formado de colágeno.[8] O colágeno também é encontrado em outros tecidos inelásticos, como ligamentos, fáscia, cartilagem e osso.

A rede de fáscias que interliga o corpo é outro tipo abundante de tecido conjuntivo. A fáscia superficial, encontrada entre a pele e o tecido subjacente, costuma ter um arranjo fibroso relativamente aleatório, frouxo e não é densa em colágeno, sendo mais elástica do que a fáscia mais profunda. A fáscia superficial contém tecido

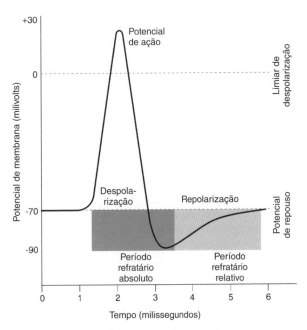

Figura 1.3 Despolarização e repolarização do nervo. Assim que um estímulo alcança o limiar de despolarização, o nervo desencadeia um potencial de ação. Após a despolarização, há um período de repolarização. Nenhum estímulo adicional causa despolarização durante o período refratário absoluto. Durante o período refratário relativo, a membrana é capaz de se despolarizar, porém requer um estímulo mais intenso do que a despolarização inicial até que o potencial de repouso da membrana seja novamente alcançado.

Tabela 1.5 Tipos de células de tecido conjuntivo e sua função

Tipo de célula do tecido	Função
Fibroblastos	Secretam componentes da matriz **extracelular**
Condrócitos	Produzem componentes da matriz extracelular na cartilagem
Miofibroblastos	Produzem componentes da matriz extracelular com propriedades contráteis
Adipócitos	Armazenam lipídeos

Tabela 1.6 Tipos de fibras de colágeno	
Tipo	Localização
I	Pele, fáscia, tendões, ligamentos, osso, cartilagem fibrosa
II	Cartilagem hialina, cartilagem elástica, discos vertebrais, humor vítreo (olho)
III	Músculos lisos, nervos, medula óssea, vasos sanguíneos (costumam ser encontradas com o tipo I)
IV	**Membranas basais**
V	Músculo liso, músculo esquelético
VI	Encontradas na maioria, se não em todas, as estruturas do corpo
VII	Membranas basais da pele
VIII	Endotélio
IX	Cartilagem (encontrada sobretudo durante o desenvolvimento fetal)
X	Cartilagem de mineralização (placas de crescimento)
XI	Cartilagem, coração, músculo esquelético, pele, cérebro

adiposo, nervos e vasos sanguíneos. A fáscia profunda tem um alto conteúdo de colágeno e as fibras são arranjadas ao longo das linhas de força. Sendo mais inelástica do que a fáscia superficial, a fáscia profunda é responsável pela transferência de cargas físicas de força.

Evidência prática
O colágeno superficial pode ser aquecido usando-se calor úmido; o colágeno mais profundo pode ser aquecido por energia ultrassônica ou diatermia. Nos dois casos, é necessário fazer o alongamento mecânico para estender (aumentar o comprimento) de forma permanente as fibras de colágeno.[9]

O processo de lesão

A reação do corpo à lesão aguda é dividida em dois estágios distintos. A **lesão primária** está associada à destruição do tecido que resulta diretamente da força traumática. A **lesão secundária** é a morte celular causada por um bloqueio do suprimento de oxigênio para a área lesionada (**isquemia**) ou causada por dano enzimático e falha **mitocondrial**. As células precisam de oxigênio para sobreviver. Se o seu suprimento de oxigênio é cortado, elas morrem. Essa morte amplia o processo de resposta à lesão. O dano feito durante o estágio primário é irreversível. Os esforços de tratamento usados após o trauma tentam limitar a quantidade de lesão secundária.

As células mortas e danificadas liberam seu conteúdo na área adjacente ao local lesionado. A presença dessas substâncias causa uma reação inflamatória dos tecidos do corpo. Como resultado do trauma primário

e da liberação de **mediadores** inflamatórios, ocorrem **hemorragia** e **edema**. O acúmulo de líquido exerce pressão mecânica e irritação química sobre os receptores nervosos na área. Por causa da formação de coágulos nos vasos sanguíneos, ocorre morte celular adicional pela falta de oxigênio chegando aos tecidos sobreviventes. Ocorre um subciclo como resultado da dor e da isquemia, causando espasmo muscular e aumentando a possibilidade de atrofia com o tempo (Fig. 1.4).

Essa sequência de eventos, o **ciclo da resposta à lesão**, é um processo que se autoperpetua. Para que a lesão se resolva no menor tempo possível, esse ciclo precisa ser controlado para permitir que a cicatrização ocorra.

O processo de cicatrização é descrito em três fases: (1) a **resposta inflamatória aguda**, (2) a **fase de proliferação** e (3) a **fase de maturação**. Embora os eventos centrais de cada uma dessas fases sejam marcados por respostas distintas dentro de uma estrutura de tempo teórica, há uma sobreposição significativa entre cada fase (Fig. 1.5).

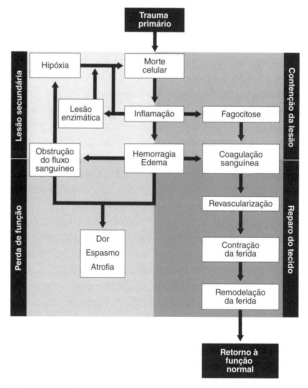

Figura 1.4 O processo da resposta à lesão. Nas lesões traumáticas, o trauma primário se origina de uma força externa e o dano físico provocado é irreversível. A lesão secundária ocorre por causa da falta de oxigênio para os tecidos e de processos enzimáticos destrutivos. Isto, combinado com dor, espasmo ou atrofia, faz com que os tecidos ou partes do corpo percam a habilidade de funcionar de maneira normal. O corpo começa seu caminho de reparo, primeiro contendo a lesão e depois reconstruindo o tecido danificado.

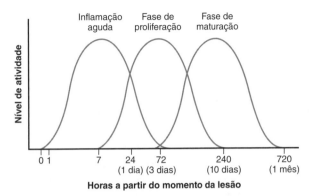

Figura 1.5 Sobreposição dos estágios de reparo da ferida. Não há definição clara entre o final de um estágio de cicatrização e o início do estágio seguinte; é possível que porções dos três estágios se sobreponham. A fase I é o estágio de resposta inflamatória aguda; a fase II é o estágio de revascularização; e a fase III é o estágio de maturação.

Tabela 1.7 Fases de cicatrização da ferida

Fase	Eventos
Fase inflamatória	Acúmulo de plaquetas, coagulação, migração de leucócitos
Fase de proliferação	Crescimento de tecido novo (reepitelização), desenvolvimento de novos vasos sanguíneos (angiogênese), desenvolvimento de tecido fibroso (fibroplasia), contração da ferida, formação de matriz colágena
Fase de maturação	Resolução da matriz, deposição de tecidos permanentes, retorno à função

A resposta inflamatória aguda envolve a migração de **fagócitos** e fibroblastos para a área e a formação de **tecido de granulação** para localizar e isolar o trauma. Durante esse tempo, a **histamina** liberada das células traumatizadas aumenta a permeabilidade capilar, resultando em inchaço quando as proteínas acompanham a água para fora e penetram nos tecidos. Durante a fase de proliferação, o número e o tamanho dos fibroblastos aumentam, fazendo com que a substância amorfa e o colágeno se acumulem na área traumatizada em preparo para a reconstrução dos tecidos danificados. O processo de lesão é completado durante a fase de maturação, quando o colágeno e os fibroblastos se alinham e tentam se adaptar à orientação e à função originais do tecido, embora isso nem sempre ocorra (Tab. 1.7).[10]

A fagocitose ocorre em vários estágios distintos. Os neutrófilos dominam as primeiras 6 a 24 horas após a lesão, liberando "granadas" químicas cuja intenção é destruir bactérias, mas acabam danificando até os tecidos saudáveis na área. Embora a liberação de neutrófilos danifique os tecidos saudáveis, sua presença ativa um processo que desencadeia a liberação de macrófagos.[11]

Os macrófagos, que consistem em dois tipos de células, são responsáveis pela restauração ("faxina") dos tecidos ao seu estado original ao visarem, de forma específica, aos tecidos necróticos.[6,11] Eles estimulam o estágio de proliferação por meio da liberação de **fatores de crescimento** que ativam os fibroblastos, aumentam o número de **células-satélite** e estimulam a formação de miofibras.[4]

Resposta inflamatória aguda

Inflamação é a reação fisiológica natural do corpo à lesão. Desencadeada por um trauma mecânico, tal como o entorse de um ligamento, pela invasão de bactérias ou queimaduras, a resposta inflamatória aguda mobiliza os sistemas defensivos do corpo e prepara o local para a cicatrização.[12] A inflamação tem a má reputação de ser uma parte indesejada ou desnecessária da resposta do corpo à lesão. Nada poderia estar mais longe da verdade. A inflamação é uma parte necessária do processo de cicatrização. Contudo, se a duração ou a intensidade da inflamação for excessiva, o processo se tornará prejudicial. A inflamação crônica pode ser um evento debilitante. Os recursos terapêuticos influenciam a resposta inflamatória e ajudam a deter seus efeitos indesejados.

Evidência prática

RICE [repouso, *ice* (gelo em inglês), compressão e elevação] e PRICE (proteção, repouso, *ice*, compressão e elevação) têm sido há muito tempo os pilares do tratamento imediato das lesões musculoesqueléticas (ver Estratégias de tratamento – Prevenção da lesão secundária). Uma nova teoria, POLICE [proteção, *optimal load* (carga ideal em inglês), *ice*, compressão e elevação] reexamina esse princípio. Enquanto a proteção (imobilização) é indicada imediatamente após a lesão, o método POLICE sugere que a imobilização prolongada é prejudicial para a cicatrização. A carga ideal (*optimal load*) é a implementação precoce de um "programa de carga equilibrado e progressivo em que a atividade precoce favorece a recuperação precoce".[13] O estresse mecânico das cargas cíclicas estimula as respostas celulares que, por sua vez, estimulam a cicatrização do tecido.

Nos estágios iniciais, a resposta inflamatória detém, destrói e dilui os agentes prejudiciais, tentando localizar o tecido danificado. A dor causada pela inflamação alerta a pessoa de que ocorreu dano ao tecido e, combinada com a **defesa muscular** e posturas de imobilização, protege a área de uma nova agressão. O movimento de plasma e leucócitos para a área envolvida produz os sinais cardinais de inflamação (Quadro 1.3).

A resposta inflamatória aguda é caracterizada pela liberação de mediadores inflamatórios e a migração de

Quadro 1.3 Sinais cardinais de inflamação

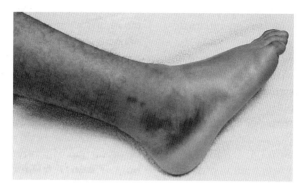

Sinal	Eventos inflamatórios associados
Calor	Aumento do fluxo sanguíneo, aumento da taxa metabólica.
Rubor	Aumento do fluxo sanguíneo, aumento da taxa metabólica, liberação de histamina.
Inchaço	Vazamento dos mediadores inflamatórios para dentro dos tecidos vizinhos, hemorragia, alta concentração de proteínas, **gamaglobulinas** e **fibrinogênio** que bloqueiam o mecanismo de retorno venoso; em condições crônicas, o inchaço pode representar a proliferação de tecido conjuntivo.
Dor	Pressão mecânica sobre os nervos, sua irritação química ou ambas; desencadeada pela liberação de irritantes químicos – bradicinina, histamina, prostaglandina e outras substâncias – na área inflamada e a pressão tecidual aumentada causada pelo inchaço, espasmo muscular ou ambos.
Perda de função	Dano tecidual primário, a soma dos sinais precedentes, defesa muscular.

Cinco sinais cardinais marcam a resposta inflamatória aguda. O resultado da inflamação é a perda da função normal. A magnitude da inflamação do paciente pode ser quantificada em termos clínicos com base na quantidade de inchaço, pontos de hipersensibilidade e perda de mobilidade articular.[14] A quantidade de inchaço e a perda de amplitude de movimento podem ser medidas em comparação com o membro não envolvido. A hipersensibilidade pode ser quantificada, em geral, por meio de um desconforto leve ou intenso durante a palpação, pela inabilidade de palpar por causa da dor e pela dor causada pelo toque leve.

líquidos e **leucócitos** do corpo para os tecidos extravasculares na área afetada. A resposta inflamatória pode ser dividida em três fases, mas a sequência exata dos eventos celulares associados depende do número e do tipo de células envolvidas; do tecido; e de fatores individuais como idade, estado nutricional e estado de saúde geral (Tab. 1.8).[2]

O corpo está armado com mais munição inflamatória do que normalmente seria necessário. Quando ocorre um trauma físico, o sistema imune assume que também ocorrerá uma invasão bacteriana e desencadeia a liberação de neutrófilos para conter essa ameaça. A maioria das lesões musculoesqueléticas não tem um componente bacteriano, de modo que a porção da resposta inflamatória que tenta conter as bactérias danifica tecidos que seriam viáveis.

A resposta inflamatória começa quase imediatamente após o trauma e persiste até que o estímulo seja removido e os mediadores sejam dissipados ou que seja inibida sua liberação nos tecidos. A inflamação aguda pode durar apenas poucos segundos ou estender-se por meses. A inflamação crônica, discutida adiante, pode persistir durante meses a anos. A inflamação e seu papel na promoção da cicatrização e reparo do tecido envolvem o equilíbrio fino entre uma resposta excessiva e uma resposta pequena demais.

Após uma lesão traumática, as células passam por uma reação primária. Essa fase primária, também conhecida como reativa ou inflamatória aguda, é característica dos primeiros 2-4 dias após a lesão, embora a extensão dessa fase varie. A resposta inflamatória ocorre

Tabela 1.8 Estágios da inflamação após uma lesão

Estágio	Processo	Tempo decorrido desde a lesão (dias)
Agudo	Reação à lesão	0-14
Subagudo	Os sintomas diminuem	14-31
Crônico	Inflamação injustificada	>31 dias além da resolução esperada

em dois níveis: (1) mudanças no fluxo sanguíneo local (mudanças hemodinâmicas) e (2) mudanças no funcionamento celular que equilibram a presença de mediadores pró-inflamatórios e mediadores anti-inflamatórios da inflamação.

O efeito principal do processo inflamatório é o aumento do metabolismo celular. Associadas a isso, ocorrem mudanças na função celular e na aparência dos neutrófilos e de outros granulócitos nos tecidos. O resultado após a lesão é influenciado pelo equilíbrio entre mediadores pró-inflamatórios e mediadores anti-inflamatórios da inflamação (Quadro 1.4).[15] Não se pode controlar a inflamação causada pelo trauma primário, mas é possível influenciar a emissão de leucócitos e mediadores pró-inflamatórios usando recursos terapêuticos térmicos ou medicamentos. A sequência dos eventos celulares difere de tecido para tecido.[16]

Os neutrófilos são os mediadores pró-inflamatórios. As plaquetas e os leucócitos neutrofílicos, que normalmente fluem na zona axial da corrente sanguínea (no meio do vaso), começam a se chocar com as paredes dos vasos (**marginalização**). Em um processo chamado **pavimentação**, os neutrófilos se aderem ao revestimento endotelial no lado das **vênulas** da junção capilar. Eles então escapam para o espaço extravascular. Com um trauma mais grave, as células vermelhas também podem sair para o espaço extravascular (diapedese).

Uma das primeiras respostas do corpo ao trauma é a liberação localizada de norepinefrina nos tecidos traumatizados, causando vasoconstrição das **arteríolas** e vênulas para prevenir a perda de sangue na área afetada.[1] Os capilares não são formados por músculo liso, de modo que não sofrem constrição ou dilatação. Embora os vasos estejam no estado de vasoconstrição, o processo de **coagulação** começa a reparar o dano primário. Essa vasoconstrição inicial é transitória e, em cerca de apenas 10 minutos após a lesão, os vasos começam a se dilatar, aumentando o volume de sangue sendo enviado para a área.

Durante o fluxo normal nas arteríolas, as células sanguíneas correm no centro do vaso (corrente axial) e o plasma flui ao longo das paredes do vaso (corrente

---

Quadro 1.4 Mediadores de inflamação

Coletivamente conhecidos como mediadores, as substâncias químicas são liberadas para controlar uma grande variedade de eventos celulares e vasculares associados à inflamação. Os mediadores ou perpetuam a resposta inflamatória (mediadores pró-inflamatórios) ou inibem a resposta inflamatória (mediadores anti-inflamatórios). Esses dois tipos de mediadores precisam estar equilibrados para controlar a intensidade e a duração da resposta inflamatória.

Alguns mediadores são liberados por células danificadas. Outros mediadores são atraídos para a área por **quimiotaxia**. Alguns mediadores causam **vasodilatação**, aumentando a quantidade de sangue, proteínas plasmáticas e leucócitos fagocitários, assim como a velocidade com que são enviados para a área. Outros mediadores aumentam a permeabilidade vascular, permitindo o movimento de proteínas sanguíneas e células do sangue para fora dos vasos nos tecidos vizinhos.

- **Heparina:** inibe a coagulação ao impedir a conversão de protrombina em trombina.
- **Histamina:** localizada nos mastócitos, basófilos e plaquetas. A função principal da histamina é a vasodilatação das arteríolas e o aumento da permeabilidade vascular nas vênulas.
- **Quininas:** um grupo de polipeptídios que dilata as arteríolas, serve como forte quimiotático e produz dor. Elas estão envolvidas sobretudo no processo inflamatório nos estágios iniciais das alterações inflamatórias hemodinâmicas.
- **Neutrófilos:** formados na medula óssea, os neutrófilos são liberados na corrente sanguínea e servem de primeira linha de defesa celular. Os neutrófilos são fagócitos agressivos que danificam tanto as células que estão atacando quanto as células viáveis e necessárias.
- **Prostaglandinas:** formadas por **cicloxigenase** (COX), as prostaglandinas são responsáveis pela vasodilatação e pelo aumento da permeabilidade vascular. Elas são sintetizadas localmente nos tecidos lesionados a partir de ácidos graxos liberados das membranas das células danificadas. As prostaglandinas influenciam a duração e a intensidade do processo inflamatório. A COX está presente apenas nos tecidos traumatizados.
  PGE$_1$: aumenta a permeabilidade vascular.
  PGE$_2$: atrai os leucócitos.
- **Serotonina:** causa vasoconstrição local.
- **Leucotrienos:** ácidos graxos que causam a contração do músculo liso, aumentam a permeabilidade vascular e atraem os neutrófilos. Incluem a substância de reação lenta da anafilaxia (SRSA).

A presença de proteínas modifica a relação osmótica entre o sangue e os tecidos adjacentes. Durante a resposta inflamatória, o conteúdo de proteína do plasma diminui, enquanto o conteúdo de proteína do líquido **intersticial** aumenta.[17] A água tende a acompanhar as proteínas do sangue para fora do vaso por meio de osmose, o que resulta em edema. O edema, por sua vez, aumenta a pressão sobre o tecido, irritando os receptores nervosos e bloqueando o fluxo capilar.

plasmática), mantendo as células do sangue afastadas das paredes. Após as mudanças iniciais no diâmetro do vaso, as células sanguíneas fluem mais próximas das paredes. Como descrito na seção de coagulação deste capítulo, esse movimento das células do sangue em direção às paredes vasculares leva à marginalização e à pavimentação dos leucócitos.

Formam-se lacunas entre as **células endoteliais** nos leitos capilares. O espaço aumentado entre as células aumenta a permeabilidade do vaso sanguíneo e permite que líquidos, proteínas e outras substâncias escapem para o tecido adjacente.

Conforme aumenta o volume de sangue enviado para a área, forma-se nos tecidos um **exsudato** rico em proteínas. A prostaglandina PGE_1 aumenta a permeabilidade vascular e a prostaglandina PGE_2 atrai os leucócitos para a área.[18] Os líquidos e as proteínas vazam para dentro do tecido através das fendas recém-formadas nos capilares, depositando leucócitos ao longo da lesão para localizar e remover substâncias que sejam prejudiciais.

O inchaço resulta da presença de líquidos, proteínas e resíduos das células na área. Conforme a quantidade de inchaço e a pressão extravascular aumentam, o fluxo vascular que vai e volta da área é diminuído. As redes venosas e linfáticas são bloqueadas, causando mais obstrução do fluxo sanguíneo para a área e perpetuando o processo.

A inflamação prolongada danifica o tecido conjuntivo ao privá-lo de nutrientes, resultando no espessamento da membrana sinovial. Quando não recebe atendimento, essa condição pode levar à formação de aderências nas articulações, afetando sua **amplitude de movimento (ADM)**. A liberação de cortisol, conforme descrita na síndrome de adaptação geral, é efetiva para reduzir os efeitos da inflamação crônica em virtude de seus efeitos anti-inflamatórios semelhantes aos da cortisona.[19]

Hemorragia

Para que ocorra hemorragia, precisa haver um entre dois pré-requisitos: o vaso precisa (1) perder sua continuidade (ser rompido) ou (2) ter um aumento acentuado na permeabilidade de modo que células e líquidos possam escapar ou, expondo de outra maneira, precisa estar presente um gradiente no qual a pressão interna do vaso seja maior do que a pressão externa.[20] Para a hemorragia parar, precisa ocorrer o reverso das duas condições: o vaso precisa ser reparado ou o gradiente de pressão precisa ser equalizado.

A lesão primária inevitavelmente rompe os vasos sanguíneos locais, resultando em hemorragia. A liberação de certos mediadores inflamatórios pode aumentar a permeabilidade vascular, também causando hemorra-

gia. Esse sangramento interno permite que os mediadores inflamatórios afetem de forma direta o local da lesão.[6]

A hemorragia **subcutânea** é facilmente identificada pela **equimose** da pele associada a um golpe. Quando a hemorragia ocorre em camadas mais profundas nos tecidos, pode se formar um **hematoma**. Por causa da profundidade do sangramento, pode levar horas ou dias para a descoloração aparecer na pele. Em curto prazo, o hematoma auxilia o processo de cicatrização ao equalizar o gradiente de pressão entre o lado de dentro e o lado de fora dos vasos lesionados, limitando a quantidade de perda de sangue. Contudo, a presença de um hematoma em longo prazo em um músculo pode restringir a mobilidade normal e obstruir o processo de reparo ao perpetuar a resposta inflamatória.

Mesmo no melhor cenário possível, o tratamento oferecido logo após uma lesão não afeta a ocorrência de hemorragia primária. No momento em que ocorre a lesão inicial, é feita a primeira avaliação e é aplicado gelo, vários minutos já se passaram. Na maioria dos casos, esse tempo é suficiente para o processo de coagulação selar a vasculatura lesionada.[1] A aplicação de frio nesse período ajuda a limitar a quantidade de lesão secundária e diminuir a dor. A compressão externa (bandagem) e a elevação ajudam a equalizar as pressões dentro e fora dos vasos, reduzindo rapidamente a hemorragia e minimizando o tamanho do hematoma.[21,22]

Evidência prática

Durante o tratamento de uma lesão aguda, a aplicação de frio tem pouco efeito na hemorragia. Como está descrito no Capítulo 5, os efeitos do frio dependem do tempo e da profundidade. Isso significa que os efeitos profundos do frio não ocorrerão até cerca de 10 minutos após a aplicação (no mínimo), tempo necessário para que o frio penetre as camadas de tecido. A compressão externa pode reduzir de forma instantânea a hemorragia nos tecidos traumatizados ao equalizar os gradientes de pressão.[22,23]

Coagulação

O processo inflamatório favorece a remoção de resíduos e substâncias tóxicas da área lesionada e protege os tecidos de dano adicional. A fagocitose, que é o sistema de defesa celular do corpo, envolve a ingestão de organismos tóxicos e outras partículas estranhas e sua remoção pelo sistema linfático. Em feridas na pele, esses resíduos podem ser visíveis na forma de pus. Durante esse processo, as células removedoras de detritos, **monócitos**, **macrófagos** e leucócitos, fazem a limpeza da área, devorando tecidos tóxicos e mortos ao aprisioná-los com apêndices semelhantes a braços e engolfá-los (Fig. 1.6). Esse aprisionamento ocorre de modo aleató-

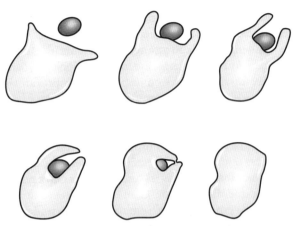

Figura 1.6 Processo de fagocitose. Células removedoras de detritos colidem de forma aleatória com resíduos vasculares. Usando apêndices semelhantes a braços, os fagócitos cercam, devoram e finalmente removem os resíduos.

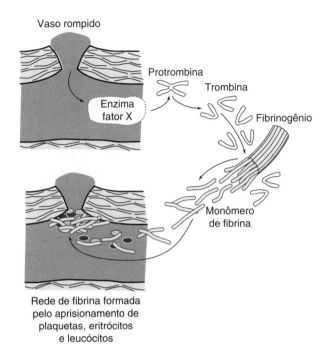

Figura 1.7 Processo de coagulação. Ativada pela presença do fator X, a protrombina é decomposta em trombina. Por sua vez, a presença de trombina faz com que o fibrinogênio se desenrole em elementos de fibrina individuais, o monômero de fibrina. O monômero de fibrina se adere ao local no vaso danificado, aprisionando plaquetas, eritrócitos e leucócitos. Após a contração dos filamentos de fibrina, uma cicatriz permanente é formada.

rio, mas exercícios de ADM indolores podem aumentar o nível de atividade fagocitária.

O reparo dos vasos sanguíneos, que é a coagulação (formação de coágulo sanguíneo), envolve uma cascata de enzimas e consiste na formação de um tampão de **plaquetas** e na transformação de fibrinogênio em **fibrina**. Esse é um processo complexo e está apresentado neste livro apenas de forma básica.

Quando um vaso é rompido, as plaquetas formam um selo inicial. As plaquetas e os leucócitos neutrofílicos que fluem na corrente sanguínea começam a se chocar com as paredes do vaso (**marginalização**). Por fim, essas substâncias se aderem ao colágeno exposto pelo trauma, o processo de **pavimentação**. Como as plaquetas não podem aderir uma à outra, elas liberam difosfato de adenosina (ADP), que "cola" uma camada de plaquetas na outra. Essa série de deposições de plaquetas forma um remendo instável e mal vedado sobre o local rompido. É preciso que ocorram eventos adicionais para formar um reparo permanente.

O vaso rompido libera uma enzima que age como sinal de perigo, alertando o corpo de que ocorreu uma lesão. Um conjunto subsequente de reações, combinadas com a deposição de plaquetas, resulta na formação de um selo permanente. A **protrombina**, um elemento flutuante livre encontrado na corrente sanguínea, reage com a enzima fator X, convertendo a protrombina em **trombina**. A presença de trombina na área então estimula o fibrinogênio a se desenrolar, liberando seus elementos de fibrina individuais (Fig. 1.7).

Filamentos de fibrina simples ativados, os monômeros de fibrina, são divididos a partir do fibrinogênio e se agrupam com a fibronectina e o colágeno para formar um reticulado de fibrina em torno da área lesionada. Os filamentos de fibrina aprisionam os eritrócitos, os leucócitos e as plaquetas. Conforme o reticulado de fibrina se contrai, ele remove o plasma e comprime as plaquetas, formando um remendo para reparar o vaso danificado.

A inflamação serve tanto como auxílio quanto como empecilho para o processo de coagulação. Em geral, o processo inflamatório favorece a emissão de protrombina para a área lesionada ao aumentar o fluxo sanguíneo. Contudo, um dos mediadores químicos, a heparina, obstrui a coagulação ao impedir que a protrombina seja convertida em trombina. É preciso que seja mantido um equilíbrio apropriado entre a heparina e os outros mediadores. Heparina em excesso inibe a coagulação do sangue; pouca heparina pode resultar em coágulos sanguíneos indesejados dentro dos vasos (trombose).

Fase de proliferação

A fase de proliferação é marcada pela remoção dos resíduos e do tecido de reparação temporário que foi formado durante o estágio de inflamação, assim como pelo desenvolvimento de novos tecidos de substituição permanentes. Uma rede vascular temporária é criada para suprir os tecidos que estão sendo reparados com oxigênio, nutrientes e células necessários para restaurar a área. Essa rede vascular permanece no local até a fase de contração da ferida. A extensão exata da transição da resposta inflamatória aguda para a de proliferação não é clara, porém acredita-se que seu início ocorre cerca de 72 horas após o trauma e pode durar 3 semanas.[24] O resultado final do processo de resposta à lesão inclui resolução, regeneração ou reparo (Tab. 1.9).[6]

A cicatrização ocorre por intenção primária ou intenção secundária. Quando o dano ao tecido é pequeno, a cicatrização ocorre por **intenção primária**, em que uma quantidade mínima de tecido de granulação ou tecido cicatricial é depositada através da fenda. Uma perda mais significativa de tecido ou o envolvimento de tecidos mais complexos requer a cicatrização por **intenção secundária**, que resulta em uma quantidade maior de tecido de granulação e na formação substancial de tecido cicatricial.

O **reparo** de uma estrutura lesionada envolve a interação entre dois tipos de células: (1) as células que pertencem à estrutura lesionada e (2) as células de tecido conjuntivo. No trauma agudo, a inflamação é um processo ativo cuja velocidade é controlada pelo metabolismo do corpo. Nas condições crônicas, a inflamação é um processo passivo em que o corpo forma tecidos conjuntivos novos e, possivelmente, indesejados.

A **regeneração** dos tecidos ocorre quando as células novas são do mesmo tipo e desempenham a mesma função que a estrutura original. A substituição do tecido se dá quando um tipo diferente de célula repõe as células danificadas, como no caso do tecido cicatricial. Tecido cicatricial em excesso resulta em dor e/ou perda de função. Não há uma delineação clara entre "reparo" e "regeneração". A maior parte do trauma tecidual acaba

sendo resolvida por meio de processos envolvendo tanto regeneração como reparo.

A qualidade da cicatrização está relacionada ao número e ao tipo de células que foram danificadas. Células lábeis (ver Tab. 1.1), como as encontradas na pele, têm a melhor habilidade para produzir um "clone" dos tecidos originais. No caso dos músculos esqueléticos, o processo envolve a deposição de tecido cicatricial fibroso, que não simula a estrutura original. As evidências sugerem que pode ocorrer microrregeneração após estiramentos leves do músculo esquelético e rupturas microscópicas de meniscos.[24]

O ATP regula a velocidade e a qualidade da cicatrização. Servindo como fonte primária de energia para a célula, o ATP fornece a energia metabólica necessária para restaurar as propriedades da membrana celular, ao mover sódio e potássio para dentro e para fora da célula, e para sintetizar e formar novas proteínas.

A cicatrização dos tecidos moles ocorre por meio da proliferação do tecido de granulação e requer quatro processos separados, porém relacionados: (1) formação de fibroblastos, (2) síntese de colágeno, (3) remodelação do tecido e (4) alinhamento do tecido. O crescimento do tecido de granulação requer a presença de fibroblastos, miofibroblastos e células endoteliais, sendo regulado por fatores de crescimento produzidos por plaquetas e macrófagos. No músculo em cicatrização, a função regenerativa proporcionada pelas células-satélite e mioblastos precisa ser equilibrada com a formação de tecido cicatricial e fibrose mediadas pelos fibroblastos.[4]

Revascularização

O processo de reparo começa na periferia, onde macrófagos e **polimorfos**, ambos capazes de suportar um ambiente com pouco oxigênio, formam o tecido de granulação e produzem novos leitos capilares. Esses leitos capilares recém-formados crescem em torno da margem da ferida e vão se deslocando de forma gradual em direção ao centro da área lesionada, criando um andaime ao redor do qual o novo tecido será formado. O reparo da ferida na pele envolve a presença de mastócitos. Essas células liberam agentes que estimulam os fibroblastos e estão envolvidos na remodelação da matriz extracelular.[25]

Os fibroblastos são atraídos para a área pela presença de macrófagos. Uma vez na área, os fibroblastos começam a depositar colágeno sobre a estrutura lesionada para criar a matriz extracelular da ferida.[26] Essa deposição de colágeno é aleatória, com pouca ordem no arranjo fibroso (Fig. 1.8). O estresse, na forma de movimentos articulares suaves, pode fazer com que essas fibras se arranjem de uma maneira mais ordenada.[27]

Tabela 1.9 Resultados possíveis do processo de resposta à lesão

Resultado	Descrição
Resolução	As células mortas e os resíduos celulares são removidos por fagocitose O tecido original é deixado com sua estrutura e função originais intactas
Regeneração	O tecido danificado é substituído por células do mesmo tipo A estrutura retém parte ou toda a sua estrutura e função originais
Reparo	O tecido original é substituído por tecido cicatricial A estrutura e a função originais são perdidas

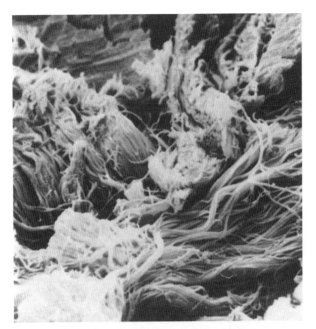

Figura 1.8 Substituição do colágeno. Visualizado por meio de um microscópio eletrônico, o colágeno novo, desorganizado, pode ser visto se entrelaçando com o colágeno mais velho, agrupado mais densamente. (Reproduzido com permissão de Hunt, TK e Dunphy, JE (eds): Fundamentals of Wound Management. Appleton-Century-Crofts, New York, 1979, p 38).

Contração da ferida

Após a revascularização, a contração da ferida diminui o tamanho original do coágulo de fibrina. Os miofibroblastos se acumulam nas margens da ferida e começam a mover-se em direção ao centro. Com um alto conteúdo de filamentos de **actina**, cada novo **miofibroblasto** se encurta para tracionar as pontas dos tecidos danificados, aproximando-as (Fig. 1.9).[25] Os fibroblastos produzem colágeno fraco do tipo III, tornando a área vulnerável às forças tensivas. A água é atraída para a área de reparo, e vasos sanguíneos, nervos proprioceptivos e nervos sensoriais começam a desenvolver-se. Nas feridas superficiais, esses eventos formam a "cicatriz" característica.

Conforme o tecido cicatricial amadurece, começa a assemelhar-se ao tecido que está substituindo. Com o tempo, a força da cicatriz é aumentada pela substituição do colágeno velho por um tipo novo, mais forte. A contração da ferida não deve ser confundida com uma *contratura*, quando a perda da habilidade dos tecidos de alongar-se causa limitação na ADM de uma articulação. Com a remodelação apropriada do colágeno, as contraturas são evitadas.

Remodelação da ferida

O corpo está sempre se remodelando. Após o trauma, o estágio de remodelação restaura a ordem no tecido cicatricial que foi previamente depositado. A presença de estresse externo causa o alinhamento das fibras para remodelagem da ferida. Cerca de 5 a 11 dias após a lesão, o colágeno do tipo III começa a ser substituído por um colágeno mais forte do tipo I, o que resulta na melhora da **força tensiva**.[28,29]

O uso de exercícios de ADM ativa precoce pode aumentar a força tensiva dos ligamentos que estão cicatrizando e facilitar tanto o estágio de proliferação quanto de

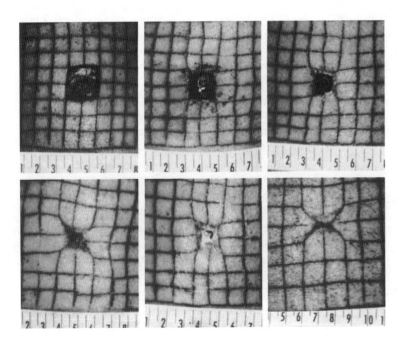

Figura 1.9 Contração da ferida. A margem externa da ferida se move em direção ao centro, aproximando as extremidades. (Reproduzido com permissão de Fitzpatrick, TB: Dermatology in General Medicine. McGraw-Hill, New York, 1987, p 330.)

maturação da cicatrização.[6,30] No início, o colágeno é depositado em uma matriz aleatória, fazendo com que a cicatriz seja frágil. Durante a remodelação, as fibras formam uma matriz mais organizada, que aumenta sua força. Contudo, o tecido cicatricial nunca é tão funcional quanto o tecido que ele substitui.[7] Considere-se a ruptura em um dos músculos isquiotibiais. Após uma ruptura pequena, em geral não ocorre déficit residual na força ou na ADM. Após uma ruptura maciça, na qual é necessária uma grande quantidade de tecido cicatricial para o reparo, o músculo produz menos força e tem uma ADM diminuída.

Como o tecido cicatricial é inelástico, sua estrutura e sua função são mais similares aos ligamentos e aos tendões do que ao músculo. O reparo do tecido muscular é melhorado por um mecanismo similar ao que ocorre quando o músculo se hipertrofia em resposta ao treinamento de força. A fibra muscular contém células-satélite que permanecem dormentes em certos tecidos musculares. Essas células não têm o citoplasma e as proteínas encontradas em outras células musculares. Após uma lesão, o reparo do tecido muscular ocorre pelo recrutamento de células-satélite como a fonte de núcleos para as células musculares novas (Fig. 1.10).[31]

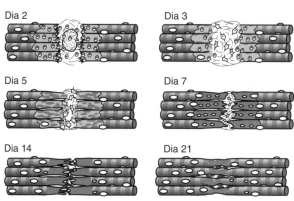

Dia 2: As partes necrosadas das miofibras que foram seccionadas estão sendo removidas pelos macrófagos. Os fibroblastos começam a formar a cicatriz de tecido conjuntivo na zona central (ZC).

Dia 3: As células-satélite estão sendo ativadas na zona de regeneração (ZR).

Dia 5: Os mioblastos estão se fundindo em miotubos na ZR e o tecido conjuntivo da ZC está se tornando mais denso.

Dia 7: As células musculares que estão se regenerando se estendem para fora dos antigos cilindros da lâmina basal, para dentro da ZC, e começam a penetrar através da cicatriz.

Dia 14: A cicatriz da ZC se condensa ainda mais, tem seu tamanho reduzido e as miofibras que estão se regenerando fecham o espaço na ZC.

Dia 21: As miofibras entrelaçadas são virtualmente fundidas com pouco tecido conjuntivo (cicatriz) entre elas. (Adaptado de Järvinen, TAH, et al: Muscle injuries. Biology and treatment. Am J Sports Med 33:745, 2005.)

Figura 1.10 Ilustração esquemática da cicatrização das fibras do músculo esquelético.

Fase de maturação

A fase de maturação marca a conclusão da fase de proliferação e é caracterizada pela "limpeza" da área e pelo aumento da força dos tecidos reparados ou substituídos. Essa é a fase final do processo de resposta à lesão e pode durar um ano ou mais.

Na conclusão da contração da ferida, o número de fibroblastos, miofibroblastos e macrófagos é reduzido para o nível pré-lesão. Como esses agentes de reparo não precisam mais ser enviados para a área, o número de capilares, a vascularidade geral da área e o conteúdo de água são reduzidos. No caso de feridas superficiais, esses eventos são indicados pela atenuação da tonalidade avermelhada da cicatriz e o eventual retorno à cor e à textura quase normais da pele.

A proporção de colágeno tipo I continua a aumentar, substituindo o colágeno tipo III existente e outras partes do retináculo de colágeno. Conforme a quantidade de colágeno tipo I continua a crescer, a força tensiva do tecido aumenta. Como a maioria das lesões musculoesqueléticas é reparada pela substituição dos tecidos, precisam ser aplicados estresses cada vez maiores ao colágeno para estimular sua organização apropriada e permitir a força tensiva máxima.

Outras consequências possíveis da lesão

Dependendo da magnitude da resposta inflamatória, dos tecidos envolvidos e do tratamento inicial da lesão, são possíveis várias outras consequências da lesão.

Lesão secundária

Na lesão primária, a morte celular é resultado de trauma físico e envolve múltiplos tipos de tecidos ao mesmo tempo. A morte celular após a lesão primária se dá como resultado da isquemia, isto é, uma diminuição no suprimento de sangue para a área, o que leva ao sufocamento das células. Esse efeito, lesão metabólica ou isquêmica, é conhecido também como lesão hipóxica secundária.[32] A lesão enzimática secundária é causada pela liberação de certos mediadores inflamatórios.[33]

A lesão primária resulta em alterações ultraestruturais dentro dos tecidos que danificam a membrana celular, levando à perda de homeostase e **necrose**. A hemorragia proveniente dos vasos danificados, o fluxo de sangue reduzido causado pelo aumento na viscosidade do sangue, o inchaço **hidrópico** das células danificadas e a pressão decorrente do hematoma e do espasmo muscular bloqueiam o suprimento de sangue fresco e resultam em isquemia. Os capilares nas áreas adjacentes se rompem como resultado do edema intersticial, continuando o ciclo por meio do bloqueio do suprimento de

> **Estratégias de tratamento**
> **Prevenção da lesão secundária**
>
>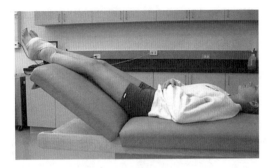
>
> Se forem diminuídas a necessidade de oxigênio na área lesionada e a quantidade de bloqueio nas arteríolas e nos vasos venosos, a quantidade de lesão secundária será limitada. A necessidade de oxigênio é reduzida diminuindo-se o metabolismo celular com a aplicação de frio (ver Cap. 5). Ao tornar o metabolismo celular mais lento, também se diminui a quantidade de lesão enzimática secundária. O bloqueio da vasculatura pode ser reduzido ao limitar-se a quantidade de líquidos que se acumulam na área com o uso de compressão e elevação (ver Estratégias de tratamento – Redução do edema).
>
> - Aplicação de frio: reduz o metabolismo celular, o que reduz a necessidade de oxigênio da célula e limita a lesão hipóxica e enzimática secundária.
> - Compressão: diminui a hemorragia e previne o edema.
> - Elevação: estimula a captação e as drenagens venosa e linfática das extremidades.

oxigênio e causando a morte de mais células. A morte celular subsequente bloqueia mais estruturas vasculares, impedindo que mais sangue e oxigênio sejam levados ao local.

Esse fenômeno de lesão metabólica resulta na inabilidade de célula de usar o oxigênio e impõe uma dependência sobre a **via glicolítica** para produção de ATP. A ineficiência desse sistema e a indisponibilidade dos combustíveis necessários cria uma falta de energia de ATP, o que resulta em falha da bomba de sódio-potássio. A lesão secundária é vista primeiro nas mitocôndrias dentro de 30 minutos após o trauma primário.[32,33]

> **Evidência prática**
> A aplicação de compressas de gelo dentro de 30 minutos após o trauma musculoesquelético pode diminuir a quantidade de lesão secundária.[32]

A liberação de enzimas das células que estão morrendo e os mediadores inflamatórios podem causar lesão enzimática secundária.[33] As alterações resultantes na estrutura da membrana celular levam à perda do potencial de membrana de repouso e ao inchaço hidrópico, causando a morte da célula.

Inchaço e edema

Embora haja um limite tênue entre inchaço e edema, o inchaço diz respeito ao aumento de volume de uma parte do corpo como resultado do acúmulo de líquido. O edema é o acúmulo excessivo de líquidos e proteínas no espaço intersticial resultante do desequilíbrio entre as pressões dentro e fora da membrana celular, ou uma obstrução dos mecanismos de **retorno linfático** e retorno venoso. Esse acúmulo de líquidos faz com que os tecidos se expandam. A quantidade de edema que se acumula na área lesionada é proporcional a:[16]

- Gravidade da lesão (número e tipo de células danificadas).
- Alterações na permeabilidade vascular.
- Quantidade de hemorragia primária e secundária.
- Altos gradientes de pressão.
- Presença de mediadores inflamatórios químicos.

A lei de Starling descreve o movimento dos líquidos através da membrana capilar que resulta na formação ou remoção do inchaço.[34] A lei de Starling pode ser enunciada assim:

1. A pressão hidrostática vascular e a pressão osmótica coloide do líquido intersticial forçam os conteúdos dos capilares em direção aos tecidos.
2. A pressão osmótica coloide do plasma move os líquidos dos tecidos para dentro dos capilares.
3. A pressão hidrostática do membro é alterada por mudanças na posição do membro.

Normalmente, a pressão hidrostática vascular e a pressão coloide do plasma são aproximadamente equivalentes, mantendo igual o fluxo para dentro e para fora (ocorre algum retorno por meio do sistema linfático). A permeabilidade capilar aumenta após a lesão, tornando mais fácil para líquidos e matéria sólida deixarem os vasos (Fig. 1.11). Se a pressão dentro dos vasos (pressão hidrostática vascular) excede a pressão fora dos vasos (pressão osmótica coloide do plasma), os líquidos são forçados para fora dos capilares e vão para os tecidos, resultando em inchaço. Do mesmo modo, se a pressão fora do vaso é maior do que a pressão dentro do vaso, os líquidos são forçados para dentro do vaso para serem

para o espaço intersticial. Quando o braço é erguido acima da cabeça, a pressão hidrostática do membro diminui, forçando os líquidos de volta para o coração. A pressão hidrostática do membro é usada para ajudar a controlar e reduzir o inchaço nos membros. Esse mecanismo está discutido nas seções a seguir.

O fluxo linfático é perturbado pelo edema. Os tecidos se expandem e fazem com que as válvulas, que consistem em abas entre as células endoteliais nos capi-

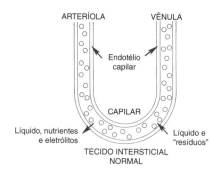
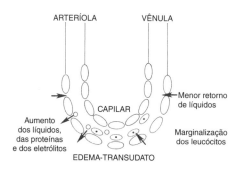
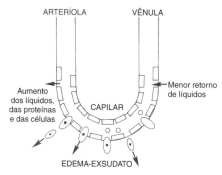

Figura 1.11 A formação do edema. (A) A pressão normal dentro e fora do vaso causa um fluxo de líquidos e nutrientes para fora, na extremidade da arteríola, e a absorção de resíduos na extremidade da vênula. (B) Estágio de transudato. Após uma lesão, os mediadores inflamatórios fazem com que as arteríolas se dilatem. O aumento da pressão de filtração capilar move proteínas e líquidos para dentro dos tecidos. (C) Estágio de exsudato. O aumento da inflamação força os neutrófilos e outras células sanguíneas para fora em direção aos tecidos, resultando na formação de um líquido edematoso espesso. (Reproduzido com permissão de Michlovitz, SL (ed): Thermal Agents in Rehabilitation, ed 2. FA Davis, Philadelphia, 1990, p 7.)

removidos da área. A maioria dos líquidos é removida pelo sistema venoso, e a matéria sólida é removida pelo sistema linfático.

A pressão hidrostática de um membro depende de sua posição. Quando um braço está pendendo ao lado do corpo, sua pressão hidrostática é aumentada porque a gravidade está atraindo o sangue distalmente (em direção aos dedos). A pressão resultante força os líquidos

---

Estratégias de tratamento
Redução do edema

A chave para lidar com o edema é impedir que ele ocorra. O uso de gelo, compressão e elevação logo após o trauma evita a formação de edema (ver Cap. 5). A estrutura lesionada precisa ser tratada com uma bandagem compressiva (ver Técnicas clínicas – Bandagens compressivas) entre as sessões de tratamento. O paciente precisa ser orientado quanto à importância de usar continuamente a bandagem, manter o membro elevado sempre que possível ao longo do dia e dormir com o membro elevado.

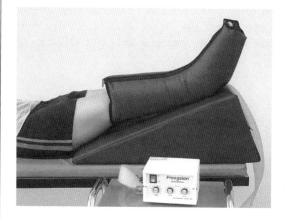

Infelizmente, mesmo o melhor atendimento imediato não previne totalmente a formação de edema. Depois que o inchaço se forma, uma meta inicial do tratamento precisa ser a redução do edema e a prevenção de suas consequências, como a dor e a diminuição da amplitude de movimento.

As estratégias a seguir podem ser usadas de forma individual ou combinada para ajudar a reduzir o edema:

- Contrações musculares voluntárias.
- Elevação.
- Dispositivos de compressão.
- Massagem.
- Contrações musculares induzidas eletricamente (ordenha do músculo).
- Amplitude de movimento passiva.
- Bandagens compressivas.

lares, se separem. O fechamento incompleto das válvulas as torna ineficazes, ao permitir que os líquidos retornem para a área lesionada, aumentando a pressão dentro da veia, o que diminui ainda mais o mecanismo de retorno venoso.[35] A expansão dos tecidos causa mais lesão hipóxica ao obstruir as vias vasculares, o que impede o envio de sangue fresco transportando oxigênio.[36] Quando o membro é colocado em uma posição dependente da gravidade, ou seja, pendente, a pressão intersticial aumenta até o ponto em que os vasos linfáticos colapsam, obstruindo ainda mais o fluxo para fora da área (Fig. 1.12).[21] O sangue que sai das veias precisa então ser retornado por meio do sistema linfático.

Quando o envio de sangue fresco e oxigênio para as estruturas lesionadas é bloqueado, o retorno venoso e linfático a partir do local também é inibido, fazendo com que o ciclo continue.[36] A pressão causada pelo acúmulo de líquido também causa dor, ao estimular os receptores nervosos mecânicos na área e ao privar os tecidos de oxigênio, causando dor de origem química.

O edema contribui para que o ciclo de resposta à lesão continue. O exsudato obstrui os espaços vasculares e celulares, aumentando a pressão no tecido e impedindo que o oxigênio alcance os tecidos, causando, portanto, mais morte celular, dor e restrição na mobilidade articular (Tab. 1.10).[37] O processo de cicatrização propriamente dito se torna mais lento, pelo atraso na regeneração celular e formação imprópria de colágeno. A deposição de colágeno é aumentada na área edematosa e, quando não é controlada, leva à **fibrose**, contraturas articulares e atraso na cicatrização do músculo.[38] Esses fatores produzem diminuição na ADM articular e na força muscular, perda de função normal e, eventualmente, atrofia e fibrose na parte do corpo afetada.[37]

A principal meta durante o início do tratamento da lesão é diminuir a formação de edema e remover o inchaço do local de lesão. A aplicação de gelo reduz a formação de edema, o qual é removido pelo aumento do retorno venoso e linfático, pela gravidade, pelo aumento da circulação sanguínea e pela compressão. O mecanismo primário para remoção de proteínas do espaço intersticial ocorre por meio do sistema linfático.

Tabela 1.10 Tipos de exsudato

Tipo	Composição/característica
Seroso	Consistência aquosa comum após queimaduras. Também denominado transudato
Fibrinoso	Líquido rico em plasma, sobretudo muitas proteínas plasmáticas; contém fibrinogênio
Supurativo (purulento)	Pus contendo neutrófilos mortos e organismos-alvo; abscesso
Úlcera	Tecido inflamado rompido e epitélios rompidos deixam uma cratera (úlcera)

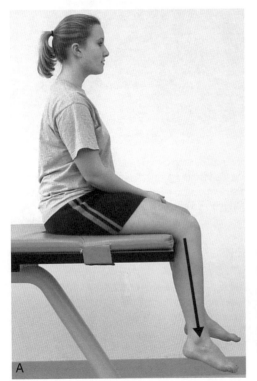
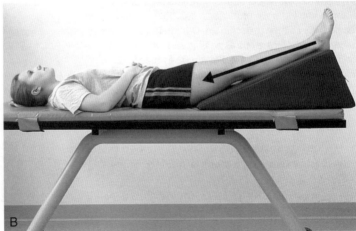

Figura 1.12 Posições gravitacionais: pendente e não pendente. (A) Posição pendente. A gravidade trabalha contra o retorno venoso. (B) Posição não pendente. A gravidade auxilia no retorno venoso.

Técnicas clínicas
Bandagens compressivas

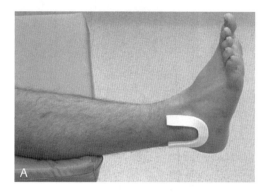
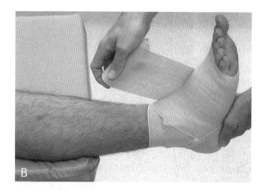
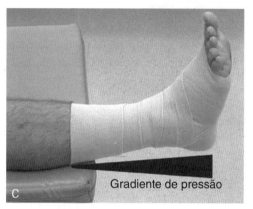

Compressão focal para os ligamentos laterais do tornozelo. (A) Um estofamento em U tipo "ferradura" é colocado em torno do maléolo lateral. (B) Começando nas articulações metatarsofalângicas, aplicar a bandagem compressiva e seguir no sentido proximal. (C) Aplicar mais pressão na extremidade distal do que na extremidade proximal, criando um gradiente de pressão.

Aplicar a bandagem compressiva começando na extremidade distal e seguindo no sentido proximal, diminuindo gradualmente a pressão em cada volta. As bandagens aplicadas com pressão igual ao longo da extensão costumam ser contraprodutivas, pois formam um tipo de torniquete, inibindo o fluxo para dentro e para fora da área. Compressão demais sobre veias superficiais, como a veia poplítea na parte posterior do joelho, pode elevar a pressão venosa periférica e aumentar o risco de trombose venosa profunda.[39,40] A compressão é o método mais rápido de limitar a hemorragia nos tecidos lesionados.

A compressão pode ser aplicada a uma área lesionada usando três técnicas diferentes:

1. A **compressão circunferencial** proporciona uma pressão igual em torno de toda a circunferência da parte do corpo. A área de secção transversa permanece circular, porém o diâmetro da parte do corpo diminui. Esse tipo de compressão é usado para áreas do corpo que têm formato regular, como joelho ou coxa. As bandagens elásticas e as mangas pneumáticas ou cheias de água são formas comuns de compressão circunferencial.

2. A **compressão colateral** produz pressão em apenas dois lados da parte do corpo, de modo que a área de secção transversa se deforma para o formato elíptico. Os tecidos moles são comprimidos entre o dispositivo e o osso. Uma forma comum de compressão colateral é encontrada em talas infláveis em forma de estribo.

3. A **compressão focal**, aplicada com estofamento em U tipo "ferradura", fornece pressão direta aos tecidos moles cercados por estruturas ósseas proeminentes (p. ex., os ligamentos laterais do tornozelo ou a articulação acromioclavicular). O estofamento é colocado em cima da área, de modo que fica em contato com o tecido mole lesionado ao mesmo tempo em que evita o osso. Uma bandagem compressiva circunferencial ou colateral é então usada para aplicar a pressão (ver imagem).

Verificar o enchimento capilar na extremidade distal (dedos da mão ou do pé) para assegurar que a circulação adequada seja mantida.

A compressão deve ser aplicada com até 30 a 40 mmHg de pressão.[41] Para identificar quanta pressão está sendo aplicada durante uma bandagem compressiva, inflar um manguito de pressão arterial até 20 mmHg e colocá-lo sobre a pele. Então, aplicar a bandagem elástica por cima do manguito. Quando terminar, observar o valor no esfigmomanômetro. Subtrair o valor original (p. ex., 20 mmHg) do valor final para determinar quanta pressão foi aplicada. Ver no Capítulo 14 mais informações sobre os efeitos da compressão.

Evidência prática

Bandagens e meias compressivas servem sobretudo para reduzir a hemorragia aguda e prevenir estase (empoçamento) venosa. Esses dispositivos têm pouco efeito no retorno venoso quando comparados com as contrações musculares ativas ou compressão intermitente.[22,41,42]

Retorno venoso ou linfático

O inchaço e o edema são reduzidos pelo transporte de líquidos e resíduos sólidos para longe da área por meio dos sistemas venoso e linfático (os conteúdos do sistema linfático acabam retornando à rede venosa por meio do **duto torácico**.[43] Como os mecanismos desses sistemas são similares, a função do sistema de retorno venoso será usada para descrever o processo de retorno dos conteúdos do sistema linfático dos membros para o tórax.

O processo de retorno linfático e venoso é passivo quando comparado ao sistema arterial. As alterações no fluxo sanguíneo, pressão arterial e frequência cardíaca não afetam o fluxo dentro desses sistemas.[35] Em contraste com a influência que exercem no fluxo sanguíneo arterial, onde as pressões costumam exceder 80 mmHg, a pressão arterial tem pouco efeito no retorno do sangue venoso para o coração, exercendo cerca de 15 mmHg de pressão sobre o sistema venoso.[20] As pressões que trabalham contra o sistema venoso aumentam 1 mmHg para cada milímetro de distância entre o átrio direito e a extremidade.[44,45]

Depois que o sangue passa pelos capilares, o corpo depende da respiração, de contrações musculares e da gravidade para retornar o sangue para o coração. O processo respiratório provoca o retorno venoso, tanto durante a inspiração quanto na expiração. Quando se enche o peito de ar, o diafragma desce e cria um gradiente de pressão negativo no tórax, causando um efeito semelhante a um sifão, que impele o sangue para cima no sistema venoso, parecido com o que ocorre quando se bebe líquido de um canudo.

Durante a contração do músculo esquelético, as veias são comprimidas, reduzindo seu diâmetro. Por causa da função unidirecional das válvulas, o sangue é forçado a mover-se da extremidade em direção ao coração. Conforme a força de contração é reduzida, as válvulas unidirecionais se fecham, impedindo que o sangue volte para a posição original (Fig. 1.13).[35,44] Durante a deambulação, por exemplo, a contração dos músculos da panturrilha, do sóleo em particular, aumenta a pressão venosa local em até 200 mmHg.[44,46,47] Certos recursos terapêuticos e exercícios de reabilitação também podem aumentar o fluxo sanguíneo venoso (Tab. 1.11).

Os líquidos dentro do sistema de retorno venoso são afetados pela gravidade. A colocação do membro

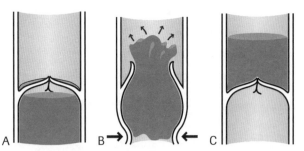

Figura 1.13 Função das válvulas unidirecionais nas veias. (A) A posição dos líquidos dentro da veia quando o músculo está relaxado. (B) Conforme o músculo se contrai, a pressão faz com que a porção distal da veia colapse, abrindo as válvulas unidirecionais e forçando o sangue em direção ao coração. (C) Conforme o músculo relaxa, a válvula se fecha, impedindo que o sangue se mova de volta para a área.

Tabela 1.11 Fluxo da veia femoral afetado pela aplicação de diferentes modalidades

Técnica	Fluxo de sangue da veia femoral (mL/min)
Levantamentos passivos da perna estendida	1.524
MPC anatômica	1.199
MPC não anatômica	836
Dorsiflexão ativa do tornozelo	640
Luva pneumática	586
Compressão manual da panturrilha	532
Dorsiflexão passiva	385

MPC: movimentação passiva contínua.
Adaptado de Von Shroeder, HP, et al: The changes in intramuscular pressure and femoral vein flow with continuous passive motion, pneumatic compression stockings, and leg manipulations. Clin Orthop 218, May, 1991.

em uma posição pendente aumenta a pressão hidrostática dentro dos vasos sanguíneos periféricos e força os líquidos para dentro dos tecidos (ver Fig. 1.12). Quando o membro é colocado em uma posição gravitacional não pendente (elevada), há um fluxo natural para baixo dos líquidos que estão dentro dos vasos. A eficácia da gravidade para retornar o sangue ao coração depende do ângulo do membro em relação ao solo, do diâmetro das veias e da **viscosidade** do sangue.

O efeito máximo da gravidade ocorre quando o membro fica perpendicular (90°) ao coração e é menos eficaz quando o membro se encontra na horizontal. O efeito da posição do membro sobre a gravidade influenciando o retorno venoso é determinado pelo ângulo do membro com a horizontal (Fig. 1.14). A gravidade é um impedimento ao retorno venoso quando o eixo longo do membro cai abaixo da horizontal.

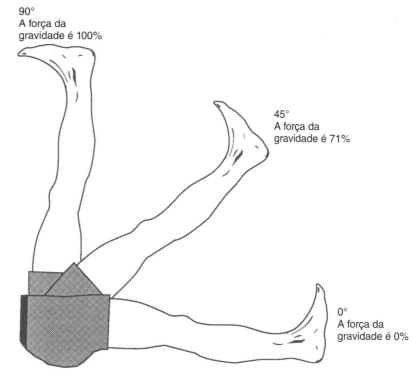

Figura 1.14 Efeito da gravidade na drenagem venosa em diferentes posições do membro. A gravidade é mais eficaz quando o membro se encontra em 90° e é essencialmente inexistente quando o membro se encontra paralelo ao solo. Encontra-se um meio-termo entre conforto e função quando o membro é elevado a um ângulo de 45°.

A resistência ao fluxo sanguíneo é inversamente proporcional à quarta potência do raio do vaso (1/raio⁴) (Fig. 1.15).[20] Em consequência disso, pequenas mudanças no diâmetro do vaso resultam em grandes mudanças na sua resistência ao fluxo. O aumento do diâmetro diminui a resistência; a diminuição do diâmetro aumenta a resistência ao fluxo. As vênulas têm um diâmetro menor do que as veias; portanto, ocorre maior resistência ao fluxo mais perto da interface capilar-vênula, porém a velocidade do fluxo de sangue para os tecidos não pode exceder a velocidade do fluxo nessa interface.

A viscosidade é a resistência de um líquido ao fluxo. Normalmente, a viscosidade do sangue permanece constante. Contudo, após uma lesão, a viscosidade do sangue aumenta por causa da perda de plasma nos tecidos vizinhos e a proporção de líquidos para sólidos diminui. Embora essa mudança na viscosidade não seja grande o suficiente para afetar o fluxo sistêmico de sangue, pode causar obstrução na área adjacente à lesão.

A reabsorção linfática é aumentada quando o edema se alastra sobre uma área maior do que quando se concentra em um local (ver Cap. 14). Elevação, massa-

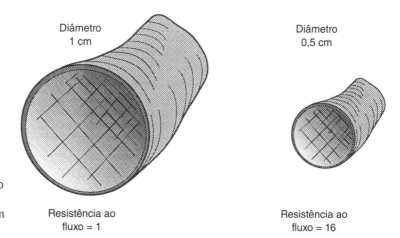

Figura 1.15 Diâmetro do vaso relativo à resistência ao fluxo de sangue. A diminuição do diâmetro de um vaso pela metade aumenta a resistência ao fluxo do sangue em 16 vezes.

gem do edema, bandagens compressivas e compressas agem para destruir o edema e aumentar a velocidade de reabsorção.

Espasmo muscular

O espasmo muscular, uma contração involuntária das fibras musculares, é o mecanismo intrínseco do corpo para imobilizar e proteger a área lesionada e pode ser resultado de trauma direto, diminuição do suprimento de oxigênio ou disfunção neurológica.[48] O espasmo muscular causa dor por meio da estimulação mecânica e química dos receptores da dor. Os pontos-gatilho são áreas localizadas de espasmo muscular (Quadro 1.5).

A tensão produzida pelas fibras encurtadas estimula as fibras dolorosas mecânicas enquanto o suprimento de oxigênio reduzido irrita as fibras dolorosas químicas. Conforme o espasmo muscular persiste, os ligamentos e tendões associados são irritados.[52] Como resultado, a quantidade de espasmo muscular aumenta para proteger ainda mais as estruturas. Isso se torna um ciclo autoperpetuável que é alimentado pela dor, diminuição do suprimento de oxigênio e diminuição da quantidade de estresse positivo (na forma de movimento).

Quadro 1.5 Pontos-gatilho

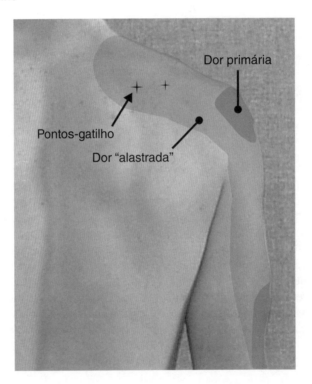

Pontos-gatilho do músculo supraespinal. As áreas de dor primária (critérios diagnósticos) são as áreas escuras mostradas no deltoide lateral e sobre o epicôndilo lateral. A dor pode se alastrar para as áreas vizinhas (áreas sombreadas claras).

Os pontos-gatilho, que são áreas localizadas de espasmo muscular, podem ser causados por trauma agudo, isquemia, inflamação ou estresse psicológico.[49] Em termos clínicos, os pontos-gatilho se apresentam como áreas discretas, localizadas, de **hipersensibilidade**, localizadas em bandas tensas de músculo esquelético.[50] A sensibilidade local e a dor referida são produzidas durante a palpação e podem resultar em limitação na mobilidade e fraqueza no músculo afetado. Um tipo de massagem transversa pode produzir uma contração muscular rápida no local. Os pontos-gatilho em geral formam-se ao longo do eixo longo dos músculos posturais. A maioria dos pacientes têm múltiplos pontos-gatilho.[51] Os pontos-gatilho são confundidos com **fibromialgia** e fazem parte dos critérios diagnósticos da fibromialgia. Contudo, podem ocorrer mesmo na ausência de fibromialgia.[50,51] Os pontos-gatilho podem ser ou ativos ou latentes.[50] Os pontos-gatilho ativos são dolorosos quando a parte do corpo está em repouso. A palpação reproduz os sintomas do paciente de dor referida. Quando são palpados ou irritados de alguma maneira, os pontos-gatilho ativos podem ativar pontos-gatilho satélites.[51] Os pontos-gatilho latentes não produzem dor quando em repouso, porém são dolorosos durante a palpação e podem limitar a amplitude de movimento e a força muscular. Localizações comuns de pontos-gatilho e a distribuição da dor resultante estão apresentadas no Apêndice B.

Estratégias de tratamento
Espasmo muscular e pontos-gatilho

As estratégias de tratamento abordam tanto os sintomas associados aos pontos-gatilho quanto a correção da causa ou causas comportamentais, biomecânicas, patológicas ou ergonômicas que produzem o ponto-gatilho ou espasmo muscular. O alívio da dor diminui o espasmo, o que interrompe o gatilho de dor. Massagem, crioalongamento, estimulação elétrica, ultrassom, exercício ativo, injeção no local e **iontoforese** têm sido usados com sucesso para diminuir o espasmo.

A crioterapia na forma de bolsas de gelo ou massagem com gelo é um meio eficaz de se obter a dessensibilização das terminações nervosas locais. Compressas quentes úmidas são eficazes quando há espasmo superficial. O alongamento dos tecidos no sentido das linhas das fibras musculares também ajuda a diminuir o espasmo.

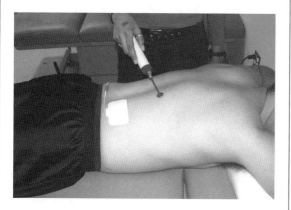

O espasmo muscular pode ainda ser causado pelo pinçamento das raízes nervosas espinais ou dos nervos periféricos. Nesse caso, a abordagem de tratamento consiste em aliviar a pressão no ponto sobre o nervo. Para raízes nervosas, isso pode tomar a forma de uma tração cervical ou lombar. Para os nervos periféricos, pode ser necessária a redução do edema que está pressionando o nervo ou a remoção cirúrgica de um esporão ósseo ou bainha fibrosa que tenham se formado em torno do nervo.

Atrofia muscular e fraqueza

Quando um músculo não é usado, as fibras se tornam cada vez menores, já que seu conteúdo de actina e **miosina** diminui. A **atrofia por desuso** se dá quando uma parte do corpo é imobilizada por um dispositivo externo, fica com descarga de peso parcial ou quando a pessoa, de forma consciente ou inconsciente, se recusa a usar o membro por causa da dor.[53] Ocorre **atrofia por denervação** quando não há um suprimento nervoso intacto para o grupo muscular. Nos dois casos, as mudanças resultantes são similares.

Evidência prática
As fibras dos músculos posturais começam a apresentar alterações fisiológicas microscópicas apenas 24 horas após a imobilização[55,57] e podem ser clinicamente visíveis 1 semana depois.[58]

A imobilização precoce auxilia os estágios iniciais de inflamação e reparo ao reduzir o acúmulo de macrófagos, em especial na interface tendão-osso.[54] Contudo, o tamanho e a função das células diminui em resposta a uma falta prolongada de estresses físicos e informações aferentes enviadas da área lesionada.[55] Desse modo, a síntese de proteínas, a produção de energia e a contratilidade dos tecidos começam a declinar até o ponto de degeneração, momento em que diminui a habilidade do músculo de gerar força. Os músculos posturais, compostos de fibras de contração lenta (tipo I), são os primeiros a apresentar sinais clínicos e laboratoriais de atrofia.[56,57]

Estratégias de tratamento
Retardamento da atrofia

A atrofia ocorre quando o músculo não recebe mais as cargas funcionais costumeiras. A inabilidade de contrair o músculo, apoiar peso ou mover as articulações associadas diminui a quantidade de tensão que o músculo experimenta. Quando isso se prolonga, a ausência de estresse envia um sinal para que se comece a reduzir parte da massa muscular, pois o corpo deduz (de forma incorreta) que esta não é mais necessária.

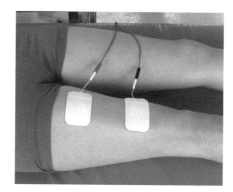

O repouso é uma "faca de dois gumes" no tratamento e na reabilitação de lesões musculoesqueléticas. A imobilização é necessária para proteger as estruturas lesionadas, porém a falta de estresse físico pode inibir a remodelação apropriada dos tecidos.[56] Quem já viu um braço ou perna que foi imobilizado por um longo período sabe que os efeitos adversos da imobilização são prontamente aparentes.

(continua)

> **Estratégias de tratamento (*Continuação*)**
>
> O processo de atrofia pode ser detido por vários métodos. Os músculos imobilizados na posição alongada são mais resistentes à atrofia do que aqueles imobilizados na posição encurtada.[57] Contudo, dependendo da parte do corpo, das estruturas envolvidas e do tipo de lesão, nem sempre é prático imobilizar o músculo na posição alongada. As contrações isométricas, a estimulação muscular elétrica ou ambas podem retardar o processo de atrofia (ver Cap. 13).

O processo de resposta à lesão acelera a taxa de atrofia. O edema e a inflamação estimulam os órgãos tendinosos de Golgi, aumentando a taxa de atrofia (Quadro 1.6). Conforme um músculo atrofia, o suprimento sanguíneo para as fibras remanescentes diminui e a inervação do músculo é prejudicada.[20,57] A continuidade do processo de atrofia leva à inibição reflexa, na qual o derrame e os impulsos dolorosos criam uma alça inibitória que essencialmente faz com que a pessoa "esqueça" como contrair o músculo, a **inibição muscular artrogênica (IMA)**.

Quadro 1.6 Intenções equivocadas

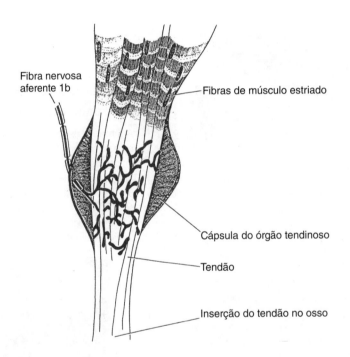

Os órgãos tendinosos de Golgi (OTG) trabalham bem próximos aos fusos musculares no monitoramento da quantidade de tensão imposta a um músculo e seu tendão. Localizadas dentro do ventre muscular, projeções vindas do fuso se enrolam em torno de fibras musculares individuais. Quando o músculo se contrai, os fusos monitoram a velocidade e a magnitude da tensão produzida.

Os OTG se dividem em vários ramos, com a maior densidade sendo localizada na junção músculo-tendão. Quando o músculo se contrai, este impõe quantidades variadas de força sobre o tendão. Os OTG monitoram a quantidade de estiramento imposta ao tendão para prevenir o dano resultante da tensão em excesso. Se a taxa de estimulação dos OTG ou fusos musculares se torna alta demais, um impulso nervoso é gerado para inibir a contração muscular. O músculo antagonista oposto pode ser facilitado para que se contraia.

Durante o processo de resposta à lesão, esses nervos podem ser estimulados de forma mecânica pela pressão resultante do espasmo muscular ou edema, ou podem ser estimulados quimicamente pelos mediadores inflamatórios. Independentemente da natureza da estimulação, uma influência inibitória é exercida sobre o músculo. Quando se permite que esse processo continue, o músculo atrofia.

Ilustração reproduzida com permissão de Ham, AW and Cormack, DH: Histology, ed 8. JB Lippincott, Philadelphia, 1979, p 584. J B Lippincott.

A IMA é uma inibição reflexa pré-sináptica do músculo, causada pelo derrame articular.[16,59] Os impulsos provenientes de **interneurônios** inibitórios interferem com o recrutamento dos motoneurônios dos músculos que cruzam a articulação envolvida.[16] Além de causar atrofia, a IMA obstrui o processo de reabilitação, ao atrasar os ganhos de força e interromper a propriocepção articular.[59]

Inflamação crônica

A inflamação crônica costuma ser provocada pela presença prolongada de irritantes de baixa intensidade. É possível que o corpo desenvolva uma inflamação crônica sem passar antes por um estágio inflamatório agudo significativo o suficiente para que o paciente busque tratamento. A inflamação está lá, porém em um nível insuficiente para chamar atenção. Com frequência, o paciente só busca ajuda quando o tecido está quase no ponto de colapso. A presença de inflamação crônica é um forte preditor de incapacidade futura.[60]

Durante a inflamação crônica, o corpo está tentando se curar e se reparar sozinho. A magnitude da inflamação crônica depende do equilíbrio entre causas subjacentes, como uma biomecânica imprópria, e a tentativa do corpo de resolvê-la. Baixas concentrações de mediadores inflamatórios são atraídas para a área, e estes, com o tempo, enfraquecem o tecido conjuntivo. Quando isso persiste, a inflamação crônica pode levar a um dano permanente do tecido.

A resposta inflamatória é marcada sobretudo pela perda de função da parte do corpo. Durante a inflamação crônica, o corpo ainda está reagindo ao estímulo proveniente de uma hipersensibilidade atrasada, o que prolonga a cicatrização e o reparo, porém continua agindo, ainda que de maneira mais lenta. Os sinais cardinais da inflamação aguda dão lugar às marcas características da inflamação crônica: produção de tecido conjuntivo fibroso e tecido de granulação e infiltração de células mononucleares. As alterações vasculares associadas a inflamação aguda, vasodilatação e exsudação de líquidos são menos acentuadas ou estão ausentes durante a inflamação crônica.

Células mononucleares, leucócitos, linfócitos, macrófagos e fibroblastos substituem a infiltração de neutrófilos vista durante a inflamação aguda. A inflamação crônica prolongada também aumenta o papel das células do plasma. A destruição tecidual associada à inflamação crônica é causada por citocinas produzidas pelas células mononucleares. A cicatrização do tecido é promovida pelos fibroblastos.

Ocorre necrose do tecido causada pelo processo patológico original ou inflamatório propriamente dito, e isso perpetua ainda mais a resposta inflamatória. A deposição contínua de tecido conjuntivo fibroso pode levar a um endurecimento do tecido, a **induração**. A atividade fibroblástica continua até o ponto no qual grandes quantidades de colágeno envolvem a área afetada, formando um **granuloma**. Esse granuloma afeta a função da parte envolvida, levando à perda completa da função e ao desenvolvimento de reações secundárias nas estruturas associadas.

A inflamação crônica também pode se autoperpetuar ao alterar a biomecânica do corpo. Dor, restrição de mobilidade ou perda de força muscular podem fazer com que o corpo substitua o movimento normal por movimento compensatório. A mecânica recém-adquirida impõe novas cargas sobre as estruturas e ativa uma resposta inflamatória. Um lançador de beisebol com inflamação crônica do manguito rotador pode servir como exemplo. A presença de um granuloma no supraespinal pode diminuir a ADM e a força dos músculos. Ao continuar arremessando, o atleta irrita ainda mais o tendão. Quando o movimento de arremessar é modificado, as forças são distribuídas para tecidos que não estão acostumados a esse estresse, reativando o processo inflamatório.

O exercício ativo e controlado é benéfico no tratamento e no controle da inflamação crônica.[60]

Capítulo 2

Fisiologia e psicologia da dor

Brian G. Ragan, PhD, At

De todos os componentes da resposta à lesão, nenhum é menos consistente ou menos compreendido que a resposta individual à dor. A percepção de dor é uma propriedade primal do sistema nervoso e inerente a todos. A dor é mais do que uma sensação. É uma "experiência" que envolve a interação de pensamentos, emoções e vivências passadas levando a respostas sensoriais e motoras.[61] A dor aguda é a principal razão pela qual as pessoas buscam atenção médica e a principal queixa que descrevem na sua avaliação inicial. A dor crônica pode ser mais debilitante do que o próprio trauma, inclusive do ponto de vista emocional e físico.[62,63]

A expressão "eu tenho dor" é empregada com frequência, sendo a principal razão pela qual as pessoas buscam atenção médica. O termo e o conceito de "dor" foram definidos pela Associação Internacional para o Estudo da Dor como uma "experiência sensorial e emocional desagradável associada a dano tecidual real ou potencial ou descrita em termos de tal dano".[64]

Apesar de os humanos experimentarem a dor desde o início dos tempos, ela ainda não é compreendida, em razão da interação complexa de muitos fatores que podem afetá-la. A compreensão da dor, conforme sua definição atual, tem menos do que 50 anos. Além do componente fisiológico, a dor também tem componentes psicológicos, emocionais e comportamentais.[65] É descrita como uma experiência individual, altamente variável, e é afetada pelo humor, pela cultura e por experiências passadas, assim como a idade e a personalidade.[66] O que uma pessoa interpreta como dor pode não ser o mesmo para outra pessoa em uma situação idêntica.

A dor, referida como quinto sinal vital, serve como uma linha de autodefesa do corpo.[68] Ela alerta que os tecidos estão em risco imediato ou já foram danificados. A dor, causada por forças mecânicas ou mediadores inflamatórios, ativa os reflexos de proteção e motiva comportamentos que ajudam a evitar – ou ao menos diminuir – o trauma físico. Embora as pessoas não gostem da dor, ela é crucial para a sobrevivência. A perda da sensação de dor deixa o corpo, ou uma área dele, des-

> ## Evidência prática
>
> Em vez de ser apenas uma sensação, a dor é um processo que envolve respostas sensoriais, motoras e emocionais. A dor é formalmente definida como:
>
> > uma experiência sensorial e emocional desagradável associada ao dano tecidual real ou potencial ou descrita em termos de tal dano. Cada pessoa aprende a aplicação da palavra por meio da experiência relacionada à lesão no início da vida. É inquestionavelmente uma sensação em uma parte do corpo, porém é também sempre uma experiência emocional.[64,67]
>
> Por definição, a dor aguda é desagradável, tem causa identificável e duração limitada.[61]

protegido contra um dano sério e, potencialmente, desinformado de que um trauma ocorreu.[69] A dor perde seu valor quando seu papel defensivo não é mais necessário. Nesse caso, a dor pode tornar-se mais debilitante do que a patologia propriamente dita e passa a ser um problema em si mesma.[61]

Para entender melhor a dor e as teorias de **modulação** da dor, é preciso entender antes a diferença entre dor e nocicepção. A dor é a sensação desagradável. Nocicepção (do latin *nocere*, "machucar") é o processo neural de codificar e processar os estímulos nocivos.[64] A diferença importante é que a dor precisa ser interpretada pelos centros cerebrais superiores como *dor*, e a nocicepção é o processo neurofisiológico que pode ser interpretado como dor.

Dimensões da percepção da dor

Por causa da complexidade da dor e do envolvimento de componentes tanto fisiológicos quanto psicológicos, a percepção de dor varia de pessoa para pessoa e de dia para dia na mesma pessoa. O **córtex cerebral** é responsável por alterar a percepção e a reação à dor.

Há três dimensões de percepção da dor: sensório-discriminativa, cognitivo-avaliativa e afetivo-motivacional (Tab. 2.1).[20,70,71]

Há algumas situações em que a percepção da dor é alterada por eventos mais importantes, situações que Melzak e Wall denominaram "condições de campo de batalha", ou seja, no calor da batalha, a informação relativa à dor é ignorada por causa das circunstâncias sérias que desviam a atenção.[70] Um bom exemplo disso é o quadro típico de cinema de soldados ingleses logo após uma batalha sangrenta:

"É o que eu digo, amigo, esta foi horrível, não foi? Sinto muito pela sua perna."

"Minha perna?"

"Sua perna. Você foi atingido."

"Oh não, que droga! Vamos então tomar um chá?"

Nesse caso, o soldado estava tão feliz por ter conseguido sair vivo do combate, e seu cérebro tão focado em analisar a situação, que ele não percebeu a lesão que tinha ocorrido. Esse mesmo tipo de processamento ocorre nos esportes. Um atleta pode estar tão focado na competição que, quando uma lesão ocorre, sua gravidade não é percebida imediatamente.

Limiar de dor e tolerância à dor

Os nociceptores despolarizam um limiar abaixo do requerido para causar dano tecidual.[72] O **limiar de dor** é o nível (intensidade) de estímulo nocivo necessário para alertar a pessoa de uma ameaça potencial ao tecido. O limiar de dor pode ser medido experimentalmente pela introdução de um estímulo doloroso, tal como água fria, pressão ou calor, aumentando-se de forma gradual a intensidade até que a pessoa relate "dor".[73] Um experimento simples é apertar a própria unha. O ponto no qual se começa a sentir dor pode ser medido de

forma quantitativa como o limiar de dor, registrando-se a quantidade de pressão exercida. O limiar de dor costuma basear-se no recrutamento de fibras A-delta, um tipo de nervo que conduz a informação dolorosa.[67]

A **tolerância à dor**, por outro lado, é a medida de quanta dor uma pessoa pode ou poderá suportar.[67] Em um modelo experimental, a tolerância à dor é medida pela quantidade de dor ou "quantidade" de exposição (água fria, pressão, calor) que uma pessoa pode ou poderá suportar antes de retirar-se fisicamente do estímulo doloroso.[73]

Na avaliação do modelo fisiológico de transmissão da dor, a tolerância à dor está associada à ativação de fibras C, do **sistema límbico** e do córtex.[67] Ocorrem várias interações sinápticas entre essas estruturas, e vários níveis de cognição influenciam o nível máximo de estimulação nociva que pode ser tolerado. O exame da fisiologia da transmissão nociceptiva e as pesquisas experimentais indicam que o limiar de dor e a tolerância à dor não têm uma correlação forte.[74] Desse modo, uma pessoa que relata estar sentindo dor excessiva logo após uma lesão pode ser capaz de tolerar a dor e continuar a participar em virtude de um alto nível de tolerância à dor. Uma pessoa que tem baixa tolerância à dor pode declarar que uma lesão mínima está impedindo a atividade normal.

O limiar de dor e a tolerância à dor são variáveis. A mesma pessoa terá níveis diferentes de limiares de dor e tolerância à dor em momentos diferentes. Eles também são influenciados no local pelos recursos terapêuticos. A aplicação de frio, por exemplo, pode aumentar o limiar de dor em 89% e a tolerância à dor em 76%.

Influências na percepção da dor

Para compreender a dor do paciente e sua resposta à dor, é preciso entender os fatores que influenciam o processamento e a interpretação da dor. Experiências passadas, expectativas e contexto sociocultural do paciente se combinam para criar um "filtro de dor", que aumenta ou diminui a resposta à dor. Esses fatores afetam a avaliação da dor e a resposta do paciente ao tratamento.

Experiências passadas

As experiências passadas podem influenciar tanto a percepção de dor quanto, de modo mais importante, sua resposta a ela. A percepção de dor decorrente de uma lesão pode ser influenciada pela experiência passada da pessoa com aquela lesão e as consequências ou associação com algum local, tal como um hospital, o que aumenta sua ansiedade.[73] A dor pode também desencadear o temor de um atleta ver sua carreira encer-

Tabela 2.1 Dimensões da percepção da dor

Componente	Descrição
Sensório-discriminativo	Localiza a área (fonte) e o tipo de dor
Cognitivo-avaliativo	Interpreta as sensações com base nas experiências passadas e resultados esperados
Afetivo-motivacional	Influenciado pelo sistema límbico, afeta a resposta interna (p. ex., medo, ansiedade) e externa (p. ex., gritar, chorar) ao estímulo

rada ou precisar ser submetido a um longo programa de reabilitação. Por exemplo, uma pessoa pode alterar a dor de uma lesão crônica de ombro para evitar o processo diagnóstico, cirurgia ou tratamento por ter medo de agulhas. Essas memórias de experiências passadas vêm do **sistema límbico**, que é o responsável pelo componente afetivo ou emocional da dor.

Expectativas

As expectativas de uma pessoa podem influenciar a percepção e a resposta à dor. Essas expectativas podem vir da participação esportiva e influenciar a resposta da pessoa à dor.[75-78] A tolerância à dor é mais alta em atletas que participam de esportes de contato.[79] Nos atletas mais jovens, a situação influencia a resposta à dor, uma vez que as crianças tendem a "tolerar" mais dor quando são observadas por seus colegas do que quando estão sozinhas.[80]

Contexto sociocultural

O contexto sociocultural da pessoa influencia tanto a percepção de dor quanto sua resposta a ela.[81,82] A percepção de dor tem sido vinculada à etnicidade, ao estado socioeconômico e à afiliação religiosa.[81,83-86] O conceito de componente cultural é algo importante para se compreender as influências que a cultura tem na comunicação entre terapeuta e paciente, seu impacto na qualidade das informações usadas para o diagnóstico e no resultado do tratamento. É importante compreender o que uma pessoa valoriza para poder entender, valorizar e tratar a lesão/enfermidade.

Personalidade, idade e gênero

Personalidade, idade e gênero podem influenciar a percepção e as respostas à dor. Os extrovertidos expressam a dor de forma mais livre que os introvertidos, porém os introvertidos são mais sensíveis à dor.[87] Como na maioria dos sistemas corporais, ocorre degeneração no circuito neuronal com o envelhecimento, o que diminui o limiar de dor. É também esse processo de envelhecimento que aumenta a habilidade de lidar com a dor.

Há diferenças bem documentadas entre homens e mulheres quanto ao limiar de dor. Os homens geralmente têm tolerância e limiar mais elevados,[72,82,88,89] o que pode ser atribuído a influências biológicas, psicológicas ou sociais. Não se sabe se as mulheres simplesmente têm mais disposição de relatar e expressar a dor do que os homens.[90] Os terapeutas devem compreender e levar em conta as possíveis diferenças no limiar de dor e tolerância à dor ao avaliar o paciente, planejar o tratamento e documentar o progresso dele.

O sistema somatossensorial

O sistema somatossensorial, formado pelos sistemas sensoriais do corpo, permite a interação com o mundo externo ao receber impulsos dos receptores que estão na periferia e enviar esses impulsos para os centros superiores.[91] Uma das funções mais importantes dos sistemas sensoriais do corpo é o sistema de alerta para autoproteção. Por exemplo, olha-se para os dois lados antes de atravessar a rua e fica-se paralisado ao som de uma cascavel graças aos impulsos provenientes dos sistemas visuais e auditivos. O sistema somatossensorial fornece *feedback* relativo a forças potencialmente lesivas.

Receptores sensoriais especializados

Um avanço importante na compreensão da dor foi a identificação de receptores nervosos especializados na periferia. A estimulação desses receptores resulta na despolarização e na criação de potenciais de ação que são transmitidos para o cérebro, onde o tipo e a intensidade do estímulo são decodificados (Quadro 2.1).

Os nociceptores precisam ser estimulados para iniciar a dor. Há quatro mecanismos principais que podem disparar os nociceptores periféricos: estimulação mecânica, térmica, química e polimodal (Fig. 2.1). Exemplos de estímulos mecânicos são trauma com força direta proveniente de uma lesão e pressão decorrente de edema. Os nociceptores também respondem a condições térmicas extremas, incluindo as alterações térmicas associadas a uma resposta inflamatória ativa (ou recursos terapêuticos frios ou quentes). Os estímulos que disparam receptores químicos estão mais associados à resposta inflamatória e à liberação de prostaglandinas inflamatórias e outras substâncias álgicas provenientes do trauma inicial e dos processos inflamatórios subsequentes (Tab. 2.2). Os estímulos nociceptivos leves (irritantes) são usados como tratamento para diminuir a dor, como os cremes analgésicos de capsaicina (ou outros cremes para alívio da dor vendidos sem prescrição). Estimulação polimodal é a combinação de estímulos mecânicos, térmicos e químicos.

Hiperalgesia

Os nervos periféricos são submetidos à sensibilização, o que diminui o limiar de dor. Os nociceptores costumam ser ativados como resultado da destruição de células teciduais. Após o dano tecidual, estímulos que normalmente não seriam dolorosos, como o toque leve, o calor suave ou a pressão dos lençóis quando o paciente está tentando dormir, facilmente ativarão esses receptores, em especial os nociceptores polimodais das fibras C. Esse processo é denominado **hiperestesia**; a dor pro-

Quadro 2.1 Mecanorreceptores

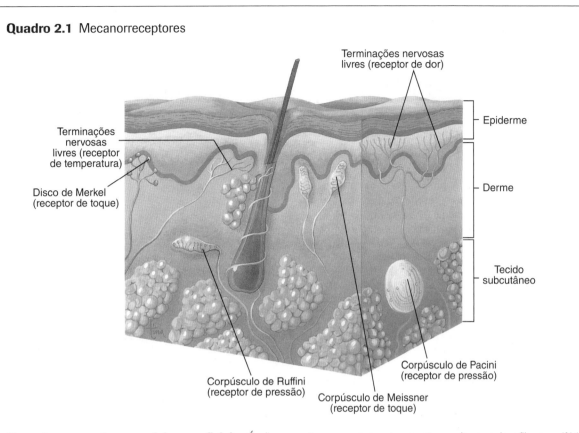

Receptores somatossensoriais superficiais. Órgãos receptores para toque, temperatura e dor na pele e fibras periféricas que conectam os órgãos receptores ao sistema nervoso central.

A maioria dos órgãos receptores que detecta pressão é cercada por uma cápsula de tecido conjuntivo, **receptores encapsulados**. Os órgãos receptores superficiais estão localizados na pele ou logo embaixo dela e são responsáveis pela detecção de estímulos que fazem contato com o corpo. Os órgãos receptores profundos estão localizados dentro de músculos e tendões e costumam prover informações proprioceptivas sobre o estado da contração muscular e posição do membro. Eles ativam os processos periféricos que são fibras **A-beta** de diâmetro largo e bem mielinizadas. Esses órgãos receptores detectam graus variados de pressão (toque), movimento, vibração e textura (áspera *versus* lisa) da pele. Os receptores de dor (nociceptores) ativam fibras **A-delta** e **C**.

Embora os mecanismos que os mecanorreceptores usam para converter a pressão aplicada à pele em potenciais de ação sejam complexos, a presença de canais de íons controlados mecanicamente na membrana nervosa explica, ao menos em parte, o processo.[92] Canais iônicos controlados mecanicamente são grandes moléculas de proteínas que passam através da membrana neuronal do receptor. As extensões dos receptores agem como uma alavanca, de modo que quando o disco é comprimido, o canal é forçado a abrir, permitindo que os íons de sódio fluam para dentro do receptor. Isso despolariza o receptor e gera potenciais de ação na fibra aferente primária. Conforme mais pressão é aplicada, a frequência dos potenciais de ação aumenta de modo proporcional.

Tipo de receptor	Função
Receptores térmicos	Detectam a temperatura da pele; podem ser encapsulados ou não encapsulados (terminações nervosas livres)
Discos de Merkel	Sensíveis à pressão mecânica com baixo limiar, porém se adaptam lentamente aos estímulos
Corpúsculos de Meissner	Sensíveis à pressão mecânica com baixo limiar, porém se adaptam rapidamente à pressão constante
Corpúsculos de Pacini	Localizados mais fundo na pele, reagem a níveis mais altos de pressão mecânica; a maioria responde a níveis variáveis de pressão
Corpúsculos de Ruffini	Localizados nos tecidos subcutâneos, esses órgãos são sensíveis à distensão da pele e mudanças na posição articular, e ajudam a prover *feedback* proprioceptivo e cinestésico
Nociceptores	Similares a alguns receptores térmicos, os nociceptores podem não ser encapsulados. São ativados por antagonistas mecânicos, térmicos ou químicos

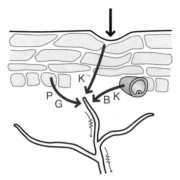

Figura 2.1 As lesões teciduais provocadas por estímulos mecânicos ou térmicos disparam receptores químicos das células teciduais. Esses receptores (K: potássio; BK: bradicinina; PG: prostaglandina) ativam nociceptores, produzindo potenciais de ação em fibras aferentes primárias (A: delta).

Tabela 2.2 Seleção de mediadores inflamatórios da dor

Mediador	Ação
Bradicinina	Estimula diretamente os nociceptores
Prostaglandina	Sensibiliza as fibras nervosas de modo que outros mediadores podem facilitar a nocicepção
Substância P	Neurotransmissor liberado centralmente para produzir a resposta à dor e na periferia para produzir hiperalgesia e respostas inflamatórias
Histamina	Liberada por mastócitos para estimular diretamente os nociceptores

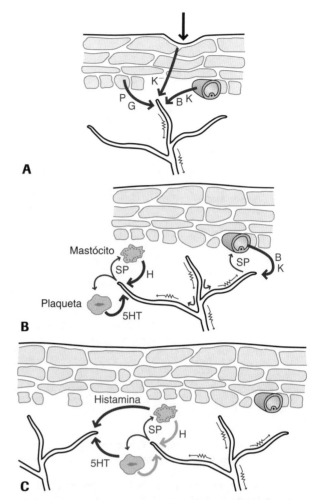

Figura 2.2 Mecanismo de hiperalgesia. O tecido danificado libera substâncias químicas que ativam os nociceptores e também afetam o tecido adjacente. (A) O dano inicial ativa o nociceptor. (B) Os ramos das fibras aferentes primárias estimulam o tecido conjuntivo adjacente e a vasculatura. (C) O limiar dos nociceptores no tecido não danificado é alterado. K: potássio; PG: prostaglandina; B: bradicinina; SP: substância P; H: histamina; 5HT: serotonina.

duzida por tais estímulos que normalmente não seriam dolorosos é conhecida como alodinia. Além disso, um toque de alfinete que normalmente seria descrito como levemente doloroso pode gerar dor considerável, uma hiperalgesia. Nos dois casos, o dano ao tecido não apenas ativa os nociceptores, mas também torna os nociceptores mais sensíveis a todas as outras formas de estimulação (Fig. 2.2). No local danificado, essa mudança no limiar pode ser chamada de **hiperalgesia primária**. Com o tempo, a hiperalgesia pode se alastrar para os tecidos adjacentes, produzindo **hiperalgesia secundária** – um aumento de dor na área em torno do local lesionado.[93] A hiperestesia e a hiperalgesia são respostas mediadas quimicamente, iniciadas pelo dano tecidual.

Neurônios de primeira ordem

Depois que os potenciais de ação são gerados a partir de um receptor que foi estimulado, eles se propagam na fibra nervosa aferente correspondente àquele receptor para serem retransmitidos no corno posterior da medula espinal. Todos os impulsos sensoriais provenientes de receptores periféricos abaixo da cabeça são organizados pelas raízes dorsais que correspondem a uma área de pele denominada **dermátomo** (Fig. 2.3).

O tipo específico de fibra nervosa aferente de primeira ordem pode ser descrito de múltiplas maneiras. Há dois sistemas de classificação principais para todas as fibras nervosas aferentes e eferentes. O sistema de classificação de Erlanger e Gasser das fibras nervosas periféricas é o mais usado para descrever os impulsos cutâneos e é o mais bem conhecido. Esse sistema baseia-se no tamanho e na velocidade de condução (fibras A, B e C). Inclui todos os tipos de nervos periféricos, como músculos, articulações, pele e vísceras. O outro sistema de classificação das fibras nervosas é a classificação de Lloyd. Esse sistema é usado rotineiramente para descrever os aferentes musculares e tem uma organização si-

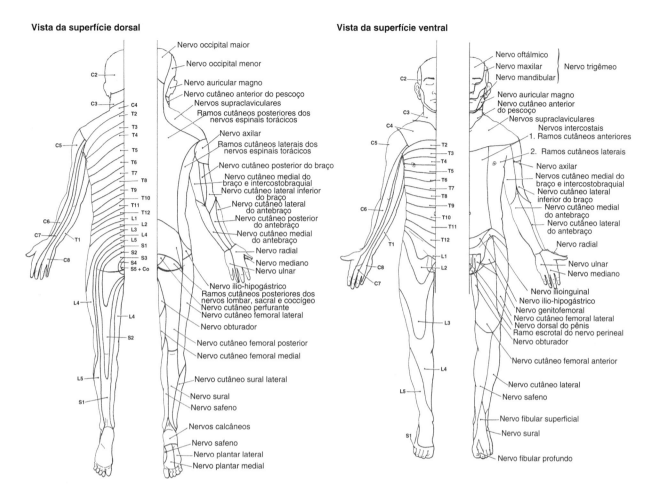

Figura 2.3 Nervos periféricos e dermátomos. O lado direito do corpo mostra os padrões de inervação dos nervos periféricos. Os padrões do nervo e raiz espinal estão representados no lado esquerdo do corpo. (Reproduzido de Gilman, S e Newman, SW: Manter and Gatz's Essentials of Clinical Neuroanatomy and Neurophysiology, ed 10. FA Davis, Philadelphia, 2003, pp 43-44.)

milar à do sistema de Erlanger e Gasser, por tamanho do nervo e velocidade de condução (ver Tab. 1.3).

Os aferentes responsáveis pela transmissão da dor são as fibras A-delta (grupo III) e C (grupo IV). As fibras A-delta são nervos de pequeno diâmetro, levemente mielinizados, que transmitem pressão mecânica, extremos de temperatura ou dor isquêmica.[94,95] Essas fibras são responsáveis pelo que se conhece como dor "rápida" associada à lesão, em geral descrita como "imediata" e "aguda". O outro aspecto importante desses aferentes é sua habilidade de localizar a dor em um ponto específico (dor epicrítica).[96] As fibras C são fibras aferentes de diâmetro pequeno, não mielinizadas, que também respondem à pressão mecânica, extremos de temperatura e substâncias químicas (marcadores inflamatórios). A dor originada dessas fibras é referida como dor "lenta", caracterizada por uma sensação de dor vaga, não localizada e difusa (dor protopática). As fibras C são os aferentes primários mais abundantes no corpo humano e são os monitores do corpo para problemas potenciais. As fibras C são bem apropriadas para executar essa tarefa, pois são polimodais e respondem a estímulos dolorosos e não dolorosos.

Entrada dos aferentes no corno posterior

O nervo aferente de primeira ordem entra no corno posterior da medula espinal no nível espinal correspondente. As terminações nervosas aferentes e as sinapses continuam o sinal rumo aos centros superiores para processamento. O tipo de aferente dita o local onde a sinapse ocorre no corno posterior. A substância cinzenta da medula espinal é dividida em segmentos, cada um correspondendo à função dos nervos (p. ex., nociceptivo, motor) que fazem sinapse ali, sejam aferentes ou eferentes. Essa organização da substância cinzenta é chamada de organização em lâminas de Rexed (Fig. 2.4). Vale notar que a substância cinzenta consiste em dois segmentos, direito e esquerdo, e é então organizada de 1 a 9, em que 1 localiza-se no corno posterior e progride até o 9, no corno anterior.

Os impulsos provenientes dos nervos de primeira ordem podem ser polissinápticos e envolver múltiplos **interneurônios**. Os interneurônios permitem a divergência do estímulo original para outras vias no sistema nervoso. É comum que os neurônios de primeira ordem terminais façam sinapse com interneurônios segmentares, que alastram o impulso para os níveis espinais vizinhos. Os interneurônios têm um papel importante na transmissão da atividade reflexa para os neurônios motores e na inibição espinal (Fig. 2.5). O sinal original também faz sinapses com o neurônio de segunda ordem correspondente vinculado ao tipo de nervo e estímulo.

As fibras A-delta e C são os aferentes primários responsáveis por transmitir a informação nociceptiva e fazer sinapse em certos locais no corno posterior da medula espinal. As fibras C entram no corno posterior e fazem sinapse primeiramente na lâmina I e II. As fibras A-delta fazem sinapse um pouco adiante, na lâmina V do corno posterior. **É importante lembrar que todos os sinais nociceptivos e térmicos são conduzidos nesses dois tipos de aferentes de primeira ordem de diâmetro pequeno.**

Neurônios de segunda ordem

Os neurônios de segunda ordem são os principais responsáveis pela transmissão dos estímulos (iniciados no receptor) que sobem pela medula espinal até os centros superiores. Esses neurônios fazem sinapse com os neurônios de primeira ordem. Os impulsos nociceptivos em geral cruzam a linha média da medula espinal e seguem pelos tratos ascendentes até os centros superiores por meio da via espinotalâmica ou espinoparabraquial (Fig. 2.6). Esses tratos contêm tanto neurônios de segunda ordem nociespecíficos quanto de **variação dinâmica ampla**, que transmitem impulsos nociceptivos e não nociceptivos. O destino do trato espinotalâmico é o **córtex somatossensorial**, enquanto o trato espinoparabraquial sobe pela ponte até atingir o hipocampo e a amígdala, onde induz a resposta afetiva à dor (sensação desagradável).[97]

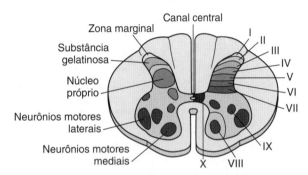

Figura 2.4 Organização laminar de Rexed. As lâminas estão localizadas na substância cinzenta da medula espinal. Ocorrem várias sinapses em cada lâmina. A comporta espinal localiza-se na lâmina II.

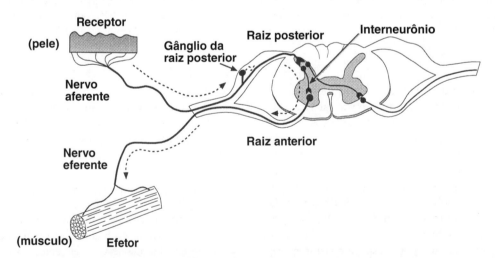

Figura 2.5 Alça polissináptica. O **reflexo de retirada** é um exemplo básico de transmissão polissináptica. A estimulação dos receptores superficiais de dor na pele produz potenciais de ação, que seguem pelas fibras do nervo aferente até a medula espinal. Essa fibra faz sinapses com interneurônios que se projetam para os neurônios motores no corno anterior. Esses neurônios motores se projetam de volta para o músculo e geram movimentos de proteção que evitam danos adicionais ao membro. Os interneurônios também ativam neurônios do trato que se projetam para os níveis superiores do sistema nervoso e produzem a sensação de dor. Desse modo, a ativação dos receptores de dor em geral produz tanto uma resposta reflexa quanto cognitiva.

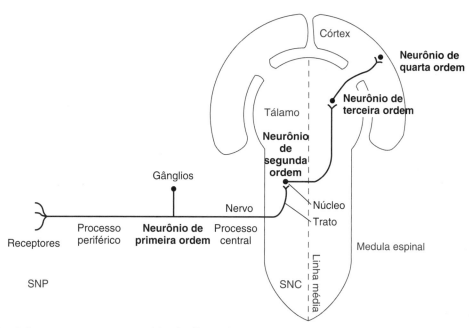

Figura 2.6 Neurônios, tratos e nervos sensoriais. As fibras aferentes primárias conectam os receptores sensoriais com os neurônios de segunda ordem no SNC. Os corpos celulares das fibras aferentes primárias localizam-se nos gânglios dentro das vértebras ou do crânio, porém fora do SNC. Os neurônios de segunda ordem localizam-se nos núcleos dentro da medula espinal ou tronco encefálico e se projetam cruzando a linha média para alcançar os neurônios de ordens superiores.

Centros superiores

Para a informação sensorial ser processada e percebida, o estímulo precisa alcançar o córtex cerebral. Os neurônios de segunda ordem fazem sinapse com os neurônios de ordens superiores por meio do **tálamo**, que é responsável pela transmissão do sinal para os centros superiores, a amígdala e o córtex cerebral, em específico para o homúnculo sensorial. O homúnculo sensorial é a área no cérebro responsável pelo processamento da informação sensorial pelo corpo (Fig. 2.7). A quantidade de espaço no homúnculo sensorial dedicada a uma área do corpo está diretamente relacionada à densidade de receptores sensoriais na periferia. É importante lembrar que o sistema nervoso precisa estar intacto para que o estímulo sensorial seja percebido. Depois que os centros superiores percebem a informação sensorial, o cérebro inicia os impulsos eferentes que produzem as respostas motoras, comportamentais e inflamatórias.

Em alguns casos, outros nervos sensoriais que não os nociceptivos contribuem para a resposta à dor. O limiar de despolarização mais baixo dos nervos sensoriais e a excitabilidade aumentada do SNC podem fazer com que um estímulo que não seria doloroso, como o toque leve, seja interpretado como dor.[97]

Teoria do controle da dor

Os métodos de controle da dor discutidos nesta seção baseiam-se nos impulsos que precisam chegar ao sistema e na localização do mecanismo que, segundo se acredita, é responsável pelo controle da dor. As técnicas primárias de controle da dor envolvem resolver os desencadeadores fisiológicos da dor, ou seja, diminuir a

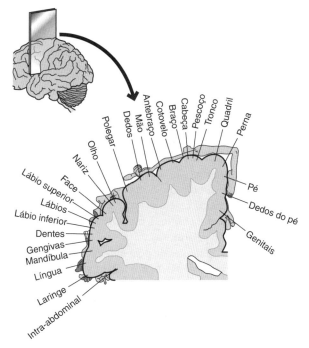

Figura 2.7 Homúnculo sensorial. Cada área do córtex somatossensorial interpreta os impulsos sensoriais provenientes de partes específicas do corpo.

irritação mecânica e/ou química. O controle secundário da dor enfoca a transmissão e a percepção da dor. Nos casos complexos, são necessárias múltiplas abordagens de controle primário e secundário da dor.[98]

Teoria da comporta para controle da dor de Melzak e Wall

A teoria da comporta para controle da dor pode ser descrita em termos de componentes ascendentes e descendentes. O exemplo clássico de mecanismo ascendente é quando se esfrega a área dolorosa para reduzir a dor em algumas lesões. Por exemplo, um rebatedor no beisebol é atingido por um arremesso no braço e imediatamente começa a esfregar a área em que foi atingido. O rebatedor começa a sentir uma redução na percepção de dor. Esse exemplo representa o componente ascendente simples da teoria da comporta (o estímulo sobe e entra na medula espinal). Há mecanismos descendentes que envolvem centros superiores responsáveis pela atenuação da dor (o estímulo proveniente dos centros superiores é enviado para baixo). Uma abordagem simples para compreender qual mecanismo terá probabilidade de funcionar começa com o entendimento do tipo de impulso que está entrando no sistema, em geral vindo da periferia.

Mecanismo ascendente

O mecanismo ascendente da teoria da comporta consiste em aumentar os impulsos (estímulos) não nociceptivos provenientes da periferia, entrando na medula espinal, de modo a produzir o alívio da dor. Essa teoria sustenta que os receptores de fibras A-beta (que conduzem estímulos não dolorosos) podem diminuir a passagem dos estímulos nociceptivos para os neurônios de segunda ordem. Esse mecanismo ocorre no corno posterior da medula espinal, especificamente na lâmina II (substância gelatinosa).[70,99-103]

As fibras C aferentes de pequeno diâmetro e A-delta entram no corno posterior e fazem sinapse diretamente com os neurônios aferentes de segunda ordem (células T). Esse estímulo também facilita os interneurônios inibitórios espinais associados a esses aferentes, o que permite que os estímulos nociceptivos de pequeno diâmetro produzam uma forte ativação das **células de transmissão** quando ativadas sozinhas (Fig. 2.8).

Quando estímulos de fibras mielinizadas largas A-beta entram no corno posterior, também fazem sinapse com neurônios de segunda ordem (células T) e interneurônios espinais. O "fechamento da comporta" ocorre a partir dos interneurônios espinais, que exercem um efeito inibitório sobre o tráfego aferente de pequeno diâmetro. O papel dos interneurônios é abrir ou

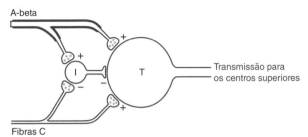

Figura 2.8 Abertura e fechamento da comporta. A teoria da comporta para controle da dor traz um modelo da interação entre fibras que não conduzem dor (p. ex., A-beta) e os nociceptores (fibras C e A-delta) na sua sinapse com os neurônios aferentes secundários. A substância gelatinosa monitora a atividade nesses dois tratos, permitindo que o mais ativo passe para a célula de transmissão (T) e para os centros superiores. Se o trato que não conduz dor estiver mais ativo, esses impulsos terão a permissão de passar, assim, "fechando a comporta" para a transmissão da dor.

fechar a comporta, dependendo do tipo de impulso que o sistema recebe dos receptores periféricos. Uma resposta similar é vista quando aferentes de diâmetro largo são o único impulso no sistema. Este faz sinapse direta com o neurônio de segunda ordem e inibe o tráfego aferente de pequeno diâmetro, permitindo uma transmissão mais forte dos estímulos.

Interação de aferentes de diâmetro pequeno e diâmetro largo

O coração do mecanismo ascendente é formado pela entrada no sistema de impulsos nociceptivos de aferentes de pequeno diâmetro ao mesmo tempo em que são recebidos impulsos mecânicos provenientes de aferentes de diâmetro largo. Os dois aferentes diferentes têm efeitos antagônicos na comporta. Os aferentes de diâmetro largo estão tentando inibir ou "fechar" a comporta para o tráfego de diâmetro pequeno, impedindo a continuidade do sinal para os neurônios de segunda ordem (células T). Os aferentes de pequeno diâmetro estão tentando manter a "comporta" aberta para permitir que os impulsos nociceptivos continuem. O princípio básico é que o trato com mais atividade prevalecerá e terá "permissão" para continuar subindo pela medula espinal. Isso significa que se o tráfego aferente de diâmetro largo for maior do que o tráfego de diâmetro pequeno, a comporta fechará. Do mesmo modo, se o tráfego de diâmetro pequeno for maior, a comporta permanecerá aberta. A velocidade de transmissão das fibras aferentes não tem nada a ver com a abertura e o fechamento da comporta.

No exemplo do rebatedor que foi atingido por um arremesso, logo depois que a bola o atingiu, foram produzidos estímulos nociceptivos a partir da força mecânica e dos mediadores inflamatórios associados. No início, o único impulso no sistema vem dos estímulos aferentes nociceptivos de pequeno diâmetro. Isso é interpretado no cérebro como dor. O rebatedor, então, começa a esfregar a área dolorosa. O rebatedor agora está acrescentando estímulos mecânicos (não dolorosos) ao sistema, que são transmitidos nos nervos aferentes A-beta de diâmetro largo para o corno posterior. Esses estímulos estão, agora, competindo no sistema: o tráfego aferente de pequeno diâmetro inicial ("dor") e o aferente de diâmetro largo (estímulo não doloroso). Ao esfregar a área dolorosa com intensidade, o rebatedor aumenta a taxa de impulsos mecânicos no sistema. A taxa agora é maior do que a dos estímulos nociceptivos de diâmetro pequeno, e o rebatedor começa a sentir uma diminuição na dor, porque a comporta foi fechada pela ação intensa de esfregar (tráfego de diâmetro largo).

Evidência prática

A maioria dos recursos terapêuticos aplicada para auxiliar na cicatrização do tecido também ativa o mecanismo da comporta. Por exemplo, o gelo aplicado no início para diminuir o metabolismo celular e limitar a lesão secundária diminui a dor ao estimular os receptores sensoriais.[66,104,105]

A liberação de opioides espinais tem sido vinculada ao fechamento da comporta. Os aferentes de diâmetro largo fazem sinapse com interneurônios espinais **encefalinérgicos**, o que libera encefalina naquele nível espinal, tendo um efeito inibitório nos aferentes de diâmetro pequeno ao atenuar seu tráfego e reduzir a dor. Tratamentos clínicos como TENS, massagem, turbilhão ou atividades suaves de amplitude de movimento ativam os receptores não nociceptivos, o que produz impulsos aferentes de diâmetro largo e desencadeia essa modulação da dor.

Modulação descendente da dor

Embora o mecanismo ascendente forme toda a teoria original da comporta para controle da dor, os pesquisadores concluíram que a teoria inicial estava incompleta. Na verdade, ela não podia explicar todos os exemplos de controle da dor. Como a dor envolve uma interação complexa de componentes fisiológicos e psicológicos, o papel da habilidade do cérebro de desencadear o controle da dor foi reconhecido e incluído. A teoria da comporta foi atualizada para incluir os centros superiores com a adição do controle cognitivo e do controle descendente inibitório (Fig. 2.9).

No caso dos mecanismos descendentes de controle da dor, é importante notar que as vias e os estímulos no-

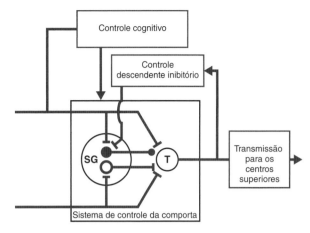

Figura 2.9 Teoria do controle descendente da dor. A teoria da comporta original foi modificada para acrescentar os "centros superiores" e sua influência no controle da dor. Os centros superiores diminuem a percepção da dor por meio do envio de impulsos para o nível espinal, o que produz o disparo dos interneurônios encefalinérgicos e a liberação de epinefrina e serotonina, que então diminui a transmissão da dor de forma direta e indireta.

ciceptivos de pequeno diâmetro são transmitidos para os centros superiores. A influência da estimulação de aferentes não nociceptivos de diâmetro largo não faz parte desse mecanismo. Vale lembrar que todas as informações térmicas são transmitidas por fibras A-delta e C de pequeno diâmetro. Os mecanismos descendentes são iniciados por estruturas específicas dos centros superiores.

Opiáceos endógenos

A influência do sistema opiáceo endógeno contribui para o mecanismo descendente dos centros superiores de controle da dor. O hipotálamo também pode controlar a dor causada pela estimulação intensa prolongada. O hipotálamo controla a liberação de betaendorfinas da hipófise. Esses opiáceos endógenos potentes entram e circulam na corrente sanguínea. Essa contribuição resulta em forte inibição da percepção da dor. A encefalina é outro opiáceo endógeno, desencadeado pelo mecanismo descendente, que se origina no núcleo da rafe.

Modulação central

O mecanismo descendente básico é que certas estruturas dos centros superiores (cérebro) podem facilitar o fechamento da comporta ou a inibição do tráfego aferente de pequeno diâmetro por meio de conexões descendentes no corno posterior. As porções do córtex cerebral responsáveis pela emoção facilitam a substância cinzenta periaquedutal, iniciando um mecanismo descendente de controle da dor. Essa porção do mecanismo descendente costuma ser chamada de "modulação central". A substância cinzenta periaquedutal ativa os **núcleos da rafe** que têm conexões descendentes até o nível espinal. A estimulação do núcleo da rafe tem sido vinculada ao sistema opiáceo endógeno (Fig. 2.10). Esse mecanismo faz sinapses com os interneurônios encefalinérgicos espinais, desse modo fechando a comporta, diminuindo o tráfego aferente e reduzindo a dor. Há um mecanismo espinal adicional produzido por essa porção do mecanismo descendente. A serotonina é liberada localmente no nível espinal, inibindo de modo direto os neurônios de segunda ordem e ativando de modo indireto os interneurônios encefalinérgicos espinais. Além da substância cinzenta periaquedutal, há contribuições de fibras descendentes originadas no núcleo *locus coeruleus* da ponte. Essas também são parte do mecanismo descendente de controle da dor, pois desencadeiam a liberação de norepinefrina, o que exerce um efeito inibitório na transmissão da dor nos níveis espinais.

Síndromes dolorosas comuns

A dor é um sistema vital de alerta para informar que uma lesão está ocorrendo ou vai ocorrer. Infelizmente, a dor às vezes nos informa de modo equivocado qual a localização do dano, em especial quando o dano real se encontra em um órgão visceral. A dor pode persistir por semanas, meses ou até anos após a cicatrização já ter ocorrido, enviando um alarme quando tal aviso não é necessário. O tratamento de tais sintomas patológicos de dor pode ser difícil e os efeitos podem ser gravemente incapacitantes.

Dor crônica

A dor aguda pode ser uma indicação de que algo está errado dentro do corpo. Ela força o indivíduo a fazer algo para resolver o problema – soltar uma frigideira quente, tirar o peso do tornozelo torcido ou procurar ajuda médica. Às vezes, porém, a dor persiste por muito tempo depois que o processo de cicatrização terminou, a quantidade de dor percebida é muito maior do que o dano tecidual detectável poderia produzir ou a dor está sendo produzida sem os mesmos desencadeadores vistos na dor aguda. Essa é a dor crônica – uma dor que se estende além do curso normal de lesão ou enfermidade.

A dor crônica envolve as mudanças prolongadas no sistema nervoso periférico já descritas neste capítulo.[93] A hiperalgesia se torna imprópria, significando que há uma resposta à dor na ausência de dano tecidual real. Nesse caso, a dor se transforma na patologia.[97] Em al-

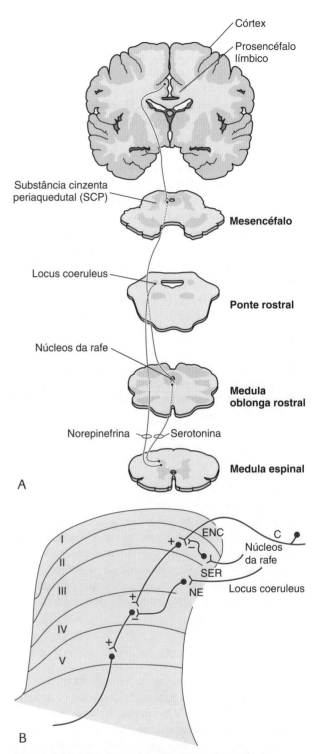

Figura 2.10 Vias de modulação descendente da dor. (A) O córtex cerebral pode diminuir a transmissão da dor nas vias ascendentes por meio de uma série de conexões descendentes com os núcleos do tronco encefálico. (B) Modulação descendente dos neurônios do corno posterior. Fibras descendentes provenientes do núcleo da rafe e *locus coeruleus* modulam a ativação dos neurônios do corno posterior pelas fibras C. ENC: encefalina; SER: serotonina; NE: norefedrina.

guns tipos de dor crônica, como na artrite reumatoide, a articulação **contralateral** também se torna dolorosa. Essa resposta, conhecida como dor simétrica, pode ser causada por fatores neurológicos e/ou circulatórios.[93]

A dor crônica é difícil de tratar e prejudica seriamente a vida de quem a sofre, acabando por se tornar integrada à vida da pessoa, com consequências físicas, psicológicas e socioeconômicas (Tab. 2.3).[81] Algumas pessoas se habituam à dor crônica. Nesses casos, embora a dor ainda esteja presente, há poucos sinais externos dela.[61] A dor crônica pode ser incapacitante e levar a pessoa afligida a agir de formas cada vez mais drásticas para obter alívio, ainda que temporário. A depressão é uma consequência comum, e a própria depressão pode aumentar o nível da dor percebida, em um ciclo vicioso que produz grande angústia para pacientes e seus familiares.

A dor crônica pode refletir uma doença em curso que ativa de maneira contínua os nociceptores. A dor é produzida pela ativação de nociceptores pelos mecanismos discutidos na parte de Limiar de dor e Tolerância à dor, porém a dor persiste porque a condição persiste. Por exemplo, a artrite produz inflamação crônica das articulações, resultando em uma dor cada vez mais intensa quando as articulações afetadas são movidas. Embora tumores cancerígenos possam, no início, crescer sem causar dor, uma dor considerável é produzida quando as fibras nervosas começam a ser comprimidas. Outras doenças crônicas produzem dor porque o tecido é destruído enquanto a doença progride.

Nos casos de dor crônica nociceptiva, a principal meta do tratamento é interromper o processo inflamatório em curso. Se a inflamação puder ser controlada, a dor será resolvida. Infelizmente, o tratamento de condições progressivas crônicas costuma ser difícil ou malsucedido. Dar atenção demais ao tratamento da doença sem tratar de forma adequada os sintomas da dor pode levar ao sofrimento considerável e desnecessário do paciente.

Se nenhuma doença persistente puder ser identificada como fonte da dor crônica, há uma probabilidade de que o problema seja uma anormalidade nos neurônios do sistema da dor, a **dor crônica neuropática**. O problema pode ser nos nervos periféricos ou nos neurônios dentro do SNC. Há pouca compreensão sobre as mudanças que ocorrem para produzir a dor crônica neuropática. Como não há uma doença identificável a ser tratada, prover uma terapia eficaz é algo desafiador. Há dificuldades até para desenvolver um meio consistente de nomear as diferentes síndromes clínicas.[96] O tratamento bem-sucedido da dor crônica neuropática requer mais pesquisas na neurociência da dor. Alguns pesquisadores sugerem que a reorganização sináptica nos níveis superiores, mesmo no córtex cerebral, pode ter um papel na dor crônica neuropática.[106]

O rompimento completo de um nervo periférico, a **neuropatia**, em geral abole toda a sensação **somática** fornecida pelo nervo. Contudo, se os nervos são danificados de forma parcial, pode desenvolver-se a dor neuropática. O dano inicial pode ser causado por um trauma que comprime o nervo, danificando algumas das fibras nervosas internas. O aprisionamento do nervo ou pequenas lesões repetitivas que ocorrem com o tempo, como na síndrome do túnel do carpo, também podem produzir essa síndrome. A distinção principal entre esta e a dor crônica nociceptiva é que a dor persiste após o tecido danificado ter cicatrizado completamente. Não há uma doença em curso ativando os nociceptores. Em vez disso, os nociceptores se acham espontaneamente ativos.

Dor referida

A dor costuma ser bem localizada no local de lesão. Quem já foi picado por uma abelha sabe exatamente onde procurar o ferrão. Isso é resultado da topografia precisa do sistema ascendente de dor, desde a superfície do corpo e por todo o caminho até o homúnculo no córtex cerebral. No entanto, a dor que se origina nos órgãos **viscerais** é difícil de localizar. Por exemplo, em uma pessoa tomando um gole de café muito quente, é possível distinguir claramente o café queimando lábios, língua ou bochechas. Contudo, se esses sinais de alerta forem ignorados e a pessoa engolir rapidamente o líquido que está queimando, a dor será sentida internamente, mas será difícil precisar se essa dor interna está no esôfago, na traqueia ou no estômago. Mesmo o dano nos músculos mais profundos pode, às vezes, parecer originado na pele ou nos músculos que estão a alguma distância do dano real. Com frequência, a dor que se origina dos órgãos viscerais é percebida como se originando de uma área de pele bem distante do órgão. Por exemplo, o dano ao diafragma normalmente não é sentido como dor na base do tórax, e sim como uma sensação dolorida na pele e nos músculos do pescoço e do ombro. A dor proveniente do coração pode ser sentida no tórax, mas também pode irradiar-se para baixo, no braço. A dor causada por apendicite costuma ser sentida como originada de forma difusa no abdome (ponto de McBurney). O trauma ao baço causará dor em

Tabela 2.3 Características da dor crônica

Sintomas que duram mais de 6 meses
Achados médicos pouco objetivos
Abuso de medicamentos
Dificuldade para dormir
Depressão
Comportamento manipulativo
Preocupação somática

cima do ombro esquerdo (sinal de Kerr). Essa é a dor referida – a dor que se origina de estruturas inflamadas e é sentida em outra parte do corpo.

Além dos erros de interpretação da localização ou da fonte da dor, a dor referida também produz hiperalgesia na área afetada da pele. O exame cuidadoso mostra que os padrões de hiperalgesia após o dano de órgãos diferentes são regularmente consistentes entre os pacientes e respondem a testes clínicos, como o teste de compressão cervical.[95]

Por meio do mapeamento da área de hiperalgesia, tem-se uma ideia da identidade do órgão danificado. Esses padrões também sugerem uma possível explicação para a dor referida (Fig. 2.11). Durante o desenvolvimento fetal, os órgãos viscerais migram de sua localização original no embrião. Por exemplo, o diafragma origina-se nos níveis cervicais no pescoço, mas depois se reloca para sua posição adulta no tórax inferior. Por causa dessa migração, os ramos das fibras aferentes primárias inervam tanto o órgão quanto a pele (Fig. 2.11A). Como a área da pele é mais exposta, aprende-se a associar a dor decorrente de dano na pele com a ativação do ramo cutâneo. Mais tarde, se o órgão visceral é danificado, as mesmas fibras aferentes são ativadas e interpreta-se de maneira errada a origem da dor.

Pacientes que sofrem de dor de origem desconhecida podem estar experimentando dor referida. Para identificar a causa real do desconforto do paciente, são

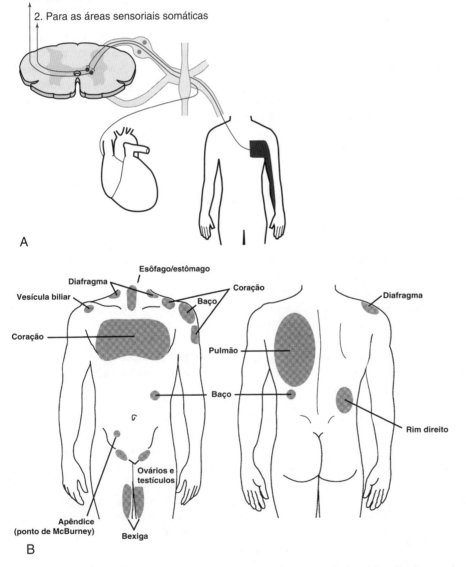

Figura 2.11 Dor referida. A dor que se origina nos órgãos viscerais é mal localizada e pode parecer se originar na superfície do corpo, a alguma distância do local da lesão. (A) Possível mecanismo de dor referida como resultado de infarto cardíaco. (B) Padrões comuns da dor experimentada após dano a diferentes órgãos.

necessários um histórico e avaliação obtidos com cuidado e minúcia. Por fim, a patologia subjacente da dor deve estar clara antes que o tratamento seja prescrito. Nos casos em que se suspeita da causa verdadeira da dor ou quando há incerteza sobre a natureza da dor, o paciente deve ser encaminhado para exame adicional.

Raízes de nervos periféricos e medula espinal

O padrão mais comum de perda sensorial ocorre quando os nervos periféricos são danificados. O dano a um nervo periférico em geral destrói todas as fibras no nervo – sensoriais e motoras – produzindo uma perda completa de função distal ao local do dano. A área afetada é confinada à região do corpo inervada pelo nervo danificado. Por exemplo, o dano ao nervo musculocutâneo resulta em perda de função motora e sensorial na distribuição periférica. Se o dano ocorre em uma localização mais central, afetando nervos espinais ou raízes posteriores, o padrão de perda sensorial muda para um padrão de dermátomo (ver Fig. 2.3). Por exemplo, o dano da sexta raiz posterior cervical (C6) produz perda de toda a sensação em uma região estreita da pele que inclui padrões de inervação de três nervos periféricos: nervo radial, mediano e musculocutâneo.

Quando a própria medula espinal é danificada, ocorre um padrão muito mais complexo de perda sensorial. Por exemplo, um paciente que sofre dano na medula espinal no nível de C6 pode perder a sensação de toque e propriocepção no dermátomo de C6 e em todos os dermátomos abaixo no lado **ipsilateral** do corpo. Da perspectiva do paciente, pode parecer que o lado ipsilateral do corpo está "faltando" do dermátomo C6 para baixo, com uma exceção notável: o paciente ainda sente dor quando estimulado com uma agulha pontiaguda. A dor ainda pode ser processada, porém sem que a fonte do estímulo seja aparente. Enquanto o toque e a propriocepção se mantêm intactos no lado contralateral do corpo, a sensação de dor naquele lado pode estar ausente abaixo do dermátomo de C6.

Síndrome da dor miofascial

Dores e sensações dolorosas no músculo certamente são uma ocorrência comum e que, em geral, se resolvem sozinhas. Entretanto, a dor que emana do músculo e dos tecidos conjuntivos de forma persistente e não mostra indicação de ser causada por artrite ou outros processos nociceptivos pode resultar da síndrome da dor miofascial ou dor de pontos-gatilho. Os músculos na área dolorosa costumam ter um tônus muito elevado – o músculo parece muito tenso e bastante dolorido. Um sinal importante dessa síndrome é a presença de pontos-gatilho. Embora a dor seja sentida sobre uma área ampla, o ponto-gatilho pode estar confinado a uma pequena parte de apenas um dos músculos afetados.

A identificação anatômica e fisiológica dos pontos-gatilho e o mecanismo de geração da dor são desconhecidos, mas uma hipótese sustenta que os pontos-gatilho estão presentes em muitos músculos, porém se acham inativos. Se o músculo é danificado na área de um ponto-gatilho, ainda que de forma leve, esse ponto-gatilho produz uma contração muscular reflexa que o ativa ainda mais. O processo torna-se autossustentado. Essa hipótese é apoiada por abordagens de tratamento que relaxam o músculo pelo alongamento ou inativam diretamente o ponto-gatilho pela injeção de anestésico. Isso quebra o círculo autossustentado e pode produzir alívio permanente (ver Estratégias de tratamento – Espasmo muscular e pontos-gatilho, no Cap. 1).

Síndrome da dor simpaticamente mantida

Talvez a mais incapacitante de todas as síndromes de dor crônica seja a dor produzida pela ação do sistema nervoso simpático, também conhecida por outros nomes, como "síndrome da dor regional complexa" ou "distrofia simpática reflexa". Essa síndrome em geral começa com trauma, possivelmente um trauma mínimo, nos tecidos moles ou ossos. Apesar do tratamento apropriado para o trauma, a ferida ou o osso fraturado não cicatrizam bem. A área afetada se torna avermelhada e pode apresentar sudorese em profusão – sinais de ativação simpática. Os bloqueios de nervo proporcionam alívio temporário, porém a dor continua a aumentar com o tempo e pode atingir níveis graves. Mesmo a secção do nervo sensorial proximal à área afetada proporciona apenas alívio temporário.

O sinal principal é que o bloqueio da inervação simpática para a área afetada proporciona alívio profundo e mesmo permanente da dor. Isso pode ser feito injetando-se anestésico local nos **gânglios** simpáticos ou pela infusão, na área afetada, de fármacos que bloqueiam a atividade simpática. Além disso, esse bloqueio permite o progresso da cicatrização da área danificada. Os mecanismos dessa síndrome são desconhecidos, mas ela parece ser decorrente, em parte, do desenvolvimento de sensibilidade dos nociceptores à norepinefrina – o neurotransmissor liberado pelos nervos simpáticos.[96]

É importante notar que a dor simpaticamente mantida é mais bem tratada no início. Lesões que cicatrizam mal e mostram sinais de ativação simpática aumentada na área danificada devem ser avaliadas com cuidado quanto a sinais dessa síndrome, e o tratamento deve ser iniciado antes que a dor se torne grave. Em alguns casos, depois que a dor alcança níveis graves, nenhum tratamento é eficaz.

Controle clínico da dor

Como foi discutido na seção sobre Teoria do controle da dor, o controle primário da dor envolve a remoção ou a redução dos estímulos mecânicos e/ou químicos que disparam o nociceptor, promovendo, assim, a cicatrização e o retorno à função normal. As técnicas secundárias de controle da dor envolvem interrupção da transmissão dos impulsos nocivos e/ou a interpretação desses impulsos no cérebro. As técnicas secundárias de controle da dor costumam ser usadas para o conforto do paciente entre as intervenções ou para remover a dor e permitir o exercício ativo.

A dor às vezes diminui indiretamente como resultado do efeito **placebo**. Em experimentos para determinar a **eficácia** de um recurso terapêutico ou fármaco, tal como um analgésico, costumam ser usados dois grupos-controle para comparar os resultados com o grupo experimental de pacientes que receberam o tratamento real. Um grupo recebe o tratamento e o outro recebe um "tratamento" disfarçado de forma inteligente para não ser distinguido da intervenção que está sendo testada (Quadro 2.2). Os pesquisadores têm cuidado particular em certificar-se de que os participantes não saibam em qual grupo estão. Em muitos experimentos, o placebo resulta em uma redução mensurável na dor em comparação com o grupo-controle que não recebeu o tratamento real. Ainda que o tratamento placebo não seja uma opção recomendada, o fato de o paciente acreditar que haverá redução da dor com frequência resulta na redução da dor.

Recursos terapêuticos

Os recursos terapêuticos são usados tanto como técnicas primárias quanto secundárias de controle da dor, geralmente durante a mesma aplicação. A energia aplicada ao corpo com a finalidade de influir na cicatrização do tecido também estimula os receptores sensoriais que ativam os componentes ascendentes ou descendentes (ou ambos) da teoria da comporta para controle da dor.

Esta seção do capítulo apresenta uma visão geral dos mecanismos pelos quais os recursos terapêuticos afetam o processo da dor. Detalhes adicionais são dados nos capítulos correspondentes.

Agentes térmicos

O frio age primeiro como um contrairritante que desencadeia o controle descendente da dor por meio da liberação de encefalina. Ao tornar mais lenta a bomba de sódio-potássio, a velocidade de despolarização nervosa diminui e o limiar de despolarização do nervo aumenta. Nervos mielinizados de pequeno diâmetro são os primeiros a exibir essa mudança.

O calor também age no início como um contrairritante para reduzir a dor por meio do mecanismo da comporta. A estimulação das fibras nervosas sensoriais, incluindo os termorreceptores polimodais, aumenta o limiar de despolarização dos nervos periféricos e age centralmente no tálamo. O calor também reduz o espasmo muscular, eliminando assim um desencadeador mecânico da dor.

Ultrassom terapêutico e diatermia por ondas curtas

O ultrassom terapêutico térmico e a diatermia por ondas curtas proporcionam muitos dos efeitos analgésicos do calor úmido. O aspecto singular desses aparelhos é sua habilidade de alterar a permeabilidade da membrana celular, o que altera (torna mais lenta) a taxa de despolarização dos nervos. O aumento da permeabilidade da membrana celular abre os canais de sódio e congestiona a área com sódio (Na^+), inibindo, assim, a bomba de sódio-potássio.[107] Isto, por sua vez, aumenta o limiar da dor.[108,109]

Quadro 2.2 O efeito placebo

Placebo, palavra originada do latim "*placere*", ou "eu agradarei", é o termo usado para descrever a redução da dor obtida por outros mecanismos que não aqueles relacionados aos efeitos fisiológicos do tratamento. O efeito placebo está vinculado a um mecanismo psicológico: o paciente pensa que o tratamento é benéfico, então ocorre um grau de redução da dor. Os mecanismos fisiológicos do efeito placebo não são bem compreendidos.

Todos os recursos terapêuticos têm algum grau de efeito placebo. Esse efeito pode ser aumentado quando o recurso é aplicado com o senso de entusiasmo e fé. Na verdade, a maioria dos estudos comparando a redução da dor entre um recurso terapêutico simulado e um tratamento real tem mostrado a redução dos níveis de dor nos dois grupos. O efeito placebo é tão potente que, em determinado caso, os pacientes que receberam comprimidos placebo apresentaram até alguns efeitos colaterais do medicamento presumido.[81]

Pode-se tirar vantagem do efeito placebo na aplicação dos recursos terapêuticos. A mudança nos recursos usados e novas abordagens no tratamento de uma lesão podem influir de maneira positiva na percepção do paciente e resultar na diminuição da dor.

Por serem agentes de aquecimento profundo, eles são capazes de aumentar o fluxo sanguíneo dentro dos músculos. A restauração do fluxo sanguíneo reduz a dor causada por isquemia e hipóxia.

Controle da dor por estimulação elétrica

A estimulação elétrica (EE) pode afetar a transmissão da dor nos níveis sensorial, motor e nociceptivo. A EE no nível sensorial usa uma intensidade submotora e um alto número de pulsos por segundo (pps) para ativar os nervos A-beta, inibindo a dor no nível espinal via mecanismos ascendentes da teoria da comporta. A EE no nível motor usa um número baixo de pps para induzir contrações musculares moderadas a fortes que, além da teoria da comporta ascendente, ativam a liberação de opiáceos endógenos por meio do componente descendente da comporta. A EE no nível da nocicepção ativa as fibras C e resulta no controle da dor pelo mecanismo de modulação central.

Recursos terapêuticos mecânicos e exercício

Essa família de agentes terapêuticos, incluindo a compressão intermitente ativa, a mobilização passiva contínua, a tração cervical/lombar e o exercício ativo, proporciona sobretudo a redução mecânica da dor ao remover o edema, restaurar a mobilidade articular, diminuir a pressão nas terminações nervosas e restaurar o fluxo sanguíneo. A restauração das funções articular e muscular normais diminui o edema. Há também alívio da dor secundária pela ativação dos nervos sensoriais.

Medicamentos

Os medicamentos terapêuticos podem diminuir a dor por meio de um destes três mecanismos: diminuição da resposta inflamatória, bloqueio da transmissão dos impulsos nociceptivos ou alteração da percepção da dor.

Analgésicos e medicamentos anti-inflamatórios

Os medicamentos anti-inflamatórios não esteroides (AINE) cobrem um amplo espectro de medicamentos vendidos sem prescrição (p. ex., aspirina e paracetamol) e medicamentos prescritos (p. ex., naproxeno). A principal função da família dos AINE é inibir as enzimas cicloxigenase COX-1 e COX-2. Quando a COX-2 é inibida, a produção de prostaglandinas é bloqueada, impedindo (ou diminuindo), assim, a sensibilização de nervos periféricos (ver Hiperalgesia).[110]

Em relação ao controle da dor, a ação principal dos AINE é bloquear a ação da prostaglandina. Como a prostaglandina sensibiliza os nociceptores polimodais, a aspirina contrapõe seu efeito e, assim, reduz a dor e a inflamação. O paracetamol inibe a síntese de cicloxigenase e óxido nítrico para diminuir a dor, porém tem pouco efeito na inflamação.

Anestésicos locais

Os anestésicos locais bloqueiam temporariamente a condução nervosa, resultando na perda de sensação na área. Anestésicos como a lidocaína bloqueiam a ação dos canais de sódio controlados por voltagem e interrompem de modo muito eficaz a produção do potencial de ação nas fibras nervosas.

Analgésicos opioides

Embora muito difamado por causa de seus muitos atributos negativos em termos fisiológicos, psicológicos, sociais e políticos, o ópio e seus derivados químicos, os opioides, estão entre os melhores analgésicos puros. Os opioides bloqueiam o componente afetivo da dor – a sensação desagradável – com pouco efeito no toque ou na propriocepção. Como muitos fármacos derivados de plantas, os opioides agem pela interação com receptores dos neurotransmissores nas células dentro do sistema nervoso para alterar a percepção de dor. Essas células, em geral, são reguladas por uma família de neurotransmissores chamados de opioides endógenos ou, mais comumente, endorfinas.

A maioria dos opioides tem alto potencial de causar dependência, por isso, costumam ser prescritos para dor aguda intensa ou dor que não responde a medicamentos não opioides e outras intervenções. Também em razão desse potencial, tais medicamentos são usados pelo menor tempo possível. Exemplos de medicamentos opioides incluem morfina, hidrocodona, propoxifeno, tramadol e codeína. Em geral, esses medicamentos opioides são combinados com medicamentos não opioides, como paracetamol ou ibuprofeno.

Avaliação da dor

O processo de integração da percepção da dor é variável e subjetivo. A natureza nebulosa da dor dificulta sua avaliação e quantificação. O nível de dor percebida é uma expressão pessoal daquilo que a pessoa sente. Essa sensação baseia-se em um processo discriminativo, afetivo e avaliativo. A análise da dor deve envolver tanto a avaliação subjetiva quanto objetiva para documentar, de modo apropriado, o nível e a quantidade de dor que o paciente está experimentando (Tab. 2.4). Embora seja

Tabela 2.4 Medidas de avaliação da dor[61]

Dimensão	Exemplos
Sensorial	Intensidade, duração, localização, frequência
Cognitiva/afetiva	O quanto é desagradável
Interferência comportamental	Físico, social, emocional

um desafio quantificar de pessoa para pessoa (e até na mesma pessoa de um dia para o outro), os descritores de dor podem diagnosticar de maneira acurada a lesão e a doença e documentar melhoras no estado funcional do paciente.

A medida de dor consiste em vários parâmetros objetivos mensuráveis que colocam a experiência de dor do paciente dentro de um contexto.[68] Durante o exame clínico, pode-se perguntar ao paciente como ele está se sentindo no momento; a resposta em geral é "melhor", "pior" ou "igual". Ao fazer uma pergunta, é requerido que a pessoa meça a dor e a compare com o que sentia antes. Então, em geral, pergunta-se ao paciente sobre a localização, a duração e o tipo de dor que está sendo experimentada (Tab. 2.5). As respostas a essas perguntas permitem que o terapeuta trace uma linha basal subjetiva do estado de dor atual do paciente. As respostas, por sua vez, podem ajudar a avaliar ainda mais a patologia subjacente.

O comportamento da pessoa e os padrões de movimento também oferecem pistas subjetivas, não verbais, relativas ao nível de dor. O paciente que protege uma articulação (autoimobilização), suas expressões faciais, entonação da voz e postura são todos indicadores da disfunção relacionada à dor.[61] A melhora nesses indicadores deve ser vista no curso das sessões de tratamento do paciente.

Há vários métodos padronizados para medir a quantidade de dor em termos relativamente objetivos.

Tabela 2.5 Avaliação clínica subjetiva da dor

- O que causa dor?
- O que alivia a dor?
- Onde é a dor?
- Quando a dor começou?
- Qual a duração da dor?
- Você já sentiu essa dor antes?
- Você pode descrever como é a sensação da dor?
- A dor está melhorando ou piorando?
- A dor aumenta com a atividade?
- Você sente mais dor depois da atividade?
- Você tem dor à noite?

Usando esses instrumentos, a localização, a intensidade e a duração da dor podem ser verificadas. Existem outros métodos para avaliar atividades, emoções e/ou traços de personalidade que influenciam a percepção da dor.

Autorrelato da dor do paciente

Depois de fazer a avaliação subjetiva, a dor do paciente deve ser avaliada de forma objetiva, usando-se uma escala de dor padronizada. Como a dor é uma experiência pessoal, as medidas e a descrição da dor relatadas pelo paciente costumam ser mais significativas.[61] A documentação da dor permite que sejam quantificadas diminuições ou aumentos nos níveis ou tipos de dor sentidos pelo paciente.

Durante o teste de dor feito no retorno do paciente, há discordância se o paciente deve ter acesso aos resultados prévios. Uma escola de pensamento sustenta que ver essas pontuações pode influir nos resultados da pontuação atual, porém, essa técnica proporciona uma pontuação de dor absoluta naquele ponto no tempo. Contudo, quando a meta é determinar a mudança relativa nos níveis de dor, a tendência é permitir que o paciente veja o histórico das pontuações de modo que o nível atual de dor possa ser posicionado no contexto.[68] Independentemente de qual seja a abordagem usada, esta deve ser usada no curso das medições de dor do paciente.

A medida da dor é classificada dentro de dois tipos de instrumentos: multidimensionais e unidirecionais. As escalas multidimensionais em geral incorporam vários componentes da dor, incluindo componentes afetivos e comportamentais, enquanto as escalas unidimensionais refletem apenas uma dimensão da dor, geralmente sua intensidade.

Questionário de dor de McGill

O questionário de dor de McGill é uma escala multidimensional. É um instrumento bem pesquisado, considerado por muitos o padrão-ouro para medição da dor.[111,112] O questionário consiste em quatro partes: localização corporal, descritores verbais, mudança na dor e força da dor. A parte 1, marcada em um diagrama do corpo, localiza a dor. A parte 2 consiste em 18 conjuntos de palavras com descritores representando características da dor. A pessoa é instruída a marcar as palavras que melhor descrevem sua dor. Apenas palavras que se encaixam bem com a dor devem ser marcadas, e os subgrupos que não são apropriados devem ser deixados em branco. Um exemplo de subconjunto de palavras é o seguinte: 1. pontada, 2. choque e 3. tiro. Na parte 3, medem-se as mudanças na dor da pessoa.

São medidas características da duração da dor, como se a dor é contínua, rítmica, breve ou transitória. A parte 4 mede a intensidade da dor: leve, desconfortante, angustiante, horrível ou excruciante. A intensidade é também medida nos níveis pior, menor e atual. Pede-se à pessoa para estimar a intensidade em comparação com a pior dor de dente, dor de cabeça e dor de estômago que já sentiu. A confiabilidade e a validade da escala de McGill são bem estabelecidas.[113-115] Está disponível também uma forma curta do questionário de dor de McGill (Quadro 2.3), contendo 15 descritores, uma escala analógica visual e um item de intensidade da dor atual. A forma curta tem uma alta correlação com a forma longa e é considerada uma alternativa adequada à original.[116]

Há vantagens e desvantagens no uso da escala de McGill. A vantagem óbvia é que é uma escala multidimensional, capaz de medir muitos aspectos da dor. A escala representa as mudanças nas suas quatro seções. Isso permite que o terapeuta avalie de forma mais abrangente as alterações no curso do tratamento. Alguns pesquisadores têm questionado a praticidade da escala, pois leva cerca de 20 minutos para ser completada e mais 5 minutos para calcular a pontuação.[117]

Escala visual analógica

A escala visual analógica (EVA) é uma linha horizontal ou vertical, geralmente com 10 cm de comprimento, com descritores verbais nas extremidades indicando "sem dor" e "pior dor imaginável". O participante é instruído a colocar uma marca sobre a linha indicando a quantidade de dor experimentada (Quadro 2.4). A distância a partir da extremidade esquerda é medida e pontuada em uma escala de 101 pontos ou arredondada para o centímetro inteiro ou meio centímetro mais próximo, e depois pontuada entre 0 e 10 ou 0 e 20. A escala costuma ser utilizada por sua facilidade de uso e construção simples.[65] Contudo, deve ser usada e interpretada com cuidado, em razão da grande quantidade de erro associada a ela, acima de 40%.[118] Deve-se estar ciente dessa limitação ao interpretar as mudanças na dor de um dia para o outro.

A EVA tem uma alta confiabilidade teste-reteste e é recomendada para pacientes com mais de 8 anos de idade.[61,68] Escalas fotocopiadas podem produzir variações significativas no comprimento do instrumento, o que reduz sua confiabilidade.[68]

As variações na EVA incluem a **escala de estimativa numérica** (NRS) e a **escala de faces para avaliação da dor.** A NRS usa um sistema que emprega números para estimar a dor. A maioria das escalas usa um sistema de 11 pontos (0 a 10), mas variações incluem escalas com 21 e 101 pontos.[68] A escala de faces usa desenhos com expressões (similares aos *emoticons*) para comunicar a dor e é útil para avaliar crianças pequenas.[61]

Evidência prática

A escala visual analógica é um método usado com frequência para identificar alterações no nível de dor, porém tem uma ampla faixa de erro. Os pacientes preferem a escala de estimativa verbal, porém esse instrumento não produz resultados sensíveis de forma consistente, por causa do baixo número de níveis usado. Em termos clínicos, a escala de estimativa numérica tem boa sensibilidade e é um instrumento válido e confiável.[68]

Escala de estimativa numérica

Na escala de estimativa numérica, o paciente seleciona um número para representar seu nível de dor. Os números em geral variam de 0 a 10 na escala numérica de 11 pontos (Quadro 2.5). As escalas numéricas são tipicamente rápidas e fáceis de aplicar.[119,120] As pessoas também podem ter problema para conceitualizar a dor como um número. Deve-se ter com esses tipos de escala o mesmo cuidado que se tem com as escalas visuais analógicas.

Escala com descritores verbais

A escala com descritores verbais é um método fácil de medir a dor do paciente. Essas escalas costumam ser preferíveis à escala visual analógica para populações com déficits auditivos, visuais e psicomotores.[121] As escalas com descritores verbais em geral são divididas em categorias que fornecem descrições muito gerais de dor, tais como leve, moderada e intensa. Esses tipos de escalas fornecem uma boa descrição da dor, porém são incapazes de quantificá-la. Usando uma escala ordinal, a escala de estimativa verbal (VRS) associa valores pontuais com descritores de dor (Quadro 2.6). O número relativamente pequeno de níveis de dor e, portanto, a interpretação errada dos intervalos entre os níveis de dor, é mais provável do que com outros métodos, porém podem ser obtidos resultados válidos e confiáveis.[68]

Evidência prática

Embora sejam populares e fáceis de usar, as escalas de dor com apenas um item são inadequadas para medir de forma acurada a dor de um paciente. Um item não pode medir com precisão todo o espectro da resposta à dor e as respostas são facilmente alteradas por fatores extrínsecos, tais como humor e estado emocional.[121]

Quadro 2.3 Questionário de dor de McGill (formato curto)

A. Onde é sua dor?

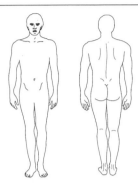

Usando o desenho acima, favor marcar a área (ou áreas) onde você sente dor. Marcar um "E" se a fonte da dor for externa ou "I" se for interna. Se a fonte da dor for tanto interna quanto externa, favor marcar "A" (ambos).

B. Índice de estimativa da dor

Muitas palavras diferentes podem ser usadas para descrever a dor. Da lista a seguir, circule as palavras que melhor descrevem a dor que você está sentindo no momento. Use apenas uma palavra de cada categoria, mas você não precisa marcar uma palavra em todas as categorias. Marque apenas as palavras que descrevem de modo mais preciso a sua dor agora.

1	2	3	4
Vibração	Pontada	Picada	Fina
Tremor	Choque	Agulhada	Cortante
Pulsante	Tiro	Facada	Lacerante
Latejante		Perfurante	
Como batida			
Como pancada			
5	**6**	**7**	**8**
Beliscão	Fisgada	Calor	Formigamento
Aperto	Puxão	Queimação	Coceira
Mordida	Torção	Fervente	Ardor
Cólica		Em brasa	Ferroada
Esmagamento			
9	**10**	**11**	**12**
Mal localizada	Sensível	Cansativa	Enjoada
Dolorida	Esticada	Exaustiva	Sufocante
Machucada	Esfolante		
Doída	Rachando		
Pesada			
13	**14**	**15**	**16**
Amedrontadora	Castigante	Miserável	Chata
Apavorante	Atormentadora	Enlouquecedora	Incômoda
Aterrorizante	Cruel		Desgastante
	Maldita		Forte
	Mortal		Insuportável
17	**18**	**19**	**20**
Espalha	Aperta	Fria	Irritante
Irradia	Adormece	Gelada	Nauseante
Penetra	Repuxa	Congelante	Agonizante
Atravessa	Espreme		Pavorosa
	Rasga		Torturante

O questionário de dor de McGill (MPQ) é usado durante a primeira visita do paciente para identificar áreas dolorosas e quantificar a intensidade da dor. Na parte A, pede-se ao paciente para localizar a área (ou áreas) de dor e indicar se a fonte de desconforto é superficial (externa) ou profunda (interna). Para pontuar o índice de estimativa da dor, somar o número total de palavras escolhidas, até o máximo de 20 palavras (uma para cada categoria). O nível da intensidade da dor é determinado atribuindo-se um valor a cada palavra pela sua ordem (a primeira palavra equivale a 1, a segunda equivale a 2, e assim por diante). Portanto, um paciente pode ter uma pontuação elevada de 20 no MPQ (selecionando uma palavra em cada grupo), mas ter uma pontuação de intensidade baixa ao escolher a primeira palavra de cada grupo.

Quadro 2.4 Escala visual analógica

A pior
dor que ————————————————————————————— Nenhuma dor
pode haver

Usando uma linha de 10 cm com a indicação acima, o paciente coloca uma marca sobre a linha no ponto que representa melhor a intensidade atual da dor. A distância do lado direito da linha até a "marca" é medida em centímetros e representa a "pontuação" da dor. A EVA é consistente, confiável e fácil de usar. Pode ser usada antes e depois dos tratamentos para medir sua eficácia ou de um dia para o outro para medir o progresso do paciente.

Quadro 2.5 Escala de estimativa numérica

Nenhuma dor **Pior dor imaginável**

0	1	2	3	4	5	6	7	8	9	10

Similar à escala visual analógica (ver Quadro 2.4), a escala de estimativa numérica tem descritores como "nenhuma dor" na extremidade 0 da escala e "pior dor imaginável" na extremidade alta. O paciente então marca o número que representa melhor o nível da dor. Os resultados dessa escala de estimativa numérica devem ser um número inteiro. Por exemplo, 7 é um resultado aceitável; 7,5 não é.

Quadro 2.6 Escala de estimativa verbal

0	Sem dor
1	Dor leve
2	Dor moderada
3	Dor intensa

São apresentados ao paciente descritores como os colocados acima, seja na forma escrita ou verbal, lendo-os em voz alta para a pessoa. O paciente então escolhe o número que descreve melhor a intensidade da dor naquele momento.

Escalas de dor PROMIS

O Sistema de Informações da Medição dos Resultados Relatados pelo Paciente (PROMIS, em inglês) é uma iniciativa do NIH (Instituto Nacional de Saúde dos EUA) de construir sistemas de medidas altamente confiáveis e precisas do estado de saúde relatado pelo paciente quanto ao seu bem-estar físico, mental e social. Os instrumentos PROMIS medem uma variedade de domínios ligados à saúde perguntando o que os pacientes são capazes de fazer e como eles se sentem (Fig. 2.12).[123] Uma meta do sistema PROMIS foi criar medidas universais de modo que os dados clínicos e de pesquisa pudessem ser interpretados na comparação de diferentes locais e estudos, incluindo uma ampla variedade de doenças e condições de saúde. Embora a maioria das escalas PROMIS tenha sido validada em diversas populações de doenças, as escalas não se mostraram promissoras para uso no treinamento esportivo.

O domínio da dor é uma área em que o PROMIS tem elaborado escalas para uso no cruzamento de populações de pacientes. O PROMIS tem atualmente duas escalas de dor finalizadas: a PROMIS Comportamento da dor e a PROMIS Interferência da dor. Há também a PROMIS Qualidade da dor que ainda não foi finalizada.

PROMIS Comportamento da dor

As medidas da escala de comportamento da dor focam as manifestações externas da dor, ou seja, compor-

Parte 1 ■ Resposta à lesão e planejamento do tratamento

Sistema de Informações da Medição dos Resultados Relatados pelo Paciente
Ferramentas dinâmicas para medir resultados ligados à saúde, a partir da perspectiva do paciente
PROMIS

VISUALIZAÇÃO DE ITENS AMOSTRADOS

A Figura A foi retirada de uma versão impressa do formato curto de sete itens. Esse instrumento está disponível também para aplicação online. Há uma variedade de opções de formato para a versão online.

Nos últimos 7 dias		Não tenho dor	Nunca	Raramente	Às vezes	Com frequência	Sempre
COMPORT2	Quando eu sentia dor, me tornava irritável	☐ 1	☐ 2	☐ 3	☐ 4	☐ 5	☐ 6
COMPORT3	Quando eu sentia dor, meu rosto se contorcia	☐ 1	☐ 2	☐ 3	☐ 4	☐ 5	☐ 6

A

Sistema de Informações da Medição dos Resultados Relatados pelo Paciente
Ferramentas dinâmicas para medir resultados ligados à saúde, a partir da perspectiva do paciente
PROMIS

VISUALIZAÇÃO DE ITENS AMOSTRADOS

A Figura B foi retirada de uma versão impressa do formato curto de seis itens. Esse instrumento está disponível também para aplicação online. Há uma variedade de opções de formato para a versão online.

Nos últimos 7 dias		Nada	Quase nada	Um pouco	Bastante	Muito
INTERF9 1	Quanto a dor interferiu com suas atividades do dia a dia?	☐ 1	☐ 2	☐ 3	☐ 4	☐ 5
INTERF22 2	Quanto a dor interferiu com as tarefas de casa?	☐ 1	☐ 2	☐ 3	☐ 4	☐ 5
INTERF31 3	Quanto a dor interferiu com sua habilidade de participar de atividades sociais?	☐ 1	☐ 2	☐ 3	☐ 4	☐ 5

B

Figura 2.12 Escalas de dor PROMIS. (A) Escala comportamento da dor. (B) Escala interferência da dor.

tamentos indicando que uma pessoa está sentindo dor. Esses comportamentos podem ser verbais ou não verbais, involuntários ou deliberados, e incluem suspirar, chorar, proteger-se, expressões faciais e pedidos de ajuda. Essa medida de comportamento de dor tem um total de 39 itens que são avaliados ao longo dos últimos 7 dias. Cada item é medido em uma escala de Likert de 6 pontos, que vai de "não tem dor" até "sempre". Essa medida está disponível no PROMIS gratuitamente, tanto no formato adaptado para computador quanto no formato curto impresso.

PROMIS Interferência da dor

A interferência da dor mede as consequências da dor em aspectos relevantes da vida de uma pessoa. Ela avalia o efeito da dor nas atividades sociais, cognitivas, emocionais, físicas e recreativas e faz perguntas sobre o sono e a satisfação na vida. A medida de interferência da dor in-

clui 41 itens. Pede-se aos pacientes para estimar como sua quantidade de dor impediu diferentes atividades ao longo dos últimos 7 dias usando uma escala de Likert de 5 pontos, indo de "não impediu" a "impediu demais". Essa medida está disponível tanto no formato adaptado para computador quanto no formato curto impresso.

Sensibilidade das escalas de dor

As mudanças nos níveis da dor podem ser comparadas na mesma pessoa somente usando-se o mesmo instrumento. Pontuações de NRS e EVA, por exemplo, não podem ser comparadas de maneira expressiva. O erro associado a cada escala precisa ser determinado para a quantidade de mudança necessária para identificar uma mudança "real". Quando é usada uma escala de 11 pontos (0 a 10), a quantidade necessária de mudança na dor da pessoa nas pontuações extremas (p. ex., 1 a 3, 8 a 10) precisa ser maior do que aquela nas pontuações intermediárias (4 a 7) para se observar a mesma mudança nas pontuações no meio da faixa. Portanto, mudanças nas pontuações brutas e porcentagens de mudança podem ser úteis quando interpretadas com cuidado. Por exemplo, uma mudança de 3 pontos de 9 a 6 na NRS é uma diminuição de 33% na dor. Uma mudança de 6 para 4 é uma mudança de dois pontos, porém também representa uma diminuição de 33%.[68]

A porcentagem da mudança é calculada como:

(Pontuação antes do teste – pontuação após o teste)/
Pontuação antes do tratamento × 100

O papel das escalas de dor em outros usos além do monitoramento da mudança individual da intensidade da dor de um paciente é discutível. Alguns pesquisadores argumentam que comparações estatísticas entre grupos não são expressivas, enquanto outros afirmam que essa abordagem é válida.[124]

Capítulo **3**

Desenvolvimento e aplicação das estratégias de intervenção

Sara D. Brown, MS, LAT

Este capítulo apresenta uma visão geral do processo de tomada de decisão usado para desenvolver planos de tratamento e escolher recursos terapêuticos com base nas melhores evidências científicas disponíveis. Um estudo de caso é usado para ajudar a reforçar a abordagem de solução de problema apresentada neste capítulo.

A abordagem de solução de problemas é uma técnica baseada na lógica que usa os achados do exame clínico, as metas de longo prazo do paciente (incluindo a resolução das restrições à participação) e as melhores evidências científicas disponíveis para desenvolver uma estratégia de intervenção. O pensamento lógico deve fazer parte da rotina diária, o que envolve habilidades básicas como vestir-se de manhã, ou tarefas mais complicadas, como encontrar o caminho pelas ruas de uma cidade desconhecida. A abordagem de solução de problemas estende seu pensamento lógico ao atendimento do paciente.

Este livro começa explicando que os recursos terapêuticos são usados para criar o ambiente apropriado para que a cicatrização ocorra. Os componentes do processo de resposta à lesão são inter-relacionados. Por exemplo, o edema causa dor, a dor causa espasmo e o espasmo causa dor (Fig. 3.1). Embora a dor possa ser a queixa principal do paciente, focar o tratamento apenas no alívio da dor terá pouco efeito na resolução da causa subjacente de desconforto e disfunção associados. Abordar os problemas do paciente de forma puramente sintomática em geral produz benefícios em curto prazo, porém resultados insatisfatórios em longo prazo.

O planejamento do programa de tratamento e a reabilitação (conhecidos como "intervenção") estão entre as habilidades mais complexas que precisam ser dominadas. Esse processo integra habilidades de exame clínico, conhecimento das patologias, identificação do nível de função e das restrições à participação do paciente, com conhecimento dos efeitos fisiológicos das técnicas terapêuticas, estabelecimento de metas, motivação e educação do paciente. O corpo de conhecimento tem progredido de forma contínua, e a eficácia das intervenções vem sendo estabelecida ou refutada.

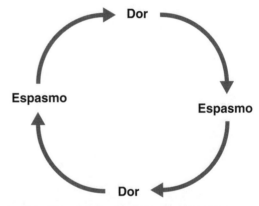

Figura 3.1 Ciclo dor-espasmo-dor. Representa um processo autoperpetuado no qual a dor causa espasmo muscular e o espasmo muscular causa dor. Esse ciclo continua até que a dor ou o espasmo muscular seja solucionado.

Evidência prática

É importante obter um diagnóstico correto para identificar as indicações e as **contraindicações** atuais de um tratamento específico. O planejamento da intervenção depende da meta do paciente (nível de atividade) e precisa abordar as deficiências que limitam a atividade.[2,125]

Classificação internacional de função

O resultado da lesão ou doença com frequência enfoca o que o paciente é incapaz de fazer – sua incapacidade. Em 2002, a Organização Mundial da Saúde (OMS) implementou um novo sistema de classificação que enfatiza o que o paciente é capaz de fazer, a Classificação Internacional de Funcionalidade, Incapacidade e Saúde (CIF).[125] Esse modelo sintetiza partes de dois modelos de incapacidade: o modelo médico e o modelo social. O modelo médico se atém à resolução da patologia. O modelo social enfoca o impacto da condição na qualidade de vida do paciente. Denominado **modelo biopsicológico**, o sistema CIF integra os componentes biológicos, sociais e individuais da saúde (Quadro 3.1).

Resultados da intervenção

Intervenções como cirurgias, uso de recursos terapêuticos e exercícios terapêuticos, empregados para resolver as limitações nas atividades e restrições à participação do paciente, são conhecidos como resultados (Tab. 3.1).[126,127] Em termos históricos, as intervenções

Quadro 3.1 Organização Mundial da Saúde – Classificação internacional de funcionalidade

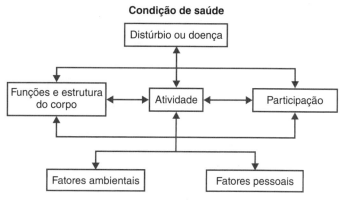

O nível de função/incapacidade do paciente é resultado das interações entre **condições de saúde** e **fatores contextuais**. As condições de saúde incluem lesão e doença. Os fatores contextuais consistem em fatores ambientais externos, como atitudes sociais e as características físicas do local onde a pessoa vive e trabalha, e fatores pessoais, que incluem gênero, profissão e experiências de vida.

Focando o paciente, o sistema CIF identifica.[125]

- O nível de função da pessoa.
- As intervenções que maximizam a função.
- Os resultados desejados da intervenção, levando a uma avaliação da eficácia da intervenção.
- A avaliação de melhora da pessoa.

A linguagem da CIF:

Termo	Definição
Funções corporais	Os sistemas fisiológicos e psicológicos do corpo
Estruturas corporais	Os membros e os órgãos do corpo (inclui o sistema musculoesquelético)
Deficiências	A disfunção das funções e/ou estruturas do corpo
Atividade	A habilidade de uma pessoa de realizar tarefas ou ações
Participação	O envolvimento em atividades laborais, sociais, recreativas e de lazer
Limitações nas atividades	Desafios para realizar tarefas associadas à vida diária
Restrições à participação	Desafios para experimentar situações da vida
Fatores ambientais	O ambiente físico, social e das atitudes no qual as pessoas passam sua vida

Adaptado de World Health Organization: Towards a common language for functioning, disability and healty. ICF. Geneva, Switzerland. 2002. Disponível on-line: http://www.who.int/classifications/icf/training/icfbeginnersguide.pdf.

Tabela 3.1 Medições dos resultados obtidos pelo terapeuta e pelo paciente

Medida	Descrição
Resultados baseados no terapeuta	Medidas usadas para avaliar os resultados das intervenções na perspectiva do terapeuta; podem incluir medidas objetivas de força, amplitude de movimento, edema, etc. ou instrumentos de relato do terapeuta
Resultados baseados no paciente	Medidas usadas para avaliar questões importantes para o paciente que geralmente estão relacionadas a sintomas, habilidade funcional ou qualidade de vida ligada à saúde
	Medidas específicas da condição: Específicas a uma articulação (p. ex., sistema de pontuação de Cincinnati para o joelho) ou área do corpo (p. ex., incapacidade do braço, ombro e mão). Essas escalas usam múltiplas perguntas para avaliar o nível de função do paciente e também podem incluir medidas baseadas no terapeuta
	Medidas genéricas: Percepção global de mudança: uma única pergunta para determinar a melhora com o tempo

têm focado principalmente na resolução da patologia (uma abordagem orientada para a doença) em vez de abordar os fatores que são significativos para o paciente (uma abordagem orientada para o paciente). Medidas clínicas analisam primeiro as deficiências. Medidas baseadas no paciente são autoavaliações das limitações nas atividades e restrições à participação.[127]

Medida dos resultados

A evidência que importa, orientada ao paciente (POEM, na sigla em inglês) identifica o efeito que a condição exerce no estado de saúde do paciente e na qualidade de vida ligada à saúde (HRQOL, na sigla em inglês). O exame físico é usado para identificar as deficiências, mas tratar apenas tais deficiências resulta em um tratamento ineficaz, caso as necessidades físicas, psicológicas e sociais do paciente não sejam consideradas. Por exemplo, uma melhora de 10° na amplitude de movimento do joelho pode ser mensurável, porém não vai mudar a capacidade do paciente de subir os três degraus para o seu apartamento, deixando as limitações funcionais (e sua percepção de progresso) inalteradas. Como foi visto no Capítulo 2, as experiências passadas do paciente, suas expectativas e percepções têm influência profunda na dor, na função e na qualidade de vida.[128]

Cada escala de resultados deve ter valores que ajudem a determinar a melhora na condição do paciente. Dependendo de quão bem o instrumento estiver validado, as medidas a seguir podem estar disponíveis para interpretação das pontuações:[127]

Mínima mudança detectável (MDC): a menor diferença detectável levando-se em conta a medida de erro. Útil para determinar a eficácia de uma intervenção.

Mínima mudança clinicamente importante (MCID): uma medida de responsividade, a MCID identifica a menor mudança que seja importante ou benéfica para o paciente.

Evidência prática

A Percepção Global de Mudança é uma medida simples dos resultados, baseada no paciente, que pergunta a ele: "Com respeito à sua _____ [inserir aqui a condição], como você se descreveria agora comparado ao seu estado logo após a lesão?". O paciente então marca sua percepção em uma escala, como segue:

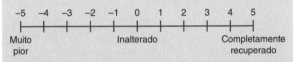

A mínima mudança detectável é de 0,45 pontos (em uma escala de 11 pontos). A mínima mudança clinicamente importante é de 2 pontos (em uma escala de 11 pontos).[129]

Incorporação das evidências científicas à tomada de decisão

Com frequência, os recursos terapêuticos usados são selecionados mais por hábito do que com base em um plano. A decisão de usar um aparelho ou técnica costuma basear-se mais em modismos ou tradição do que na ciência. A meta da **prática baseada em evidências** é prover o tratamento mais eficiente e eficaz, maximizando, assim, os resultados do paciente e tornando eficaz o uso do tempo do terapeuta.

Testes diagnósticos, como aqueles usados no exame ortopédico, produzem um resultado "positivo" ou "negativo", tornando a medição de sua utilidade relativamente fácil. A avaliação das evidências científicas dos recursos terapêuticos é mais complexa em razão do número de fatores que influenciam os resultados.

Boa parte das pesquisas relacionadas à eficácia dos recursos terapêuticos é contraditória ou inconclusiva. As diferenças nos tipos de tecidos (ligamentos *versus* tendões *versus* músculos, p. ex.), na profundidade dos tecidos (superficiais *versus* profundos), na idade do paciente, no efeito da progressão natural da cicatrização e nas variações nos protocolos de aplicação tornam difícil avaliar a eficácia desses aparelhos. Outros empecilhos estão relacionados aos estudos mal elaborados e à aplicação inapropriada de estudos animais à população clínica (de pacientes).

Ao determinar se um recurso terapêutico pode ser efetivo no tratamento de uma condição específica, devem ser considerados três fatores (Tab. 3.2). Primeiro, a energia produzida pelo recurso escolhido pode afetar de forma direta ou indireta os tecidos-alvo? Assumindo-se que sim, a próxima questão é se tal recurso pode ou não produzir a resposta fisiológica necessária para promover a cicatrização. Se a resposta para uma dessas questões for "não", esse recurso terapêutico não deve ser usado.

Se for determinado que a energia pode penetrar os tecidos e afetar a fisiologia, isso leva à grande questão: "esse aparelho melhora os resultados do paciente?" De forma mais específica, esse aparelho produz resultados melhores do que um tratamento placebo/fictício, melhores do que outras técnicas de tratamento ou que a ausência completa de tratamento?

Elaboração de questões clínicas

Um velho adágio afirma que, para obter a resposta correta, é preciso fazer a pergunta correta. Esse conceito é especialmente válido no desenvolvimento de uma questão clínica para determinar o melhor curso de atendimento de um paciente. PICO, um mnemônico para **P**aciente, **I**ntervenção, **C**omparação e ***O**utcomes* (resultados, em português), fornece a estrutura para o desenvolvimento das questões clínicas.

Paciente: jogadora de futebol universitária de 21 anos de idade; trabalha meio período como garçonete

Condição: 1 semana pós-reconstrução de ligamento cruzado anterior (LCA); autoenxerto osso-tendão patelar-osso

---

Considerando o exemplo citado, a paciente está com 1 semana de pós-operatório de reconstrução osso--tendão patelar-osso do LCA. O teste muscular manual (TMM) de extensão apresenta grau 1/5 (não consegue

produzir movimento, porém uma contração muscular é palpável) e a circunferência em torno do fêmur 4 cm proximais à linha da articulação do joelho está com 2 cm a menos que o membro não envolvido. O desenvolvimento de uma questão clínica usando PICO envolveria os seguintes elementos:

	Paciente	**Intervenção**	**Comparação**	**Resultado**
Descrição	Informações demográficas do paciente	A terapia ou terapias que estão sendo consideradas	Outras terapias sendo consideradas (opcional)	Os resultados desejados e o tempo para obter tais resultados
Exemplo	Em uma paciente de 21 anos, jogadora de futebol, 1 semana após reconstrução de LCA	Estimulação elétrica neuromuscular	Ou nenhuma estimulação	Restauram a função do quadríceps?
Linguagem simplificada	Em uma jogadora de futebol de 21 anos, 1 semana pós-reconstrução de LCA, o que funciona melhor para restaurar a função: a estimulação elétrica neuromuscular ou nenhuma estimulação?			

Essa questão clínica então direciona a revisão da literatura buscando a melhor evidência científica disponível. A Figura 3.2 apresenta uma visão geral do processo usado para determinar se uma intervenção deveria ser usada com base nas evidências disponíveis.

Encontrando as evidências

A experiência pessoal e a competência têm um peso na prática baseada em evidências, porém um peso menor. Para ser considerado eficaz, o uso do recurso terapêutico precisa ser validado por meio de pesquisas publicadas. A experiência clínica em geral é o fundamento desses estudos. A habilidade de revisar de maneira crítica os artigos publicados – o que está fora do âmbito deste livro – facilita a interpretação das evidências.

Tabela 3.2 Tipos de evidências científicas para recursos terapêuticos

Tipo de evidência	Descrição
Física	A energia produzida pelo aparelho é capaz de estimular de forma direta ou indireta os tecidos-alvo?
Fisiológica	A estimulação direta ou indireta dos tecidos-alvo produz os efeitos fisiológicos pretendidos?
Clínica	Os efeitos fisiológicos resultam em resultados positivos para o paciente?

Estimulação direta: a energia aplicada ao corpo tem um efeito focado nos tecidos traumatizados.
Estimulação indireta: a energia aplicada ao corpo produz um efeito cascata que afeta os tecidos-alvo.

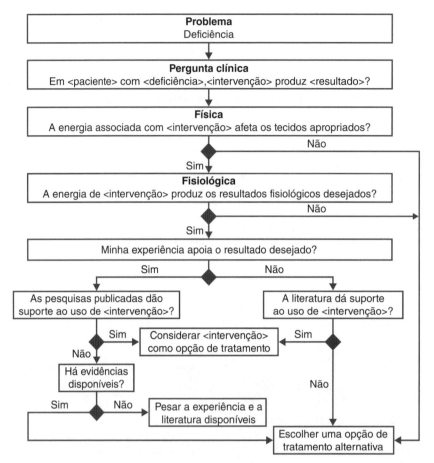

Figura 3.2 Árvore decisória baseada em evidências científicas. Iniciando com o problema, desenvolve-se uma pergunta clínica (PICO) e seleciona-se um recurso terapêutico (intervenção). Se a física for válida e o aparelho for capaz de desencadear os efeitos fisiológicos apropriados, a questão então enfocará os resultados do paciente. A experiência pessoal será o primeiro filtro ao fazer essa determinação, porém se as pesquisas publicadas não suportarem seu uso, outra opção deverá ser determinada. Se as pesquisas derem suporte à intervenção, prossegue-se com o tratamento. (Adaptado, com permissão, de Ragan, BG.)

Evidência prática

As revisões sistemáticas são uma análise crítica das pesquisas publicadas que abordam uma determinada questão de estudo. Essas revisões sintetizam as melhores evidências e fazem recomendações para a aplicação clínica. Os ensaios clínicos envolvem pesquisas conduzidas em humanos que são afetados por determinada condição. O banco de dados PEDro estima a força científica do modelo de pesquisa em uma escala de 0 a 10, com 10 representando a metodologia mais forte.

Há disponíveis vários bancos de dados para ajudar a encontrar as respostas para as questões clínicas. Ferramentas de busca como pubmed.com e sportdiscus.com visam, de maneira específica, às revistas de saúde e medicina revisadas por especialistas. Outras ferramentas, como os bancos de dados TRIP e PEDro, incorporam publicações de múltiplos bancos de dados e são elaboradas especificamente para ajudar a responder as questões clínicas (Quadro 3.2).

A abordagem de solução de problemas

As pessoas respondem ao trauma de modo diferente e têm metas pós-lesão diferentes, o que exige planos de tratamento individualizados. Quando baseadas em **dados normativos**, as diretrizes de tratamento generalizadas proporcionam um ponto de referência para determinar onde o paciente "deveria estar" e quais abordagens de tratamento deveriam ser consideradas. Os planos de tratamento individuais diferenciam as especificidades do caso de cada paciente e levam a um resultado mais eficiente e bem-sucedido.

A abordagem de solução de problemas é um processo contínuo de avaliação, análise e planejamento que

Quadro 3.2 Busca por evidências usando o banco de dados PEDro

A

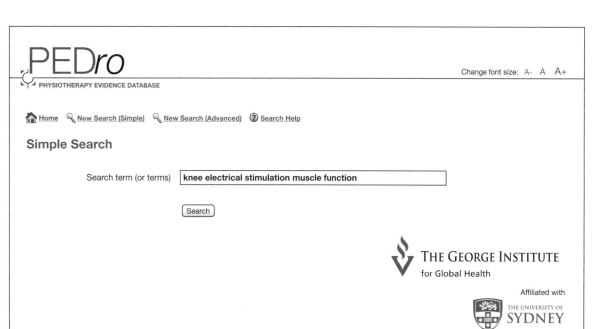

B

(continua)

Quadro 3.2 Busca por evidências usando o banco de dados PEDro *(continuação)*

PHYSIOTHERAPY EVIDENCE DATABASE

Change font size: A- A A+

🏠 **Home** 📺 **Display Selected Records** 🔍 **New Search (Advanced)** 🔍 **New Search (Simple)** 🔍 **Continue Searching (Simple)** ❓ **Search Help**

Search Results

Click on a title to view details of that record. If your search has returned many records you may need to click on *Next* (at the top or bottom of the list of records). To display a list of records from one or a series of searches, click on *Select* and then *Display Selected Records* (at the top of the page).

Record 1 - 25 of 41 **Next Last**

Title	Method	Score (/10)	Select Record
Philadelphia Panel evidence-based clinical practice guidelines on selected rehabilitation interventions for knee pain [with systematic review]	practice guideline systematic review	N/A	Select
Effects of neuromuscular electrical stimulation after anterior cruciate ligament reconstruction on quadriceps strength, function, and patient-oriented outcomes: a systematic review	systematic review	N/A	Select
Surface neuromuscular electrical stimulation for quadriceps strengthening pre and post total knee replacement (Cochrane review) [with consumer summary]	systematic review	N/A	Select
Physical therapy interventions for patients with osteoarthritis of the knee: an overview of systematic reviews	systematic review	N/A	Select
(Therapeutic methods for knee osteoarthrits: randomized controlled trial and systemic evaluation) [Chinese - simplified characters]	systematic review	N/A	Select
A critical review of electrical stimulation of the quadriceps muscles	systematic review	N/A	Select
Randomised controlled trial of electrical stimulation of the quadriceps after proximal femoral fracture	clinical trial	7/10	Select
Home based neuromuscular electrical stimulation as a new rehabilitative strategy for severely disabled patients with chronic obstructive pulmonary disease (COPD)	clinical trial	7/10	Select
Does electric stimulation of the vastus medialis muscle influence rehabilitation after total knee replacement?	clinical trial	6/10	Select
Effects of long term resistance training and simultaneous electro-stimulation on muscle strength and functional mobility in multiple sclerosis	clinical trial	6/10	Select

C

O Banco de Dados de Evidências de Fisioterapia (pedro.org.au) fornece uma lista de pesquisas atuais publicadas relacionadas à medicina ortopédica (A). A busca é conduzida usando-se termos de pesquisa básicos, de modo similar ao usado em outros mecanismos de busca da internet; PEDro possui também opções de pesquisa avançada.

Vale relembrar a paciente do caso citado (mulher de 21 anos de idade; 1 semana de pós-operatório de reconstrução de LCA; TMM de extensão = 1/5; atrofia mensurável). Como a paciente é incapaz de contrair voluntariamente o músculo e produzir movimento, considera-se o uso de estimulação elétrica para ajudar a retreinar o músculo.

Como ajuda para tomar essa decisão, deve-se usar uma revisão do banco de dados PEDro (ou mecanismo de busca similar) para determinar se a estimulação elétrica pode ajudar a melhorar a função muscular e, caso afirmativo, quais parâmetros seriam mais eficazes.

Inicia-se a pesquisa com termos gerais, como "estimulação elétrica", "função muscular" e "joelho" (B). Nesse caso, a pesquisa localizou 41 artigos, cada um identificado como revisão sistemática ou ensaio clínico. É preciso fazer uma revisão manual dos artigos para identificar os mais apropriados. Se o número de artigos retornados for muito pequeno, deve-se ampliar os termos de busca; se retornarem artigos demais, usar termos mais restritivos.

consiste em sete passos: (1) obter um histórico médico, (2) identificar as limitações nas atividades e restrições à participação do paciente e então identificar as deficiências subjacentes que estão contribuindo para essas limitações (problemas), (3) priorizar os problemas, (4) estabelecer metas de tratamento, (5) revisar as evidências, (6) planejar as intervenções (7) e reexaminar o paciente e avaliar os resultados (Tab. 3.3). Para ilustrar esses componentes, são mostrados também estudos de caso no final de cada seção. Embora o foco deste livro seja os recursos terapêuticos, o papel dessas intervenções é preparar o paciente para o exercício terapêutico, as técnicas manuais e atividades funcionais. Os recursos terapêuticos são também usados depois desses tratamentos como um meio de controlar a inflamação induzida pelo exercício.

Exame do paciente

Para oferecer o atendimento apropriado ao paciente, é preciso identificar sua patologia, deficiências, limitações nas atividades e restrições à participação. O estágio de reconhecimento do problema tem o propósito de identificar o tipo de tecido envolvido e o estágio do processo de cicatrização, seguido pelo impacto da condição na função do paciente e as deficiências que causam essas limitações funcionais (Tab. 3.4).

Histórico médico

A identificação dos problemas começa com a revisão dos registros médicos existentes do paciente. Relatórios de testes diagnósticos, relatórios cirúrgicos,

Tabela 3.3 Componentes da abordagem de solução de problemas

Componente	Propósito
Exame do paciente: obter o histórico médico	Determinar o histórico médico passado e o histórico da condição atual para: • Identificar as indicações para o uso dos recursos terapêuticos e outras intervenções, como o exercício • Identificar quaisquer contraindicações para o uso dos recursos terapêuticos ou outras intervenções • Identificar as demandas que o nível atual e desejado de atividade do paciente impõe aos tecidos
Exame do paciente: identificação do programa	Identificar impedimentos (p. ex., cirurgia anterior) ou comorbidades (p. ex., diabetes) que representam desafios clínicos no desenvolvimento do plano de tratamento
	Por meio do exame clínico, identificar: • A patologia e as deficiências • O estágio de cicatrização
Priorização do problema	Limitações nas atividades
	Restrições à participação
Estabelecimento de metas	Desenvolver a ordem lógica de tratamento com base em uma relação de causa e efeito entre patologia, deficiências e limitações nas atividades
	Desenvolver a estrutura e a sequência do plano de tratamento
	Estabelecer critérios para determinar a eficácia do plano de tratamento conforme determinado pela definição de sucesso do paciente
	Metas de longo prazo: identificar os resultados desejados do plano
	Metas de curto prazo: descrever o progresso esperado pelo paciente em um tempo determinado
Revisão das melhores evidências científicas disponíveis	Usando publicações de pesquisas disponíveis combinadas com a experiência pessoal, identificar as intervenções que têm demonstrado eficácia na assistência à resolução do problema do paciente
Planejamento do tratamento	Determinar os recursos terapêuticos e os exercícios (intervenções) a serem usados e sua sequência com base na priorização dos problemas do paciente e nas metas de tratamento
	Medições feitas pelo terapeuta são usadas para determinar o curso do tratamento[127]
Reexame	Avaliação do estado físico atual do paciente: • Reavaliação dos problemas identificados previamente • Exame de técnicas que não são mais contraindicadas • Novos problemas que se desenvolveram desde o exame anterior
	Os achados são usados para: • Avaliar a eficácia do plano de tratamento atual • Reavaliar metas de curto e longo prazos • Determinar as mudanças necessárias no plano de tratamento • Determinar a eficácia das intervenções usadas[127]

62   Parte 1   ■   Resposta à lesão e planejamento do tratamento

Tabela 3.4 Informações obtidas durante o exame do paciente

Segmento	Descrição
Narrativa do paciente	A descrição que o paciente faz dos problemas e do impacto resultante na atividade e na participação
Histórico médico	Qualquer condição médica significativa que possa afetar o curso de tratamento atual
Medicamentos	Uso atual de medicamentos prescritos, não prescritos ou recreativos que possam alterar os achados do exame ou apresentar uma contraindicação ao uso dos recursos terapêuticos ou outras intervenções terapêuticas
Mecanismo de lesão	A descrição de como ocorreu a lesão ou o surgimento dos sintomas
Nível normal de atividade	Identificar o estilo de vida atual ou desejado pelo paciente em relação às atividades
Tipo de tecido envolvido	Anatomia, função, tamanho e profundidade do trauma
Natureza do trauma	Entorse, estiramento, fratura, contusão, biomecânica imprópria
Estágio da resposta à lesão	Inflamação aguda, proliferação, maturação, inflamação crônica
Deficiências	Dor, diminuição da amplitude de movimento, diminuição da força
Metas do paciente	Longo prazo e curto prazo
Contraindicações	Recursos terapêuticos, exercícios, técnicas manuais e medicamentos que não podem ser usados

prescrição médica e notas de encaminhamento são boas fontes. Notas de antes do tratamento descrevem as intervenções que foram usadas, os parâmetros usados na sua aplicação e o quão eficazes eles foram. Outras fontes de informações incluem exames médicos pré-participação e notas pertinentes a exames e tratamentos prévios não relacionados à condição. É preciso identificar qualquer contraindicação médica ao uso de intervenções específicas durante a entrevista do paciente (Quadro 3.3).

Quadro 3.3 Contraindicações médicas ao uso dos recursos terapêuticos

O uso de certos recursos terapêuticos ou outras intervenções pode ser contraindicado com base no estágio atual de cicatrização do paciente ou da área do corpo tratada, ou por causa de condições médicas não relacionadas. Identificar contraindicações locais exige conhecimento do recurso terapêutico a ser usado. O exame clínico deve identificar as indicações e as contraindicações ao uso de recursos terapêuticos específicos. Contudo, contraindicações médicas subjacentes para o uso de certos recursos terapêuticos precisam ser identificadas antes de iniciar qualquer tratamento.

As contraindicações são absolutas ou relativas. Uma **contraindicação absoluta** significa que o recurso terapêutico ou protocolo não deve ser usado sob nenhuma circunstância. As **contraindicações relativas** significam que o tratamento pode ser modificado para acomodar a condição do paciente, por exemplo, diminuindo a temperatura de um turbilhão quente. As **precauções** identificam de que modo o uso incorreto do recurso terapêutico pode causar dano ao paciente.

As contraindicações médicas podem ser identificadas por meio de um questionário médico abrangente e confirmadas durante o processo de tomada do histórico e entrevista do paciente. O questionário médico deve ser aplicado no início do ano acadêmico, no caso de locais de medicina esportiva institucional, ou no momento da primeira visita em outros estabelecimentos ambulatoriais.

A seguir, há uma lista parcial de contraindicações médicas comuns e métodos para identificá-las. Os prestadores de serviços de saúde são responsáveis, do ponto de vista legal, moral e ético, pelo conhecimento das contraindicações do aparelho, técnica ou procedimento a ser administrado. No caso dos recursos terapêuticos, o manual de instruções do fabricante relaciona as contraindicações e precauções específicas daquele aparelho.

Contraindicação	Identificada por	Exemplo
Lesão/inflamação aguda	Pergunta	"Quando essa lesão ocorreu?"
	Exame clínico	Avaliar os sinais cardinais da inflamação
Implante metálico	Questionário escrito	"Você já teve alguma fratura que exigiu cirurgia?"
		"Você têm implantes, como placas ou parafusos?"
	Avaliação clínica	Observar a área a ser tratada quanto à presença de cicatriz cirúrgica

(continua)

Quadro 3.3 Contraindicações médicas ao uso dos recursos terapêuticos *(continuação)*

Contraindicação	Identificada por	Exemplo
Hipertensão	Questionário escrito	"Você está tomando algum medicamento para pressão alta no momento?"
		"Alguma vez disseram que você tem pressão alta?"
	Exame clínico	Medir a pressão arterial
Deficiência circulatória	Questionário escrito	"Você já foi diagnosticado com problemas circulatórios, como doença vascular periférica, coágulos ou fenômeno de Raynaud?"
		"Suas mãos ou pés são sensíveis ao calor ou ao frio?"
		"Você já foi diagnosticado com algum problema cardíaco?"
	Exame clínico	Avaliar o enchimento capilar
		Observar se há edema em pés e tornozelos
Insuficiência cardiorrespiratória	Questionário escrito	Além dos achados de pressão alta e comprometimento circulatório:
		"Você está tomando medicamentos para o coração?"
		"Você já sofreu algum ataque cardíaco ou acidente vascular encefálico (derrame)?"
		"Você sofre regularmente de falta de ar ou tem dificuldade para respirar?"
	Exame clínico	Inspecionar embaixo das unhas quanto à presença de cianose ou alargamento
		Verificar o enchimento capilar embaixo das unhas
Tromboflebite	Questionário escrito	"Você foi diagnosticado com coágulos de sangue?"
		"Você sofre de edema inexplicado em pés e tornozelos?"
	Exame clínico	Calor, rubor, edema e sensibilidade na área afetada
Deficiência sensorial	Questionário escrito	"Você sofre de formigamento, queimação ou dormência em braços ou pernas?"
		"Você tem diabetes ou há histórico de diabetes na sua família?" (O diabetes acostuma levar à diminuição na função sensorial)
	Exame clínico	Fazer uma triagem sensorial (dermátomos)
Infecção	Questionário escrito	"Você está, no momento, tomando medicamentos antibióticos prescritos?"
	Exame clínico	Inspecionar a área quanto a sinais de infecção, incluindo pústulas, aumento de temperatura e estrias vermelhas
Câncer	Questionário escrito	"Você já foi diagnosticado com câncer?"
		"Você tem dor constante inexplicada à noite?"
Gestação	Questionário escrito	"Você está grávida ou há possibilidade de estar grávida?"

A informação **subjetiva** é obtida durante a entrevista formal do paciente e durante a discussão informal (Fig. 3.3). Boas habilidades clínicas requerem uma capacidade acurada de ouvir e a habilidade de identificar e solicitar do paciente as informações pertinentes. Por exemplo, um comentário do paciente do tipo "meu joelho parece que vai falsear" pode identificar fraqueza do músculo quadríceps, dor ou instabilidade de rotação. Queixas de sentir-se "pior" após a terapia podem indicar que o exercício e/ou os parâmetros do tratamento foram intensos demais. A percepção global de mudança ou uma medição de resultados similar deve também ser incorporada à entrevista do paciente (ver Tab. 3.1). Comentários indicando progresso podem determinar os melhores padrões de uso do recurso terapêutico e os parâmetros selecionados. Quando for aplicável, esses comentários devem ser anotados na ficha médica do paciente.

É fácil focar a atenção apenas nas deficiências observáveis, como edema, descoloração, diminuição na amplitude de movimento e sintomas relatados de dor e dormência. Embora o objetivo de curto prazo de uma

Figura 3.3 Entrevista com o paciente. Boa parte do sucesso no planejamento do tratamento depende da comunicação eficaz entre o paciente e o terapeuta.

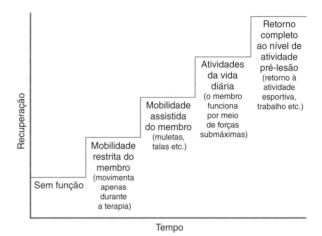

Figura 3.4 Retorno à função após a lesão. O retorno ao nível de atividade pré-lesão segue uma sequência progressiva na qual um nível de função precisa ser obtido antes de chegar ao nível seguinte. Embora esta figura mostre uma progressão linear e constante, há sobreposição e recaídas entre os estágios.

sessão de tratamento seja prover alívio sintomático ou melhora objetiva em um desses parâmetros, as metas de longo prazo de cicatrização apropriada e retorno ao estilo de vida normal não serão alcançadas a menos que a patologia subjacente seja identificada e tratada (Fig. 3.4). Considerando-se o caso de um paciente que se queixa de dor durante a elevação do ombro, o alívio permanente da dor não será obtido até que a disfunção biomecânica subjacente, que é uma artrocinemática anormal, seja abordada. Como será mostrado adiante, podem ser necessários tratamentos **paliativos** nas fases iniciais de tratamento, porém apenas como uma transição ou adjunto dos tratamentos curativos.

Identificação do problema

As restrições à participação descritas pelo paciente podem resultar de múltiplas patologias e deficiências (ver Quadro 3.1). O uso de ferramentas válidas e confiáveis, técnicas de medição corretas, consistência durante os reexames e uma documentação apropriada dos resultados contribuem para o acúmulo de evidências documentadas do progresso do paciente (Tab. 3.5). Esses instrumentos não são apropriados para todas as condições e o paciente pode ter uma ou mais contraindicações ao seu uso.

É importante conduzir exames e reexames formais do paciente de maneira regular. Antes de cada sessão de tratamento, entrevistar o paciente para avaliar a eficácia das intervenções prévias e dos tratamentos domiciliares e para determinar o estado físico e mental/emocional do paciente.

Os estados mental e emocional e a motivação do paciente para retornar à atividade são importantes na determinação das intervenções de tratamento. Para maximizar a participação, deve-se educar o paciente sobre a natureza da lesão, as metas da intervenção, o plano para alcançar essas metas e as expectativas de recuperação. A velocidade da recuperação é afetada pelo nível de motivação do paciente.[130] Alguns pacientes precisam ser restringidos em virtude de seu alto nível de motivação. Outros precisam ser continuamente motivados para alcançar suas metas de tratamento. Os pacientes que apresentam falta de motivação de forma consistente ou mostram sinais comportamentais de desinteresse na recuperação talvez precisem da assistência de um prestador de serviços de saúde mental.

Evidência prática

O humor deprimido está associado a uma incapacidade mais elevada em pacientes com dor lombar crônica específica ou inespecífica.[131]

As informações coletadas durante o exame e as sessões de tratamento devem ser identificadas e registradas na ficha do paciente usando termos mensuráveis e objetivos. Embora cada sessão de tratamento deva começar com a entrevista do paciente, um reexame completo da sua condição deve ser conduzido de maneira regular (p. ex., no final de um período estabelecido). O reexame constante e a comparação das medidas dos resultados permitem que o estado atual do paciente seja comparado com a informação de base. Pode-se então determinar se o paciente melhorou conforme o esperado ou se o plano de tratamento precisa ser modificado em virtude da sua falta de progresso.

Estudo de caso parte 1: A história médica do paciente

Uma mulher de 22 anos de idade, diagnosticada com síndrome da dor patelofemoral no joelho direito, foi encaminhada por um cirurgião ortopédico. Foram obtidas as seguintes informações:

Relato: dor intermitente "sob a patela direita" que aumenta quando ela sobe ou desce escadas e ocasionalmente após longos períodos na posição sentada. A dor e o "falseio" intermitentes proíbem a paciente de participar de atividades extenuantes.

Histórico médico: a paciente foi diagnosticada com broncoespasmo induzido pelo exercício (BIE), que é desencadeado pelo exercício em ambiente frio.

Histórico da condição atual: enquanto jogava futebol, a paciente torceu o joelho com o pé plantado, o que resultou em ruptura do ligamento cruzado anterior (LCA) e do menisco medial. Ela foi submetida à reconstrução do LCA com autoenxerto osso-tendão patelar-osso e uma meniscectomia medial parcial. Voltou a jogar futebol 6 meses após a cirurgia. Um mês depois, desenvolveu os sintomas atuais, que persistem por 6 meses.

Testes diagnósticos: estudos radiográficos mostraram achados normais associados ao reparo do LCA. Sem evidências de alterações degenerativas.

Limitações nas atividades: precisa subir escadas com a perna não envolvida à frente.

Restrições à participação: incapaz de jogar futebol; descreve dificuldade para frequentar as aulas por causa da dor quando caminha por tempo prolongado.

Condições médicas gerais: sem enfermidades significativas.

Medicamentos: a paciente relata que toma ibuprofeno 200 mg para dor, conforme a necessidade, tendo alívio moderado. Usa albuterol quando o BIE é sintomático.

Contraindicações ao uso de recursos terapêuticos: nenhuma.

Contraindicações ao exercício terapêutico: nenhuma.

Metas da paciente: realizar as atividades da vida diária (AVD) sem dor. Voltar a jogar futebol em modo recreativo.

Achados do exame:

Restrições à participação:	não pode jogar futebol.
Limitações nas atividades:	a paciente não pode subir ou descer escadas sem dor. Pés com pronação excessiva (bilateralmente), com levantamento precoce do calcanhar durante a marcha decorrente da inabilidade de estender o joelho. A paciente não consegue ficar sentada por mais de 30 minutos sem desenvolver dor no joelho.
Observação:	incisão sobre o tendão patelar cicatrizada. Há formação de **queloide**.

Palpação:	a palpação produz dor ao longo do **retináculo** medial e no polo inferior da patela.
Mobilidade patelar:	a patela é **hipomóvel** no sentido superior e medial.
Trajeto patelar:	trajeto patelar lateral aumentado com relação ao lado oposto.
Amplitude de movimento:	**Lado envolvido:** **Ativa:** de 10° de extensão a 135° de flexão (0° – 10° – 135°) **Passiva:** de 3° de hiperextensão a 140° de flexão (3° – 10° – 135°) **Lado não envolvido:** **Ativa:** de 5° de hiperextensão a 145° de flexão (5° – 0° – 145°) **Passiva:** de 1° de hiperextensão a 150° de flexão (1° – 0° – 150°)
Circunferência:	a circunferência é 1 cm maior do que a do joelho não envolvido quando medida sobre a linha articular. Presente leve derrame articular.
Tônus:	a paciente mostra controle precário do grupo muscular quadríceps. O vasto medial oblíquo (VMO) tem pouco tônus e massa, quando comparado ao lado não envolvido.
Avaliação da função muscular:	os grupos musculares do quadril tem 5/5 bilateralmente. Os quadríceps apresentam 5/5 bilateralmente, sendo desencadeada dor na articulação patelofemoral no lado envolvido. Os grupos isquiotibiais apresentam 5/5 bilateralmente. Os grupos do tornozelo apresentam 5/5 bilateralmente.
Avaliação da função articular:	flexão passiva do joelho em decúbito ventral: 0° a 120° à direita; 0° a 140° à esquerda. Os dois joelhos têm 10° de extensão a menos com o quadril em 90°. Dorsiflexão passiva do tornozelo com o joelho estendido: 0° a 10° bilateralmente.
Estimativa da dor:	a paciente descreve a dor como 5/10 quando está descendo escadas, 1/10 quando sentada.
Testes de estresse:	todos dentro dos limites normais quando comparados com o outro lado.
Testes seletivos de tecidos:	teste de Thessaly para o menisco sem alterações.

Isso introduz a paciente, seu histórico médico relativo e seus relatos, a partir dos quais é possível elaborar uma lista de problemas. A identificação do problema usa esse histórico da paciente para identificar déficits funcionais e condições que deveriam ser o foco das metas de tratamento da paciente.

66 Parte 1 ■ Resposta à lesão e planejamento do tratamento

Tabela 3.5 Instrumentos selecionados usados no exame de condições ortopédicas

Instrumento	Como medir	Informação obtida	Contraindicações ao uso
Amplitude de movimento ativa	Medida goniométrica ou uma porcentagem do movimento completo no caso da coluna	Habilidade de mover-se de modo ativo ou passivo com referência a movimentos específicos	Lesões musculoesqueléticas agudas instáveis
Avaliação da função muscular	Medida pelo teste muscular manual usando uma escala graduada, um **dinamômetro** de mão ou um aparelho isocinético	Indicação de força muscular ou déficits neurológicos. Pode também determinar a lesão de um músculo ou tendão pelo desencadeamento de dor e/ou fraqueza associada à contração do músculo ou grupo muscular	Lesões instáveis agudas de ligamentos, tendões ou ossos. Qualquer teste ortopédico que possa sobrecarregar de forma direta as estruturas instáveis ou que foram recém-reparadas. Reparos recentes de ligamentos ou tendões
Edema	Medida circunferencial com fita métrica em torno de referências anatômicas específicas ou **medidas volumétricas**	Indicação da presença de inchaço ou edema em relação ao membro oposto	Nenhuma
Condição do apoio de peso	Medida com apoio de peso completo, parcial ou sem apoio. Pode também ser descrita como porcentagem do apoio de peso completo	Habilidade do paciente de apoiar peso na presença de dor, edema, fraqueza e/ou diminuição na amplitude de movimento	Condições que proíbem o apoio de peso
Atrofia ou **hipertrofia**	Medida circunferencial com uma fita métrica, comparando-se o resultado com o do membro oposto	Determinação da diminuição ou aumento da massa tecidual. Notar que há pouca correlação entre a circunferência do membro e sua força	Nenhuma
Dor	Escala de estimativa da dor de 0 a 10, com 0 sendo ausência de dor e 10 sendo a pior dor imaginável	Presença de dor durante uma atividade funcional específica (agachamento), movimento (flexão do ombro), teste de estresse (estresse em valgo do cotovelo) ou em repouso	Deve-se ter o cuidado de não avaliar a dor usando uma atividade funcional que possa comprometer tecidos reparados instáveis ou recém-reparados
Sensação	O toque leve em áreas bilaterais do corpo, tendo as mesmas distribuições nos dermátomos ou distribuições de nervos específicos	Avaliação do sistema nervoso sensorial. Notar que as distribuições nos dermátomos podem variar bastante de pessoa para pessoa	**Demência** ou desorientação
Flexibilidade	Avaliação do comprimento do músculo, fixando-se uma extremidade do músculo e movendo a outra até que se alcance o comprimento máximo. Pode ser medida, às vezes, com goniômetro ou avaliada como normal ou restrita em comparação com o membro não envolvido	Determinar se um músculo ou grupo muscular está funcionando em um comprimento normal ou se está produzindo estresses anormais por causa do encurtamento	Lesões agudas dos tecidos musculotendinosos. Qualquer teste que possa sobrecarregar de forma direta as estruturas instáveis ou recém-reparadas
Avaliação funcional			
Atividade	Medida da capacidade do paciente de realizar tarefas ou ações desejadas e necessárias, incluindo funções esportivas específicas	Determinação do nível de função do paciente quanto à execução de uma tarefa ou ação específica	Qualquer tarefa funcional que possa sobrecarregar de forma direta as estruturas instáveis ou recém-reparadas
Avaliação biomecânica	Observação e medição de problemas biomecânicos que possam alterar a função. Pode ser realizada como uma medida específica (comprimento da perna) ou observada como parte de uma atividade funcional (análise da marcha)	Determinação das causas dos estresses anormais impostos ao corpo por problemas biomecânicos inerentes. Às vezes, os efeitos desses problemas podem ser diminuídos ou eliminados com exercício, mudança no calçado ou uso de **órteses**	Qualquer análise que possa sobrecarregar de forma direta as estruturas instáveis ou recém-reparadas
Postura	Inspeção e observação da postura e comparação com informações normativas	Avaliação de estresse anormal no tecido causado por mau controle ou maus hábitos posturais	Nenhuma

Priorização dos problemas

A priorização dos problemas do paciente ajuda a desenvolver a progressão lógica do tratamento. Esse passo requer uma compreensão da fisiopatologia, dos eventos associados a cada estágio do processo de cicatrização e dos efeitos benéficos (e também dos potencialmente prejudiciais) que cada recurso terapêutico tem sobre os processos de resposta à lesão. A priorização dos problemas com base na relação causa-efeito das limitações funcionais do paciente ajuda a desenvolver uma sequência lógica de tratamento, definir o foco do **autotratamento** e maximizar o uso do tempo de tratamento disponível.

A chave para a restauração do déficit funcional do paciente é identificar o problema ou problemas que desencadeiam os outros sinais e sintomas. Uma pergunta que pode ser usada na priorização do plano de tratamento é: "que outras deficiências serão reduzidas se este problema for resolvido?".

Considere-se um paciente que não pode apoiar seu peso em consequência da dor, diminuição da amplitude de movimento (ADM) e edema no tornozelo esquerdo. Qual desses problemas deve receber a mais alta prioridade de tratamento? Se a abordagem de tratamento focar apenas a dor, o paciente continuará sendo incapaz de andar de modo apropriado por causa do edema, da diminuição da ADM e da falta de força. Exercícios de ADM não serão conduzidos de forma adequada por causa da dor e do edema articular do paciente, restando a redução do edema como a mais alta prioridade de tratamento.

O edema produz uma pressão mecânica nas terminações nervosas, inibe o fluxo sanguíneo para dentro e para fora da área e expande os tecidos no local. Um plano de tratamento que enfatize a redução do edema deve diminuir a dor e aumentar a ADM, possibilitando o retorno da marcha normal. Os tratamentos usados para reduzir o edema (p. ex., compressão e elevação) também têm um efeito direto na supressão da transmissão da dor ou diminuição da pressão sobre as terminações nervosas e ativação dos receptores sensoriais (compressão e elevação). Embora o gelo não diminua o edema (apenas impede que este ocorra), o frio diminui a velocidade de condução nervosa e diminui a dor. Medicamentos anti-inflamatórios ou analgésicos controlados ou de venda livre também podem ser prescritos.

Depois que a inflamação estiver sob controle, o edema reduzido e a amplitude de movimento indolor restaurada, podem ser iniciados mais exercícios funcionais. Protocolos de exercícios de ADM, alongamento, equilíbrio, propriocepção e fortalecimento podem ser introduzidos no plano de tratamento, seguidos por exercícios de apoio de peso que conduzam à marcha normal.

Estudo de caso parte 2: Identificação do problema

Os seguintes problemas foram identificados a partir do cenário do estudo de caso:

1. Diminuição na habilidade de funcionar sem dor.
2. Mobilidade e trajeto patelar precários em razão da fraqueza muscular e de aderências de tecidos moles, incluindo a presença de um queloide.
3. Aumento do edema no joelho direito em comparação com o joelho não envolvido.
4. Diminuição da amplitude de movimento ativa do joelho direito.
5. Diminuição da flexibilidade dos músculos quadríceps, isquiotibiais e da panturrilha no lado envolvido.
6. Biomecânica imprópria nos dois pés (**pronação** subtalar patológica).

Comentário

- As estimativas de dor são importantes porque a dor indica uma patologia e afeta e qualidade de vida da pessoa. Embora a paciente se encontre ativa, deve ser dada atenção à incapacidade que afeta sua vida diária e seu trabalho. Sua ocupação relativamente sedentária contribui para o seu desconforto. Ela passa mais tempo sentada e realizando atividades sedentárias do que se exercitando. A dor experimen-

tada durante a palpação não deve ser usada para determinar a melhora porque a quantidade de pressão aplicada à área não é bem controlada.
- O achado de derrame articular é significativo. O acúmulo de 20 a 30 mL de líquido dentro da cápsula articular do joelho pode causar inibição do VMO, alterando a biomecânica patelofemoral e levando à inflamação crônica.
- A habilidade de restaurar a ADM tanto tempo após a cirurgia é um desafio, mas a cicatriz e a remodelação do tecido podem permanecer ativos por 12 a 24 meses. A dor crônica e o edema podem indicar que as fases de inflamação e remodelação ainda estão ativas, aumentando a possibilidade de restauração do tecido. A formação de cicatriz, a diminuição da mobilidade patelar e o encurtamento muscular afetam de forma negativa a ADM. O VMO não consegue se contrair.

A perda da ADM, ainda que de poucos graus, é um problema porque causa alterações biomecânicas na articulação patelofemoral. Isso pode levar a outras mudanças biomecânicas nos membros inferiores causadas pela discrepância funcional no comprimento que é criada durante o apoio de peso.

(continua)

Estudo de caso parte 2: Identificação do problema *(continuação)*

- Os achados de hipomobilidade da patela, diminuição da ADM e edema crônico podem ser indicação de cicatrização hipertrófica da área **infrapatelar**. A biomecânica anormal da articulação patelofemoral e a dor patelofemoral são complicações comuns após reconstrução do LCA. A biomecânica normal do tecido precisa ser restaurada antes que a biomecânica articular retorne e a dor diminua.
- A diminuição da flexibilidade do quadríceps e dos isquiotibiais pode causar aumento da tensão sobre a cápsula articular do joelho, sobre o retináculo e a articulação patelofemoral. O movimento compensatório mais comum causado pelo encurtamento do gastrocnêmio e do sóleo é a pronação do pé, levando a um aumento da rotação da tíbia e aumento das forças laterais sobre a articulação patelofemoral.

Embora a paciente mencione que seu joelho "falseia", isso não é listado como problema porque os resultados do teste de tensão e testes de tecidos seletivos foram negativos, podendo ser resultado da dor. Nesse caso, a sensação de "falsear" é muito provavelmente indicação de dor, inibição do quadríceps ou fraqueza muscular e será resolvida assim que esses problemas individuais forem tratados, embora a força muscular precise ser abordada. Se a paciente continuar a relatar esse problema depois que a força tiver retornado e o edema diminuído, a estabilidade do ligamento deverá ser reavaliada e/ou a paciente encaminhada de volta para o médico.

Estabelecimento de metas

Metas claras, concisas e mensuráveis traduzem a lista de problemas priorizados em um plano de tratamento bem estruturado (Quadro 3.4). As metas de curto e longo prazo guiam o programa de reabilitação ao estabelecer prazos, identificar resultados e prover um critério para medir a eficácia da intervenção. O alcance das metas estabelecidas pelo paciente e as melhoras nos resultados medidos indicam que o programa pode avançar para o estágio seguinte. Uma falta de progresso pode indicar que a abordagem de tratamento precisa ser modificada. Metas escritas e documentadas de forma apropriada também são usadas para fins legais e para os seguros de saúde, e demonstram os critérios usados para decidir quando o paciente terá alta do atendimento. Quando as metas de tratamento baseiam-se nas medidas dos resultados, estas podem ser usadas como base para pesquisas sobre a eficácia dos tratamentos.[132]

As metas de tratamento são estimativas do progresso do paciente em pontos específicos no tempo e devem ser consistentes com as prioridades do paciente, seu estilo de vida e expectativas de participação.[130] O paciente e, quando aplicável, sua família, devem participar do estabelecimento das metas de tratamento.[133] A motivação do paciente é outra função importante das metas de tratamento. Pacientes motivados muito provavelmente serão mais colaborativos e participarão de modo ativo na sua recuperação.

Evidência prática

A colaboração do paciente com o plano de tratamento aumenta e os resultados melhoram quando a família do paciente ajuda a desenvolver as metas e compreende completamente a progressão.[134-136]

Estudo de caso parte 3: Priorização do problema

Os problemas da paciente, ordenados em termos de prioridade de tratamento, são:

1. Biomecânica imprópria do pé e diminuição da mobilidade patelar.
2. Diminuição da flexibilidade e amplitude de movimento dos músculos quadríceps, isquiotibiais e da panturrilha.
3. Edema do joelho direito.
4. Trajeto patelar incorreto.
5. Dor ao subir escadas, sentar-se e contrair o quadríceps direito.
6. Inabilidade para jogar futebol.

Comentário

A correção das causas biomecânicas da dor e da disfunção da paciente assume a prioridade mais alta nesse programa de tratamento. A paciente pode ter uma pronação excessiva para compensar a falta de dorsiflexão decorrente do encurtamento dos músculos da panturrilha. Isso impõe uma tensão maior sobre a articulação patelofemoral e contribui para a diminuição da ADM de joelho e tornozelo. Para prevenir uma compensação adicional na cadeia cinética, a flexibilidade do gastrocnêmio e do sóleo precisa ser aumentada.

- Se, depois de a flexibilidade normal do gastrocnêmio-sóleo ser restaurada, a hiperpronação dos pés ainda

(continua)

Estudo de caso parte 3: Priorização do problema *(continuação)*

estiver contribuindo para a patologia, recomenda-se uma tentativa de uso de órtese ou uma mudança no tipo de calçado. O tratamento dos sintomas de dor e edema, sem abordar as causas possíveis, fornece apenas alívio temporário dos sintomas. O plano precisa conter exercícios terapêuticos para corrigir os problemas biomecânicos da paciente.

- O derrame articular causa dor e inibição do quadríceps. A eliminação do edema melhora o tônus do quadríceps, a habilidade de melhorar a força e a habilidade de controlar o trajeto patelar dentro do sulco femoral. Se o tratamento não eliminar o edema, a paciente deve ser encaminhada de volta para o médico.
- Os tecidos peripatelares hipomóveis são importantes na saúde geral da articulação patelofemoral. Antes que o quadríceps possa mover a patela de modo apropriado por meio da contração muscular ativa, a patela precisa ser capaz de mover-se livremente. A hipomobilidade dos tecidos peripatelares impede o trajeto normal e impõe cargas patológicas à articulação. Junto com a restauração do movimento normal, é preciso enfatizar a reeducação neuromuscular do grupo muscular para prover controle ativo.
- A dor e a disfunção causadas pela tendinopatia contribuíram para os problemas da paciente; estas costumam ser classificadas como a prioridade mais alta. Neste caso, o foco é eliminar as tensões que causam a inflamação e propositalmente evitar exercícios de fortalecimento que envolvam os arcos de movimento dolorosos; o fortalecimento ocorre somente dentro da ADM indolor da paciente.
- Os problemas funcionais dessa paciente não receberam a prioridade de tratamento mais alta. O tratamento é priorizado para eliminar e corrigir os problemas que contribuem para os sintomas. Pode-se esperar melhora na função quando os sintomas da paciente diminuírem.

Quadro 3.4 Desenvolvimento de metas escritas

As metas de curto prazo (1 a 14 dias) e de longo prazo (mais de 14 dias) devem ser apresentadas em termos objetivos e mensuráveis que descrevam a qualidade e a quantidade do resultado desejado. Não apenas a pergunta "esta meta foi alcançada?" deve ser respondida com um "sim" ou "não"; as metas também devem descrever a magnitude do desempenho. Supondo que seja necessária uma pontuação de 73 para passar no exame de habilitação para escrever metas de pacientes. Uma medida qualitativa de sucesso seria receber o grau de "aprovado" ou "reprovado" como resultado do exame. Embora esse sistema de pontuação informe se a pontuação obtida ficou acima ou abaixo da linha de corte, ele não indica por quanto isso ocorreu. Se o exame retornar com um grau de 99 ou 66, será possível ter uma ideia do desempenho com relação à linha de corte.

O processo de escrever as metas é iniciado com a reunião de todos os problemas priorizados e, de modo ordenado, formula-se o resultado de tratamento final, a lista de metas de longo prazo e a lista de metas de curto prazo. Algumas metas de curto prazo podem se aplicar a mais de uma meta de longo prazo. O passo final é determinar um tempo razoável para alcançar cada meta.

As metas podem ser escritas usando o formato ABCD e devem ser apresentadas em termos do que será realizado, em vez de dizer quais limitações ainda estão presentes (p. ex., "elevação de ombro = 0° a 140°" em vez de "elevação de ombro limitada em 30°"). Isso serve para motivar o paciente e também mantém o terapeuta focado em possíveis alterações no plano para facilitar o progresso do paciente.[130] As metas devem ser escritas em termos precisos, em vez de gerais, para cada problema. Por exemplo, uma meta de curto prazo colocada de maneira geral como "todas as ADM terão aumentado 50°" pode não ser clara se alguns movimentos tiverem aumentado apenas 30° e outros mais do que 50°.

(continua)

Quadro 3.4 Desenvolvimento de metas escritas *(continuação)*

Segmento	Propósito	Exemplo
Audiência	A pessoa que realizará a tarefa	"O paciente irá..."
		"O paciente e o técnico modificarão a prática para..."
		"O paciente e o empregador alterarão..."
Procedimento (***Behavior***)	Descrição da tarefa a ser executada usando verbos de ação	"O paciente obterá flexão ativa de joelho suficiente para que ele possa sentar-se de maneira confortável..."
Condição	Definição de instrumentos, aparelhos ou técnicas usados para atingir a meta	"O paciente se equilibrará sobre o lado envolvido por 30 segundos usando uma mão para suporte."
Desempenho	Qualidade com que a tarefa será realizada, em geral descrita em termos numéricos	"O paciente alcançará 0° a 90° de amplitude de movimento ativa de joelho."

Adaptado de Kettenbach, G: Writing Patient/Client Notes: Ensuring Accuracy in Documentation, ed 4., Philadelphia, FA Davis, 2009.

As metas de tratamento e os resultados são relativos à patologia que está sendo tratada. De maneira ideal, a meta ótima é uma recuperação completa ou "100%". Em alguns casos, "98%" pode ser o melhor resultado possível, mas seria suficiente para um retorno completo à atividade e alta satisfação do paciente. Em termos clínicos, a função completa pode jamais ser restaurada, mas os resultados finais ainda serão suficientes para remover a incapacidade.

Considerem-se as duas metas apresentadas na Tabela 3.6: uma meta definida de maneira vaga ("aumentar a dorsiflexão ativa") e uma meta colocada de maneira mais mensurável ("aumentar a dorsiflexão ativa para permitir que o paciente suba escadas sem assistência"). No primeiro exemplo, o paciente pode apresentar uma melhora ao aumentar a dorsiflexão de 0° para 8°, porém, como são necessários 10° de dorsiflexão para uma marcha normal, esta provavelmente não será restaurada. A habilidade de subir escadas sem assistência é quantificável e mede a função.

Metas de longo prazo

As metas de longo prazo fornecem direção para o plano de tratamento ao identificar e quantificar os resultados finais do programa. Na maioria dos casos, a meta de longo prazo é o retorno do paciente ao nível de participação pré-lesão, porém isso nem sempre é possível (Tab. 3.7). Embora as metas de longo prazo sejam modificadas no curso do processo de tratamento, elas são revisadas com menor frequência do que as metas de curto prazo. Há menos metas de longo prazo do que metas de curto prazo. O mais importante é que as metas de longo prazo enfocam a restauração da participação, em vez de abordarem as patologias individuais que afligem a pessoa.

Embora se devam fazer todas as tentativas para tornar mensuráveis as metas de longo prazo, elas devem também ser funcionais. Metas como "retornar à competição de maneira plena no time universitário" ou "retornar ao nível pré-lesão de atividade no trabalho" definem o resultado final da terapia do paciente e é possível medir com sucesso a conclusão da atividade.

Tabela 3.6 Metas mensuráveis

Problema	O paciente tem um entorse de tornozelo com inversão, o que limita sua habilidade de andar até a escola e jogar beisebol
	A amplitude de movimento ativa de dorsiflexão é de 0° a 2°, resultando em uma marcha anormal na caminhada e incapacidade de subir escadas sem suporte
Meta não objetiva	Aumentar a dorsiflexão ativa
Meta objetiva	Aumentar a dorsiflexão ativa de modo a permitir a subida de escadas sem assistência
Reexame	**Medidas baseadas no terapeuta:** o paciente tem 0° a 8° de dorsiflexão ativa
	Medidas baseadas no paciente: o paciente depende do corrimão para subir escadas
Avaliação	O paciente ainda não alcançou a meta de subir escadas sem assistência, porém está progredindo para a meta. A medida baseada no terapeuta indica que o paciente ainda não tem o mínimo de 10° de dorsiflexão necessários para a marcha normal

Tabela 3.7 Metas viáveis

Problema	O paciente tem doença degenerativa do disco da coluna lombar, o que resulta em inabilidade para ficar sentado por mais de 30 minutos ou jogar golfe
Meta inviável	O paciente ficará livre da dor
Meta viável	Os sintomas do paciente serão controlados com exercício terapêutico de modo que ele se torne capaz de retornar à participação plena
Avaliação	Em uma condição crônica como a doença degenerativa de disco, o paciente muito provavelmente terá uma continuação dos sintomas ou terá sintomas esporádicos. Uma meta viável é controlar os sintomas do paciente a ponto de ele poder funcionar dentro dos limites da dor e restringir as recorrências

Metas de curto prazo

As metas de curto prazo descrevem o progresso projetado para o paciente em um tempo específico e enfoca os problemas específicos identificados durante o exame que, se resolvidos, levarão ao alcance das metas de longo prazo. O tempo estabelecido para alcançar as metas de curto prazo depende da patologia. Em geral, o tempo estabelecido para alcançar as metas de curto prazo é uma estimativa do tempo necessário para produzir uma alteração mensurável na condição do paciente. Isso costuma ser algo em torno de 2 semanas ou menos.

As metas de curto prazo servem como medidas de controle do plano de tratamento. Os reexames subsequentes do paciente determinarão se ele está alcançando as metas. Se as metas não estiverem sendo alcançadas, o programa de tratamento deve ser reavaliado e feitas as mudanças apropriadas.

Depois que os problemas do paciente tiverem sido identificados e priorizados e as metas apropriadas tiverem sido estabelecidas, o planejamento do tratamento flui de forma natural. O planejamento do tratamento é a aplicação do conhecimento dos efeitos fisiológicos dos recursos terapêuticos e exercícios para resolver os problemas necessários para alcançar as metas do paciente. O estágio do processo de cicatrização e a escolha das técnicas terapêuticas determinam em grande parte quais tipos de recursos terapêuticos resolverão a patologia (Fig. 3.5).

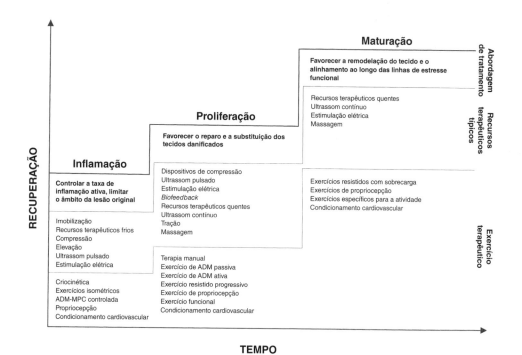

Figura 3.5 Recursos terapêuticos usados convencionalmente. Cada estágio da resposta à lesão tem metas de tratamento específicas que respondem melhor a certos recursos terapêuticos ou terapias. Quando o paciente está na fase de "sobreposição" entre dois platôs, os recursos terapêuticos e outras intervenções do estágio avançado, à direita, são comumente seguidos por recursos do estágio menor, à esquerda. Por exemplo, um paciente pode usar um turbilhão quente e fazer exercícios ativos de amplitude de movimento seguidos pelo uso de uma bolsa de gelo. MPC: movimentação passiva contínua.

72 Parte 1 ■ Resposta à lesão e planejamento do tratamento

Estudo de caso parte 4: Metas de longo prazo

No momento da alta, a paciente terá alcançado as seguintes metas de longo prazo:

1. Capacidade de realizar as AVD normais sem dor (p. ex., subir escadas, ficar sentada por tempo prolongado).
2. Força normal na perna direita.
3. ADM normal na perna direita.
4. Retorno completo ao futebol e outras atividades recreativas.

Comentário

As metas de longo prazo 1 e 2 refletem os resultados que a paciente espera do tratamento, conforme constatado na entrevista. As metas restantes descrevem os comportamentos funcionais que seriam necessários para que a paciente retornasse à atividade esportiva plena (meta 4). Cada uma dessas metas de longo prazo será abordada por uma ou mais metas de curto prazo. Observar que nem todos os problemas da paciente são citados de maneira específica na lista de metas de longo prazo. Certas questões, como o edema, são abordadas nas metas de curto prazo.

Estudo de caso parte 5: Metas de curto prazo

As seguintes metas de curto prazo foram inicialmente estabelecidas para esta paciente:

1. A pronação excessiva será moderada pelo alongamento dos músculos da panturrilha.
2. O edema terá diminuído cerca de 1 cm em torno da linha da articulação.
3. O deslizamento medial da patela melhorará para dois dos quatro quadrantes.
4. A flexibilidade aumentará para:
   Quadríceps: flexão de joelho de 0° a 140°.
   Isquiotibiais: extensão de joelho até 0°.
   Músculos da panturrilha: dorsiflexão de 0° a 15°.
5. A ADM do joelho será de 0° a 140°.
6. Contração indolor do quadríceps.
7. Colaboração e independência em um programa de exercícios domiciliares.
8. A paciente não jogará futebol nesse momento.

Comentário

Levará cerca de 2 semanas para serem observados progressos das metas de curto prazo. As metas podem ser medidas ou facilmente respondidas como alcançadas ou não alcançadas e são uma expectativa razoável do que a condição da paciente deverá ser após 2 semanas. Todas as metas representam progresso na condição e, se alcançadas, significarão que o plano está funcionando.

- A pronação excessiva da paciente precisa ser controlada para que o padrão normal de marcha seja obtido. Os achados do exame físico indicam encurtamento dos músculos da panturrilha, o que impede uma quantidade apropriada de dorsiflexão, resultando em um levantamento precoce do calcanhar durante o apoio. Podem ser usadas órteses para ajudar a restaurar a biomecânica normal. A diminuição da quantidade de edema dentro da cápsula articular previne a inibição do VMO, melhorando a biomecânica ao auxiliar a extensão terminal do joelho e o trajeto da patela. Flexibilidade e ADM para todo o membro inferior serão enfatizadas.
- A diminuição das aderências associadas ao encurtamento funcional do retináculo patelar lateral aumenta o deslizamento medial da patela. Essa meta provavelmente não será alcançada em 2 semanas, porém esperam-se melhoras na mobilidade da patela assim que o edema diminuir e a força do VMO aumentar. É preciso conduzir exercícios para melhorar o trajeto patelar. A dor associada à contração do quadríceps deve diminuir conforme o trajeto patelar melhorar.
- A meta 8 ("a paciente não jogará futebol nesse momento") é diferente das outras no fato de descrever um comportamento que a paciente precisa evitar. Nesse caso, o repouso da atividade agravadora é importante para que o resto do plano de tratamento seja eficaz. A paciente precisa continuar colaborando com o programa de tratamento domiciliar e permanecer nos limites prescritos de atividade física.

O processo de decisão quanto ao tipo de recurso terapêutico a ser usado (p. ex., calor, frio, eletricidade) baseia-se nas características do tecido, suas **propriedades de condução**, no estágio de cicatrização, na profundidade atingida pelo recurso terapêutico nas respostas fisiológicas desejadas naquele estágio de cicatrização (Fig. 3.6). Depois de determinar o tipo de recurso terapêutico, o modo de aplicação é determinado com base nas características físicas, como tamanho e formato da área de superfície a ser tratada. Por exemplo, no tratamento de um entorse crônico do tornozelo lateral, o tipo de recurso terapêutico escolhido provavelmente será o calor. Nesse cenário, é mais provável que as características físicas do tornozelo lateral

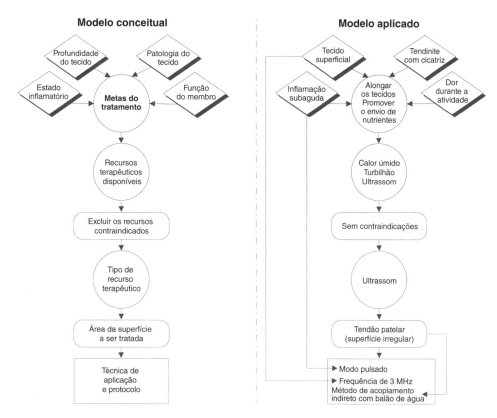

Figura 3.6 Esquema de tomada de decisão para seleção de recursos terapêuticos. O modelo à esquerda mostra os fatores usados para decidir quais recursos terapêuticos usar. Primeiro, as metas de tratamento são consideradas, junto com os tipos de tecidos que estão lesados e o estado inflamatório atual. Os recursos contraindicados são excluídos dos recursos disponíveis para o terapeuta e seleciona-se o tipo mais apropriado. O contorno e o tamanho da área do corpo são então considerados para decidir a melhor técnica de aplicação. É importante notar que, muitas vezes, mais de um recurso pode ser considerado o melhor a ser usado. O modelo aplicado demonstra a tomada de decisão para um paciente com inflamação patelar subaguda.

(uma superfície irregular) peçam o uso de um turbilhão aquecido do que de uma compressa úmida quente, porque a compressa não se ajustará ao contorno da área sendo tratada.

Uma frustração comum é que não há uma única "melhor" escolha de recurso terapêutico, embora algumas escolhas sejam melhores do que outras. A decisão sobre qual recurso usar deve basear-se na evidência científica prevalente, no conforto pessoal com o recurso terapêutico e na opinião do paciente. Se não forem obtidos resultados satisfatórios com o recurso terapêutico selecionado, deve-se modificar o plano de tratamento para incorporar um recurso alternativo.

Considerações sobre o estágio de cicatrização

Cada estágio do processo de resposta à lesão têm respostas especiais que precisam ser abordadas durante o tratamento. Embora o tempo necessário para alcançar cada estágio de cicatrização seja diferente de caso para caso, o processo de cicatrização e a estratégia de tratamento associada seguem uma sequência ordenada (ver Fig. 3.5).

Uma meta comum entre essas abordagens de tratamento é manter, e em alguns casos melhorar, o nível cardiovascular do paciente. Exceto nas condições nas quais o exercício cardiovascular é impraticável ou há uma contraindicação médica, alguma forma de exercício cardiovascular deve ser incorporada ao plano de tratamento. Os pacientes que sofreram lesões no membro inferior podem se exercitar com um **ergômetro** de membro superior, fazer exercícios na piscina ou na cadeira de rodas (Fig. 3.7). Nas lesões de membro superior, os exercícios na bicicleta ergométrica, na piscina ou corrida leve podem ser usados para manutenção ou melhora cardiovascular.

Estágio de inflamação ativa

No início, depois do surgimento do trauma agudo ou após uma cirurgia, a abordagem de tratamento deve diminuir a quantidade de inflamação ativa e conter o âmbito da lesão original por meio da redução da lesão se-

Figura 3.7 Ergômetro de membro superior. Usado para manter a resistência cardiovascular em pacientes com lesão de membro inferior ou outras condições que proíbem a corrida.

cundária por hipóxia e controle do edema e do espasmo. A resposta inflamatória é necessária, mas o controle de seus efeitos secundários é crítico para a redução do tempo de cicatrização. Recursos terapêuticos que empregam frio reduzem a quantidade de lesão secundária por hipóxia, diminuem a dor e reduzem o espasmo. Dispositivos de compressão e elevação favorecem o retorno venoso e linfático e dispositivos de imobilização limitam a ADM do membro. A estimulação elétrica pode ser usada para ajudar a reduzir a dor e restaurar a função muscular.

Os exercícios podem ser na forma de ADM suave indolor e possivelmente exercícios com **ergômetro** dentro da tolerância de dor do paciente. Em algumas lesões agudas ou condições pós-cirúrgicas, a movimentação passiva contínua pode ser prescrita para manter a mobilidade articular. Essa mobilidade não deve ser obtida à custa do comprometimento da integridade tecidual. Os programas de manutenção cardiovascular devem ser implementados o mais cedo possível.

Fase de proliferação

O estágio de proliferação sobrepõe porções dos estágios de inflamação e maturação (ver Fig. 1.5). Durante o estágio de proliferação, a meta do tratamento é auxiliar o corpo no envio de oxigênio e nutrientes necessários para o reparo dos tecidos lesados e a remoção dos resíduos inflamatórios. Essa meta é alcançada por meio do aumento do fluxo sanguíneo para os tecidos lesados e seu retorno.

A ADM é necessária para prevenir o encurtamento funcional das fibras e favorecer o alinhamento do colágeno ao longo das linhas de estresse.[13] Uma tensão de baixa intensidade é imposta às estruturas para aumentar de maneira lenta sua força tensiva e ajudar na formação dos receptores proprioceptivos. As atividades proprioceptivas e os exercícios de reeducação muscular são iniciados para ajudar a proteger o membro durante as **atividades da vida diária (AVD)**. Os brotos capilares recém-formados são frágeis e não devem ser danificados por movimento articular excessivo ou aumento da tensão tecidual.

No início do estágio de proliferação, essas necessidades podem conflitar com os efeitos residuais da inflamação aguda. Conforme os sinais e os sintomas da inflamação aguda vão sendo resolvidos, o paciente deve relatar diminuição da dor. O edema pode continuar congestionando o envio de sangue fresco e os recursos terapêuticos usados durante o estágio de proliferação podem aumentar o edema, sendo necessário manter um equilíbrio entre as abordagens de tratamento. Um exemplo comum é o uso de calor antes dos exercícios de reabilitação, seguido pela aplicação de gelo.

Fase de maturação

Os recursos terapêuticos usados durante a fase de maturação devem aumentar a extensibilidade do tecido e controlar a inflamação pós-exercício, pois o tecido ainda está se remodelando para formar um reparo permanente e forte. Em geral, esse tecido cicatricial não tem a mesma funcionalidade que o tecido que está sendo substituído, de modo que as fibras precisam ser arranjadas ao longo das linhas de estresse funcional para impedir que a cicatriz crie limitações na ADM ou na força.

As atividades proprioceptivas e o fortalecimento muscular são usados para proteger o membro durante o esforço. Esses exercícios devem seguir uma progressão funcional que começa nas AVD e vai até as atividades específicas do esporte ou trabalho (p. ex., caminhada, corrida leve, corrida em linha reta, corrida com mudanças bruscas de direção).

Autotratamento do paciente

A colaboração do paciente com o programa determina seu retorno à atividade completa, sem alterações, no menor tempo possível. O tempo gasto entre as visitas de tratamento é o fator mais importante na determinação do tempo programado para o retorno à atividade. Um tipo de "custódia de proteção" é formada quando o terapeuta está trabalhando diretamente com o paciente. Nessa situação, o terapeuta se assegura de que o paciente vai colaborar com as rotinas prescritas. Contudo, o comportamento do paciente depois que deixa esse atendimento estruturado reforçará ou atrapalhará o processo de cicatrização, em especial considerando que o paciente fica sob os cuidados diretos do terapeuta por um tempo proporcionalmente muito pequeno.

A maioria dos planos de reabilitação inclui componentes do tratamento domiciliar, no qual o paciente autoaplica os tratamentos (p. ex., uma compressa de gelo), executa rotinas de exercícios (p. ex., elevação da perna estendida) e adere às modificações nas atividades (p. ex., uso de muletas). Os pacientes que não colaboram acabam restringindo suas atividades terapêuticas ao tempo gasto com o terapeuta e podem deteriorar sua condição, por não seguirem o plano prescrito (p. ex., não usar as muletas conforme indicado). A colaboração com o programa de reabilitação pode ser aumentada educando-se o paciente sobre a natureza da lesão que está sendo tratada, os benefícios de se colaborar com o programa de tratamento domiciliar e as consequências potenciais de se desviar do plano.

Para ajudar a manter a colaboração, os planos de autotratamento devem incluir não mais do que três procedimentos ou exercícios por vez. Deve-se instruir o paciente sobre como realizar o autotratamento e os exercícios antes de permitir que ele deixe o local de atendimento. Essas instruções devem ser dadas para o paciente na forma escrita; ilustrações que mostrem os exercícios a serem realizados também são úteis.

Reexame

O reexame determina o progresso do paciente rumo ao alcance das metas de curto e longo prazo. Quando as metas de curto prazo são alcançadas, novas metas de curto prazo são estabelecidas e são feitos os ajustes necessários ao plano. Se as metas não são alcançadas, devem-se identificar as razões pelas quais não foram alcançadas, restabelecer metas de curto prazo e desenvolver um novo plano de tratamento baseado no reexame do paciente (Tab. 3.8). O reexame também proporciona uma oportunidade de fazer novas medições dos resultados.

Essa porção da abordagem de solução de problemas deve avaliar o processo inicial de tomada de decisão e planejamento. A formulação de perguntas do tipo "as metas originais foram agressivas demais ou conservadoras demais?" e "quais outros fatores não previstos afetaram o paciente?" dá proficiência ao planejamento do tratamento. Fazer anotações sobre seus próprios pontos fortes, fracos e erros comuns (que todos fazem) no planejamento do tratamento serve como bom instrumento de autoavaliação.

Influências no atendimento do paciente

O local físico onde o tratamento é oferecido influi no plano de tratamento do paciente. Possíveis locais de atendimento clínico incluem hospitais de cuidados intensivos, locais de atendimento subagudo, atendimento domiciliar, reabilitação ambulatorial e locais de treinamento esportivo. O foco do tratamento e os critérios de alta variam de local para local. Em muitos casos, o paciente recebe alta de um local de reabilitação para entrar em um estabelecimento diferente. Por exemplo, um atleta que recebe terapia durante sua internação no hospital após a cirurgia recebe alta e vai ser atendido pela equipe de medicina esportiva da universidade. Um trabalhador da indústria que sofreu lesão na coluna pode receber terapia ambulatorial e, depois, participar de um **programa de retorno ao trabalho** antes de retomar sua ocupação.

O plano de tratamento é afetado por fatores internos e externos. Os fatores internos incluem a experiência e a competência da equipe e o tipo de equipamento disponível. As influências externas incluem limitações de tempo e financeiras impostas pelos planos de saúde, o tempo que o paciente é capaz de dedicar-se aos progra-

Tabela 3.8 Razões para não alcançar as metas

Metas não realistas	As metas iniciais do paciente foram ambiciosas demais, dado o tempo estabelecido
Metas que não podem ser alcançadas	A meta estabelecida não era fisicamente possível
Plano conservador demais	O protocolo usado não produziu as respostas fisiológicas necessárias para que a cicatrização ocorresse em um tempo apropriado
Plano agressivo demais	O protocolo aumentou reações inflamatórias indesejadas ou, de alguma maneira, atrasou o processo de cicatrização
Uso de tratamento incorreto	O tratamento usado não foi apropriado para o estágio de cicatrização do paciente ou foi aplicado de modo inapropriado
Não notar um problema durante o exame	O plano de tratamento não pode abordar problemas que não foram identificados
Não abordar um problema no plano	O plano de tratamento não abordou de modo adequado todos os problemas do paciente ou estes foram priorizados de modo incorreto durante o plano do tratamento
Falta de cooperação do paciente	O paciente não seguiu o programa de atendimento domiciliar, não se esforçou completamente durante as sessões de reabilitação ou não seguiu as recomendações para as atividades
Recaídas inesperadas e inevitáveis	Eventos incontroláveis na vida do paciente (p. ex., enfermidade, acidente, problemas de família) atrasaram o progresso do paciente e impediram um esquema de tratamento regular

mas supervisionados e domiciliares, o suporte que o paciente recebe dos amigos e da família e sua motivação.

Os planos de tratamento de pacientes hospitalizados em locais de atendimento agudo focam a estabilização do paciente, preparando-o para a alta para um atendimento subagudo, para casa ou para a reabilitação ambulatorial. As metas do tratamento são mais imediatas, focando metas de curto prazo como cicatrização da ferida, restauração da ADM, máxima independência nas **transferências** e mobilidade.

Pacientes que recebem alta do atendimento hospitalar, porém requerem reabilitação adicional, podem ser encaminhados para um local de atendimento subagudo, como uma instituição de cuidados especializados de enfermagem ou hospital de reabilitação. As metas de tratamento focam a obtenção de máxima independência funcional de modo que o paciente possa retornar para casa. O foco do plano é o desenvolvimento de ADM, força e mobilidade necessárias para permitir que o paciente execute AVD sem assistência.

Estudo de caso parte 6: Planejamento do tratamento

As seguintes abordagens de tratamento foram selecionadas para alcançar as metas de curto prazo:

1. Órtese para controlar a pronação excessiva.

Teoria

É necessário o controle permanente do movimento do pé para diminuir a carga recorrente sobre a articulação patelofemoral.

2. Aplicação térmica de ultrassom no retináculo lateral.

Frequência de 3 MHz; duração e intensidade necessárias para produzir uma sensação de aquecimento.

Teoria

O ultrassom é aplicado sobre o retináculo lateral enquanto a mobilização da patela está sendo realizada. O alongamento dos tecidos durante o aquecimento é mais efetivo do que a mobilização isolada.

3. Mobilização da patela.

Teoria

Aumentar a mobilidade da patela por meio do alongamento dos tecidos peripatelares antes de executar as técnicas de ADM e reeducação neuromuscular.

4. Estimulação elétrica.

Estimulação no nível motor visando ao grupo muscular do quadríceps femoral.

Teoria

A estimulação elétrica ajuda a restaurar a função neuromuscular normal. Encorajar o paciente a contrair voluntariamente o músculo durante a estimulação de modo a maximizar o recrutamento muscular. Depois que o paciente puder contrair os músculos de maneira voluntária, usa-se *biofeedback* para melhorar a função muscular durante o exercício.

5. Exercícios de flexibilidade: grupos musculares do quadríceps, isquiotibiais e gastrocnêmio-sóleo.

Mínimo de 30 segundos, cinco repetições cada.

Teoria

O aumento da flexibilidade melhora a mecânica articular e diminui o estresse anormal na cápsula articular. As técnicas de flexibilidade devem produzir um alongamento suave do músculo envolvido, mas não devem causar dor na articulação patelofemoral. Um aquecimento indolor de 10 minutos na bicicleta ergométrica pode ser usado para elevar fisiologicamente as temperaturas do tecido antes do alongamento.

6. Fortalecimento dos grupos musculares do quadril, isquiotibiais e gastrocnêmio-sóleo.

Teoria

Os exercícios de fortalecimento podem ser feitos imediatamente, evitando a dor na articulação patelofemoral.

7. Exercício cardiovascular.

Teoria

O condicionamento cardiovascular do paciente precisa ser mantido. Um ergômetro de membro superior ou nado em estilo livre para a resistência cardiovascular podem ser usados para suprir essa necessidade.

8. Gelo.

Teoria

O programa do paciente pode causar inflamação na articulação patelofemoral. A aplicação de gelo pode ser eficaz para diminuir o metabolismo celular.

9. Programa de exercícios domiciliares: mobilização da patela, exercícios de flexibilidade e gelo.

Teoria

O programa domiciliar deve incluir não mais do que três exercícios ou recursos terapêuticos, selecionados com base no tempo disponível pelo paciente para realizar os exercícios, sua motivação e nível de atividade.

Capítulo 3 ■ Desenvolvimento e aplicação das estratégias de intervenção

---

Estudo de caso parte 7: Mudanças no programa

As mudanças no programa baseiam-se no reexame do paciente. Esses achados indicam que as metas de tratamento estão sendo alcançadas. Se as metas não estiverem sendo alcançadas, o programa de tratamento precisa ser modificado de maneira apropriada.

1. O ultrassom pode ser usado antes da mobilização patelar até que a extensibilidade do tecido seja restaurada.
2. Outros recursos terapêuticos, além do gelo, podem ser usados para tratar a tendinopatia patelar. O calor pode ser usado quando a inflamação ativa ceder.
3. A estimulação elétrica e o *biofeedback* podem ser descontinuados assim que o paciente demonstrar controle da patela durante a atividade funcional.
4. Os exercícios de fortalecimento são progredidos com base no julgamento do terapeuta. Usando exercícios indolores como guia, qualquer exercício de fortalecimento pode ser feito ao longo da reabilitação.
5. Os exercícios de ADM podem ser eliminados assim que a mobilidade completa for restaurada. O paciente pode ser encorajado a continuar a ADM ativo-assistida.
6. Assim que o paciente puder tolerar ficar em pé sobre uma perna sem os sintomas, devem ser acrescentados exercícios de propriocepção para melhorar a função na perna que foi reconstruída cirurgicamente. O paciente deve ser conduzido ao longo da progressão funcional de corrida, treinamento de agilidade e habilidades específicas do esporte para o retorno completo à atividade.

A reabilitação domiciliar é mais eficaz em termos de custo do que o atendimento ambulatorial. Trata-se de uma alternativa ideal para os pacientes que não mais requerem atendimento na internação, porém não podem frequentar a reabilitação ambulatorial. Os pacientes podem não ter os recursos para ir até o local de atendimento ambulatorial ou podem não ter a mobilidade necessária para ir e voltar da clínica. As metas e o plano para o atendimento domiciliar são mais de longo prazo na sua abrangência, similares aos das clínicas ambulatoriais, focando o máximo alívio dos sintomas e a restauração da função. Se o paciente vier a frequentar a reabilitação ambulatorial no futuro, o plano de reabilitação domiciliar focará a restauração da habilidade do paciente de deslocar-se até a clínica.

A reabilitação ambulatorial enfoca a obtenção da máxima independência do paciente. As áreas que entram no plano de tratamento são alívio dos sintomas, restauração da ADM, da força, do equilíbrio e retorno às AVD. Embora as metas e o plano enfoquem essas áreas, a meta final é a restauração da função.

Historicamente, os pacientes recebiam o atendimento ambulatorial até que todos os aspectos de sua condição fossem aliviados ou alcançassem um platô. As restrições impostas pelos planos de saúde na quantidade de reembolso pago para a reabilitação ambulatorial são um fator a considerar no planejamento do processo. Por exemplo, um plano de saúde pode estabelecer um limite de 60 dias consecutivos de tratamento, independentemente da gravidade da lesão. Nas lesões menos graves, a meta do tratamento é o retorno do paciente à atividade normal, porém nos casos de maior patologia, o foco pode ser a recuperação do paciente até o ponto de poder conduzir o autotratamento com segurança.

O atendimento do paciente em locais de treinamento esportivo apresenta circunstâncias singulares para o plano de tratamento. Na maioria das situações, o atendimento é oferecido com remuneração por **capitação**. Os pacientes, nesse caso, tendem a estar em melhor condição física, ser mais jovens e orientados para o exercício intenso. Os pacientes podem estar disponíveis para múltiplas sessões de tratamento por dia, porém não há evidências de que o aumento no número de tratamentos diminua o tempo perdido.

Todos esses fatores permitem um estabelecimento de metas e planejamento mais agressivo. Como as circunstâncias são únicas, os terapeutas precisam ter em mente que as expectativas para o retorno à atividade esportiva também são únicas. Nesses locais, os pacientes retornam a atividades que os colocam sob um estresse físico maior e que requerem confiança psicológica. Esses fatores precisam ser considerados ao formular um programa de tratamento.

Capítulo 4

Considerações administrativas*

Este capítulo discute questões administrativas relacionadas à aplicação das intervenções, à manutenção de um local de atendimento seguro e à função dos registros médicos. São discutidas também questões relacionadas à cobrança e ao reembolso por terceiros. No final do capítulo, é apresentada uma série de estudos de caso para ajudar a consolidar as informações abordadas nos Capítulos 3 e 4.

A aplicação propriamente dita dos recursos terapêuticos é apenas parte do processo de reabilitação. Os serviços de saúde são limitados por regulamentações governamentais e possuem muitas áreas de possível responsabilidade civil. As regulamentações federais, estaduais e institucionais têm a finalidade de garantir segurança, eficácia e eficiência no atendimento do paciente. Obrigações administrativas adicionais são exigidas quando os serviços prestados são reembolsados por uma terceira parte.

Considerações legais no atendimento do paciente

Durante as intervenções terapêuticas, a mínima obrigação legal do terapeuta é impedir lesão adicional ou dano ao paciente, exercendo a prática de uma maneira segura e profissional. A ética e a responsabilidade profissional ordenam que o atendimento seja prestado para o maior benefício do paciente, de modo seguro e eficaz, e progrida para alcançar as metas do paciente.

Antes de usar um recurso terapêutico, o terapeuta precisa estar familiarizado com os efeitos benéficos e colaterais do aparelho ou protocolo a ser usado e ser capaz de identificar contraindicações que proíbam seu uso (ver Quadro 3.1). O uso apropriado também requer conhecimento das características do aparelho, requisitos de manutenção e considerações de segurança.

Esta parte aborda principalmente considerações legais pertinentes às rotinas de intervenção no atendimento do paciente. Não representa todos os aspectos de responsabilidade civil a que o terapeuta pode ficar exposto na rotina diária da prática profissional.

Âmbito de prática

Os limites legais que definem a maneira como os terapeutas exercerão sua prática – o âmbito de prática – são estabelecidos por meio de regulamentações federais. A regulamentação profissional protege o público de profissionais de saúde desqualificados. Há diferenças no âmbito de prática de uma profissão para outra e dentro da mesma profissão em diferentes locais.[137,138] O âmbito de prática pode definir o padrão de atendimento usado nos casos de responsabilidade civil.

As resoluções sobre a prática profissional, como a Declaração de Posicionamento da National Athletic Trainers' Association ou o *Guia para a prática da fisioterapia*, da American Physical Therapy Association, e as resoluções sobre a melhor prática profissional definem ainda mais o comportamento profissional apropriado. O **manual de políticas e procedimentos** da instituição ou local de atendimento deve refletir as regulamentações de prática da profissão.

O conhecimento da legislação que regula a prática profissional faz parte da responsabilidade profissional do terapeuta. Essa informação pode ser obtida por meio dos conselhos regionais que supervisionam cada campo de atuação.

---

*N.E.: Alguns trechos deste capítulo foram inseridos e/ou adaptados pela tradutora, a fim de refletir a realidade brasileira.

Prescrições médicas

No Brasil, o fisioterapeuta tem autonomia para realizar atendimento fisioterapêutico, incluindo consulta, diagnóstico e prescrição fisioterapêutica, sem encaminhamento médico (ver as atribuições do fisioterapeuta no Código de Ética e Deontologia da Fisioterapia publicado pelo COFFITO na Resolução n. 424, de 8 de julho de 2013).

Contudo, quando é necessário o reembolso de terceiros, este, em geral, só é dado se o atendimento foi prescrito por um médico. Nos casos em que o paciente tem a prescrição de um protocolo específico de tratamento, o terapeuta é obrigado a ater-se à prescrição, a menos que o médico permita, de forma verbal ou escrita, a mudança. De todo modo, os recursos terapêuticos empregados devem ser reconhecidos pelo conselho federal de fisioterapia.

Um protocolo como o da **fonoforese** (Cap. 7) ou iontoforese (Cap. 13), que usa medicamentos prescritos, requer que cada paciente tratado tenha a prescrição para o medicamento usado. Regulamentações da prática farmacêutica podem restringir ainda mais o uso desses protocolos. "Prescrições em branco", nas quais o medicamento é prescrito para o local de atendimento e, então, aplicado de acordo com o bom senso do terapeuta, podem ser prática comum, mas sua legalidade é questionável.

Consentimento informado

Exceto nos casos de atendimento de emergência, os pacientes precisam dar seu consentimento para serem tratados. Desse modo, o fisioterapeuta terá uma garantia no caso de futuras queixas criminais e de negligência profissional. O fato de o paciente buscar atendimento já é uma forma de consentimento implícito, de modo que tratar alguém sem ter o consentimento formal costuma não ser suficiente para determinar negligência profissional. Para se determinar negligência por falta de consentimento informado, o paciente precisa sofrer dano com o atendimento prestado.[139,140]

Antes de iniciar o tratamento, deve-se orientar o paciente sobre o recurso terapêutico e/ou exercício a ser aplicado, as sensações esperadas durante a sessão e quaisquer sinais ou sintomas adversos que indiquem que a intervenção precisa ser modificada ou interrompida. Deve-se informar o paciente sobre possíveis riscos associados ao uso do aparelho e possíveis efeitos colaterais residuais (Tab. 4.1). O consentimento informado não é uma renúncia do direito do paciente de buscar indenização por negligência ou responsabilidade civil do estabelecimento ou do terapeuta.

Cada paciente deve ter um formulário de consentimento informado assinado ou uma documentação de

Tabela 4.1 Elementos do consentimento informado para tratamento

Descrição dos recursos terapêuticos e/ou exercícios a serem usados
Uma visão geral de como o aparelho funciona
Os benefícios oferecidos pelo aparelho (respostas fisiológicas)
Sensações normais esperadas
Sensações adversas a serem relatadas
Riscos potenciais associados ao aparelho
Efeitos residuais

consentimento verbal na ficha. Se o paciente tiver menos de 18 anos, esse documento (e todos os outros formulários de consentimento) precisa estar assinado pelos pais do paciente ou seu **representante legal**. Apesar desse documento, os pacientes têm o direito de recusar qualquer forma de atendimento ou recurso terapêutico.

Confidencialidade do paciente

Todos os registros médicos são documentos confidenciais. O paciente precisa autorizar por escrito antes que tais registros sejam liberados para terceiros (p. ex., médicos, empregadores). A autorização para liberar informação médica deve afirmar, de maneira explícita, para quem a informação será liberada e com que propósito será usada (Tab. 4.2). Além disso, caso a informação venha a ser usada para ajudar na liberação médica do paciente para uma bolsa de estudo universitária esportiva ou emprego, o formulário liberado deve incluir uma exoneração de responsabilidade, observando que a informação encontrada nos registros médicos será usada como parte do processo de tomada de decisão e esta poderá tanto auxiliar quanto obstruir a causa do paciente.[140]

A liberação não autorizada de registros médicos não apenas quebra o elo de confidencialidade do pacien-

Tabela 4.2 Autorização para liberação de informações médicas

Descrição da informação a ser liberada
O nome da(s) pessoa(s) a receber a informação
Para quê a informação será usada
A data de expiração da autorização
A pessoa que assinou a autorização. Se outra pessoa que não o paciente autorizar a liberação, deve ser documentada a relação entre os dois (p. ex., pai, responsável legal)
O formulário de liberação de informações deve também anotar que o paciente tem o direito de revogar a autorização, as consequências de não assinar a autorização e o potencial que existe de que o receptor da informação possa retransmiti-las

te e do prestador como também sai dos parâmetros dos códigos de conduta do estado e da profissão. Pode ser determinada responsabilidade civil por **difamação de caráter**. Quando isso ocorre por palavra falada, é denominado **difamação verbal**; quando ocorre por meio impresso ou eletrônico, é denominado **difamação escrita**.

Pessoas públicas, como atletas, por exemplo, têm um limiar de privacidade mais baixo do que figuras "privadas". Os prestadores de serviços de saúde precisam ainda manter um alto padrão de conduta ética e moral para proteger o direito de confidencialidade do paciente.

Deve-se permitir ao paciente rever seus registros médicos quando solicitar. Sempre que os registros médicos do paciente forem removidos do estabelecimento, a data na qual os registros foram enviados, o propósito da liberação e a data do retorno devem ser documentados.

O tempo que os registros do atendimento fisioterapêutico precisam ser mantidos é de no mínimo 5 anos a partir do último registro (Resolução n. 414/2012 do COFFITO). Os registros médicos precisam ser mantidos por no mínimo 20 anos (Resolução n. 1821/2007 do Conselho Federal de Medicina). Os registros de pacientes atuais e passados precisam ser armazenados de maneira a manter sua confidencialidade.

As informações contidas nos registros de saúde são do paciente, porém sua propriedade física é da instituição onde este é assistido, quer seja uma unidade de saúde, quer seja um consultório particular, a quem cabe o dever da guarda de tais documentos.

Com as novas regras de portabilidade de carência dos planos de saúde, estabelecidas pela ANS (Agência Nacional de Saúde Suplementar), tem havido um debate sobre o acesso dos planos de saúde aos registros médicos passados. O acesso a essas informações só é possível com o consentimento formal do paciente, mesmo que sejam solicitadas por operadoras de planos de saúde.

Negligência

Os pacientes têm o direito de receber tratamento seguro e apropriado sem que sejam expostos a riscos indevidos. Isso implica que o atendimento seja feito de maneira profissionalmente competente e aceita. Esse padrão cobre não apenas o ato físico de aplicar recursos terapêuticos e implementar rotinas de reabilitação, mas também significa que os aparelhos usados precisam estar em condição segura de operação e o local, livre de riscos previsíveis (Quadro 4.1).

A negligência profissional é vagamente definida como a oferta de um atendimento abaixo do padrão minimamente aceito, embora haja muitos fatores e influências que levem à determinação final.[141] Os padrões de prática profissional, as políticas e os manuais de procedimento do estabelecimento constituem a referência para determinar se o atendimento prestado está no padrão ou abaixo dele.

No caso de uma instituição de saúde utilizar os serviços de um fisioterapeuta na qualidade de autônomo, isso pode mudar o limiar de negligência e remover certas proteções institucionais. Tais fisioterapeutas podem ser considerados profissionais independentes, o que aumenta a responsabilidade do prestador de serviço e diminui a carga sobre o empregador desse profissional.

Nem toda negligência que ocorre nos locais de atendimento do paciente é uma negligência profissional. Riscos que não são relevantes para o atendimento que está sendo prestado, como tropeçar em um tapete virado na clínica, podem ser determinados como negligência ordinária. Como esse evento não é relevante no atendimento do paciente, não pode ser considerado negligência profissional.[142]

Um supervisor pode ser responsabilizado por atos de negligência ordinária ou profissional realizados por empregados ou estudantes, ou por sua falha em supervisionar, sob a doutrina da **responsabilidade vicária** (às vezes chamada de *respondeat superior*, latim para "deixe o mestre responder").[145] Nos casos em que a supervisão médica é necessária, esse supervisor pode ser responsabilizado pelos atos do prestador de serviços de saúde.

Aplicação negligente do tratamento

O comportamento profissional negligente ocorre quando um prestador de serviços de saúde se afasta do padrão de atendimento aceito.[144] Ao realizar atos desnecessários ou prejudiciais, pode ser determinada responsabilidade civil por falha no uso do **cuidado devido**. Descaso ou falta de cuidado no tratamento podem resultar em negligência profissional.[140] A negligência pode ser classificada em dois tipos, com base no comportamento: (1) omissão e (2) comissão.

A **omissão** é a falha de uma pessoa em responder a uma dada situação quando tal resposta seria necessária para limitar ou reduzir o dano. Considere-se o seguinte exemplo: um paciente vai ao médico com queixas de uma lesão. Se o médico falha em avaliar, tratar ou encaminhar a lesão, pode ter ocorrido um ato de omissão. Neste caso, o ato de negligência se origina da falha do médico em responder de modo apropriado à condição médica.

A **comissão** ocorre quando a pessoa age em uma situação, mas não tem um desempenho no nível que uma pessoa sensata e prudente teria (Quadro 4.2). No processo de reabilitação, um ato de comissão poderia ocorrer se o terapeuta tratasse uma fratura por estresse com ultrassom. Nesse exemplo, a negligência ocorreria porque a pessoa agiu, porém com uma técnica imprópria (fraturas por estresse são contraindicação à aplicação de ultrassom).

Quadro 4.1 Negligência

Negligência implica dano não intencional. A negligência comum é a falha em agir do modo como uma pessoa sensata e prudente agiria na mesma situação. Negligência grosseira é a falha completa em antever uma situação e agir para prevenir que o dano ocorra (p. ex., não ter uma cerca em torno de uma piscina). A negligência profissional ocorre quando a pessoa presta um atendimento abaixo do padrão, age fora das normas profissionais ou age de maneira descuidada, infringindo, assim, a tarefa de atender (ver a seguir).

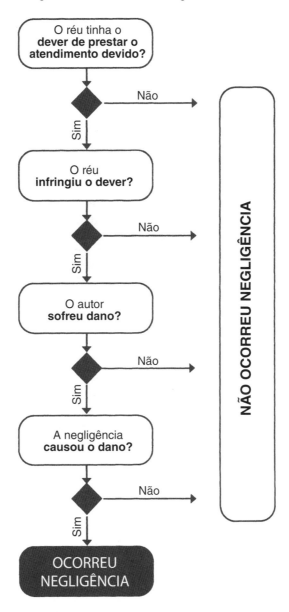

Para que uma corte julgue um réu culpado de negligência, é preciso que seja estabelecida uma relação clara entre o suposto ato de negligência e o dano sofrido pela pessoa. Uma corte precisa primeiro estabelecer se o réu tinha a **obrigação** de agir em benefício do autor da ação. Então, se a obrigação existia, a corte pergunta: "**o réu infringiu essa obrigação?**". A infração de dever é determinada comparando as ações que o réu fez (ou não fez) com aquelas que uma pessoa sensata e prudente com o mesmo nível de educação e experiência faria em circunstâncias similares (ver Quadro 4.2). Se o réu não tinha a obrigação de responder ou foi determinado a agir de maneira sensata e prudente, não será responsabilizado por negligência.

Se o réu tinha a obrigação de responder, mas falhou em agir de maneira sensata e prudente, a corte precisa determinar se o autor realmente sofreu **dano financeiro** ou físico. O elo final para determinar a negligência é o da **consequência.** É preciso que seja estabelecida uma relação direta entre as ações do réu e o dano sofrido pelo autor.

(continua)

Quadro 4.1 Negligência (*continuação*)

Casos comuns de responsabilidade civil podem ser classificados como:

Infração: realização de um ato ilegal ou impróprio.
Transgressão: desempenho impróprio de um ato que seria legal (comissão).
Omissão de dever legal: a falha em agir quando havia a obrigação de agir (omissão).
Imperícia: negligência por parte de um profissional que atuava no cumprimento do dever.

Quadro 4.2 Conceito de "sensato e prudente" no sistema jurídico dos EUA

Quando uma pessoa é acusada de negligência, as ações da pessoa são medidas em comparação com as que uma pessoa sensata e prudente faria na mesma situação. Então, quem é essa pessoa sensata e prudente?

A pessoa sensata e prudente é uma pessoa fictícia criada nos tribunais. Variáveis como a idade do réu, sua condição física, educação, experiência profissional e capacidade mental são consideradas juntas para determinar quais ações poderiam ser consideradas sensatas.[144] Como os critérios para determinar o que é sensato e prudente mudam com base na situação, e porque os júris não são qualificados para determinar qual seria o padrão apropriado de atendimento em uma determinada situação, existe um mecanismo que identifica o que é "sensato e prudente" em qualquer tipo de situação.

Por meio do depoimento de testemunhas especialistas, declarações de posicionamento das profissões e outros protocolos aceitos (documentados) como boa prática, estabelece-se um padrão de atendimento que descreve quais ações seriam esperadas de uma pessoa em determinada situação. O padrão de atendimento é estabelecido pelos padrões de prática profissional, leis estaduais de prática e o depoimento de especialistas. Documentos específicos da profissão, como o *Guia para a prática da fisioterapia*, também podem ser usados para julgar ou determinar se as ações de uma pessoa foram apropriadas.

Se um profissional exceder seu âmbito de prática e adentrar outro campo, por exemplo, um profissional de saúde realizando uma tarefa pertencente ao domínio do médico, esse profissional será julgado de acordo com o padrão de sua profissão.

A relação entre as metas do paciente e a negligência profissional é bastante ambígua. As metas podem ser construídas como uma "promessa profissional" para o paciente. Contudo, o estabelecimento de metas em geral é um julgamento profissional, e não uma obrigação contratual entre o terapeuta e o paciente, em especial quando o paciente é incluído no estabelecimento dessas metas. A preocupação é o modo como as metas são comunicadas ao paciente. Apresentar as metas como "obter 90° de flexão de joelho" é muito diferente de um terapeuta afirmar: "vou fazer você andar novamente". Quando mal comunicadas ou exageradas, as promessas terapêuticas podem ser interpretadas como um compromisso semelhante a um contrato legal, o que pode resultar em uma quebra de contrato ou fraude se as metas não forem alcançadas.[145]

Negligência dos locais de atendimento

A arquitetura dos locais de atendimento do paciente precisa garantir que eles sejam tratados no ambiente mais seguro possível. O local também precisa estar em conformidade com os códigos estaduais que regulamentam os estabelecimentos de saúde.

Garantir a segurança é um processo contínuo que envolve o planejamento minucioso da intervenção, avaliação do paciente e manutenção dos equipamentos e instalações. A lesão sofrida por causa de instalações impróprias ou inseguras pode resultar na denúncia de negligência contra a equipe ou instituição. A área de hidroterapia e as áreas onde são usados recursos elétricos são uma preocupação particular no projeto do local das instalações de fisioterapia (Tab. 4.3).

Tabela 4.3 Considerações sobre locais de atendimento seguros

- Todos os recursos terapêuticos elétricos devem estar conectados a um interruptor de circuito por falha de aterramento. Turbilhões e duchas de hidromassagem precisam estar conectados a esses dispositivos (ver Quadro 4.5).
- Não deve ser permitido que os pacientes liguem ou desliguem turbilhões ou duchas de hidromassagem enquanto estiverem dentro da água. De modo ideal, os interruptores devem ficar localizados de modo que não possam ser alcançados de dentro dos tanques.
- As áreas de hidroterapia precisam ter visibilidade adequada para os pacientes serem monitorados.
- Todos os recursos terapêuticos devem ser inspecionados e calibrados por um profissional licenciado nos intervalos prescritos pelo fabricante.
- O piso deve ser de um material antiderrapante.
- Deve ser mantido um manual de políticas e procedimentos descrevendo o uso, a inspeção e a manutenção dos equipamentos.

Usar conscientemente um recurso terapêutico ou outro equipamento que não seja seguro reflete negligência por parte do terapeuta ou administrador do local. Todos os equipamentos terapêuticos precisam ser inspecionados e calibrados por um técnico qualificado do serviço pelo menos uma vez por ano. Uma manutenção mais frequente precisa ser feita nos equipamentos de uso intensivo. O fabricante e/ou a regulamentação local pertinente aos equipamentos de serviços de saúde podem também ditar ciclos de inspeção e manutenção mais curtos. A data da inspeção ou serviço, o técnico e os serviços feitos devem ser documentados e arquivados.

É necessário um cuidado diário apropriado para ajudar a manter o equipamento funcionando em ordem e com segurança. O desgaste e a depreciação pelo uso normal são esperados, mas o cuidado apropriado com o equipamento os reduzirá ao mínimo. Precauções lógicas, como evitar derramar líquidos no equipamento, posicionar os fios elétricos de modo apropriado e inspecionar regularmente as tomadas, ajudam a manter a longevidade dos equipamentos.

Supervisão da Food and Drug Administration (FDA)

Nos Estados Unidos, a FDA é o órgão federal responsável por supervisionar e assegurar que os dispositivos médicos (e medicamentos) sejam seguros e eficazes. A FDA regulamenta uma grande variedade de aparelhos terapêuticos para garantir a segurança do paciente, avaliar alegações relativas à sua eficácia e eliminar exposição desnecessária à **radiação** emitida pelo aparelho. Outras regulamentações da FDA estão relacionadas aos aparelhos que produzem interferência elétrica ou são controlados por microprocessadores. A FDA também é o principal órgão regulamentador de medicamentos de venda livre e sob prescrição médica.

A definição da FDA de um dispositivo médico é bastante extensa, mas pode ser resumida como algo que depende de um mecanismo além da ação química para diagnosticar, tratar ou prevenir condições de saúde em humanos e animais.[143] Os dispositivos médicos são colocados em uma entre três classificações, com base no risco potencial para a pessoa no evento de uma falha. Um dispositivo de classe I leva pouco risco ao paciente; a classe III apresenta o maior risco. O dispositivo também pode ter a venda restrita aos médicos ou profissionais de saúde licenciados, ou depender da prescrição desses profissionais.

Antes de serem colocados no mercado, os dispositivos controlados pela FDA, como estimuladores elétricos e ultrassom terapêutico, precisam passar por um rigoroso processo de aprovação pré-comercialização, um estado de investigação que avalia a segurança inerente do produto, sua eficácia e os processos de fabricação.[146]

A FDA também regulamenta a rotulação dos produtos, sua informação e manuais de instrução.[147] Recursos terapêuticos regulamentados precisam incluir no mínimo as informações apresentadas na Tabela 4.4 e, quando possível, a descrição do aparelho, suas indicações e contraindicações devem aparecer juntas na primeira página da informação do produto. Se o aparelho estiver sendo comercializado com base nos dados clíni-

Tabela 4.4 Requisitos mínimos de rotulação de equipamentos da Food and Drug Administration* (FDA)

Informação	Descrição
Descrição	Uma breve descrição de como o aparelho funciona, suas características físicas e de desempenho
Indicações	Descrevem o uso intencionado e os tipos específicos de condições (p. ex., lesões, doenças) que autorizam o uso do aparelho
Contraindicações	Descrevem as condições nas quais o risco de uso sobrepõe os benefícios esperados
Alertas	Os alertas descrevem os riscos (consequências sérias ou morte) além daqueles descritos nas contraindicações. Um exemplo seria um aparelho como a diatermia que também emite radiação
Quadro de alerta	A FDA pode exigir que alertas com considerações ou riscos especiais sejam colocados dentro de um quadro, perto da descrição do aparelho. Os quadros de alerta em geral são impressos quando dados clínicos humanos, ou, em alguns casos, dados animais, mostram uma alta probabilidade de efeitos adversos
Precauções	Alertam o usuário sobre os cuidados especiais necessários para o uso eficaz e seguro do aparelho. As precauções são usadas como plural de "cuidado"
Efeitos adversos	Um efeito colateral indesejado originado do uso do aparelho, que não está apresentado nas seções de contraindicações, alertas e precauções
Conformidade aos padrões	Se aplicável, essa seção refere-se ao aparelho médico, materiais ou padrões da FDA usados na avaliação e/ou fabricação do aparelho
Manual de instrução	Uma descrição dos conteúdos do conjunto de instruções/informações do aparelho

*N.E.: Para obter informações sobre esse tipo de regularização no Brasil, consulte o *Manual para regularização de equipamentos médicos na Anvisa*, disponível no site da Anvisa: http://portal.anvisa.gov.br

cos, as informações apresentadas são expandidas para incluir estudos clínicos que apoiem seu uso. Sempre deve ser fornecido um manual do usuário, mesmo que de forma digital. Dependendo da complexidade do dispositivo, podem também ser incluídos um manual do operador, manual do paciente e referências bibliográficas.[144]

Regulamentações de segurança ocupacional e administração da saúde

No Brasil, o Departamento de Segurança e Saúde no Trabalho (DSST) é uma divisão do Ministério do Trabalho e Previdência Social com a atribuição de proteger a saúde dos trabalhadores. O DSST desenvolve códigos – padrões de segurança e regulamentações – para prevenir lesões e doenças ligadas ao trabalho e, por meio de uma divisão de execução da lei, multa ou processa os empregadores que não aderem aos padrões.

O DSST desenvolve uma série de regras que requerem que as instituições protejam os trabalhadores de patógenos transmitidos pelo sangue, como o vírus da hepatite B (HBV). Essas regras se aplicam a todos os empregados que possam estar expostos a riscos biológicos (bioameaças), incluindo sangue, líquido sinovial e saliva como parte de seus requisitos de trabalho.

As **precauções universais** são um conjunto de padrões que ajudam na prevenção contra o contato acidental com riscos biológicos. Os planos de controle de exposição enfocam a proteção pessoal (e, quando aplicável, equipamento de proteção), descarte apropriado de resíduos médicos incluindo agulhas hipodérmicas e bisturis ("cortantes") e o manuseio apropriado das roupas de serviços de saúde para lavagem. As instituições precisam desenvolver um plano de controle de exposição para proteger seus empregados e conduzir um programa de treinamento anual no local descrevendo tais políticas e procedimentos.

Documentação médica

Os registros médicos se prestam a várias funções (Tab. 4.5). Dentro do contexto deste livro, a documentação auxilia no planejamento e na avaliação do programa de intervenção. A documentação proporciona um método para se determinar a eficácia do programa e os registros descrevem a quantidade e qualidade dos serviços prestados. A falha em manter registros médicos precisos e legíveis pode resultar em negligência profissional, e a ausência de tais registros coloca o prestador de serviços de saúde em uma posição indefensável. Da perspectiva legal, assim como daqueles que reembolsam o serviço, deve-se lembrar que "o que não está documentado, não foi feito".

O reembolso por terceiros impõe demandas únicas e cada vez maiores sobre o processo de documentação. As

Tabela 4.5 Propósito dos registros médicos

Servem como um instrumento de comunicação entre os prestadores de serviços de saúde
Documentam a intervenção
Auxiliam na continuidade do atendimento prestado
Proporcionam uma base para o desenvolvimento de planos de intervenção futuros
Documentam o consentimento informado
Servem como documento legal para mostrar que a equipe médica forneceu um atendimento razoável
Auxiliam na memória em casos legais
Estão de acordo com requisitos e padrões profissionais
Servem como base para decisões de reembolso
Servem como base para alta/término do atendimento
Proporcionam um banco de dados para pesquisas

seções adiante descrevem a função e o propósito dos registros médicos. Os registros médicos documentam o curso do atendimento do paciente desde a visita inicial até a alta ou retorno à atividade. Conforme o que está descrito no Capítulo 3, devem ser empregadas metas apresentadas de maneira específica, assim como medições objetivas.

São usados vários sistemas de armazenamento de registros para documentação clínica (p. ex., SOAP, HOPS) e os computadores e *tablets* têm assumido um papel cada vez maior (Tab. 4.6). Muitos multimodais permitem que os dados de tratamento do paciente sejam armazenados em um cartão de dados (ver Cap. 12).

O Código Civil Brasileiro (Lei n. 10.406, de 10 de janeiro de 2002) e o Conselho Federal de Fisioterapia e Terapia Ocupacional (Resolução n. 414/2012) determinam que os registros fisioterapêuticos precisam ser guardados por no mínimo 5 anos depois que o paciente não estiver mais recebendo atendimento. Contudo, a digitalização desses registros permite que sejam armazenados por tempo indefinido.

Continuidade do atendimento

A documentação dos achados do exame e do plano de intervenção deve ser feita do modo mais específico e claro possível para que o atendimento possa continuar quando mais de um profissional estiver envolvido na atenção ao paciente. O registro médico deve incluir todas as comunicações entre os profissionais de saúde (incluindo formulários de encaminhamento), o paciente e os membros da família.

Tratamento oferecido e progresso do paciente

A documentação dos tratamentos do dia deve descrever data, hora, pessoal que prestou o atendimento,

Tabela 4.6 Tipos de registros médicos	
Documento	**Propósito**
Histórico médico	Detalha as condições médicas prévias. Identifica as condições que contraindicam o uso de certos recursos terapêuticos, embora o paciente deva ser questionado de maneira específica antes do uso de um aparelho (p. ex., uma pessoa com história de doença cardiovascular que precise de medicamentos deve ser excluída de tanques quentes de imersão completa)
Exame pré-participação	Usado com atletas para identificar o estado de qualquer condição física existente e determinar o estado atual das condições preexistentes
Formulário de consentimento	Indica que o paciente (ou seus pais, se o paciente tiver menos de 18 anos de idade) permite ser tratado. Os formulários de consentimento não protegem o terapeuta de responsabilidade civil originada de atos de negligência
Relatório de lesão	Usado em atletas para documentar a ocorrência de uma lesão aguda ou o agravamento de uma condição crônica
Formulário de encaminhamento	Permite o *feedback* do médico com respeito ao nível de atividade e curso da reabilitação prescrita
Registro das prescrições	Para uso de recursos terapêuticos (se necessário) e medicamentos (p. ex., fonoforese, iontoforese), se indicados
Registro do tratamento	Fornece um registro contínuo do plano de intervenção dos pacientes e suas anotações

patologia em tratamento, recursos terapêuticos e exercícios empregados e parâmetros usados. Esses tratamentos precisam ajudar a alcançar as metas documentadas no plano do paciente. Cada sessão de tratamento deve começar com uma entrevista e reexame para determinar o estado atual do paciente, ou seja, saber se o tratamento prévio melhorou a condição do paciente, piorou ou se não houve mudança apreciável (ver Cap. 3).

Depois da conclusão do tratamento, recomenda-se entrevistar novamente o paciente e anotar quaisquer ajustes necessários em seu registro médico. Mesmo mudanças aparentemente mínimas nos parâmetros de aplicação de um recurso terapêutico podem produzir efeitos fisiológicos diferentes. A falta de continuidade no tratamento é um perigo muitas vezes ignorado que pode atrasar o progresso do paciente. Registros de exame e tratamento bem documentados ajudam a garantir que todos os envolvidos entendam a **tendência** real de evolução do paciente.

Uma lista de controle dos atendimentos feitos no local é um instrumento administrativo benéfico. A documentação da utilização das instalações e as demandas colocadas sobre a equipe e o equipamento podem ser usadas para justificar a necessidade de mais terapeutas ou a compra de novos equipamentos.

Registro legal

Os registros médicos protegem tanto o prestador de serviços quanto o paciente. Registros bem documentados ajudam a provar que a equipe exerceu um atendimento sensata ao paciente. Se um caso de responsabilidade civil chegar aos tribunais, a equipe médica pode usar esses registros para refrescar sua memória ao testemunhar sobre o caso, e os próprios documentos podem ser aceitos como evidências.

Os padrões profissionais de prática e a maioria das leis relacionadas à prática profissional requerem que sejam mantidos registros médicos completos e acurados. Os registros médicos correlacionam o atendimento prestado àquele prescrito pelo médico, quando houver. Locais diferentes de trabalho, como escolas, universidades, clínicas particulares e hospitais podem também ter requisitos adicionais relativos à manutenção de registros.

Documentação para reembolso

Embora o papel principal da documentação seja melhorar o atendimento do paciente ao assegurar a continuidade do tratamento entre os prestadores de serviço, quando se trata de buscar reembolso de terceiros, os registros médicos são documentos de negócios. As operadoras de planos de saúde (OPS) possuem normas diferentes para reembolso de serviços de fisioterapia. Antes de iniciar um tratamento que será pago por terceiros, o fisioterapeuta deve consultar as exigências da OPS em questão e fazer todos os registros médicos necessários de acordo. Os parâmetros que costumam ser avaliados pelas OPS para aprovar o reembolso de um serviço são: condição a ser tratada, metas do tratamento, alcance das metas do tratamento, número de sessões de tratamento e valor cobrado pelos serviços.

Caso o paciente não apresente melhoras, a OPS poderá solicitar uma revisão do caso. O solicitador da revisão avaliará medidas objetivas, como amplitude de movimento, escalas de estimativa de dor e de força, no registro do paciente. Medidas de resultados baseadas no paciente também serão consideradas. Se o paciente continuar sem apresentar melhoras ou se o protocolo de tratamento não for condizente com as metas do paciente, o pagamento pelos serviços poderá ser negado. Poderá ser iniciada uma investigação adicional para determinar se o atendimento era realmente necessário ou se foi prolongado de forma desnecessária.

Reembolso por terceiros

No Brasil, a ANS (Agência Nacional de Saúde Suplementar) é o órgão regulador dos planos de saúde. O valor reembolsado e as exigências para reembolso diferem entre as operadoras e os planos contratados.

Para receber o reembolso pelos serviços prestados, é preciso ter a documentação da condição que está sendo tratada e a documentação dos serviços de tratamento que estão sendo cobrados. A pessoa ou equipe que oferece o tratamento precisa ser licenciada no Conselho Regional de Fisioterapia e Terapia Ocupacional (CREFITO) da sua região, e o tratamento oferecido precisa alcançar as metas de tratamento do paciente. A última palavra na decisão de prover reembolso para uma solicitação é da companhia de seguro individual.

Códigos de cobrança de procedimentos

Para receber o reembolso de terceiros por serviços prestados, é preciso submeter os códigos corretos de atendimento, determinados pelas tabelas de cada plano de saúde. Em geral, os códigos diagnósticos empregados são os da **Classificação Internacional de Doenças**

(CID). Os códigos dos procedimentos são fornecidos pelos planos de saúde.

O uso de códigos incorretos pode resultar na negação de um pedido de reembolso. No pior dos casos, o uso de código incorreto pode resultar em auditorias no estabelecimento, perda de *status* do prestador de serviços ou multas.

Códigos da Classificação Internacional de Doenças

Os códigos CID foram desenvolvidos pela American Hospital Association (AHA) para descrever patologias e procedimentos cirúrgicos, reunindo-os em grupos relevantes. O National Center for Health Statistics desenvolveu a modificação clínica (MC) dos códigos CID; o mais relevante para este livro é a adição de um sistema de classificação para procedimentos cirúrgicos, diagnósticos e terapêuticos (Quadro 4.3). O esquema de codificação é atualizado regularmente e está agora na décima edição, levando o nome CID-10-MC (CID: Classificação Internacional de Doenças; 10: décima edição; MC: modificação clínica); contudo, a nona edição ainda é amplamente utilizada.[145]

Códigos e terminologias

Além da CID-10, no Brasil são utilizadas várias tabelas e terminologias para a prescrição e o reembolso de ser-

---

Quadro 4.3 Exemplos do sistema de codificação CID-9-CM

CID-9-CM	Descrição
Bursite de joelho	
726.60	**Entesopatia** de joelho, inespecífica
844.20	Tendinite ou bursite dos isquiotibiais
844.21	Bursite **pré-patelar**
Entorses de joelho	
844.20	Comprometimento antigo do ligamento colateral lateral
844.21	Comprometimento antigo do ligamento colateral medial
844.22	Comprometimento antigo do ligamento cruzado anterior
844.23	Comprometimento antigo do ligamento cruzado posterior
844.00	Entorse agudo do ligamento colateral lateral
844.20	Entorse agudo do ligamento colateral medial
844.21	Entorse/ruptura aguda do ligamento cruzado anterior
844.30	Entorse/ruptura aguda do ligamento cruzado posterior

O código CID-9-MD é uma série de cinco dígitos (os últimos zeros costumam ser omitidos) que descreve a patologia e a estrutura envolvida. A evolução desse sistema tem, às vezes, tornado os códigos relativamente desconectados. Os primeiros três dígitos identificam a área do corpo, embora a progressão nem sempre seja sequencial. Os dois dígitos seguintes descrevem a patologia. Além de ter a finalidade de reembolso, esses dados são usados para manutenção de registros, **epidemiologia** e outros propósitos de pesquisa. Os códigos CID são alterados regularmente.

A informação acima é apresentada apenas para fins ilustrativos.

viços de fisioterapia. Há o Referencial Nacional de Procedimentos Fisioterapêuticos (RNPF), publicado pelo COFFITO, a Terminologia Unificada da Saúde Suplementar (TUSS), a Classificação Brasileira Hierarquizada de Procedimentos Médicos (CBHPM), além dos códigos e tabelas fornecidos por cada plano de saúde. O fisioterapeuta que presta serviços às operadoras de planos de saúde precisa conhecer as políticas de reembolso de cada uma delas.

Prática baseada em evidências

Há uma pressão por parte das operadoras de planos de saúde sobre os prestadores de serviços para que os custos de tratamento sejam mantidos no menor nível possível e produzam bons resultados. Os tratamentos oferecidos precisam estar de acordo com o plano de tratamento do paciente e os dispositivos usados precisam ser benéficos para a condição do paciente. A prova de que os tratamentos terapêuticos e, por extensão, os recursos terapêuticos produzem os efeitos esperados é denominada prática baseada em evidências.

As medidas de resultados centradas no paciente e no terapeuta determinam a qualidade do resultado final do atendimento médico (ver Cap. 3). A determinação é feita com base nos procedimentos usados no atendimento do paciente, na satisfação resultante do paciente e na sua qualidade de vida. A documentação dos resultados das intervenções feitas é uma peça importante do quebra-cabeça das evidências. Se um paciente estiver respondendo de forma positiva no tempo previsto, pode-se assumir que a intervenção está funcionando. Se o resultado do registro do paciente indicar que não estão sendo obtidos resultados positivos, a estratégia de intervenção precisa ser repensada.

Cada recurso terapêutico ou classificação dos recursos (p. ex., agentes de resfriamento, agentes de aquecimento) apresentado neste livro inclui uma seção intitulada **Controvérsias no tratamento.** Essa parte provê uma visão geral das questões e preocupações relativas à eficácia geral do dispositivo ou preocupações específicas com técnicas de aplicação individuais.

Locais de atendimento

O estabelecimento físico onde o atendimento é feito precisa estar livre de riscos potenciais e ser propício ao atendimento do paciente, incluindo o acesso de pacientes incapacitados ou terapeutas. A área de hidroterapia, a área de tratamento, os encanamentos e os sistemas elétricos são de preocupação especial. Nos Estados Unidos, por exemplo, as clínicas localizadas dentro de hospitais e algumas clínicas de atendimento ambulatorial são credenciadas por agências como a Joint Commission (JC) ou comitês estaduais reguladores. Essas organizações po-

dem ter diretrizes de segurança específicas que precisam ser cumpridas, e o local pode estar sujeito à inspeção.

Sistemas elétricos

O sistema elétrico do estabelecimento de saúde merece uma inspeção especial. A presença de água e a possibilidade de contato acidental do paciente com fontes elétricas são riscos potenciais. Os recursos terapêuticos operam com uma corrente "doméstica" de 110 volts, enquanto alguns equipamentos podem operar com baterias recarregáveis ou substituíveis. Outros equipamentos, como grandes máquinas de gelo, podem requerer 220 volts. Alguns equipamentos, como aparelhos isocinéticos, turbilhões ou equipamento de eletrodiagnóstico, podem requerer um circuito dedicado, em que há apenas uma tomada. Fios de extensão jamais devem ser usados para operar equipamentos terapêuticos.

As tomadas elétricas que levam para turbilhões e outros recursos em que há uma preocupação com água precisam ser servidos por um interruptor de falha de aterramento (GFI), embora estes sejam recomendados para todas as tomadas que servirão a pacientes (Quadro 4.4). As tomadas da área de tratamento devem estar localizadas 60 a 90 cm acima do solo; na área de hidroterapia, 1,20 m ou mais (e fora do alcance dos pacientes que usam o tanque). Recursos terapêuticos controlados por microprocessadores, como os estimuladores elétricos, podem também requerer um protetor contra surtos elétricos. Edificações e/ou códigos de saúde do estado podem ainda prescrever outros requerimentos.

Área de tratamento

A área de tratamento do paciente deve ser espaçosa e bem iluminada. As macas devem ter cerca de 75 cm de altura, embora macas ajustáveis sejam úteis para certos tipos de tratamento e estejam de acordo com as normas brasileiras de acessibilidade para pacientes ou terapeutas com incapacidades. Macas com partes dobráveis permitem que uma parte do corpo seja elevada durante o tratamento (Fig. 4.1). Se forem usados tratamentos com diatermia por ondas curtas no local, serão necessárias macas feitas inteiramente de madeira.

Deve haver uma separação de pelo menos 75 cm entre as macas. Mesmo usando esse espaço mínimo, uma ou duas macas devem ter um espaço maior de um lado para permitir exercícios de amplitude de movimento, massagem, liberação miofascial e outros procedimentos.

As luminárias fixas devem prover uma potência de iluminação de 540 a 800 **lux** a uma altura de 1,20 m acima do solo. Em outras áreas do estabelecimento, a potência de iluminação pode ser reduzida a 320 a 540 lux, a uma altura de 1,20 m acima do solo.

Quadro 4.4 Interruptores de circuito por falha de aterramento

Os interruptores de falha de aterramento (GFI ou GFCI para interruptores de circuito por falha de aterramento) são usados para proteção contra correntes perigosas por meio do monitoramento contínuo da quantidade de corrente que entra em um circuito em comparação com a quantidade de corrente que o deixa. Quando há uma discrepância de mais de 5 miliampères (mA), é detectado vazamento de corrente e o GFI interrompe o fluxo de eletricidade para o aparelho em apenas 1/40 de segundo.

As correntes elétricas sempre buscam o curso de menor resistência e tendem a permanecer dentro do caminho isolado formado pelo circuito, porém, por causa de condensação, imperfeições microscópicas no circuito ou mesmo poeira, inevitavelmente ocorre algum vazamento de corrente. São necessários apenas dois fios para completar um circuito elétrico; contudo, a maioria das tomadas contém um terceiro condutor que leva ao solo. Como o nome implica, o fio aterrado literalmente conduz a um tubo ou outro condutor que está enterrado no solo. Normalmente, quando a corrente vaza para dentro do **chassi**, ela segue o fio-terra de volta para o solo. Esse vazamento é denominado "falha de aterramento" e ocorre em certo grau em todos os equipamentos elétricos.

Qualquer vazamento de corrente precisa encontrar uma via alternativa de volta para o solo. O ideal é que essa rota seja por meio de um circuito aterrado, mas se o circuito não estiver aterrado de modo apropriado ou se o vazamento for muito forte, a corrente precisará encontrar uma rota alternativa para o solo. Uma pessoa que esteja em contato com um aparelho não aterrado e, ao mesmo tempo, toque uma fonte aterrada (p. ex., um turbilhão e uma tubulação) pode facilmente formar essa rota alternativa para a corrente. Nesse caso, a corrente vazará do chassi do aparelho não aterrado e seguirá através da pessoa até o solo, produzindo resultados potencialmente fatais.

Os interruptores de falha de aterramento precisam ser distinguidos dos interruptores de circuito convencionais. Embora os GFI interrompam o fluxo de corrente em amperagens muito baixas, os interruptores de circuito convencionais requerem uma discrepância muito maior (até 25 A) para serem ativados. Os interruptores de circuito não são adequados para uso nas salas de treinamento esportivo, clínicas de fisioterapia ou hospitais, especialmente nas áreas de hidroterapia. O Código Elétrico Nacional (EUA), de 1991, requer o uso de GFI em todos os estabelecimentos de saúde que usem piscinas terapêuticas.[146] Um GFI pode ser alojado dentro da tomada de parede ou em uma caixa de interruptor de circuito. Nos dois casos, os GFI são facilmente identificados por seus botões TEST e RESET. Cada GFI deve ser testado em intervalos regulares, sendo considerados ideais os intervalos mensais. Cada data de testagem deve ser documentada.

Caso o GFI dispare, deve-se desconectar o paciente e desligar o aparelho. Deve-se também verificar todas as conexões, apertar o botão RESET no GFI, religar o equipamento sem que o paciente esteja em contato com ele e certificar-se de que a falha de aterramento não ocorra novamente. Se o GFI disparar novamente, deve-se desconectar o aparelho, etiquetar o aparelho e a tomada como "fora de serviço" e chamar a assistência.

Área de hidroterapia

A área de hidroterapia tem questões únicas quanto à segurança. Aqui, talvez mais do que em qualquer outra parte do estabelecimento de saúde, existe o maior risco potencial. A área de hidroterapia costuma alojar turbilhões, "tanques de natação" para reabilitação, máquinas de gelo, suprimento de água quente e fria (para os turbilhões, banhos de imersão e resfriadores), tanques, refrigerador e *freezer*.

O ideal é que os interruptores de ligar e desligar, que controlam o motor do turbilhão, estejam em um local fora do alcance do paciente que está dentro do tanque. Se o turbilhão tiver seu interruptor colocado sobre o motor, os pacientes não deverão ligar e deslizar o aparelho quando estiverem dentro da água. É uma boa prática colocar cartazes com as regras de utilização desses aparelhos dentro da área de hidroterapia.

A área de hidroterapia propriamente dita deve estar completamente visível para a equipe. Por causa do ruído associado a essa modalidade, a área costuma ser envidraçada e isolada do resto do estabelecimento de reabilitação (Fig. 4.2). Uma porta fechada ajuda a reduzir o ruído para o resto do local de tratamento.

Em torno da área de hidroterapia, a quantidade de umidade é maior; máquinas de gelo, refrigeradores, *free-*

Figura 4.1 Maca com partes dobráveis. Essas macas auxiliam no retorno venoso dos membros inferiores ao serem elevadas durante o tratamento.

Figura 4.2 Área de hidroterapia. A sala de hidroterapia é uma área de alto risco. A equipe deve ter ampla visão de toda a sala, que costuma ser cercada de vidro para evitar que a umidade e o barulho afetem o resto do estabelecimento.

Figura 4.3 Misturador de água quente/fria. Um misturador ajuda a evitar queimaduras ao controlar com segurança o fluxo de água (controle de baixo). Um termostato indica a temperatura da água que está saindo (controle do meio), que é controlada pela alça em cima. O termômetro precisa ser calibrado anualmente. A mangueira do turbilhão foi afastada.

zers e outros aparelhos produzem calor. A combinação de umidade e calor favorece o crescimento de fungos, bactérias e vírus. Para contornar esse problema, a área de hidroterapia deve ser bem ventilada e ter ar-condicionado que mantenha 40 a 50% de umidade e o ar reciclado 8 a 10 vezes por hora.[147]

Cada turbilhão deve ter suas próprias torneiras de enchimento, embora uma única mangueira possa ser usada para encher múltiplos tanques. Cada tanque deve ter um controle de quente e frio ou um misturador que regule a temperatura da água que entra no tanque (Fig. 4.3). Os termostatos do turbilhão devem ser calibrados anualmente. Uma torneira grande tipo pescoço de cisne deve estar disponível para encher banhos de imersão, resfriadores etc.

O piso deve ser coberto com uma superfície antiderrapante e ser suavemente inclinado na direção de um ou mais ralos. Cada turbilhão deve ter um dreno.

Manutenção dos produtos

Todo equipamento terapêutico precisa ser mantido em condições ideais de trabalho. Usar um recurso terapêutico sem segurança estando consciente disso é um comportamento profissional negligente. A manutenção requer inspeção regular quanto a defeitos ou riscos, limpeza periódica e calibração profissional de acordo com as recomendações do fabricante.

Recursos terapêuticos elétricos, como os estimuladores elétricos, ultrassom terapêutico e diatermia por ondas curtas, precisam ser inspecionados e calibrados regularmente (uma ou duas vezes por ano) por um técnico qualificado. A data das inspeções precisa estar documentada no aparelho, e o tipo de trabalho feito deve ser registrado em um livro de manutenção do equipamento.

O desgaste e a depreciação normal do equipamento é algo esperado. O cuidado correto com o equipamento ajudará a reduzir o custo de utilização em longo prazo. Precauções lógicas, como evitar derramar líquido no equipamento, manter os cabos elétricos armazenados de modo correto e a inspeção regular dos plugues e fios elétricos, ajudam a manter a longevidade do equipamento.

Quando um defeito for encontrado no plugue ou cabo, o GFI continuar disparando ou o aparelho não funcionar apropriadamente, deve-se tirar o aparelho da tomada, rotulá-lo como inoperante e removê-lo da área de tratamento. Um técnico qualificado deve, então, consertar o aparelho. Os operadores não devem tentar fazer a manutenção ou reparos que estejam fora daqueles descritos no manual do operador.

Manual de políticas e procedimentos

Um manual de políticas e procedimentos delineia o âmbito de serviço do local, os planos operacionais e os procedimentos operacionais padrão. As políticas são usadas para guiar a tomada de decisão administrativa. Os procedimentos descrevem os processos usados para executar as políticas. Os padrões e os procedimentos descritos no manual de políticas e procedimentos podem ser usados para determinar se ocorreu negligência profissional. A profundidade e o alcance dos manuais de políticas e procedimentos não podem ser cobertos aqui, mas as implicações do tratamento e reabilitação precisam ser discutidas.

Um propósito principal do manual de políticas e procedimentos é definir os papéis e linhas de comunicação entre os administradores e a equipe clínica. As **descrições das profissões** definem papéis, responsabilidades e expectativas mínimas para cada empregado. Um **diagrama organizacional** descreve as relações entre todas as pessoas envolvidas na prestação dos serviços.

Os procedimentos padrão de operação descrevem as condutas que deverão ser seguidas em várias situações e podem incluir **ordens permanentes**. Os procedimentos de operação permanentes ou ordens permanentes não são "livros de receitas" com prescrições ditando o tratamento do paciente. Em vez disso, apresentam uma estrutura conceitual para que os procedimentos sejam implementados. Os procedimentos para emergências médicas também devem ser descritos nessa parte.

Os procedimentos de documentação médica são outra parte da estrutura de comunicação que deve ser abordada no manual de políticas e procedimentos, incluindo exemplos anotados de como preencher e encaminhar cada documento. Um apêndice do manual deve também incluir as siglas e abreviaturas médicas aprovadas para o estabelecimento.

Algumas partes do manual devem ser dedicadas a como o estabelecimento se adequa ou adere às exigências das regulamentações governamentais e das agências de credenciamento educacional ou estabelecimentos de saúde.

Revisão da Parte I

Estudo de caso: histórico médico do paciente

Um homem de 42 anos sofreu um entorse do tornozelo esquerdo há dois dias enquanto participava de um campeonato de tênis. Ele foi avaliado por seu clínico geral e teve o diagnóstico de entorse lateral de tornozelo grau 1. Foi encaminhado para avaliação e tratamento fisioterápico da lesão. As informações a seguir foram obtidas diretamente do paciente e do seu registro médico.

Histórico médico: o paciente relata que tem dor durante o apoio de peso, localizada na face lateral do tornozelo esquerdo.

Histórico da condição atual: o paciente relata que "rolou" sobre o pé esquerdo enquanto jogava tênis. Ele conseguiu continuar jogando, mas a dor aumentou e o tornozelo começou a inchar mais tarde naquele dia. O paciente tem um histórico de entorses bilaterais no tornozelo.

Testes diagnósticos: as radiografias mostram uma fratura prévia por avulsão no maléolo lateral.

Limitações nas atividades: marcha antálgica, dor ao subir escadas.

Restrições à participação: incapaz de fazer AVD que envolvam apoio de peso, incapaz de jogar tênis.

Condições médicas gerais: o paciente tem um histórico de diabetes insulino-dependente.

Medicamentos: insulina. O médico prescreveu paracetamol para a dor, pois o paciente não tolera medicamentos anti-inflamatórios não esteroides (AINE) por causa de uma úlcera péptica.

Contraindicações às intervenções: o paciente tem diabetes. Deve-se ter cuidado com recursos terapêuticos quentes se o exame sensorial dos pés não for normal.

Metas do paciente: participar de um torneio de tênis em cinco dias. Realizar as AVD sem dor.

Achados do exame:

Restrições à participação:	Incapaz de jogar tênis		
Limitações nas atividades:	O paciente não pode andar sem assistência (muletas) Incapaz de subir escadas		
Observação:	Edema e descoloração presentes ao longo da face distal do maléolo lateral		
Palpação:	Dor sobre o ligamento talofibular anterior		
ADM:	ADM ativa: Dorsiflexão (joelho estendido)	Esquerda (inv): 7°-0°-32°	Direita 15°-0-37°
	Dorsiflexão (joelho flexionado)	10°-0°-32°	15°-0°-37°
	Inversão	5°-0°-3°	15°-0°-5°

	Esquerda	Direita
Circunferência:		
Técnica em oito	54 cm	49 cm
Base do quinto metatarso	31 cm	30 cm
Tônus:	O paciente demonstra habilidade de produzir contrações musculares, porém estas são limitadas pela dor	
Avaliação da função muscular:	Dorsiflexores: 5/5, porém com dor Flexores plantares: 5/5 Inversores: 5/5 Eversores: 5/5, porém com dor	

		Esquerda	Direita
Avaliação da função articular:			
	Apoio sobre uma perna por 20 segundos	2 desvios	0 desvio
Estimativa de dor:	2/10 caminhando no plano		
Testes de estresse:	Todos os testes negativos para frouxidão		
Testes de tecidos seletivos:	Todos os testes negativos para frouxidão		

O histórico de participação regular do paciente em competições de tênis indica que ele é um bom candidato para uma reabilitação relativamente intensiva. Seu histórico de diabetes poderia influir na escolha dos recursos terapêuticos e exercícios, porém sua condição parece estar bem controlada. Como ele é sensível a medicamentos AINE, seu nível de desconforto e edema pode estar além do esperado.

Há um edema notável e restrições na amplitude de movimento no tornozelo esquerdo, porém a força está dentro dos limites normais. A propriocepção é um problema, mas o fato do paciente estar dentro dos limites normais para a perna direita indica que esse comprometimento está provavelmente relacionado à patologia. A dor é leve e não há outros achados significativos.

Identificação do problema

Os seguintes problemas foram identificados com base nas informações apresentadas nesse estudo de caso:

1. Diminuição da função secundária à dor, incluindo a habilidade de jogar tênis.
2. Diminuição na ADM do tornozelo esquerdo.
3. Edema no tornozelo esquerdo.
4. Diminuição do equilíbrio e propriocepção no tornozelo esquerdo.

Comentário

- A estimativa de dor dada pelo paciente é consistente com um entorse lateral do tornozelo grau 1. É um fato significativo que ele tenha dor durante o apoio de peso e precise competir em cinco dias. Em muitos casos, o curso de tratamento dessa lesão consistiria em repouso, porém, como ele deseja jogar em um torneio, é prudente tentar retorná-lo à atividade com segurança. As ramificações e os riscos de uma abordagem de tratamento agressiva precisam ser explicados ao paciente de modo que ele possa tomar uma decisão sensata e bem informada quanto a continuar jogando.
- Os déficits de ADM estão provavelmente relacionados à dor e ao edema. A corrida requer um mínimo de 15° de dorsiflexão para manter um padrão de biomecânica normal.
- Embora o edema seja mínimo, ele pode reduzir o movimento geral do tornozelo. As dificuldades de equilíbrio do paciente podem ser afetadas pelo edema que atinge os receptores articulares responsáveis pela propriocepção.
- Os dorsiflexores e eversores induzem contrações fortes, porém ele sente dor. A dor não se origina nos músculos; por isso, a força é estimada em 5/5.
- O déficit de equilíbrio do paciente é um fator importante no seu retorno à atividade de maneira segura e no momento correto. O equilíbrio e a propriocepção durante as atividades funcionais relacionadas ao tênis precisam ser obtidos antes de sua liberação para jogar.
- O diabetes do paciente pode ter uma influência no curso de atendimento, porém esta parece estar bem controlada. Se estiverem presentes, uma diminuição na sensibilidade ou ulcerações associadas ao diabetes podem afetar a escolha dos recursos terapêuticos usados.

Priorização dos problemas

Os problemas do paciente, em ordem de prioridade de tratamento, são:

1. Edema do tornozelo esquerdo.
2. Diminuição da ADM do tornozelo esquerdo.
3. Diminuição do equilíbrio e propriocepção do tornozelo esquerdo.
4. Diminuição da função secundária à dor, incluindo a habilidade de jogar tênis.

Comentário

- A maioria das limitações nas atividades do paciente está relacionada ao edema na articulação do tornozelo, aumentando a dor, diminuindo a ADM e diminuindo a habilidade de apoiar o peso. As metas de tratamento devem abordar a remoção do edema como a mais alta prioridade. Deve-se ter o cuidado de prevenir a formação de edema adicional.
- A diminuição da ADM é um empecilho significativo para a habilidade do paciente de jogar tênis em cin-

co dias. Para retornar à atividade com segurança, a ADM precisa ser restaurada de modo a prover uma quantidade adequada de flexão plantar e dorsiflexão no tornozelo. A força e a flexibilidade muito provavelmente serão restauradas ao normal quando o edema e a dor forem reduzidos.

- O equilíbrio e a propriocepção são essenciais para a maioria das atividades. No caso desse paciente, o equilíbrio é necessário, pois ele precisará fazer paradas bruscas, arrancadas e mudanças bruscas de direção. A propriocepção adequada é necessária para que os músculos do paciente protejam a articulação de forças potencialmente lesivas. Deve-se respeitar qualquer dor que o paciente relatar enquanto estiver realizando exercícios de equilíbrio. Esses exercícios não podem ser feitos à custa de qualquer dano que possam causar à lesão.
- A inabilidade de funcionar de maneira segura e indolor é o principal problema com que o paciente e o terapeuta se deparam em virtude das limitações de tempo nesse cenário. Abordando esses problemas, a reabilitação conduzirá a um retorno seguro à função.

Metas de longo prazo

No momento da alta, as seguintes metas de longo prazo terão sido alcançadas:

1. Recuperar um padrão de marcha normal dentro de cinco dias.
2. Ser capaz de jogar uma partida de tênis usando um suporte de proteção dentro de cinco dias.

Comentário

- As metas são razoáveis e podem ser alcançadas dentro do prazo de cinco dias. Contudo, o paciente precisa ser examinado com cuidado no final desse prazo para verificar se é seguro que volte a competir. O paciente não deve ser liberado para a competição se essas metas não forem alcançadas.
- A habilidade de voltar a competir não implica que o paciente esteja totalmente curado. Depois da partida, ele precisará retomar a terapia para que o programa de reabilitação possa ser completado.

Metas de curto prazo

Inicialmente, foram estabelecidas para este paciente as seguintes metas de curto prazo:

1. O edema diminuirá para 6 cm em relação ao tornozelo direito dentro de três dias.
2. O paciente será capaz de caminhar sem dor (0 a 1/10) dentro de três dias.
3. A ADM do paciente no tornozelo esquerdo será de 10° de dorsiflexão, 35° de flexão plantar, 8° de inversão e 4° de eversão dentro de quatro dias.
4. O paciente será capaz de apresentar equilíbrio igual entre ambos os tornozelos dentro de quatro dias.
5. O paciente não jogará tênis nesse período.

Comentário

Foi estabelecido um período de três dias para alcançar a primeira meta de curto prazo. Voltando ao comentário sobre a priorização dos problemas, deve-se notar que o edema precisa ser reduzido antes que qualquer melhora possa ser vista nas áreas dos problemas remanescentes. Se a primeira meta for alcançada logo, os prazos de tempo restantes poderão ser acelerados. A quinta meta é diferente das outras porque descreve um comportamento que deverá ser evitado. Nessa situação, o paciente precisará evitar colocar estresses prejudiciais sobre a articulação envolvida.

Planejamento da intervenção

As seguintes abordagens de tratamento foram selecionadas para alcançar as metas de curto prazo:

1. Compressão intermitente com elevação por 60 minutos. Pressão regulada em 60 mmHg com um ciclo ON-OFF de 30 segundos "ON" e 15 segundos "OFF".

Teoria

A compressão intermitente e a elevação auxiliam o retorno venoso e linfático do edema. A redução do edema descongestionará a área e permitirá que nutrientes e oxigênio alcancem os tecidos danificados. Conforme o edema se estabilize, essa compressão intermitente poderá ser usada como pós-tratamento para controlar o edema.

2. Massagem retrógrada com deslizamento (*effleurage*), fazendo movimentos dos dedos na perna de modo a "ordenhar" o edema no sentido proximal. A liberação do edema perto do tornozelo precede os movimentos de deslizamento.

Teoria

A massagem com deslizamento ajudará o sistema venoso e linfático a transportar o edema proximalmente. O movimento desse material para fora da área danificada diminuirá a dor e ajudará a melhorar a ADM.

3. Exercícios de amplitude de movimento e flexibilidade.

Teoria

O paciente precisará de exercícios específicos para promover o aumento da ADM de modo a alcançar os limites funcionais. A criocinética poderá ser usada no início para acelerar a reaquisição dos movimentos.

4. Exercícios resistidos.

Teoria

O paciente precisará manter a força na área lesada e retornar a musculatura à função apropriada. Ele poderá começar com contrações isométricas e progredir para contrações isotônicas ou resistência elástica, conforme a tolerância.

5. Exercícios de equilíbrio.

Teoria

O paciente demonstrou déficits de equilíbrio durante a avaliação inicial, que diminuirão a função ideal. O paciente pode usar um aparelho para treino de equilíbrio ou exercícios de apoio sobre uma perna, progredindo de superfícies estáveis para menos estáveis conforme a tolerância.

6. Manutenção do condicionamento cardiovascular.

Teoria

A resistência física cardiovascular e musculoesquelética precisa ser mantida para que o paciente esteja pronto para retornar à atividade física extenuante.

7. Retorno progressivo à atividade

Teoria

A capacidade do tornozelo lesado de suportar estresses cada vez mais intensos precisa ser abordada para permitir que o paciente retorne à atividade de maneira segura. A progressão funcional pode incluir corrida leve, corrida rápida e exercícios de agilidade cada vez mais intensos, assim como exercícios específicos para o esporte visando à área lesada.

8. Gelo, compressão e elevação por 20 minutos após o exercício e durante os tratamentos domiciliares.

Teoria

O frio reduzirá a taxa metabólica nos tecidos tratados, ajudando a limitar o dano adicional secundário à anoxia, e ajudará a reduzir a dor. O paciente será orientado sobre como aplicar uma bandagem compressiva e a manter a perna elevada o máximo de tempo possível, incluindo o período de trabalho, quando estiver em repouso e durante o sono.

9. Programa de exercícios domiciliares: ADM, fortalecimento, exercícios de equilíbrio e gelo com elevação.

Teoria

Para alcançar as metas em um curto prazo, o paciente precisará ter um programa domiciliar inclusivo abordando as áreas dos déficits. A colaboração do paciente é essencial, em virtude da meta de retornar à atividade em cinco dias.

Estudo de caso: histórico médico do paciente

Um jogador de basquete de 16 anos de idade foi encaminhado para terapia por seu clínico geral, com pedido de avaliação, tratamento e reabilitação. As informações a seguir foram obtidas diretamente do paciente e de seus registros médicos.

Histórico médico: o paciente relata dor e espasmo muscular na musculatura cervical, o que limita seus movimentos. Os treinos de basquete estão marcados para iniciar em uma semana.

Histórico da condição atual: o paciente envolveu-se em um acidente de carro e teve o diagnóstico de estiramento e entorse cervical.

Testes diagnósticos: as radiografias foram negativas para o envolvimento ósseo.

Limitações nas atividades: diminuição na amplitude de movimento da parte cervical da coluna vertebral.

Restrições à participação: não consegue dormir durante a noite e não consegue praticar basquete, o que pretende iniciar o mais cedo possível.

Condições médicas gerais: o paciente sofre de asma; saudável nos demais aspectos.

Medicamentos: o paciente usa um inalador para asma. Foram prescritos relaxantes musculares para a lesão cervical.

Contraindicações às intervenções: nenhuma.

Metas do paciente: participar dos treinos de basquete dentro de três semanas.

Achados do exame:

Restrições à participação:	Incapaz de jogar basquete
Limitações nas atividades:	Não consegue dormir direito por causa da dor e do desconforto Não tem amplitude de movimento completa na parte cervical da coluna vertebral
Observação:	O paciente está usando um colar cervical macio para conforto O paciente tem uma postura de defesa muscular
Palpação:	Tônus aumentado presente no trapézio superior esquerdo por causa do espasmo muscular Pontos-gatilho são palpados nos dois músculos trapézios superiores, com o esquerdo mais sensível que o direito
Amplitude de movimento:	ADM ativa: (parte cervical da coluna vertebral) — Flexão: 50% / Extensão: 40% / Rotação direita: 50% / Rotação esquerda: 50% / Inclinação lateral direita: 25% / Inclinação lateral esquerda: 50% (% relativa ao lado não envolvido) ADM passiva: A flexibilidade da musculatura cervical não pode ser avaliada por causa da dor e defesa muscular
Tônus:	Tônus aumentado (espasmo muscular), conforme observado no trapézio esquerdo
Avaliação da função muscular:	O teste de todos os músculos cervicais desencadeia dor – a força não foi graduada por causa da dor
Avaliação da função articular:	O deslizamento das articulações vertebrais foi negativo para frouxidão, mas produziu dor
Avaliação neurológica do quadrante superior:	Os reflexos tendinosos profundos são 2/2 bilateralmente A sensibilidade está intacta ao toque leve bilateralmente O resultado do teste muscular manual é 5/5
Estimativa de dor:	A dor na inclinação para o lado direito é 7/10 O paciente relata dor constante com intensidade variada em todas as AVD
Testes de tecidos seletivos:	Compressão cervical: sem dor radicular; aumenta a dor cervical Separação cervical: sem dor radicular; aumenta a dor cervical

Esse paciente sofreu uma lesão do tipo "chicote" e agora tem déficits significativos na mobilidade cervical. Foi excluída a possibilidade de fratura cervical, luxação e trauma da medula espinal. As queixas primárias do paciente estão relacionadas ao espasmo muscular que muito provavelmente foi causado por compressão da raiz nervosa cervical.

Deve-se notar que o exame físico do paciente não pode ser completado por causa da dor e de restrições na amplitude de movimento. Esses procedimentos devem ser feitos conforme o paciente permitir, durante os reexames subsequentes.

Identificação do problema

Os problemas adiante foram identificados com base nas informações apresentadas no cenário do estudo de caso:

1. Inabilidade de jogar basquete.
2. Inabilidade de dormir sem perturbações por causa da dor.
3. Diminuição da ADM cervical.
4. Inabilidade de avaliar a força e a flexibilidade da musculatura cervical por causa da dor.
5. A dor é estimada em 7/10 durante a inclinação para o lado direito.
6. Tônus aumentado do trapézio por causa do espasmo muscular do trapézio superior esquerdo.
7. O paciente usa um colar cervical macio para conforto.

Comentário

- A dificuldade funcional é resultado da dor, do espasmo e da perda de ADM dos músculos cervicais. Embora todos esses problemas sejam significativos, a razão primária para alguém buscar e precisar de reabilitação é reduzir a dor e restaurar a função.
- É bem provável que a diminuição da ADM cervical seja resultado da dor e do espasmo, e não da restrição articular real dos tecidos conjuntivos em torno da articulação. Em um paciente saudável de 16 anos de idade, não são vistas alterações nas estruturas articulares tão rápido após uma lesão desse tipo.

A inabilidade de completar qualquer porção da avaliação do paciente deve ser anotada, e a razão para a omissão deve ser explicada. Essa documentação serve como um lembrete de avaliar esses tópicos em uma data futura e informar outros terapeutas que não estão familiarizados com o histórico do paciente que esses testes não foram feitos. Anotando que esses exames não foram conduzidos, outros terapeutas não assumirão que as áreas deixaram de ser avaliadas ou que foram avaliadas e estavam normais.

- O aumento do tônus muscular do trapézio é causado pelo ciclo dor-espasmo-dor e é típico após uma lesão musculoesquelética aguda, secundária a um mecanismo de proteção reflexa. Embora esse mecanismo seja de proteção durante os estágios agudos de uma lesão, o terapeuta precisa trabalhar para aliviar o ciclo dor-espasmo-dor de modo que a cicatrização possa ocorrer. O espasmo restringirá o fluxo sanguíneo e o envio de nutrientes e oxigênio para os tecidos lesados e áreas ao redor.

- O colar cervical macio não é um problema em si; é uma opção de tratamento sensata nesse momento. Embora o colar sirva a uma finalidade importante de proteção, não permite a função normal.

Priorização dos problemas

Os problemas do paciente, ordenados em termos de prioridade de tratamento, são:

1. A dor é estimada em 7/10 durante a inclinação lateral direita.
2. Tônus muscular aumentado secundário ao espasmo muscular do trapézio superior esquerdo.
3. Diminuição da ADM cervical.
4. Inabilidade de avaliar a força e a flexibilidade da musculatura cervical por causa da dor.
5. Inabilidade de jogar basquete.
6. Inabilidade de dormir sem perturbação por causa da dor.
7. O paciente usa um colar cervical macio para conforto.

Comentário

- A dor e o espasmo desse paciente recebem a prioridade máxima porque causam a restrição de movimento do paciente. O ciclo dor-espasmo-dor é uma resposta de proteção que, quando prolongada, pode atrasar o retorno do paciente à atividade completa. A ADM cervical diminuída limitará a habilidade do paciente de realizar AVD, proibirá sua participação no basquete e atrapalhará os exercícios de reabilitação. O terapeuta deve usar recursos terapêuticos e exercícios para reduzir o ciclo dor-espasmo-dor e aumentar o fluxo sanguíneo para a área.

- A atribuição de baixa prioridade aos problemas funcionais não deve ser interpretada como indicação de que essas questões sejam triviais. Esses problemas funcionais são o resultado dos outros problemas do paciente. Ao corrigir os problemas de dor, espasmo, ADM e inadequações de força e flexibilidade, o terapeuta é capaz de retornar o paciente à atividade funcional.

- O uso do colar cervical macio não é de grande preocupação nesse momento. Embora não se deva permitir que o paciente fique dependente dessa órtese, é prudente permitir sua utilização para conforto. Ele deve ir descontinuando seu uso conforme a tolerância.

Metas de longo prazo

No momento da alta, as seguintes metas de longo prazo serão alcançadas:

1. O paciente retornará à atividade completa jogando basquete.
2. O paciente será capaz de dormir sem perturbações, sem o uso do colar cervical.
3. O paciente terá ADM, flexibilidade e força normais.
4. O paciente estará livre de sintomas.

Comentário

As metas de longo prazo foram estabelecidas para um período de três semanas. As metas abordam AVD básicas, como sono, e atividades mais extenuantes (p. ex., esportes, preparo físico e trabalho). Deve-se notar que o paciente terá ADM, força e flexibilidade normais. Essa meta certamente é viável nesse período e é essencial para que o paciente retorne à atividade, pois a falha em alcançá-la o predispõe à ocorrência de lesão adicional.

Metas de curto prazo

As seguintes metas de curto prazo foram estabelecidas inicialmente para esse paciente:

1. A dor do paciente com a inclinação para o lado direito será relatada como 3/10 ou menos.
2. O espasmo muscular do paciente diminuirá a ponto de o colar cervical ser usado apenas à noite.
3. A ADM cervical do paciente melhorará para:

Flexão:	75%
Extensão:	60%
Rotação direita:	75%
Rotação esquerda:	75%
Inclinação para a direita:	50%
Inclinação para a esquerda:	75%

4. O terapeuta será capaz de avaliar a força e a flexibilidade da musculatura cervical do paciente.
5. O paciente será capaz de dormir por toda a noite sem ser perturbado pela dor.
6. O paciente não jogará basquete nesse momento.
7. O paciente colaborará e executará de maneira independente um programa de exercícios domiciliares.

Comentário

- É estabelecido inicialmente um período de 1 semana para o alcance das metas de curto prazo. Em uma pessoa jovem, ativa e saudável, esse período deverá ser adequado para que sejam observadas mudanças na sua condição. Como esse paciente tem um curto período antes de iniciar a temporada de basquete, o terapeuta desejará avaliar o paciente com maior frequência de modo a poder fazer alterações mais ágeis no programa de reabilitação.

- As primeiras três metas são estabelecidas para medir a eficácia do programa no alívio da dor e no espasmo do paciente. A meta 4 é uma informação que não pode ser determinada durante a avaliação inicial por causa da dor do paciente.
- As metas concernentes ao sono e o uso do colar são razoáveis. Se forem alcançadas, o paciente dependerá menos do colar e funcionará melhor. O paciente não deverá jogar basquete, pois isso provavelmente agravará a lesão e há o risco de uma nova lesão.
- A meta final é sempre importante, pois é preciso esforço para tornar os pacientes independentes por meio da sua colaboração com o programa domiciliar, o que agilizará o processo de reabilitação.

Planejamento do tratamento

O plano de tratamento para esse estudo de caso é apresentado no final das Partes 2 a 5. O plano descrito em cada capítulo enfoca os recursos discutidos naquele capítulo. Embora os vários capítulos apresentem uma ampla variedade de estratégias de tratamento, isso não significa que todos os recursos deverão ser usados durante a mesma sessão de tratamento. Deve-se ter o cuidado de evitar o tratamento em excesso do paciente, em especial quando o paciente é cobrado por modalidade usada. Não são apresentadas necessariamente todas as abordagens de tratamento possíveis e cada instrutor poderá descrever outros planos de tratamento ou desafiar o aluno a elaborar sua própria estratégia. Os recursos a seguir também poderiam ser incorporados ao plano de tratamento do paciente.

1. Exercício cardiovascular – Bicicleta ergométrica por 30 minutos, mantendo a frequência cardíaca do paciente em 122 a 163 batimentos por minutos.

Teoria

O exercício cardiovascular poderia ser incorporado cedo para manter o condicionamento do paciente em um nível elevado. O paciente precisa manter a frequência cardíaca na frequência alvo para obter condicionamento aeróbico. O paciente poderia progredir para outras formas de condicionamento cardiovascular conforme a cicatrização permitisse.

2. Desmame do colar cervical.

Teoria

Deve-se permitir que o paciente use o colar cervical conforme a necessidade desde que não se torne dependente dele. Ele deverá ser encorajado a descontinuar sozinho seu uso, usando-o menos durante o dia, usando à noite somente para dormir e depois nem isso, desde que consiga dormir bem e realizar as AVD normais sem aumentar os sintomas.

3. Exercícios de fortalecimento – Exercícios com resistência progressiva (ERP) para membros inferiores, superiores e musculatura espinal conforme a ADM cervical se normalizar e não houver dor durante as AVD.

Teoria

É necessário fortalecer a área lesada e manter o pico de força muscular conforme a necessidade, de modo que o paciente possa retornar à atividade completa no período mais curto possível. O exercício para os membros inferiores pode ser iniciado quase que imediatamente; os ERP para os membros superiores e coluna devem ser iniciados depois que a dor começar a diminuir e a ADM começar a aumentar.

4. Retorno progressivo ao basquete – O paciente poderia primeiro progredir nos exercícios individuais de basquete e depois passar a fazer passes e jogadas com outro jogador. Depois de completar com sucesso essa fase, ele progrediria para o drible e depois para a competição completa.

■ Questões para revisão da Parte 1

1. Um exemplo de lesão causada por macrotrauma é:
   A. Fratura por estresse
   B. Entorse
   C. Tendinopatia
   D. Pé plano

2. Este fagócito é liberado logo após o trauma para conter as bactérias, porém, no processo, destrói tecidos viáveis:
   A. Serotonina
   B. Quinina
   C. Neutrófilo
   D. Leucotrieno

3. Qual dos seguintes tipos de células é anaeróbico e, portanto, capaz de suportar um ambiente com pouco oxigênio?
   A. Fibrócito
   B. Granuloma
   C. Macrófago
   D. Anerócito

4. Depois da despolarização do nervo, o período durante o qual um estímulo mais forte do que o normal é necessário para iniciar outro potencial de ação é o:
   A. Período refratário absoluto
   B. Período refratário relativo
   C. Período refratário silencioso
   D. Período refratário latente

5. A remoção de resíduos e tecido temporário e o crescimento de tecido novo e permanente ocorre durante a:
   A. Fase de inflamação aguda
   B. Fase de maturação
   C. Fase de proliferação

6. A taxa de atrofia é acelerada pela estimulação de:
   A. Órgãos tendinosos de Golgi
   B. Receptores de estiramento fásicos
   C. Filamentos de actina e miosina
   D. Fluxo sanguíneo

7. O processo de cicatrização começa com:
   A. Inflamação
   B. Coagulação
   C. Fagocitose
   D. Fase de reparo

8. Todos os fatores a seguir auxiliam o retorno venoso, *exceto*:
   A. Gravidade
   B. Contrações musculares
   C. Bomba de sódio-potássio
   D. Válvulas unidirecionais

9. Qual das estruturas a seguir tem o pior suprimento sanguíneo?
   A. Músculo
   B. Fáscia
   C. Cartilagem meniscal
   D. Osso

10. Durante o estágio inicial de intervenção, que tipo de fibras musculares deveriam ser visadas para reduzir o desenvolvimento de atrofia?
    A. Contração lenta (tipo I)
    B. Contração lenta (tipo II)
    C. Contração rápida (tipo I)
    D. Contração rápida (tipo II)

11. De acordo com a teoria da comporta para controle da dor, o que monitora a atividade dos nervos que trazem informações e, subsequentemente, abre ou fecha a comporta?
    A. Célula T
    B. Corno posterior
    C. Trato paleoespinotalâmico
    D. Substância gelatinosa

12. A percepção e a subsequente reação à dor ocorrem no:
    A. Bulbo
    B. Cerebelo
    C. Córtex cerebral
    D. Tálamo

13. A quantidade de estímulo necessário para desencadear a resposta à dor é denominada:
    A. Liminar de dor
    B. Tolerância à dor

14. A dor produzida por irritação do plexo braquial decorrente de aprisionamento de suas raízes será sentida no braço ou na mão, e não na axila. Essa localização errada está intimamente relacionada a um fenômeno chamado:
    A. Dor no membro fantasma
    B. Dor referida
    C. Dor crônica
    D. Dor epicrítica

15. Indicar quais as fibras responsáveis pela nocicepção:
    A. A-beta
    B. A-delta
    C. A-gama
    D. Fibras C

16. De acordo com a Classificação Internacional de Função da Organização Mundial de Saúde, o distúrbio das funções e/ou estruturas do corpo é denominado:
    A. Incapacidade
    B. Restrição à participação
    C. Limitação na atividade
    D. Deficiência

17. A responsividade à mudança em uma escala de resultados funcionais que seja importante ou benéfica para o paciente é descrita por:
    A. Mínima mudança detectável (MDC)
    B. Mudança mínima clinicamente importante (MCID)

18. Força, amplitude de movimento e medida da circunferência são exemplos de:
    A. Resultados baseados no terapeuta
    B. Resultados baseados no paciente

19. Os turbilhões ou outros aparelhos elétricos que podem ser usados na presença de água precisam estar conectados a:
    A. Tomada com grau hospitalar
    B. Tomada com plugue de três pinos
    C. Interruptor de circuito
    D. Interruptor de circuito por falha de aterramento

20. Quais dos fatos a seguir poderiam ser considerados para determinar as ações que uma "pessoa sensata e prudente" deveria ter executado em circunstâncias similares?
    A. Declaração de uma testemunha especialista
    B. Idade, educação e capacidade mental do réu
    C. Regulamentações estaduais de prática
    D. Todos os anteriores

Referências bibliográficas

1. Knight KL: Cryotherapy in Sport Injury Management. Human Kinetics, Champaign, IL, 1995.
2. Mueller MJ, Maluf KS: Tissue adaptation to physical stress: A proposed "physical stress theory" to guide physical therapist practice, education, and research. *Phys Ther.* 82:383, 2002.
3. Allen RJ: Human Stress: Its Nature and Control. Burgess, Minneapolis, MN, 1983.
4. Ho AM, Bedair H, Fu FH, et al: The role of non-steroidal anti-inflammatory drugs (NSAIDS) after acute exercise-induced muscle injuries. *Int SportMed J.* 5:209, 2004.
5. Bryan JM, et al: Altered load history affects periprosthetic bone loss following cementless total hip arthroplasty. *J Orthop Res.* 14:762, 1996.
6. Järvinen TAH, Järvinen TLN, Kääriäinen M, et al: Muscle injuries. Biology and treatment. *Am J Sports Med.* 33:745, 2005.
7. Lamme EN, et al: Allogenic fibroblasts in dermal substitutes induce inflammation and scar formation. *Wound Repair Regen.* 10:152, 2002.
8. Enwemeka CS: Inflammation, cellularity, and fibrillogenesis in regenerating tendon: Implications for tendon rehabilitation. *Phys Ther.* 69:816, 1989.
9. Sawyer PC, Uhl TL, Mattacola CG, et al: Effects of moist heat on hamstring flexibility and muscle temperature. *J Strength Cond Res.* 17:285, 2003.
10. Gross MT: Chronic tendinitis: Pathomechanics of injury, factors affecting the healing response, and treatment. *J Orthop Sports Phys Ther.* 16:248, 1992.
11. Butterfield TA, Best TM, Merrick MA: The dual roles of neutrophils and macrophages in inflammation: A critical balance between tissue damage and repair. *J Athl Train.* 41:457, 2006.
12. Wilkerson GB: Inflammation in connective tissue: Etiology and management. *J Athl Train.* 20:298, 1985.
13. Bleakley CM, Glasgow P, MacAuley DC: PRICE needs updating, should we call the POLICE? *Br J Sports Med.* 46:220, 2012.
14. Starkey C, Brown S, Ryan J: Examination of Orthopedic and Athletic Injuries, ed 3. FA Davis, Philadelphia, 2010.
15. Ward PA, Lentsch AB: The acute inflammatory response and its regulation. *Arch Surg.* 134:666, 1999.
16. Hopkins JT, Ingersoll CD: Arthrogenic muscle inhibition: A limiting factor in joint rehabilitation. *J Sport Rehabil.* 9:135, 2000.
17. Voight ML: Reduction of post-traumatic ankle edema with high-voltage pulsed galvanic stimulation. *J Athl Train.* 19:278, 1984.
18. Salter RB, et al: The biological effect of continuous passive motion on the healing of full thickness defects in articular cartilage. *J Bone Joint Surg.* 62:A1232, 1980.
19. Denegar CR, et al: Influence of transcutaneous electrical nerve stimulation on pain, range of motion, and serum cortisol concentration in females experiencing delayed onset muscle soreness. *J Orthop Sports Phys Ther.* 11:100, 1989.
20. Hall JE: Guyton and Hall Textbook of Medical Physiology. Saunders, New York, 2010.
21. Rucinski TJ, et al: The effects of intermittent compression on edema in postacute ankle sprains. *J Orthop Sports Phys Ther.* 14:65, 1991.
22. Kraemer WJ, French DN, Spiering BA: Compression in the treatment of acute muscle injuries in sport. *Intl SportMed J.* 5:200, 2004.
23. Knobloch K, Grasemann R, Spies M, et al: Midportion Achilles tendon microcirculation after intermittent combined cryotherapy and compression compared with cryotherapy alone. A randomized trial. *Am J Sports Med.* 36:2128, 2008.
24. Houglum PA: Soft tissue healing and its impact on rehabilitation. *J Sports Rehabil.* 1:19, 1992.
25. Hebda PA, et al: Mast cell and myofibroblast in wound healing. *Dermatol Clin.* 11:685, 1993.
26. Olsen L, Sherratt JA, Maini PK: A mechanochemical model for adult dermal wound contraction and the permanence of the contracted tissue displacement profile. *J Theor Biol.* 177:113, 1995.
27. Kirsner RS, Eaglstein WH: The wound healing process. *Dermatol Clin.* 11:629, 1993.
28. Rosenbaum AJ, Wicker JF, Dines JS, et al: Histologic stages of healing correlate with restoration of tensile strength in a model of experimental tendon repair. *HSS J.* 6:164, 2010.
29. Lechner CT, Dahners LE: Healing of the medial collateral ligament in unstable rat knees. *Am J Sports Med.* 19:508, 1991.
30. Kannus P, Parkkari J, Järvinen TLN, et al: Basic science and clinical studies coincide: Active treatment approach is needed after a sports injury. *Scand J Med Sci Sports.* 13:150, 2003.

31. Russell B, et al: Repair of injured skeletal muscle: A molecular approach. *Med Sci Sports Exerc.* 24:189, 1992.

32. Merrick MA, McBrier NM: Progression of secondary injury after musculoskeletal trauma—a window of opportunity? *J Sport Rehabil.* 19:380, 2010.

33. Merrick MA, et al: A preliminary examination of cryotherapy and secondary injury in skeletal muscle. *Med Sci Sports Exerc.* 31:1516, 1999.

34. Vanudevan SV, Melvin JL: Upper extremity edema control: Rationale of the techniques. *Am J Occup Ther.* 33:520, 1980.

35. Myrer WJ, et al: Cold- and hot-pack contrast therapy: Subcutaneous and intramuscular temperature change. *J Athl Train.* 32:238, 1997.

36. Capps SG: Cryotherapy and intermittent pneumatic compression for soft tissue trauma. *Athl Ther Today.* 14:2, 2009.

37. Gilbart MK, et al: Anterior tibial compartment pressures during intermittent sequential pneumatic compression therapy. *Am J Sports Med.* 23:769, 1995.

38. Shillinger A, et al: Effect of manual lymph drainage on the course of serum levels of muscle enzymes after treadmill exercise. *Am J Phys Med Rehabil.* 85:516, 2006.

39. Merrick MA, et al: The effects of ice and compression wraps on intramuscular temperatures at various depths. *J Athl Train.* 28:236, 1993.

40. Dervin GF, et al: Effects of cold and compression dressings on early postoperative outcomes for the arthroscopic anterior cruciate ligament reconstruction patient. *J Orthop Sports Phys Ther.* 27:403, 1998.

41. Stöckle U, et al: Fastest reduction of posttraumatic edema: Continuous cryotherapy or intermittent impulse compression? *Foot Ankle Int.* 18:432, 1997.

42. Partsch H: Intermittent pneumatic compression in immobile patients. *Int Wound J.* 5:389, 2008.

43. Stöckle U, et al: Fastest reduction of posttraumatic edema: Continuous cryotherapy or intermittent impulse compression? *Foot Ankle Int.* 18:432, 1997.

44. Shoemaker JK, et al: Failure of manual massage to alter limb blood flow: Measures by Doppler ultrasound. *Med Sci Sports Exerc.* 29:610, 1997.

45. Silverberg SM: Trouble in the vascular periphery. *Emerg Med.* 19:22, 1987.

46. McCulloch J, Boyd VB: The effects of whirlpool and the dependent position on lower extremity volume. *J Orthop Sports Phys Ther.* 16:169, 1992.

47. Goddard AA, Pierce CS, McLeod KJ: Reversal of lower limb edema by calf muscle pump stimulation. *J Cardiopulm Rehabil Prev.* 28:174, 2008.

48. Kisner C , Colby LA: Therapeutic Exercise: Foundations and Techniques, ed 5. FA Davis, Philadelphia, 2007.

49. Niddam DM: Brain manifestation and modulation of pain from myofascial trigger points. *Curr Pain Headache Rep.* 13:370, 2009.

50. Alvarez DJ, Rockwell PG: Trigger points: Diagnosis and management. *Am Fam Physician.* 65:653, 2002.

51. Pollard LC, Kingsley GH, Choy EH, et al: Fibromyalgic rheumatoid arthritis and disease assessment. *Rheumatology.* 49:924, 2010.

52. Cailliet R: Soft Tissue Pain and Disability. FA Davis, Philadelphia, 1977.

53. Urso ML: Disuse atrophy of human skeletal muscle: Cell signaling and potential interventions. *Med Sci Sports Exerc.* 41:1860, 2009.

54. Dagher E, Hays PL, Kawamura S, et al: Immobilization modulates macrophage accumulation in tendon-bone healing. *Clin Orthop Relat Res.* 467:281, 2009.

55. Urbancova H, et al: Bone fracture influences reflex muscle atrophy which is sex-dependent. *Physiol Res.* 42:35, 1993.

56. DeVahl J: Neuromuscular electrical stimulation (NMES) in rehabilitation. In Gersh MR (ed): Electrotherapy in Rehabilitation. FA Davis, Philadelphia, 1992, pp 218–268.

57. Clark BC: *In vivo* alterations in skeletal muscle form and function after disuse atrophy. *Med Sci Sports Exerc.* 41:1869, 2009.

58. Urso ML: Regulation of muscle atrophy: Wasting away from the outside in: An introduction. *Med Sci Sports Exerc.* 41:1856, 2009.

59. Hopkins JT, et al: Cryotherapy and transcutaneous electric neuromuscular stimulation decrease arthrogenic muscle inhibition of the vastus medialis after knee joint effusion. *J Athl Train.* 37:25, 2001.

60. Beavers KM, Brinkley TE, Nicklas BJ: Effect of exercise training on chronic inflammation. *Clinica Chimica Acta.* 411:785, 2010.

61. Huguet A, Stinson JN, McGrath, PJ: Measurement of self-reported pain intensity in children and adolescents. *J Psychosom Res.* 68:329, 2010.

62. Lester D, Yang B: An approach for examining the rationality of suicide. *Psychol Rep.* 79:405, 1996.

63. Orbach I: Dissociation, physical pain, and suicide: A hypothesis. *Suicide Life Threat Behav.* 24:68, 1994.

64. International Association for the Study of Pain: Taxonomy. http://www.iasp-pain.org/AM/Template.cfm?Section= General_Resource_Links&Template=/CM/HTMLDisplay. cfm&ContentID=3058. Retrieved October 11, 2011.

65. Ho K, Spence J, Murphy M: Review of pain-measurement tools. *An Emerg Med.* 27:427, 1996.

66. Ahles T, Blanchard, E, Ruchdeschel J: The multidimensional nature of cancer-related pain. *Pain.* 17:277, 1983.

67. Giles BE, Walker JS: Sex differences in pain and analgesia. *Pain Rev.* 7:181, 2000.

68. Williamson A, Hoggart B: Pain: A review of three commonly used pain rating scales. *J Clin Nurs.* 14:798, 2005.

69. Biswal N, et al: Congenital indifference to pain. *Indian J Pediatr.* 65:755, 1998.

70. Melzack R, Wall PD: The gate control theory of pain. In Soulairac, A, Cahn, J and Carpentier, J (eds): Pain: Proceedings of the International Symposium on Pain. Academic Press, London, 1968.

71. Fulbright RK, et al: Functional MR imaging of regional brain activation associated with the affective experience of pain. *AJR Am J Roentgenol.*177:1205, 2001.

72. Criste A: Gender and pain. *AANA J.* 70:475, 2002.

73. Robinson ME, Wise EA: Prior pain experience: Influence on the observation of experimental pain in men and women. *J Pain.* 5:264, 2004.

74. Scott V, Gijsbers K: Pain perception in competitive swimmers. *BMJ.* 282:91, 1981.

75. Hall EG, Davies S: Gender differences in perceived intensity and affect of pain between athletes and non-athletes. *Percept Mot Skills.* 73:779, 1991.

76. Jarmenko ME, et al: The differential ability of athletes and non-athletes to cope with two types of pain: A radical behavioral model. *Psychological Rec.* 31:265, 1981.

77. Walker J: Pain distraction in athletes and non-athletes. *Percept Mot Skills.* 33:1187, 1971.

78. Yamaguchi AY, et al: Difference in pain response and anxiety between athletes and non-athletes. *J Athl Train.* 32:S45, 1997.

79. Ryan ED, Kovacic CR: Pain tolerance and athletic participation. *Percept Mot Skills.* 22:383, 1966.

80. Lord RH, Kozar B: Pain tolerance in the presence of others: Implications for youth sports. *Phys Sports Med.* 17:71, 1989.

81. Green CR, Ndao-Brumblay SK, Nagrant AM, et al: Race, age, and gender influences among clusters of African American and white patients with chronic pain. *J Pain.* 5:171, 2004.

82. Unruh AM: Gender variations in clinical pain experience. *Pain.* 65:2, 1996.

83. Zombroski M: Cultural components in response to pain. *J Soc Issues.* 8:15, 1952.

84. Zola I: Culture and symptoms: An analysis of patients presenting complaints. *Am Soc Rev.* 31:615, 1966.

85. Edwards CL, et al: Race, ethnicity and pain. *Pain.* 94:133, 2001.

86. Defrin R, Eli I, Pud D: Interactions among sex, ethnicity, religion, and gender role expectations of pain. *Gend Med.* 8:172, 2011.

87. French S: Pain: Some physiological and sociological aspects. *Physiotherapy.* 75:255, 1989.

88. Karchnick KL, et al: Gender differences in pain threshold, tolerance and anxiety. *J Athl Train.* 32:S44, 1997.

89. Walton DM, Macdermid JC, Nielson W, et al: Pressure pain threshold testing demonstrates predictive ability in people with acute whiplash. *J Orthop Sports Phys Ther.* 41:658, 2011.

90. Vallerand AH: Gender differences in pain. *Image J Nurs Sch.* 27:235, 1995.

91. Gilman S, Newman SW: Pain and temperature. In Essentials of Clinical Neuroanatomy and Neurophysiology,ed 9. FA Davis, 1996, pp 48–57.

92. Takahashi A, Gotoh H: Mechanosensitive whole-cell currents in cultured rat somatosensory neurons. *Brain Res.* 869:225, 2000.

93. Shenker N, Haigh R, Roberts E, et al: Pain, neurogenic inflammation and symmetry in medical practice. *Pain Rev.* 8:27, 2001.

94. Taylor DCM, Pierau F-K: Nociceptive afferent neurons. In Winlow W (ed): Studies in Neuroscience, vol 14. Manchester University Press, Manchester, UK, 1991.

95. Smart KM, Blake C, Staines A, et al: Clinical indicators of "nociceptive," "peripheral neuropathic" and "central" mechanisms of musculoskeletal pain. A Delphi survey of expert clinicians. *Man Ther.* 15:80, 2010.

96. Fields HL: Pain. McGraw-Hill, New York, 1987.

97. Scholz J, Woolf CJ: Can we conquer pain? *Nat Neurosci.* Nov(S):1062, 2002.

98. Langford RM: Pain management today—what have we learned? *Clin Rheumatol.* 25(S):S2, 2006.

99. Melzack R, Wall, PD: Pain mechanisms: A new theory. *Science.* 150:971, 1965.

100. Melzack R: Neurophysiology foundations of pain. In Sternbach, RA (ed): The Psychology of Pain. Raven Press, New York, 1986, pp 1–24.

101. Melzack R: The Puzzle of Pain. Basic Books, New York, 1973.

102. Melzack R, Wall PD: The Challenge of Pain. Basic Books, New York, 1983.

103. Dickenson AH: Gate control theory of pain stands the test of time. *Br J Anaesth.* 88:755, 2002.

104. Mendiguchia J, Brughelli M: A return-to-sport algorithm for acute hamstring injuries. *Phys Ther Sport.* 12:2, 2011.

105. Denegar CR, Dougherty DR, Friedman JE, et al: Preferences for heat, cold, or contrast in patients with knee osteoarthritis affect treatment response. *Clin Interv Aging.* 5:199, 2010.

106. Juottonen K, et al: Altered central sensorimotor processing in patients with complex regional pain syndrome. *Pain.* 98:315, 2002.

107. Baker KG, et al: A review of therapeutic ultrasound: Biophysical effects. *Phys Ther.* 81:1351, 2001.

108. Lehmann JF, et al: Effect of therapeutic temperatures on tendon extensibility. *Arch Phys Med Rehabil.* 51:481, 1970.

109. Reed BV, et al: Effects of ultrasound and stretch on knee ligament extensibility. *J Orthop Sports Phys Ther.* 30:341, 2000.

110. McCormack K: The evolving NSAID: Focus on lornoxicam. *Pain Rev.* 6:262, 1999.

111. Masedo AI, Esteve R. Some empirical evidence regarding the validity of the Spanish version of the McGill Pain Questionnaire (MPQ-SV). *Pain.* 85:451, 2000.

112. Drewes AM, Helweg-Larsen S, Petersen P, et al: McGill Pain Questionnaire translated into Danish: Experimental and clinical findings. *Clin J Pain.* 9:80, 1993.

113. Snell CC, Fotherhill-Bourbonnais F, Durocher-Hendriks S: Patient controlled analgesia and intramuscular injections: A comparison of patient pain experiences and postoperative outcomes. *J Adv Nurs.* 25:681, 1997.

114. Herr K, Mobily P: Comparison of selected pain assessment tools for use with the elderly. *App Nurs Res.* 6:39, 1993.

115. DeConno F, Caraceni A, Gamba A: Pain measurement in cancer patients: A comparison of six methods. *Pain.* 57:161, 1994.

116. Wright KD, Asmundson GJ, McCreary DR: Factorial validity of the short-form McGill pain questionnaire (SF-MPQ). *Eur J Pain.* 5:279, 2001.

117. Davis GC: The clinical assessment of chronic pain in rheumatic disease: Evaluating the use of two instruments. *J Adv Nurs.* 14:397, 1989.

118. Deloach LJ, Higgins MS, Caplan AB, et al: The visual analog scale in the immediate postoperative period: Intrasubject variability and correlation with a numeric scale. *Anesth Analg.* 86:102, 1998.

119. Farrar JT, Young JP, LaMoreaux L, et al: Clinical importance of changes in chronic pain intensity measured on an 11-point numeric pain rating scale. *Pain.* 94:149, 2001.

120. Dalton J, McNaull F: A call for standardizing the clinical rating of pain intensity using a 0 to 10 rating scale. *Cancer Nurs.* 21:46, 1998.

121. Anderson KO. Assessment tools for the evaluation of pain in the oncology patient. *Curr Pain Headache Rep.* 11:259, 2007.

122. Echternauch J: *Pain,* vol. 12. New York: Churchill Livingstone, 1987.

123. PROMIS instruments available for use. http://www.nihpromis.org/Documents/Item_Bank_Tables_Feb_2011.pdf. Accessed October 11, 2011.

124. Gridley L, van den Dolder PA: The percentage improvement in pain scale as a measure of physiotherapy treatment effects. *Aust J Physiother.* 47:133, 2001.

125. World Health Organization: Towards a Common Language for Functioning, Disability, and Health. ICF. Geneva, Switzerland. 2002. http://www.who.int/classifications/icf/training/icfbeginnersguide.pdf.

126. Snyder AR, Parsons JT, McLeod TCV, et al: Using disablement models and clinical outcomes assessment to enable evidence-based athletic training practice, part II: Clinical outcomes assessment. *J Athl Train.* 43:437, 2008.

127. Michner LA: Patient- and clinician-rated outcome measures for clinical decision making in rehabilitation. *J Sport Rehabil.* 20:37, 2011.

128. Snyder AR, Parsons JT, McLeod TCV, et al: Using disablement models and clinical outcomes assessment to enable evidence-based athletic training practice, part I: Disablement models. *J Athl Train.* 43:428, 2008.

129. Kamper SJ, Maher CG, Mackay G: Global rating of change scales: A review of strengths and weaknesses and considerations for design. *J Man Manip Ther.* 17:3, 163–170, 2009.

130. Monsma E, Mensch J, and Farroll J: Keeping your head in the game: Sport-specific imagery and anxiety among injured athletes. *J Athl Train.* 44:410, 2009.

131. Lundberg M, Frennered K, Hägg O, et al: The impact of fear-avoidance model variables on disability in patients with specific or nonspecific chronic low back pain. *Spine.* 36:1547, 2011.

132. Deyo RA, Carter WB: Strategies for improving and expanding the application of health status measures in clinical settings: A researcher-developer viewpoint. *Med Care.* 30:176, 1992.

133. Baker SM, et al: Patient participation in physical therapy goal setting. *Phys Ther.* 81:1118, 2001.

134. Northern JG, et al: Involvement of adult rehabilitation patients in setting occupational therapy goals. *Am J Occup Ther.* 49:214, 1995.

135. Nelson CE, Payton OD: A system for involving patients in program planning. *Am J Occup Ther.* 45:753, 1991.

136. Randall KE, McEwen IR: Writing patient-centered functional goals. *Phys Ther.* 80:1197, 2000.

137. State Regulatory Agencies. Board of Certification, Inc. http://www.bocatc.org/index.php?option=com_content&view=article&id=92&Itemid=144.

138. Licensing Authorities. The Federation of State Boards of Physical Therapy. https://www.fsbpt.org/LicensingAuthorities/index.asp.

139. Berger KJ: Health and sports law collide: Do professional athletes have an unfettered choice to accept risk of harm? *Med Law.* 30:1, 2011.

140. Kane SM, White RA: Medical malpractice and the sports medicine clinician. *Clin Orthop Relat Res*. 467:412, 2009.
141. Anderson B, Parr A: Risk management: Determining the standard of care. *Athl Ther Today*. 11:6, 2006.
142. Scott RW: Legal Aspects of Documenting Patient Care, ed 2. Aspen, Gaithersburg, MD, 2000.
143. Park J, et al: Premarket approval (PMA) manual. HHS Publication, FDA, 1997.
144. Basile EM, Armentrout E, Reeves KN: Medical device labeling and advertising: An overview. *Food Drug*. 54:519, 1999.
145. Brown F: ICD-9-CM Coding Handbook, With Answers: 2002. American Hospital Association, Chicago, 2002.
146. Therapeutic pools and tubs in health care facilities. In National Electric Code. National Fire Protection Association. http://www.nfpa.org/assets/files/pdf/a680.pdf
147. Ray R, Konin J: Facility design and planning. In Ray R: Management Strategies in Athletic Training, ed 2. Human Kinetics, Champaign, IL, 2011, pp 155–186.

PARTE 2

Uso de frio e de calor superficial como agentes terapêuticos

Esta parte descreve a física, os efeitos biofísicos e a aplicação clínica dos recursos terapêuticos que empregam o frio e agentes de aquecimento superficial. Os recursos de aquecimento profundo, aqueles que normalmente penetram mais do que 2-3 cm, são apresentados na Parte 3.

Capítulo 5

Recursos terapêuticos térmicos

Este capítulo apresenta informações relativas aos recursos terapêuticos que dependem de uma troca de calor baseada na existência de um gradiente de temperatura, alterando a fisiologia do corpo. O capítulo consiste em duas partes: recursos terapêuticos frios e quentes. Cada parte descreve a física, os efeitos fisiológicos e as evidências que confirmam ou questionam seu uso. O uso de recursos térmicos específicos e seus efeitos únicos estão descritos no próximo capítulo.

Com base em uma diferença de temperatura, os recursos terapêuticos térmicos transferem energia (calor) para os tecidos e a partir deles (Apêndice A). Quando comparados à variação extrema das temperaturas encontradas no universo, há uma diferença mínima entre os limites de temperatura superiores e os inferiores dos tratamentos térmicos. Dentro dos tecidos humanos, os 18,3°C que alcançam os limites terapêuticos superiores dos recursos quentes e os limites inferiores dos recursos frios desencadeiam uma ampla variedade de eventos celulares e vasculares (Quadro 5.1).

O "calor" não é uma forma real de energia; esse é, na verdade, o termo usado para descrever um tipo de transferência de energia. Os recursos terapêuticos térmicos transferem calor da superfície mais quente para a superfície mais fria por meio da troca de **energia cinética**. Exemplos disso são uma compressa quente transferindo energia para a pele ou a pele transferindo energia para uma bolsa de gelo. Essa troca de energia requer uma condição fundamental: um objeto precisa estar mais quente do que o outro. Os transportadores de energia então transmitem energia da área de maior temperatura para o objeto mais frio. Quanto maior a diferença de temperatura, ou seja, o **gradiente de temperatura**, mais rápida será a troca (**lei de Fourier**).[2] O calor é acrescentado ao corpo ou removido dele por um destes cinco mecanismos: condução, convecção, radiação, evaporação ou conversão, embora possam ocorrer múltiplos mecanismos ao mesmo tempo (Quadro 5.2).

A pele contém receptores sensíveis à temperatura (termorreceptores). A maioria desses receptores respon-de ao frio, enquanto um número menor responde ao calor.[3] Muitos termorreceptores são neurônios dinâmicos que trabalham em uma faixa ampla de recepção e desencadeiam a resposta à dor quando a temperatura se torna quente ou fria demais (ver Cap. 2). Embora a sensação de calor ou de frio seja o efeito aparentemente mais observável, com frequência o benefício principal desses recursos é a alteração do metabolismo celular. A velocidade dos processos químicos (metabólicos) do corpo é afetada pelas mudanças na temperatura. Cada mudança de 1°C na temperatura do tecido resulta em um aumento (calor) ou diminuição (frio) de 13% na taxa metabólica dos tecidos.[4,5]

Cada tipo de tecido conduz calor com taxas diferentes (Tab. 5.1).[6] Isso significa que as mudanças na temperatura da pele não refletem imediatamente as mudanças nas temperaturas subjacentes.[7] A temperatura da pele é de cerca de 33°C, embora haja bastante variabilidade nessa temperatura, em especial quando comparada à temperatura central. A temperatura da pele é influenciada por fatores como a temperatura ambiente, umidade, exercício, hora do dia e consumo de alimentos e álcool. Quanto mais profundo o tecido dentro do corpo, maior a temperatura. A temperatura muscular de repouso é de cerca de 35°C.

A camada de tecido adiposo limita a profundidade de penetração efetiva dos recursos terapêuticos térmicos (Quadro 5.3). A temperatura da pele é mais fria do que a do tecido adiposo, que é mais frio do que o tecido muscular. As mudanças de temperatura dos tecidos mais profundos são sempre menores do que as dos tecidos mais superficiais.[7]

Quadro 5.1 Calor como entidade física

As temperaturas e seus efeitos são relativos. Se a temperatura externa hoje é de 15°C e ontem foi de 26°C, você terá a sensação de que "hoje está frio". Mas se ontem a temperatura foi de 4°C, hoje você terá a sensação de que "está esquentando." Esse conceito é válido para a aplicação dos recursos terapêuticos térmicos.

As classificações de "quente" e "frio" baseiam-se na resposta fisiológica desencadeada pela temperatura. A temperatura é uma medida da velocidade do movimento molecular que descreve a quantidade de energia cinética, o calor, em um objeto. A energia infravermelha é emitida de qualquer objeto que tenha uma temperatura maior do que o **zero absoluto**. Uma taxa de movimento aumentada é identificada como um aumento na temperatura.

O princípio básico dos recursos terapêuticos térmicos é a transferência de calor através de um gradiente de temperatura (i.e., um objeto é mais quente do que o outro). O calor é perdido do objeto mais quente e movido para o objeto mais frio. Quanto maior o gradiente de temperatura, mais rapidamente a energia é transferida. Quando uma compressa quente úmida é colocada sobre um paciente, a energia é transferida para fora da compressa e absorvida pelos tecidos do paciente. Quando uma bolsa de gelo é aplicada, o calor é retirado dos tecidos e enviado para a bolsa, derretendo o gelo.

O calor é medido em **calorias.** A definição comum de uma caloria é a quantidade de energia necessária para elevar a temperatura de 1 grama de água em 1°C (note que essa caloria é diferente da quilocaloria usada para descrever a energia dos alimentos). Os cientistas, contudo, mudaram essa definição para que 1 caloria seja equivalente a 4,1860 joules de energia.[1]

Materiais diferentes requerem quantidades diferentes de energia para aumentar sua temperatura. A capacidade **de calor específico** (em geral abreviada para "calor específico") é a quantidade de energia necessária para aumentar a temperatura de uma unidade de massa em 1°C. O calor específico de uma substância varia com sua temperatura. A **condutividade térmica** é a quantidade de calor (em calorias por segundo) que passa através de uma substância com 1 cm de espessura por 1 cm de largura, separando um gradiente de temperatura de 1°C. Quando relacionada aos recursos terapêuticos térmicos, a condutividade térmica é usada para descrever a facilidade que diferentes tecidos têm (ou não têm) de transferir energia térmica.

Quadro 5.2 A transferência da energia térmica

Condução (p. ex., bolsa de gelo, compressa quente úmida).

Condução é a transferência de calor entre dois objetos que se tocam. Exemplos de recursos terapêuticos que dependem de condução incluem compressas quentes úmidas e a aplicação de gelo. Dentro do corpo, a transferência de energia de uma camada de tecido para outra ocorre via condução.

Alguns materiais são melhores condutores de calor do que outros. Considerem-se duas mesas, uma de madeira e outra de metal, expostas ao sol direto e com a mesma temperatura. Se alguém colocar uma das mãos sobre a mesa de madeira e a outra sobre a mesa de metal, esta última parecerá "mais quente" de modo mais rápido. Embora a mesma pessoa esteja tocando dois objetos com temperaturas iguais, a maior capacidade do metal de conduzir calor (em comparação com a madeira) aqueceria mais rápido a mão sobre essa superfície (ver Quadro 5.1).

Convecção (p. ex., turbilhão quente ou frio).

Convecção é a transferência de calor pelo movimento de um **meio**, em geral ar ou água. Considerando os três **estados da matéria**, os gases são maus condutores de calor. Os líquidos são bons condutores. Os sólidos, de modo geral, são os melhores condutores. Fazer com que o ar ou a água circulem aumenta sua habilidade de transportar calor. A transferência real de energia do meio para o corpo continua sendo por condução; a emissão da energia ocorre pelo movimento do meio. A circulação do meio resulta no resfriamento de um objeto e no subsequente aquecimento de outro objeto. Os turbilhões são o exemplo mais comum de recurso terapêutico que usa convecção.

(continua)

Quadro 5.2 A transferência da energia térmica *(continuação)*

Radiação (p. ex., LASER, ver Cap. 19).

Radiação é a transferência de energia sem o uso de um meio, e o calor ganho ou perdido por radiação é denominado "energia radiante". A energia radiante **diverge** durante o seu trajeto, o que resulta na redução da energia recebida nas diferentes distâncias ao longo do caminho. Todos os recursos terapêuticos térmicos proporcionam energia radiante. Em alguns, como o LASER e a diatermia por ondas curtas, a radiação é o principal mecanismo de transmissão. Os recursos terapêuticos condutivos, como as compressas quentes, perdem parte de sua energia por meio da radiação. Esse efeito pode ser ilustrado colocando-se a mão sobre uma compressa quente úmida, sem tocá-la. O calor sentido na mão é o que está sendo perdido da compressa via radiação.

Conversão (p. ex., diatermia por ondas curtas, ultrassom).

Algumas formas de energia precisam ser mudadas para outra forma a fim de exercer um efeito térmico sobre o corpo. Esse processo, a **conversão**, é visto em recursos como diatermia por ondas curtas, em que a energia elétrica é convertida em calor, e no ultrassom terapêutico, em que a energia acústica é convertida em calor.

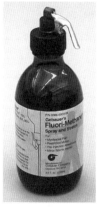

Evaporação (p. ex., *spray* congelante).

A perda de calor pode também ocorrer por **evaporação**. A mudança do estado líquido para o estado gasoso requer que a energia térmica seja removida do corpo. O calor absorvido pelo líquido resfria o tecido, enquanto o líquido muda o seu estado para gasoso via conversão. Os *sprays* congelantes são um exemplo de recurso terapêutico que opera por evaporação.

Tabela 5.1 Condutividade térmica dos tecidos

Tecido	Condutividade térmica (W/m°C)
Pele	0,96
Tecido adiposo	0,19
Músculo	0,64

W/m = Watts por metro; valores maiores indicam maior transmissão de energia.

A energia absorvida por uma camada de tecido não pode ser transmitida para as camadas profundas: isso é conhecido como **lei de Grotthus-Draper** (ver Apêndice A). Conforme as camadas superficiais absorvem energia, há menos energia para ser transmitida às camadas mais profundas. Isso significa que a energia aplicada precisa ser capaz de afetar os tecidos-alvo para ser eficaz como um recurso de tratamento. O uso de um agente de aquecimento ou resfriamento superficial visando uma lesão profunda afeta os nervos sensoriais superficiais e os vasos sanguíneos, porém não produz as alterações metabólicas necessárias nos tecidos traumatizados.

A aplicação de frio diminui o metabolismo celular e é usada (1) quando a resposta inflamatória aguda se acha ativa, (2) antes de exercícios de amplitude de movimento (p. ex., criocinética) e (3) após a atividade física para reduzir o metabolismo celular. Quando usada como tratamento imediato ou durante o estágio de inflamação aguda, utiliza-se alguma forma de bolsa de gelo. Quando usada antes de exercícios de reabilitação, uma piscina fria

---

Quadro 5.3 Isolantes da natureza: tecido adiposo

A espessura da camada de tecido adiposo do paciente pode ser calculada determinando-se a prega cutânea sobre a área de tratamento e então dividindo esse número por dois (prega cutânea/2).[8]

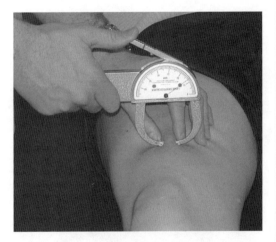

A maioria dos mamíferos tem uma camada subcutânea de tecido adiposo. Aqueles que vivem no clima frio têm uma camada mais espessa de tecido adiposo que serve como isolante, retendo a temperatura corporal ao reduzir a perda de calor para o ambiente. Esse princípio também se aplica aos humanos e tem um impacto na resposta dos tecidos profundos aos agentes térmicos.

Camadas isolantes espessas de tecido adiposo reduzem a taxa e a profundidade do resfriamento intramuscular e requerem durações de tratamento mais longas para alcançar as temperaturas terapêuticas.[6,9-11] Com menos de 8 mm de tecido adiposo subcutâneo, o resfriamento intramuscular ocorre a uma taxa de 0,72°C/min por 1 cm dentro do músculo. Com 10 a 18 mm de tecido adiposo, a taxa de resfriamento diminui para 0,45°C/min. Quando a quantidade de tecido adiposo aumenta acima de 20 mm de espessura, a taxa de resfriamento diminui para 0,25°C/min.[9] Cada uma dessas taxas diminui conforme a profundidade dentro do músculo aumenta. Contudo, a camada de tecido adiposo explica apenas cerca de 20% da variação total na diminuição da temperatura intramuscular.[12]

As medidas das pregas cutâneas podem ser usadas como guia para determinar a duração do tratamento em tecidos intramusculares localizados 1 cm abaixo do tecido adiposo:[11]

Medida de prega cutânea	Duração do tratamento
20 mm ou menos	25 min
20 a 30 mm	40 min
30 a 40 mm	60 min

Se não houver instalações apropriadas, tempo ou equipamento para medir a espessura do tecido subcutâneo, como no caso do atendimento imediato de uma lesão, as durações de tratamento podem ser estimadas com base na constituição corporal do paciente e estimativa da gordura corporal: pacientes magros devem ser tratados por 25 minutos; pacientes com grande quantidade de tecido adiposo (i. e., pacientes obesos) devem ser tratados por 60 minutos.

Embora possa levar mais tempo para ocorrer o resfriamento intramuscular, o tecido adiposo também torna mais lento o processo de reaquecimento. Se o paciente permanece parado após o tratamento, camadas mais espessas de tecido adiposo resultarão em tempos de reaquecimento mais longos do que nas camadas mais finas.[8,9,10,13]

Embora a maior parte das pesquisas tenha examinado a relação entre tecido adiposo e resfriamento intramuscular, essa camada de tecido também diminui a eficácia do aquecimento superficial.[7]

ou imersão na água fria são apropriadas em virtude dos efeitos latentes de resfriamento desses recursos terapêuticos.[8,9,14] Atletas e outras pessoas altamente motivadas com frequência retornam à atividade física antes que tenha ocorrido a cicatrização completa dos tecidos, perpetuando, assim, o processo inflamatório. Como resultado, a aplicação de frio costuma ser usada com maior frequência em atletas do que na população em geral.

A aplicação de calor é indicada em cinco condições: (1) para controlar a reação inflamatória nos estágios subagudos ou crônicos, (2) favorecer a cicatrização dos tecidos, (3), promover a drenagem venosa, (4) reduzir o edema e a equimose e (5) melhorar a amplitude de movimento (ADM) antes da atividade física ou reabilitação.

Recursos terapêuticos frios

Crioterapia é a aplicação de recursos terapêuticos frios cuja faixa de temperatura está entre 0 e 18°C. O termo "frio" descreve um estado de temperatura relativo caracterizado pela diminuição do movimento molecular e a ausência relativa de calor (ver Quadro 5.1). O "frio" não pode ser transferido porque a energia térmica sempre se move de uma alta concentração de energia ("calor") para uma concentração mais baixa ("frio"). Quando um recurso terapêutico frio é colocado sobre a pele, a transferência de calor é da pele para o recurso frio até que as temperaturas se igualem.

Os efeitos da crioterapia estão relacionados à redução na velocidade do metabolismo celular (Fig. 5.1). O corpo responde à perda de calor com uma série de respostas locais, que incluem vasoconstrição, diminuição da taxa metabólica, diminuição da inflamação e diminuição da dor. O frio pode ser aplicado com segurança na maior parte das lesões musculoesqueléticas ao longo do processo de cicatrização (Tab. 5.2). O benefício primário da aplicação de frio, em especial no tratamento de lesões agudas, é a redução do metabolismo celular.

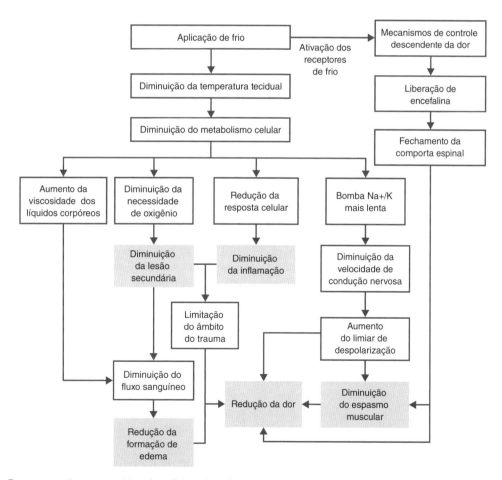

Figura 5.1 Representação esquemática dos efeitos da aplicação de frio. Os efeitos fisiológicos derivam de um metabolismo celular diminuído em virtude da diminuição na temperatura tecidual. Isso torna as reações celulares mais lentas, diminui a necessidade de oxigênio das células e reduz o fluxo sanguíneo. A sensação de frio também desencadeia mecanismos de controle descendente da dor.

Tabela 5.2 Indicações e contraindicações gerais para os tratamentos com agentes frios

Indicações	Contraindicações
Lesão ou inflamação aguda	Insuficiência circulatória
Dor aguda, crônica ou pós-cirúrgica	**Trombose** venosa profunda
Prevenção de formação de edema	Hipersensibilidade ao frio/**urticária** pelo frio
Antes ou durante os exercícios de reabilitação	Falta de sensibilidade na pele
Espasticidade que acompanha distúrbios do sistema nervoso central	Diabetes avançado
Espasmo muscular agudo e crônico	Feridas crônicas
Neuralgia[131]	Feridas abertas sem curativo
	Doença vascular periférica
	Fenômeno de Raynaud[*]
	Lúpus ou outras condições em que as crioglobulinas estão presentes: pode resultar na agregação de proteínas séricas, a **crioglobulinemia**
	Hemoglobinemia
	Isquemia do miocárdio induzida pelo frio (quando áreas extensas são tratadas)
	Precauções
	Sobre o seio carotídeo
	Sobre áreas de infecção
	Perto dos olhos
	Evitar tratar áreas extensas em pessoas com: Envolvimento cardíaco Envolvimento respiratório Hipertensão

[*]Embora costume ser uma condição benigna, o fenômeno de Raynaud pode ser sintoma de uma doença subjacente, frequentemente a esclerose sistêmica.[132]

Magnitude e duração da diminuição na temperatura

Durante a crioterapia, a perda de calor do tecido para o recurso terapêutico precisa ser maior do que o calor ganho dos tecidos adjacentes, fluxo sanguíneo e metabolismo local.[15] A profundidade, a magnitude e a duração dos efeitos da crioterapia baseiam-se no tipo de recurso terapêutico frio em uso e nas propriedades anatômicas e fisiológicas dos tecidos que estão sendo tratados.[6,8-10,16-22] Como a pele se acha em contato direto com o recurso terapêutico, ela é o primeiro tecido a perder calor. Conforme a pele é resfriada, ela atrai o calor dos tecidos subjacentes, tecido adiposo, fáscia e músculos, nessa ordem.

Evidência prática

A profundidade e a duração da aplicação de frio dependem do gradiente de temperatura entre os tecidos-alvo e a modalidade de frio usada, a massa (área) de tecido tratada e a duração do tratamento.[14,18-22] As bandagens compressivas também aumentam a profundidade efetiva do resfriamento.[14]

O potencial para troca de calor depende da diferença de temperatura entre o recurso terapêutico frio e a pele. Quanto maior o gradiente de temperatura, mais rápida a troca de energia e mais profundos os efeitos do tratamento, pois mais energia é transferida. O recurso terapêutico frio continuará removendo calor do corpo até que sua temperatura e a da pele sejam aproximadamente iguais. Durante esse processo, o recurso também ganhará calor da temperatura ambiente (temperatura atmosférica) (Fig. 5.2).

A proporção de tempo entre as séries de tratamento não é clara, variando de uma proporção de 1:2 (2 minutos entre as aplicações para cada minuto de aplicação do gelo) até uma proporção de 1:6.[23] O resfriamento excessivo dos tecidos pode aumentar o risco de geladura e atrasar o processo de cicatrização.

Resfriamento da pele

Durante a aplicação de uma bolsa de gelo por 30 minutos, a temperatura da pele diminui 20 a 25°C.[14] A profundidade do resfriamento está relacionada à dura-

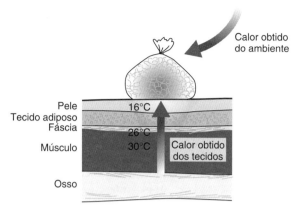

Figura 5.2 Resfriamento da pele e tecidos subcutâneos por condução. Quanto mais profundos os tecidos, menor o resfriamento que ocorre. A camada de tecido adiposo subcutâneo é a maior barreira ao resfriamento profundo.

ção do tratamento e ao tamanho da área que está sendo tratada: conforme a duração do tratamento aumenta, maior a diminuição da temperatura e a profundidade do resfriamento; quanto maior a área que está sendo resfriada, mais profundo o resfriamento (Fig. 5.3).

Fatores metabólicos locais também afetam o resfriamento. O fluxo venoso leva o sangue frio para longe da área, enquanto as artérias conduzem sangue aquecido para a área. Um sistema nervoso simpático intacto regula melhor o resfriamento do que um sistema simpático deficiente. Áreas dessensibilizadas ou denervadas, ou áreas sem função **vasomotora**, podem sofrer excesso de resfriamento por serem incapazes de regular o fluxo sanguíneo necessário para manter a temperatura dos tecidos, aumentando o risco de lesão pelo frio.[9,10]

O tipo de recurso terapêutico frio usado também influi na quantidade de resfriamento. Quando aplicadas diretamente na pele, as bolsas de gelo e a massagem com gelo produzem o maior gradiente de temperatura. Embora o gradiente de temperatura não seja tão grande, tratamentos com imersão no frio (incluindo turbilhão frio) afetam uma área de superfície maior do que as bolsas de gelo. Uma bolsa de gelo resulta em maior diminuição na temperatura da pele e do tecido subcutâneo do que um turbilhão a 10°C, mas cada método é igualmente eficaz na redução da temperatura intramuscular.[10]

A aplicação intermitente de bolsas de gelo envolve a aplicação de frio por 10 minutos, seguida por 10 mi-

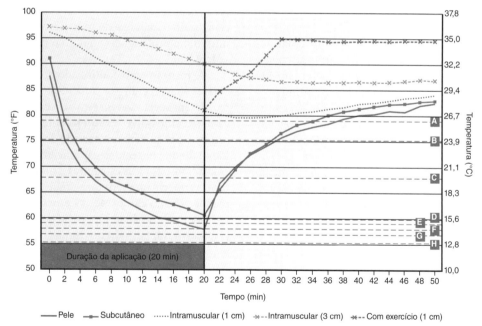

Figura 5.3 Resfriamento dos tecidos durante uma aplicação de 20 minutos de bolsa de gelo. Os pontos dignos de nota são: (A) Diminuição de 5°C na temperatura da pele: a sensibilidade dos fusos musculares diminui. (B) Diminuição de 7,2°C na temperatura da pele: a velocidade de condução dos nervos motores diminui cerca de 14%, e a velocidade de condução dos nervos sensoriais diminui cerca de 33%. (C) Diminuição de 11,1°C na temperatura do tecido: as concentrações de acetilcolina diminuem 20%. (D) Temperatura da pele de 15,5°C: a transmissão nos nervos sensoriais, que havia sido previamente inibida, começa a retornar durante o reaquecimento a partir do resfriamento máximo. (E) Temperatura da pele de 15°C: a permeabilidade dos vasos linfáticos diminui. (F) Temperatura da pele de 14,4°C: ocorre analgesia máxima. (G) Temperatura de pele de 13,9°C: máxima diminuição no fluxo sanguíneo. (H) Temperatura da pele de 12,7°C: aumenta o risco de lesões relacionadas ao frio.

nutos sem aplicação de frio. Essa sequência é repetida pela duração do tratamento. Quando a bolsa de gelo é removida, a pele é capaz de se reaquecer, mantendo assim um gradiente de temperatura entre a bolsa e a pele. O músculo continua frio quando o gelo é removido, porém a pele se reaquece. Quando comparado à aplicação contínua de gelo, esse método é mais eficaz na diminuição da dor, pode diminuir o fluxo sanguíneo capilar e aumentar o fluxo venoso nos tendões,[24] mas não tem efeito na função ou na limitação da formação de edema quando comparado à aplicação contínua.[25]

Diminuição da temperatura intra-articular

Há uma correlação moderada entre a temperatura da pele e a temperatura **intra-articular**.[26,27] Conforme a temperatura da pele sobre uma articulação diminui, a temperatura dentro da articulação diminui de modo proporcional (r = 0,65; a diminuição de 5,6°C da temperatura da pele resulta em uma diminuição de 3,6°C na temperatura intra-articular).[5,22,28] As temperaturas intra-articulares podem diminuir até 7,1°C durante uma aplicação de 60 minutos de bolsa de gelo no joelho.[29] As bolsas de gelo aplicadas de forma intermitente no ombro após cirurgia resultam em diminuições significativas na temperatura da articulação glenoumeral e espaço subacromial.[30]

Diminuição da temperatura intramuscular

A diminuição da temperatura intramuscular decorre do resfriamento da pele. O calor intramuscular é conduzido em direção à pele. Contudo, diferentemente da pele, as temperaturas intramusculares continuam a diminuir por até 30 minutos após a remoção do recurso (quando o paciente permanece sedentário) (ver Fig. 5.2). A temperatura muscular a 1 cm de profundidade diminuirá cerca de 8,9°C, a 2 cm, 9°C, e a 3 cm, 6,1°C.[14] A quantidade de resfriamento intramuscular aumenta após o exercício porque a temperatura muscular se encontra acima do normal, aumentando assim o gradiente de temperatura.[31]

Evidência prática

Em virtude de diferentes fatores fisiológicos, como espessura da camada de tecido adiposo, densidade da pele, vascularidade, temperatura do corpo e duração do tratamento, a temperatura da pele é um indicador ruim da temperatura nos tecidos subjacentes,[12] pois esta sempre será significativamente mais quente do que a temperatura da pele.

O uso de uma bandagem compressiva para segurar a bolsa de gelo na parte do corpo causa uma diminuição significativa das temperaturas dos tecidos subcutâneos em comparação com o uso apenas da bolsa de gelo, desde que a bandagem não seja colocada entre a bolsa de gelo e a pele.[8,13] Embora não haja diferença entre as temperaturas na superfície da pele quando o gelo aplicado com e sem uma bandagem, a compressão melhora o contato entre a bolsa de gelo e a pele e comprime os tecidos subcutâneos, auxiliando na troca de calor para fora do corpo.[14] Uma compressão apertada, maior do que 30 a 40 mmHg, pode reduzir o fluxo sanguíneo e impedir que a área seja reaquecida. Cobrir a bolsa de gelo também reduz a quantidade de calor perdido para o ambiente e aumenta a eficácia do tratamento.[6,8,14] A aplicação de um isolante, como uma bandagem elástica ou toalha de rosto, entre a bolsa de gelo e a pele diminui o gradiente de temperatura e torna mais lenta a transferência de calor, em geral tornando o tratamento ineficaz.[32]

Reaquecimento do tecido

A pele é reaquecida pelo ar, pela absorção de calor dos tecidos subjacentes e pelo fluxo de sangue quente para a área. Os tecidos subcutâneos se reaquecem atraindo o calor dos tecidos subjacentes, enquanto os tecidos mais profundos são reaquecidos pelo envio de sangue quente e aumento do metabolismo celular. No início, enquanto a pele se reaquece, ocorre mais resfriamento dos tecidos intramusculares conforme o calor é canalizado para longe do músculo.[33] O resfriamento do músculo é prolongado quando o paciente permanece sedentário.[8,9]

O resfriamento continuado dos tecidos intramusculares é favorecido por uma resposta hormonal tardia que desencadeia vasodilatação e a condutividade térmica dos tecidos-alvo e sobrejacentes.[6] Os tecidos mais profundos requerem um período de reaquecimento mais longo do que os tecidos superficiais. Assim como o tecido adiposo isola as estruturas mais profundas dos efeitos do frio, ele também torna mais lento o processo de reaquecimento conforme sua espessura aumenta.[8,9,10,13] O aumento da área de superfície que está sendo tratada resulta em um período de reaquecimento mais longo.

A atividade (contrações musculares) pode contrapor os efeitos do resfriamento. Na maioria dos locais, os pacientes não permanecem sedentários após o tratamento. A atividade moderada, como caminhar ou fazer exercícios de reabilitação, aumenta a taxa de reaquecimento intramuscular ao aumentar o metabolismo celular e o fluxo sanguíneo locais,[18] porém não parece afetar o reaquecimento dos tecidos capsulares ou ligamentares.[35] A uma profundidade de cerca de 2 cm no grupo muscular tríceps sural, a caminhada moderada resulta em um aumento de 3,9°C em 20 minutos após o tratamento, e 5,3°C após 30 minutos do tratamento, em relação à temperatura caso permanecesse sedentário.[34]

Evidência prática

Se o paciente permanece sedentário após o tratamento, as temperaturas intramusculares continuam a diminuir por mais 30 minutos, e permanecerão reduzidas por cerca de 20 a 60 minutos após o tratamento.[8,9,34]

Padrões de temperatura terapêutica

O resfriamento da pele ativa um mecanismo que, segundo se acredita, conserva o calor no centro do corpo, desencadeando uma série de eventos metabólicos e vasculares que produzem os efeitos benéficos da crioterapia. Durante o tratamento, as diminuições mais rápidas e significativas da temperatura ocorrem na pele e na **sinóvia**. A magnitude da mudança na temperatura da pele varia com o método de aplicação do frio. Contudo, a pele raramente é o alvo do tratamento, de modo que os efeitos nos tecidos subjacentes precisam ser deduzidos das alterações na temperatura da pele (Tab. 5.3).[6] Os limiares desses eventos estão discutidos aqui, com informações mais específicas descritas nas seções a seguir.

O fluxo sanguíneo superficial começa a diminuir logo após um recurso terapêutico frio ser aplicado e continua com uma diminuição relativamente constante nos 13 minutos seguintes. Após esse tempo de tratamento, a taxa de diminuição do fluxo sanguíneo começa a se nivelar e pequenas flutuações nele começam a ocorrer.[36]

Tabela 5.3 Fatores que influenciam a profundidade, a magnitude e a duração dos tratamentos com recursos terapêuticos frios

Fator	Influência
Recurso terapêutico	
Temperatura do tratamento	Gradientes de temperatura maiores entre o recurso terapêutico usado e a pele aumentam a taxa de troca. A temperatura do tratamento em geral é diretamente relacionada ao tipo de recurso terapêutico frio usado
	Temperaturas mais baixas da pele/do recurso terapêutico frio resultam em resfriamento mais profundo e efeitos mais duradouros. O resfriamento de áreas extensas com temperaturas relativamente mais mornas (p. ex., bolsa de gelo *vs.* imersão no gelo) resulta em um tempo de reaquecimento mais longo[33]
Tipo de agente frio	O gelo que está se derretendo ou uma bolsa com uma pequena quantidade de água misturada ao gelo (gelo umedecido) resultam em um resfriamento cutâneo e intramuscular mais significativo do que o gelo triturado ou em cubos.[22] O meio líquido permite que a bolsa fria faça um contato melhor com a pele
Calor específico	A capacidade do recurso terapêutico de transferir calor a partir da pele. O uso de materiais isolantes (p. ex., toalha) também precisa ser considerado
Meio isolante entre o recurso terapêutico e a pele	O meio isolante torna mais lenta a troca de calor entre a pele e o recurso terapêutico (necessário para bolsas de gelo reutilizáveis ou pacientes com precauções no uso da crioterapia)
Duração do tratamento	Tratamentos com duração mais longa resultam em maiores diminuições na temperatura cutânea, subcutânea e intramuscular, e em um tempo de reaquecimento mais longo
Área (tamanho) da pele afetada	O resfriamento de áreas extensas de pele resulta no resfriamento de tecidos mais profundos em relação às áreas menores
Uso de bandagem compressiva	O uso de uma bandagem compressiva melhora a condução de energia, aumentando assim a profundidade do resfriamento
Atividade pós-tratamento	O esforço muscular na área tratada aumenta a taxa de reaquecimento
Anatômico/fisiológico	
Tecido adiposo subcutâneo	Uma quantidade maior de tecido adiposo reduz a profundidade efetiva da diminuição de temperatura. A duração do tratamento deve ser aumentada conforme a quantidade de tecido adiposo aumenta
Profundidade dos tecidos-alvo	Tecidos mais profundos requerem maiores durações de tratamento
Vascularidade dos tecidos-alvo	O aumento do fluxo sanguíneo para a área e seu retorno diminui a taxa de resfriamento. O fluxo arterial envia sangue aquecido para a área; o sangue venoso leva para longe o sangue resfriado
Metabolismo celular	O metabolismo celular ativo produz calor
Sistema nervoso simpático	Um sistema nervoso simpático intacto é necessário para manter a temperatura local
Temperatura do músculo em repouso	A temperatura muscular aumentada, como ocorre após o exercício, aumenta a quantidade de troca de calor do músculo[31]

Quando a temperatura da pele diminui para cerca de 13,9°C, é obtida a diminuição máxima no fluxo sanguíneo local. As alterações no sistema linfático ocorrem de forma mais lenta. Os vasos linfáticos praticamente não são afetados pelo tratamento com frio até que a temperatura alcance 15°C, ponto no qual sua área de secção transversa começa a diminuir.

As temperaturas dos tecidos precisam alcançar 10 a 15°C para maximizar a diminuição no metabolismo celular.[37] As alterações neurológicas começam a ocorrer quando a temperatura da pele diminui a 5°C. Nesse ponto, a sensibilidade dos fusos musculares é reduzida. Uma diminuição de 7,4°C na temperatura da pele resulta em uma diminuição de 14% na velocidade de condução do nervo motor, e uma diminuição de 33% na velocidade de condução do nervo sensorial.[38] Temperaturas de 20°C nos tecidos resultam em uma diminuição de 60% nos níveis de **acetilcolina**.[39]

A analgesia máxima é obtida quando a temperatura da pele diminui para cerca de 14,4°C e a sensibilidade retorna quando a temperatura da pele atinge 15,6°C.[16,40] Essas temperaturas são alcançadas após cerca de 20 minutos de tratamento usando bolsas de gelo. Os tecidos começam a perder suas propriedades viscoelásticas quando suas temperaturas atingem 18°C.[41]

Quando a temperatura do sangue circulante é diminuída em 0,1°C, o **hipotálamo** responde iniciando vários eventos sistêmicos. Ocorre vasoconstrição sistêmica e a frequência cardíaca é diminuída em uma tentativa de manter o frio localizado (ver Fig. 5.1). Se a proporção da área corporal que está sendo resfriada for grande, a frequência cardíaca será reduzida para manter a temperatura corporal central por meio da limitação da velocidade e volume do sangue circulante. Se a temperatura central continuar diminuindo em direção ao ponto de **hipotermia**, o tremor e o aumento do tônus muscular ajudarão a manter o calor corporal internamente. Essa resposta intensa é normal quando o corpo humano é exposto a ambientes extremamente frios (p. ex., ao cair dentro de um lago quase congelado ou em uma imersão do corpo inteiro abaixo de 4,4°C). Essa não é uma resposta comum durante a aplicação terapêutica do frio.

O risco de uma lesão ligada ao frio aumenta quando a temperatura da pele alcança 12,8°C por cerca de 2 horas. Se a temperatura da pele chegar a 0°C, os líquidos **intracelulares** começarão a congelar, o que resultará em **geladura** (ver, neste capítulo, a seção sobre Geladura).

Sensações associadas à aplicação de frio

Os termos usados tradicionalmente para descrever as sensações associadas à aplicação de frio são "frio", "queimação", "dor" e "dormência" (analgesia).[42] A analgesia, que consiste na ausência de dor, é obtida após 18 a 21 minutos de aplicação de frio. A anestesia, resultado da diminuição da velocidade de condução nervosa e do aumento do limiar necessário para disparar os nervos,[43] raramente é obtida.[44]

Embora essas reações sejam mais acentuadas durante a imersão no gelo, elas podem ocorrer durante outros métodos de aplicação do frio. A resposta afetiva durante o período inicial do tratamento (frio, queimação, dor) pode impedir a colaboração do paciente. Nem todas as pessoas experimentam as mesmas sensações durante a aplicação de frio, porém educar o paciente sobre as sensações esperadas durante o tratamento tende a tornar a aplicação do frio, em especial a imersão no frio, mais tolerável.[45,46] Exposições repetidas aos tratamentos com frio podem diminuir a resposta sensorial e afetiva à aplicação do frio.[47]

Efeitos sobre
O processo de resposta à lesão

Os efeitos celulares e **hemodinâmicos** da aplicação de frio são benéficos no tratamento de condições agudas, subagudas e crônicas. Diferente dos recursos terapêuticos quentes, o frio raramente é contraindicado ao longo do curso de cicatrização dos tecidos. Contudo, o uso prolongado do frio pode estender o tempo necessário para a cicatrização.

Durante o tratamento de lesões agudas, o principal efeito fisiológico do frio é a redução do metabolismo celular, que limita a quantidade de lesão secundária ao diminuir as necessidades de oxigênio da célula. O atendimento imediato das lesões musculoesqueléticas é favorecido pelo uso de compressão e elevação.

Resposta celular

O efeito mais benéfico da aplicação de frio em uma lesão aguda é a diminuição da necessidade de oxigênio na área em tratamento, limitando assim o âmbito da lesão secundária.[12,43,48] A aplicação de frio lentifica o metabolismo celular e as reações que danificam as células, diminuindo, portanto, a quantidade de oxigênio que a célula requer para sobreviver.[49] A diminuição máxima no metabolismo celular é alcançada quando a temperatura diminui para 10 a 15°C.[37] A redução da carga metabólica das células também ameniza a quantidade de dano mitocondrial nas células, mantendo a célula viável.[49]

Evidência prática

A lesão secundária se desenvolve de forma relativamente lenta. Como descrito por Merrick,[50] os benefícios máximos da aplicação de frio na redução da lesão secundária ocorrem quando o tratamento é iniciado dentro de 30 minutos após o trauma.

Durante um tratamento de 20 minutos com bolsa de gelo, o metabolismo celular diminui cerca de 19%.[16,19] Reduzindo o número de células que morrem por falta de oxigênio, a quantidade de lesão hipóxica secundária é limitada. Como menos células são danificadas por lesão hipóxica secundária, quantidades menores de mediadores inflamatórios são liberadas na área, restringindo o âmbito da lesão (ver Cap. 1).

A profundidade da penetração e a magnitude da redução na resposta celular estão relacionadas à diminuição de temperatura nos tecidos subcutâneos, não à mudança na temperatura da pele. As durações tradicionais de tratamento de 20 a 30 minutos podem não ser suficientes para resfriar de forma adequada tecidos-alvo profundos, mesmo com quantidades típicas de tecidos adiposos sobrejacentes.[9,49]

Inflamação

As mudanças na função celular e na dinâmica sanguínea servem para controlar os efeitos da inflamação aguda. A aplicação de frio suprime a resposta inflamatória por meio da:

- redução da liberação de mediadores inflamatórios;[43]
- diminuição da síntese de prostaglandina;[43]
- diminuição da permeabilidade capilar;[43]
- diminuição da *interação leucócito/endotélio;*[51]
- diminuição da atividade da *creatina quinase.*[52]

A formação secundária de edema e hemorragia é limitada pelo efeito inibitório sobre os mediadores e diminuição da permeabilidade capilar.

Como foi visto no ciclo de resposta à lesão (ver Fig. 1.4), limitar a quantidade de inflamação reduz os efeitos dos componentes remanescentes. A supressão da liberação de mediadores inflamatórios diminui a quantidade de hemorragia e edema; a diminuição da pressão mecânica sobre os nervos diminui a dor. Conforme o espasmo muscular e o edema são reduzidos, a área fica menos congestionada, o que limita a quantidade de morte celular secundária por hipóxia.

Dinâmica do sangue e dos líquidos corporais

Os principais efeitos hemodinâmicos da aplicação de frio são a vasoconstrição das arteríolas locais (os capilares não fazem constrição, pois suas paredes não contêm músculo liso), aumento da viscosidade sanguínea e redução do fluxo sanguíneo. Como a aplicação de frio diminui a taxa de metabolismo celular e reduz a necessidade de oxigênio do tecido, pode parecer que o fluxo

sanguíneo para a área de tratamento é reduzido. Embora isso soe lógico, o efeito da aplicação do frio no fluxo sanguíneo ainda é um tópico de investigação.

A vasoconstrição é mediada pelo sistema nervoso autônomo e pela liberação de proteínas locais.[53] A Rho quinase, acompanhada por outros mediadores, inibe a vasoconstrição da pele tanto no estágio inicial quanto no tardio do resfriamento da pele, porém é mais ativa durante os estágios tardios.[53]

A diminuição das temperaturas teciduais estimula os termorreceptores nos vasos sanguíneos e nos tecidos moles locais, desencadeando uma resposta do sistema nervoso simpático que instrui os vasos à constrição. O corpo então tenta manter as temperaturas intramusculares pela liberação de mediadores hormonais do hipotálamo e da medula suprarrenal.[6] A vasoconstrição também é influenciada por uma redução na liberação de histamina e prostaglandina, dois mediadores inflamatórios que produzem vasodilatação.

Conforme o movimento molecular do sangue e líquidos teciduais se torna mais lento, a viscosidade aumenta, aumentando a resistência ao fluxo. A redução no fluxo sanguíneo ocorre tarde demais para afetar a hemorragia inicial, porém pode prevenir a formação de hematoma excessivo.

A maioria dos estudos têm concluído que a aplicação de frio causa diminuição do fluxo sanguíneo,[16,19,54,55] porém os resultados não são universalmente conclusivos.[16,56] A diminuição do fluxo sanguíneo começa a ocorrer logo (dentro de 10 minutos) após a aplicação de frio, continua a diminuir de forma constante nos 13 minutos seguintes e começa a oscilar entre 13 e 17 minutos de tratamento (Tab. 5.4).[6,16,19,51,55,57] Como os capilares não sofrem constrição, a redução do fluxo sanguíneo nesse nível resulta da vasoconstrição e da redução da perfusão das arteríolas, reduzindo a **perfusão** local.[58]

Com o uso de um dispositivo de compressão com frio, a saturação de oxigênio superficial começa a diminuir com cerca de 7 minutos de tratamento. A saturação de oxigênio no músculo não parece ser afetada pelo

Tabela 5.4 Mudanças no fluxo sanguíneo após uma aplicação de bolsa de gelo durante 20 minutos

Vasculatura	Diminuição do fluxo sanguíneo (% de redução)
Arterial	38
Capilar	25
Fluxo sanguíneo nos tecidos moles	26
Fluxo sanguíneo esquelético	19

tratamento.[57] Em articulações e tendões, a terapia de compressão com frio reduz a congestão no lado venoso da junção entre capilar e vênula, permitindo a melhora da saturação de oxigênio profundo.[59,60] Cada um desses achados suporta a função da aplicação do frio na redução da lesão hipóxica secundária.

Evidência prática

Embora a aplicação de frio pareça diminuir o fluxo sanguíneo, a concentração de oxigênio na área tratada não parece ser afetada.[57,59,60] Portanto, a diminuição do fluxo sanguíneo não aumenta a hipóxia.

Uma escola de pensamento sugere que o corpo aumente o fluxo sanguíneo por meio da vasodilatação local para aquecer a área tratada, porém os pesquisadores em geral não consideram mais que isso ocorra (Quadro 5.4). A pele tratada se torna vermelha durante o tratamento (eritema), um evento que poderia estar relacionado ao aumento do fluxo sanguíneo, porém é mais provavelmente resultado da liberação local de histamina e um aumento da concentração de **oxi-hemoglobina**.

As pesquisas contemporâneas realizadas em indivíduos relativamente saudáveis, assim como faixas de temperatura e durações terapêuticas, concordam que a vasodilatação reativa não ocorre durante a aplicação de frio nesses indivíduos. Qualquer aumento no fluxo sanguíneo é transitório, permanece abaixo do nível pré-tratamento de forma significativa e está provavelmente relacionado a outro mecanismo, como o aumento na frequência cardíaca ou no volume sistólico, porque o diâmetro dos vasos não parece aumentar.[54]

Formação e redução do edema

Há uma diferença significativa no efeito da aplicação do frio no controle da formação e na redução do edema. O uso de crioterapia limita de modo substancial a *formação* do edema e reduz os efeitos da inibição artrogênica do músculo pelo aumento da responsividade do conjunto de neurônios motores afetados.[64,65] A aplicação de frio isolada não promove a *remoção* do edema e pode prejudicar o mecanismo de retorno venoso e linfático ao aumentar a viscosidade do líquido. A compressão e elevação durante o tratamento com frio auxilia no retorno venoso.

A crioterapia limita a formação de edema ao reduzir o metabolismo celular, diminuindo assim a atividade metabólica e limitando a quantidade de lesão hipóxica secundária. A vasoconstrição subsequente diminui a permeabilidade das vênulas pós-capilares e o fluxo sanguíneo reduzido diminui a pressão intravascular. Os dois eventos atrapalham a saída dos líquidos do interior dos

tecidos.[48] Embora a crioterapia reduza de forma substancial a formação do edema após um trauma musculoesquelético, a aplicação do frio não impede a formação de edema associada a doenças como insuficiência venosa.

Como os retornos linfático e venoso não são influenciados pelo fluxo sanguíneo arterial, as alterações hemodinâmicas associadas à aplicação de frio têm pouco ou nenhum efeito na redução do edema. Os mecanismos de compressão, elevação (gravidade), contrações musculares e "bombeamento" muscular por estimulação elétrica precisam também ser incorporados ao plano de tratamento para ocorrer a redução do edema.

Parece lógico que a vasoconstrição descrita para artérias se aplique tanto aos vasos venosos quanto linfáticos. Contudo, apesar da aplicação de frio resultar na constrição de arteríolas e vênulas, a quantidade de vasoconstrição das arteríolas é maior do que a das vênulas. Esse efeito ocorre até que as temperaturas do tecido diminuam mais de 15°C. Depois disso, a permeabilidade dos vasos linfáticos começa a diminuir. A área de superfície das vênulas comparada à das arteríolas aumenta a área para reabsorção e limita a formação de edema (Fig. 5.4).[58,66] Esse efeito também tem sido mostrado em estudos clínicos.[55]

O resfriamento excessivo dos tecidos pode prejudicar o controle da formação de edema.[48,67] O resfriamento prolongado e inapropriado pode aumentar a permeabilidade dos vasos linfáticos superficiais e resultar no derramamento dos conteúdos linfáticos de volta para os tecidos.[67] Esse efeito é aumentado quando o membro é colocado em uma posição pendente e nenhuma forma de compressão externa é usada.[48] A aplicação prolongada de frio pode aumentar a viscosidade dos líquidos na área, aumentando a resistência dos líquidos ao fluxo e potencialmente obstruindo o processo de retorno venoso.

Condução nervosa

A aplicação de frio diminui a taxa com que os impulsos nervosos são transmitidos e aumenta o limiar de despolarização necessário para iniciar o impulso. Como os tecidos resfriam com taxas diferentes, as mudanças na despolarização nervosa e na velocidade de condução nervosa não ocorrem de modo simultâneo. São necessários tempos de resfriamento mais longos para efetuar mudanças nos nervos profundos. Os nervos superficiais são afetados antes dos nervos localizados mais profundamente nos tecidos.

Evidência prática

Uma imersão de 15 minutos em água fria é mais efetiva para diminuir a velocidade de condução dos nervos sensoriais e motores do que a aplicação de uma bolsa de gelo ou massagem com gelo.[68]

Quadro 5.4 Busca de provas da vasodilatação induzida pelo frio

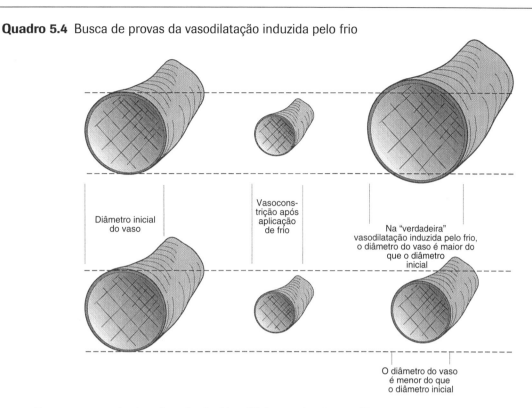

Resposta vascular à aplicação de frio. (A) O conceito de vasodilatação induzida pelo frio. Após a aplicação terapêutica de frio, há uma vasoconstrição imediata, que é seguida por vasodilatação, o que resulta em um diâmetro maior do que o de antes da aplicação de gelo. Esse evento não foi substanciado. (B) A reação vascular sugerida por Knight. Após a vasoconstrição inicial, há uma dilatação do vaso, porém seu diâmetro continua reduzido em comparação com o diâmetro original.

Qual efeito a aplicação de frio exerce sobre o fluxo sanguíneo local? No início da década de 1930, Lewis[61] realizou estudos de mudanças na temperatura da pele durante tratamentos com agentes frios. Quando os dedos eram mergulhados em água fria, períodos alternados de resfriamento e aquecimento eram vistos na pele. Lewis chamou essa observação de "reação oscilatória" e deduziu que os vasos sanguíneos sofriam uma série de vasoconstrições e vasodilatações em uma tentativa de adaptar-se à temperatura (A). A magnitude e a frequência da reação oscilatória variam com a temperatura central do corpo. As temperaturas corporais mais frias levam a uma redução na frequência e na magnitude dessa resposta.[62] Contudo, a reação oscilatória tem sido identificada apenas em áreas selecionadas do corpo (p. ex., dedos, nariz) e frequentemente está associada à exposição a ambientes de frio extremo.[54]

O conceito da reação oscilatória influenciou a maneira com que o frio foi usado clinicamente por várias décadas após a descoberta de Lewis (e ainda pode ser uma influência nos dias de hoje). Os terapeutas trabalhavam sob a pressuposição incorreta de que uma duração de tratamento longa demais (p. ex., acima de 20 minutos) poderia produzir vasodilatação induzida pelo frio.

Muitos dos conceitos errados da reação oscilatória foram esclarecidos por Knight, que identificou que o grau de vasodilatação apenas diminuía a quantidade de vasoconstrição inicial.[40,63] Apesar da vasodilatação, o resultado líquido ainda é o de vasoconstrição quando se considera o diâmetro que o vaso tinha antes do tratamento (B).[21]

O pensamento contemporâneo sugere que a vasodilatação induzida pelo frio não ocorre durante sessões convencionais de crioterapia. Contudo, certas doenças e/ou déficits neurológicos que afetam o sistema nervoso simpático ou a regulação térmica local podem resultar em vasodilatação.

A velocidade de condução nervosa é diminuída pela redução da taxa de transmissão sináptica e aumento do tempo necessário para o nervo despolarizar-se e repolarizar-se. Conforme a temperatura do nervo diminui, seu limiar de despolarização aumenta. O potencial de repouso do nervo é diminuído, tornando mais lento o potencial de ação e aumentando o período refratário. O tempo necessário para os nervos se despolarizarem ou repolarizarem é aumentado, diminuindo a frequência geral da transmissão.[69]

A diminuição da taxa de condução nervosa baseia-se na troca de cálcio (Ca^{2+}) e sódio (Na^+) no canal con-

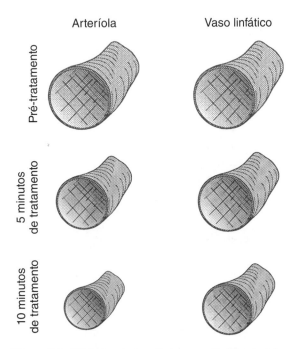

Figura 5.4 Diâmetro da secção transversa das arteríolas e vasos linfáticos durante o tratamento. Conforme a temperatura do tecido diminui, o diâmetro transverso de ambos os vasos também diminui, porém a mudança é maior nas arteríolas, aumentando a área de superfície relativa dos vasos linfáticos.

Tabela 5.5 Diminuição na transmissão nervosa aferente nos músculos durante a crioterapia

Nervo	Porcentagem de diminuição*
Receptor Ia	56
Receptor Ib	42
Órgãos tendinosos de Golgi	50

*Por 10°C de diminuição na temperatura intramuscular.

trolado por íons do nervo. O frio diminui a permeabilidade da membrana e aumenta o atrito com o Ca^{2+} no canal, tornando lenta a troca de íons e, assim, diminuindo a taxa de despolarização.[70]

A estimulação constante da bolsa de gelo também aumenta o limiar de despolarização. Com o tempo, os receptores se acomodam ao estímulo que não se modifica, o que aumenta ainda mais o limiar de despolarização e diminui a taxa de condução.[70]

Todos os tipos de nervos são afetados pela aplicação de frio. A redução dos impulsos aferentes provenientes dos músculos é proporcional à quantidade de resfriamento (Tab. 5.5).[57,68,70] Uma redução de 7,4 a 10°C na temperatura da pele reduz a velocidade de condução do nervo motor em cerca de 14% e a velocidade de condução do nervo sensorial em 33%.[70]

Cada queda de 1°C na temperatura intramuscular resulta em uma redução de 1,1 a 2,6 m/s na velocidade de condução nervosa.[38] A transmissão do nervo sensorial é mais afetada pelo resfriamento do que a dos nervos motores, diminuindo a velocidade cerca de 2,6 m/s enquanto os nervos motores diminuem cerca de 1,5 m/s.[68]

O frio também reduz a velocidade de condução nervosa ao tornar mais lenta a comunicação na sinapse. As concentrações de acetilcolina diminuem cerca de 60% conforme as temperaturas neuromusculares diminuem cerca de 20°C, reduzindo ainda mais a taxa de transmissão.[39] Em certos casos, isso pode levar à **neurapraxia** e **axonotmese**.[71]

Durante um tratamento com duração e intensidade normais, a maior diminuição na velocidade de condução nervosa ocorre logo após a aplicação de gelo, quando o gradiente de temperatura é maior.[72] Conforme a temperatura do tecido continua a declinar, a taxa de condução nervosa diminui até o ponto em que os impulsos não podem mais ocorrer. Deve-se ter o cuidado de evitar a paralisia nervosa induzida pelo frio.

Controle da dor

A aplicação de frio é útil tanto na abordagem da dor primária quanto secundária.[73] O controle da dor ocorre pela remoção dos desencadeadores químicos e mecânicos da dor, por meio da redução da inflamação e da limitação do edema. A redução da dor também ocorre no local de aplicação pela interrupção da transmissão nervosa e diminuição da velocidade de condução nervosa. No nível da medula espinal, o controle da dor ocorre por meio de mecanismos neurológicos e vasculares.[4] No nível puramente sensorial, por meio da estimulação dos neurônios de pequeno diâmetro, o frio inibe a transmissão da dor ao agir como um **contrairritante**, desencadeando os mecanismos de controle descendente da dor que resultam na liberação de encefalina.[74] O frio aumenta a concentração de Ca^2 intracelular, inibindo os canais de potássio (K^+) e, por conseguinte, tornando mais lenta a despolarização e a repolarização das membranas dos nervos sensoriais.[3] O resultado líquido desses efeitos é uma diminuição na transmissão e na percepção da dor.

Em termos fisiológicos, a transmissão dos impulsos nocivos é reduzida pelo rebaixamento da excitabilidade das terminações nervosas livres e diminuição da velocidade de condução nervosa, resultando em um aumento do limiar de dor (**neurapraxia induzida pelo frio**).[4] Os nervos mielinizados de pequeno diâmetro são os primeiros a exibir uma mudança nas suas velocidades de condução. Os últimos a responderem às temperaturas frias são os nervos não mielinizados de pequeno diâmetro. Durante o curso do tratamento, o limiar à dor no local do tratamento é aumentado em 89% e a tolerância à dor aumenta 79% quando a temperatura da pele diminui cerca de 10°C. Distal ao local de tratamento, o limiar da dor diminui 71% e a tolerância à dor diminui 56% durante o tratamento.[70]

Propriocepção e senso de posição articular

As alterações na velocidade de condução nervosa dos nervos sensoriais cutâneos e dos receptores articulares interrompem a transmissão e a percepção da dor e podem afetar a propriocepção (a habilidade de determinar a posição da articulação e a velocidade do movimento), o equilíbrio, a agilidade e/ou o senso de posição articular.[17,75-84] Esses déficits podem durar até 5 a 10 minutos após a aplicação.[82] O frio aplicado à articulação e ao músculo ao redor parece interromper o senso de posição articular durante e logo após o resfriamento, embora os músculos fibulares pareçam ser menos afetados.[65,81,82,85] A resposta proprioceptiva da articulação pode depender do tipo de lesão que está sendo tratada.

Evidência prática

Muitos estudos feitos em laboratório, porém nem todos, sugerem que a crioterapia reduz o senso de posição articular e a propriocepção em populações saudáveis.[78,80-86] Contudo, a quantidade de pesquisa sobre esse tópico, em especial com pacientes que têm uma patologia ativa ou instabilidade lateral crônica no tornozelo, é limitada. Deve-se ter cuidado ao fazer um paciente participar de atividades dinâmicas após a crioterapia, em especial quando a articulação inteira estiver resfriada.[78,84,85] Há um risco particular no ombro do lado dominante de atletas que arremessam.[80]
Deve-se permitir um período adequado de reaquecimento antes que o paciente se engaje em exercícios proprioceptivos intensivos.[83,86,87] Isso pode ser conseguido por meio de atividades progressivas de aquecimento.

Figura 5.5 Prancha de propriocepção. O efeito do resfriamento articular parece ser a diminuição da propriocepção logo após a crioterapia, porém ela é recuperada conforme a articulação e os músculos ao redor se reaquecem.

Outros mecanismos podem compensar uma diminuição na atividade nervosa proprioceptiva (Fig. 5.5). Os nervos proprioceptivos são mecanorreceptores de baixo limiar que têm axônios mielinizados espessos. Sua localização profunda dentro dos tecidos e a camada de mielina isolam esses nervos dos efeitos completos da crioterapia e, portanto, eles são menos afetados do que os nervos superficiais.[17] Os fusos secundários são possivelmente menos afetados pela aplicação de frio do que os fusos primários,[75] e tipos diferentes de receptores de alongamento são ativados em pontos diferentes na ADM.[76] Outros receptores nervosos podem compensar esses receptores que são afetados.[88] Quando o tratamento visa à cápsula articular, e não ao músculo, os nervos tipo II podem ser inibidos e a função proprioceptiva é compensada por outros impulsos sensoriais, como a interpretação que o cérebro faz da quantidade de esforço necessária para realizar o movimento.[17,75]

O ombro pode ser mais vulnerável à diminuição na propriocepção após o tratamento. A posição da articulação do ombro e o senso de reposição durante o movimento lento não parecem ser influenciados de forma negativa pela crioterapia do ombro.[79] Contudo, durante movimentos funcionais de alta velocidade do ombro, como o arremesso, podem ocorrer diminuições significativas na propriocepção do ombro e na precisão do arremesso.[80]

Espasmo muscular

O frio reduz o espasmo muscular ao suprimir o reflexo de estiramento, empregando dois mecanismos:

1. Redução do limiar das terminações nervosas aferentes.
2. Diminuição da sensibilidade dos fusos musculares.

Uma queda de 5°C na temperatura de superfície da pele reduz a sensibilidade dos fusos musculares. A atividade diminuída dos fusos musculares, combinada com a taxa diminuída de impulsos nervosos aferentes, inibe o mecanismo do reflexo de estiramento, diminuindo o espasmo muscular.[69,89] A atividade das fibras do tipo Ia diminui com a aplicação de frio, as fibras do tipo II se tornam mais ativas e as fibras do tipo Ib são menos afetadas pelo frio.[69] O frio inibe os **motoneurônios gama** e facilita os **motoneurônios alfa**. Para reduzir a espasticidade, a inibição gama precisa exceder a facilitação alfa.[69]

Como o frio afeta o espasmo muscular, a dor é reduzida pelo alívio da estimulação mecânica imposta aos receptores nervosos na área do espasmo. Uma pequena interrupção no ciclo dor-espasmo-dor pode resultar em alívio prolongado dos espasmos musculares pela diminuição da quantidade de pressão mecânica aplicada sobre os nervos e outros tecidos. Uma breve interrupção da dor pode também interromper o ciclo de resposta à lesão e permitir que a cicatrização e o reparo do tecido prossigam sem interferências.[43]

Função muscular

A velocidade de condução nervosa diminuída e os efeitos neurofisiológicos que resultam em diminuição no espasmo muscular também afetam a habilidade muscular do membro. A diminuição na velocidade de condução nervosa, a diminuição da sensibilidade dos fusos musculares e o aumento da viscosidade dos líquidos leva à diminuição na habilidade de realizar movimentos musculares rápidos e obter força máxima.[67,86,90] O tempo necessário para o ciclo de contração e relaxamento muscular diminui, aumentando o tempo para que o músculo desenvolva sua tensão máxima.[90,91] Esses efeitos prejudiciais são anulados se for acrescentado um período de aquecimento antes do exercício.[91]

Depois de uma aplicação de frio de 20 minutos, as forças concêntrica e excêntrica que o grupo muscular quadríceps femoral produz diminuem, e até 30 minutos após o tratamento diminuem também a força isocinética, a potência[84,91-96] e a resistência à fadiga.[92-95] Por essa razão, deve-se dar ao paciente um tempo adequado de reaquecimento (cerca de 30 minutos) antes de iniciar um trabalho intenso ou atividades esportivas. Uma aplicação de gelo de 3 minutos entre séries de exercícios tem se demonstrado capaz de aumentar o trabalho, a velocidade e a potência do exercício possivelmente por tornar mais lento o aumento das temperaturas intramusculares.[97] A massagem com gelo não resulta em aumento ou diminuição subsequente da força muscular.[98]

Efeito sobre o músculo inibido

O resfriamento de uma articulação inchada ajuda a reduzir a inibição neuromuscular induzida pelo edema. Após a aplicação de uma bolsa de gelo sobre joelhos edemaciados, a atividade muscular retornou aos níveis basais ou pré-lesão.[65] Contudo, o resfriamento da articulação causa um enrijecimento da cápsula e de outras estruturas em torno da articulação, como potencial de limitar sua ADM.[84,86]

As mudanças na temperatura aumentam a excitabilidade do conjunto de motoneurônios, indicando que esses nervos estão ativos e contribuirão para a contração muscular.[78] Durante uma aplicação de frio de 20 minutos, a excitabilidade do neurônio se correlaciona inversamente com a temperatura. Conforme a temperatura diminui, a excitabilidade do conjunto de motoneurônios aumenta, tornando disponíveis mais unidades motoras. Durante a fase de reaquecimento, ocorre o efeito reverso e as duas variáveis se tornam positivamente correlacionadas: conforme a temperatura aumenta, a excitabilidade do conjunto de motoneurônios continua a aumentar.[99]

Efeitos do tratamento imediato

O tratamento imediato (repouso, –*ice* [gelo], compressão e elevação – RICE) contrapõe a resposta inicial do corpo à lesão, incluindo o atendimento pós-cirúrgico (Fig. 5.6). O **repouso** limita o âmbito da lesão original ao prevenir trauma adicional. No trauma agudo, o "repouso" pode ser a imobilização da parte do corpo, o uso de muletas ou outros métodos para evitar uma agressão adicional aos tecidos lesionados. O **gelo** triturado é a forma ideal de aplicação de frio durante o tratamento imediato, pois produz uma diminuição de temperatura

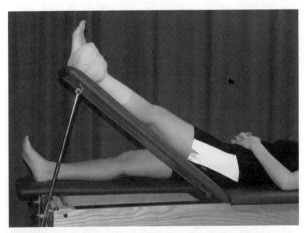

Figura 5.6 Gelo, compressão e elevação. Uma bolsa de gelo é presa no lugar com uma bandagem elástica e a parte do corpo é elevada. Essa técnica diminui o gradiente de pressão, reduzindo a quantidade de líquido que escapa para dentro dos tecidos e favorecendo o retorno venoso e linfático.

mais rápida e significativa quando comparada às outras formas de aplicação de frio, uma vez que se molda à parte do corpo que está sendo tratada.[100]

Durante o tratamento imediato, o propósito da aplicação de gelo é diminuir o metabolismo celular, diminuindo assim a necessidade de oxigênio na área lesionada. Esse efeito reduz a quantidade de lesão hipóxica secundária e a lesão enzimática secundária ao possibilitar que as células sobrevivam com a quantidade limitada de oxigênio que estão recebendo. Camadas mais espessas de tecido adiposo requerem um tratamento mais longo do que os "tradicionais" 20 a 30 minutos para se obter o esfriamento desejado (ver Quadro 5.3).[49]

A aplicação de gelo também oferece benefícios secundários no tratamento imediato de uma lesão ao reduzir a dor. Por causa dos outros fatores que cercam a lesão (p. ex., a gravidade da lesão ou o estado emocional da pessoa), os efeitos do gelo na limitação da dor não podem ser previstos de modo acurado para cada caso. Tem sido mostrado que a combinação de gelo, compressão e elevação diminui o tempo perdido por causa da lesão musculoesquelética aguda.[101]

A **compressão** diminui o gradiente de pressão entre os vasos sanguíneos e os tecidos. Isso dificulta o vazamento adicional de líquido dos leitos capilares para os tecidos intersticiais, ao mesmo tempo em que favorece o aumento da drenagem linfática. As bandagens compressivas precisam ser aplicadas de modo a formar um gradiente de pressão entre a extremidade distal da bandagem e a extremidade proximal (ver Técnicas clínicas – Bandagens compressivas, no Cap. 1).

Evidência prática

A compressão externa usando uma bandagem elástica ou bandagem plástica para segurar uma bolsa de gelo melhora o resfriamento da pele e do tecido subcutâneo. Em condições agudas, o resfriamento, combinado à compressão e à elevação, ajuda na prevenção do edema.[13,14] Depois que o edema já ocorreu, a compressão e a elevação ajudam na sua redução. A aplicação de frio isoladamente tem pouco efeito na redução do edema. Caminhar com o gelo preso ao membro inferior pode anular os efeitos do resfriamento profundo, pois a caminhada aumenta o metabolismo celular e o fluxo sanguíneo.[34] As bandagens plásticas podem facilitar mais a caminhada do que as bandagens elásticas.

O uso de uma bandagem elástica para segurar a bolsa de gelo na parte do corpo produz uma redução significativa na temperatura do tecido subcutâneo em comparação com a simples aplicação da bolsa de gelo sobre a pele.[13] Contudo, se a bandagem for colocada entre a bolsa e a pele, a quantidade de queda de temperatura será menor, pois a bandagem agirá como um isolante.[8,13]

A combinação de gelo e compressão resulta em redução no metabolismo celular dentro dos tecidos profundos, ajudando a limitar o âmbito e a gravidade da lesão secundária. Um benefício adicional do uso da bandagem elástica é o aumento da propriocepção articular decorrente da estimulação dos receptores aferentes na pele e no tecido subcutâneo superficial.[102] Esse efeito pode servir para proteger as articulações lesionadas ao ajudar o corpo na percepção de posição articular. A bandagem compressiva também ajuda a diminuir a dor ao estimular as terminações nervosas sensoriais e proprioceptivas que sobrepõem os estímulos nocivos.

A compressão e a **elevação** diminuem a pressão hidrostática vascular dentro dos leitos capilares, reduzindo o fluxo dos capilares para o tecido. A diferença nas pressões encoraja a absorção do edema pelo sistema linfático. A força da gravidade que age sobre o membro elevado favorece os retornos venoso e linfático. Esse efeito é maior quando o membro se encontra em 90°, perpendicular ao solo; contudo, essa posição não é necessariamente prática. O membro deve ser elevado o mais alto possível, mas ainda em uma posição confortável. Implementos mecânicos, como uma maca com partes reguláveis, podem elevar de modo eficaz o membro inferior para um ângulo de 45°, ponto no qual o efeito da gravidade é 71% o da posição vertical (ver Fig. 1.14). Os efeitos da elevação na redução do edema têm curta duração. O edema retorna aos volumes pré-tratamento nos 5 minutos seguintes ao retorno do membro à posição pendente.[64]

Criocinética

Criocinética envolve o uso de terapia fria em conjunto com movimento (*cryo* = "frio"; *kinetic* = "movimento") e é usada para melhorar a ADM por meio da eliminação ou da redução do elemento da dor. A mobilização precoce, segura, indolor, ao longo da amplitude normal, resulta em uma reação mais acentuada dos macrófagos, resolução mais rápida do hematoma, aumento do crescimento vascular, regeneração mais rápida do músculo e tecido cicatricial e aumento da força tensiva do músculo cicatrizado.[27]

A criocinética pode ser iniciada nos casos em que o tecido mole subjacente e o osso estão intactos e a dor está limitando a quantidade de movimento funcional. Embora a criocinética seja útil para aumentar a ADM, deve-se ter cuidado para prevenir o mascaramento da dor, que, de outro modo, alertaria a pessoa contra dano tecidual adicional.

Lesão relacionada ao frio

Dois fatores associados à crioterapia podem aumentar o risco de lesão relacionada ao frio durante o tratamento: a diminuição da temperatura da pele e a quantidade de pressão usada para segurar a bolsa de gelo. Temperaturas extremas, que não são alcançadas durante tratamentos aplicados normalmente, podem resultar em geladura. O frio e a pressão associados à bandagem compressiva podem traumatizar nervos superficiais.

Neuropatia induzida pelo frio

Segurar uma bolsa de gelo com uma bandagem elástica aumenta a profundidade e a magnitude do tratamento. Quando uma pressão excessiva é aplicada a essa bandagem elástica sobre nervos superficiais grandes, o resfriamento excessivo resultante pode levar à neuropatia, causando a perda de função sensorial, motora ou ambas. O nervo fibular comum (localizado logo acima da cabeça da fíbula) e o nervo ulnar (face posteromedial do cotovelo) são os mais propensos a essa condição. Deve-se diminuir a quantidade de pressão usada ao prender uma bolsa de gelo sobre qualquer nervo superficial.

Evidência prática

Para evitar a neuropatia induzida pelo frio em nervos superficiais grandes (p. ex., nervo fibular comum, nervo ulnar), não se deve aplicar bandagens compressivas apertadas[103] e deve-se limitar a duração do tratamento a cerca de 10 a 15 minutos.[23]

As bandagens compressivas não devem ser usadas no tratamento de **síndromes compartimentais**. A pressão externa vinda da bandagem pode aumentar de modo significativo a quantidade de pressão dentro do compartimento e resultar em insuficiência neurológica ou vascular na extremidade distal. Durante qualquer tratamento, deve-se verificar regularmente o paciente quanto a sinais de disfunção nervosa, como formigamento na extremidade distal e fluxo sanguíneo anormal nos dedos ou artelhos, por meio da observação do reenchimento capilar na matriz das unhas.

Geladura

Em condições normais de tratamento, há pouca chance de desenvolver geladura quando a água congelada é usada como meio de aplicação de frio.[89] Considerem-se as seguintes formas de aplicação de gelo: uma bolsa de gelo, massagem com gelo e imersão no gelo. Durante o curso de cada um desses tratamentos, a água está presente. A bolsa de gelo se enche de água conforme o gelo derrete, a massagem com gelo produz um rastro de água em cada movimento, e a água é o meio usado durante a imersão no gelo.

A presença de água indica que o gelo está derretendo, e a água está em sua **mudança de estado**; portanto, a

temperatura de uma bolsa de gelo está um pouco acima de 0°C. A geladura ocorre quando a temperatura da pele cai abaixo do congelamento. Quando a temperatura subcutânea cai abaixo de 12,8°C, o risco de dano tecidual relacionado ao frio aumenta. Durante um tratamento de 20 minutos, os recursos frios que têm água presente causam uma diminuição na temperatura da pele a 13,3°C.[89]

Há o risco de geladura quando se utilizam bolsas frias reutilizáveis. Esses dispositivos contêm água misturada com anticongelantes e são armazenados em temperaturas abaixo do ponto de congelamento. Como a temperatura de superfície da bolsa pode estar abaixo do ponto de congelamento, um meio de isolamento como uma toalha úmida precisa ser colocado entre a bolsa e a pele para reduzir o risco de geladura.

Após cerca de 5 minutos de aplicação de frio, a pele é marcada por eritema, uma coloração avermelhada que indica que o sistema circulatório continua enviando sangue quente, embora a temperatura da pele tenha caído de forma substancial. Se a área apresentar sinais de **palidez**, o sistema circulatório está sendo incapaz de manter as temperaturas do tecido dentro dos limites fisiológicos normais, o que aumenta o risco de geladura. Se os tecidos se tornarem **cianóticos**, o tratamento deve ser interrompido.

Se o tratamento estiver mais frio do que a temperatura recomendada, se a duração do tratamento for longa demais ou se o paciente sofrer de insuficiência circulatória significativa ou diminuição da sensibilidade, o risco de geladura (ou lesão pelo frio) aumenta (Quadro 5.5). A exposição prolongada ao frio intenso diminui a circulação corpórea. Por causa da proximidade das artérias (fluindo para a área) e veias (fluindo para fora da área), o sangue venoso resfria o sangue arterial que chega. Diminuições significativas na temperatura central aumentam a quantidade de vasoconstrição sistêmica e reduzem ainda mais a frequência cardíaca. Se a área tratada estiver isquêmica, o sangue aquecido poderá não alcançar os tecidos. Em termos clínicos, esse efeito seria visto apenas durante a imersão de corpo inteiro dentro de um tanque que estivesse frio demais.

Contraindicações e precauções no uso de recursos terapêuticos frios

As contraindicações primárias ao uso de recursos terapêuticos frios são as condições nas quais o corpo é incapaz de lidar com a temperatura por causa de alergia, hipersensibilidade ou insuficiência circulatória ou nervosa (ver Tab. 5.2). A maioria dos estados de doença que contraindicam a aplicação do frio afeta o suprimento sanguíneo ou nervoso.

Algumas pessoas não toleram bem a exposição ao frio. Em alguns casos, a intolerância ao frio pode estar

Quadro 5.5 Sinais e sintomas de geladura

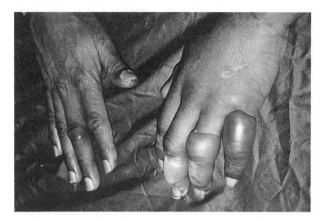

Mesmo um caso mínimo de geladura é acompanhado de dor extrema. Essa dor é tão intensa que pacientes com função sensorial normal não permitem que o tratamento continue. A principal preocupação tem relação com pacientes que têm deficiência sensorial e/ou circulatória ou aqueles nos quais são aplicadas bolsas de gelo reutilizáveis.

O primeiro sinal físico de geladura é o clareamento do tom vermelho normalmente associado à aplicação de frio. Essa cor é substituída por um branco lustroso com aspecto de cera. Caso se permita que a geladura continue, a pele formará bolhas ou ficará descamada e ocorrerá um acúmulo óbvio de edema.

Embora a chance de geladura seja mínima, pacientes com circulação deficiente correm um risco maior. O uso de bandagens elásticas e frio diminui ainda mais a temperatura da pele e requer que a reação da pele seja monitorada com mais cuidado. Durante qualquer procedimento físico, a circulação para os membros pode ser verificada pelo monitoramento do fluxo sanguíneo na matriz das unhas. Apertando-se suavemente a unha, o sangue é removido, o que a torna branca ou pálida. Quando a pressão é removida, a cor original deve retornar. Se isso não ocorre, deve-se suspeitar de deficiência circulatória.

Caso haja suspeita de geladura, deve-se tirar o paciente imediatamente da fonte de frio. A parte do corpo deve ser reaquecida, colocando-a em imersão na água entre 37 e 42°C, e o paciente deve ser encaminhado para avaliação e tratamento médico.

Reproduzido com permissão de Kozol RA: *When to Call the Surgeon: Decision Making for Primary Care Providers.* FA Davis, Philadelphia, 1999.

relacionada a distúrbios neurovasculares como o fenômeno de Raynaud, um espasmo arterial que bloqueia o fluxo sanguíneo e resulta em cianose. Essa condição ocorre com maior frequência nos dedos dos pés, das mãos, nariz e orelhas. Embora seja em geral benigno e indolor, o fenômeno de Raynaud pode indicar uma subjacente isquemia do miocárdio induzida pelo frio.[104] Em outros casos, a pessoa pode ter uma verdadeira alergia ao frio. Essa condição é caracterizada por urticária, surgimento de erupções, coceira e, em casos raros, choque anafilático.

É importante recordar que o sangue arterial aquece a área tratada e o sangue venoso leva o frio para longe. Deficiências circulatórias locais (na área sendo tratada) ou sistêmicas podem produzir efeitos indesejados, como a lesão induzida pelo frio. Doenças como o lúpus também são contraindicações à aplicação de frio. Proteínas anormais no sangue, as crioglobulinas, aderem umas às outras durante a exposição ao frio. Pacientes que sofrem de **hipotensão**, **hipertensão** ou outras doenças cardiovasculares ou cardiorrespiratórias podem sofrer aumento da pressão arterial ou dificuldade para respirar se áreas extensas (p. ex., imersão) forem tratadas ou se forem usadas temperaturas baixas demais. Algumas recomendações aconselham que não sejam aplicados tratamentos com gelo em feridas cirúrgicas agudas.[23]

A inibição nervosa pode interferir na termorregulação local, produzindo resfriamento excessivo do tecido ou aumento do fluxo sanguíneo. Uma função sensorial deficiente aumenta o risco de lesões relacionadas ao frio. A diminuição da função sensorial costuma estar associada a condições como diabetes. O gelo deve ser usado com cuidado nesses casos. A aplicação de gelo é contraindicada na presença de degeneração nervosa importante, pela possibilidade de isquemia e neuropatia induzida pelo frio.[23]

O edema causado por problemas circulatórios, como a doença vascular periférica, pode ser aumentado com a aplicação de frio. A diminuição do fluxo sanguíneo para a área tratada ou seu retorno pode fazer com que os tecidos fiquem excessivamente resfriados.

Os pacientes nos quais as precauções se aplicam podem ser tratados colocando-se uma toalha de rosto entre a bolsa de gelo e a pele para impedir que a temperatura fique fria demais. Contudo, essa abordagem pode tornar o tratamento ineficaz. Acrescentar uma barreira isolante ou aumentar a temperatura das imersões no frio pode prevenir uma reação negativa ao frio. O médico do paciente deve sempre ser consultado antes de usar técnicas com aparente contraindicação.

Visão geral das evidências científicas

Os pesquisadores e clínicos em geral aceitam a eficácia fisiológica dos recursos terapêuticos frios. A maioria dos estudos enfoca os efeitos fisiológicos, sobretudo a diminuição da temperatura do tecido e a redução da dor. Apesar de seu uso disseminado, a crioterapia não tem passado pelos ensaios clínicos controlados randomizados exigidos para demonstrar melhora nos resultados, em especial a regulação da resposta à lesão musculoesquelética aguda.[37,73]

A Canadian Physiotherapy Association (CPA) cita as feridas pós-cirúrgicas como uma contraindicação à aplicação prolongada de gelo, embora não defina o termo "prolongado". A base teórica dessa recomendação está na redução da perfusão tecidual, tornando mais lento o processo de cicatrização e aumentando o risco de infecção. Esses efeitos duram 1 a 2 horas após o tratamento. A CPA recomenda a aplicação intermitente de frio apenas para lidar com os sintomas, permitindo a fisiologia normal entre os tratamentos.[23] Embora alguns estudos tenham demonstrado o aumento na saturação de oxigênio nos tendões após aplicação de gelo[59,60] e nenhum estudo tenha investigado as diferenças no tempo de cicatrização entre os que recebem tratamento com gelo e os que não recebem, as implicações dessa recomendação no tratamento de lesões agudas podem ser profundas.

Estudos têm indicado que gelo, compressão e elevação aceleram o retorno à atividade esportiva, porém é provável que os resultados do paciente sejam fortemente influenciados por outros tratamentos (p. ex., compressão, elevação, marcha com muletas) e a natureza e a qualidade da reabilitação pós-lesão.[37,101] A diminuição da dor é um achado relativamente consistente após a aplicação de frio.[73]

É empregado o tempo de 20 minutos como duração padrão no tratamento com bolsas de gelo (e, em uma extensão menor, 15 minutos tem se tornado o "padrão" para imersão e 10 minutos para massagem com gelo), porém essa duração de tratamento "tamanho único" limita a eficácia da aplicação do frio. Com a exceção dos nervos sensoriais cutâneos que são superficiais à camada de tecido adiposo, a taxa, a profundidade e a magnitude do resfriamento intramuscular dependem da espessura da camada de tecido adiposo. Portanto, a duração apropriada de tratamento baseia-se na espessura dessa camada isolante e na profundidade do tecido-alvo.

A condução nervosa[68,69,105] e a função muscular[57,68,70,90] são afetadas pelo frio. Há evidências conflitantes de que essa interrupção na função normal do nervo e do músculo afeta a propriocepção. Vários artigos científicos[17,74,77,78,80-84] alertam para o fato de que a propriocepção é inibida após o resfriamento local da articulação ou do músculo, com a possibilidade de aumentar assim o risco de lesão. Outros pesquisadores[17,76,79,82,85,88] concluíram que não há diminuição significativa na propriocepção após o tratamento. Embora deva-se ter cuidado ao prescrever atividades com apoio de peso após a crioterapia, os músculos e as articulações reaquecem rapidamente durante o exercício. Na prática, até o ato de caminhar acelera o retorno da função proprioceptiva.

O método usado para aplicar o frio afeta os resultados do tratamento. A aplicação de frio intermitente resulta em resfriamento mais profundo dos tecidos. Ao permitir que ocorra algum reaquecimento da pele, é mantido um gradiente de temperatura mais agudo, o que permite resfriamento adicional do tecido subjacente. Esse é um contraste às abordagens clínicas que pedem um resfriamento constante, como em geral se vê logo após uma lesão ou pós-cirurgia. O custo-benefício dos aparelhos de compressão a frio também tem sido questionado.[67] A eficácia de vários métodos de aplicação de frio para reduzir a temperatura intramuscular também depende da extensão (área) de pele em tratamento. Por exemplo, a massagem com gelo resulta em queda mais rápida nas temperaturas intramusculares, porém somente quando uma área pequena (4×4 cm) é tratada.[6]

Outra prática clínica comum – colocar uma barreira isolante entre a pele e a bolsa de gelo – pode tornar o tratamento ineficaz ao reduzir o gradiente de temperatura entre a pele e a bolsa de gelo. Uma barreira isolante deve ser usada somente quando uma bolsa de gelo reutilizável for aplicada ou o paciente apresentar sensibilidade ou contraindicação ao tratamento com frio.

Existe algum debate sobre as flutuações no fluxo sanguíneo e outras reações vasculares que ocorrem durante o tratamento. Alguns pesquisadores têm relatado um aumento agudo no fluxo sanguíneo com cerca de 10 a 17 minutos de tratamento.[54] Contudo, isso parece não ter consequências na maioria dos tratamentos. Do mesmo modo, como será abordado nas técnicas dos banhos de contraste, o fato de os capilares não mudarem seu tamanho precisa ser considerado ao se determinar a eficácia de várias abordagens de tratamento.

Recursos terapêuticos quentes

O calor, que é o aumento da vibração molecular e da taxa metabólica celular, é produzido por quatro métodos principais:

1. Transferência de energia térmica.
2. Ação química associada ao metabolismo celular.
3. Ação mecânica, como a encontrada no ultrassom terapêutico (ver Cap. 7).
4. Correntes elétricas ou magnéticas, como as encontradas nos aparelhos de diatermia (ver Cap. 9).

A aplicação de calor terapêutico, a **termoterapia**, é classificada como superficial ou profunda (Tab. 5.6). Os agentes superficiais aquecem uma área de tecido mais extensa (a pele), porém sua capacidade de penetração limitada reduz o volume geral de tecido aquecido (Fig. 5.7).[106] Para produzir efeitos terapêuticos, os agentes de aquecimento superficial precisam ser capazes de aumentar a temperatura da pele até 40 a 45°C. A transferência de calor para os tecidos subjacentes ocorre por meio da condução, porém os recursos de aquecimento superficial são limitados a profundidades de menos de 2 cm. Os recursos de aquecimento profundo, como o ultrassom terapêutico e a diatermia por ondas curtas, são capazes de aquecer tecidos localizados em profundidades maiores do que 2 cm. Esses aparelhos são apresentados na próxima seção.

Pesquisas relacionadas aos efeitos fisiológicos do calor não têm recebido tanta atenção quanto a aplicação de frio.[107] Os efeitos do calor na taxa metabólica, na dinâmica do sangue e dos líquidos e na inflamação são, em geral, opostos aos efeitos do frio (ver Fig. 5.1). Tanto a aplicação de calor quanto a de frio diminuem a dor e o espasmo muscular por meio da alteração do limiar das terminações nervosas. Em termos sistêmicos, o aquecimento de áreas extensas resulta em aumento da temperatura corporal, da pulsação e da frequência respiratória, e diminuição na pressão arterial. O uso do calor é indicado nos estágios subagudo e crônico de lesões (Tab. 5.7).

Tabela 5.6 Classificação dos agentes de aquecimento

Calor superficial (< 2 cm)	Calor profundo (> 2 cm)
Lâmpadas de infravermelho [não é um dispositivo contemporâneo]	Ultrassom (ver Cap. 8)
Compressas quentes úmidas	Diatermia por ondas curtas (ver Cap. 10)
Banhos de parafina	
Turbilhão quente e/ou imersão	

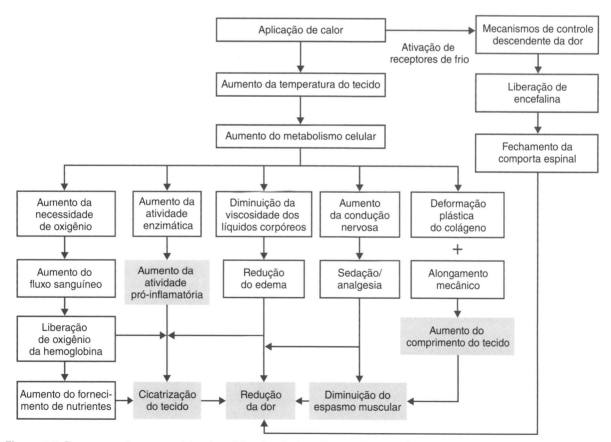

Figura 5.7 Representação esquemática dos efeitos locais da aplicação de calor. Os principais efeitos derivam do aumento do metabolismo celular e do fluxo sanguíneo, bem como da sedação das terminações nervosas.

Tabela 5.7 Indicações e contraindicações gerais para os tratamentos com calor

Indicações	Contraindicações
Condições inflamatórias subagudas ou crônicas	Lesões agudas
Redução da dor subaguda ou crônica	Circulação deficiente
Espasmo muscular subagudo ou crônico	Doença vascular periférica
Diminuição da amplitude de movimento	Trombose venosa profunda
Resolução de hematomas	Artrite avançada (aquecimento vigoroso)
Redução de contraturas articulares	Regulação térmica precária
	Áreas anestésicas
	Neoplasmas
	Tromboflebite
	Infecções fechadas
	Gestação (evitar aumento da temperatura central)
	Precauções
	Áreas com sensibilidade diminuída
	Tratamento em torno dos olhos ou testículos

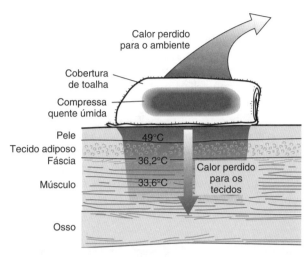

Figura 5.8 Aquecimento da pele e dos tecidos subcutâneos por condução. Quando uma compressa quente úmida é colocada sobre a pele, a camada de tecido adiposo subcutâneo limita a penetração mais profunda da energia. A profundidade máxima desse tratamento é entre 2 e 3 cm.

Magnitude e duração do aumento de temperatura

Quando o calor terapêutico é aplicado, o gradiente de temperatura faz com que o recurso usado perca calor e o corpo ganhe calor. Algum calor também é perdido para o ambiente (Fig. 5.8). Quanto maior o gradiente de temperatura, mais rápido ocorre a troca de energia. Alguns recursos terapêuticos térmicos, como as compressas quentes úmidas, requerem o uso de um isolante para proteger a pele de queimaduras, regulando desse modo o gradiente de temperatura dentro dos limites terapêuticos.

Os benefícios máximos ocorrem quando a temperatura da pele aumenta de forma rápida, aumentando a excitabilidade dos termorreceptores locais, o que causa uma liberação ativa de mediadores vasoativos.[108] Se a taxa de aumento de temperatura é lenta demais, o aumento associado do fluxo sanguíneo mantém as temperaturas teciduais baixas. Se a taxa de aumento de temperatura é muito grande, os termorreceptores dinâmicos de amplo espectro são ativados e produzem dor, podendo ocorrer queimaduras.

Durante os primeiros 5 a 6 minutos de tratamento, o corpo absorve o calor mais rápido do que este pode ser dissipado. Depois de cerca de 7 a 9 minutos de exposição, o gradiente de temperatura começa a se estabilizar e declina levemente. Nesse ponto, o corpo é capaz de contrapor a energia que está sendo aplicada com o suprimento de uma quantidade adequada de sangue para resfriar a área, estabilizando a temperatura do tecido. As flutuações na temperatura da pele (que ocorrem presumivelmente como um mecanismo de defesa para prevenir queimaduras) limitam a quantidade de aquecimento subcutâneo que pode ser obtida.[109]

Depois que ocorre o máximo de vasodilatação e a intensidade do tratamento permanece constante (ou aumenta), os vasos começam a sofrer constrição. Esse fenômeno, conhecido como **vasoconstrição por efeito rebote**, ocorre com cerca de 20 minutos de tratamento. Essa é a tentativa do corpo de proteger os tecidos subjacentes sacrificando a camada superficial. Se o tratamento é muito intenso ou se a exposição é longa demais, ocorrerão queimaduras. A probabilidade de vasoconstrição por efeito rebote aumenta com tratamentos nos quais a temperatura e a intensidade são mantidas constantes, como nos turbilhões quentes e banhos de imersão em parafina. Com recursos terapêuticos como as compressas quentes úmidas, a intensidade da temperatura do tratamento diminui com o tempo porque a compressa perde calor durante a aplicação. O surgimento de **mosqueamento** da pele é um sinal de alerta de que as temperaturas teciduais estão se elevando para um nível perigosamente alto. Nesse caso, áreas esbranquiçadas e manchas vermelho-escuras marcam a pele do paciente. Quando ocorre mosqueamento, o tratamento deve ser descontinuado imediatamente.

Mecanismos centrais e locais e um arco reflexo tentam manter a temperatura corporal central em um "ponto estabelecido" que é monitorado pelo hipotálamo. O organismo permite que a temperatura de áreas locais flutuem mais do que a temperatura central. O fluxo sanguíneo é regulado para prevenir troca excessiva de calor, ocorrendo a vasodilatação para ajudar a resfriar a área tratada. O corpo pode (teoricamente) diminuir o fluxo sanguíneo para impedir que o aumento de temperatura afete o centro corporal.[110]

Conforme discutido na parte sobre recursos terapêuticos frios, a camada de tecido adiposo também é um importante fator limitador para a profundidade efetiva de penetração do calor (ver Quadro 5.1). A quantidade de calor superficial absorvido pelo tecido adiposo aumenta à medida que a espessura dessa camada aumenta, impedindo a elevação da temperatura nas camadas mais profundas. A temperatura de repouso do músculo é mais quente do que a da pele, o que diminui o gradiente de temperatura e torna mais lenta a troca de calor.

Reaquecimento do tecido

A temperatura da pele e do tecido adiposo subcutâneo diminui rapidamente após a remoção do agente de aquecimento. O calor é perdido para o ar ambiente e a circulação aumentada continua a enviar sangue relativamente frio para a área tratada, enquanto o sistema venoso remove o sangue relativamente quente. As temperaturas intramusculares superficiais permanecem elevadas por cerca de 30 minutos após o término do tratamento. A magnitude e a duração dos efeitos latentes do calor são menos acentuadas do que as demonstradas com o frio.

Padrões de temperatura terapêutica

A magnitude dos efeitos de aquecimento baseia-se no aumento de temperatura dos tecidos-alvo (Tab. 5.8).

Aumentos no metabolismo celular e no fluxo sanguíneo ocorrem logo após a aplicação do agente de aquecimento. A temperatura aumentada faz a hemoglobina do sangue liberar oxigênio, proporcionando mais oxigênio para o processo de cicatrização. Com 41,1°C, a liberação de oxigênio é quase o dobro da temperatura basal (Fig. 5.9).

A atividade enzimática começa a aumentar com temperaturas próximas de 38,9°C e continua a acelerar até 50°C. Depois desse ponto, a taxa de atividade enzimática diminui rapidamente.

Evidência prática

É necessário um tratamento de 20 a 25 minutos para que uma compressa quente úmida aumente a temperatura intramuscular em 0,4°C a uma profundidade de 2,54 cm.[111] Esse aumento não está dentro das faixas terapêuticas.

O aquecimento de 40 a 45°C permite com maior facilidade a deformação plástica dos tecidos ricos em colágeno (cápsula articular, ligamentos, fáscia, tendões). Contudo, a estrutura precisa ser alongada fisicamente para que ocorra aumento do comprimento.[111] As proteínas são danificadas e as células e tecidos são destruídos quando a temperatura tecidual é aumentada para mais de 45°C. O aquecimento extremo, como o obtido com os *lasers* térmicos usados para encolher tecidos capsulares, resulta em um aumento de temperatura de 60 a 70°C, resultando na contração das fibras capsulares.[112]

Efeitos sobre
O processo de resposta à lesão

Embora o calor e o frio produzam muitos resultados clínicos semelhantes, como diminuição da dor, o momento para começar a usar os recursos terapêuticos quentes é crítico. Um efeito primário dos recursos terapêuticos quentes é o aumento do metabolismo celular e da taxa de inflamação, em que ambos requerem aumento do oxigê-

Tabela 5.8 Aumento necessário da temperatura tecidual a partir da linha basal para atingir os efeitos terapêuticos*

Classificação dos efeitos térmicos	Aumento de temperatura	Usado para
Leve	1°C	Inflamação leve
		Acelera a taxa metabólica
Moderado	2-3°C	Diminuição do espasmo muscular
		Diminuição da dor
		Aumento do fluxo sanguíneo
		Redução da inflamação crônica
Vigoroso	3-4°C	Alongamento do tecido, redução de tecido cicatricial
		Inibição da atividade simpática

*O aumento relativo de temperatura (p. ex., 2°C) acima da linha basal de repouso (ver Controvérsias no tratamento usando recursos terapêuticos quentes).

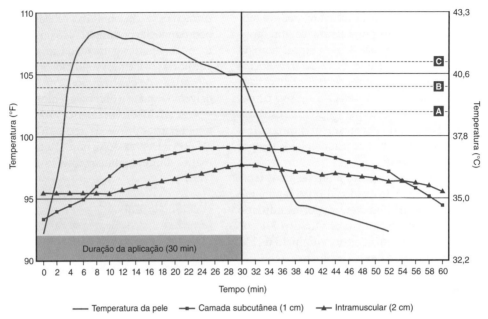

Figura 5.9 Aumento da temperatura tecidual durante uma aplicação de 30 minutos de compressa quente úmida. (A) 38,8 a 42,7°C: a atividade enzimática aumenta. (B) 40°C: começa a ocorrer deformação plástica do tecido rico em colágeno. (C) 41,1°C: a hemoglobina sanguínea liberada no tecido é o dobro daquela presente na temperatura basal do tecido.

nio. Se o calor for aplicado cedo demais no processo de resposta à lesão, o metabolismo celular acelerado aumenta o número de células lesionadas ou destruídas por causa da hipóxia. O aumento da taxa inflamatória pode prolongar os estágios inflamatórios agudo e subagudo.

Resposta celular

A taxa de metabolismo celular aumenta em resposta à elevação da temperatura tecidual. Para cada aumento de 10°C na temperatura da pele, a taxa metabólica celular aumenta por um fator de dois ou três, o **efeito Q10**.[113,114] Conforme a taxa metabólica da célula aumenta, também aumenta sua demanda por oxigênio e nutrientes. Na presença de uma resposta inflamatória ativa, o aumento no metabolismo celular resulta em um aumento na liberação de mediadores inflamatórios e outros subprodutos.

Há uma relação recíproca entre a temperatura do tecido e a taxa de metabolismo celular. A temperatura aumentada causa uma elevação na taxa metabólica celular; um aumento no metabolismo celular aumenta a temperatura do tecido. Como em todas as aplicações de calor, o aumento da taxa metabólica causa dilatação das arteríolas e aumento do fluxo capilar.

Efeito na inflamação

A aplicação local de calor acelera a inflamação. O reparo dos tecidos moles é facilitado pela taxa metabólica acelerada e o aumento do suprimento sanguíneo. O fluxo sanguíneo precisa ser aumentado para favorecer a remoção de resíduos celulares e para aumentar o envio dos nutrientes necessários para a cicatrização dos tecidos.[115] O aumento do envio de oxigênio estimula a decomposição e a remoção de resíduos dos tecidos e **metabólitos** inflamatórios. Os nutrientes são enviados para a área para abastecer as células e há também um aumento no envio de leucócitos, favorecendo a fagocitose.

Evidência prática

Embora seja, em termos subjetivos, um tratamento mais confortável para pacientes com osteoartrite ou artrite reumatoide, o aumento da temperatura intra-articular nesses pacientes parece degradar ainda mais a superfície articular por causa da ativação de uma série de eventos enzimáticos.[30]

Dinâmica do sangue e dos líquidos corpóreos

O corpo responde ao aumento na temperatura dos tecidos com a dilatação de vasos sanguíneos locais. O fluxo sanguíneo começa a aumentar logo após a aplicação do recurso terapêutico, aumentando o envio de oxigênio, nutrientes e anticorpos necessários para a cicatrização. A vasodilatação ocorre mais nos vasos superficiais do que nos vasos mais profundos. O calor produz vasodilatação por meio da combinação de três mecanismos: (1) relaxamento do músculo liso das arteríolas, (2) desencadeamento da liberação de neurotransmissores e peptídios e, (3) por meio de um reflexo espinal.

Logo após a aplicação, o músculo liso vascular se dilata (relaxa) em resposta à liberação de substância P e do peptídio relacionado ao gene da calcitonina, aumentando a permeabilidade dos canais de cálcio. Logo após essa resposta imediata, quando a temperatura da pele aumenta acima de 25°C, uma sequência de eventos fortemente dependentes da presença de cálcio causa a liberação de óxido nítrico, o que perpetua a vasodilatação.[116,117]

O pico do fluxo sanguíneo, em geral um aumento acima do dobro relativo à linha basal, ocorre normalmente durante o terço final do tratamento ou dentro de 10 minutos após a remoção do recurso terapêutico.[118] A viscosidade do sangue e dos outros líquidos diminui conforme a temperatura ao redor aumenta. Esse fluxo sanguíneo elevado continua por até 60 minutos após o final do tratamento.[118] A presença de umidade ajuda a aumentar o fluxo sanguíneo, em comparação com uso de calor seco.[117] O calor úmido aumenta o fluxo sanguíneo da pele cerca de 386%, enquanto o calor seco resulta em um aumento de 282%.[116]

Na presença de quantidades normais (saudáveis) de tecido adiposo, esse efeito ocorre a 2 cm ou menos abaixo da pele. O calor aplicado a músculos cobertos por quantidades relativamente baixas de tecido adiposo subcutâneo, como o trapézio, pode produzir aumento do fluxo sanguíneo em até 3 cm abaixo da superfície da pele.[119]

Formação e redução do edema

A aplicação de calor aumenta o volume do membro tratado, em especial quando o membro é colocado na posição pendente, como durante um tratamento em turbilhão quente. Durante um tratamento de 20 minutos, o volume do membro inferior não lesionado aumenta 5 mL para cada 0,6°C de aumento na temperatura da água acima dos 33,3°C. Esse aumento é maior na presença de patologia.[120]

A quantidade de edema aumenta, porém a capacidade de removê-lo é maior. O aumento da pressão capilar força o edema e os metabólitos prejudiciais provenientes da área lesionada. A permeabilidade linfática aumentada auxilia na reabsorção do edema e na dissolução de hematomas. Esses resíduos podem ser drenados pelos sistemas venoso e linfático. Contudo, se os retornos venoso e linfático não forem facilitados, ocorrerá mais edema.

Condução nervosa

A taxa aumentada de reações químicas e metabolismo celular resulta em aumento da velocidade de condução nervosa. A função dos nervos sensoriais, assim como motores, é tipicamente aumentada com os tratamentos quentes.

Controle da dor

O alívio da dor é obtido pela diminuição da pressão mecânica sobre as terminações nervosas, reduzindo o espasmo muscular, resolvendo a isquemia e produzindo um efeito contrairritante por meio de um mecanismo de controle descendente da dor que aumenta o limiar desta. A deformação mecânica ou a irritação química das terminações nervosas estimula a transmissão desta. Nas lesões agudas, a causa primária da dor é o dano mecânico causado aos tecidos na área. Nos estágios subagudo e crônico da lesão, a isquemia e a irritação causam dor química proveniente de certos mediadores químicos. O aumento da atividade **catabólica** e **anabólica** auxilia na remoção dos resíduos celulares, melhorando o ambiente para a cicatrização.[4]

A dor mecânica é causada pelo aumento da pressão tecidual (edema) e a tensão imposta aos nervos pelo espasmo muscular. O aumento da circulação para a área diminui a congestão, permitindo que o oxigênio seja enviado para as células que estão sendo sufocadas. O aumento da circulação (fluxo sanguíneo para a área e seu retorno) auxilia na remoção das substâncias químicas que produzem dor na área. Pela diminuição da pressão mecânica sobre os nervos, o ciclo dor-espasmo-dor é reduzido. Ao facilitar os retornos venoso e linfático por meio do uso de elevação e contração muscular, o edema é removido, diminuindo ainda mais a pressão intersticial.

O aumento na temperatura e a estimulação tátil da pele levam a um estado de analgesia e **sedação** na área lesionada pela atuação nas terminações nervosas livres.[4] As fibras nervosas são estimuladas, ativando áreas do tálamo e da região S2 no cérebro, bloqueando a transmissão da dor com um efeito contrairritante.[4] Esse efeito parece durar apenas enquanto o estímulo de calor é aplicado; quando o calor é removido, os sintomas de dor retornam rapidamente.[121]

Espasmo e função muscular

O calor reduz o espasmo muscular ao diminuir a sensibilidade dos nervos aferentes gama secundários do músculo (que são mais sensíveis à tensão tônica [constante] do que à tensão fásica), o que diminui o tônus muscular e alivia a pressão sobre o nervo. O aumento do fluxo sanguíneo e a redução dos metabólitos musculares locais alivia ainda mais o espasmo.[4] A maior parte da camada subcutânea do músculo é afetada diretamente pelos agentes de aquecimento superficial.

A viscosidade diminuída dos líquidos, a velocidade aumentada de condução dos nervos e a taxa aumentada de disparo dos órgãos tendinosos de Golgi melhoram a função muscular e a força, desde que a temperatura seja mantida dentro das faixas terapêuticas.

Elasticidade dos tecidos

Quando tecidos ricos em colágeno, como tendão, músculo e fáscia, são aquecidos para 40 a 45°C durante 5 minutos, eles podem ser fisicamente alongados (deformação plástica). Esse efeito isolado não é suficiente para diminuir as contraturas ou aumentar a elasticidade dos tecidos saudáveis.[111] A tensão, na forma de alongamento suave enquanto os tecidos ainda estão dentro da faixa terapêutica, é necessária para alongar o músculo e os tecidos capsulares. A ADM, então, melhora pelo aumento da extensibilidade do colágeno, diminuindo a viscosidade dos líquidos e a deformação plástica dos tecidos.[122] Essa resposta é obtida de modo mais eficaz pelo uso de aquecimento profundo, em vez de recursos terapêuticos que empregam calor superficial.[106]

A menos que uma aderência esteja restringindo a ADM de forma mecânica, a maioria dos benefícios para a ADM derivados da aplicação de calor provavelmente resulta da diminuição do tônus muscular, e não do alongamento físico dos tecidos. Por exemplo, a aplicação de uma compressão quente úmida pode aumentar a flexibilidade dos isquiotibiais em curto prazo mais do que três alongamentos estáticos de 30 segundos. Contudo, esse aumento está relacionado ao relaxamento muscular, em vez de representar um aumento no comprimento do músculo.[123] Não foi demonstrado que a frouxidão anterior do joelho ou a flexibilidade dos isquiotibiais em longo prazo sejam afetadas pelo uso isolado de recursos terapêuticos quentes.[124,125]

Exercício como agente de aquecimento

Aumento do fluxo sanguíneo, aumento do metabolismo celular e aumento da temperatura intramuscular ocorrem durante a aplicação de recursos terapêuticos quentes e durante o exercício ativo. O exercício de moderado a intenso aumenta as temperaturas intramusculares cerca de 2,2°C a uma profundidade de 5 cm nos músculos envolvidos, porém não resulta em aumento de temperatura nos músculos que não estão se exercitando.[126]

Embora o exercício ativo não resulte em aquecimento vigoroso do músculo, ocorre um aquecimento moderado sobre uma área de secção transversa maior e mais profunda no músculo do que com a maioria de outras formas de calor. O mais importante é que o exercício ativo é mais funcional do que o uso passivo de recursos terapêuticos quentes. O exercício breve produz um aumento relativamente grande, de curto prazo, no fluxo sanguíneo. Os recursos terapêuticos quentes resultam em um aumento líquido menor no fluxo sanguíneo, porém de maior duração.[127]

Contraindicações e precauções para a aplicação de calor

Como os efeitos da aplicação de calor são essencialmente opostos aos do frio, seu uso no tratamento de lesões agudas deve ser evitado. A aplicação de calor na presença de processo inflamatório ativo aumenta a taxa de metabolismo celular e acelera a quantidade de lesão hipóxica (ver Tab. 5.7).

Os déficits neurovasculares podem resultar em aquecimento excessivo da pele e, consequentemente, em queimaduras. O paciente deve ter funções sensorial e vascular normais e ser capaz de comunicar quaisquer sensações anormais, como queimação. Os agentes de aquecimento não devem ser aplicados a pacientes que estejam dormindo ou inconscientes.

Não devem ser usadas temperaturas elevadas em membros com tromboflebite; o aumento da temperatura central e o uso em indivíduos com trombose venosa profunda (TVP) precisam ser evitados. A vasodilatação e o aumento do fluxo sanguíneo relacionado à aplicação de calor podem fazer com que o coágulo se desloque e entre no sistema circulatório, bloqueando potencialmente o suprimento de sangue para órgãos vitais como o coração ou cérebro.[128] A aplicação de calor terapêutico sobre tumores pode aumentar a taxa de crescimento tumoral.

A aplicação de calor sobre áreas com infecção fechada pode resultar em edema e dor. Contudo, o calor úmido pode ser aplicado sobre uma infecção aberta para promover a drenagem.[128]

Evitar o aquecimento sistêmico, que aumenta a temperatura central, em pacientes grávidas com histórico de insuficiência cardíaca ou em hipertensos. Os agentes de aquecimento local podem ser usados nesses pacientes, mas no caso das gestantes, deve-se ter o cuidado de evitar o aquecimento do abdome.

Visão geral das evidências

Há uma quantidade menor de pesquisas investigando os efeitos e os resultados do aquecimento superficial em comparação com as pesquisas sobre os agentes frios. Muitos dos métodos de aquecimento descritos no próximo capítulo, especificamente a fluidoterapia, o tratamento com parafina e os turbilhões, não têm uma base de pesquisa científica forte o suficiente para suportar ou refutar sua eficácia. Do mesmo modo, os efeitos atribuídos à terapia de contraste não foram estabelecidos em estudos controlados.

O aumento da temperatura necessário para melhorar as propriedades plásticas dos tecidos ricos em colágeno não está claro (ver Tab. 5.8). As temperaturas das faixas de aquecimento baseiam-se na pressuposição de uma temperatura inicial de cerca de 37°C; o músculo em repouso costuma ter uma temperatura menor que essa. O aumento da elasticidade do colágeno melhora quando a temperatura do tecido-alvo aumenta para 40 a 45°C. Em termos clínicos, isso é diferente de se obter um aumento de temperatura de 3 a 4°C.[129]

O uso de certos agentes de aquecimento sobre articulações afetadas por osteoartrite e artrite reumatoide tem sido questionado. O aquecimento vigoroso de articulações artríticas pode promover o efeito de enzimas proteolíticas e lisossômicas, em especial a colagenase, o que degrada a cartilagem articular.[30] Em temperaturas acima de 35 a 36°C, a deterioração enzimática da cartilagem articular aumenta de forma acentuada.[27]

Contraste e comparação da aplicação de calor e de frio

Os efeitos dos recursos terapêuticos frios penetram mais profundamente e têm duração mais longa do que os dos recursos terapêuticos quentes. O calor causa uma vasodilatação que envia sangue frio para a área enquanto o sangue mais quente é transportado para longe. Por outro lado, a aplicação de frio causa uma vasoconstrição que leva à diminuição da quantidade de sangue que chega para aquecer a área. Isso faz com que os tecidos

profundos sejam mais afetados pelo frio do que pelos agentes de aquecimento superficial (Tab. 5.9).

Depois que o recurso terapêutico é removido do corpo, os efeitos do frio duram mais do que os efeitos do calor. Isso decorre do mesmo mecanismo responsável pela maior profundidade dos efeitos do frio. Depois de um tratamento com calor, o sangue frio continua a fluir para a área, diminuindo a temperatura. Em contraste, a temperatura tecidual fria resultante da aplicação de frio causa a vasoconstrição dos vasos sanguíneos e a diminuição na quantidade de sangue enviado para a área, de modo que um tempo maior é necessário para reaquecer do que para resfriar.[130]

Os dois tipos de recurso terapêutico são eficazes em reduzir a transmissão da dor, pois aumentam o limiar de dor do paciente e, por meio da estimulação inicial dos nervos sensoriais, ativam o mecanismo de comporta para controle da dor. Embora os pacientes prefiram modalidades de calor úmido, sua eficácia tem pouca duração após o tratamento.[121] É importante educar o paciente sobre os possíveis efeitos prejudiciais do uso do calor cedo demais no programa de tratamento para ajudar a melhorar a sua cooperação.

A aplicação de frio reduz as quantidades de mediadores inflamatórios e subprodutos celulares liberados na área. Esses resíduos celulares agridem os tecidos e aumentam o dano tecidual e a dor. Quando o calor é aplicado durante o estágio de proliferação da inflamação, a resposta vascular auxilia na remoção desses resíduos celulares.

Tabela 5.9 Comparação entre tratamentos usando calor e frio

Efeito	Frio	Calor
Profundidade efetiva	5 cm	1-2 cm (agentes superficiais)
		2-5 cm (agentes de aquecimento profundo)
Duração dos efeitos	Horas	Começa a se dissipar após a remoção do agente usado
Fluxo sanguíneo	↓ (Vasoconstrição)	↑ (Vasodilatação)
Taxa de metabolismo celular	↓	↑
Consumo de oxigênio	↓	↑
Resíduos das células	↓	↑
Viscosidade dos líquidos	↓	↓
Permeabilidade capilar	↓	↑
Inflamação	↓	↑
Dor	↓	↓
Espasmo muscular	↓ (Sensibilidade reduzida dos fusos musculares e diminuição da dor)	↓ (Diminuição da isquemia e da dor)
Contração muscular	↓ (Redução da velocidade de condução nervosa e aumento da viscosidade dos líquidos)	↑ (Aumento da velocidade de condução nervosa e diminuição da viscosidade dos líquidos)

↓ = diminuição; ↑ = aumento.

Uso de calor *versus* uso de frio

Uma das perguntas mais feitas em relação a calor e frio é "Como saber quando se usa calor e quando se usa frio?". Não há uma resposta exata para essa pergunta. Muitas fontes usam períodos definidos como: "usar gelo nas primeiras 24 horas e calor nas 48 horas seguintes". Um dos primeiros comentários feitos neste livro foi que o corpo cicatriza uma lesão no seu próprio ritmo. Não somente essa velocidade varia de pessoa para pessoa, como também de lesão para lesão na mesma pessoa. O estado físico e psicológico do paciente, o tipo e a quantidade de tecido danificado influem no tempo necessário para a cicatrização.

A transição dos recursos terapêuticos frios para quentes baseia-se no estágio atual do paciente no processo de cicatrização. O frio deve ser usado nos estágios iniciais; a transição para o calor pode ser feita conforme o paciente progride para o estágio de proliferação médio a avançado. O tempo para essa transição varia de paciente para paciente e de lesão para lesão.

O processo de tomada de decisão é similar aos passos envolvidos no atendimento de um encanamento que se rompe no porão de uma casa. Antes de secar a água e limpar a sujeira, é necessário parar o vazamento. Do mesmo modo, antes de favorecer um aumento da taxa de metabolismo celular em uma área lesionada, o processo ativo de inflamação precisa ser reduzido (Tab. 5.10).

Deve ser feita uma distinção entre o uso de recursos terapêuticos frios com exercícios de ADM e o uso de recursos terapêuticos quentes antes de uma competição. O frio aumenta a viscosidade dos líquidos corpóreos e diminui a habilidade de realizar movimentos rápidos. Durante a participação esportiva, os atletas confiam na sua habilidade de mover os membros de maneira rápida e potente. O calor é usado por permitir esse tipo de movimento. O gelo é indicado depois da atividade, para prevenir a reativação do processo inflamatório. Se o movimento estiver limitado pela dor, o frio deverá ser usado; se o movimento estiver limitado por rigidez, o calor deverá ser o recurso escolhido.

A decisão sobre quando usar calor e frio não deve ser baseada em um período pré-determinado, mas sim nas respostas fisiológicas desejadas em um determinado ponto no tempo. Quando a meta desejada é limitar ou reduzir a quantidade de inflamação, o frio deve ser usado. Quando a resposta inflamatória cedeu ao ponto de ter sido iniciada a cicatrização do tecido, o calor é aplicado. Na dúvida, usar frio.

A preferência do paciente por certo recurso terapêutico deve também ser levada em consideração. Alguns pacientes preferem recursos terapêuticos frios, porém o mais comum é preferirem o calor. Para muitos, a mudança de frio para quente é um marco indicativo de que sua cicatrização está progredindo.

Tabela 5.10 Decisão quanto ao uso de calor ou de frio

É preciso avaliar o paciente para determinar a resposta para cada uma das questões a seguir. Se todas as respostas forem "não", então o calor pode ser usado com segurança. Conforme o número de respostas "sim" aumenta, o frio pode ser usado com segurança:

1. A área do corpo parece estar quente ao toque?
2. A área lesionada ainda está sensível ao toque leve a moderado?
3. A quantidade de edema continua aumentando com o tempo?
4. O edema aumenta durante a atividade (movimento articular)?
5. A dor limita a amplitude de movimento da articulação?
6. O processo de inflamação aguda ainda pode ser considerado ativo?
7. O paciente continua apresentando melhora com o uso de recursos terapêuticos frios?

Capítulo 6

Aplicação clínica dos recursos terapêuticos térmicos

Este capítulo descreve métodos comuns de aplicação de agentes terapêuticos frios e de aquecimento superficial; efeitos fisiológicos próprios; procedimentos usados; e indicações, contraindicações e precauções específicas de seu uso. Os agentes de aquecimento profundo, que são o ultrassom terapêutico e a diatermia por ondas curtas, serão discutidos na parte seguinte.

São usados múltiplos métodos para aplicar a crioterapia e agentes de aquecimento superficial. Embora os efeitos fisiológicos sejam similares dentro de cada classificação – frio ou calor – cada técnica tem seus benefícios e limitações próprias. O estágio da lesão, a profundidade dos tecidos-alvo, a uniformidade da área de superfície sendo tratada e os resultados esperados pelo paciente se somam na escolha do método de aplicação. Em muitos casos, mais de uma técnica pode ser apropriada. Ver no Capítulo 5 uma descrição detalhada dos efeitos fisiológicos dos recursos terapêuticos frios e quentes.

Os diferentes recursos terapêuticos apresentados neste capítulo em geral não requerem a prescrição ou a orientação de um médico. Contudo, a responsabilidade profissional dita que os terapeutas devem estar cientes das leis de prática do seu estado (EUA) e dos padrões de prática profissional, trabalhando dentro desses limites.

Compressas frias

As compressas frias são aplicadas por meio de uma destas quatro técnicas: (1) bolsas plásticas cheias de gelo em cubos, triturado ou em flocos; (2) bolsas frias de gel reutilizáveis; (3) aparelhos para terapia de compressão a frio; e (4) bolsas frias químicas (ou "instantâneas").

A eficácia das compressas frias baseia-se na sua habilidade de diminuir a temperatura do tecido com segurança até os níveis terapêuticos. O fluxo sanguíneo superficial começa a diminuir dentro do primeiro minuto de tratamento. O resfriamento subsequente diminui o metabolismo celular e a velocidade de condução nervosa. A analge-

sia máxima é obtida quando a temperatura da pele alcança 14,4°C (ver Padrões de temperatura terapêutica, Cap. 5).[16,40]

Uma camada isolante é colocada, às vezes, entre a compressa fria e a pele, em geral com a boa intenção de dar conforto ao paciente ou prevenir geladuras. Contudo, com a exceção das bolsas frias reutilizáveis, essa técnica limita os efeitos do frio ao ponto do tratamento oferecer pouco ou nenhum benefício terapêutico (Tab. 6.1).

Evidência prática

Uma camada isolante é colocada às vezes entre a compressa fria e a pele do paciente, seja para conforto ou por conveniência. Na maioria dos casos, essa barreira diminui a quantidade de resfriamento para temperaturas subterapêuticas.[34,133,134] Um isolante deve ser usado somente quando for contraindicada a aplicação direta da compressa fria sobre a pele.

O uso de um meio isolante é indicado quando se utiliza uma compressa fria reutilizável e nos casos em que o paciente tem o fluxo sanguíneo para a área comprometido, há déficit sensorial ou intolerância ao frio, ou o paciente tem fenômeno de Raynaud. Se um meio isolante for usado, deve-se estender a duração do tratamento além do tempo normal para que o tecido-alvo alcance a faixa terapêutica desejada. O gelo aplicado sobre uma bandagem elástica pode requerer que o tratamento dure cerca de 109 minutos para que a temperatura da pele diminua até a faixa terapêutica; quando aplicado sobre uma única camada de toalha seca, pode ser necessária uma duração de tratamento de 151 minutos.[133]

Bolsas de gelo

As bolsas de gelo (bolsas frias) são o recurso terapêutico mais usado no tratamento de lesões agudas. Elas são fáceis, eficientes e seguras de usar, requerendo apenas bolsas plásticas e gelo triturado, em flocos ou em cubos. O gelo triturado é preferível, pois permite que a bolsa se molde melhor à parte do corpo.

Bolsas frias reutilizáveis

As bolsas frias reutilizáveis contêm um gel que consiste em **sílica**, água e uma forma de anticongelante, selados dentro de uma bolsa plástica menor (Fig. 6.1). Embora representem um método conveniente de aplicação de frio nos estabelecimentos clínicos, a eficácia das bolsas frias reutilizáveis diminui quando elas são armazenadas dentro de uma caixa térmica por longos períodos.

Quando não estão em uso, as bolsas reutilizáveis são armazenadas dentro de um aparelho de resfriamento exclusivo ou um *freezer* a uma temperatura de cerca de -11,1°C (Fig. 6.2). A maioria dos tipos de bolsas reutilizáveis não deve ser resfriada abaixo de -17,8°C para não danificar o material ou ocorrer o resfriamento excessivo dos tecidos. Algumas bolsas também podem ser aquecidas em água ou forno de micro-ondas, porém não se deve tentar aquecer as bolsas que não sejam designadas especificamente para essa finalidade.

Como as bolsas frias reutilizáveis alcançam temperaturas bem abaixo do ponto de congelamento, elas trazem consigo o risco de causar geladuras. Para preveni-las, é preciso colocar um meio isolante, como uma toalha úmida ou uma compressa elástica úmida entre a bolsa fria reutilizável e a pele. O meio ajuda a isolar a pele da temperatura subcongelante. Embora o isolamen-

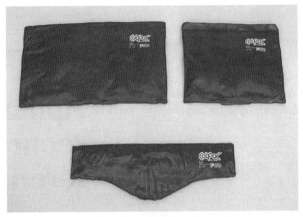

Figura 6.1 Bolsas frias reutilizáveis. Em sentido horário a partir da parte superior esquerda: tamanho grande (53 × 27 cm), tamanho padrão (35 × 27 cm) e cervical (58 cm de comprimento). Existem outros tamanhos e formatos. Essas bolsas são armazenadas em uma unidade de refrigeração entre os tratamentos.

Tabela 6.1 Temperaturas da pele obtidas durante aplicação de bolsa fria com a utilização de isolamento

Isolamento entre a bolsa fria e a pele	Temperatura mínima obtida na pele (°C)*
Sem isolamento (linha basal)	3,2
Bandagem úmida	8,8 (27%)
Bandagem congelada	10,8 (36%)
Tegaderm®	16 (60,8%)
Gesso	18,7 (73,8%)
Bandagem seca	19,5 (77,5%)
Gesso sintético	19,7 (78,6%)
Toalha seca	20,9 (84,1%)
Bandagem de crepe e lã de algodão	27 (113,2%)

*Aumento percentual relativo à linha basal.
Fontes: Ibrahim et al.,[132] Tsang et al.,[133] e Metzman et al.[134]

Figura 6.2 Unidade de armazenamento de bolsas frias reutilizáveis. As bolsas frias reutilizáveis são armazenadas a uma temperatura de cerca de -11,1°C quando não estão em uso. Deve-se permitir um período apropriado de resfriamento para que a bolsa alcance seu nível de temperatura ideal para o tratamento.

to seja necessário com as bolsas frias reutilizáveis, deve-se evitar o isolamento excessivo da área. Uma ou duas camadas de toalha úmida ou uma bandagem elástica úmida servem como proteção adequada contra geladuras (ver as recomendações do fabricante). Acrescentar isolamento demais impedirá que os efeitos do frio alcancem a pele. Independentemente do meio de isolamento usado, deve-se verificar a pele do paciente regularmente quanto a sinais de geladura (ver Quadro 5.5).

Evidência prática
As formas de crioterapia que sofrem uma mudança de estado – ou seja, derretem durante o tratamento – resultam em mais resfriamento subcutâneo a 1 cm do que as que não derretem.[15]

Terapia de compressão a frio

Os aparelhos para terapia de compressão a frio combinam a compressão externa constante e a aplicação de frio (Fig. 6.3). Mangas individuais para compressão a frio contornam áreas específicas do corpo (p. ex., tornozelo, joelho e ombro). As mangas são cheias de água gelada e proporcionam até 40 mmHg de compressão circunferencial (alguns aparelhos permitem que a pressão seja ajustada), o que previne a formação de edema; pode reduzi-lo, caso já tenha se instalado; mantém a saturação de oxigênio dos tecidos profundos; e aumenta a profundidade efetiva da penetração do frio (ver também Aparelhos de compressão intermitente, Cap. 14).[57,135] Esses efeitos levam à diminuição da dor, diminuição do tempo de recuperação e aumento da amplitude de movimento (ADM) após uma lesão aguda ou cirurgia.[136-139] Alguns aparelhos são motorizados, o que elimina a necessidade de circular manualmente a água gelada dentro do dispositivo.

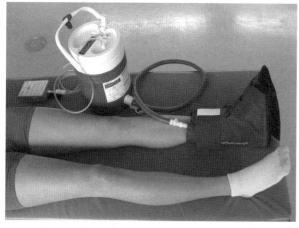

Figura 6.3 Unidade de terapia de compressão a frio. Estes dispositivos fornecem compressão circunferencial com frio por meio de uma manga que se ajusta em torno do membro. Ver também Capítulo 14.

A terapia de compressão a frio pode não produzir diminuições significativas na dor e na formação de edema articular, em comparação com as bolsas de gelo, em parte porque as temperaturas de superfície da pele podem não alcançar os níveis terapêuticos.[67] A saturação de oxigênio nas articulações e tendões é melhorada pela redução da congestão no lado venoso da junção venulocapilar.[59,60]

Esses aparelhos são um método conveniente de aplicar frio e compressão. Aparelhos avançados de compressão a frio para o joelho são projetados para prevenir a pressão sobre a veia poplítea. A compressão dessa veia pode resultar em edema do membro inferior.

Bolsas frias instantâneas

As **bolsas frias instantâneas** contêm dois agentes químicos separados entre si por uma barreira plástica. Ao romper o selo, as substâncias se misturam. O frio é produzido por uma reação química endotérmica que absorve calor dos tecidos (Fig. 6.4). A diminuição relativamente baixa na temperatura da pele e a duração curta da reação dão às bolsas frias instantâneas um tempo de vida útil curto. As bolsas frias instantâneas são convenientes pelo fato de poderem ser armazenadas em um *kit* médico para uso de emergência. Essas bolsas podem ser usadas apenas uma vez e precisam ser descartadas de maneira apropriada após o uso.

Quando misturados, os agentes químicos contidos nas bolsas frias instantâneas podem ser cáusticos para a pele. Se uma bolsa vazar, deve ser descartada imediatamente e a pele do paciente lavada com água corrente. Por essa razão, essas bolsas não devem ser usadas na face.

Efeitos sobre
O processo de resposta à lesão

A aplicação de bolsas frias diminui a temperatura da pele, o que resulta em uma diminuição na taxa metabólica celular. Todos os efeitos subsequentes da aplicação de frio estão relacionados a essa diminuição no metabolismo celular. Nas lesões agudas, o efeito mais benéfico da aplicação do frio é a redução da necessidade de oxigênio. Mais células são capazes de sobreviver no ambiente com carência de oxigênio em virtude da diminuição da sua taxa metabólica. Quando combinado com compressão e elevação, o edema na área é reduzido e a compressão age fazendo com que os efeitos do frio afetem os tecidos profundos.[8] Esses fatores limitam o âmbito da lesão original e reduzem a quantidade de lesão secundária.

A ativação dos receptores de frio, que torna mais lentas a despolarização e a repolarização, diminui a taxa de transmissão dos impulsos nervosos e aumenta o limiar de

Em foco:
Bolsas frias

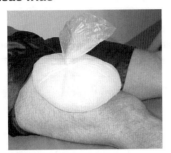
Bolsa de gelo triturado

Bolsa fria reutilizável

Terapia de compressão a frio

Descrição

As **bolsas frias** incluem sacos plásticos cheios de gelo triturado, lascado ou em flocos; **bolsas frias de gel reutilizáveis** consistem em uma base de sílica e um gel anticongelante; os aparelhos de **terapia de compressão a frio** usam água gelada para prover frio e compressão; e as **bolsas frias "instantâneas"** usam uma reação química para produzir frio.

Efeitos primários

Patologia aguda

- Diminuem o metabolismo celular, reduzindo a quantidade de lesão hipóxica secundária
- Combinadas à compressão e à elevação, limitam a formação de edema

Outros efeitos

- O metabolismo diminuído reduz a liberação de mediadores inflamatórios e subprodutos celulares
- Diminuem a dor ao tornar mais lenta a velocidade de condução nervosa e aumentar o limiar das terminações nervosas
- Causam vasoconstrição local

Duração do tratamento

Bolsas de gelo, bolsas frias reutilizáveis e bolsas Frias Instantâneas

- A duração do tratamento depende da meta do tratamento, dos tecidos-alvo e da quantidade de tecido adiposo subcutâneo (ver Quadro 5.3)
- As aplicações não devem ocorrer em intervalos menores do que duas horas
- No atendimento imediato de lesões, manter a parte do corpo enfaixada e elevada entre os tratamentos
- Ao tratar estruturas profundas, a duração do tratamento deve ser aumentada conforme a quantidade de tecido adiposo aumenta

Terapia de compressão a frio

Além do protocolo anterior, a terapia de compressão a frio pode ser aplicada de modo contínuo por 24 a 72 horas após uma lesão aguda ou cirurgia.[136,138,139] Os períodos usados para resfriar a água proporcionam tempo suficiente para a parte do corpo se reaquecer.[140]

Indicações

- Lesão ou inflamação aguda
- Dor aguda ou crônica
- Prevenção de edema
- Diminuição de espasmo muscular
- Neuralgia
- Espasticidade do SNC

Contraindicações

- Feridas abertas descobertas
- Insuficiência circulatória
- Alergia e/ou hipersensibilidade ao frio
- Pele anestesiada
- Trombose venosa profunda
- Doença cardiovascular (ver Tab. 5.2)

Precauções

- Envolvimento cardíaco ou respiratório
- A aplicação de bolsas de gelo sobre grandes nervos superficiais (p. ex., nervo fibular ou ulnar) pode causar neuropatia, em especial se for usada bandagem elástica. Se uma bandagem elástica for usada, evitar aplicar pressão excessiva (ver Técnicas clínicas – Bandagens compressivas)
- Verificar o paciente em intervalos regulares quanto a sinais de disfunção nervosa, como formigamento na extremidade distal ou reação indesejada ao tratamento
- Quando forem usadas bolsas frias reutilizáveis ou na presença de insuficiência vascular, verificar o paciente quanto a geladuras
- A aplicação de compressão a frio sobre uma bandagem elástica pode resultar em uma pressão maior sobre os tecidos
- O conteúdo das bolsas frias instantâneas pode produzir queimaduras químicas se entrar em contato com a pele; evitar o uso perto da face, olhos e outras áreas sensíveis

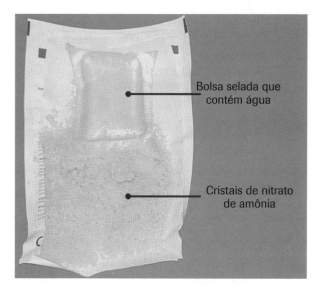

Figura 6.4 Interior de uma bolsa fria instantânea. Uma bolsa que contém água e cristais de nitrato de amônia é selada dentro de uma bolsa maior. Quando a bolsa interna é rompida, a água e os cristais se misturam, causando uma reação química que produz frio (note que as substâncias químicas podem variar). As bolsas frias instantâneas não devem ser abertas. Bolsas rompidas ou com vazamentos devem ser imediatamente descartadas.

despolarização, desse modo, diminuindo a dor. A diminuição da dor reduz o espasmo muscular e ajuda a melhorar a ADM. A inflamação diminui como resultado da redução na liberação dos mediadores inflamatórios, diminuição do metabolismo celular e redução do fluxo sanguíneo.

Ver no Capítulo 5 uma descrição detalhada dos efeitos do frio.

Preparo e aplicação

Antes da aplicação de cada uma das formas de crioterapia a seguir, deve-se assegurar que o paciente esteja livre de contraindicações (ver *Em foco*: bolsas frias).

Bolsas de gelo

1. Assegurar que o paciente esteja livre de contraindicações para a aplicação de bolsas de gelo.
2. Encher a bolsa com gelo suficiente para durar por todo o tratamento, porém evitar o enchimento excessivo, pois isso impede que a bolsa se molde à parte do corpo.
3. Remover o excesso de ar da bolsa para permitir que o gelo se conforme melhor à parte do corpo.
4. Pode ser necessária mais de uma bolsa para cobrir completamente a área.
5. Nas lesões agudas, ou quando se deseja compressão, deve-se umedecer uma bandagem elástica e aplicar uma camada de compressão em torno da área lesionada (ver Técnica clínica 1.1). Um rolo de "bandagem úmida" fria pode ser deixado imerso em água dentro do refrigerador para esse propósito.

O uso de uma bandagem compressiva úmida ajuda a aumentar a profundidade efetiva da penetração do frio.[8] Áreas como a articulação acromioclavicular não são apropriadas do ponto de vista prático para o uso de bandagens úmidas. Nesses casos, uma toalha úmida ou esponja fina colocada sobre os tecidos lesionados pode substituir a bandagem. As bolsas frias são então mantidas no local com bandagens secas. É importante lembrar que o isolamento excessivo da bolsa de gelo diminuirá a eficácia do tratamento.

Evidência prática

Para obter a máxima diminuição da temperatura intramuscular, deve-se prender a bolsa de gelo com bandagens elásticas. As bolsas de gelo aplicadas dessa forma resultam em uma redução maior da temperatura intramuscular do que as bolsas de gelo aplicadas usando bandagens plásticas flexíveis, porém as duas técnicas diminuem as temperaturas intramusculares mais do que a aplicação de frio sem as bandagens.[14]
Encher as bolsas com gelo em cubos ou triturado e uma pequena quantidade de água, ou deixar que comecem a derreter antes do tratamento (p. ex., fiquem armazenadas em uma geladeira), produz resfriamento mais significativo da pele e intramuscular do que usar apenas o gelo em cubos ou triturado.[22]

Aplicação contínua

Aplicar a bolsa de gelo sobre a área lesionada. Mantê-la no lugar com uma bandagem elástica ou plástica aplicando cerca de 30 a 40 mmHg de pressão (Fig. 6.5).[14] No entanto, pressões acima de 50 mmHg não produzem diminuição significativa da temperatura intramuscular.[141] (Nota: para se ter uma boa estimativa da quantidade de pressão a ser aplicada na colocação de uma bandagem compressiva, pode-se inflar um manguito de pressão em torno do próprio braço ou perna até a marca de 30 a 40 mmHg.)

Aplicação intermitente

A bolsa de gelo é colocada ou envolvida na pele por 10 minutos, removida por 10 minutos e então reaplicada por mais 10 minutos. Esse processo é repetido ao longo de até 2 horas. É um método eficaz de controlar a dor, mas tem pouco efeito sobre a função ou edema.[25]

Bolsas frias reutilizáveis

1. Assegurar que o paciente não tenha contraindicações para usar essa técnica de tratamento.
2. Selecionar uma bolsa grande o suficiente para cobrir a área lesionada, ou usar múltiplas bolsas.

Figura 6.5 Aplicação de uma bolsa de gelo triturado. O material plástico que envolve a bolsa (usado originalmente para proteger encomendas postais) pode ser usado para prender e manter uma bolsa de gelo no lugar. O plástico pode ajudar a isolar o frio dentro da bolsa.

3. Cobrir a pele sobre a área de tratamento com uma toalha úmida ou bandagem elástica úmida. Por causa do risco de geladura, uma bolsa fria reutilizável que esteja completamente gelada (abaixo de 0°C) não deve entrar em contato com a pele. É igualmente importante que a área não receba excesso de isolamento. Este em excesso diminuirá a absorção de calor retirado da pele ao ponto do tratamento se tornar ineficaz.
4. Prender a bolsa no local com uma bandagem elástica.
5. Verificar o paciente regularmente quanto a sinais de geladura (ver Quadro 5.5).
6. A bolsa fria reutilizável pode perder sua temperatura efetiva de tratamento após 20 minutos de uso (ver as especificações do fabricante).[140]

Terapia de compressão a frio

Consulte o manual de instruções do aparelho que estiver sendo usado. A seguir, uma visão geral do preparo e aplicação dos aparelhos de terapia de compressão a frio.

1. Assegurar que o paciente esteja livre de contraindicações para usar essa técnica de tratamento.
2. Encher o dispositivo de resfriamento com gelo, conforme o indicado. Um tempo de tratamento mais curto requer menos gelo do que um tratamento com duração mais longa.
3. Acrescentar água fria até a marca máxima do reservatório.
4. Esperar a água resfriar durante cerca de 5 a 10 minutos.
5. Escolher o dispositivo apropriado para a parte do corpo que será tratada e de acordo com o tamanho da área de tratamento.
6. Apertar a correia distal com firmeza, porém não tão apertada a ponto de interromper o fluxo sanguíneo.
7. Apertar a correia proximal de maneira suave o suficiente para permitir a drenagem venosa apropriada. O aperto excessivo da correia proximal pode inibir a drenagem venosa e linfática.
8. Conectar o dispositivo ao resfriador, usando as mangueiras fornecidas. Se for o caso, abrir a entrada de ar na parte superior do resfriador para permitir que o líquido flua dentro do dispositivo.
9. Elevar o resfriador acima da parte do corpo que está sendo tratada. Nos aparelhos de compressão a frio que são enchidos manualmente, a altura do resfriador determina a quantidade de pressão dentro do dispositivo; consultar o manual de instrução.
10. Se for o caso, remover a tampa do depurador de ar para permitir que o ar aprisionado seja forçado para fora do dispositivo.
11. Desconectar a mangueira ou mangueiras do dispositivo.
12. Para drenar o dispositivo ou resfriar o líquido:
    A. Reconectar o dispositivo à mangueira ou mangueiras.
    B. Colocar o resfriador no nível abaixo do manguito.
    C. Permitir que o líquido drene do dispositivo.
    D. Se o líquido estiver sendo resfriado, permitir que ele permaneça no resfriador por 15 a 30 minutos; então repetir os passos 7 a 10.

Bolsas frias instantâneas

1. Assegurar que o paciente esteja livre de contraindicações para usar essa técnica de tratamento.
2. Agitar a bolsa de modo que os conteúdos sejam distribuídos de forma homogênea.
3. Apertar ou golpear a bolsa para quebrar a bolsa interna.
4. Agitar a bolsa para misturar bem os conteúdos.
5. Se estiver indicado nas instruções da marca particular de bolsa fria química que você estiver usando, colocar uma toalha úmida entre a bolsa e a pele.
6. Manter a bolsa no lugar com uma bandagem elástica.
7. Se a solução dentro da bolsa vazar e fizer contato com a pele, remover imediatamente a bolsa e lavar a área cuidadosamente com água. Monitorar o paciente quanto a queimaduras químicas. Consultar as instruções da embalagem para uma informação precisa de como lidar com a exposição às substâncias químicas da bolsa.
8. Descartar a bolsa de forma apropriada após o tratamento.

Duração do tratamento

Historicamente, as bolsas frias têm sido aplicadas por 20 a 30 minutos por sessão. Um método mais preciso para determinar a duração do tratamento é considerar os tecidos-alvo, a profundidade desses tecidos e, no caso dos tecidos subcutâneos, a quantidade de tecido adiposo sobre eles. A dormência da pele pode ocorrer em 10 minutos. O resfriamento intramuscular está relacionado à quantidade de tecido adiposo subcutâneo e à profundidade abaixo dessa camada (ver Quadro 5.3).

Evidência prática
A atividade muscular pode rapidamente invalidar o resfriamento intramuscular. A prática de prender a bolsa de gelo nos pacientes e permitir que saiam usando a bolsa impede o resfriamento intramuscular eficaz.[18,34]

Massagem com gelo

A massagem com gelo é usada para aplicar tratamentos frios em áreas pequenas e de formato regular. É mais eficaz nos casos que envolvem espasmo muscular, contusões e outras lesões pequenas, limitadas a uma área bem localizada, e para produzir dormência em áreas relativamente pequenas da pele. O paciente pode ser capaz de aplicar o autotratamento, seja na clínica ou como parte do programa de tratamento domiciliar. Quando apropriado, esse método de aplicação de frio é conveniente, prático e eficiente em termos de tempo de tratamento com frio.

A massagem com gelo produz um declínio mais rápido na temperatura intramuscular do que uma bolsa de gelo, porém apenas quando aplicada a uma área de tratamento pequena (p. ex., 4 × 4 cm, o que é só um pouco maior do que a face do copo de gelo para massagem). Embora a massagem com gelo resulte em

---

Em foco: Massagem com gelo

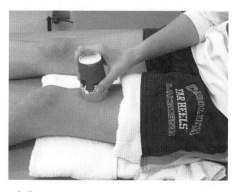

Duração do tratamento

- 5 a 15 minutos (ou até que o gelo acabe). Ao tratar estruturas profundas, a duração do tratamento deve ser aumentada à medida que a quantidade de tecido adiposo aumentar

Se o propósito da massagem com gelo for produzir dormência, o tratamento poderá ser descontinuado quando a pele do paciente ficar insensível ao toque. Esses tratamentos podem ser repetidos conforme a necessidade (i.e., quando a sensação retornar).

Descrição

- Água congelada dentro de um copo de papel, que é massageada sobre uma pequena área de pele

Indicações

- Lesão ou inflamação subaguda
- Redução de espasmos musculares
- Antes de exercícios de ADM
- Terapia de pontos-gatilho
- Estiramentos musculares
- Contusões
- Dor aguda ou crônica
- Resfriamento rápido da pele

Efeitos primários

- Diminui a sensibilidade dos receptores nervosos cutâneos
- Diminui a dor
- Interrompe o ciclo dor-espasmo-dor

Contraindicações

- Casos nos quais a pressão sobre a lesão seja contraindicada
- Suspeita de fraturas
- Feridas abertas descobertas
- Insuficiência circulatória
- Alergia e/ou hipersensibilidade ao frio
- Ver Tabela 5.2

Precauções

- Pele anestesiada
- Em algumas lesões, a pressão da massagem pode ser contraindicada

um tempo de resfriamento mais rápido, após 15 minutos de massagem com gelo e 15 minutos de aplicação de uma bolsa de gelo, não há diferenças significativas na temperatura intramuscular ou na duração dos efeitos.[6]

Efeitos sobre
O ciclo de resposta à lesão

Além dos efeitos gerais associados à aplicação de frio (ver Cap. 5), a ação da massagem nesse tratamento auxilia na diminuição da dor e do espasmo muscular. A sensação de movimento estimula os nervos de diâmetro largo e a temperatura fria ativa os mecanismos ascendentes de controle da dor. Juntos, esses efeitos ativam o mecanismo de comporta para controle da dor, inibindo a transmissão da dor e, por sua vez, causando uma diminuição no espasmo muscular. Após o tratamento, há um aumento quase imediato do limiar de pressão da dor e diminuição da atividade EMG, sugerindo a ativação de vias inibitórias descendentes.[105] Esses efeitos não influem na produção de torque muscular[98] ou em outros marcadores inflamatórios musculares.[2]

Evidência prática

A massagem com gelo é eficaz para produzir analgesia e anestesia rápidas e para diminuir a temperatura dos tecidos intramusculares, porém somente quando áreas pequenas são tratadas (cerca de 4 cm²).[105,142] Embora a diminuição inicial na temperatura seja maior usando massagem com gelo, não há diferença na temperatura intramuscular quando comparada à bolsa de gelo após 15 minutos de tratamento.[6]

A massagem com gelo não é o recurso terapêutico de escolha para lesões ligamentares agudas, pois não produz compressão durante o tratamento, o que tem o potencial de aumentar a quantidade de hemorragia e edema, e porque a área de superfície que pode ser tratada de maneira eficaz com a massagem com gelo é relativamente pequena. Contudo, quando o músculo é colocado em leve alongamento, a massagem com gelo costuma ser indicada para estiramentos agudos.

As temperaturas dos tecidos subcutâneos não são reduzidas na mesma magnitude e duração que as outras formas de aplicação de frio, um efeito relacionado à menor duração do tratamento e ao movimento do gelo.[98] Caso essa seja a única forma de tratamento com gelo disponível no momento da lesão, devem ser tomadas outras medidas para limitar a quantidade de edema. Deve-se envolver a parte do corpo lesionada com uma bandagem elástica e elevá-la para reduzir o edema após o tratamento.

Preparo e aplicação

1. Assegurar que o paciente não tenha contraindicações para usar essa técnica de tratamento.
2. Os copos de gelo são preparados enchendo-se copos de papel com água até ¾ da capacidade e armazenando-os num *freezer*. Há também no comércio copos plásticos reutilizáveis feitos especificamente para massagem com gelo.
3. A área de tratamento não deve ser maior do que duas a três vezes o tamanho do copo de gelo. Áreas de tratamento menores aumentarão a taxa de resfriamento subcutâneo. Áreas de tratamento grandes podem ser ineficazes, pois enquanto uma área se resfria, a área que havia sido resfriada se reaquece.
4. Cercar a área de tratamento com uma toalha para recolher a água que escorre.
5. Fazer a massagem lentamente com o gelo sobre a área lesionada, empregando deslizamentos ou círculos sobrepostos.
6. Aumentar a pressão entre o gelo e a pele diminui o tempo necessário para se obter a dormência da pele.[142]
7. O papel precisa ser continuamente removido do copo conforme o gelo derrete para evitar que esfregue na pele.

Imersão com gelo

A imersão com gelo (gelo moído ou banho de gelo) envolve colocar a parte do corpo em uma mistura de gelo e água a uma temperatura entre 10 e 15,6°C. Esse tratamento é útil para lesões que envolvem uma superfície irregular.

Pode ser um método desconfortável de aplicação de frio. A dor é mais intensa durante os primeiros 3 minutos e permanece alta durante os primeiros 5 minutos de imersão.[143] Esse feito pode limitar a cooperação do paciente, em especial quando a imersão é dos dedos da mão ou do pé.

O aumento da dor pode estar relacionado a uma maior área de superfície exposta ao frio. Quando dedos da mão ou do pé são imersos, eles ficam expostos ao frio ao redor de sua circunferência e na extremidade distal. Como seu diâmetro é pequeno, os efeitos do frio penetram até o nível do osso. Outro fator que pode ser responsável pelo aumento da dor sentida é a estimulação do lúmen na matriz da unha. Essa é uma área hipersensível que pode ser estimulada em excesso pela presença do frio. Essa hipótese pode ser testada simplesmente aplicando-se pressão com o polegar sobre a "lua crescente" do próprio polegar da mão oposta. Uma proteção de **Neoprene** ("capa para os dedos") pode tornar a

Em foco:
Imersão com gelo

Duração do tratamento

- 10 a 15 minutos. Quando forem tratadas estruturas profundas, a duração do tratamento deverá ser aumentada à medida que a quantidade de tecido adiposo aumentar
- Temperaturas de tratamento mais baixas podem requerer tratamentos com duração mais curta
- Os tratamentos podem ser repetidos conforme a necessidade

Descrição

- Um tanque ou balde é cheio com gelo e água e usado para resfriar áreas grandes e/ou de formato irregular. A parte do corpo, em geral, pé, tornozelo, cotovelo, punho e mão, é então imersa na solução.

Indicações

- Lesão ou inflamação aguda
- Dor aguda, crônica ou pós-cirúrgica
- Antes de exercícios de ADM

Faixa de temperatura

- 10 a 15,6°C
- A temperatura deve ser aumentada proporcionalmente à área corporal imersa

Contraindicações

- Envolvimento cardíaco ou respiratório
- Feridas abertas descobertas
- Insuficiência circulatória
- Alergia e/ou hipersensibilidade ao frio
- Inabilidade absoluta de tolerar a temperatura fria
- Ver Tabela 5.2

Efeitos primários

- Diminui o metabolismo celular, reduzindo a quantidade de lesão hipóxica secundária
- O metabolismo diminuído reduz a liberação de mediadores inflamatórios e subprodutos celulares
- Diminui a dor ao tornar mais lenta a velocidade de condução nervosa e aumentar o limiar das terminações nervosas
- Causa vasoconstrição local

Precauções

- Pele anestesiada
- A imersão com gelo é o mais desconfortável de todos os tratamentos frios. Podem ser usados "protetores de dedos" de Neoprene para diminuir o desconforto
- Evitar que o paciente coloque e retire continuamente a parte do corpo da imersão. Se o membro for removido repetidamente e reimerso, isso apenas aumentará a duração da dor
- A posição pendente do membro aumenta o risco de edema
- Deve-se ter cuidado quando são imersos nervos relativamente subcutâneos (p. ex., o nervo ulnar quando cruza o cotovelo). Por causa da chance de paralisia do nervo induzida pelo frio, deve-se aumentar levemente a temperatura da imersão e verificar o paciente com regularidade

imersão no gelo mais tolerável quando os dedos da mão ou do pé não forem o alvo do tratamento (Fig. 6.6).[46,144]

A exposição repetida à imersão no gelo aumenta a tolerância do paciente a esse tratamento.[47] A dor e a resposta "emocional" nesse tratamento podem ser diminuídos explicando-se ao paciente as sensações esperadas.[45,46,143]

Apesar do desconforto associado à imersão com gelo, essa técnica permite o resfriamento circunferencial e o exercício de ADM simultaneamente. O uso de Neoprene, a diminuição gradual da temperatura da imersão e a comunicação com o paciente podem tornar esse tratamento mais tolerável e maximizar seus benefícios terapêuticos.

Efeitos sobre
O processo de resposta à lesão

Os efeitos da imersão com gelo estão descritos nos efeitos gerais da aplicação de frio (ver Cap. 5). A intensidade do frio é maior na imersão com gelo por causa da ampla área de superfície exposta. Portanto, a queda resultan-

Figura 6.6 Protetor de dedos de Neoprene. Cobrir os dedos dos pés ou das mãos com um material isolante, como o Neoprene, torna o tratamento de imersão no gelo mais tolerável.

te na temperatura da pele e da região subcutânea é mais acentuada do que com outros métodos de aplicação de frio.[145] A imersão com gelo é o método mais eficaz de diminuir a velocidade de condução dos nervos sensoriais e motores.[68] Desde que haja um período apropriado de reaquecimento, a imersão com gelo não parece afetar de modo negativo a propriocepção articular durante as atividades.

A imersão com gelo coloca o membro em uma posição pendente, o que aumenta a pressão **hidrostática** dentro dos capilares, favorecendo o vazamento de líquido para o espaço intersticial, o que pode causar aumento do edema.[120] O uso de exercícios ativos de ADM durante a imersão auxilia o retorno venoso (ver as partes adiante sobre Turbilhão e Formação e redução do edema). Após o tratamento de lesões agudas ou subagudas, deve-se enfaixar e elevar o membro para facilitar a drenagem venosa e linfática.

Preparo e aplicação

1. Assegurar que o paciente não tenha contraindicações para usar essa técnica.
2. Preparar um balde, banheira ou recipiente similar com água fria e gelo. A temperatura usada depende em parte da habilidade da pessoa de tolerar o frio. Em geral, após exposições repetidas a esse tratamento, os pacientes conseguem tolerar uma temperatura mais baixa. Outra possibilidade é começar usando uma temperatura tolerável e acrescentar gelo conforme o tratamento progredir.
3. A temperatura do tratamento está relacionada ao tamanho da área do corpo a ser tratada (Fig. 6.7). Para prevenir hipotermia durante uma imersão do corpo inteiro, conforme aumentar o tamanho da área a ser tratada (a proporção da área corporal total), a temperatura da água também será aumentada.
4. Temperaturas de tratamento mais frias podem ser mais bem toleradas se os dedos da mão ou do pé forem isolados da água por uma proteção de Neoprene.
5. Evitar que o paciente continuamente coloque e retire da imersão a parte do corpo que está sendo tratada. No início, o frio causará uma sensação de queimação ou dor. Para aliviar o desconforto, explicar ao paciente que o tratamento será desconfortável por apenas alguns minutos, mas logo ocorrerá a dormência. Se o membro for repetidamente removido e reimerso, isso apenas aumentará a duração da dor.
6. Continuar monitorando o paciente. A sensação de desconforto e a possível alteração na pressão arterial associada à imersão com gelo podem levar à perda de consciência.
7. Após o tratamento, fazer exercícios ativos de ADM caso estes não sejam contraindicados.

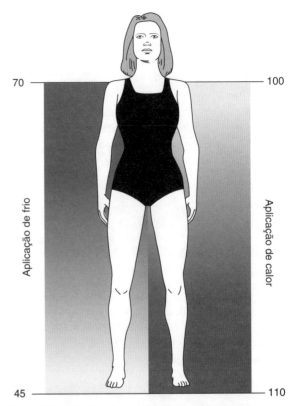

Figura 6.7 Relação entre a temperatura de tratamento e a porcentagem do corpo em imersão. Durante a imersão no frio, a temperatura da água deve ser elevada conforme se aumenta a porcentagem do corpo em imersão. Durante uma imersão na água quente, a temperatura da água diminui à medida que se aumenta a porcentagem do corpo em imersão.

Em foco:
Crioalongamento

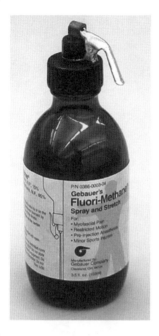
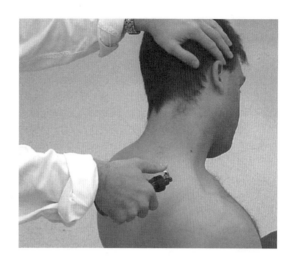

Descrição

- Um *spray* de gelo – líquido que evapora rapidamente e resfria a pele – é aplicado à pele ao mesmo tempo em que os músculos e as fáscias subjacentes são alongados. O crioalongamento é usado para tratar pontos-gatilho, espasmo muscular local e outras condições miofasciais.

Efeitos primários

Spray de gelo

A evaporação rápida do *spray* resfria a pele e dessensibiliza as terminações nervosas.

Alongamento

Alonga as fibras musculares e outros tecidos moles, interrompendo o espasmo muscular e liberando aderências. *O spray de gelo não é um meio efetivo de prover tratamento imediato para lesões agudas.*

Duração do tratamento

- O tratamento prossegue por três ou quatro vaporizadas, com tempo suficiente para o tecido se reaquecer entre elas. Os tratamentos são feitos uma vez por dia. Ao tratar estruturas profundas, a duração do tratamento deve ser aumentada conforme aumentar a quantidade de tecido adiposo
- Ver no texto uma descrição completa do procedimento

Indicações

- Pontos-gatilho
- Espasmo muscular
- ADM diminuída

Contraindicações

- Alergia ao *spray*
- Lesão aguda e/ou pós-cirúrgica
- Feridas abertas
- Contraindicações relacionadas à aplicação de frio
- Contraindicações relacionadas ao alongamento passivo
- Uso em torno dos olhos. Quando se estiver tratando membro superior, tronco ou pescoço, proteger os olhos do paciente ao aplicar o *spray*

Precauções

- O *spray* frio é capaz de causar geladura se for usado de maneira imprópria
- Se usar cloreto de etila, esteja ciente de que essa é uma substância extremamente inflamável; evitar seu uso perto de possíveis fontes de ignição, incluindo cigarro e faíscas elétricas; o cloreto de etila é um anestésico local; contudo, se seu vapor for inalado, torna-se rapidamente um anestésico geral
- O fluorometano contém substâncias químicas que destroem a camada de ozônio, porém é considerado uma exceção para uso pelos órgãos de proteção ambiental (p. ex., a Environmental Protection Agency nos Estados Unidos)

8. Como o membro é colocado em uma posição pendente, deve-se enfaixá-lo e elevá-lo após o tratamento.

Crioalongamento

O crioalongamento combina os efeitos da aplicação do frio e o alongamento passivo, o que leva ao seu nome alternativo, "alongamento com *spray*". Um *spray* de gelo é usado para diminuir rapidamente a temperatura da pele e a transmissão da dor. Isso se combina ao alongamento passivo simultâneo para aliviar o espasmo muscular local e reduzir de modo eficaz a quantidade de dor e espasmo associados a estiramentos e pontos-gatilho (Fig. 6.8). O Apêndice B apresenta um gráfico de padrões de dor dos pontos-gatilho.

O crioalongamento tem sido aplicado tradicionalmente com cloreto de etila por sua habilidade de evaporar rápido e resfriar o tecido superficial. Contudo, o cloreto de etila possui muitos riscos inerentes: é altamente inflamável; age como anestésico geral se for inalado; e, como diminui a temperatura da pele drasticamente, há um alto potencial de causar geladura. Por causa desses riscos, o cloreto de etila tem sido substituído pelo *spray* fluorometano, que é menos volátil e tem um efeito de resfriamento mais seguro.[146] É possível também utilizar a massagem com gelo em vez do fluorometano.

Efeitos sobre
O processo de resposta à lesão

A evaporação da substância congelante sobre a pele estimula os nervos sensoriais cutâneos e reduz a atividade dos motoneurônios. Esse estímulo mascara a dor ao reduzir sua intensidade e sua velocidade de transmissão. O alongamento passivo ajuda a interromper o ciclo dor-espasmo-dor ao alongar as fibras musculares. A combinação entre redução da dor e alongamento do tecido mole torna esse método numa eficaz terapia de pontos-gatilho. O período de reaquecimento após a aplicação é relativamente curto, de modo que os efeitos analgésicos são menores que os das bolsas de gelo e a redução da dor têm uma duração mais curta.[147]

O efeito do *spray* frio limita-se ao efeito de um contrairritante. O *spray* de gelo não produz as respostas celulares e vasculares associadas às outras formas de aplicação de frio. O breve resfriamento dos nervos superficiais pode comprometer o senso de posição articular, porém esse efeito é tão transitório que a função não é prejudicada.[82] O *spray* de gelo é ineficaz no tratamento dos traumas musculoesqueléticos agudos. Embora a evaporação do líquido resfrie rapidamente a pele e produza alívio temporário da dor, os outros efeitos fisiológicos da aplicação do frio não ocorrem.

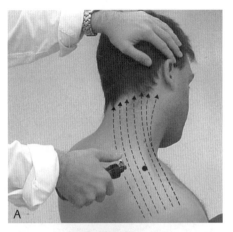
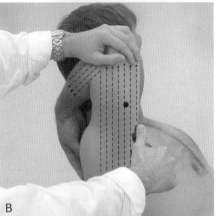
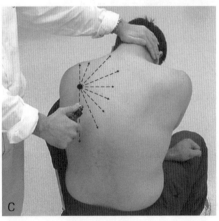

Figura 6.8 Técnicas de crioalongamento. O músculo e a pele são colocados em alongamento e seu comprimento é aumentado de forma passiva conforme são resfriados (ver Preparo e aplicação). Técnicas de tratamento para (A) trapézio superior; (B) tríceps braquial; e (C) trapézio inferior, médio e superior.

Preparo e aplicação

1. Assegurar que o paciente não tenha contraindicações para usar essa técnica de tratamento.

2. Posicionar o paciente de modo que o grupo muscular a ser tratado possa ser alongado com facilidade.
3. Se o tratamento estiver sendo aplicado aos membros superiores, parte cervical da coluna vertebral ou parte superior do tórax, posicionar a face do paciente de modo a evitar que seja atingida pelo jato do *spray*.
4. O aplicador do *spray* deve ficar a cerca de 30 cm da pele. O jato do *spray* deve atingir a pele com uma inclinação de 30 a 45°. Quanto mais próximo do corpo o frasco for mantido, mais quente será a sensação do jato congelante.
5. Vaporizar toda a extensão do músculo, como se estivesse varrendo a área em uma única direção. A velocidade da varredura deve permitir que o tecido fique coberto, porém não congelado, pois isso cria o risco de geladura.
6. Aplicar pressão para alongar passivamente o grupo muscular. Chegar até o ponto de produzir dor, porém sem excedê-lo.
7. Permitir que o tecido se reaqueça.
8. Instruir o paciente a respirar de modo profundo e relaxante antes de fazer o alongamento do músculo.
9. Fazer mais duas ou três varreduras, aumentando o alongamento do músculo. Permitir que o tecido se reaqueça entre cada varredura.
10. Repetir até que a quantidade desejada de alongamento tenha ocorrido.
11. O crioalongamento pode ser seguido por um tratamento com calor úmido ou massagem.

Turbilhões

Os turbilhões são um meio eficaz de aplicação de calor ou frio em áreas de formato irregular. Tanques de imersão grandes possibilitam a execução de atividades de ADM e exercícios ao mesmo tempo em que se recebem os benefícios térmicos do tratamento ao tirar vantagem das características físicas da água. A energia é transferida do corpo e para o corpo por meio de convecção. Em um turbilhão quente, o calor é transmitido para o corpo. Em um turbilhão frio, o calor é transmitido para fora do corpo.

Uma turbina é usada para regular o fluxo de água e a quantidade de ar introduzida no fluxo (aeração). A água entra por uma abertura no eixo da turbina, onde o motor força a água de volta para dentro do tanque, causando a agitação da água (o efeito "turbilhão"). O ar é também introduzido na corrente de água, fazendo com que as bolhas circulem no tanque. A agitação e a aeração são controladas por válvulas separadas e podem ser ajustadas para produzir uma gama de efeitos, promovendo o efeito massageador que produz sedação, analgesia e aumento da circulação (Fig. 6.9).

Tanto no turbilhão quente quanto no frio, a temperatura da imersão depende da proporção da área corporal total que fica imersa. Nos tratamentos do turbilhão frio, a temperatura da água é aumentada conforme aumenta a área do corpo que está sendo tratada. Pode ocorrer hipotermia se uma área muito extensa for resfriada de maneira muito rápida ou por tempo demais.

Durante os tratamentos no turbilhão, a temperatura da água diminui conforme aumenta a área corporal

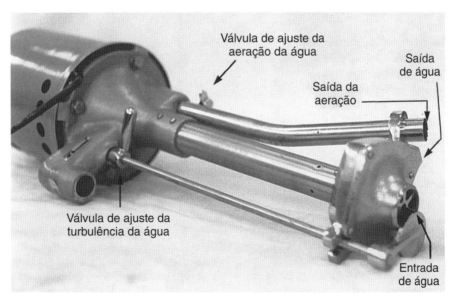

Figura 6.9 Turbina do turbilhão. Note a posição das válvulas de turbulência e de aeração e a entrada de água. A água é conduzida pela turbina e retorna ao tanque sob pressão. A saída da aeração fica na frente da saída de água, forçando as bolhas a fluírem dentro da água.

total imersa (ver Fig. 6.7). Quando a temperatura da água é igual ou maior que a temperatura do corpo, a perda de calor se dá apenas por meio da evaporação e respiração. Se a temperatura central do paciente aumentar demais, pode ocorrer **hipertermia**. Durante uma imersão de corpo inteiro, o paciente pode perder calor apenas pela cabeça e pela respiração, o que aumenta o risco de estresse por calor. Um exercício moderado ou extenuante com o paciente imerso aumenta ainda mais a temperatura corporal central.

Efeitos físicos da imersão na água

As características físicas da água, **flutuabilidade, resistência** e **pressão hidrostática**, criam um bom meio de suporte para os exercícios ativos de ADM. Esses benefícios podem ser obtidos pelos membros em turbilhões de tamanho clínico ou pelo corpo inteiro em tanques de imersão mais fundos, como banheiras de hidromassagem, piscinas de hidroterapia e de natação (Fig. 6.10). A temperatura da água é a propriedade mais importante dos tratamentos de imersão.

A **flutuabilidade** descreve a força para cima (empuxo) oferecida pela água e é explicada pelo princípio de Arquimedes. Se a **gravidade específica** do corpo é igual à da água (1 para água pura), ele flutua logo abaixo da superfície. Se a gravidade específica do corpo é maior do que a da água, ele afunda; e se é menor, flutua. Em termos terapêuticos, a flutuabilidade é usada para reduzir as forças compressivas sobre articulações que apoiam peso e auxiliar nos movimentos feitos contra a gravidade.

A **resistência** ao movimento é produzida pela viscosidade da água. A quantidade de resistência depende da velocidade do movimento e da proporção do corpo (ou membro) que está imersa. Movimentos mais rápidos produzem mais resistência do que movimentos mais lentos; é mais fácil andar do que correr dentro da água a uma profundidade de 90 cm. A resistência também aumenta conforme a área de superfície aumenta; é mais fácil correr com água na altura do tornozelo do que na altura da cintura.

A **pressão hidrostática** descreve a força exercida por uma parte do corpo imersa em um líquido que não se move. Conforme descrito na lei de Pascal, o líquido se conformará à área de superfície irregular e exercerá uma pressão igual em toda sua circunferência. A quantidade de pressão aumenta com a profundidade, exercendo 0,73 mmHg/cm de imersão. Quando alguém se acha em pé em imersão, forma-se um gradiente entre a quantidade de pressão exercida sobre a pele na superfície da água (pressão baixa) e a pressão exercida na porção distal do membro (pressão alta) (Fig. 6.11). Esse gradiente de pressão pode ajudar a forçar proximalmente

Figura 6.10 Piscina para exercício terapêutico. Esses tanques com água possuem uma esteira ergométrica na base, o que permite ao paciente caminhar ou correr durante o tratamento. A água proporciona flutuabilidade e resistência durante o exercício.

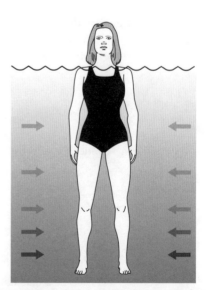

Figura 6.11 Pressão hidrostática durante a imersão na água. Conforme aumenta a profundidade da parte do corpo dentro da água, a pressão exercida sobre o corpo aumenta cerca de 0,73 mmHg para cada centímetro de profundidade. O gradiente de pressão resultante pode favorecer o retorno venoso no membro inferior, porém somente quando o paciente está imerso pelo menos até o meio do tórax.

os líquidos que estão na porção distal do membro, em especial quando isso é combinado à caminhada. A combinação da pressão hidrostática e da flutuabilidade ajuda a dar ao paciente equilíbrio e estabilidade.

Efeitos sobre
O processo de resposta à lesão

Os efeitos térmicos do frio e do calor estão descritos nas seções pertinentes do Capítulo 5. Os turbilhões quentes promovem o relaxamento muscular e os turbilhões frios diminuem o espasmo muscular e a espasticidade. Os turbilhões frios, usados com uma temperatura de 10°C por 20 minutos, resultam na mesma quantidade de resfriamento intramuscular obtida com as bolsas de gelo. Por causa da extensa área de tratamento, os efeitos do resfriamento após o tratamento são mais acentuados após o tratamento com turbilhão.[10] Esse efeito é benéfico quando usado antes dos exercícios de reabilitação. Um efeito adicional da turbulência proveniente do fluxo de água é a criação de um efeito **sedativo** e analgésico sobre os nervos sensoriais.

Fluxo sanguíneo

O aumento ou a diminuição do fluxo sanguíneo é proporcional à temperatura do banho. Os tratamentos com turbilhão quente acima de 38,6°C causam um aumento de 21% no fluxo sanguíneo e um aumento de 50% quando a temperatura é aumentada para 42,5°C.[148] Embora se acredite que a agitação da água proporciona um efeito "massageador", a agitação em si não aumenta o fluxo sanguíneo de modo significativo.[148]

Formação e redução do edema

Há uma relação complexa entre banhos no turbilhão e a formação ou redução do edema. Exceto nos casos em que o paciente fica em decúbito dorsal dentro do tanque, o membro é colocado em uma posição pendente, o que pode favorecer a formação de edema.

Quando um paciente está em pé, imerso em temperatura neutra, o gradiente de pressão hidrostática formado pela pressão da água, que é maior sobre os pés do que na superfície, facilita o retorno venoso. A caminhada lenta ou outro exercício fará com que a pressão venosa profunda dentro da panturrilha aumente para 200 mmHg, aumentando ainda mais o gradiente de pressão, facilitando, assim, o retorno venoso.[48] Esse efeito é similar a um balão cheio de ar dentro de uma piscina. O balão mantém sua forma quando está próximo da superfície da água. Se você segurar o balão e tentar nadar para o fundo da piscina com ele, seu formato se alongará, com a parte de cima ficando mais larga do que a parte de baixo.

A pressão hidrostática exerce uma força de 0,73 mmHg/cm de profundidade. Uma imersão até o meio da panturrilha, a uma profundidade de cerca de 25 cm, exerceria 18,25 mmHg de pressão sobre o pé. Aumentando essa distância para 50 cm, a pressão exercida sobre os pés seria de 36,5 mmHg. A **pressão arterial diastólica** é de cerca de 80 mmHg (ver Fig. 6.11). Portanto, é necessária uma imersão de cerca de 110 cm para exceder a pressão arterial diastólica e prevenir a formação de edema distal.

O aumento do volume do membro está relacionado à temperatura da água. Conforme a temperatura aumenta, o mesmo ocorre com o volume sanguíneo no membro inferior, com um aumento de cerca de 44 a 64 mL.[48] O acúmulo total de sangue associado aos turbilhões quentes baseia-se na pressão hidrostática e no exercício agindo para reduzir o acúmulo total. Se a formação de edema for uma preocupação durante tratamentos no turbilhão quente, deve-se reduzir a temperatura da imersão. Na água com temperatura moderada (cerca de 30°C), a imersão em água profunda e o exercício moderado podem reduzir o edema da perna.[149]

Os tratamentos no turbilhão frio não são recomendados para o atendimento de lesões agudas em que o edema ainda esteja se formando. Se esse método de manejo da lesão aguda for inevitável, a turbina deverá ser regulada em "baixo" ou não ficar ligada durante o tratamento. Após o tratamento, uma bandagem compressiva deve ser aplicada e a parte do corpo colocada em elevação.

Controle da dor

A circulação e a aeração da água diminuem a dor ao estimular as fibras nervosas A-beta (nervos sensoriais), ativando o mecanismo de comporta para controle da dor. O aumento do fluxo sanguíneo, a redução do edema e a melhora da ADM também ajudam a reduzir os desencadeadores mecânicos e químicos da dor. A flutuabilidade da água ajuda a reduzir as cargas compressivas sobre as superfícies articulares e provê redução de curto prazo da dor causada pelas cargas sobre a articulação durante o exercício. Os mecanismos de redução da dor que dependem da temperatura também são ativados.

Amplitude de movimento

O aumento do fluxo sanguíneo, redução da dor e redução do edema contribuem para o aumento da ADM articular. A mobilidade assistida pela gravidade é auxiliada pela flutuabilidade da água. Durante o exercício feito em terra seca, o efeito da gravidade sobre o movimento rotacional das articulações é maior quando o membro alcança a posição paralela ao solo. Quando esse movimento é feito na água, a flutuação do membro ajuda a contrapor a força da gravidade, tornando possível o movimento lento ao longo da ADM.

Evidência prática

Os turbilhões frios (10°C) para membro inferior podem diminuir de forma substancial a potência, velocidade e agilidade do paciente após o tratamento. A potência fica reduzida por 32 minutos após o tratamento, enquanto a velocidade fica diminuída por 27 minutos e a agilidade por 12 minutos.[68]

Limpeza de feridas

A lavagem – uso de água para limpar feridas –, pode alcançar todas as porções de áreas de superfície com forma irregular e dentro de feridas abertas. A água e sua pressão favorecem a hidratação, a suavização e o subsequente desbridamento dos tecidos.[148] A hidroterapia com frequência é usada no tratamento de feridas abertas, úlceras diabéticas, feridas por pressão, queimaduras térmicas e "**assaduras do esporte**".

Para a limpeza de feridas, a água é aquecida a 35,6 a 36,7°C e são acrescentados agentes antibióticos ou outras substâncias químicas para reduzir a carga bacteriana da pele.[150] Na maioria dos casos, o jato da turbina não deve atingir diretamente a ferida, o que pode danificar o tecido de granulação frágil, forçar as bactérias mais para dentro do tecido ou causar dano adicional à ferida.

A presença de feridas abertas requer que sejam empregados procedimentos apropriados de esterilização, tanto antes quanto depois do tratamento. Tanques de azulejo ou turbilhões do tipo banheira de hidromassagem podem abrigar germes e são difíceis de limpar de maneira apropriada. Apenas cubas de aço inoxidável devem ser usados para a limpeza ou desbridamento de feridas.[151] O tanque deve ser limpo com um desinfetante apropriado antes e depois do tratamento (ver Limpeza do turbilhão). Enche-se o tanque com água e acrescenta-se um desinfetante. Depois do tratamento, o tanque deve ser drenado e limpo novamente. Um *kit* de cultura pode ser usado para verificar se o turbilhão está contaminado.

Tanques de Hubbard

O tanque de Hubbard, em forma de borboleta, é projetado para permitir que um paciente em decúbito dorsal, parcialmente submerso, faça abdução de braços e pernas ao longo da ADM completa (Fig. 6.12). Embora esses dispositivos tenham sido elaborados originalmente para pacientes ortopédicos, seu uso evoluiu para incluir o tratamento de queimaduras e pacientes com lesão medular. Como os membros e o tronco costumam ficar imersos no tanque de Hubbard, as temperaturas de

Figura 6.12 "Tanque de Hubbard" com turbilhão para corpo inteiro. Esses tanques são projetados para permitir ao paciente ficar em decúbito dorsal e abduzir braços e pernas. (Cortesia de Ferno Performance Pools, Wilmington, OH.)

tratamento convencionais para esse dispositivo são diminuídas para a faixa de 32,2 a 38,8°C.

Preparo e aplicação

1. Assegurar que o paciente não tenha contraindicações para a imersão no turbilhão e a temperatura da água usada.
2. Instruir o paciente para não ligar ou desligar o turbilhão nem tocar em qualquer conexão elétrica enquanto estiver dentro do turbilhão ou com o corpo molhado.
3. Encher o turbilhão até uma profundidade suficiente para cobrir a área que está sendo tratada, tendo em mente os efeitos da pressão hidrostática. Certificar-se que a quantidade de água é suficiente para ligar o motor com segurança.
4. Acrescentar um desinfetante ao turbilhão de acordo com as orientações do fabricante.
5. Se houver feridas na parte do corpo sendo tratada, acrescentar à água um desinfetante tal como povidona, povidona iodada ou hipoclorito de sódio.
6. Ajustar a temperatura para o tipo de efeito desejado e para a proporção do corpo que está sendo tratada.
7. A temperatura do turbilhão quente para corpo inteiro deve ser ainda mais reduzida se o paciente for executar exercício moderado ou extenuante. O exercício aumenta a temperatura central do corpo, o que pode ser magnificado pelas temperaturas mais altas da água.
8. Se um membro estiver sendo tratado, colocar o paciente em uma posição confortável usando

Em foco:
Turbilhões quentes e frios

Descrição

Um tanque cheio de água morna ou fria. Uma turbina presa ao tanque proporciona movimento e aeração à água. À esquerda, turbilhão "high boy". O paciente pode fazer a imersão do membro e realizar exercícios de ADM. À direita, turbilhão "low boy". O paciente pode sentar-se dentro desse tanque com as pernas estendidas.

Faixa de temperatura

Turbilhão frio

10 a 16°C. A temperatura é elevada conforme a proporção de área corporal tratada aumenta.

Turbilhão quente

32 a 49°C. A temperatura é diminuída conforme se aumenta a proporção da área corporal tratada.

Efeitos primários

- Proporciona um meio de suporte para os exercícios de amplitude de movimento
- A água proporciona resistência aos movimentos rápidos
- A agitação e a aeração da água causam sedação, analgesia e aumento do fluxo sanguíneo
- Também inclui os efeitos dos tratamentos quentes e frios
- Os tratamentos no turbilhão frio resultam em resfriamento mais duradouro dos tecidos intramusculares

Indicações

- Amplitude de movimento diminuída
- Condições inflamatórias subagudas ou crônicas
- Promoção de relaxamento muscular
- Diminuição da dor e do espasmo muscular
- Doença vascular periférica (uso de uma temperatura neutra)
- Lesões de nervos periféricos (evitar os extremos de calor e frio)

Contraindicações

- Condições agudas nas quais a turbulência da água pode irritar ainda mais as áreas lesionadas ou nas quais o membro é colocado em uma posição pendente
- Febre (no turbilhão quente)
- Pacientes que requerem suporte postural durante o tratamento
- Problemas de pele em banheiras de hidromassagem. Em outras circunstâncias, seguir as instruções de limpeza citadas anteriormente
- Contraindicações gerais relacionadas para tratamentos quentes e frios (Cap. 5)

Precauções

- O turbilhão precisa estar conectado a um interruptor de circuito com falha de aterramento (ver Quadro 4.5)
- Instruir o paciente para que não ligue ou desligue o motor do turbilhão enquanto estiver dentro da água. O ideal é que o interruptor do motor fique fora do alcance do paciente
- Pacientes que estejam recebendo tratamentos no turbilhão devem ficar à vista de um membro da equipe durante todo o tempo
- Por causa do desconforto associado às imersões no frio, o tratamento pode ser iniciado com uma temperatura confortável, ainda que fria. Diminuir a temperatura de forma gradual durante o tratamento acrescentando água fria
- A combinação de aumento da circulação e a posição pendente do membro tendem a aumentar o edema

(continua)

Em foco:
Turbilhões quentes e frios (*continuação*)

- Não ligar a turbina quando o turbilhão estiver sem água
- O fluxo de água pode deixar alguns pacientes nauseados, em especial aqueles propensos a enjoo de movimento[151]
- Pacientes que estejam sob a influência de substâncias (incluindo álcool), ou aqueles que têm distúrbios convulsivos ou doença cardíaca correm o risco de perder a consciência durante o tratamento, em especial quando é usado o turbilhão quente[146]
- A pressão associada à imersão de corpo inteiro pode comprometer a respiração de pessoas que sofrem de doença respiratória avançada

Duração do tratamento

- Os tratamentos iniciais no turbilhão têm duração de 5 a 10 minutos
- A duração dos tratamentos pode ser aumentada para 20 a 30 minutos conforme o programa progride. Ao tratar estruturas profundas, a duração do tratamento deve ser aumentada conforme a quantidade de tecido adiposo aumenta
- Os tratamentos podem ser feitos uma ou duas vezes por dia

Low Boy e High Boy, cortesia de Whitehall Manufacturing, City of Industry, CA.

---

uma cadeia alta ou um banco para turbilhão. Usar um forro de borracha ou uma toalha de banho dobrada para acolchoar o membro no ponto em que ele fizer contato com o tanque.

9. Se todo o corpo estiver em imersão, usar um banco de turbilhão ou assento tipo rede.
10. Ligar a turbina e ajustar a turbulência. Nas lesões subagudas, não focar a turbulência diretamente na área afetada.
11. Pacientes que receberem tratamento para o corpo inteiro, tanto quente quanto frio, precisam ser monitorados continuamente.

Manutenção

A presença de eletricidade, água e pacientes no mesmo local cria preocupações únicas com a segurança. Ver a parte sobre Sistemas elétricos e área de hidroterapia no Capítulo 5, relativa à operação segura da área de hidroterapia.

Seguir as orientações do fabricante para os requisitos de manutenção a cada 4, 6 ou 12 meses, incluindo calibração dos termômetros por pessoal qualificado como parte da inspeção anual. Desconectar a turbina da sua fonte de energia antes de limpar ou mover o turbilhão.

Limpeza do turbilhão

O turbilhão precisa ser limpo antes e depois de tratar um paciente com feridas abertas que serão expostas à água. Se não forem permitidas feridas abertas no tanque, o turbilhão deverá então ser limpo ao final do expediente. Turbilhões tipo banheira de hidromassagem requerem atenção especial. Consulte os requerimentos de manutenção e higiene do fabricante.

1. Drenar o turbilhão após o tratamento.
2. Usar acessórios apropriados, como luvas de borracha e um avental.
3. Reencher o tanque com água quente (cerca de 50°C) até um nível suficiente para operar a turbina com segurança.
4. Acrescentar à água um desinfetante comercial, agente antibacteriano ou alvejante com cloro, usando a concentração indicada na embalagem.
5. Ligar a turbina por pelo menos 1 minuto para permitir que o agente de limpeza circule pelos componentes internos.
6. Drenar o turbilhão e esfregar o interior usando uma escova com um limpador, prestando bastante atenção à turbina externa, à haste do termômetro, drenos, junções e outras áreas que podem reter germes.
7. Enxaguar abundantemente o tanque.
8. Limpar a superfície exterior com um limpador para aço inoxidável (ou outro apropriado). Os tanques de aço inoxidável não devem ser limpos com alvejante.
9. Há no mercado *kits* de cultura para determinar a presença de bactérias no tanque.

Intervalos mensais ou regulares

Verificar o funcionamento apropriado do interruptor do circuito com falha de aterramento.

Anualmente

1. Providenciar para que a turbina do turbilhão seja inspecionada por um técnico de serviço qualificado.
2. Calibrar o termômetro do tanque.

Compressas úmidas quentes

A compressa úmida quente é uma bolsa de lona cheia de sílica ou substância similar capaz de absorver um grande número de moléculas de água. A bolsa é mantida dentro de um tanque cheio de água aquecida a uma temperatura constante que varia entre 71,1 e 74,4°C, embora algumas bolsas possam ser aquecidas na água em um fogão ou forno de micro-ondas para uso caseiro (ver no manual do fabricante as instruções para procedimentos caseiros de aquecimento). A faixa de temperatura usada para aquecer uma compressa úmida quente ajuda a matar qualquer bactéria que possa se acumular na unidade de aquecimento.

As compressas úmidas quentes são uma forma de calor superficial que transfere energia para a pele do paciente por condução, com a umidade auxiliando na transferência de energia.[7] As camadas subjacentes de tecido são aquecidas por condução a partir do tecido mais superficial. Essas compressas são capazes de manter uma temperatura terapêutica de funcionamento por 30 a 45 minutos depois da remoção da unidade de aquecimento.

A cobertura em torno da bolsa quente (ver Preparo e aplicação) serve de isolamento entre a bolsa e a pele (Fig. 6.13). Quando a bolsa é colocada sobre a pele, há pouca compressão da cobertura de proteção, o que permite que se formem bolsas de ar dentro das camadas, provendo isolamento adicional. Se a compressa quente for comprimida, como ocorre quando o paciente se deita sobre ela, as camadas se aproximam e o ar é forçado para fora. Isso diminui o isolamento disponível e aumenta a quantidade de energia que é transferida, aumentando a possibilidade do paciente sofrer queimaduras. Deitar-se por cima da compressa quente também diminui o fluxo capilar e a energia perdida para o ambiente, ambos os fatores aumentam a possibilidade de ocorrer queimaduras. Por essa razão, os pacientes não devem se deitar sobre a compressa úmida quente.

As compressas úmidas quentes são adequadas para uso sobre áreas localizadas ou áreas que normalmente não podem ser tratadas por meio da imersão na água, como a parte cervical da coluna vertebral (Fig. 6.14). A grande variedade de tamanhos e estilos de compressas úmidas quentes as tornam aceitáveis para uso sobre a parte lombar da coluna vertebral (tamanho médio ou grande), parte cervical da coluna vertebral (bolsa cervical), ombro (tamanho médio) e joelho (tamanho médio). A eficácia da compressa úmida quente diminui quando é usada sobre áreas irregulares, como o tornozelo ou os dedos, casos onde um turbilhão quente ou outras técnicas de imersão devem ser considerados.

A presença de água permite uma transferência rápida de calor da compressa úmida quente para a pele. Camadas espessas de tecido adiposo isolam os tecidos intramusculares dessa troca rápida de calor. O calor seco, como o que é produzido por bolsas quentes químicas, tem uma temperatura mais baixa que resulta em uma taxa de troca de calor mais lenta. A temperatura de tratamento mais baixa permite um tratamento com duração de várias horas. Esse aquecimento longo e lento é eficaz para aumentar as temperaturas intramusculares abaixo de camadas espessas de tecido adiposo.[7]

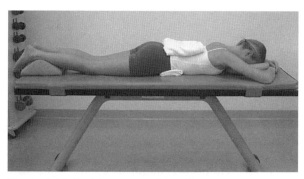

Figura 6.13 Posicionamento do paciente para tratamentos da parte lombar da coluna cervical com calor úmido. Note os calços embaixo dos pés, abdome e face. Essa posição alivia a tensão nos músculos lombares.

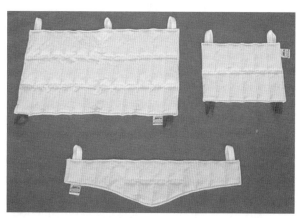

Figura 6.14 Compressas úmidas quentes. No sentido horário, a partir do canto superior esquerdo: tamanho grande (38 × 60 cm), padrão (25 × 30 cm) e cervical (60 cm comprimento). Existem outros tamanhos e formatos.

Efeitos sobre
O processo de resposta à lesão

O efeito específico das compressas úmidas quentes são os mesmos descritos para o calor em geral (ver Cap. 5). Quando comparado ao calor seco, o calor úmido é considerado um método mais confortável de aplicação e pode ter um benefício maior na redução da dor. Os agentes de aquecimento seco, como bolsas químicas ou uma almofada aquecida elétrica, não aumentam a temperatura da pele tão rápido quanto os agentes de calor úmido, permitindo que o sangue fresco mantenha as temperaturas do tecido relativamente baixas durante tratamentos terapêuticos de duração normal. Contudo, como o aquecimento elétrico mantém uma temperatura constante durante o tratamento, com o tempo a chance de queimaduras aumenta, a menos que a temperatura seja controlada por um termostato e/ou *timer*.

Evidência prática

As compressas úmidas quentes não são eficazes para aumentar as temperaturas de tecidos subcutâneos em pessoas que têm camadas espessas de tecido adiposo. Contudo, bolsas de calor seco aplicadas a uma temperatura mais baixa, por tempos mais longos (até 6 horas), podem aumentar as temperaturas do tecido intramuscular.[7] As bolsas e bandagens quentes químicas são mais adequadas para esse propósito.

A aplicação do calor úmido causa um aumento rápido na temperatura de superfície da pele. A vasodilatação produz um influxo de sangue para a área em uma tentativa de resfriar os tecidos. As camadas musculares superficiais são aquecidas diretamente pelas bolsas quentes, o que resulta no relaxamento dos tecidos afetados. Em áreas com pequena cobertura de tecido adiposo, o fluxo sanguíneo pode ser afetado em até 3 cm de profundidade. A vasodilatação e o aumento do fluxo sanguíneo ocorrem apenas enquanto as bolsas quentes estão em contato como corpo.[56] Usando o grupo muscular tríceps sural como modelo, as temperaturas a 1 cm de profundidade dentro dos tecidos são elevadas em 21,4°C (±17,04°C) em comparação com apenas 9,8°C (±11,8°C) a uma profundidade de 3 cm.[152] Camadas grossas de tecido adiposo sobre os tecidos reduzem a profundidade efetiva de penetração.[152]

O relaxamento dos músculos ou de camadas musculares que se situam mais profundamente resulta do efeito calmante sobre os nervos motores e sensoriais superficiais. Ao tratar pessoas obesas, o terapeuta pode perceber que as bolsas quentes são menos eficazes para elevar a temperatura do tecido subcutâneo, pois a camada de tecido adiposo serve como isolante.

Preparo e aplicação

1. Assegurar que o paciente não tenha contraindicações para usar essa técnica de tratamento.
2. Cobrir a bolsa com uma cobertura própria atoalhada ou dobrar uma toalha de modo a obter cinco ou seis camadas entre a bolsa e a pele (Fig. 6.15). A temperatura do tratamento pode ser aumentada removendo as camadas de toalha, ou ser diminuída acrescentando-se mais camadas.
3. Colocar a compressa sobre o paciente de uma maneira confortável. Se não puder evitar que a compressa fique sob o paciente, colocar camadas a mais de toalha entre o paciente e a bolsa quente.
4. Quando for tratar uma área infectada, cobrir completamente a pele com gaze estéril. Depois do tratamento, dispor a gaze no recipiente para lixo biológico e lavar a cobertura da bolsa quente usando as precauções convencionais.
5. Verificar o paciente depois dos primeiros 5 minutos quanto a conforto e coloração da pele. Verificar o paciente regularmente e ajustar as camadas de toalha, se necessário.
6. Alguns terapeutas trocam de bolsa quente a cada 8 a 10 minutos para manter altas temperaturas de tratamento,[89] mas bolsas adequadamente aquecidas contêm energia suficiente para tratamentos de 30 minutos.[108] Se as bolsas quentes forem trocadas durante o tratamento, deve-se ter o cuidado extra de verificar se estão surgindo queimaduras decorrentes das temperaturas elevadas e da vasoconstrição de rebote.
7. Depois do tratamento, retornar a bolsa quente à unidade de aquecimento e permitir que se reaqueça por no mínimo 30 a 45 minutos antes de ser utilizada novamente.

Manutenção

Tirar a unidade de aquecimento da tomada antes de fazer qualquer manutenção. Seguir as orientações do fabricante quanto aos requisitos de manutenção a cada quatro, seis ou 12 meses, incluindo calibração por pessoal qualificado.

Compressas úmidas quentes novas

Quando usar uma compressa úmida quente pela primeira vez, permitir que absorva completamente a água ficando imersa na água morna por 2 horas antes de ser colocada dentro da unidade de aquecimento.

Em foco:
Compressas úmidas quentes

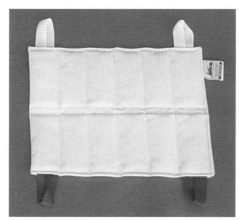

Compressa úmida quente de 20 × 30 cm

Unidade de aquecimento úmido

Descrição

Bolsas cheias de sílica são armazenadas na água quente quando não estão sendo usadas. As bolsas são então tiradas da unidade de aquecimento, envolvidas em uma cobertura de toalha e usadas para emitir calor ao corpo. O aumento resultante da temperatura localiza-se nos tecidos superficiais.

Efeitos primários

- Aumento do fluxo sanguíneo/vasodilatação
- Aumento do metabolismo celular
- Relaxamento muscular secundário à redução na sensibilidade dos fusos musculares

Faixa de temperatura

- As compressas úmidas quentes são armazenadas na água a uma temperatura de 71,1 a 74,4°C quando não estão sendo usadas
- Durante a aplicação, é acrescentado um isolamento à bolsa, conforme a necessidade, para manter o tratamento confortável

Duração do tratamento

- As compressas úmidas quentes são usadas comumente em séries de tratamento de 20 a 30 minutos. No tratamento de estruturas profundas, a duração deve ser aumentada de acordo com a quantidade de tecido adiposo
- Os tratamentos podem ser repetidos conforme a necessidade, mas deve ser permitido tempo suficiente para a pele esfriar antes da aplicação do próximo tratamento

Indicações

- Condições inflamatórias subagudas ou crônicas
- Redução de dor subaguda ou crônica
- Espasmo muscular subagudo ou crônico
- Diminuição da ADM
- Resolução de hematoma
- Aumento da elasticidade de músculo, tendão e fáscia
- Redução de contraturas articulares
- Infecção (ver procedimento em Preparo e aplicação das compressas úmidas quentes)

Contraindicações

- Condições agudas: esse recurso terapêutico aumenta a resposta inflamatória na área
- Doença vascular periférica: o calor não pode ser dissipado, portanto, a chance de queimaduras é maior
- Circulação deficiente
- Regulação térmica ruim

Precauções

- Não permitir que a compressa úmida quente entre em contato direto com a pele, pois podem ocorrer queimaduras
- Se as bolsas forem trocadas durante o curso do tratamento, deve-se ter o cuidado adicional de prevenir queimaduras
- Áreas infectadas precisam ser cobertas com gaze estéril ou outro tipo de material para absorver as secreções
- Não permitir que o paciente deite sobre a compressa quente. Se isso for inevitável, acrescentar camadas extras de isolamento

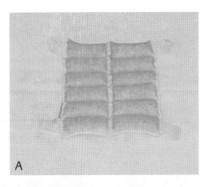
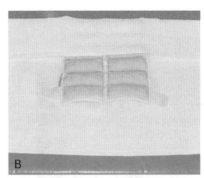
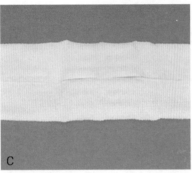
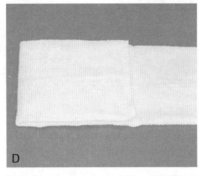
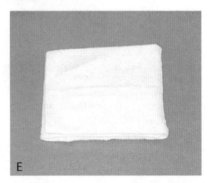

Figura 6.15 Isolamento de uma compressa úmida quente com toalha. (A) Centralizar a bolsa sobre uma toalha. (B) e (C) Dobrar as margens longas em direção ao centro da bolsa. (D) e (E) Dobrar as margens curtas em direção ao centro. Essa técnica proporciona cinco camadas de isolamento. Podem ser acrescentadas mais camadas para diminuir a intensidade do tratamento. Podem ser necessárias duas toalhas para compressas úmidas quentes maiores.

Manutenção diária

Assegurar que o nível de água cubra o topo das compressas úmidas quentes.

Manutenção bissemanal

1. Tirar da tomada e drenar a unidade de aquecimento.
2. Limpar a unidade de armazenamento, os suportes e o elemento aquecedor com um limpador de aço inoxidável, uma mistura de vinagre e água ou um limpador abrasivo suave. Se a unidade for feita de aço inoxidável, NÃO USAR um limpador que contenha alvejante com cloro, pois este danifica o aço inoxidável. Se a água de torneira da região tiver alto nível de cloro, acrescentar um desclorador.
3. Remover o sedimento do metal interno e da resistência de aquecimento com uma escova firme ou palha de aço. Não usar objetos metálicos para raspar o sedimento, pois isso pode danificar o metal.
4. Encher a unidade com água suficiente para cobrir o topo das compressas úmidas quentes.
5. Aditivos perfumados ou à base de ervas não devem ser acrescentados à água, a menos que sejam especificamente aprovados pelo fabricante.

Cuidado com as compressas úmidas quentes

1. Descartar qualquer bolsa que possa estar contaminada com germes.
2. Descartar qualquer bolsa que esteja rasgada. Os conteúdos da bolsa vazarão para dentro da unidade de armazenamento.
3. Não permitir que as bolsas ressequem.
4. Para armazenar as bolsas por longos períodos, colocá-las em bolsas plásticas individuais que possam ser seladas e armazenadas em um *freezer*.

Banho de parafina

A parafina é um agente superficial usado para transmitir calor para áreas pequenas e de formato irregular, como mãos, dedos, punho e pé. Embora seu uso na medicina esportiva seja limitado, é um método eficaz de transmitir calor, e essa forma de termoterapia pode aumentar a temperatura intra-articular em até 3,5°C.[28] A aplicação da parafina é benéfica em condições crônicas nas quais a ADM não é uma parte essencial do protocolo de tratamento, como na artrite ou em condições inflamatórias crônicas.

O banho de parafina contém uma mistura de cera e óleo mineral em uma proporção de sete partes de cera para uma parte de óleo (7:1). A parafina derretida é mantida na temperatura constante de 47,8 a 52,2°C para os tratamentos de membro superior. As temperaturas para tratamentos de membro inferior são diminuídas para 45 a 49,4°C porque a circulação é menos eficiente. Por causa de seu calor específico baixo (0,5 a 0,65), a parafina pode prover cerca de seis vezes a quantidade de calor dada pela água. Como consequência, a parafina parece ser mais fria e é mais tolerável do que a água na mesma temperatura (ver Quadro 5.1).

Efeitos sobre
O processo de resposta à lesão

Além dos efeitos convencionais da aplicação de calor, a parafina aumenta a perspiração na área tratada e torna a pele mais macia e umidificada.

Preparo e aplicação

Há vários métodos de aplicação da parafina, sendo os mais comuns os métodos de imersão e de luva. A parafina age tanto como agente de aquecimento quanto de isolamento quando se permite que seque sobre a pele. Com isso em mente, a quantidade de calor transmitida é ajustada pelo aumento ou diminuição das camadas de cera. Durante os banhos de imersão, a quantidade de isolamento é aumentada com o número de camadas acrescentadas.

Preparação para o tratamento

Para evitar a contaminação da parafina, deve-se limpar e secar minuciosamente a parte do corpo antes do tratamento. Remover esmalte de unha que esteja lascado ou solto antes do tratamento.

Banho de imersão

Esse é o melhor método de elevar a temperatura do tecido. Contudo, a chance de queimaduras aumenta, de modo que o paciente precisa ser monitorado de perto.

1. Assegurar que o paciente não tenha contraindicações para usar essa técnica de tratamento.
2. Se possível, o paciente deve separar os dedos da mão ou do pé para permitir que a parafina cubra a maior área de superfície possível. O paciente começa mergulhando a parte do corpo dentro da parafina e a remove. Então, permite que essa camada seque (ela ficará com uma tonalidade branca opaca).
3. A extremidade é mergulhada na cera mais 6 a 12 vezes para desenvolver a quantidade de isolamento necessária. Cada mergulho deve ser um

pouco mais fundo do que a imersão anterior. Permite-se que a cera seque entre os mergulhos.
4. O paciente então coloca a parte do corpo de volta na parafina e a deixa em imersão até o final do tratamento.
5. Instruir o paciente para evitar tocar nos lados e no fundo da unidade de aquecimento, pois podem ocorrer queimaduras.
6. Os pacientes que estão recebendo o tratamento de imersão não devem mover as articulações que estão dentro do líquido. A quebra da cera permitirá que parafina líquida toque a pele, aumentando o risco de queimaduras.
7. Depois do tratamento, a parafina endurecida é retirada e descartada.

Método da bolsa (luva)

O método da luva é o meio mais seguro de transmitir calor para o corpo com a cera de parafina, porém produz menos aquecimento do que o método de imersão. Esse método é recomendado para aqueles pacientes que estão no estágio subagudo de cicatrização ou têm uma condição vascular ou nervosa que os predispõe a queimaduras. A parte do corpo pode também ser elevada durante essa forma de aplicação de parafina (Fig. 6.16).

1. Assegurar que o paciente não tenha contraindicações para usar essa técnica de tratamento.
2. Começar o tratamento fazendo a imersão do membro na cera de modo que este fique completamente coberto. Remover a parte do corpo e permitir que a cera seque.
3. Continuar mergulhando e removendo a parte do corpo na cera mais 7 a 12 vezes.
4. Depois da última retirada da cera, cobrir o membro com uma bolsa plástica, papel alumínio ou papel manteiga. Então, envolver a área e prender com uma toalha.
5. Se indicado, a parte do corpo poderá ser elevada.
6. Depois do tratamento, remover a toalha e as camadas internas. Retirar a parafina endurecida e retorná-la ao tanque para reaquecimento, ou descartá-la.

Manutenção

Consultar os requisitos de manutenção do fabricante da unidade que está sendo usada.

Depois de cada uso

Esperar que a parafina que possa ter caído para fora do tanque se seque, depois raspar a cera usando um depressor de língua.

Em foco:
Banho de parafina

Descrição
Uma mistura de cera e óleo mineral é derretida dentro do tanque. O baixo calor específico da mistura permite que sejam usadas temperaturas quentes durante o tratamento. A parafina é usada para transmitir calor para áreas pequenas e de formato irregular, em especial quando os exercícios de ADM não fazem parte do tratamento de condições inflamatórias crônicas e para a suavização da pele.

Efeitos primários
- Aumento da perspiração
- Aumento do fluxo sanguíneo e vasodilatação
- Aumento do metabolismo celular

Faixa de temperatura
47,8 a 5,2°C

Duração do tratamento
Os tratamentos de parafina são aplicados por 15 a 20 minutos e podem ser repetidos várias vezes por dia.

Indicações
- Condições inflamatórias subagudas e crônicas (p. ex., artrite nos dedos)
- Limitação dos movimentos após imobilização

Contraindicações
- Feridas abertas: cera e óleo podem irritar os tecidos
- Infecções de pele: o ambiente quente e escuro é excelente para proliferação de bactérias
- Perda sensorial
- Doença vascular periférica
- Ver Tabela 5.7

Precauções
- Não permitir que o paciente toque a base ou as laterais do tanque de parafina, pois podem ocorrer queimaduras
- A sensação da parafina é enganosa quanto à temperatura real do tratamento. A temperatura da parafina é suficiente para causar queimaduras, porém seu calor específico requer mais tempo para transferir a energia
- Evitar o uso da parafina em atletas que precisam apanhar ou arremessar uma bola (p. ex., jogadores de basquete) ou trabalhadores que precisam manter uma boa preensão (p. ex., carpinteiros) depois do tratamento. O óleo mineral na mistura de parafina tende a tornar as mãos escorregadias, dificultando a tarefa de apanhar uma bola ou segurar um martelo

ParaTherapy, cortesia de Whitehall Manufacturing, City of Industry, CA.

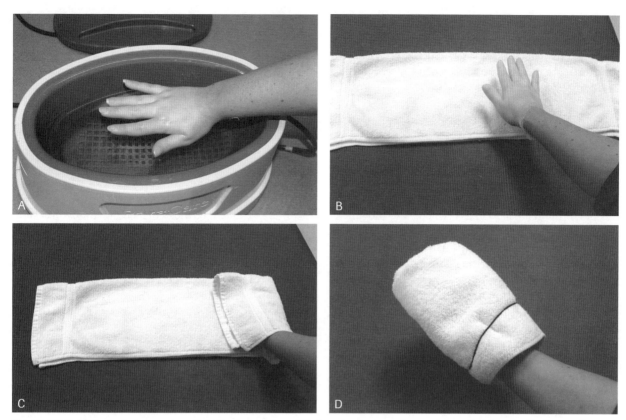

Figura 6.16 Método da luva para aplicação de parafina. (A) A parte do corpo (em geral a mão) é mergulhada na mistura de parafina 7 a 12 vezes. (B) e (C) Depois que a camada externa de cera seca, a parte do corpo é envolta em uma toalha ou papel alumínio. (D) O membro permanece envolvido até o final do tratamento. Existem à venda luvas e botas de tecido próprias para essa finalidade.

Conforme a necessidade

A mistura de parafina deve ser trocada quando se tornar descolorida ou se acumularem resíduos na base do tanque. Desliga-se a unidade de aquecimento da tomada antes de fazer qualquer manutenção. Seguir as diretrizes do fabricante quanto aos requisitos de manutenção a cada 6 ou 12 meses, incluindo calibração por pessoal qualificado.

1. Desligar a unidade da tomada e remover a grade de proteção da base do tanque.
2. Esperar que a parafina endureça (isso pode levar várias horas).
3. Depois que a parafina endurecer, conectar novamente a tomada e deixar que a parafina se aqueça até o ponto em que se solte do tanque.
4. Remover e descartar a parafina usada.
5. Usar papel toalha para remover qualquer parafina residual.
6. Tirar a unidade da tomada e limpar o tanque interno com um desinfetante suave.

Fluidoterapia

A fluidoterapia é um recurso que funciona por convecção para transmitir calor seco para os membros. Esse método de aplicação de calor é usado nos casos em que a aplicação de parafina ou o turbilhão seria apropriado, porém a fluidoterapia resulta em mais absorção de calor pelos tecidos.[153] Jatos de ar circulam partículas de celulose aquecida que têm um calor específico e capacidade térmica mais baixos do que a água, permitindo temperaturas de tratamento mais elevadas. A fluidoterapia aplicada a 47,8°C aumenta a temperatura da cápsula articular em 9°C e do músculo superficial em 5,3°C.[154]

O paciente insere a parte do corpo dentro da unidade através de uma das aberturas localizadas no aparelho. As mãos do terapeuta também podem ser inseridas no aparelho para auxiliar nos exercícios de ADM ou executar técnicas de mobilização articular.

Efeitos sobre
O processo de resposta à lesão

O efeito e a sensação da fluidoterapia são similares aos do turbilhão, porém sem os benefícios da flutuabilidade e da pressão hidrostática. O meio de celulose provê resistência ao exercício ativo. O aumento da quantidade de fluxo de ar diminui a resistência e vice-versa.

Os efeitos da fluidoterapia no ciclo de resposta à lesão, em geral, são os mesmos dos tratamentos que empregam calor. Uma vantagem da fluidoterapia é a habilidade de tirar o membro da posição pendente, reduzindo a formação de edema.

Instrumentação

Velocidade do ar: a velocidade com que o meio é movido pelo aparelho é expressa como uma porcentagem da força total (0 a 100). A regulagem padrão é 50. Uma força mais baixa aumenta a viscosidade da mistura, proporcionando mais resistência ao movimento articular.

Timer **de preaquecimento:** usado para preaquecer o meio transmissor. Algumas unidades são programáveis, permitindo que a unidade se preaqueça automaticamente no início de um dia de trabalho.

Tempo de pulso: os pulsos interrompem o fluxo do meio ao iniciar e interromper a corrente de ar. Os pulsos variam de 1 (1 segundo ON/1 segundo OFF) a 6 (6 ON/6 OFF). A regulagem do tempo de pulso em OFF provê um fluxo constante.

Temperatura do tratamento: regula a temperatura do tratamento de 31,1 a 54°C.

Tempo de tratamento: regula a duração do tratamento. O tempo restante é apresentado no console, ou o *timer* gira para mostrar o tempo restante.

Preparo e aplicação

Consultar o manual de instruções do aparelho para instruções de operação precisas.

Preparo do paciente

1. Assegurar que o paciente não tenha contraindicações para usar essa técnica de tratamento.
2. Durante o período de preparo do paciente, preaquecer o aparelho de fluidoterapia. Se a unidade for equipada dessa maneira, fechar as abas de aquecimento para acelerar o preaquecimento. Depois do preaquecimento, reabrir as abas.
3. Remover qualquer adereço da parte do corpo a ser tratada.
4. Lavar e secar o membro do paciente usando um sabão bactericida e então aplicar um limpador de pele antisséptico hospitalar.
5. Para impedir que o meio penetre em feridas abertas, cobrir possíveis lesões de pele com uma membrana não permeável, como um saco plástico, luvas de borracha ou curativo de pele cirúrgico (p. ex., OpSite).

Início do tratamento

1. Desligar o aparelho.
2. Assegurar que o aparelho contenha uma quantidade apropriada do meio.
3. Fechar todas as entradas não utilizadas antes de ligar o aparelho.
4. Selecionar a entrada apropriada para o tratamento e parte do corpo. Fazer o paciente inserir completamente a parte do corpo no aparelho.
5. Prender com firmeza o dispositivo proximalmente na parte do corpo.
6. Regular o termostato na temperatura desejada, em geral entre 37,8 e 50,6°C.
7. Regular a duração do tratamento.
8. Se indicado, instruir o paciente a realizar os exercícios de ADM apropriados.

Término do tratamento

1. Desligar o aparelho antes de remover o membro que está sendo tratado.
2. Soltar o dispositivo do membro do paciente.
3. Antes de remover a parte do corpo do tanque, remover possíveis partículas que possam ter aderido ao paciente.
4. Fechar novamente a entrada usada pelo paciente.

Manutenção

Tirar o aparelho da tomada antes de fazer qualquer manutenção. Seguir as diretrizes do fabricante sobre requisitos de manutenção a cada 6 e 12 meses, incluindo calibração por pessoal qualificado.

Manutenção diária

1. Limpar os filtros das entradas de ar. Remover o filtro e lavar com sabão bactericida e água. Permitir que o filtro seque completamente antes de reinstalá-lo. Filtros mais velhos são limpos com uma escova curta macia.
2. Encher novamente com o meio. Abastecer a unidade até o nível indicado usando o meio recomendado pelo fabricante.
3. Inspecionar as mangas. Assegurar que as mangas das entradas estejam livres de rasgos e costuras fracas. Mangas porosas resultarão no vazamento do meio durante o tratamento.

Manutenção semanal

Lavar todas as mangas do dispositivo com detergente bactericida suave. Ver no manual do operador as instruções sobre como remover as mangas.

Em foco:
Fluidoterapia

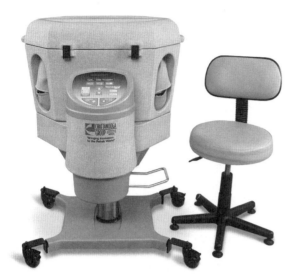

Descrição
A celulose granulada é aquecida e circulada com o ar para transmitir calor seco ao membro. A fluidoterapia é usada para aquecimento superficial dos membros, em especial do punho, mãos, dedos, tornozelo e dedos do pé.

Faixa de temperatura
43,3 a 51,6°C

Duração do tratamento
Os tratamentos com fluidoterapia são feitos por 20 minutos e podem ser repetidos múltiplas vezes por dia.

Fluido CHT, cortesia de Chattanooga Group, Hixson, TN.

Indicações
- Redução da dor
- Antes ou durante a mobilização articular
- Exercícios de ADM combinados com termoterapia
- Artrite não reumatoide

Contraindicações
- Feridas abertas descobertas
- Perda sensorial
- Doença vascular periférica
- Sobre lesões cancerígenas
- Condições médicas gerais que reduzem a tolerância do paciente ao calor

Precauções
- Cobrir as feridas abertas antes do tratamento
- Pacientes que sejam propensos a reações alérgicas causadas por poeira e pólen

Terapia de contraste

A terapia de contraste consiste em alternar tratamentos quentes e frios. A imersão em água estacionária, turbilhões sequenciais ou compressas úmidas quentes e bolsas de gelo podem ser usados nessa técnica. Acredita-se que a alternância de recursos terapêuticos quentes e frios causa um ciclo de vasoconstrições e vasodilatações dos vasos sanguíneos superficiais.

A proporção de tempo mais eficaz entre calor e frio não foi determinada; alguns protocolos baseiam-se na temperatura e no meio usado. As proporções comumente usadas são 3:1 e 4:1 (i. e., 3 e 4 minutos na imersão

Evidência prática
A terapia de contraste costuma ser usada como uma técnica para redução de edema pelo "bombeamento" do fluxo sanguíneo.[5] Contudo, não há base fisiológica ou evidência clínica que apoie essa técnica, em especial em grandes articulações, como tornozelo ou joelho. Embora haja algum respaldo para o aumento do fluxo sanguíneo na pele, a profundidade efetiva desse tratamento não penetra os tecidos subcutâneos, e os vasos linfáticos não são afetados por qualquer mudança de temperatura que possa ocorrer.[155-157]

Há pouca evidência apoiando o uso da terapia de contraste na diminuição do limiar de dor, em especial quando comparada a outras intervenções terapêuticas.[5,156-158]

quente para 1 minuto na fria).[157] Outras abordagens usam 10 minutos de imersão em água quente, 1 minuto de imersão em água fria, seguida pela alternância de séries de 4:1 quente/frio até o fim do tratamento.[20,156]

Séries com alternância de 6 minutos com a aplicação de compressa úmida quente e bolsa fria produzem um diferencial mais acentuado nas temperaturas do que as técnicas de imersão usadas por tempos de contato mais curtos. Esse método mantém o gradiente de temperatura alto, resultando em uma maior troca de energia.[20]

O tratamento pode terminar com uma aplicação de calor ou de frio, dependendo do estágio da lesão, do efeito desejado pelo tratamento e os planos de atividade do paciente após o tratamento. Quando se deseja um estado de vasoconstrição, o tratamento termina após a aplicação de frio. Quando se deseja a vasodilatação, o tratamento termina após a aplicação de calor. Em condições subagudas, costuma ser benéfico terminar o tratamento após a exposição ao frio.

Efeitos sobre
O processo de resposta à lesão

Os efeitos exatos nas respostas celulares decorrentes da terapia de contraste não são claros. A terapia de contraste tem sido há muito tempo usada na pressuposição de que o fluxo de sangue novo para a área auxilia na remoção do edema ao desobstruir a vasculatura. As mudanças na temperatura do tecido causam flutuações no fluxo sanguíneo cutâneo, porém essas mudanças não se estendem para os tecidos intramusculares.[5,156,157] As mudanças no fluxo sanguíneo da pele se encontram significativamente diminuídas em pacientes com comprometimento vascular, como diabetes.[159]

Acreditava-se que séries alternadas de vasoconstrição e vasodilatação "bombeavam" o edema do membro.[160] As alterações no diâmetro vascular ocorrem primeiro nos vasos cutâneos. Contudo, os capilares linfáticos contêm apenas células epiteliais e são incapazes de mudar de tamanho, ou seja, são incapazes de fazer vasodilatação ou vasoconstrição. O mais importante, conforme descrito no Capítulo 1, é que a matéria sólida do edema precisa ser removida pelo sistema linfático, e os vasos linfáticos não são afetados pela temperatura. Apenas a gravidade, as contrações musculares ou a pressão externa movem a matéria ao longo do sistema linfático.[5,156,159]

Não há evidência que apoie a eficácia da terapia de contraste na redução do edema ou remoção de equimose. Se forem usadas técnicas de imersão de meia perna ou meio braço, em que não se coloca pressão hidrostática suficiente sobre a extremidade distal durante a aplicação da terapia de contraste, o membro ficará em uma posição pendente, o que potencialmente aumentará o volume do membro (ver a parte sobre turbilhões neste capítulo).

Em termos teóricos, a taxa metabólica celular aumenta ou diminui em resposta à temperatura do tratamento; contudo, a terapia de contraste não parece ter influência significativa nas temperaturas do tecido subcutâneo.[20,100] Parece não haver efeito na percepção de dor ou de pressão após o tratamento.[158]

Preparo e aplicação

Técnica de imersão

1. Assegurar que o paciente não tenha contraindicações para usar essa técnica de tratamento.
2. Se uma técnica de imersão estiver sendo usada, posicionar os dois recipientes o mais perto possível, sem que se toquem. ("Recipientes" são baldes para imersão ou tanques de turbilhão.) O paciente deve ser capaz de remover a parte do corpo de um recipiente e, logo em seguida, imergi-lo no outro.
3. Encher um recipiente com água na faixa de 40,6 a 43,3°C e o outro com água entre 10 a 15,6°C.
4. Posicionar o paciente em uma cadeira ou banco, de maneira que seja necessário o mínimo movimento de um recipiente para o outro.

Técnica com bolsa quente/fria

1. Assegurar que o paciente não tenha contraindicações para usar essa técnica de tratamento.
2. Posicionar o paciente de modo que as bolsas quente e fria fiquem ao seu alcance.
3. Instruir o paciente sobre como e quando remover uma bolsa e aplicar a outra.
4. Por causa do resfriamento, a bolsa quente original deverá ser substituída por uma bolsa aquecida nova com cerca de 15 minutos de tratamento.

Considerações comuns

1. Um relógio ou *timer* deve estar disponível para cronometrar os segmentos do tratamento.
2. Na maioria dos casos, os tratamentos quentes são aplicados primeiro.
3. O paciente deve alternar entre os tratamentos de acordo com o protocolo que está sendo aplicado.
4. Como em todos os tratamentos usando calor ou frio, o paciente deve ser monitorado.
5. O tratamento termina depois da imersão quente, se o objetivo for relaxamento e vasodilatação, ou após a imersão fria, se o objetivo for a vasoconstrição.

Em foco:
Terapia de contraste

Descrição

Os banhos de contraste consistem em séries alternadas de calor e frio, usando um turbilhão quente e um frio (mostrado acima), imersão quente e fria ou compressas úmidas quentes e bolsas frias. A terapia de contraste é usada para a transição entre recursos terapêuticos quentes e frios, porém não há evidência que apoie essa prática.
*A eficácia desse tratamento não foi completamente substanciada.

Efeitos primários

Períodos alternados de constrição e dilatação dos vasos cutâneos.

Faixa de temperatura

Imersão fria

10 a 16°C. A temperatura é elevada conforme se aumenta a proporção da área do corpo a ser imersa.

Imersão quente

40,6 a 43,3°C. A temperatura é diminuída conforme se aumenta a proporção da área do corpo tratada.

Duração do tratamento

- 20 a 30 minutos e pode ser repetido conforme a necessidade. Quando forem tratadas estruturas profundas, a duração do tratamento deverá ser ampliada conforme se aumentar a quantidade de tecido adiposo
- As imersões quentes têm duração típica de 3 ou 4 minutos
- As imersões frias têm duração típica de 1 ou 2 minutos

Indicações

- Condições inflamatórias subagudas ou crônicas
- Circulação deficiente (monitorar o paciente de perto)
- Reduzir a dor
- Aumentar a ADM articular

Contraindicações

- Lesões agudas
- Hipersensibilidade ao frio
- Contraindicações relativas ao uso do turbilhão
- Contraindicações relativas às aplicações de frio
- Contraindicações relativas às aplicações de calor

Precauções

- Se forem usados turbilhões, ver as Precauções descritas em *Em foco:* turbilhões quentes e frios
- Uma proteção de Neoprene para os dedos do pé pode ser usada para diminuir o desconforto associado às imersões no frio
- A combinação de aumento da circulação e colocação do membro na posição pendente tende a aumentar o edema

Revisão da Parte 2

Estudo de caso: continuação do estudo de caso da Parte 1

(A discussão a seguir está relacionada à parte 2 do Estudo de caso discutido no Capítulo 3 encontrado na página 67 da Parte 1.)

Os recursos terapêuticos apresentados nos Capítulos 5 e 6 devem beneficiar nosso paciente ao longo de seu programa de reabilitação. Várias formas de recursos terapêuticos frios podem ser usadas no decorrer do tempo indicado, e as compressas úmidas quentes podem ser incorporadas nos estágios avançados do programa.

Bolsas de gelo

Bolsas de gelo triturado devem ser usadas durante os estágios iniciais do programa desse paciente. O paciente deve ser colocado em decúbito dorsal, com a cabeça e o pescoço apoiados de modo confortável para diminuir a quantidade de atividade eletromiográfica no trapézio. A aplicação de frio diminuirá a quantidade de dor ao aumentar o limiar de dor e diminuir a velocidade de condução nervosa. O espasmo muscular será diminuído pela redução na sensibilidade dos fusos musculares ao alongamento. Considerando a fase aguda, esse método de aplicação de frio também diminuirá a atividade metabólica na área tratada, diminuindo, portanto, a quantidade de lesão hipóxica secundária.

Conforme o programa do paciente progride, exercícios ativos ou passivos de amplitude de movimento (descritos a seguir) podem ser feitos após a remoção da bolsa. Durante os estágios mais avançados do programa de reabilitação, as bolsas de gelo podem ser aplicadas depois da sessão de reabilitação para minimizar a resposta inflamatória pós-exercício. Por fim, o paciente pode ser instruído a usar bolsas frias como parte de seu programa de tratamento domiciliar.

Massagem com gelo

A massagem com gelo deve ser usada em conjunto com o exercício de alongamento. O paciente deve ficar na posição sentada, com a parte cervical da coluna vertebral flexionada e inclinada lateralmente para a esquerda até onde tolerar. Depois que o tratamento de massagem com gelo iniciar e o paciente relatar diminuição da dor, o trapézio deve ser ainda mais alongado até que o paciente relate novamente desconforto. Esse processo deve ser repetido por 10 a 15 minutos.

Essa abordagem considera que a massagem com gelo torna dormente a área e diminui a sensibilidade dos fusos musculares locais. Esse efeito, combinado ao alongamento passivo do músculo, ajuda a diminuir o espasmo muscular e aumentar a amplitude de movimento.

Compressas úmidas quentes

Quando o processo inflamatório ativo ceder, o calor úmido poderá ser aplicado com segurança antes do exercício terapêutico e de outros recursos. Similar à aplicação das bolsas frias, o calor úmido diminui a dor e o espasmo associados à lesão, porém outros benefícios também são percebidos. O calor úmido promove o relaxamento da musculatura cervical e aumenta a extensibilidade do tecido, aumentando a eficácia do programa de amplitude de movimento do paciente.

Exercícios concorrentes de amplitude de movimento

Os exercícios de amplitude de movimento para inclinação lateral e rotação (sustentando por 30 segundos durante 5 repetições) são iniciados primeiro com o paciente em decúbito dorsal, para diminuir os efeitos da gravidade. Conforme a dor e o espasmo do paciente começam a ceder, esses exercícios podem ser progredidos para serem feitos na posição ereta.

Estudo de caso: estudo de caso do capítulo

Jéssica é uma jogadora de basquete de 16 anos de idade que sofreu um entorse com inversão do tornozelo esquerdo enquanto você fazia a cobertura médica do evento. Você presenciou o incidente e notou que o tornozelo e o pé da jogadora rolaram para cima da borda lateral depois que ela aterrissou sobre o pé de outra jogadora, após um arremesso de bandeja. Depois que o árbitro pediu tempo, você entrou na quadra para prestar assistência à Jéssica. Você notou que ela estava sentada no chão, segurando o tornozelo com dor significativa. Ela relatou muita dor na face lateral do pé, tornozelo e perna. Depois de uma breve avaliação da lesão, você determinou que ela poderia receber assistência para sair da quadra sem apoiar peso para receber atendimento.

1. Qual é o melhor recurso terapêutico térmico a ser considerado nessa situação?
2. Quais são os efeitos fisiológicos sobre o ciclo de resposta à lesão decorrentes da aplicação desse recurso terapêutico térmico?
3. Quais sintomas clínicos você espera abordar com essa intervenção?
4. A que outras fases essa filosofia de intervenção se aplicaria durante o processo de reabilitação da lesão?
5. Quais outros recursos terapêuticos térmicos podem ser apropriados nas 2 semanas seguintes para esse diagnóstico? Por quê?

■ Questões para revisão da Parte 2

1. Qual dos seguintes recursos terapêuticos tem a maior possibilidade de causar geladura?
   A. Imersão no gelo
   B. Bolsa fria reutilizável
   C. Massagem com gelo
   D. Bolsa de gelo

2. Qual das seguintes alternativas é uma contraindicação ao uso do banho de parafina?
   A. Ausência de amplitude de movimento
   B. Condições crônicas
   C. Dor
   D. Problemas de pele

3. Qual dos seguintes dispositivos usa convecção como método de transferência de calor?
   A. Bolsa de gelo
   B. Turbilhão
   C. Compressa quente úmida
   D. Ultrassom terapêutico

4. Qual das seguintes alternativas não é um efeito local da aplicação de frio?
   A. Diminuição da taxa de metabolismo celular
   B. Diminuição da atividade dos fusos musculares
   C. Diminuição da velocidade de condução nervosa
   D. Diminuição da viscosidade dos líquidos na área

5. Qual dos seguintes recursos terapêuticos tem a maior profundidade de penetração nos tecidos?
   A. Compressa úmida quente
   B. Turbilhão quente
   C. Lâmpada de infravermelho
   D. Bolsa de gelo

6. A aplicação de calor por si só (i. e., sem exercícios de alongamento) é suficiente para alongar tecidos ricos em colágeno. Essa afirmação é:
   A. Verdadeira   B. Falsa

7. Qual das alternativas a seguir não é um efeito local da aplicação de calor?
   A. Aumento da taxa de metabolismo celular
   B. Aumento do fluxo sanguíneo
   C. Aumento do tônus muscular
   D. Diminuição do espasmo muscular

8. Uma queda de _____ graus Celsius (°C) na temperatura da pele é necessária para reduzir a sensibilidade dos fusos musculares.
   A. 2,7   C. 7,2
   B. 5   D. 9,4

9. Conforme o tamanho (área) do corpo exposta à imersão no frio aumenta, a temperatura da imersão deve:
   A. Aumentar   B. Diminuir

10. A razão primária para o uso de frio durante o tratamento imediato de uma lesão é:
    A. Diminuir o edema
    B. Limitar a hemorragia
    C. Reduzir a dor
    D. Diminuir o metabolismo celular

11. Tem sido demonstrado que a "reação oscilatória" ocorre em todas as partes do corpo durante a aplicação do frio.
    A. Verdadeiro   B. Falso

12. As compressas quentes úmidas são armazenadas na água a uma temperatura na faixa de __ a __ graus Celsius (°C).
    A. 60/63   C. 71/74
    B. 65/69   D. 76/80

13. Os efeitos térmicos obtidos de uma compressa úmida quente ocorrem até _____ cm abaixo da pele.
    A. 1   C. 3
    B. 2   D. 4

14. Se a meta de um tratamento for produzir frio de longa duração dentro do músculo quadríceps antes do exercício (no estágio subagudo ou crônico da lesão), quais dos seguintes recursos terapêuticos são os mais apropriados?
    A. Uma única bolsa de gelo
    B. *Spray* de gelo
    C. Massagem com gelo
    D. Turbilhão frio

15. Um paciente está em pé dentro de um turbilhão quente com 100 cm de profundidade. A pressão hidrostática da água no tornozelo é:
    A. 7,3 mmHg   C. 73 mmHg
    B. 36,5 mmHg   D. 109,5 mmHg

16. Você está tentando resfriar o tecido intramuscular a 1 cm de profundidade com uma bolsa de gelo. Há 25 mm de tecido adiposo sobre os tecidos-alvo. Para alcançar as temperaturas terapêuticas, o gelo deverá ser aplicado por _____ minutos.
    A. 20   C. 40
    B. 25   D. 60

17. A taxa metabólica celular aumenta a um fator de dois a três para cada _____ graus Celsius (°C) de aumento na temperatura da pele.
    A. 2,2   C. 8,3
    B. 5   D. 10

Referências bibliográficas

1. Halliday D, et al: Fundamentals of Physics, ed 6. Wiley, Hoboken, NJ, 2000, p 465.
2. Howatson G, Gaze D, van Someren KA: The efficacy of ice massage in the treatment of exercise-induced muscle damage. *Scand J Med Sci Sports.* 15:416, 2005.
3. Reid G, Flonta M: Cold current in thermoreceptive neurons. *Nature.* 413:480, 2001.
4. Nadler SF, Weingand K, Kruse RJ: The physiologic basis and clinical applications of cryotherapy and thermotherapy for the pain practitioner. *Pain Physician.* 7:395, 2004.
5. Fiscus KA, Kaminski TW, Powers ME: Changes in lower-leg blood flow during warm-, cold-, and contrast-water therapy. *Arch Phys Med Rehabil.* 86:1404, 2005.
6. Zemke JE, et al: Intramuscular temperature responses in the human leg to two forms of cryotherapy: Ice massage and ice bag. *J Orthop Sports Phys Ther.* 27:301, 1998.
7. Petrofsky J, Bains G, Prowse M, et al: Dry heat, moist heat and body fat: Are heating modalities really effective in people who are overweight? *J Med Eng Tech.* 33:361, 2009.
8. Merrick MA, et al: The effects of ice and compression wraps on intramuscular temperatures at various depths. *J Athl Train.* 28:236, 1993.
9. Myrer JW, et al: Muscle temperature is affected by overlying adipose when cryotherapy is administered. *J Athl Train.* 36:32, 2001.
10. Myrer JW, et al: Temperature changes in the human leg during and after two methods of cryotherapy. *J Athl Train.* 33:25, 1998.
11. Otte, JW, et al: Subcutaneous adipose tissue thickness alters cooling time during cryotherapy. *Arch Phys Med Rehabil.* 83:1501, 2002.
12. Jutte LS, Merrick MA, Ingersoll CD et al: The relationship between intramuscular temperature, skin temperature, and adipose thickness during cryotherapy and rewarming. *Arch Phys Med Rehabil.* 82:845, 2001.
13. Danielson R, et al: Differences in skin surface temperature and pressure during the application of various cold and compression devices (abstract). *J Athl Train.* 32:S34, 1997.
14. Tomchuk D, Rubley MD, Holcomb WR, et al: The magnitude of tissue cooling during cryotherapy with varied types of compression. *J Athl Train.* 45:230, 2010.
15. Merrick MA, Jutte LS, Smith ME: Cold modalities with different thermodynamic properties produce different surface and intramuscular temperatures. *J Athl Train.* 38:28, 2003.
16. Ho SS, et al: Comparison of various icing times in decreasing bone metabolism and blood flow in the knee. *Am J Sports Med.* 23:74, 1995.
17. Jameson AG, et al: Lower-extremity-joint cryotherapy does not affect vertical ground-reaction forces during landing. *J Sports Rehabil.* 10:132, 2001.
18. Myrer JW, et al: Exercise after cryotherapy greatly enhances intramuscular rewarming. *J Athl Train.* 35:412, 2000.
19. Ho SW, et al: The effects of ice on blood flow and bone metabolism in knees. *Am J Sports Med.* 22:537, 1994.
20. Myrer WJ, et al: Cold- and hot-pack contrast therapy: Subcutaneous and intramuscular temperature change. *J Athl Train.* 32:238, 1997.
21. Karunakara RG, et al: Changes in forearm blood flow during single and intermittent cold application. *J Orthop Sports Phys Ther.* 29:177, 1999.
22. Dykstra JH, Hill HM, Miller MG, et al: Comparisons of cubed ice, crushed ice, and wetted ice on intramuscular and surface temperature changes. *J Athl Train.* 44:136, 2009.
23. Houghton PE, Nussbaum EL, Hoens AM: Cryotherapy. *Physiother Can.* 62:55, 2010.

24. Knobloch K, Grasemann R, Spies M, et al: Intermittent KoldBlue cryotherapy of 3 x 10 min changes mid-portion Achilles tendon microcirculation. *Br J Sports Med.* 41, 2007.
25. Bleakley CM, McDonough SM, MacAuley DC: Cryotherapy for acute ankle sprains: A randomised controlled study of two different icing protocols. *Br J Sports Med.* 40:700, 2006.
26. Dahlstedt L, et al: Cryotherapy after cruciate knee surgery: Skin, subcutaneous and articular temperatures in 8 patients. *Acta Orthop Scand.* 67:255, 1996.
27. Oosterveld FG, et al: The effect of local heat and cold therapy on the intraarticular and skin surface temperature of the knee. *Arthritis Rheum.* 35:146, 1992.
28. Bocobo C, et al: The effect of ice on intraarticular temperature in the knee of the dog. *Am J Phys Med Rehabil.* 70:181, 1991.
29. Martin SS, Spindler KP, Tarter JW, et al: Cryotherapy: An effective modality for decreasing intraarticular temperature after knee arthroscopy. *Am J Sports Med.* 29:288, 2001.
30. Osbahr DC, Cawley PW, Speer KP: The effect of continuous cryotherapy on glenohumeral joint and subacromial space temperatures in the postoperative shoulder. *Arthroscopy.* 18:748, 2002.
31. Long BC, Cordova ML, Brucker JB, et al: Exercise and quadriceps muscle cooling time. *J Athl Train.* 40:260, 2005.
32. Ibrahim T, Ong SM, Saint Clair Taylor G: The effects of different dressings on the skin temperature of the knee during cryotherapy. *Knee.* 23:21, 2005.
33. Kennet J, Hardaker H, Hobbs S, et al: Cooling efficiency of 4 common cryotherapeutic agents. *J Athl Train.* 42:343, 2007.
34. Bender AL, Kramer EE, Brucker JB, et al: Local ice-bag application and triceps surae muscle temperature during treadmill walking. *J Athl Train.* 40:271, 2005.
35. Jamison CA, et al: The effects of post cryotherapy exercise on surface and capsular temperature (abstract). *J Athl Train.* 36:S91, 2001.
36. Allen JD, et al: Effect of microcurrent stimulation on delayed-o set muscle soreness: A double-blind comparison. *J Athl Train.* 34:334, 1999.
37. Bleakley C, McDonough S, MacAuley D: The use of ice in the treatment of acute soft-tissue injury: A systematic review of randomized controlled trials. *Am J Sports Med.* 32:251, 2004.
38. Halar, EM, et al: Nerve conduction velocity: Relationship of skin, subcutaneous, and intramuscular temperatures. *Arch Phys Med Rehabil.* 61:199, 1980.
39. Michalski WJ, Séguin JJ: The effects of muscle cooling and stretch on muscle spindle secondary endings in the cat. *J Physiol.* 253:341, 1975.
40. Knight KL, et al: Circulatory changes in the forearm in 1, 5, 10 and 15°C water. *Int J Sports Med.* 4:281, 1981.
41. Lievens P, Meevsen R: The use of cryotherapy in sports injuries. *Sports Med.* 3:398, 1986.
42. Greenspan JD, et al: Body site variation of cool perception thres olds, with observations on paradoxical heat. *Somatosens Mot Res.* 10:467, 1993.
43. Wilkerson GB: Inflammation in connective tissue: Etiology and management. *J Athl Train.* 20:299, 1985.
44. Ingersoll CD, Mangus BC: Sensations of cold reexamined: A study using the McGill Pain Questionnaire. *J Athl Train.* 26:240, 1991.
45. Streator S, et al: Sensory information can decrease cold-induced pain perception. *J Athl Train.* 30:293, 1995.
46. Misasi S, et al: The effect of a toe cap and bias on perceived pain during cold water immersion. *J Athl Train.* 30:49, 1995.
47. Ingersoll CD, et al: Cold induced pain: Habituation to cold immersions (abstract). *J Athl Train.* 25:126, 1990.
48. Dolan MG, et al: Effects of cold water immersion on edema formation after blunt injury to the hind limbs of rats. *J Athl Train.* 32:233, 1997.
49. Merrick MA, et al: A preliminary examination of cryotherapy and secondary injury in skeletal muscle. *Med Sci Sports Exerc.* 31:1516, 1999.

50. Merrick MA, McBrier NM: Progression of secondary injury after musculoskeletal trauma—a window of opportunity? *J Sport Rehabil.* 19:380, 2010.

51. Menth-Chiari WA, et al: Microcirculation of striated muscle in closed soft tissue injury: Effect on tissue perfusion, inflammatory cellular response and mechanisms of cryotherapy. A study in rat by means of laser Doppler flow-measurements and intravital microscopy. *Unfallchirurg.* 102:691, 1999.

52. Eston R, Peters D: Effects of cold water immersion on the symptoms of exercise-induced muscle damage. *J Sports Sci.* 17:231, 1999.

53. Thompson-Torgerson CS, Holowatz LA, Flavahan NA, et al: Cold-induced cutaneous vasoconstriction is mediated by Rho kinase in vivo in human skin. *Am J Physiol Heart Circ Physiol.* 292:H1700, 2007.

54. Taber C, et al: Measurement of reactive vasodilation during cold gel pack application to nontraumatized ankles. *Phys Ther.* 72:294, 1992.

55. Weston M, et al: Changes in local blood volume during cold gel pack application to traumatized ankles. *J Orthop Sports Phys Ther.* 19:197, 1994.

56. Baker RJ, Bell GW: The effect of therapeutic modalities on blood flow in the human calf. *J Orthop Sports Phys Ther.* 13:23, 1991.

57. Knobloch K, et al: Microcirculation of the ankle after Cryo/Cuff application in healthy volunteers. *Int J Sports Med* 27:250, 2006.

58. Curl WW, et al: The effect of contusion and cryotherapy on skeletal muscle microcirculation. *J Sports Med Phys Fitness.* 37:279, 1997.

59. Knobloch K, Grasemann R, Spies M, et al: Midportion Achilles tendon microcirculation after intermittent combined cryotherapy and compression compared with cryotherapy alone. A randomized trial. *Am J Sports Med.* 36:2128, 2008.

60. Knobloch K, Kraemer R, Lichenberg A, et al: Microcirculation of the ankle after Cryo/Cuff application in healthy volunteers. *Int J Sports Med.* 27:250, 2006.

61. Lewis T: Observations upon the reactions of the vessels of the human skin to cold. *Heart.* 15:177, 1930.

62. Daanen HA, et al: The effect of body temperature on the hunting response of the middle finger skin temperature. *Eur J Appl Physiol Occup Physiol.* 76:538, 1997.

63. Knight KL: Circulatory effects of therapeutic cold applications. In Knight KL (ed): Cryotherapy in Sports Injury Management. Human Kinetics, Champaign, IL, 1995, pp 107–125.

64. Hopkins JT, et al: The effects of cryotherapy and TENS on arthrogenic muscle inhibition of the quadriceps. *J Athl Train.* 36:S49, 2001.

65. Hopkins JT: Knee joint effusion and cryotherapy alter lower chain kinetics and muscle activity. *J Athl Train.* 41:177, 2006.

66. Smith TL, et al: New skeletal muscle model for the longitudinal study of alterations in microcirculation following contusion and cryotherapy. *Microsurgery.* 14:487, 1993.

67. Dervin GF, et al: Effects of cold and compression dressings on early postoperative outcomes for the arthroscopic anterior cruciate ligament reconstruction patient. *J Orthop Sports Phys Ther.* 27:403, 1998.

68. Herrera E, Sandoval MC, Camargo DM, et al: Motor and sensory nerve conduction are affected differently by ice pack, ice massage, and cold water immersion. *Phys Ther* 90:581, 2010.

69. Allison SC, Abraham LD: Sensitivity of qualitative and quantitative spasticity measures to clinical treatment with cryotherapy. *Int J Rehabil Res.* 24:15, 2001.

70. Algafly AA, George KP: The effect of cryotherapy on nerve conduction velocity, pain threshold and pain tolerance. *Br J Sports Med.* 41:365, 2007.

71. Brander B, et al: Evaluation of the contribution to postoperative analgesia by local cooling of the wound. *Anaesthesia.* 51:1021, 1996.

72. Knight KL, et al: The effects of cold application on nerve conduction velocity and muscle force (abstract). *J Athl Train.* 32:S5, 1997.

73. Hubbard TJ, Denegar CR: Does cryotherapy improve outcomes with soft tissue injury? *J Athl Train.* 39:278, 2004.

74. Ernst E, Fialka V: Ice freezes pain? A review of the clinical effectiveness of analgesic cold therapy. *J Pain Symptom Manage.* 9:56, 1994.

75. Tremblay F, et al: Influence of local cooling on proprioceptive acuity in the quadriceps muscle. *J Athl Train.* 36:119, 2001.

76. Thieme HA, et al: Cooling does not affect knee proprioception. *J Athl Train.* 31:8, 1996.

77. Evans TA, et al: Agility following the application of cold therapy. *J Athl Train* 31:232, 1995.

78. Berg CL, Hart JM, Palmieri-Smith R, et al: Cryotherapy does not affect peroneal reaction following sudden reaction. *J Sports Rehab.* 16:285, 2007.

79. Dover G, Powers ME: Cryotherapy does not impair joint position sense. *Arch Phys Med Rehabil.* 85:1241, 2004.

80. Wassinger CA, Myers JB, Gatti JM, et al: Proprioception and throwing accuracy in the dominant shoulder after cryotherapy. *J Athl Train.* 42:84, 2007.

81. Oliveria R, Ribeiro F, Oliveria J: Cryotherapy impairs knee joint position sense. *Int J Sports Med.* 31:198, 2010.

82. Surenkok O, Aytar A, Tüzün EH, et al: Cryotherapy impairs knee joint position sense and balance. *Isokinet Exerc Sci.* 16:69, 2008.

83. Schmid S, Moffat M, Gutierrez GM: Effect of knee joint cooling on the electromyographic activity of lower extremity muscles during a plyometric exercise. *J Electromyogr Kinesiol.* 20:1075, 2010.

84. Uchio Y, Ochi M, Fujihara A, et al: Cryotherapy influences joint laxity and position sense of the healthy knee joint. *Arch Phys Med Rehabil.* 84:131, 2003.

85. Costello JT, Donnelly AE: Cryotherapy and joint position sense in healthy participants: A systematic review. *J Athl Train.* 43:306, 2010.

86. Patterson SM, Udermann BE, Doberstein ST, et al: The effects of cold whirlpool on power, speed, agility, and range of motion. *J Sports Sci Med.* 7:378, 2008.

87. Hart JM, Leonard JL, Ingersoll CD: Single-leg landing strategy after knee-joint cryotherapy. *J Sport Rehabil.* 14:313, 2005.

88. Fore CJ, Smith BS: The effects of cryotherapy on knee joint position sense in females (abstract). *Phys Ther.* 81:A42, 2001.

89. Halvorson GA: Therapeutic heat and cold for athletic injuries. *Physician Sportsmedicine.* 18:87, 1990.

90. Denys EH: AAEM minimonograph #14: The influence of temperature in clinical neurophysiology. *Muscle Nerve.* 14:795, 1991.

91. Richendollar ML, Darby LA, Brown TM: Ice bag application, active warm-up, and 3 measures of maximal functional performance. *J Athl Train.* 41:364, 2006.

92. Ruiz DH, et al: Cryotherapy and sequential exercise bouts following cryotherapy on concentric and eccentric strength in the quadriceps. *J Athl Train.* 28:320, 1993.

93. Ferretti G, et al: Effects of temperature on the maximal instantaneous muscle power of humans. *Eur J Appl Physiol.* 64:112, 1992.

94. Thompson G, et al: Effect of cryotherapy on eccentric peak torque and endurance (abstract). *J Athl Train.* 29:180, 1994.

95. Mattacola CG, Perrin DH: Effects of cold water application on isokinetic strength of the plantar flexors. *Isokinetic Ex Sci.* 3:152, 1993.

96. Kimura IF, et al: The effect of cryotherapy on eccentric plantar flexion peak torque and endurance. *J Athl Train.* 32:124, 1997.

97. Verducci FM: Interval cryotherapy decreases fatigue during repeated weight lifting. *J Athl Train.* 35:422, 2000.

98. Borgmeyer JA, Scott BA, Mayhew JL: The effects of ice massage on maximum isokinetic-torque production. *J Sport Rehabil.* 13:1, 2004.

99. Krause A, et al: The relationship of ankle temperature during cooling and rewarming to the human soleus H reflex. *J Sports Rehabil.* 9:253, 2000.

100. Myrer JW, et al: Contrast therapy and intramuscular temperature in the human leg. *J Athl Train.* 29:318, 1994.

101. Hubbard TJ, Aronson SL, Denegar CL: Does cryotherapy hasten return to participation? A systematic review. *J Athl Train.* 39:88, 2004.

102. Perlau R, et al: The effect of elastic bandages on human knee proprioception in the uninjured population. *Am J Sports Med.* 23:251, 1995.
103. Babwah T: Common peroneal neuropathy related to cryotherapy and compression in a footballer. *Res Sports Med.* 19:66, 2011.
104. Lekakis J, et al: Cold-induced coronary Raynaud's phenomenon in patients with systemic sclerosis. *Clin Exp Rheumatol.* 16:135, 1998.
105. Anaya-Terroba L, Arroyo-Morales M, Femandez-de-las-Penas Diaz-Rodrigue L, et al: Effects of ice massage on pressure pain thresholds and electromyography activity postexercise: A randomized controlled crossover study. *J Manipulative Physiol Ther.* 33:212, 2010.
106. Robertson VJ, Ward AR, Jung P: The effect of heat on tissue extensibility: A comparison of deep and superficial heating. *Arch Phys Med Rehabil.* 86:819, 2005.
107. Martin SN, Nichols W: Does heat or cold work better for acute muscle strain? *J Fam Pract.* 57:820, 2008.
108. Tomaszewski D, et al: A comparison of skin interface temperature response between the ProHeaty instant reusable hot pack and the standard hydrocollator steam pack. *J Athl Train.* 27:355, 1992.
109. Lehmann JF, et al: Temperature distributions in the human thigh, produced by infrared, hot pack and microwave applications. *Arch Phys Med Rehabil.* 47:291, 1966.
110. Draper DO, et al: Temperature change in human muscle during and after pulsed short-wave diathermy. *J Orthop Sports Phys Ther.* 29:13, 1999.
111. Sawyer PC, Uhl TL, Mattacola CG, et al: Effects of moist heat on hamstring flexibility and muscle temperature. *J Strength Cond Res.* 17:285, 2003.
112. Perkins SA, Massie JE: Patient satisfaction after thermal shrinkage of the glenohumeral-joint capsule. *J Sport Rehabil.* 10:157, 2001.
113. Gray SR, De Vito G, Nimmo MA, et al: Skeletal muscle turnover and muscle fiber condition velocity are elevated at higher muscle temperatures during maximal power output development in humans. *Am J Physiol Regul Integr Comp Physiol.* 290:R376, 2006.
114. Rall JA, Woledge RC: Influence of temperature on mechanics and energetics of muscle contraction. *Am J Physiol.* 259(Pt 2):R197, 1990.
115. Knight KL, Londeree BR: Comparison of blood flow in the ankle of uninjured subjects during application of heat, cold, and exercise. *Med Sci Sports Exerc.* 12:76, 1980.
116. Petrofsky JS, Bains G, Raju C, et al: The effect of the moisture content of a local heat source on the blood flow response of the skin. *Arch Dermatol Res.* 301:581, 2009.
117. Petrofsky J, et al: Impact of hydrotherapy on skin blood flow: How much is due to moisture and how much is due to heat? *Physiother Theory Pract.* 26:107, 2010.
118. Abramson DI, et al: Changes in blood flow, oxygen uptake and tissue temperatures produced by the topical application of wet heat. *Arch Phys Med Rehabil.* 42:305, 1961.
119. Erasala GN, et al: The effect of topical heat treatment on trapezius muscle blood flow using power Doppler ultrasound (abstract). *Phys Ther.* 81:A5, 2001.
120. McCulloch J, Boyd VB: The effects of whirlpool and the dependent position on lower extremity volume. *J Orthop Sport Phys Ther.* 16:169, 1992.
121. Curkovic B, et al: The influence of heat and cold on the pain threshold in rheumatoid arthritis. *Z Rheumatol.* 52:289, 1993.
122. Swenson C, et al: Cryotherapy in sports medicine. *Scand J Med Sci Sports.* 6:193, 1996.
123. Funk D, et al: Efficacy of moist heat pack application over static stretching on hamstring flexibility. *J Strength Cond Res.* 15:123, 2001.
124. Benoit TG, et al: Hot and cold whirlpool treatments and knee joint laxity. *J Athl Train.* 31:242, 1996.
125. Taylor BF, et al: The effects of therapeutic application of heat or cold followed by static stretch on hamstring muscle length. *J Orthop Sports Phys Ther.* 21:283, 1995.

126. Wirth VJ, et al: Temperature changes in deep muscles of humans during upper and lower extremity exercise. *J Athl Train.* 33:211, 1998.
127. Crumley ML, et al: Do ultrasound, active warm-up, and passive motion differ on their ability to cause temperature and range of motion changes? *J Athl Train.* 36(S):S-92, 2001.
128. Houghton PE, Nussbaum EL, Hoens AM: Superficial heat. *Physiother Can.* 62:47, 2010.
129. Merrick MA. Personal communication.
130. Reed BV: Wound healing and the use of thermal agents. In Michlovitz SL (ed): Thermal Agents in Rehabilitation, ed 3. FA Davis, Philadelphia, 1990, pp 5–27.
131. De Coster D, et al: The value of cryotherapy in the management of trigeminal neuralgia. *Acta Stomatol Belg.* 90:87, 1993.
132. Bolster MB, et al: Office evaluation and treatment of Raynaud's phenomenon. *Cleve Clin J Med.* 62:51, 1995.
133. Tsang KW, et al: The effects of cryotherapy applied through various barriers. *J Sports Rehabil.* 6:345, 1997.
134. Metzman L, et al: Effectiveness of ice packs in reducing skin temperatures under casts. *Clin Orthop.* 330:217, 1996.
135. Healy WL, et al: Cold compressive dressing after total knee arthroplasty. *Clin Orthop.* 299:143, 1994.
136. Schroder D, Passler HH: Combination of cold and compression after knee surgery. A prospective randomized study. *Knee Surg Sports Traumatol Arthrosc.* 2:158, 1994.
137. Levy AS, Marmar E: The role of cold compression dressings in the postoperative treatment of total knee arthroplasty. *Clin Orthop.* 297:174, 1993.
138. Scheffler NM, et al: Use of Cryo/Cuff for the control of postoperative pain and edema. *J Foot Ankle Surg.* 31:141, 1992.
139. Whitelaw GP, et al: The use of the Cryo/Cuff versus ice and elastic wrap in the postoperative care of knee arthroscopy patients. *Am J Knee Surg.* 8:28, 1995.
140. Barr E, et al: Effect of different types of cold applications on surface and intramuscular temperature (abstract). *J Athl Train.* 32:S33, 1997.
141. Serwa J, et al: Effect of varying application pressures on skin surface and intramuscular temperatures during cryotherapy (abstract). *J Athl Train.* 36:S90, 2001.
142. Rogers JW, et al: Increased pressure of application during ice massage results in an increase in calf skin numbing. *J Athl Train.* 36:S90, 2001.
143. Rubley MD, Holcomb WR, Guadagnoli MA: Time course of habituation after repeated ice-bath immersion of the ankle. *J Sport Rehabil.* 12:323, 2003.
144. Nimchick PSR, Knight KL: Effects of wearing a toe cap or a sock on temperature and perceived pain during ice immersion. *J Athl Train.* 18:144, 1983.
145. Belitsky RB, et al: Evaluation of the effectiveness of wet ice, dry ice, and cryogen packs in reducing skin temperature. *Phys Ther.* 67:1080, 1987.
146. Newton RA: Effects of vapocoolants on passive hip flexion in healthy subjects. *Phys Ther.* 65:1034, 1985.
147. Yoon WY, Chung SP, Lee HS, et al: Analgesic pretreatment for antibiotic skin test: vapocoolant spray vs ice cube. *Am J Emerg Med.* 26:59, 2008.
148. Cohen L, et al: Effects of whirlpool bath with and without agitation on the circulation in normal and diseased extremities. *Arch Phys Med Rehabil.* 30:212, 1949.
149. Hartman S, Huch R: Response of pregnancy leg edema to a single immersion exercise session. *Acta Obstet Gynecol Scand* 84:1150, 2005.
150. Burke DT, et al: Effects of hydrotherapy on pressure ulcer healing. *Am J Phys Med Rehabil.* 77:394, 1998.
151. Press E: The health hazards of saunas and spas and how to minimize them. *Am J Public Health.* 81:1034, 1991.

152. Smith K, et al: The effect of silicate gel hot packs on human muscle temperature (abstract). *J Athl Train*. 29:S33, 1994.

153. Borrell RM, et al: Fluidotherapy: Evaluation of a new heat modality. *Arch Phys Med Rehabil*. 58:69, 1977.

154. Borrell RM, et al: Comparison of in vivo temperatures produced by hydrotherapy, paraffin wax treatment, and fluidotherapy. *Phys Ther*. 60:1273, 1980.

155. Kuligowski LA, et al: Effect of whirlpool therapy on the signs and symptoms of delayed-onset muscle soreness. *J Athl Train*. 33:222, 1998.

156. Berger Stanton DE, Lazaro R, MacDermid JC: A systematic review of the effectiveness of contrast baths. *J Hand Ther*. 22:57, 2009.

157. Higgins D, Kaminski TW: Contrast therapy does not cause fluctuations in human gastrocnemius intramuscular temperature. *J Athl Train*. 33:336, 1998.

158. Cotts BE, Knight KL, Myrer JW, et al: Contrast-bath therapy and sensation over the anterior talofibular ligament. *J Sport Rehabil*. 13:114, 2004.

159. Petrofsky J, Lohman E, Lee S, et al: Effects of contrast baths on skin blood flow on the dorsal and plantar foot in people with type 2 diabetes and age-matched controls. *Physiother Theory Pract*. 23:189, 2007.

160. Cote DJ, Prentice WE, Hooker DN, et al: Comparison of three treatment procedures for minimizing ankle sprain swelling. *Phys Ther*. 68:1072, 1988.

PARTE 3

Agentes produtores de aquecimento profundo

Esta parte descreve o ultrassom terapêutico — um recurso que utiliza energia acústica — e a diatermia por ondas curtas — uma modalidade elétrica que produz ondas de rádio que provocam um aquecimento profundo nos tecidos do corpo. São descritos a física, os efeitos biofísicos e a aplicação clínica de cada modalidade terapêutica.

Capítulo 7

Ultrassom terapêutico

O ultrassom terapêutico é apresentado nesta parte, e não na dos agentes térmicos, por duas razões: (1) é uma modalidade acústica que utiliza energia mecânica e não eletromagnética ou infravermelha e (2) é um agente que produz aquecimento profundo. Além disso, o ultrassom é capaz de produzir efeitos mecânicos, atérmicos, além de seus efeitos térmicos. O leitor pode consultar também as respostas fisiológicas básicas ao calor descritas no Capítulo 5.

O ultrassom terapêutico é um agente de penetração profunda que produz mudanças nos tecidos por meio de mecanismos térmicos e atérmicos (mecânicos). Diferente da maioria dos outros agentes físicos, o ultrassom não faz parte do **espectro eletromagnético**, mas utiliza energia acústica (ver Quadro 7.1). Dependendo da frequência e comprimento de onda da energia, o ultrassom é usado no diagnóstico por imagem (0,5 a 50 mW/cm²), aquecimento terapêutico profundo dos tecidos (1 a 3 W/cm²) ou para destruição tecidual (0,2 a 100 W/cm²). Este capítulo foca os efeitos térmicos e atérmicos do ultrassom terapêutico.

O ouvido humano é capaz de detectar ondas sonoras que variam de 16.000 a 20.000 **hertz** (Hz). O ultrassom tem frequência acima dessa gama (ver Quadro 7.2). O ultrassom terapêutico varia de 750.000 a 3.300.000 Hz (0,75 a 3,3 **mega-hertz** (MHz)). Nos Estados Unidos, as frequências de ultrassom mais usadas são 1 e 3 MHz (notar que é prática comum omitir-se o "3" ao relatar a frequência em mega-hertz, de modo que uma frequência de 1 MHz é, na verdade, 1.300.000 Hz ou 1,3 MHz).

Tradicionalmente, os efeitos de aquecimento profundo, produzidos pelo ultrassom terapêutico, são usados para tratar problemas musculoesqueléticos. Dependendo dos parâmetros de saída ou emissão, os efeitos do ultrassom incluem o aumento da taxa de reparo tecidual e cicatrização da ferida, aumento do fluxo sanguíneo, aumento da extensibilidade do tecido, redução dos depósitos de cálcio, redução da dor e do espasmo muscular ao alterar a velocidade de condução nervosa e mudanças na permeabilidade da membrana celular. A energia ultrassônica é também usada para administrar medicamentos nos tecidos subcutâneos (fonoforese). Outra forma especializada de ultrassom é usada na promoção da cicatrização de fraturas.

Produção de ultrassom

O ultrassom é produzido por uma **corrente alternada** que flui através de um cristal piezoelétrico alojado em um **transdutor** (ver Fig. 7.1). **Cristais piezoelétricos**, tais como o zirconato titanato, produzem cargas elétricas positivas e negativas quando se contraem ou se expandem (ver Fig. 7.2). Ocorre um efeito piezoelétrico reverso (indireto) quando uma corrente alternada é passada por um cristal piezoelétrico, o que resulta na sua contração e expansão. Esse mecanismo, o efeito piezoelétrico reverso (efeito **eletropiezo**), é usado para produzir o ultrassom terapêutico. A vibração do cristal resulta na produção mecânica de ondas sonoras de alta frequência.

Transmissão de ondas ultrassônicas

O ultrassom produz uma onda de forma sinusoidal que possui as propriedades de comprimento de onda, frequência, **amplitude** e velocidade (ver Quadro 7.1). A energia acústica é transferida por uma molécula que colide com outra e, no processo, a energia cinética é trocada sem na verdade deslocar as moléculas. Consideremos uma folha flutuando em um lago. Se uma pedra pequena cair perto dela, a folha oscilará para cima e para

Quadro 7.1 Energia acústica

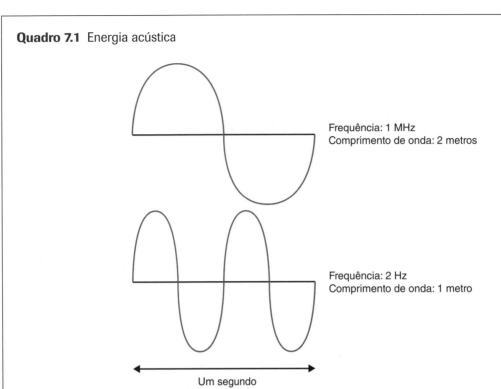

Frequência é o número de vezes que a onda passa por segundo; comprimento de onda é a distância entre o início da onda até o final da onda (um ciclo completo). Conforme ilustrado acima, frequência e comprimento de onda são inversamente proporcionais: quanto mais alta a frequência, mais curto o comprimento de onda (e vice-versa). Amplitude é a distância máxima da linha basal até o pico da onda.

A energia acústica é transmitida de maneira diferente da energia eletromagnética. A radiação eletromagnética envolve a transmissão de partículas de energia individuais que não requerem um meio de transmissão. O sol emite partículas de luz que passam sem serem obstruídas através do vácuo no espaço. Diferente das ondas sonoras, a luz não requer um meio físico.

Para ser transmitida, a energia acústica (ondas sonoras) requer um meio físico, como o ar. As vibrações mecânicas formam ondas no meio que transmitem a energia acústica. Portanto, a transmissão da energia acústica é impossível no vácuo do espaço. Quando você grita para uma pessoa que está do outro lado da rua, sua voz cria ondas no ar. Essas ondas correm através do ar e são recebidas pelos ouvidos da outra pessoa.

Diferente do som audível, a alta frequência do ultrassom requer um meio que seja mais denso do que o ar para ser transmitido. A água é o meio ideal. Os meios mais eficazes de transmissão do ultrassom têm uma alta densidade de água.

Em um ambiente uniforme, as ondas sonoras passam com velocidade constante. Essas ondas têm três propriedades: comprimento de onda, frequência e amplitude. Comprimento de onda e frequência estão inversamente relacionados. Voltando para a figura acima, a primeira tem um comprimento de onda maior e uma frequência mais baixa que a segunda. As frequências são expressas em Hertz (Hz). Um número de Hz maior significa uma frequência mais alta. Na figura, menos ondas que tenham 2 metros de comprimento a uma frequência de 1 Hz percorrerão além de um ponto específico em 1 segundo do que o som com um comprimento de onda de 1 metro e uma frequência de 2 Hz. Amplitude é simplesmente o quão potente ou intenso é um som em particular. Como mostra a figura, a amplitude não depende da frequência ou do comprimento de onda. A amplitude no desenho é mostrada como a altura das ondas – quanto mais alta a onda, mais alta a amplitude.

O ultrassom e seus efeitos são diferenciados pela frequência e amplitude da onda. O ultrassom usado para produzir imagens das estruturas internas do corpo tem uma frequência de 2 a 15 MHz, porém uma amplitude baixa. O ultrassom terapêutico tem uma frequência de 0,75 a 3,3 MHz e uma amplitude maior, o que significa que mais energia é emitida para o corpo em cada pulso.

Quadro 7.2 Contraste e comparação entre o ultrassom e o som audível

O modo como os cristais piezoelétricos produzem o ultrassom apresenta algumas similaridades notáveis com o modo com que um MP3 *player* produz o som audível. Quando um MP3 *player* toca música, detecta os padrões dos impulsos sonoros gravados. Tais padrões são convertidos em energia elétrica, que é transferida para os alto-falantes nos fones de ouvido. Depois que os impulsos elétricos alcançam o alto-falante, ativam um magneto, fazendo com que um cone se expanda e se contraia. A vibração do cone produz ondas mecânicas, que são transmitidas pelo ar e atingem nossos tímpanos.

Os geradores de ultrassom operam basicamente com o mesmo princípio. Uma corrente alternada é passada através de um cristal, fazendo com que este se expanda e se contraia. A vibração desse cristal produz ondas mecânicas que são transmitidas para o corpo.

A diferença entre a produção desses dois tipos de ondas sonoras está na frequência com que o "alto-falante" vibra. O MP3 *player* usa uma frequência acústica muito mais baixa do que o ultrassom, de modo que as ondas podem ser transmitidas pelo ar e detectadas pelo ouvido humano. Os aparelhos de ultrassom usam uma frequência tão alta que as ondas não podem ser transmitidas sem o uso de um meio denso, e não podem ser detectadas pelo ouvido humano.

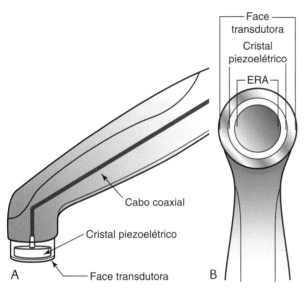

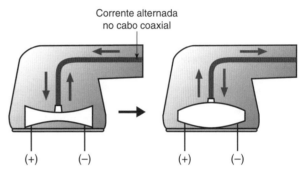

Figura 7.2 Cristais piezoelétricos. Efeito piezoelétrico reverso. O cristal se expande e se contrai quando uma corrente elétrica passa através dele.

Figura 7.1 Secção transversa de um transdutor de ultrassom. (A) Vista lateral. Um cabo elétrico coaxial emite uma corrente alternada que estimula o cristal piezoelétrico, fazendo com que este vibre por meio do efeito piezoelétrico reverso e produza ondas sonoras ultrassônicas. (B) Vista da face do transdutor. A face metálica larga é a "face transdutora" ou "cabeçote ultrassônico". O cristal produz a energia ultrassônica, porém a área de radiação efetiva (ERA) – onde a maior parte da energia é produzida – é menor do que a área do cristal. Em alguns casos o tamanho da face do transdutor pode ser o dobro do tamanho da ERA.[1]

baixo conforme as ondulações passarem por baixo dela, porém não mudará sua posição.

Em virtude de suas altas frequências, o ultrassom é incapaz de passar através do ar e requer um meio de transmissão denso. O meio de acoplamento permite que a energia ultrassônica passe do transdutor para os tecidos. O meio de acoplamento é discutido no Capítulo 8.

Ondas longitudinais

O deslocamento das moléculas nas ondas longitudinais ocorre de modo paralelo à direção do som. Uma pessoa pendurada na ponta de uma corda de *bungee jump* é um exemplo de ondas longitudinais. As ondas longitudinais resultam no alongamento e na contração da corda, fazendo com que o saltador oscile para cima e para baixo. Nesse caso, a energia, representada pelo saltador, é transmitida paralelamente à direção da onda.

A alternância de alta e baixa pressão exercida pelo feixe de ultrassom resulta em regiões com alta densidade de partículas (**compressão**) e baixa densidade de partículas (**rarefação**) ao longo do caminho da onda (ver Fig. 7.3). Essas flutuações de pressão transmitem a energia dentro dos tecidos e, como discutido mais adiante, produzem efeitos fisiológicos. As ondas longitudinais são capazes de se deslocarem através de meios sólidos e líquidos. O ultrassom passa através dos tecidos moles como uma onda longitudinal.

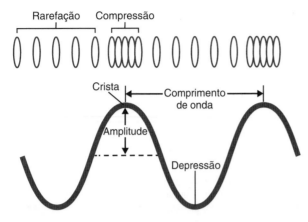

Figura 7.3 Rarefação e compressão de moléculas. Uma onda de ultrassom passando através dos tecidos cria períodos alternantes de baixa e alta pressão. As moléculas nas áreas de baixa pressão se expandem (rarefação) e as moléculas na área de alta pressão são comprimidas.

Ondas transversais (cisalhamento)

As moléculas nas ondas transversais são deslocadas no sentido perpendicular à direção da energia. Quando se dedilha uma corda de violão, fazendo com que esta vibre de forma paralela ao seu comprimento, tem-se um exemplo de onda transversal (ver Fig. 7.3). Quando as ondas longitudinais do feixe ultrassônico atingem o osso, se transformam em ondas transversais. As ondas transversais não podem passar através dos líquidos e são encontradas no corpo somente quando o ultrassom atinge o osso.

Energia ultrassônica

As ondas sonoras de baixa frequência, tais como aquelas produzidas pela fala humana, divergem (se alastram) em todas as direções. Quanto mais alta a frequência da onda sonora, menor a divergência do feixe sonoro. As frequências usadas no ultrassom terapêutico produzem feixes relativamente focados que têm uma largura menor do que o diâmetro do cabeçote emissor de som. Como todas as ondas sonoras, as ondas ultrassônicas têm a possibilidade de reflexão, refração, penetração e absorção (ver Quadro 7.3).

As ondas ultrassônicas divergem conforme passam por um meio, porém não tanto quanto as ondas sonoras audíveis. Consideremos a diferença entre o feixe de luz produzido por um holofote e a luz produzida por uma lâmpada comum. Se você segurar a lâmpada e o holofote a 30 cm de uma parede, o holofote concentrará a luz dentro de uma área com um diâmetro quase igual ao da lente. A luz produzida pela lâmpada comum

---

Quadro 7.3 Influências na transmissão de energia

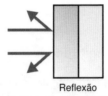

Reflexão   Refração   Absorção

A maior parte da energia tende a se deslocar em linha reta. Contudo, quando está passando através de um meio, seu curso é influenciado por mudanças na densidade. A energia que incide sobre a interface entre duas densidades diferentes pode sofrer reflexão, refração ou ser absorvida pelo material, ou pode continuar passando (penetrar) pelo material sem ser afetada pela mudança.

A **reflexão** ocorre quando a onda não pode passar através da densidade seguinte. A onda incide sobre o objeto (tecidos) e reverte sua direção para longe do material. A reflexão pode ser completa, quando toda a energia é impedida de entrar na camada de densidade seguinte, ou pode ser parcial. O eco é um exemplo de reflexão que envolve energia acústica.

Refração é o curvamento das ondas como resultado de uma mudança na velocidade da onda ao entrar em um meio que tem densidade diferente. Quando a energia deixa uma camada densa e entra em uma camada menos densa, sua velocidade aumenta. Ao mover-se de uma camada de baixa densidade para uma de alta densidade, a energia diminui. Um prisma produz a refração dos raios de luz. Conforme a luz é curvada dentro do prisma, cada uma das sete faixas de cor se torna visível.

A **absorção** ocorre pelo tecido que coleta a energia da onda, a transforma em energia cinética e então possivelmente em calor. Os tecidos podem absorver parte ou toda a energia que está sendo transmitida para eles. Qualquer energia não refletida ou absorvida por uma camada de tecido continua passando pelo tecido até incidir sobre outra camada de densidade diferente. Nesse ponto, pode novamente sofrer reflexão, refração, absorção ou pode passar para a camada de tecido seguinte. Cada vez que a onda sofre uma reflexão, refração ou absorção parcial, a energia restante disponível para o tecido mais profundo é reduzida, e esta é a base da **lei de Grotthus Draper** (ver Apêndice A).

iluminará uma área significativamente mais larga do que a própria lâmpada. Conforme a distância entre as luzes e a parede for aumentada, o diâmetro dos feixes aumentará, porém muito mais o da lâmpada comum do que o do holofote. Do mesmo modo, semelhante ao holofote, a área de tratamento exposta efetivamente à energia ultrassônica é limitada a uma área um pouco maior do que o diâmetro do cabeçote do ultrassom.

Perto do cabeçote transdutor, a pressão do campo sonoro não é uniforme e ocorre a formação de cristas de alta intensidade e vales de baixa intensidade (ver Fig. 7.4). Essa área, o **campo próximo** ou **zona de Fresnel**, é a porção do feixe de ultrassom usada para fins terapêuticos. As variações de pressão ocorrem porque o cabeçote transdutor age como se fosse formado por muitos transdutores menores, cada um produzindo sua própria onda sonora. Perto do transdutor, essas áreas podem ser distinguidas de forma individual. Conforme a distância do cabeçote é aumentada, as ondas interagem para produzir um efeito mais unificado. Um exemplo disso pode ser encontrado em um monitor de computador. Se você olhar bem perto da tela (a poucos centímetros de distância) poderá enxergar elementos coloridos individuais (espero que ninguém entre na sala quando você estiver fazendo isso). Conforme a distância entre seu olho e a tela for aumentada, os pontos perderão sua individualidade e acabarão formando um quadro completo.

A emissão ultrassônica é descrita em termos de potência, frequência das ondas e a área que produz a potência. Outras medidas contribuem com o tempo e a densidade de energia para descrever os parâmetros do tratamento (ver Tab. 7.1).

Tabela 7.1 Parâmetros e medidas de emissão (saída) do ultrassom

Parâmetro	Descrição
Taxa de não uniformidade do feixe (BNR)	A BNR descreve a consistência (uniformidade) da emissão do ultrassom como uma razão entre a intensidade do pico espacial e a intensidade média espacial. Quanto mais baixa a razão, mais uniforme o feixe. Uma BNR acima de 8:1 não é segura.
Ciclo de trabalho – duty cicle (CT)	A porcentagem de tempo em que a energia ultrassônica – está sendo emitida do cabeçote do ultrassom. Um ciclo de trabalho de 100% indica uma emissão constante de ultrassom e produz primariamente efeitos térmicos no corpo. Um ciclo de trabalho baixo produz efeitos atérmicos.
Área de radiação efetiva (ERA)	A área do transdutor que produz ondas ultrassônicas. Medida em centímetros quadrados (cm^2). A ERA real costuma ser significativamente menor do que a área de contato do cabeçote do ultrassom.[1] ERAs maiores produzem um feixe mais focado do que ERAs menores (ver Fig. 7.1).[2]
Frequência	A frequência de emissão determina a profundidade de penetração efetiva. Uma emissão de 1 MHz visa tecidos em até 5 cm de profundidade; 3 MHz tem uma profundidade de penetração de pelo menos 2 cm; essas profundidades são influenciadas pela geometria do tecido e sua localização em relação ao osso.[3]
Intensidade	A intensidade descreve a quantidade de potência gerada pelo aparelho.
Profundidade de meio valor	A profundidade do tecido onde metade da intensidade da emissão inicial foi perdida.
Intensidade média espacial (SAI)	A intensidade média sobre a área do transdutor, uma medida de densidade de energia. Medida em watts por centímetro quadrado, a SAI descreve a quantidade de potência por unidade de área da ERA do cabeçote.
Intensidade do pico espacial (SPI)	A emissão máxima ao longo do tempo.
Média espacial, pico temporal (SATP)	A SAI durante o tempo ON de um pulso e é mostrada como intensidade no medidor de emissão do ultrassom. É significativa apenas na emissão pulsada.
Média espacial, média temporal (SATA)	Descreve a SATP conforme calculada por meio do ciclo de trabalho (CT): 1.0 W/cm^2 × 50% CT = 0,5 W/cm^2 SATA. A SATA é significativa apenas quando se está transmitindo ultrassom pulsado.
Duração do tratamento	A duração do tratamento é determinada pela intensidade de emissão e pelas metas específicas do tratamento.

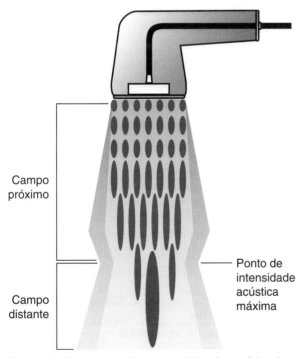

Figura 7.4 Representação esquemática de um feixe de ultrassom. Note a intensidade irregular do campo próximo e a intensidade do pico espacial no campo distante (ver Tab. 7.1).

Área de radiação efetiva

Existem cabeçotes de ultrassom disponíveis em diferentes tamanhos e com diferentes frequências de **ressonância** do cristal (ver Fig. 7.5). A **área de radiação efetiva** (ERA) do cabeçote de ultrassom é a proporção da área de superfície do transdutor que produz energia ultrassônica e é descrita em termos de centímetros quadrados (cm^2). Medida a 5 mm da face do cabeçote do ultrassom, a ERA representa todas as áreas que produzem mais do que 5% da potência máxima de emissão do transdutor.

A ERA é sempre menor do que o tamanho real da face do transdutor (ver Fig. 7.1) e pode diferir do valor indicado para o aparelho.[1] A maior parte da energia se concentra no centro do cabeçote, com menos energia sendo emitida fora desse ponto e nenhuma energia produzida na parte mais externa do cabeçote. ERAs grandes produzem um feixe focado, **colimado**. ERAs menores fornecem um feixe mais divergente.[2] Ao tratar uma área localizada (p. ex., um ponto-gatilho), deve-se usar um feixe colimado; ao tratar uma área mais larga, como uma distensão muscular, é indicado um feixe divergente.

A ERA é usada para calcular a intensidade média espacial (W/cm^2) e as intensidades média espacial e média temporal. As variações entre a ERA relatada e a ERA real afetarão a dosagem de tratamento. Se a ERA for menor do que a indicada, a intensidade média espacial real será maior do que o valor medido e vice-versa.

Frequência

A frequência de saída ou emissão do ultrassom é medida por mega-hertz e descreve o número de ondas produzidas em 1 segundo. A maior parte dos aparelhos comerciais de ultrassom terapêutico oferecem emissões de 1 e/ou 3 MHz (uns poucos modelos oferecem uma opção de 2 MHz), embora exista o ultrassom de "ondas longas". O ultrassom de baixa frequência (1 MHz) tem um feixe que diverge mais do que o ultrassom de alta frequência (3 MHz) (ver Tab. 7.2).

A profundidade de penetração da energia ultrassônica dentro dos tecidos está inversamente relacionada à frequência de emissão.[4] Quanto mais baixa a frequência de emissão, mais profunda a penetração nos tecidos. A energia ultrassônica cria um atrito entre as moléculas conforme passa através dos tecidos, desse modo perdendo energia para o tecido. O atrito representa a perda de energia, por isso a energia **atenuada** é transmitida aos tecidos mais profundos.[5] O ultrassom de 1-MHz penetra cerca de 5 cm; o ultrassom de 3 MHz tem uma profundidade efetiva de 2,5 a 3 cm.[6,7]

> ### Evidência prática
> Embora a profundidade efetiva da penetração do ultrassom em geral seja relatada com base na frequência de emissão apenas, essa é somente uma das variáveis que determinam a profundidade do aquecimento. Com durações de tratamento mais longas (acima de 5 minutos), os aumentos de temperatura são determinados pela condução de calor entre os tecidos. As propriedades térmicas, a localização relativa ao osso e a geometria influem nos padrões de aquecimento dos tecidos.[3] Apesar de ainda não ser algo definitivo em humanos, parece que esses fatores podem amenizar as diferenças existentes entre o ultrassom de 1 e de 3 MHz.

Os geradores de ultrassom de alta frequência (3 MHz) proporcionam tratamento para os tecidos superficiais porque a energia é rapidamente absorvida e o aquecimento ocorre três vezes mais rápido do que com o ultrassom de 1 MHz (ver Fig. 7.6). A emissão de 1 MHz

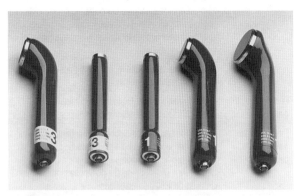

Figura 7.5 Variedade de cabeçotes de ultrassom. Os transdutores ultrassônicos podem ser encontrados em diferentes tamanhos e frequências. (Cortesia de Mettler Electronics Corporation, Inc., Anaheim, CA.)

Tabela 7.2 Comparação entre a aplicação de ultrassom térmico de 1 MHz e 3 MHz

	1 MHz	**3 MHz**
Perfil do feixe	Relativamente divergente	Relativamente colimado
Profundidade de penetração	5 cm ou mais	0,8 a 3 cm
Taxa máxima de aquecimento	0,2°C por minuto por W/cm^2	0,6°C por minuto por W/cm^2
Latência de calor	Retém o calor durante o dobro do tempo do ultrassom de 3 MHz	Retém o calor durante a metade do tempo do ultrassom de 1 MHz

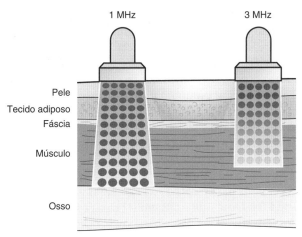

Figura 7.6 Profundidade relativa de penetração do ultrassom de 1 MHz e de 3 MHz. Os efeitos do ultrassom de 1 MHz ocorrem mais profundamente dentro dos tecidos que os do ultrassom de 3 MHz, que é atenuado nos tecidos superficiais. Note que o feixe de 1 MHz diverge mais que o feixe de 3 MHz. A profundidade de penetração real baseia-se na profundidade de meio valor da energia ultrassônica.

oferece um meio-termo entre penetração profunda, aquecimento adequado e prevenção de **cavitação instável**. Por causa da profundidade do aquecimento, o calor produzido pelo ultrassom de 1 MHz tem duração mais longa do que o calor produzido pelo ultrassom de 3 MHz.[8]

Potência e intensidade

A **potência** (energia) produzida por um gerador de ultrassom é medida em watts (W). O termo **intensidade** descreve a força das ondas sonoras em um determinado local dentro dos tecidos que estão sendo tratados. Há vários métodos para descrever a emissão e a intensidade (ver Tab. 7.1 e Fig. 7.7).

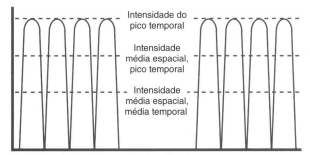

Figura 7.7 Medidas de emissão do ultrassom pulsado. A intensidade do pico temporal representa a amplitude de uma única onda. A **intensidade média espacial, pico temporal**, é a quantidade de energia média emitida por um único pulso. A **intensidade média espacial, média temporal**, é a quantidade de energia média emitida aos tecidos durante a aplicação do ultrassom pulsado.

Intensidade média espacial

A intensidade média espacial (SAI) descreve a quantidade de energia que passa através da área de radiação efetiva do cabeçote do ultrassom (densidade de energia). Expressa em watts por centímetro quadrado (W/cm²), a SAI é uma medida de potência por unidade de área do cabeçote ultrassônico. A SAI é calculada dividindo-se a potência de emissão (watts) pela ERA do cabeçote transdutor (centímetros quadrados):

$$\frac{SAI = \text{watts totais (W)}}{\text{Área de radiação efetiva (cm}^2)} = W/cm^2$$

Por exemplo, se 10 W estivessem sendo emitidos por um cabeçote transdutor com uma ERA de 5 cm², a SAI seria 2 W/cm².

Os aparelhos de ultrassom podem apresentar sua emissão em termos de total de watts ou de watts por centímetro quadrado. As doses de tratamento convencionais variam de 0,3 a 5 watts totais (para converter isso para a intensidade média espacial, dividir os watts totais pela ERA). Se a área de radiação do cabeçote for menor do que a especificada, ou se uma porção do cabeçote estiver obstruída ao som que está sendo transmitido (como não estar em contato completo com a pele), será produzida uma densidade de energia mais alta do que a indicada no medidor.

Como se vê na densidade de corrente elétrica, a alteração do tamanho do cabeçote afeta a densidade da potência. A passagem de 10 W de energia por meio de um transdutor de 10 cm² resulta em uma densidade mais baixa do que quando um cabeçote de 5 cm² é usado (ver Tab. 7.3). Os geradores de ultrassom terapêutico são limitados a uma emissão máxima de 3 W/cm².

Intensidade média espacial, pico temporal

A intensidade média espacial, pico temporal (SATP) descreve a intensidade média durante o tempo "ON" do pulso. O medidor de emissão em um aparelho de ultrassom mostra a intensidade SATP.

Tabela 7.3 Relação entre a área de radiação do ultrassom e a quantidade total de energia produzida

Intensidade (W/cm²)	Área de radiação efetiva (ERA) do cabeçote (cm²)	Potência total produzida (W)
1,5	5	7,5
1,5	6	9
1,5	10	15

Intensidade média espacial, média temporal

A intensidade média espacial, média temporal (SATA) mede a potência da energia ultrassônica emitida para os tecidos durante um tempo determinado (watts totais/tempo). A SATA é significativa apenas na aplicação do ultrassom pulsado. A energia emitida para os tecidos por unidade de tempo com o ultrassom operando com um ciclo de trabalho de 50% é a metade daquela emitida no modo contínuo. Se tomarmos uma SAI de 2 W/cm² e colocarmos um pulso de 50% do ciclo de trabalho, a intensidade média temporal do tratamento será 1 W/cm² (2 W/cm² × 0,5 = 1 W/cm²).

É importante distinguir entre a intensidade SATP, a quantidade média de potência emitida durante o tempo "ON" do ciclo de trabalho e a intensidade do pico temporal, a quantidade máxima de energia emitida por um único pulso. A SATP descreve a quantidade total de energia emitida para o corpo durante o tratamento.

Não uniformidade do feixe de ultrassom

A emissão do ultrassom consiste de picos e vales de alta e baixa energia, modelados por imperfeições mínimas no cristal que produz as ondas sonoras. A BNR descreve a variação entre os picos, a intensidade do pico espacial e os vales. Essa é a razão da intensidade mais alta dentro do feixe para a intensidade média relatada no medidor de emissão (ver Fig. 7.8):

$$BNR = \frac{\text{Intensidade do pico espacial}}{\text{Intensidade média espacial}}$$

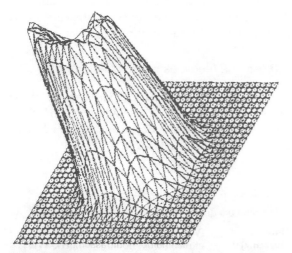

Figura 7.8 Perfil do feixe de ultrassom. Este mapa topográfico de um feixe de ultrassom foi elaborado a partir das intensidades produzidas a partir de vários pontos no transdutor. O pico no lado esquerdo representa a intensidade do pico do feixe. (Cortesia de IAPT. Usado com permissão.)

Um feixe de ultrassom perfeitamente uniforme, que não tenha "picos e vales", teria uma BNR de 1:1, porém o processo de fabricação comercial torna impraticável a produção de cristais de tal qualidade. Se a BNR for indicada como 3:1 e o medidor mostrar uma emissão de 2 W, em algum ponto no feixe a intensidade real será equivalente a 6 W (3 ′ 2 W = 6 W). A presença de áreas de alta intensidade no feixe, os "*hot spots*", é a razão principal para se manter o cabeçote ultrassônico em movimento durante o tratamento.

Uma BNR acima de 8:1 é inaceitável porque a energia emitida para o corpo seria prejudicial. A divisão da Food and Drug Administration (FDA) dos Estados Unidos responsável por aparelhos e saúde radiológica requer que a BNR seja indicada no aparelho de ultrassom.[9,10] A BNR de cristais individuais não precisa ser relatada porque a FDA permite que as empresas façam a amostragem aleatória de seus transdutores e relatem a BNR máxima encontrada.[11] A BNR do cabeçote ultrassônico usado pode ser diferente daquela indicada no rótulo e é descrita como "BNR <5:1" ou "6:1 Max."

Profundidade de meio valor

Profundidade de meio valor é a profundidade onde 50% da energia ultrassônica foi absorvida pelos tecidos. Se o ultrassom é aplicado a 1 W/cm² e perde 50% de sua energia na profundidade de 2,3 cm, a intensidade do feixe passa a ser então 0,5 W/cm². Com o dobro dessa profundidade (4,6 cm), a intensidade do ultrassom é reduzida a 0,25 W/cm².[12] O efeito da profundidade e meio valor e os efeitos na penetração de frequências de emissão de 1 e 3 MHz (que têm uma profundidade de meio valor de 0,8 cm) são usados para atingir tecidos determinados durante o tratamento (p. ex., usar ultrassom de 1 MHz para estruturas profundas).

A energia que não é refletida ou absorvida passa para os tecidos subjacentes (ver Lei de Grotthus-Draper, Apêndice A). A intensidade da energia ultrassônica diminui conforme a distância que ela percorre através dos tecidos aumenta. Esse processo, chamado de **atenuação**, ocorre por meio da dispersão e da absorção das ondas dentro dos tecidos.

Ciclo de trabalho

Cada pulso tem propriedades térmicas e atérmicas. Os efeitos líquidos dessas propriedades no corpo baseiam-se no ciclo de trabalho (ver Fig. 7.9). Uma emissão contínua (100% do ciclo de trabalho) causa primariamente efeitos térmicos. Uma emissão pulsada (p. ex., ciclo de trabalho de 25%) produz primariamente efeitos atérmicos (mecânicos).[13] A decisão quanto ao uso de ultrassom térmico ou atérmico depende do estágio

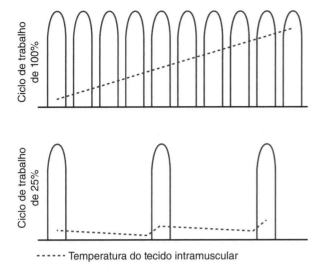

Figura 7.9 Aumento de temperatura por pulso. Cada pulso produz calor e efeitos atérmicos. Quando um ciclo de trabalho de 100% (contínuo) é aplicado, o calor produzido por um impulso soma-se ao calor produzido pelo impulso anterior. Quando uma emissão pulsada é usada, como no ciclo de trabalho de 25% representado acima, cada onda ainda cria um breve aumento de temperatura, porém o ciclo OFF permite que o calor diminua. Com o tempo, a emissão pulsada ainda resulta em pequenos aumentos na temperatura do tecido, porém não alcança as faixas terapêuticas.

de cicatrização e das metas do tratamento. O ultrassom atérmico pode ser usado durante a inflamação aguda e o ultrassom térmico pode ser usado mais adiante no processo de cicatrização.

Emissão contínua

A aplicação do ultrassom contínuo pode aquecer de maneira eficaz os tecidos localizados a 5 cm de profundidade (ou mais), dependendo da frequência usada. Como a energia é produzida durante 100% do tempo, a emissão é medida em termos da intensidade SATP. A intensidade do pico espacial, determinada pelo uso da razão de não uniformidade do feixe (BNR), não deve exceder 8 W por centímetro quadrado (emissão medida × BNR).

Emissão pulsada

Como mostra a Figura 7.9, cada onda de ultrassom produz efeitos térmicos. A pulsação da emissão ultrassônica diminui a intensidade média temporal, reduzindo os efeitos térmicos e aumentando a proporção de efeitos atérmicos. O ciclo de trabalho descreve a porcentagem de tempo no qual o ultrassom é emitido do transdutor (ver Fig. 7.10). A razão entre o **comprimento de pulso** e o **intervalo de pulso** é expressa como uma porcentagem do ciclo de trabalho:

$$\text{Ciclo de trabalho} = \frac{\text{comprimento de pulso}}{(\text{comprimento de pulso} + \text{intervalo de pulso}) \times 100}$$

A emissão do ultrassom pulsado é medida pela intensidade SATA, porém a quantidade real de energia emitida para os tecidos depende do ciclo de trabalho. A emissão pulsada reduz o aumento de temperatura proporcional ao ciclo de trabalho, porém não elimina inteiramente o aquecimento do tecido.[4] Quanto mais próximo o ciclo de trabalho se encontra de 100%, maiores são os efeitos térmicos líquidos do tratamento; ciclos de trabalho mais baixos produzem proporções maiores de efeitos atérmicos, embora os efeitos térmicos e atérmicos ocorram em todos os ciclos de trabalho. Com ciclos de trabalho baixos, o calor formado por um pulso tem tempo de se dissipar antes do próximo pulso.

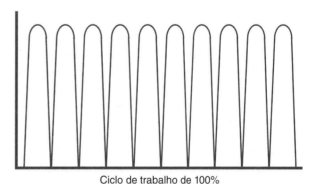

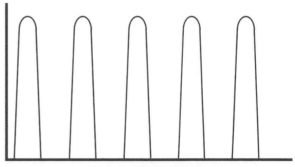

Figura 7.10 Ciclo de trabalho do ultrassom. A quantidade de tempo em que a energia ultrassônica é produzida. A figura do alto mostra um ciclo de trabalho de 100%. A figura de baixo mostra o ultrassom que seria emitido durante o mesmo período de tempo se fosse escolhido um ciclo de trabalho de 50%.

Evidência prática

Com base na intensidade da média espacial, média temporal, a emissão pulsada pode resultar em aumentos significativos da temperatura intramuscular. A aplicação do ultrassom terapêutico a 1 W/cm² com ciclo de trabalho de 50% resultará em uma quantidade de aquecimento aproximadamente igual à do ultrassom aplicado a 0,5 W/cm² com um ciclo de trabalho de 100%.[14]

Transferência de ultrassom pelos tecidos

O ar não é denso suficiente para transmitir energia ultrassônica. É preciso usar um agente de acoplamento para permitir que a energia saia do transdutor e entre nos tecidos (ver Cap. 9). O ultrassom se propaga como ondas de pressão através do corpo. Ondas longitudinais de ultrassom atravessam os tecidos moles até atingir um osso, onde parte da energia é refletida e o resto é convertido em ondas transversais. A propagação da energia ultrassônica depende da frequência das ondas sonoras e da densidade dos tecidos. A passagem do ultrassom pelo corpo e a subsequente penetração nas membranas celulares faz com que os tecidos adquiram energia cinética, o que resulta na vibração das células.

Quando o feixe de ultrassom incide sobre uma **interface acústica**, como sobre diferentes camadas de tecido, parte da energia sofre reflexão ou refração. A quantidade de reflexão depende do grau de mudança na densidade existente na junção entre os dois tecidos (ver Tab. 7.4). A interface entre os tecidos moles e o osso é altamente refletiva. Outras interfaces altamente refletivas são a junção musculotendínea e as interfaces intermusculares. Diferente da energia infravermelha, o ultrassom não é muito afetado pelo tecido adiposo e passa por ele com facilidade.[15]

Quando uma onda refletida se depara com uma onda incidente, cria-se uma **onda estacionária,** que aumenta a intensidade da energia por meio da ampliação das áreas de alta e baixa pressão. Bolhas gasosas flutuando livremente se movem em direção às áreas de baixa pressão. Células que se movem livremente aglomeram-se nos centros de alta pressão.[16] Um alto nível de energia se forma dentro de um espaço limitado, aumentando o risco de dano

Tabela 7.4 Percentual de reflexão da energia ultrassônica em várias interfaces

Interface	Energia refletida (%)
Água-tecido mole	0,2
Tecido mole-gordura	1
Tecido mole-osso	15–40
Tecido mole-ar	99,9

ao tecido. As ondas estacionárias podem ser evitadas mantendo-se o cabeçote ultrassônico em movimento.

A energia ultrassônica intensa refletida pelo osso pode produzir **dor no periósteo**. Deve-se ter cuidado ao aplicar o ultrassom sobre protuberâncias ósseas, tais como a patela ou o acrômio. A intensidade usada para tratar músculo ou tendão pode produzir dor no periósteo se aplicada sobre um osso relativamente subcutâneo.

A absorção das ondas sonoras transfere a energia do feixe para dentro dos tecidos vizinhos por meio da conversão da energia mecânica em energia térmica. A quantidade de absorção que ocorre depende do conteúdo de proteína dos tecidos (em especial o colágeno). Os tecidos com alto conteúdo de água transmitem o ultrassom. Tecidos ricos em proteína, como os músculos, tendão e ligamentos, tendem a absorver o ultrassom. O ultrassom tende a ser refletido ao incidir sobre o osso e a sofrer refração ao passar pelos espaços articulares, criando potencialmente uma onda estacionária.[15,17]

A porção exterior da pele é formada pelo estrato córneo, uma região de células mortas secas, compactadas, com 10 a 15 camadas de espessura. O baixo conteúdo de água dessa camada inibe a transmissão do ultrassom e limita a difusão dos medicamentos usados durante o tratamento com fonoforese. Evidências sugerem que a hidratação da pele antes do tratamento melhora a transmissão do ultrassom.[18,19]

Efeitos sobre
Biofísicos da aplicação de ultrassom

As alterações fisiológicas dentro dos tecidos podem ser agrupadas em duas classificações, embora não ocorram de maneira independe uma da outra:[20]

- Efeitos atérmicos: alterações nos tecidos resultantes do efeito mecânico da energia ultrassônica.
- Efeitos térmicos: alterações dentro dos tecidos como resultado direto da elevação da temperatura do tecido pelo ultrassom.

O tratamento atérmico é acompanhado de algum grau de aquecimento, e o aquecimento térmico é acompanhado de efeitos atérmicos (ver Fig. 7.11).

Esses efeitos limitam-se à área de tratamento, que não deve ser maior do que duas ou três vezes a ERA do cabeçote ultrassônico, porém quanto menor a área tratada, maior o aumento de temperatura.[21] A proporção e a magnitude dos efeitos térmicos e atérmicos baseiam-se no ciclo de trabalho e na intensidade de emissão. Quanto mais alto o ciclo de trabalho, maiores os efeitos térmicos; quanto maior a intensidade de emissão, maior a magnitude dos efeitos.

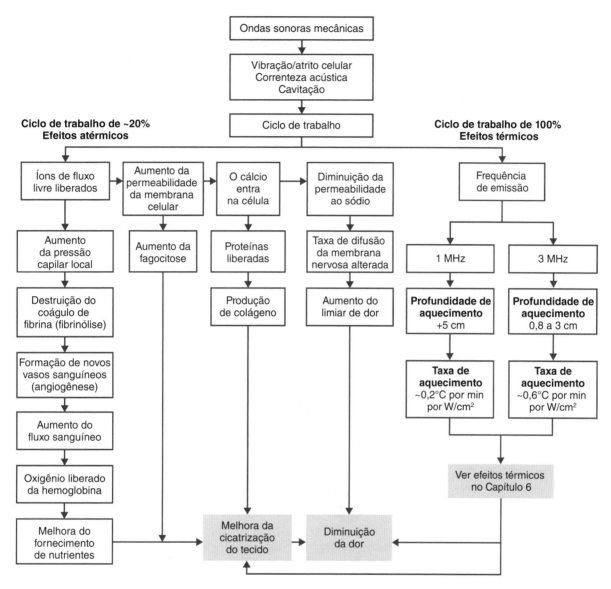

Nota: Os efeitos de aquecimento aumentam conforme o ciclo de trabalho aumenta.

Figura 7.11 Diagrama esquemático dos efeitos do ultrassom terapêutico.

Efeitos atérmicos

O ultrassom atérmico é usado quando estão sendo tratadas lesões agudas ou em outros casos nos quais o aquecimento do tecido é indesejado. O ultrassom atérmico é aplicado (1) usando-se emissão pulsada (20 a 25% do ciclo de trabalho) com uma intensidade de emissão de 0,5 W/cm² ou (2) usando-se emissão contínua (100% do ciclo de trabalho) com baixa intensidade (abaixo de 0,3 W/cm²).[21]

Os pulsos individuais da energia ultrassônica produzem correnteza acústica, cavitação e microcorrenteza, eventos interligados responsáveis pela produção dos efeitos atérmicos que estimulam o processo de cicatrização. Aplicados com um ciclo de trabalho elevado, esses eventos são também responsáveis pelo aumento das temperaturas teciduais.

A **cavitação** ocorre como resultado das mudanças de pressão criadas pela onda ultrassônica que deforma tecidos microscópicos. Os picos e depressões ultrassônicos causam o acúmulo de gás e formação de bolhas microscópicas. Essas bolhas então pulsam dentro do campo ultrassônico, resultando na **cavitação estável** (ver Fig. 7.3).[2,22]

A **cavitação instável** (cavitação transitória) envolve a compressão das bolhas durante o pico de alta pressão, porém é seguida pelo colapso total ("explosão das bolhas") durante a depressão.[21] A liberação de energia pode destruir os tecidos locais. Na maioria dos casos clínicos, a cavitação instável é um efeito indesejável e prejudicial do ultrassom que está sendo aplicado com uma intensidade alta demais, e pode danificar os tecidos imóveis, as células sanguíneas que flutuam livremente ou outras estruturas biológicas na área.[4] Quando os aparelhos de ultrassom estão em bom estado de funcionamento, não produzem a potência de emissão ou frequência necessárias para produzir a cavitação transitória.

A cavitação e a correnteza acústica criam uma microcorrenteza. A correnteza acústica é o fluxo "volumoso" de fluidos em uma direção.[20] Quando a correnteza acústica passa ao redor de bolhas de gás, membranas celulares e suas **organelas**, formam-se **parasitas**.[20,23,24] A corrente parasita sobre as membranas celulares causa a liberação de íons livres e pequenas moléculas, aumentando a permeabilidade da membrana celular e alterando a sua taxa de difusão.[21-23] A elevação local na pressão arterial, um efeito secundário da cavitação e da microcorrenteza, favorece a emissão de nutrientes.[23] Os efeitos benéficos da cavitação estável, correnteza acústica e microcorrenteza incluem a resolução precoce da inflamação, o favorecimento do recrutamento de fibroblastos, a **fibrinólise**, a **angiogênese**, o aumento da síntese de matriz, o aumento da força tensiva e aceleração da cicatrização de fraturas.

Técnicas clínicas
Geradores ultrassônicos de crescimento ósseo

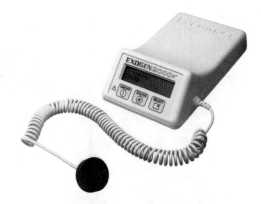

A aplicação sobre locais de fraturas não consolidadas é uma contraindicação absoluta para o ultrassom terapêutico. Como então pode o tratamento ultrassônico ser um tratamento promissor para acelerar a taxa de consolidação de fraturas?

O tipo de ultrassom usado para tratar locais de fratura é diferente do ultrassom terapêutico. O ultrassom pulsado de baixa intensidade (LIPUS) usa características de emissão que não estão disponíveis nos aparelhos convencionais de ultrassom terapêutico para produzir uma força mecânica de baixo nível que estimula ou acelera o crescimento ósseo.

Características de saída ou emissão dos geradores ultrassônicos de crescimento ósseo

Parâmetro	Valor
Frequência de emissão	1,5 MHz
Largura *burst*	200 microssegundos
Taxa de repetição	1 kHz
Área de radiação efetiva	3,88 cm²
Potência média temporal	117 miliwatts
Potência máxima temporal	625 miliwatts
Intensidade temporal, média espacial	30 mW/cm² (Nota: intensidades maiores podem inibir a cicatrização.[19])
Duração do tratamento	Uma sessão de 20 minutos por dia

Fotografia de Exogen 2000, cortesia de Smith & Nephew, Memphis, TN.

A quantidade de cavitação tem uma proporção direta com a intensidade da emissão. Uma emissão contínua de baixa intensidade leva a uma cavitação prolongada, mais estável, do que o ultrassom pulsado aplicado com altas intensidades. Os tratamentos de baixa intensidade estão se tornando o método de escolha para emissão do ultrassom atérmico. A terapia extracorpórea por ondas de choque emite ondas sonoras de baixa frequência e intensidade muito alta para tratar condições inflamatórias crônicas localizadas.

A **teoria da frequência de ressonância** explica os efeitos atérmicos do ultrassom ao usar as características vibratórias das estruturas celulares e moleculares. As proteínas nessas estruturas absorvem a energia mecânica, o que altera a estrutura e a função de proteínas ou moléculas individuais.[21] O resultado é a estimulação da fagocitose (que auxilia na remoção de resíduos inflamatórios),[29] o aumento no número de **radicais livres** na área (aumentando a condutância iônica e agindo na membrana celular),[30] aumento da permeabilidade da membrana celular e da proliferação celular[21] e a aceleração da fibrinólise.[21,31,32]

O aumento da permeabilidade permite que o cálcio entre na célula, o que, por sua vez, encoraja a liberação de proteína. O potássio, outros íons e metabólitos se movem para dentro e para fora da célula com maior rapidez. As concentrações de glicosaminoglicanos, o componente primário necessário para o remodelamento apropriado do colágeno, e a hidroxiprolina, um dos aminoácidos essenciais do colágeno, são aumentados após o ultrassom pulsado de baixa dose.[21,33] Essas substâncias tornam o tecido conjuntivo mais forte e mais deformável, capaz de suportar cargas maiores.

São promovidos também a síntese de colágeno, a secreção de **citocinas**, o aumento da captação de cálcio nos fibroblastos, aumento da atividade fibroblástica (essencial para a produção de tecido de granulação e tecido cicatricial funcional e saudável), desgranulação dos mastócitos e aumento da atividade dos macrófagos.[16] Essa leve aceleração do estágio inflamatório ajuda o corpo a atingir mais cedo o estágio de proliferação.

Efeitos térmicos

A quantidade de aumento de temperatura durante o tratamento depende do modo de aplicação (ciclo de trabalho elevado), da intensidade e frequência da emissão, da vascularidade e tipo de tecido e do tamanho da área de tratamento. O aumento de temperatura também depende do gerador, com algumas marcas produzindo mais aquecimento do que outras.[34] O uso do ultrassom de 1 MHz em uma área de tratamento duas vezes o tamanho da ERA pode elevar a temperatura dos tecidos subcutâneos 3,5°C,[35] e, usando um ultrassom de 3 MHz,

aumentar 9,3°C. Usar os mesmos parâmetros de emissão, porém aumentando a área de tratamento para seis vezes a ERA (muito acima da área de tratamento recomendada), resulta em um aumento de temperatura de apenas 1,3°C.[8]

Evidência prática

O tamanho da área de tratamento é um dos fatores mais importantes na produção de efeitos térmicos significativos. Considerando a mesma intensidade de emissão, frequência, duração do tratamento e ciclo de trabalho, aumentar a área de tratamento pode produzir um menor aumento resultante da temperatura, bem abaixo dos níveis terapêuticos, se a área de tratamento for superior a duas a três vezes o tamanho da ERA.[8,35,36]

Os efeitos térmicos do ultrassom são os mesmos descritos para o calor no Capítulo 5. As diferenças primárias são que o ultrassom aquece tecidos mais profundos e afeta uma área menor. As alterações fisiológicas dentro dos tecidos baseiam-se na quantidade de aumento de temperatura (ver Tab. 7.5). O ultrassom aplicado com uma frequência de emissão de 1 MHz pode afetar tecidos localizados a uma profundidade de até 5 cm; o ultrassom de 3 MHz é eficaz nos tecidos localizados a uma profundidade de até 2 a 3 cm. Os tecidos aquecidos com o ultrassom de 1 MHz retém o calor por aproximadamente o dobro do tempo que o calor gerado pelo ultrassom de 3 MHz.[8]

Para se obter um efeito terapêutico de aquecimento, a temperatura do tecido precisa permanecer elevada por no mínimo 3 a 5 minutos.[16,37] O ultrassom de 3 MHz aquece três a quatro vezes mais rápido do que o

Tabela 7.5 Aumentos de temperatura necessários para se obter efeitos terapêuticos específicos durante a aplicação do ultrassom

Classificação do ultrassom	Aumento de temperatura	Usado para efeitos térmicos
Leve	1°C	Inflamação leve
		Acelerar a taxa metabólica
Moderado	2-3°C	Diminuir o espasmo muscular
		Diminuir a dor
		Aumentar o fluxo sanguíneo
		Reduzir a inflamação crônica
Vigoroso*	3-4°C	Alongamento do tecido, redução de tecido cicatricial
		Inibição da atividade simpática

*As temperaturas do tecido precisam ser aumentadas para 39°C a 45°C para que ocorra um aquecimento vigoroso. Temperaturas acima de 45°C resultam na destruição do tecido.

ultrassom de 1 MHz, embora os efeitos térmicos do ultrassom de 1 MHz durem mais tempo (ver Tab. 7.2).[12,38] A relação entre a intensidade de emissão e a duração determina a quantidade de aumento de temperatura. Intensidades de emissão mais baixas requerem uma duração de tratamento mais longa para a elevação da temperatura do tecido até o nível desejado. O preaquecimento da área de tratamento durante 15 minutos, com a utilização de uma compressa quente úmida, pode diminuir o tempo de tratamento necessário para a obtenção de níveis de aquecimento vigorosos em cerca de 2 a 3 minutos nos tecidos profundos (3 cm) com o uso de uma emissão de 1 MHz.[39]

A produção de calor está relacionada à quantidade de atenuação das ondas sonoras nos tecidos.[40] O processo envolvido na atenuação, absorção e dispersão cria atrito entre as moléculas, o que aumenta a temperatura. Tecidos ricos em colágeno como o tendão, meniscos articulares, osso superficial, raízes nervosas largas, fáscia intermuscular e tecido cicatricial são aquecidos de modo preferencial.[16] Tecidos muito cheios de líquidos, como a camada adiposa e os líquidos articulares, são relativamente transparentes para a energia ultrassônica.[15] Por causa do seu tamanho e conteúdo relativamente fluido, os ventres musculares não são bem aquecidos pelo ultrassom, porém o tecido cicatricial e a fáscia dentro do ventre muscular sim.

O aquecimento que ocorre secundário à conversão da energia ultrassônica em energia térmica é então transferido para os tecidos vizinhos por condução. Esse efeito torna incerta a profundidade efetiva real do aquecimento baseada apenas na frequência de emissão. A profundidade e magnitude real do aquecimento são fortemente influenciadas pelas propriedades dos tecidos e sua geometria (ver Fig. 7.12).[3]

As temperaturas nos tecidos pouco vascularizados aumenta cerca de 0,8°C a 1,4°C por minuto durante a aplicação do ultrassom contínuo de 3 MHz.[4,12] Em áreas altamente vascularizadas, como músculo, o aumento de temperatura não é tão grande, porque o sangue que che-

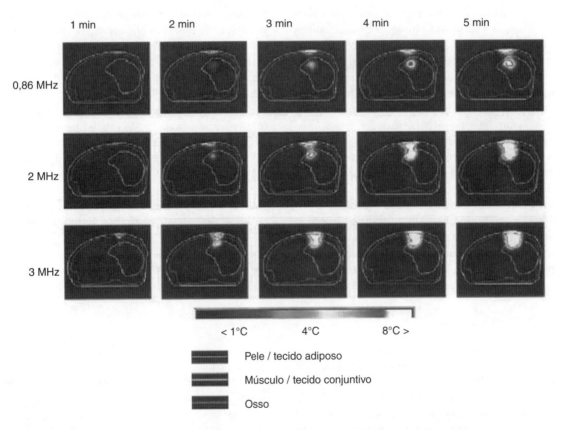

Figura 7.12 Imagem térmica do aquecimento ultrassônico. Secção transversa demonstrando a quantidade de acúmulo de calor em incrementos de 1 minuto em diferentes frequências de emissão. Note que há relativamente pouca diferença nas profundidades e nos padrões de aquecimento entre as três frequências. (Reproduzido com permissão de Demmink JH, Helder PJM, Hobaek H, Enwemeka C: The variation of heating depth with therapeutic ultrasound frequency in physiotherapy. Ultrasound Med Biol, 29:113, 2003.)

ga, mais frio, leva para longe continuamente o sangue local mais aquecido.[41] Aumentos de temperatura de até 4,9°C têm sido documentados a uma profundidade de 2,5 cm dentro do músculo após 10 minutos de aplicação de ultrassom com 1,5W/cm².[15]

As ondas refletidas também aumentam a quantidade de aquecimento. Quando as ondas de ultrassom são refletidas, a energia passa através dos tecidos mais do que uma vez (formando uma onda estacionária), o que aumenta os efeitos térmicos.

Efeitos sobre
O processo de resposta à lesão

Os efeitos da aplicação do ultrassom dependem do modo de aplicação (contínuo ou pulsado), da frequência do som, do tamanho da área tratada e da vascularidade e densidade dos tecidos-alvo. Os efeitos térmicos profundos são similares aos descritos na seção de termoterapia (ver Cap. 6). Os efeitos atérmicos relevantes são discutidos em cada uma das seções a seguir. Uma forma especializada de ultrassom promove a cicatrização de fraturas.

Não há um consenso universal quanto aos efeitos do ultrassom terapêutico, e uma discrepância considerável é encontrada nas pesquisas. Ver a seção Controvérsias sobre o tratamento no final deste capítulo.

Resposta celular

A correnteza acústica e a cavitação aumentam a permeabilidade da membrana celular, alterando a taxa de difusão através da membrana celular. As respostas celulares ao ultrassom incluem aumento da liberação de histamina, aumento do cálcio intracelular, desgranulação de mastócitos e aumento da taxa de síntese de proteínas.[21,42,43,44] Os efeitos térmicos aumentam o metabolismo celular e aceleram a taxa de inflamação.

Inflamação

No estágio agudo da lesão, o uso de ultrassom com emissão contínua é contraindicado por causa do aumento da temperatura do tecido com aumento associado da necessidade de oxigênio. O ultrassom atérmico tem sido usado durante os estágios inflamatórios agudo e subagudo, porém não há evidências substanciais que apoiem o uso dessa técnica.

A aceleração do processo inflamatório faz com que o estágio de proliferação do processo de cicatrização comece mais cedo.[45] As alterações na permeabilidade da membrana celular resultam na desgranulação e na liberação de fatores de crescimento e plaquetas que estimulam a proliferação de fibroblastos.[42] Tem sido mostrado

que a aplicação de ultrassom contínuo influi de forma positiva na atividade dos macrófagos[43] e aumenta a aderência dos leucócitos às células endoteliais danificadas.[46] Quando aplicado durante a fase de proliferação, o ultrassom estimula a divisão celular.[47]

Dinâmica do sangue e dos fluidos corporais

O ultrassom contínuo pode aumentar o fluxo sanguíneo local por até 45 minutos após o tratamento,[48] embora esse achado não seja aceito de modo universal.[49,50] O fluxo sanguíneo permanece no nível pré-tratamento durante os 60 a 90 segundos iniciais. Depois desse ponto, o fluxo sanguíneo aumenta, regulando o aumento da temperatura com a retirada de calor da área.[41] Por fim, é alcançado um equilíbrio entre o calor emitido e o calor removido pelo corpo e uma temperatura relativamente consistente será mantida.[41]

Outros fatores fisiológicos podem também promover o aumento do fluxo sanguíneo.[51] A alteração da permeabilidade da membrana celular pode resultar em diminuição do tônus vascular, levando à dilatação dos vasos, e a histamina liberada na área tratada pode também causar vasodilatação, aumentando ainda mais o fluxo sanguíneo.

Tem sido aplicado calor úmido,[39] massagem com gelo[48] e bolsas de gelo[37] antes do ultrassom para alterar o fluxo sanguíneo, durante e após o tratamento. O uso de calor úmido antes da aplicação do ultrassom reduziu de modo significativo o aumento relativo no fluxo sanguíneo.[39] A massagem com gelo antes do ultrassom mantém o fluxo sanguíneo aumentado no nível encontrado com a aplicação de ultrassom apenas. A aplicação de bolsas de gelo, que por muito tempo se acreditava aumentar os efeitos térmicos do ultrassom, diminui de forma intensa o aumento da temperatura intramuscular a uma profundidade de 5 cm abaixo da pele após o ultrassom, produzindo um aumento de 1,8°C comparado ao aumento de 4°C na temperatura dos tecidos que não foram resfriados antes do tratamento.[37]

Condução nervosa e controle da dor

O ultrassom controla a dor de forma direta ao afetar o sistema nervoso periférico e de forma indireta como resultado de outras alterações nos tecidos associadas à sua aplicação. O ultrassom influencia diretamente na transmissão dos impulsos nervosos ao desencadear alterações dentro das fibras nervosas. A permeabilidade da membrana celular aos íons de sódio é afetada, alterando a atividade elétrica do nervo[20] e elevando o limiar de dor.[54,55] A velocidade de condução nervosa é aumentada como resultado dos efeitos térmicos da aplicação de ultrassom.

A redução indireta da dor é resultado de outros efeitos da aplicação de ultrassom. O aumento do fluxo sanguíneo e aumento da permeabilidade capilar aumentam a emissão de oxigênio para as áreas hipóxicas, reduzindo a atividade dos **receptores de dor quimiossensíveis**. Os impulsos provenientes de receptores dolorosos mecânicos são reduzidos por causa de uma redução na quantidade de espasmo muscular e aumento do relaxamento muscular.[52]

Evidência prática

O ultrassom aplicado com 0,5 a 1,0 W/cm² por 15 minutos, diariamente, durante duas semanas, pode reduzir os sintomas da síndrome do túnel do carpo.[56]

Espasmo muscular

Conforme a descrição do Capítulo 2, os efeitos térmicos do ultrassom podem diminuir o espasmo muscular ao reduzir os gatilhos mecânicos e químicos que perpetuam o ciclo dor-espasmo-dor. A alteração da velocidade de condução nervosa, o efeito contrairritante do aumento de temperatura e o aumento do fluxo sanguíneo podem diminuir os estímulos nociceptivos. O relaxamento da tensão muscular por meio do aumento do fluxo sanguíneo, aumento da emissão de oxigênio e facilitação do alongamento das fibras musculares podem diminuir os estímulos mecânicos.

Elasticidade dos tecidos

O ultrassom aquece de forma preferencial os tecidos ricos em colágeno, em especial tendões, ligamentos, fáscias e tecido cicatricial. Para promover o alongamento do tecido, a temperatura dos tecidos-alvo precisa ser elevada 4°C. Depois da aplicação do ultrassom, o intervalo em que é possível o alongamento tem vida curta.[38] Os efeitos térmicos associados ao aquecimento vigoroso (ver Tab. 7.5), quando aplicados a 3 MHz, têm um tempo efetivo de alongamento de apenas 3 minutos depois do final do tratamento, embora esse intervalo possa ser um pouco mais longo quando se usa o ultrassom de 1 MHz.[38]

Para serem alongados de forma permanente, os tecidos não contráteis precisam ser aquecidos e alongados no decorrer de múltiplos tratamentos.[54] Quando a meta da aplicação do ultrassom for alongar os tecidos, esses deverão ser posicionados em alongamento durante o tratamento. Qualquer alongamento ou técnica de mobilização articular subsequente deverá ser feito logo após o final do tratamento. Poderá ser necessária a aplicação repetida no decorrer de vários dias para a obtenção do alongamento desejado.[35,55]

O ultrassom terapêutico é eficaz apenas para aquecer uma área de tecido relativamente pequena. Por essa razão, não é eficaz para o aquecimento de uma área muscular ampla. Nesse caso, deve-se usar o exercício ou a diatermia por ondas curtas (ver Cap. 9).

Cicatrização de músculo e tendão

Estudos em animais mostraram que a aplicação do ultrassom contínuo aumentava a taxa de síntese de colágeno nos fibroblastos do tendão[47] e a cicatrização do tendão,[57] além de aumentar a força tensiva dos tendões.[42,58] Os tendões podem transformar em calor os pulsos de ultrassom individuais, o que produz alterações metabólicas nos tecidos. Embora o ultrassom contínuo possa produzir pressão acústica suficiente para danificar as fibras que estão cicatrizando, o ultrassom pulsado pode auxiliar na cicatrização ao aumentar sua força tensiva.[59]

Um ultrassom com emissão contínua de 1 MHz favorece a liberação dos fibroblastos pré-formados. O ultrassom de 3 MHz aumenta a habilidade das células de sintetizar e secretar os elementos constituintes dos fibroblastos.[43,45,47] Essa resposta parece ser restrita às áreas com alto conteúdo de colágeno, em especial tendões, e pode ser um tratamento mais eficaz para as tendinopatias do que a fonoforese.[60]

Cicatrização de feridas

Algumas feridas superficiais têm respondido de modo favorável à aplicação de ultrassom. O ultrassom contínuo aplicado com 1,5 W/cm² durante um tratamento de 5 minutos, ao longo de um período de uma semana, pode aumentar a força de ruptura de feridas incisionais. Um protocolo semelhante, exceto por ser aplicado com 0,5 W/cm² durante 2 semanas, produziu os mesmos resultados do aumento da força de ruptura após 1 semana, e a facilitação da deposição de colágeno foi demonstrada durante a 2ª semana.[61] (Nota: estudos precedentes foram feitos com uma frequência de emissão de 1 MHz; os resultados do mesmo protocolo usando uma emissão de 3 MHz não foram estabelecidos.)

Úlceras de pressão tratadas com 3 MHz, ERA de 5 cm², ciclo de trabalho de 20%, com uma intensidade de emissão de 0,1 a 0,5 W/cm,² aplicados em torno de feridas abertas e também tratadas com técnicas convencionais de tratamento demonstraram cicatrização acelerada em comparação com o uso apenas de técnicas convencionais (ver Fig. 7.13).[62] O ultrassom aplicado a 1 W/cm² ou aplicado usando uma emissão contínua pode ter um efeito inibitório na cicatrização da ferida, possivelmente porque os tecidos necróticos são incapazes de dissipar calor.[62]

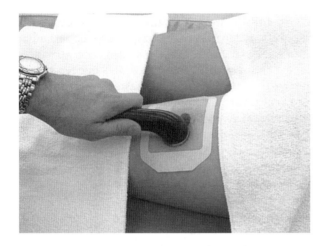

Figura 7.13 Aplicação de ultrassom para promover a cicatrização de feridas. A ferida pode ser coberta com um curativo oclusivo e é feita uma aplicação de MHz com emissão pulsada de baixa intensidade na periferia da ferida.

Cicatrização de fraturas

O ultrassom pulsado de baixa intensidade (LIPUS) aplicado em sessões de 20 minutos por dia tem demonstrado uma melhora na taxa de cicatrização para fraturas agudas e não consolidadas[22,60,64-68] e na fusão espinal.[69] A eficácia do LIPUS no tratamento de fraturas por estresse não está clara.[70,71] Essa técnica não está aprovada para **fraturas não consolidadas** de crânio ou em pessoas esqueleticamente imaturas.

Cada fase do processo de cicatrização do osso, inflamação, formação do calo mole, formação do calo duro e remodelamento ósseo pode se beneficiar do LIPUS.[65] As células envolvidas no processo de cicatrização são classificadas em osteoblastos, osteoclastos, macrófagos, condroblastos e fibroblastos (ver Cap. 1). Parecida com a resposta à lesão dos tecidos moles, a fratura aguda rompe vasos sanguíneos que levam à formação de hematomas, o que por fim interrompe o sangramento, porém também causa a necrose do osso. A necrose desencadeia uma ação inflamatória que inclui a liberação de citocinas, osteoclastos e macrófagos para remover os resíduos.[23]

A angiogênese atrai fibroblastos e células osteogênicas, formando um pró-calo. Os fibroblastos produzem uma ligação de colágeno entre os segmentos da fratura. Os condroblastos, formados de células osteogênicas, depositam a fibrocartilagem que forma o calo mole. Os osteoblastos criam uma rede vascular e essa permite a formação do calo duro.[72] O remodelamento ósseo é marcado por osteoclastos que removem os resíduos celulares; os osteoblastos então substituem por osso compacto os resíduos removidos, formando o reparo permanente (ver Fig. 7.14).[23]

Os mecanismos propostos como auxiliadores da cicatrização são o microdeslocamento dos segmentos da fratura, cavitação,[23] leve aumento de temperatura[22] e aumento da atividade dos neurotransmissores.[73] Embora emitido com baixa intensidade e com uma emissão pulsada, o LIPUS ainda causa um leve aumento na temperatura, menos do que 1°C. Algumas das enzimas, tais como a colagenase, são sensíveis a esse aumento súbito de temperatura, o que acelera sua atividade.[22]

O microdeslocamento auxilia na formação de fibrocartilagem pelas células osteogênicas. Quando aplicado cedo no estágio de cicatrização, a cavitação e a correnteza acústica aumentam a qualidade e a força do calo ósseo.[19,22] A produção dos fatores angiogênicos **interleucina-8, fator de crescimento básico do fibroblasto, fator de crescimento do endotélio vascular**,[74] cicloo-

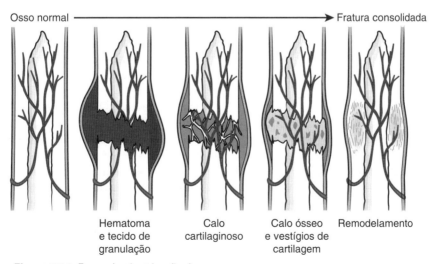

Figura 7.14 Fases da cicatrização óssea.

xigenase-2 de célula formadora de osso e **RNA mensageiro**[68] parecem ser aumentados pela cavitação.[23] Em particular, a estimulação da proliferação de osteoblastos[72] e condrócitos acelera os eventos de cicatrização subsequentes.[22] Quando aplicado perto do final do processo de cicatrização, o crescimento da cartilagem é o mais estimulado.[19]

Os resultados do tratamento dependem do local da fratura, tempo decorrido até o início do tratamento, localização da fratura e estabilidade do local da fratura.[75] Nas fraturas agudas da tíbia, o LIPUS tem demonstrado uma redução no tempo de cicatrização clínica (86 dias comparados com 144 dias para o grupo controle) e no tempo de cicatrização radiográfico (96 dias; o grupo controle equivale a 154 dias), um resultado que é significativo tanto em termos estatísticos como, talvez mais importante, em termos clínicos.[63,64]

Evidência prática

Quando o tratamento é iniciado logo após a lesão, a preponderância das evidências indica que o LIPUS é eficaz para acelerar a taxa de consolidação de fraturas agudas.[63,64,76-78] A aplicação durante a inflamação e as fases da cicatrização e formação do calo resulta em um calo funcional mais viável.[22,73]

Técnicas clínicas
Terapia extracorpórea por ondas de choque

As ondas sonoras de baixa frequência e alta pressão (litotripsia) têm sido usadas há muito tempo para destruir cálculos renais, cálculos biliares e outras condições urológicas e gástricas. Essa técnica tem sido modificada para tratar condições musculoesqueléticas. A terapia extracorpórea por ondas de choque (ESWT) usa ondas sonoras focadas, de alta pressão, que produzem microtraumas para desintegrar depósitos de cálcio, reativar o processo inflamatório e promover a cicatrização.[2,25] A onda de pressão é produzida por um impulso hidráulico, pneumático ou eletromagnético que conduz um pistão por meio de um cilindro. A onda de pressão resultante é transmitida do transdutor para dentro dos tecidos.[26] A ESWT é às vezes aplicada sob anestesia local.

Embora a ESWT seja usada experimentalmente para tratar uma larga variedade de condições inflamatórias, no momento tem aprovação da FDA para tratar apenas fasciíte plantar e tendinopatia lateral do cotovelo.[27,28] Nas condições de calcificação crônica, como a tendinopatia calcificante ou esporões de calcâneo, propõe-se que a ESWT pode degradar o acúmulo de cálcio e estimular sua reabsorção.[28] Acredita-se que a redução da dor seja resultado da ativação de fibras inibitórias no tronco encefálico e mecanismos de supressão da dor somática.[26]

O LIPUS é incapaz de ativar o processo de cicatrização e, portanto, é menos eficaz quando aplicado tardiamente nesse processo.[19] Essa técnica não é eficaz para acelerar a cicatrização de fraturas da tíbia que receberam reforço cirúrgico com o uso de **haste intramedular.**[77,79] O uso de medicamentos que contêm bloqueadores dos canais de cálcio, medicamentos anti-inflamatórios não esteroides, esteroides e, possivelmente, o fumo, diminuem a probabilidade de sucesso do LIPUS.[80] A idade é também inversamente proporcional à eficácia do LIPUS na cicatrização de fraturas não consolidadas.[22]

Fonoforese

Fonoforese descreve o uso do ultrassom terapêutico para auxiliar na difusão de medicamentos pela pele.[61] Os mecanismos de ação propostos incluem a energia ultrassônica que causa alterações nos tecidos e/ou alterações no medicamento que permitem a ele se difundir pelas barreiras e ser absorvido pelo corpo.[81]

Embora seja fácil visualizar as ondas de ultrassom conduzindo fisicamente os medicamentos pela pele, a fonoforese não funciona dessa maneira. Em vez disso, o ultrassom abre vias que permitem que o medicamento se difunda pela pele e penetre os tecidos. Acredita-se que a cavitação produza pequenas aberturas no estrato córneo e aumente o tamanho dos poros.[18,19] Essas aberturas permitem que o medicamento seja absorvido por capilares superficiais e assim sejam absorvidos subcutaneamente.[19]

A vantagem de se introduzir os medicamentos no corpo por meio da fonoforese, em vez de injetá-los, é que o medicamento é distribuído por uma área mais ampla, e a fonoforese não é invasiva.[82] O medicamento que entra nos tecidos por meio da fonoforese não precisa passar pelo fígado, o que diminui a eliminação metabólica das substâncias.

Medicamentos aplicados pela via transdérmica precisam primeiro passar pela barreira enzimática da epiderme e estrato córneo, a barreira que limita a taxa de difusão, antes de serem absorvidos pelos tecidos subcutâneos. O estrato córneo determina a taxa e a quantidade de medicamento que é transmitido para os tecidos mais profundos. Os medicamentos que são absorvidos pela pele podem ser armazenados nos tecidos subcutâneos e requerem um tempo mais longo para se difundirem dentro dos tecidos mais profundos.

Com isso em mente, o tipo e consistência da pele que cobre a área de tratamento são elementos importantes na determinação do sucesso do tratamento. Fatores como composição da pele, sua hidratação, vascularidade e espessura se combinam para favorecer ou impedir a difusão de medicamentos através da pele e, assim, para os tecidos mais profundos (ver Tab. 7.6).

Tabela 7.6 Fatores ligados à pele que afetam a taxa de difusão dos medicamentos durante a fonoforese

Fator	Efeito
Hidratação	Quanto mais alto o conteúdo de água, mais permeável fica a pele à passagem de medicamentos.
Idade	A desidratação ocorre conforme a pele envelhece; a circulação e o conteúdo de **lipídeos** também diminuem.
Composição	Os locais onde é mais fácil a passagem de medicamentos por meio da pele são perto dos folículos pilosos, glândulas sebáceas e dutos sudoríparos.
	Embora os folículos pilosos favoreçam a passagem de medicamentos pela pele, o excesso de pelos deve ser raspado da área que está sendo tratada.
Vascularidade	Áreas com alta vascularidade são mais aptas a permitir a transferência de medicamentos para os tecidos profundos. Os vasos que sofrem constrição resultam em efeitos locais, enquanto os vasos dilatados favorecem a distribuição sistêmica do medicamento.
Espessura	A pele espessa se apresenta como uma barreira muito mais problemática ao medicamento do que uma pele mais fina. Ao aplicar a fonoforese sobre um local, deve-se tentar administrá-la sobre áreas com baixa densidade de pele (p. ex., ao tratar uma pessoa que sofre de fasciíte plantar, aplicar o medicamento na face médio-inferior do calcâneo e não sobre a superfície plantar).

Muitas substâncias como loções ou cremes medicamentosos podem ser movidas para além das barreiras da pele simplesmente ao massageá-las no local. Contudo, tem sido mostrado que alguns medicamentos são levados a profundidades de 6 cm dentro dos tecidos com a assistência do ultrassom.[83,84] Os efeitos térmicos e atérmicos associados à aplicação convencional do ultrassom podem aumentar a taxa e a quantidade de medicamento absorvido. Os efeitos térmicos do ultrassom aumentam a energia cinética tanto das células locais quanto dos medicamentos, dilatando os pontos de entrada (folículos pilosos, glândulas sudoríparas, etc.), aumentando a circulação, a permeabilidade capilar e desordenando os lipídeos estruturados no estrato córneo.[85-87] Os efeitos atérmicos que favorecem a difusão através das membranas incluem alterar o potencial de repouso da célula, afetar a permeabilidade de moléculas ionizadas e não ionizadas e aumentar a permeabilidade da membrana celular.[86,88,89]

O pré-aquecimento da área de tratamento com uma compressa quente úmida para aumentar o fluxo sanguíneo local e a energia cinética pode produzir um aumento ainda maior da emissão do medicamento dentro dos tecidos. O calor úmido também assiste na hidratação do estrato córneo, auxiliando tanto a transferência do ultrassom pela pele quanto a difusão de medicamentos através da barreira da pele.[18]

A fonoforese é aplicada com um medicamento prescrito ou de venda livre que tenha moléculas de tamanho relativamente pequeno e baixo peso molecular (ver Tab. 7.7).[90,91] O tamanho e peso pequeno das moléculas é necessário para que o medicamento se difunda pela pele. O medicamento costuma ser misturado com uma base inerte, tal como um gel para ultrassom, que ajuda a transmitir a energia para os tecidos. Se o medicamento for misturado com uma base, essa precisará ser capaz de transmitir a energia ultrassônica (ver Acoplamento direto no Cap. 8).

Evidência prática

A transferência da fonoforese pode ser melhorada colocando-se o medicamento na pele pré-aquecida e cobrindo a área com um curativo oclusivo durante 30 minutos antes do tratamento. Após o tratamento, deixar o curativo no lugar por várias horas de modo a encorajar ainda mais a absorção vascular e a distribuição do medicamento.[18,86]

Tabela 7.7 Medicamentos comumente aplicados via fonoforese

Classificação	Indicações	Tecidos-alvo	Exemplos
Corticosteroides	Condições inflamatórias	Tecidos subcutâneos	Hidrocortisona
		Nervos	Dexametasona 0,4%
		Músculo	Diclofenaco
Salicilatos	Condições inflamatórias	Tecidos subdérmicos	Mioflex*
	Dor		
Anestésicos	Dor	Nervos	Lidocaína
	Pontos-gatilho	Sistema circulatório	Benzidamina

*Nota: Não transmite energia ultrassônica.

Não usar misturas de medicamentos que não sejam prescritas especificamente para fonoforese. Muitas misturas para fonoforese que costumam ser usadas refletem a maior parte da energia ultrassônica, ou mesmo toda ela. Nesse caso, o ultrassom não tem efeito no tratamento.[61,89]

A maioria dos cremes corticosteroides brancos, espessos, são maus condutores de ultrassom. O meio gel misto para aplicação tópica, como os géis de transmissão vendidos comercialmente, são bons condutores.[92] Outra abordagem para a administração da fonoforese é o "método invisível", no qual o medicamento é primeiro massageado diretamente na pele, seguido de uma aplicação tradicional de ultrassom. É razoável concluir que os medicamentos que podem ser naturalmente absorvidos pela pele são mais eficazes para a fonoforese do que aqueles que não são absorvidos com facilidade.

A eficácia da fonoforese não é completamente comprovada.[82,84,89,93,94] Muitas das contradições nos resultados dos estudos podem estar relacionadas ao tipo de agente de acoplamento usado e a concentração do medicamento. Por exemplo, um estudo examinou a absorção subcutânea de um **salicilato** disponível no mercado, o Mioflex, e não encontrou diferença no nível de salicilato na corrente sanguínea com ou sem o uso do ultrassom.[89] Um estudo posterior revelou que o Mioflex não transmitia energia ultrassônica (ver Tab. 8.1).[92]

Ainda assim, a quantidade real de medicamento que penetra os tecidos viáveis e o efeito da energia ultrassônica na absorção não está clara. Acredita-se que a **hidrocortisona** seja emitida para dentro dos tecidos subcutâneos, onde se difunde lentamente para os tecidos mais profundos, porém não foram encontrados níveis aumentados de cortisol sérico após o tratamento.[91,95] A hidrocortisona propriamente dita é um mau transmissor de energia acústica.[92] Tanto o ultrassom pulsado quanto o ultrassom contínuo melhoram a transmissão e subsequente absorção do gel **diclofenaco** relativo à aplicação tópica, o que resulta em uma diminuição significativa da dor e aumento da função.[96]

A dexametasona transmite 95 a 98% da energia ultrassônica e vem sendo usada com maior prevalência para fonoforese.[97] Do mesmo modo, não tem sido provado que a dexametasona produz um efeito mensurável no tecido submuscular ou subtendíneo[97] ou em qualquer quantidade suficiente para prejudicar a função adrenal.[98,99]

Algumas das limitações encontradas nas técnicas tradicionais de fonoforese podem ser contornadas por meio do uso de geradores de som de baixa frequência. Esses aparelhos usam uma frequência de 20 KHz (na faixa superior da audição humana), emissão pulsada de 125 mW/cm², para favorecer a introdução do medicamento nos tecidos profundos. A frequência mais baixa permite que os medicamentos de tamanho e peso molecular maior,

incluindo a insulina e o **interferon gama**, penetrem mais fundo nos tecidos. Relatos iniciais dessa técnica indicam que a fonoforese de baixa frequência é capaz de emitir uma ampla variedade de medicamentos com eficácia até 1.000 vezes maior do que aquelas produzidas com o método de ultrassom tradicional (ver Quadro 7.4).[90,98,100] O efeito do tratamento pode ser melhorado cobrindo-se a área tratada com um curativo após o tratamento para manter a área hidratada.[86]

A fonoforese com uso de medicamentos vendidos sob prescrição é regulada, nos Estados Unidos, pela maioria das leis estaduais de prática farmacêutica. Embora haja diferença de estado para estado, a lei pode requerer que o medicamento seja prescrito especificamente para determinado paciente.

Contraindicações para o uso do ultrassom terapêutico

Nos casos em que o uso de ultrassom é questionável por causa de condições médicas subjacentes, deve-se consultar o médico do paciente para determinar se esse recurso terapêutico deve ser usado. O ultrassom térmico não deve ser aplicado na presença das contraindicações gerais à aplicação de calor (ver Tab. 5.7). Ver Em foco: ultrassom terapêutico, no Capítulo 8, para uma lista completa de contraindicações e precauções no uso do ultrassom terapêutico.

O ultrassom terapêutico não deve ser aplicado sobre áreas onde a circulação é deficiente, áreas isquêmicas ou áreas com déficit sensorial. A falta de circulação normal reduz a habilidade do corpo de dissipar o calor e pode resultar em queimaduras, um risco que aumenta na ausência de função sensorial normal. A aplicação sobre áreas de trombose venosa profunda ativa ou de tromboflebite pode fazer com que o coágulo se desloque e vá para outra parte do sistema circulatório. O uso sobre locais de infecção ativa pode resultar na disseminação da infecção. A aplicação de ultrassom sobre tumores cancerígenos pode aumentar a massa e o peso do tumor.[102]

Há regiões específicas do corpo que são alvos potencialmente perigosos para o ultrassom, em especial cavidades preenchidas por líquidos. Evitar a aplicação sobre os olhos, coração, crânio e genitais. A aplicação sobre um marcapasso implantado e seus fios é contraindicada pelo risco de danificar o marcapasso ou causar seu mal funcionamento. Pode ocorrer aumento do sangramento se o ultrassom for aplicado sobre a região pélvica, abdominal inferior ou lombar de mulheres que estejam menstruando. Por causa do risco para o feto, não se deve aplicar o ultrassom terapêutico sobre as áreas abdominal, pélvica ou lombar durante a gestação.

O uso de ultrassom terapêutico sobre locais com fratura ativa ou fraturas por estresse pode causar dor e

> **Quadro 7.4** Ultrassom de ondas longas
>
>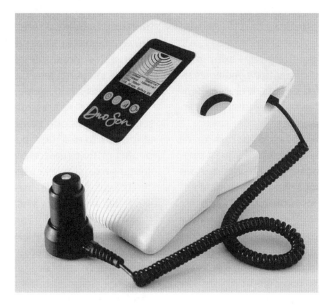
>
> O ultrassom terapêutico tem sido usado tradicionalmente com uma frequência de emissão que varia entre 1 e 3,3 MHz. O ultrassom de ondas longas emprega um comprimento de onda que varia entre 20 e 45 **quilo-hertz** (kHz) e é usado tanto para aquecimento profundo quanto para aplicação de fonoforese. O comprimento de onda mais longo é capaz de penetrar de maneira eficaz nos tecidos do corpo e pode produzir aquecimento na profundidade dos ossos, mesmo com uma massa muscular mais volumosa.[101]
>
> O comprimento de onda mais longo resulta em um maior deslocamento de partículas dentro dos tecidos e produz um feixe mais uniforme. Em comparação com os aparelhos de ultrassom tradicionais, a maior potência geral e a homogeneidade da onda ultrassônica requerem intensidades de emissão mais baixas para que os níveis terapêuticos sejam alcançados. O aquecimento pode ser obtido com uma intensidade de emissão de 0,3 a 0,8 W/cm² e os efeitos atérmicos ocorrem em níveis abaixo de 0,3 W/cm². A aplicação acima de 0,8 W/cm² pode resultar em dano tecidual.[42]
>
> Diferente do ultrassom de ondas curtas, os geradores de ondas longas não requerem o uso de um meio de transmissão. Contudo, é usado um lubrificante para auxiliar o movimento do cabeçote sobre a pele. As indicações e contraindicações ao uso do ultrassom de ondas longas são similares às do ultrassom tradicional.
>
> Duoson, cortesia de Orthosonics, Devon, Inglaterra.

possivelmente atrasar a cicatrização (a exceção é o uso de estimuladores de crescimento ósseo ultrassônico). A aplicação do ultrassom terapêutico sobre epífises não fundidas costuma ser listada como contraindicação do ultrassom terapêutico, porém nenhuma evidência definitiva dá suporte a essa alegação. Os implantes metálicos também são por vezes colocados na lista de contraindicações à aplicação do ultrassom. Contudo, o metal rapidamente conduz o calor para longe da área e esse procedimento deve ser apropriado se o cabeçote for mantido em movimento. Deve-se evitar a aplicação térmica sobre implantes plásticos ou áreas de cimento ósseo (p. ex., substituições articulares). O aquecimento pode resultar na maleabilidade do plástico ou do cimento.

Embora não seja uma contraindicação estrita, é necessário cuidado ao aplicar o ultrassom sobre a coluna vertebral, raízes nervosas ou plexos nervosos largos. A densidade dos tecidos nessas regiões pode resultar em uma variação rápida de aquecimento. Após uma **laminectomia***, porções do músculo e osso que cobrem a medula espinal podem se retrair, com a possibilidade de expor diretamente a medula espinal à energia ultrassônica. Ver Em foco: ultrassom terapêutico, para uma lista de contraindicações à aplicação do ultrassom terapêutico.

Visão geral das evidências científicas

Apesar da relativa riqueza de pesquisas publicadas que examinam os efeitos do ultrassom terapêutico, a eficácia desse dispositivo ainda está sendo questionada. Há evidências suficientes que indicam que o ultrassom contínuo pode aumentar de modo significativo a temperatura dos tecidos subcutâneos.[8,12,15,36-39,103-106] Contudo, outros estudos sugerem que os aumentos de temperatura dependem do gerador de ultrassom que está sendo usado e identificam variações entre aparelhos do mesmo modelo.[3,11,34,41,107]

Boa parte das pesquisas publicadas que examinam a eficácia do ultrassom no atendimento de pacientes tinha falhas metodológicas, sofria de falta de ensaios controlados randomizados e era limitada por uma gama insuficiente de problemas de pacientes.[108]

Ao examinar os efeitos biofísicos do ultrassom, os autores concluíram que não há evidências de que a cavitação realmente ocorra durante a aplicação do ultrassom terapêutico e que os estudos iniciais podem ter sido enganosos por causa de erros de instrumentação.[20] Caso isso seja verdade, então um fluxo de líquido paralelo às ondas de ultrassom, em vez da correnteza acústica, pode ocorrer no corpo humano. Esse fluxo de líquido tem menos do efeito biofísico do que a correnteza acústica. E se a correnteza acústica não ocorre, os efeitos atérmicos atribuídos ao ultrassom talvez também não ocorram.[20] As pesquisas subsequentes têm tanto confirmado[21] quanto refutado[13] o potencial dos efeitos terapêuticos atérmicos do ultrassom.

Apesar de todas as questões recentes relativas à eficácia do ultrassom, existem evidências suficientes para se concluir de forma definitiva que, quando aplicado com a intensidade apropriada, na duração adequada e em uma área de tratamento limitada a duas a três vezes a ERA do transdutor, o ultrassom é capaz de aquecer de maneira vigorosa um pequeno volume de tecido. Essa pode ser a limitação inerente ao seu uso. O ultrassom terapêutico provavelmente é incapaz de aquecer uma massa muscular larga e melhorar a amplitude de movimento. Esse déficit tem, em parte, renovado o interesse na diatermia por ondas curtas como agente de aquecimento profundo.

Para que o ultrassom seja eficaz, é necessário que seja usado de modo apropriado, uma questão que tem atormentado essa modalidade desde que entrou no grupo dos principais serviços de saúde. Os erros clínicos comuns na aplicação incluem a escolha de uma frequência de emissão errada, uso de uma intensidade de emissão baixa demais ao tentar produzir efeitos térmicos, tratamento de uma área ampla demais, uso de agente de acoplamento inapropriado e movimentação rápida demais do cabeçote. O ultrassom terapêutico tem seu lugar no atendimento de lesões musculoesqueléticas. Contudo, o instrumento (recurso terapêutico) precisa ser apropriado ao trabalho que se deseja realizar (as metas de tratamento).

O ultrassom contínuo tem sido considerado o tratamento de escolha para tratar a ossificação heterotópica (miosite ossificante). O ultrassom terapêutico aplicado com altas doses de tratamento e/ou longas durações sobre o osso ectópico pode estimular ainda mais o crescimento ósseo.[109]

Capítulo 8

Aplicação clínica do ultrassom terapêutico

A aplicação de ultrassom evoluiu do que já foi uma abordagem de rotina do tipo "livro de receitas" para uma ciência clínica. Determinar se o ultrassom é indicado e, nesse caso, se os parâmetros de saída (emissão) são adequados requer o conhecimento do tipo de tecidos envolvidos, da profundidade do trauma, da natureza e do estado inflamatório da lesão, da pele e dos tecidos que se sobrepõem na área de tratamento.

Embora alguns parâmetros de tratamento tenham sido estabelecidos, o *feedback* do paciente e a reavaliação da resposta aos tratamentos anteriores são a base para o ajuste dos parâmetros de tratamento. É preciso informar o paciente sobre as expectativas e as sensações que são esperadas durante o tratamento e solicitar a ele que relate quaisquer sensações desconfortáveis, incomuns ou inesperadas, tais como dor ou queimação.

A fim de garantir uma aplicação segura de ultrassom terapêutico, os aparelhos devem ser calibrados pelo menos uma vez por ano (muitos fabricantes recomendam que isso seja feito duas vezes por ano). O Food and Drug Administration (FDA), órgão de regulação de medicamentos e de alimentos dos Estados Unidos, exige que a frequência de saída, a área de radiação efetiva (ERA) e o tipo de feixe sejam indicados no aparelho ou no transdutor (Fig. 8.1).[10] A data da última calibração também deve ser indicada em algum lugar do aparelho. A ERA indicada é a média para a marca e o modelo; a ERA real pode ser significativamente diferente do valor indicado.[11] A dimensão da superfície de contato do transdutor também pode ser incluída, caso seja significativamente diferente do tamanho da ERA (ver Fig. 7.1).[1]

Área tecidual de tratamento

O ultrassom só pode elevar a temperatura do tecido quando a área de tratamento é de aproximadamente duas vezes o tamanho da ERA.[8] Nota-se que a ERA tem aproximadamente metade do tamanho da superfície de contato do transdutor. A tentativa de aquecer uma área maior irá reduzir significativamente a elevação da temperatura. Se a dimensão dos tecidos-alvo é três vezes maior que a ERA, deve-se dividir a área em duas ou mais áreas de tratamento (Fig. 8.2).

Se mais do que duas áreas estão sendo tratadas, deve-se escalonar a ordem de tratamento para evitar que áreas contíguas sejam aquecidas consecutivamente. No entanto, este método não aumenta a elasticidade do colágeno de grandes áreas do corpo o suficiente para promover o alongamento destas. A eficácia do tratamento térmico com ultrassom diminui à medida que a área tratada aumenta.

A dimensão da área de tratamento para os tratamentos não térmicos pode ser ligeiramente maior. No entanto, não existem diretrizes definitivas para este modo de aplicação.

Métodos de acoplamento

As ondas de ultrassom não podem se propagar pelo ar; é necessário um meio de transmissão para levar a energia do transdutor para os tecidos. Um bom meio deve transmitir uma percentagem significativa do ultrassom; por conseguinte, deve ser não reflexivo. O meio ideal para a transmissão é a água destilada, que reflete apenas 0,2% da energia.[110]

A tentativa de transmitir o ultrassom através de um meio não condutivo pode danificar o cristal. A maioria dos aparelhos de ultrassom se desliga automaticamente em casos de aplicação realizada sem um meio, com um meio inaceitável ou se houver contato insuficiente com a

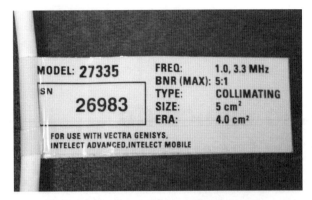

Figura 8.1 Exigências de etiquetagem da FDA para cabeçote de ultrassom terapêutico. O cabeçote aqui retratado é capaz de produzir uma frequência de saída de 1 ou 3,3 MHz e tem uma área de radiação efetiva de 4,0 cm². Deve-se notar que a BNR está listada como 5:1, para as duas saídas. O "Max." indica que esta foi a BNR máxima encontrada em uma amostra de cabeçotes de ultrassom.

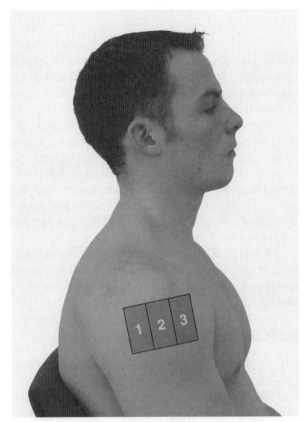

Figura 8.2 Áreas de tratamento. Ao tratar uma área acima de duas vezes o tamanho da ERA do cabeçote, deve-se dividi-la em duas ou mais "áreas de tratamento". É preciso ter cuidado ao tratar áreas sobrepostas. Neste exemplo, deve-se tratar as duas áreas exteriores e, em seguida, a área central. Enquanto uma área de tratamento estiver sendo aquecida, as áreas de tratamento anteriores irão arrefecer, limitando assim a capacidade de aquecer de maneira eficaz a massa muscular como um todo.

pele. Não se deve tentar aumentar a intensidade de saída sem que o transdutor esteja em contato com o corpo.

Ao tratar áreas corporais grandes e de formato regular (como o músculo quadríceps), a obtenção de um bom acoplamento é relativamente fácil. No entanto, as áreas de formato irregular diminuem a área de contato entre o transdutor e a pele, o que leva a uma transmissão desigual de energia para os tecidos e exige métodos de acoplamento modificados.

Acoplamento direto

Neste método de aplicação de ultrassom, o transdutor é aplicado diretamente sobre a pele, com um gel aprovado usado para transferir a energia do cabeçote do ultrassom para a pele. Os agentes de acoplamento são feitos de água destilada e de um material inerte não reflexivo que aumenta a viscosidade da mistura. Meios de acoplamento que contêm 1% de nicotinato de metila, um vasodilatador superficial, podem aumentar o fluxo sanguíneo, auxiliando na hidratação tópica da pele e na melhoria da transmissão de energia.[106]

Nem todas as substâncias transferem de maneira eficiente a energia ultrassônica do transdutor para os tecidos, e muitas bloqueiam a energia completamente (Tab. 8.1).

Analgésicos tópicos têm sido utilizados como agentes de acoplamento, mas tais produtos podem diminuir a eficácia do tratamento ou tornar o tratamento completamente ineficaz. Embora alguns cremes analgésicos sejam bons condutores de energia ultrassônica (p. ex., o Thera-

Tabela 8.1 Capacidade de acoplamento de potenciais meios de ultrassom

Substância	Transmissão em relação à água destilada (%)
Filme plástico	98
Lidex gel, 0,05% de fluocinonida	97
Thera-Gesic creme, salicilato de metila	97
Óleo mineral	97
Gel de transmissão de ultrassom	96
Loção de transmissão de ultrassom	90
Chempad-L	68
Hidrocortisona em pó (1%) dissolvida em gel de US	29
Hidrocortisona em pó (10%) dissolvida em gel de US	7
Eucerin creme	0
Mioflex creme, salicilato de trolamina 10%	0
Gel de vaselina branca	0

US = ultrassom.

-Gesic), outros não a transmitem (p. ex., o salicilato de trolamina [Mioflex]) (ver Tab. 8.1). O uso de calmantes tópicos como agentes de transmissão de ultrassom aumenta a percepção de calor por parte do paciente, mas a quantidade real de aquecimento intramuscular pode ser menor do que a obtida com o uso de gel de ultrassom.[111,112]

Técnica de aplicação

Deve-se aplicar o gel generosamente na área e garantir uma espessura consistente e que não haja grandes bolhas de ar presentes (Fig. 8.3). Uma baixa condutividade pode aumentar a intensidade média espacial ao diminuir a área de contato entre o transdutor e os tecidos. A eficácia do gel ou do creme de transmissão de ultrassom é diminuída se a porção corporal é rica em pelos ou possui formato irregular. A aplicação do gel faz as bolhas de ar se fixarem nos pelos. Quanto maior a quantidade de pelos na área corporal, maior será a redução de ultrassom emitido para os tecidos. Se a quantidade de pelos for excessiva, é preciso considerar raspar a área de tratamento.

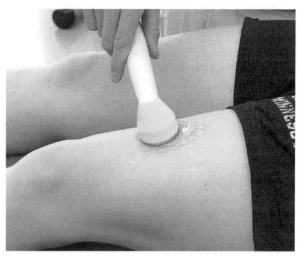

Figura 8.3 Método de acoplamento direto utilizando gel de ultrassom. Note que a área de tratamento é apenas duas vezes maior que a área efetiva de radiação.

Técnicas clínicas:
Limite de velocidade: reduza enquanto estiver movendo o cabeçote

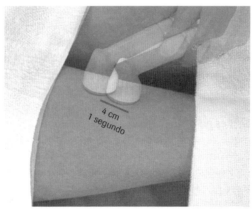

Há uma tendência de se mover o cabeçote muito rapidamente durante o tratamento. Quando o ultrassom térmico está sendo aplicado, mover o cabeçote muito rapidamente pode diminuir a elevação da temperatura até ao ponto da ineficácia. Uma analogia pode ser feita entre a velocidade com que o cabeçote é movido e o ato de passar um par de calças. Se o ferro for movido muito rapidamente ao longo da perna da calça, esta não será aquecida até o ponto necessário para remover as dobras. Mover o ferro muito devagar pode queimar o tecido.

O mesmo vale para o ultrassom. Recomendam-se movimentos lentos e precisos para permitir que os tecidos se aqueçam, mas mover o cabeçote demasiadamente devagar pode superaquecer os tecidos. O limite de velocidade para mover o cabeçote é de aproximadamente 4 cm/s, mas é melhor mais lentamente que isso.[113]

Se o paciente apresentar desconforto com o tratamento, deve-se mover o cabeçote um pouco mais rápido e/ou diminuir a intensidade de saída. Isso está relacionado com a intensidade de pico espacial, o que gera "pontos quentes" na saída do ultrassom. No entanto, o paciente deve sentir o calor caso esteja sendo aplicado um tratamento térmico.

Na **técnica de cabeçote estacionário**, o cabeçote é mantido sobre o tecido-alvo (p. ex., um ponto-gatilho ou uma área de espasmo muscular). Essa técnica é raramente empregada em razão do superaquecimento tecidual causado pelas ondas estacionárias e dos pontos quentes associados ao feixe.

Deve-se empregar uma pressão firme e constante para manter o cabeçote em contato com a pele.[113] A falta de pressão gera um acoplamento insuficiente. O excesso de pressão diminui a quantidade de energia transferida para os tecidos por interferir no meio de transmissão e pode causar desconforto ao paciente. Deve-se mover o cabeçote lentamente, usando cerca de 200 a 600 g de pressão.[113]

O aquecimento da pele com uma bolsa de calor úmido resulta em um aumento mais acelerado da temperatura intramuscular; o uso de gel de transmissão aquecido, não. O pré-aquecimento do gel de transmissão pode ser feito para o conforto do paciente. Um aquecimento excessivo do gel pode reduzir sua densidade e diminuir a eficiência de transmissão de energia ultrassônica.[114]

Método do balão

Esta técnica originalmente utiliza um balão, preservativo ou saco plástico cheio de gel de transmissão de ultrassom ou de água, revestido com um agente acoplante.[115] O balão é capaz de se adequar às áreas de formato irregular, tais como as articulações acromioclavicular ou talocrural. As desvantagens são a formação de bolsas de ar dentro do balão, que impedem a transmissão das ondas sonoras, e a dificuldade de manter o balão, recoberto de gel, no lugar correto. O balão deve ser de plástico fino. Produtos de borracha podem absorver muita energia, na medida em que a onda de ultrassom cruza as interfaces do balão, o que resulta em menos energia disponível para os tecidos.[115]

As almofadas de gel produzidas comercialmente tornaram-se uma alternativa popular e eficaz ao método do balão.[115] Bolsas de gel são feitas a partir de gel de ultrassom em uma matriz densa que lhes permite manter sua forma ao mesmo tempo em que se adequam aos contornos do corpo (Fig. 8.4). Elas também limitam a área de tratamento ao tamanho selecionado, concentrando, assim, a energia em uma área de aproximadamente o dobro do tamanho do cabeçote.

Técnica de aplicação

Preencher o balão com **água desgaseificada** (consultar o tópico "Técnica de imersão") ou gel de ultrassom. Remover todos os bolsões de ar e bolhas grandes para impedir o bloqueio da energia ultrassônica. Aplicar um meio de transmissão sobre a pele e a superfície exterior do balão. O balão é então mantido contra a parte do corpo enquanto o aplicador do ultrassom é movido sobre sua superfície. Caso se utilize uma almofada de gel, deve-se umedecer ambos os lados com gel de ultrassom para melhorar o acoplamento e facilitar o movimento do cabeçote sobre a almofada.[105]

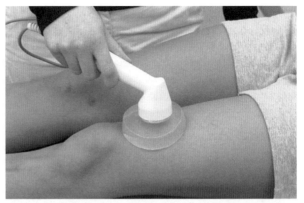

Figura 8.4 Aplicação de ultrassom por meio de um disco de gel de ultrassom. Este método é utilizado para aplicar o ultrassom em áreas de formato irregular, quando a imersão da região em água não é algo prático. Estas almofadas também limitam a área de tratamento a uma extensão apropriada.

Evidência prática

Discos de gel são um método conveniente de acoplamento de ultrassom. No entanto, almofadas de gel de 2 cm de espessura transmitem menos energia do que aquelas de 1 cm de espessura. Em todos os casos, a utilização de discos de gel reduz a quantidade de aquecimento em relação ao acoplamento direto.[104]

Técnica de imersão

Ao se tratar áreas de formato irregular, tais como as extremidades distais, uma dose mais uniforme do ultrassom é alcançada com a utilização de água como meio de transmissão. O segmento corporal está imerso em um recipiente com água (desgaseificada é o ideal). A água pode ser desgaseificada fervendo-a primeiramente por 30 a 45 minutos e, em seguida, armazenando-a em um recipiente hermético (também pode-se utilizar água esterilizada ou destilada).

Técnica de aplicação

Um recipiente de cerâmica ou metal é recomendado para a aplicação de ultrassom subaquático.[109,110] A superfície reflexiva cria uma "câmara de eco" que permite que as ondas sonoras atinjam o segmento corporal de todos os ângulos. Banheiras de plástico não são recomendadas porque absorvem energia.[109] Caso se utilize água não destilada, a intensidade do ultrassom pode ser aumentada em aproximadamente 0,5 W/cm^2 a fim de se contabilizar a atenuação causada pelos minerais na água. A imersão em água corrente, utilizando ultrassom de 3 MHz, é menos eficaz em aumentar a temperatura nos tecidos subcutâneos do que o método de acoplamento direto.[103,115]

Deve-se colocar o transdutor na água com o cabeçote a aproximadamente 15 mm de distância e voltado para o segmento corporal (Fig. 8.5). A superfície de contato do transdutor deve estar paralela à superfície da pele, de modo que a energia atinja os tecidos a um ângulo de 90°. Ângulos menores que 80° reduzem significativamente a eficácia do tratamento (ver a Lei do cosseno, no Apêndice A).[116] A mão do operador não deve estar continuamente imersa na água. Embora isso não seja exatamente perigoso para um único tratamento, a imersão poderia expor a mão à energia ultrassônica sem necessidade ao longo de exposições repetidas.

Bolhas de ar tendem a se formar ao longo da pele do paciente durante o tratamento, potencialmente interferindo com a transmissão do ultrassom e o alcance da energia nos tecidos. Usando um depressor de língua, deve-se varrer quaisquer bolhas que se formem sobre a pele do paciente ou na superfície de contato do transdutor, antes e durante o tratamento.

Seleção dos parâmetros de saída

As seções seguintes descrevem a metodologia utilizada para selecionar os diversos parâmetros de saída. Essas informações são descritas em maiores detalhes no Capítulo 9.

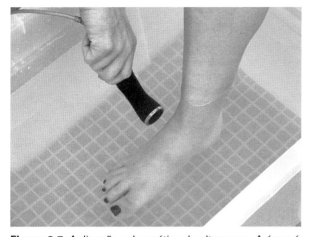

Figura 8.5 Aplicação subaquática de ultrassom. A água é utilizada como meio de acoplamento para distribuir a energia uniformemente sobre áreas de formato irregular. O cabeçote não entra em contato com o segmento corporal.

> **Evidência prática**
> Embora pesquisas tenham identificado os parâmetros necessários para maximizar o tratamento, tais recomendações frequentemente não são utilizadas na prática clinica. Mesmo pequenos desvios nos parâmetros de tratamento podem resultar em reduções significativas no aumento da temperatura. Os erros mais comuns na técnica clínica são tratar uma área muito grande, utilizar uma duração de tratamento muito curta e selecionar uma intensidade de saída muito baixa.[36]

Frequência de saída

A profundidade efetiva da energia ultrassônica e a taxa de aquecimento são baseadas na frequência de saída. Uma frequência de saída de 1 MHz alcança tecidos de até pelo menos 5 cm de profundidade. A saída de 3 MHz tem sido tradicionalmente considerada para tecidos-alvo de até 2 cm de profundidade, embora haja evidências que indiquem que o aquecimento pode ocorrer até 2,5 a 3 cm de profundidade. A Tabela 8.2 detalha as diferenças na aplicação de ultrassom de 1 e de 3 MHz.

Estruturas superficiais, como o tendão patelar, o ligamento colateral medial e o músculo braquial requerem uma saída de 3 MHz. Estruturas profundas, como manguito rotador, vasto intermédio e gastrocnêmios pedem uma saída de 1 MHz. É preciso ter em mente que o tecido adiposo subcutâneo é relativamente transparente à energia ultrassônica.

Ciclo de trabalho

O ciclo de trabalho determina se o efeito do tratamento será essencialmente térmico ou não térmico, embora os dois nunca estejam realmente separados. Efeitos não térmicos são sempre acompanhados por efeitos térmicos e vice-versa. No entanto, a taxa e a magnitude do aumento da temperatura são marcadamente reduzidas quando é empregado um ciclo de trabalho baixo. Efeitos não térmicos são empregados em casos de lesões agudas e, quando os efeitos térmicos são desejados, utiliza-se uma emissão contínua.

Os ciclos de trabalho disponíveis na maioria dos aparelhos variam de 20 a 100% (de emissão contínua)

Tabela 8.2 Comparação da aplicação térmica de ultrassom de 1 MHz e de 3 MHz

	1 MHz	3 MHz
Perfil do feixe	Relativamente divergente	Relativamente colimadora
Profundidade de penetração	5 cm ou mais	0,8 a 3 cm
Taxa máxima de aquecimento	0,2°C por minuto por W/cm²	0,6°C por minuto por W/cm²
Latência de calor	Retém o calor por duas vezes mais tempo que o ultrassom de 3 MHz	Retém o calor por metade do tempo do ultrassom de 1 MHz

com gradações que variam de 5 a 25%. Embora seja evidente que um ciclo de funcionamento a 100% seja utilizado para efeitos térmicos e o ciclo de trabalho mais baixo, para o tratamento de lesões agudas (ou quando são desejados efeitos não térmicos), é menos claro quando se devem utilizar os ciclos de trabalho intermediários, ou mesmo se devem ser utilizados.

Intensidade de saída

Os efeitos do tratamento por ultrassom dependem da intensidade de saída, da duração do tratamento e do ciclo de trabalho. O montante total de energia fornecida para o corpo também depende da BNR e da ERA.[11] Quando é utilizada uma emissão contínua, o medidor de saída mostra a intensidade média espacial pico temporal em watts por centímetro quadrado (W/cm^2) ou a emissão total em watts (W). Quando a emissão é pulsada, a intensidade geral deve ser pensada em termos de intensidade média espacial média temporal (SATA), a quantidade média de energia por unidade de tempo. Deve-se ter em mente que a emissão calibrada exibe somente a intensidade média no campo próximo e não reflete a intensidade do pico como representado pela BNR.

Tratamentos térmicos

Para tratamentos térmicos, o ultrassom de 1 MHz aplicado a 1,5 W/cm^2 aquece a uma velocidade aproximada de 0,2°C por W/cm^2; o de 3 MHz aquece a cerca de 0,2°C por W/cm^2 (Fig. 8.6).[12] São necessários cerca de 10 minutos de tempo de tratamento para aquecer os tecidos em 4°C utilizando uma saída de 1 MHz, uma área de tratamento com o dobro do tamanho da ERA e uma potência de 2 W/cm^2. Para o ultrassom de 3 MHz, são necessários menos de 4 minutos a uma intensidade de saída de 1,75 W/cm^2 (ver Tab. 8.3). Há uma tendência de aumento progressivo da temperatura tecidual nos primeiros 6 minutos de tratamento, após os quais a taxa de aumento decai. O platô de temperatura representa um equilíbrio entre a energia aplicada (calor) e o transporte sanguíneo do calor para longe da área.[41]

Os valores apresentados na Figura 8.6 são estimativas da duração do tratamento necessária para alcançar a temperatura-alvo. A área do corpo a ser tratada e a profundidade do tecido-alvo, a BNR do aparelho de ultrassom, as técnicas de aplicação e o meio de acoplamento utilizados influenciam o aumento da taxa e do grau de temperatura. Em última análise, a produção de calor varia entre os fabricantes[34] e mesmo entre unidades idênticas feitas pelo mesmo fabricante.[11,41,107]

> **Evidência prática**
>
> A quantidade de calor depende da intensidade de saída, da duração do tratamento[117] e do ciclo de trabalho. Aumentar qualquer uma dessas variáveis aumenta o potencial para a produção de calor.

O paciente deve descrever "aquecimento" ou calor durante os tratamentos térmicos, mas não dor ou ardor. O desconforto pode indicar que o cabeçote não

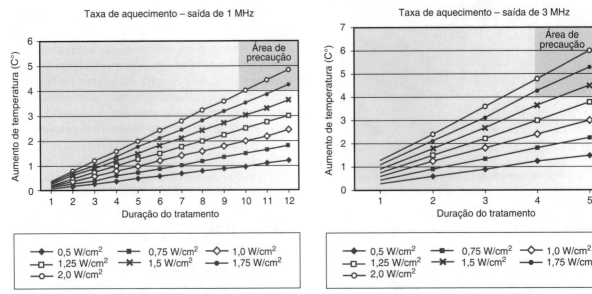

Figura 8.6 Tempo aproximado de tratamento com base no aumento da temperatura desejado. Considerando uma emissão contínua (100% do ciclo), os tempos de tratamento aproximados (em minutos) necessários para se obter as temperaturas de tecidos específicas em diferentes intensidades de saída. O paciente deve relatar calor, mas não dor ou desconforto, durante o tratamento.

está sendo movido rápido o suficiente, aproximadamente 4 cm/s. Deve-se ajustar a intensidade de saída de acordo com a tolerância e o conforto do paciente. Unidades descalibradas, contato incompleto do transdutor com a pele e/ou uma dosagem de tratamento muito intensa podem resultar em aquecimento excessivo e queimaduras na pele.[118] É aconselhável errar pela cautela, empregando durações mais curtas e intensidades mais baixas de tratamento, e fazendo ajustes subsequentes com base na resposta do paciente ao tratamento. É preciso notar que o relato de calor do paciente pode não refletir o aumento de temperatura real no interior do músculo.[112]

Tratamentos não térmicos

A intensidade e a duração do tratamento para tratamentos não térmicos é amplamente baseada na experiência e na evidência oriunda de relatos. Os efeitos não térmicos são gerados utilizando um ciclo de trabalho baixo (20 a 25%) com uma intensidade de 0,5 W/cm^2 para o tratamento de lesões agudas.[29,119] Os efeitos não térmicos também podem ser obtidos empregando-se um ciclo de trabalho de 100%, com uma intensidade de saída inferior a 0,3 W/cm^2. Lesões superficiais da pele, tais como úlceras de pressão, respondem bem ao ultrassom de 3 MHz aplicado com um ciclo de trabalho de 20% e uma intensidade de saída de 0,1 a 0,5 W/cm^2.[62]

Duração do tratamento

A duração do tratamento depende da frequência de saída, da intensidade de saída, do ciclo de trabalho e dos objetivos terapêuticos do tratamento. Em todas as circunstâncias, a área para qualquer tratamento em particular não deve ser maior do que duas vezes a área de superfície da ERA do cabeçote.[1,8]

Evidência prática

Em última análise, a duração do tratamento determina a quantidade de aquecimento intramuscular. Intensidades elevadas aplicadas por um curto período resultam em menor aquecimento que aquele gerado pelo ultrassom terapêutico aplicado em uma intensidade mais baixa por um período maior.[117]

Quando se deseja obter os efeitos de aquecimento vigoroso, a duração do tratamento deve figurar entre 10 a 12 minutos para o ultrassom de 1 MHz de saída e entre 3 e 4 minutos para o de 3 MHz. A Tabela 8.3 deve ser empregada como um guia para determinar a duração do tratamento real com base na frequência do ultrassom a ser aplicada e os objetivos do tratamento.

Tabela 8.3 Taxa de aquecimento ultrassônico

Aumento de temperatura por minuto

Intensidade (W/cm^2)	1 MHz	3 MHz
Profundidade do tecido	5 cm de profundidade	1,2 cm de profundidade
0,5	0,04ºC	0,3ºC
1,0	0,2ºC	0,6ºC
1,5	0,3ºC	0,9ºC
2,0	0,4ºC	1,4ºC

Aplicado em duas a três vezes a área de radiação efetiva.

Tratamentos orientados pela dosagem

O aprimoramento da qualidade de aparelhos de ultrassom, de microprocessadores e da pesquisa quanto aos efeitos do aquecimento gerado pelo ultrassom têm conduzido ao desenvolvimento de parâmetros de tratamento orientados pela dosagem. A quantidade desejada de aumento de temperatura é inserida e o aparelho calcula a intensidade e a duração do tratamento de saída. O clínico pode ainda ajustar a intensidade do tratamento, mas a duração do tratamento modifica-se inversamente. Diminuir a intensidade aumenta a duração e vice-versa.

Ultrassom e estimulação elétrica

O tratamento combinado de ultrassom e estimulação elétrica tem sido utilizado para o tratamento de pontos-gatilho e outras áreas dolorosas superficiais, embora a pesquisa apoiando os benefícios desta abordagem de tratamento combinado seja inexistente. Nesta técnica, o cabeçote de ultrassom serve como um eletrodo para uma corrente de estimulação elétrica (Fig. 8.7). Teoricamente, tal método de aplicação proporciona os mesmos benefícios do ultrassom e da estimulação elétrica caso fossem aplicados separadamente, ou seja, a melhoria da circulação, a redução do espasmo muscular e a diminuição da aderência do tecido cicatricial.

Os pontos-gatilho e outros pontos de estimulação exibem uma diminuição da resistência à passagem da corrente elétrica (ver Cap. 12). Quando um pulso de duração e frequência moderadas é aplicado a uma intensidade suficiente para produzir uma contração muscular forte, as fibras musculares presentes no ponto-gatilho podem se exaurir até o ponto em que já não possuem a habilidade bioquímica para sofrer um espasmo. A estimulação elétrica de baixa amperagem é capaz de aumentar a atividade da adenosina trifosfato no interior das células, aumentando sua capacidade de se reparar. O aumento da fagocitose e da circulação auxiliam na coleta e remoção de resíduos celulares da área de tratamento.[120]

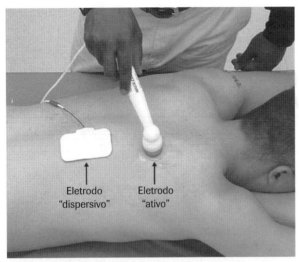

Figura 8.7 Terapia combinada de ultrassom e estimulação elétrica. Utilizando um aparelho combinado de som e estimulação, um eletrodo é aplicado ao corpo do paciente enquanto o cabeçote do ultrassom serve como eletrodo de "sonda" ativa.

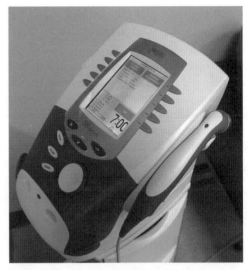

Figura 8.8 Unidade combinada de ultrassom e estimulação elétrica. Estimuladores elétricos e de geração de ultrassom alojados no mesmo aparelho. A estimulação elétrica e o ultrassom podem ser aplicados ao mesmo tempo (ver "Ultrassom e estimulação elétrica").

Uma vasta gama de unidades de combinação de ultrassom e estimulação elétrica está sendo comercializada. A porção dedicada à estimulação elétrica destes aparelhos apresenta corrente monofásica, bifásica ou alternada. Cada um destes parâmetros pode afetar os tecidos-alvo de maneira diferente. Da mesma forma, muitos aparelhos de ultrassom nestas configurações, especialmente os mais velhos, exibem apenas uma saída de 1 MHz. Na maioria dos casos, é necessária uma saída de 3 MHz para atingir os pontos de estimulação.

Um cabeçote movendo-se lentamente é necessário para produzir a quantidade requerida de aumento da temperatura do tecido subcutâneo, aproximadamente 4°C. Colocar os tecidos-alvo em alongamento durante o tratamento pode auxiliar na redução de pontos-gatilho e de espasmos musculares.[53]

Configuração e aplicação de ultrassom terapêutico

Aparelhos de ultrassom estão disponíveis em uma grande variedade de marcas e modelos. Embora muitos dos modelos tenham características únicas, a maioria deles é capaz de gerar ultrassom em diferentes frequências (de 1 e 3,3 MHz são as mais comuns), possui ciclos de trabalho ajustáveis e permite a utilização de cabeçotes de diferentes áreas de irradiação efetiva. Muitos fabricantes produzem "unidades combinadas", que são tanto aparelhos de ultrassom como estimuladores elétricos (Fig. 8.8).

Instrumentação

Ciclo de trabalho: Ajusta entre a aplicação de ultrassom contínuo e pulsado. A maioria dos aparelhos exibe o ciclo de trabalho em porcentagem, sendo que 100% representa o ultrassom contínuo. Ciclos baixos produzem principalmente efeitos não térmicos; com um ciclo de trabalho de 100% o efeito predominante é térmico.

Frequência: Seleciona a saída de frequência – e, portanto, a profundidade de penetração – do ultrassom. Uma frequência de 3 MHz deve ser utilizada para tecidos com 2,5 cm ou menos; 1 MHz é utilizado para tecidos mais profundos.[6]

Gel aquecedor: Um elemento de aquecimento é usado para pré-aquecer o gel de transmissão. Isto é feito principalmente para o conforto do paciente, e seu efeito aditivo sobre o tratamento é pequeno, caso haja algum. Aquecer (ou resfriar) em excesso o meio de transmissão pode, eventualmente, diminuir os efeitos térmicos dos tratamentos de ultrassom.[114]

Intensidade: Ajusta a intensidade do feixe de ultrassom. O wattímetro exibe a saída seja em watts no total (W) ou em watts por centímetro quadrado (W/cm^2).

Temperatura máxima do cabeçote: Define a tolerância máxima de aquecimento no cabeçote caso ele não esteja devidamente acoplado.

Pausa: Interrompe o tratamento, mas mantém a quantidade restante de tempo de tratamento quando este é reiniciado.

Potência: Permite que a corrente de fonte flua para os componentes internos do aparelho. Em muitos apa-

Em foco:
Ultrassom terapêutico

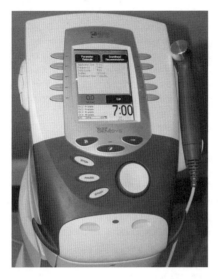

Descrição
- Ondas sonoras de alta frequência (1-3,3 MHz) aplicadas ao corpo para produzir efeitos térmicos e não térmicos

Efeitos primários
Térmicos
- Aumento da velocidade de condução nervosa
- Aumento da extensibilidade das estruturas ricas em colágeno
- Aumento do fluxo sanguíneo
- Aumento da atividade de macrófagos

Não térmicos
- Aumento da permeabilidade da membrana celular
- Regeneração de tecidos
- Estimulação da fagocitose
- Síntese de colágeno

Indicações
- Condições inflamatórias crônicas, como bursite calcificada (emissão pulsada ou contínua)
- Condições inflamatórias agudas (emissão pulsada)
- Redução da dor
- Contraturas articulares
- Espasmo muscular
- Neuroma
- Tecido cicatricial
- Distúrbios do sistema nervoso simpático
- Pontos-gatilho
- Verrugas
- Espasticidade
- Redução pós-aguda de **miosite ossificante**

Contraindicações
- Condições agudas (emissão contínua)
- Áreas isquêmicas
- Áreas de circulação prejudicada, incluindo doença arterial (emissão contínua)
- Sobre áreas de trombose venosa profunda ou tromboflebite ativas
- Áreas anestésicas (emissão contínua)
- Sobre tumores cancerígenos
- Sobre locais de infecção ou sepse ativas
- Metal exposto que penetre na pele (p. ex., dispositivos de **fixação externa**)
- Sobre articulações que tenham sido substituídas com o emprego de plástico ou cimento ósseo fixado
- Áreas ao redor dos olhos, coração, crânio, seios carotídeos ou genitais
- Sobre o tórax, quando há um marca-passo implantado
- Gravidez, quando usado sobre as áreas pélvica ou lombar
- Sobre próteses mamárias[121]
- Sobre um sítio de fratura antes que a cicatrização esteja completa
- Locais de fratura por estresse ou focos de osteoporose
- Sobre a área pélvica ou lombar em pacientes em período menstrual

(continua)

Em foco:
Ultrassom terapêutico (*continuação*)

Duração do tratamento

- O tempo de tratamento é de 3 a 12 minutos, dependendo do tamanho da área a ser tratada e da intensidade e do objetivo do tratamento. Um mínimo de 10 minutos é recomendado para tratamentos térmicos[109]
- O ultrassom é normalmente administrado uma vez por dia ao longo de 10 a 14 dias, momento em que a eficácia do protocolo de tratamento deve ser avaliada

Precauções

- É importante ter cuidado ao aplicar o ultrassom próximo à medula espinal, especialmente após laminectomia. Muitos fabricantes listam isso como uma contraindicação para a aplicação de ultrassom. As várias densidades apresentadas pela medula espinal e sua cobertura podem resultar em um aumento rápido de temperatura, causando trauma na medula espinal
- Áreas anestésicas (emissão pulsada)
- Altas doses de tratamento sobre áreas de osso ectópico (p. ex., ossificação heterotópica, miosite ossificante) podem estimular crescimento indesejado[109]
- A utilização de ultrassom sobre implantes metálicos não está contraindicada, desde que o cabeçote seja mantido em movimento e a área de tratamento apresente função sensorial normal
- A utilização de ultrassom sobre **placas epifisárias** do osso em crescimento deve ser feita com precaução
- Não aplicar ultrassom térmico em doses elevadas sobre a medula espinal, os grandes plexos nervosos ou em nervos em regeneração
- Os sintomas podem aumentar após os primeiros dois tratamentos em razão de um aumento na área de inflamação. Caso os sintomas não melhorem após o terceiro ou quarto tratamento, deve-se interromper o uso da modalidade[122]

relhos, uma luz de "ON" se acende, ou o wattímetro se ilumina.

Início-Fim: inicia ou termina a produção de ultrassom a partir do transdutor.

Temporizador: Define a duração do tratamento. O tempo restante é exibido no console, ou o temporizador gira para exibir o tempo restante.

Wattímetro: Mostra a saída do ultrassom em total de watts ou em watts por centímetro quadrado. Medidores digitais podem exigir que o usuário alterne manualmente entre as duas telas. A maioria dos medidores **analógicos** exibe o total de watts em uma escala superior enquanto exibem simultaneamente a saída em watts por centímetro quadrado na escala inferior. Estes geralmente têm um cabeçote com uma ERA fixa.

Preparação do paciente

1. Estabelecer que não há contraindicações presentes.
2. Determinar o método e o modo de aplicação de ultrassom a ser utilizado durante o tratamento.
3. Limpar a área a ser tratada para remover qualquer óleo, sujeira ou fuligem corporal. Caso seja

necessário, retirar o excesso de pelos na área de tratamento.
4. Para tratamentos térmicos, identificar uma área de tratamento que não seja maior que duas a três vezes o tamanho da ERA.
5. Determinar o método de acoplamento a ser utilizado.

Acoplamento direto: Espalhar o gel sobre a área a ser tratada. Utilizar o cabeçote para distribuir o gel uniformemente.

Almofada de gel: Cobrir ambos os lados da almofada com gel de ultrassom.[105]

Imersão: Caso seja possível, deve-se utilizar água desgaseificada para preencher uma banheira de cerâmica ou de plástico a uma profundidade suficiente para submergir o tecido-alvo. Coloca-se a extremidade do paciente na água, com o cabeçote a cerca de 2,5 cm de distância do segmento.

6. Explicar as sensações que são esperadas durante o tratamento. Durante a aplicação de ultrassom contínuo, uma sensação de calor leve a mo-

derado (mas não de dor ou ardor) deve ser esperada. Sensações subcutâneas não devem ser sentidas durante a aplicação de ultrassom pulsado. Deve-se aconselhar o paciente a informar quaisquer sensações inesperadas.

7. Para tratamentos térmicos aplicados utilizando uma saída de 1 MHz, o pré-aquecimento com uma bolsa de calor úmido irá diminuir o tempo de tratamento necessário para atingir níveis vigorosos de aquecimento.[39]

8. Aconselhar o paciente a relatar quaisquer sensações adversas, incomuns ou dolorosas durante o tratamento. A aplicação indevida de ultrassom terapêutico pode resultar em queimaduras da pele.[118]

Início do tratamento

1. Reduzir a INTENSIDADE a zero antes de LIGAR.
2. Selecionar o modo apropriado para a saída. Usar a saída CONTÍNUO para aumentar os efeitos térmicos da aplicação de ultrassom ou a saída PULSADO para efeitos não térmicos. Quanto mais aguda for a lesão ou mais ativo for o processo de inflamação, menor deve ser o ciclo de trabalho empregado.
3. É preciso certificar-se de que o WATTÍMETRO está mostrando a saída apropriada para o tipo de tratamento.
4. Ajustar o TEMPORIZADOR para a duração apropriada de tratamento, mas deve-se tratar uma área que não seja maior que duas a três vezes o tamanho da ERA do aparelho. A duração real do tratamento depende dos efeitos desejados do tratamento, da intensidade de saída e da área do corpo a ser tratada. Os efeitos não térmicos requerem um tempo de tratamento mais curto do que os efeitos térmicos. Consultar a Figura 8.6 com relação aos tempos aproximados necessários para atingir diferentes níveis de aquecimento terapêutico.
5. Começar a mover o cabeçote lentamente sobre o meio de acoplamento e pressionar o botão INÍCIO para iniciar a sessão de tratamento. Unidades com baixa BNR devem ser movidas a uma velocidade mais lenta do que aquelas com BNR superior.
6. Deve-se aumentar lentamente a INTENSIDADE até o nível adequado, mantendo o cabeçote em movimento e em contato com o corpo do paciente, no banho de imersão ou com a bolsa de acoplamento.
7. Mover o cabeçote a um ritmo moderado (4 cm por segundo ou mais lento) fazendo movimentos firmes (mas não fortes) de sobreposição.[113]

8. Caso o paciente tenha dor periosteal (uma dor cortante), deve-se mover o cabeçote a um ritmo mais rápido, reduzir o ciclo de trabalho ou diminuir a intensidade. Se a dor persistir, é preciso interromper o tratamento.
9. Se o gel começar a rarear ou se o cabeçote começar a grudar na pele, deve-se fazer uma pausa no tratamento e aplicar mais gel.

Aplicação de fonoforese

1. Limpar e, se necessário, desbridar e/ou raspar a área de tratamento.
2. Recomenda-se o pré-aquecimento da área de tratamento para reduzir a resistência da pele e aumentar a absorção do medicamento.[83]
3. Posicionar a extremidade para estimular a circulação.
4. Aplicar a medicação diretamente sobre os tecidos-alvo e aplicar uma quantidade generosa de gel de acoplamento de ultrassom sobre a medicação. Cobrir a área com um curativo oclusivo como Tegaderm™. Se possível, permitir que a mistura seja pré-absorvida pela pele por 30 minutos antes de se aplicar o ultrassom.[123]
5. Seguir os procedimentos descritos em Início do tratamento.
6. O ultrassom é aplicado utilizando-se um ciclo de trabalho de 50 ou 100%, a uma intensidade de saída variando de 1,0 a 2,0 W/cm².
7. Após o tratamento, permitir que o curativo oclusivo permaneça no local.[86]

Evidência prática

Aplicar um curativo oclusivo sobre a medicação 30 minutos antes do tratamento e permitir que permaneça no local após o tratamento aumenta significativamente a absorção subcutânea da medicação durante a fonoforese.[123]

Término do tratamento

1. A maioria dos aparelhos finaliza a produção de ultrassom automaticamente quando o tempo expira. Caso seja preciso encerrar o tratamento prematuramente, deve-se reduzir a intensidade antes de se remover o transdutor do contato com o meio de acoplamento.
2. Iniciar imediatamente qualquer alongamento pós-tratamento.
3. Remover o gel ou a água que tenha restado sobre a pele do paciente.
4. Para garantir a continuidade de sessões de tratamento, deve-se registrar os parâmetros utilizados

para o tratamento no arquivo do indivíduo; especificamente, deve-se registrar frequência de emissão, intensidade, duração e ciclo de trabalho. É importante manter uma contagem dos tratamentos de ultrassom aplicados sob tais parâmetros.

Manutenção

Nos Estados Unidos, as regulamentações federais exigem que os aparelhos de ultrassom terapêutico sejam recalibrados anualmente por um técnico autorizado. A recalibração da intensidade de saída é refletida clinicamente ao se ajustar a intensidade do tratamento do paciente. Como exemplo, pode-se considerar um caso em que a saída indicada estava 20% maior do que a intensidade real de saída. Ao calibrar, o técnico de serviço reduz a saída indicada em 20%. Em tratamentos futuros, a intensidade de emissão de tratamento deverá ser aumentada em 20% a fim de se obter os mesmos resultados.[1]

Manutenção diária

Deve-se limpar o cabeçote do ultrassom e a superfície de contato do transdutor conforme recomendado pelo fabricante.

Manutenção mensal

1. Verificar todos os cabos elétricos quanto a roturas, desgaste ou dobras.
2. Verificar o cabo do cabeçote quanto a roturas, desgaste ou dobras.
3. Limpar a face do transmissor conforme recomendado pelo fabricante.

Capítulo 9

Diatermia por ondas curtas

Diatermia por ondas curtas é uma corrente elétrica de alta frequência que produz aquecimento de tecidos profundos. Semelhante ao ultrassom terapêutico, a diatermia por ondas curtas é aplicada em modos de saída contínuo ou pulsado para produzir efeitos térmicos e não térmicos. Consulte também as respostas fisiológicas básicas ao calor descritas no Capítulo 5.

A diatermia por ondas curtas (DOC) utiliza energia eletromagnética oscilatória não ionizante de alta frequência (semelhante às ondas de transmissão de rádio) para a produção de calor profundo na intimidade dos tecidos. A energia eletromagnética não tem a duração de comprimento de onda necessária para despolarizar nervos motores ou sensoriais. A Comissão Federal de Comunicações dos Estados Unidos (FCC) reservou as frequências de 13,56, 27,12 e 40,68 MHz para uso médico, sendo a frequência de 27,12 MHz (comprimento de onda de 11 m) a mais comum.[124] Outro tipo de modalidade de aquecimento profundo por radiofrequência, a **diatermia por micro-ondas** (DMO), não é utilizado clinicamente nos Estados Unidos (Quadro 9.1).

Os efeitos térmicos da DOC são semelhantes aos descritos no Capítulo 5, mas ocorrem mais profundamente nos tecidos. A diatermia por ondas curtas também podem ser aplicada de um modo não térmico. Os efeitos térmicos e não térmicos são semelhantes aos do ultrassom terapêutico, mas a DOC não se reflete no osso e é menos suscetível a criar pontos superaquecidos (Tab. 9.1).[124] A diatermia por ondas curtas também afeta um volume significativamente maior de tecido do que o ultrassom, algo como o tamanho de uma tigela de cereal para a DOC em comparação com aproximadamente o tamanho de dois sachês de ketchup para o ultrassom terapêutico.[124]

Geração de diatermia por ondas curtas

Diferentes formas de *diatermia*, uma palavra grega que significa "por meio de calor", têm sido empregadas desde o final do século XIX para tratar uma variedade de condições musculoesqueléticas, doenças e condições clínicas gerais. A prevalência e popularidade da diatermia por ondas curtas e por micro-ondas (desenvolvida em meados do século XX) tem sido cíclica. Vazamentos de energia para locais distantes do alvo pretendido ("dispersão") geraram preocupações sobre a segurança do paciente e do médico, o que impediu o uso desses dispositivos. A diatermia também provoca interferências com dispositivos eletrônicos, como telefones celulares e computadores.[126] Melhorias da blindagem e da capacidade de focar a energia e um melhor controle da dosagem levaram a um interesse renovado em DOC como tratamento clínico. A diatermia por ondas curtas está se tornando novamente uma alternativa ao ultrassom terapêutico em razão de sua capacidade de aquecer um volume maior de tecido.

Existem dois tipos de geradores de DOC: (1) geradores de campo de indução e (2) geradores de campo capacitivo. O tipo de aplicação da DOC é gerador-específico. O método de campo de indução coloca o paciente no **campo eletromagnético** (CEM) produzido pelo equipamento. Um aparelho de DOC por campo capacitivo (também referido como "campo condensador") usa tecidos do paciente no circuito elétrico de fato. A resistência dos tecidos ao fluxo de energia produz o aquecimento.

O tipo e a profundidade dos tecidos afetados e o consequente aumento da temperatura variam entre os dois tipos de aplicação de DOC. Geradores de indução produzem a maior quantidade de calor na intimidade da camada muscular diretamente abaixo da bobina. Ge-

Quadro 9.1 Diatermia por micro-ondas

Diatermia por micro-ondas (DMO) é uma modalidade de aquecimento profundo que utiliza um magnétron para produzir energia eletromagnética de alta frequência, a qual é convertida em calor no interior do corpo. A FCC reservou 915 Hz e 2.450 Hz para o uso médico de diatermia por micro-ondas. Embora a diatermia por micro-ondas seja semelhante à DOC, existem diferenças entre as duas.

Os campos elétricos são predominantes na diatermia por micro-ondas, em contraste com os campos magnéticos que predominam na DOC. O aquecimento ocorre por meio de uma resposta dipolar criada no interior da membrana celular. A rotação dessas moléculas causa atrito, resultando na produção de calor. Em razão da propagação das ondas de rádio e da absorção de energia, os tecidos superficiais tendem a ser mais aquecidos do que os tecidos mais profundos. Embora a diatermia por micro-ondas produza efeitos biofísicos semelhantes aos da DOC, o tratamento é mais superficial, porque a radiação de micro-ondas não pode penetrar na camada de gordura na mesma medida que a radiação de ondas curtas. Uma vez que a energia é retida pelo tecido adiposo, os efeitos ocorrem em cerca de um terço da profundidade de efeito da DOC, mas a energia é refletida nas interfaces de tecido, criando ondas estacionárias que podem resultar em aumentos indevidos da temperatura tecidual.

As indicações e contraindicações para o uso de diatermia por micro-ondas são semelhantes às da DOC. No entanto, não pode haver nenhum metal no campo de tratamento (1,2 m a partir das almofadas, tambores ou bobinas). Isso inclui não apenas metal sobre o paciente, mas também metal implantado (p. ex., placas, parafusos, **dispositivos intrauterinos**).

A diatermia por micro-ondas não está comercialmente disponível nos Estados Unidos, em parte porque a energia tende a ser refletida e dispersa no meio ambiente circundante e porque tem sido associada a uma incidência inaceitavelmente elevada de abortos entre as terapeutas que operam esses aparelhos regularmente.[125]

Tabela 9.1 Comparação do ultrassom térmico com a diatermia por ondas curtas

	Ultrassom	Diatermia por ondas curtas
Tipo de energia	Acústica	Eletromagnética
Tecido aquecido	Rico em colágeno	C: tecido adiposo, pele
		I: músculo, vasos sanguíneos
Volume de tecido aquecido	Pequeno (20 cm²)	Grande (200 cm²)
Aumento de temperatura	1 MHz: mais de 3,5°C 3 MHz: mais de 8,3°C	C: mais de 3,9°C (tecido adiposo)
		I: mais de 10°C (tecido intramuscular)
Retenção de calor	Curta (aproximadamente 3 minutos)	Longa (aproximadamente 9 minutos)

C: método capacitivo
I: método indutivo

---

radores capacitivos afetam tecidos sob cada placa e aquecem seletivamente o tecido adiposo e o osso (Fig. 9.1). O aquecimento com DOC capacitiva é altamente dependente do teor de água e não é recomendado para pacientes que possuem uma camada espessa de tecido adiposo. A DOC indutiva não é específica em função do tipo de tecido e é considerada mais segura.

Diatermia por campo de indução

Uma corrente alternada de alta frequência (ver Cap. 11) que flui através de uma bobina cria um CEM que irradia para longe do cabo. Os tecidos do paciente estão no CEM, mas não constituem uma parte efetiva do circuito. Esse processo é semelhante à forma como um forno de micro-ondas aquece o alimento. A DOC por campo de indução, algumas vezes referida como diatermia

por campo magnético, é aplicada por meio de cabos ou por um tambor de indução.

Os campos eletromagnéticos se desenvolvem perpendicularmente ao cabo, fazendo com que os íons oscilem e gerem **correntes de Foucault** (Fig. 9.2). A densidade de correntes de Foucault é proporcional à condutividade elétrica do tecido; o atrito provocado pelo movimento dos íons produz calor. O tecido muscular é aquecido seletivamente sobre o tecido adiposo.

A quantidade de calor produzido depende da força do CEM e da distância entre os tecidos e a fonte. Conforme a distância entre a fonte do CEM e os tecidos aumenta, a força do campo diminui pelo quadrado da distância (ver a lei do inverso do quadrado no Apêndice A).

O número de correntes de Foucault é baseado na força do CEM e na condutividade elétrica dos tecidos. A maior parte do calor é produzida próximo à fonte e logo

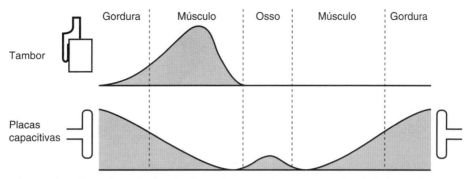

Figura 9.1 Distribuição de calor pelos métodos de diatermia por ondas curtas, tambor indutivo e placas capacitivas.

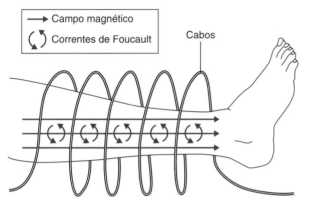

Figura 9.2 Forma de campos elétricos circulares — correntes de Foucault — na presença de um campo eletromagnético. A oscilação molecular subsequente produz o aquecimento dos tecidos.

Figura 9.3 Aplicação de diatermia por ondas curtas por meio de um cabo de indução. O cabo é envolvido ao redor do segmento corporal com igual espaçamento entre as voltas e um comprimento igual partindo do gerador e chegando a ele. Cabos que estejam muito próximos irão concentrar o calor, o que pode resultar em queimaduras. Em razão de tais riscos, os cabos raramente são utilizados como forma de tratamento.

abaixo da interface tecido adiposo/músculo (ver Fig. 9.1). O aumento da espessura do tecido adiposo irá reduzir a taxa e a magnitude do aquecimento intramuscular.[127]

O método por cabo envolve enrolar um cabo condutor ao redor de uma extremidade ou enrolá-lo e colocá-lo no paciente, utilizando um tecido felpudo com argolas para tamponar o cabo em relação à pele do paciente (Fig. 9.3). Em razão das complexidades da configuração e do potencial de queimaduras, caso seja feito de forma inadequada, o método por cabo é pouco utilizado.

Os aplicadores de bateria mais comuns apresentam o cabo enrolado dentro de um tambor de plástico. O tambor é então posicionado sobre os tecidos-alvo (Fig. 9.4). Tambores indutivos, com cerca de 200 cm² de tamanho, trazem placas espaçadoras incorporadas a fim de manter a fonte de energia longe da pele do paciente, reduzindo o risco de queimaduras.

Diatermia por campo capacitivo

No método de campo capacitivo de diatermia, os tecidos do paciente são colocados entre dois eletrodos e de fato conduzem a energia elétrica da DOC. Duas placas isoladas, os eletrodos, são colocadas em ambos os lados do local a ser tratado. Quando uma corrente alternada é aplicada ao circuito, as placas terão sempre cargas elétricas opostas, criando uma força elétrica forte entre elas. O fluxo da energia elétrica passa através dos tecidos como um circuito em série, o que funciona como uma resistência elétrica e produz aquecimento por fricção. Aqueles tecidos que apresentam maior resistência elétrica, tais como tecido adiposo, produzem mais calor. Ao contrário da técnica indutiva, a DOC capacitiva aquece o corpo de cada lado.

O calor é produzido pelo efeito **dipolar**. Moléculas dipolares, moléculas sem carga elétrica líquida, mas com extremidades de carga oposta, estão dispostas aleatoriamente dentro dos tecidos. Quando expostas ao intenso campo elétrico produzido pelo aparelho de diatermia, as moléculas rodam no sentido oposto da sua carga. Moléculas positivamente carregadas se movem em direção ao polo negativo, e moléculas carregadas negativamente se movem em direção ao polo positivo (Fig. 9.5). O número de vezes que as moléculas giram a cada

Figura 9.4 Tambor de indução de diatermia por ondas curtas. (A) Caixa de plástico do tambor. (B) Tambor removido para expor a bobina que produz o campo eletromagnético. O campo eletromagnético resultante irá produzir um fluxo circular de energia semelhante ao da bobina. (Nota: Não remover a caixa de plástico.)

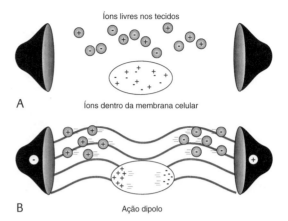

Figura 9.5 Resposta dipolar a um campo eletromagnético. (A) Íons do tecido antes da aplicação da energia eletromagnética. (B) Reação iônica à energia eletromagnética. Os íons se movem em direção ao polo que apresenta a carga elétrica oposta.

segundo se baseia na frequência da corrente. Uma corrente de alta frequência, como as utilizadas na diatermia por ondas curtas, produz uma rotação que gera energia cinética, a qual é liberada na forma de calor na intimidade dos tecidos.

A corrente flui ao longo do trajeto de menor resistência, concentrando o calor mais nos tecidos superficiais e menos nos tecidos profundos. O tecido adiposo é um fraco **condutor** de energia elétrica. A resistência elétrica no tecido adiposo produz calor, que é então conduzido para o músculo. O método capacitivo não é recomendado para pacientes que possuem uma camada significativa de tecido adiposo.

A força do CEM é maior próxima às placas e menor no meio. A intensidade perto das placas provoca um aquecimento superficial mais intenso do que o método de campo de indução, que ocorre em profundidades de 2,5 a 5 cm, mas o aquecimento não é uniforme em razão das diferenças na resistência elétrica imposta pelos diversos tipos de tecidos. Alterar a distância entre as placas e a pele ajuda a manter as temperaturas superficiais dentro de uma gama segura.

A DOC capacitiva é administrada por meio de eletrodos inseridos em bolsas ou, em modelos contemporâneos, eletrodos Schliephake. Para fornecer aquecimento uniforme, as bolsas de eletrodos exigem pressão de contato uniforme e uma distância uniforme da pele; caso contrário, podem ocorrer queimaduras. Para evitar que a densidade de energia se torne muito grande, esses eletrodos devem ser espaçados a uma distância pelo menos equivalente a seu diâmetro.

Eletrodos Schliephake são semelhantes aos tambores de indução, nos quais as bobinas ou chapas metálicas estão protegidas por plástico (ver Fig. 9.4). Uma carga elétrica parte de cada placa e segue até alcançar a placa oposta, com base na frequência de saída do aparelho. Um aparelho de 27,12 MHz repete este ciclo 27.120.000 vezes por segundo.

Para garantir um aquecimento uniforme, os eletrodos devem ser colocados a uma mesma distância da pele em lados opostos do segmento corporal, com a placa condutora tipicamente a cerca de 3 cm da pele (Fig. 9.6). Um método para espaçamento dos eletrodos, geralmente um ajuste entre a cobertura de isolamento e o eletrodo, ajuda a garantir o posicionamento preciso. O espaçamento irregular pode causar aquecimento desigual, com maior acúmulo de calor no lado em que o eletrodo está mais perto.

Modos de aplicação

A diatermia por ondas curtas pode ser aplicada tanto na forma contínua como pulsada. A DOC contínua aumenta a temperatura do tecido subcutâneo, mas seu uso é geralmente limitado a condições crônicas. A saída (emissão) também pode ser pulsada, permitindo o uso em algumas condições agudas e subagudas e evitan-

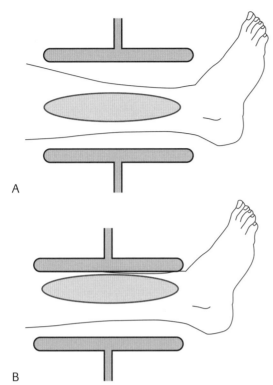

Figura 9.6 Aquecimento utilizando bolsas capacitivas. (A) As placas são espaçadas uniformemente em relação ao tecido, resultando em um aquecimento uniforme. (B) Se as placas forem espaçadas de forma desigual (note que o eletrodo superior está mais próximo da pele do que o eletrodo inferior), irá ocorrer maior aquecimento sob o eletrodo que está mais próximo da pele.

do que as temperaturas teciduais aumentem demasiadamente ou o façam de forma muito rápida.

O atrito causado pela passagem de energia através do tecido produz calor. A quantidade de aquecimento se baseia na quantidade total de energia (medida em watts) e a razão entre o comprimento do pulso "ON" e a duração do ciclo "OFF". Efeitos não térmicos ocorrem quando são empregados intensidade média baixa, duração de pulso curto e ciclo de trabalho baixo. O calor ainda é gerado no interior dos tecidos, mas os tecidos são rapidamente arrefecidos por um novo afluxo de sangue, relativamente frio, antes que o calor se acumule.

A diatermia por ondas curtas pulsada (DOCP) também é referida como campos eletromagnéticos pulsados (CEMP), energia eletromagnética pulsada (EEMP), e radiação de radiofrequência pulsada (RRFP). A duração do pulso é tipicamente de 20 a 400 µs com uma frequência de pulsos de 10 a 800 Hz. A emissão pulsada permite maiores intensidades e tempos de aplicação de tratamento que DOC contínua.[128] Ao contrário do ultrassom terapêutico, a emissão pulsada pode ser usada para produzir efeitos térmicos, **por isso não se deve confundir "pulsado" com "não térmico"**.

A DOCP opera por meio da interrupção da emissão contínua em um intervalo determinado pela frequência de pulsos, criando **trens de pulsos** semelhantes aos utilizados em eletroterapia. Diminuir a frequência de pulsos diminui a potência média em função do tempo aplicada ao corpo. Quanto mais elevada for a frequência dos pulsos, maior é a quantidade de aquecimento tecidual.

Os efeitos térmicos são obtidos quando a quantidade total de energia fornecida ao corpo do paciente é superior a 38 watts e uma elevada frequência de pulsos é empregada.[129] Ao contrário de ultrassom terapêutico, a energia produzida por geradores de DOC não é refletida pelo osso ou por outros tecidos e, portanto, não gera ondas estacionárias.

Efeitos sobre
Biofísicos da aplicação de diatermia por ondas curtas

A energia eletromagnética de alta frequência (maior que 10 MHz) é absorvida pelos tecidos do paciente. A **taxa de absorção específica** descreve a taxa de absorção de energia por unidade de área de tecido. A fricção causada pelo movimento dos íons produz o efeito de aquecimento. Íons livres dentro do campo do tratamento são atraídos para o polo com a carga oposta e são repelidos do polo de mesma carga. Algumas moléculas possuem íons que são capazes de se mover apenas interiormente à membrana celular, causando uma ação dipolar na qual esses íons alinham-se ao longo das cargas, ou geram correntes de Foucault (ver Figs. 9.4 e 9.5).[130]

Os efeitos de aquecimento ocorrem como resultado do atrito entre os íons em movimento e os tecidos circundantes, e são semelhantes aos associados ao ultrassom terapêutico (ver Tab. 9.1). Efeitos não térmicos são obtidos quando uma baixa potência de saída ou um ciclo de trabalho de baixo, ou os dois, são empregados (Fig. 9.7).

Efeitos não térmicos

Efeitos não térmicos são obtidos ao se utilizar um número baixo de pulsos, uma duração de pulso curta, uma intensidade média baixa de saída e uma potência menor que 38 W. Uma vez que o calor não é produzido, a aplicação de DOC não térmica é preconizada para casos de traumatismo agudo e tratamento pós-cirúrgico.[128,129,131]

A DOC não térmica altera o modo como os íons se ligam à membrana celular, alterando a função celular. Os efeitos não térmicos da DOC incluem o aumento da perfusão microvascular, a ativação de fatores de crescimento de fibroblastos e um aumento da atividade de macrófagos, ações que auxiliam na cicatrização dos tecidos.[132-134] A DOC não térmica vem sendo relatada como capaz de promover a redução do edema.

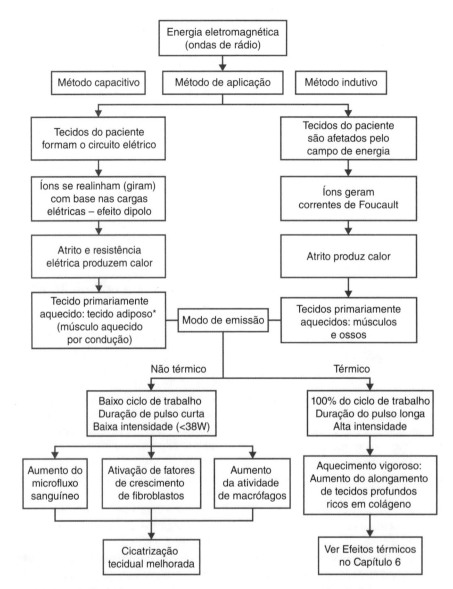

* Não recomendado para pacientes com uma camada de tecido adiposo significativa.

Figura 9.7 Esquema dos efeitos da diatermia por ondas curtas.

Efeitos térmicos

A principal vantagem de diatermia por ondas curtas é o volume relativamente grande e profundo do tecido que ela pode aquecer. A diatermia por ondas curtas pode aumentar as temperaturas intramusculares de 4°C a 5°C. As características de aquecimento da DOC são semelhantes às do ultrassom, porém, em razão da maior quantidade de tecido aquecido, o calor é retido por três vezes mais tempo do que na sequência do tratamento com ultrassom.[8,135] No entanto, a DOC capacitiva é menos eficaz em pessoas que possuem uma grande quantidade de gordura subcutânea.

Evidência prática

Modalidades de calor superficial afetam uma área maior de tecido, mas a DOC afeta um volume maior de tecido que as modalidades de calor superficial e o ultrassom térmico. Ao contrário das bolsas de calor úmido, que perdem energia durante o tratamento, a energia aplicada pela DOC permanece constante, permitindo um aquecimento tecidual intramuscular vigoroso.[136] Aquecer um maior volume tecidual resulta em efeitos pós-tratamento mais duradouros que outros agentes de aquecimento.[137]

Aquecimento pelo método indutivo

A DOC por campo de indução aquece preferencialmente tecidos que são bons condutores elétricos, tais como os músculos e os vasos sanguíneos. O tecido adiposo não é substancialmente aquecido por campos de indução porque não há corrente elétrica passando através dos tecidos (ver Fig. 9.1). A diatermia por campo de indução é a forma mais comumente empregada de ondas curtas.[124]

Um tambor indutivo aquece uma área aproximadamente igual ao tamanho de sua face. O pico de temperatura é atingido com cerca de 15 minutos de tratamento, aumentando a temperatura muscular a uma profundidade de 1,2 cm em mais de 10°C.[127] Um tratamento de 10 minutos aumenta as temperaturas do tecido subcutâneo em 2,8°C.[8] O aquecimento é mais intenso no centro do tambor, com temperaturas ligeiramente mais baixas (cerca de 20% menores) ao redor da periferia em função da perda de calor tecidual por condução para os tecidos circundantes.[8]

Método de aquecimento capacitivo

A DOC por campo capacitivo aquece preferencialmente tecidos que não são bons condutores elétricos, tais como a pele e o tecido adiposo. O método capacitivo pode aumentar a temperatura da pele em aproximadamente 2,4°C e as temperaturas intra-articulares em 1,4°C.[138] Estruturas com elevado teor de água, tais como o tecido adiposo, o sangue e o músculo, são aquecidas a profundidades de 2 a 5 cm.

A temperatura do tecido-alvo pode atingir 41,7°C, mas a camada adiposa dissipa uma parte significativa da energia. Isso conduz a um aquecimento secundário da camada de músculo superficial pelo calor conduzido do tecido adiposo. A quantidade de aumento de temperatura intramuscular se compara positivamente com aquela observada durante a aplicação de ultrassom, produzindo um aumento de mais de 3,9°C.[135,139]

Efeitos sobre
O processo de resposta à lesão

As propriedades curativas da DOC são semelhantes a de outras formas de aplicação de calor, mas ocorrem profundamente nos tecidos (ver efeitos gerais de calor no Cap. 6). A magnitude do aumento de temperatura é baseado na intensidade do tratamento, o número de pulsos por segundo e a duração do pulso. Os efeitos biofísicos da DOC também são semelhantes aos do ultrassom terapêutico (ver Cap. 7).

O aquecimento vigoroso ocorre quando a temperatura de base do tecido aumenta em 4°C de modo que a temperatura intramuscular alcance a faixa de 38°C a 40°C. O aumento da temperatura muito acelerado ou acima de 40°C pode causar queimaduras e resultar na quebra de tecidos ricos em proteínas.

Inflamação

Os efeitos não térmicos de DOC alteram a taxa de difusão ao longo da membrana celular; os efeitos térmicos aumentam a taxa de metabolismo celular. Como a diatermia por ondas curtas indutiva aquece preferencialmente o músculo, é razoável esperar que o efeito Q10 seja reforçado profundamente na intimidade do músculo. Um aumento de 10°C na temperatura intramuscular irá praticamente dobrar a taxa do metabolismo celular.

Evidência prática

O tratamento de joelhos com osteoartrite é uma das utilizações clínicas mais comuns de DOC.[140-148] A maioria dos estudos que investigam a DOC, tanto pulsada como contínua, relata nenhum benefício aditivo na melhora da força e na diminuição da inflamação, da dor e da amplitude de movimento no tratamento da osteoartrite do joelho.[140-143] A DOC pulsada também não figura como sendo de auxílio na resolução da cervicalgia inespecífica[144,145] ou na lombalgia inespecífica[146] em relação ao calor superficial, ao exercício ou à terapia manual.

A aplicação de DOC contínua demonstrou diminuição da espessura da membrana sinovial e diminuição da dor, indicando uma redução na sinovite induzida pela artrite.[147] Além disso, a DOC contínua antes de exercícios de reabilitação aumenta a força isocinética e diminui a dor, porém no mesmo nível que o calor úmido e a estimulação elétrica nervosa transcutânea.[148]

Os efeitos em nível celular da DOC, combinados ao aumento do fluxo sanguíneo, resultam no aumento da distribuição e da concentração de células brancas do sangue (CBS) e no aumento da proliferação de condrócitos.[134] O aumento da permeabilidade da membrana celular auxilia na remoção de detritos celulares e de toxinas metabólicas que possam ter se acumulado na área.[131]

Condução nervosa e controle da dor

Os efeitos da velocidade de condução nervosa e da dor são o mesmo para o calor em geral. O alívio da dor primária que se segue à aplicação da DOC é associado com maior frequência à diminuição do espasmo muscular, à redução de aderências e contraturas e ao aumento do fluxo sanguíneo.

Dinâmica do sangue e dos fluidos

Tal como acontece em todas as modalidades térmicas, o calor produzido pela DOC resulta em vasodilatação que aumenta o fluxo sanguíneo, a filtração capilar, a pressão capilar e a perfusão de oxigênio.[149] Em função de suas características de aquecimento profundo, o aumento do fluxo sanguíneo, da atividade fibroblástica, da deposição de colágeno e do crescimento de novos capilares é estimulado mais profundamente nos tecidos do que o fazem os agentes de aquecimento superficial.[134,150] A profundidade de aquecimento efetivo e de volume de tecido afetado também torna a DOC útil na resolução de hematomas.[151]

Elasticidade tecidual

A diatermia por ondas curtas é capaz de atingir níveis de aquecimento vigoroso (4°C) em profundidades superiores a 2 cm. O alongamento do tecido é obtido pela alteração das propriedades viscoelásticas de tecidos profundos e fibrosos ricos em colágeno em função do aumento da temperatura e da aplicação de uma força externa para alongar os tecidos.[8,136] O tecidos aquecidos por DOC retêm o calor por períodos maiores do que os tecidos aquecidos por ultrassom terapêutico, aumentando a janela de alongamento pós-tratamento.

Evidência prática
O aquecimento profundo do tecido muscular aumenta mais sua extensibilidade do que o aquecimento superficial.[136]

Sessões únicas de tratamento de calor e de alongamento não são suficientes para alongar tecidos.[152] São necessárias sessões repetidas de aquecimento e alongamento combinados para se obter um alongamento real de músculos e tendões,[153] mas a adição de DOCP não parece ajudar a manter a ADM aumentada.[154] Qualquer aumento na amplitude de movimento observada logo após um único tratamento está mais provavelmente relacionado à diminuição do tônus muscular.[136]

Cicatrização de feridas

A diatermia por ondas curtas pulsada aumenta a infiltração de CBS e eleva a taxa de fagocitose, resultando em um tempo de cicatrização mais acelerado e em uma menor necessidade de medicação contra dor.[131] O número e a qualidade dos feixes de colágeno maduros se elevam na área tratada, como resultado do aumento da atividade da adenosina trifosfatase (ATP), e a proporção de fibras musculares necrosadas diminui.[155] Feridas superficiais abertas não devem ser tratadas em função da umidade associada.

Contraindicações e precauções para diatermia por ondas curtas

Os avanços tecnológicos fizeram da DOC uma modalidade relativamente segura e eficaz, mas a radiação eletromagnética coloca várias contraindicações e precauções à sua utilização. O uso de DOC térmica apresenta mais contraindicações do que a DOC não térmica.[156] Técnicas de fabricação individuais podem superar algumas contraindicações ou apresentar outras únicas (consultar o Cap. 11, Em foco: Diatermia por ondas curtas).

A aplicação de DOC térmica é realizada com as mesmas contraindicações da aplicação de calor em geral, incluindo inflamação aguda, isquemia e hemorragia (ver Tab. 5.7). Questões relacionadas à adequação da DOC ao estado a ser tratado devem ser encaminhadas para o médico do paciente.

A intensidade dos tratamentos térmicos é baseada no *feedback* do paciente. A DOC térmica não deve ser aplicada sobre áreas com deficiência sensorial. É necessário um cuidado adicional com pacientes que possam ter uma capacidade diminuída de sentir calor, interpretar sensações e/ou se comunicar com o clínico.

Enquanto a produção de calor está acontecendo, não deve ser permitido que as pacientes que estejam ou que possam estar grávidas, ou aqueles que possuem marca-passo cardíaco ou outro dispositivo eletrônico implantado, estejam dentro de um raio de 15 m do aparelho.

Metal dentro do campo de saída é, na maioria das vezes, uma contraindicação ao uso de DOC, incluindo metal em roupas, joias etc. (ver Tab. 10.3).

Objetos de metal circular, tal como encontrados em alguns dispositivos de fixação interna e outros implantes, molas e similares são sempre contraindicados em razão do potencial de se gerar um segundo CEM no interior do aro de metal. Metais podem aquecer mais rapidamente do que a pele e outros tecidos, aumentando assim o risco de queimaduras. Certas formas de DOC pulsada podem ser usadas sobre alguns implantes metálicos.[156,157] Deve-se consultar o manual de instruções do fabricante para determinar como lidar com o metal no campo do tratamento e consultar o médico do paciente antes de iniciar esse tratamento.

O uso da DOC térmica sobre áreas de trombose venosa profunda ou de tromboflebite ativas pode levar o coágulo a se desalojar. O uso sobre locais de infecção ativos pode resultar na disseminação da infecção. O aquecimento de tumores cancerígenos pode aumentar a massa e o peso do tumor.[102]

A DOC térmica não deve ser aplicada em áreas sobre implantes de plástico ou de cimento ósseo. Implantes de plástico contêm substâncias que podem concentrar o calor. Embora seja improvável que a intensidade não seja tolerada pelo paciente, o superaquecimento de implantes de plástico pode fazer com que estes se tornem quebradiços.[156]

A presença de um marca-passo cardíaco implantado é uma contraindicação absoluta para o uso de DOC.

O CEM produzido pelo aparelho de diatermia pode atrapalhar o ritmo do marca-passo, e o metal implantado irá superaquecer.

A diatermia por ondas curtas aplicada através do crânio usando placas capacitivas, ou seja, a aplicação transcerebral, deve ser realizada com extrema cautela. A energia que passa através do crânio pode resultar em dores de cabeça, tonturas e vômitos. Os olhos, os seios frontais e as orelhas são particularmente sensíveis à DOC. As lentes de contato devem ser removidas antes da aplicação da DOC no rosto ou na cabeça, ou em ambos.

A aplicação da DOC na região pélvica feminina (incluindo o uso de eletrodos vaginais), abdome e coluna lombar pode aumentar o fluxo menstrual. Do mesmo modo, a aplicação de DOC nessas regiões durante a gravidez ou quando há suspeita de gravidez é uma contraindicação absoluta.

A utilização sobre placas epifisárias não fundidas deve ser feita com cautela. Apesar de não haver casos documentados, o superaquecimento repetido da placa de crescimento pode resultar em não união ou em consolidação viciosa da **fise (placa de crescimento)**.

A presença de umidade no CEM aumenta a taxa de aquecimento e pode provocar um superaquecimento da pele. Curativos úmidos, fita adesiva e cremes para a pele devem ser removidos antes do tratamento. Se a umidade se acumula durante o tratamento, deve-se interromper a saída de DOC e secar a pele. Toalhas molhadas não devem ser utilizadas para tentar fornecer calor úmido durante o tratamento.

Visão geral da evidência

Diversos estudos [8,126,129,136,139,147,151,154] validaram os efeitos térmicos da DOC, embora a técnica indutiva tenha sido o foco desta pesquisa. Ainda há uma quantidade limitada de pesquisa publicada que tenha investigado a eficácia da DOC no tratamento de doenças musculoesqueléticas. Semelhante às controvérsias associadas ao ultrassom terapêutico, outras pesquisas publicadas sofrem com a falta de estudos controlados e investigam um número relativamente pequeno de problemas do paciente.

Com exceção das condições diretamente associadas à disfunção muscular, a evidência atual não demonstra um benefício aditivo da DOC no tratamento da osteoartrite do joelho,[140-143] da cervicalgia inespecífica[144,145] ou da lombalgia inespecífica[146] em relação a outras intervenções. Um volume limitado de pesquisa suporta o uso de DOC na redução da sinovite e da dor induzidas pela artrite.[147]

Diversos aparelhos de DOC são capazes de produzir uma emissão pulsada. Em alguns modelos, os pulsos são utilizados para regular a quantidade de calor gerado. Tratamentos de baixa intensidade (seja através da diminuição da potência de saída e/ou do emprego de um número reduzido de pulsos) vêm sendo realizados para produzir efeitos não térmicos (mecânicos) semelhantes aos associados ao ultrassom terapêutico não térmico. No entanto, uma revisão da literatura não encontra estudos que tenham investigado a eficácia da DOC não térmica.

Uma vez que a energia eletromagnética é produzida em quantidades relativamente elevadas pelos aparelhos de DOC, existem perigos potenciais associados à exposição repetida à radiação de diatermia, especialmente para o clínico. Danos associados à exposição à diatermia por micro-ondas são bem documentados, e muitos desses efeitos também têm sido atribuídos à DOC. Embora deva ser tomado cuidado para evitar a exposição repetida à energia de diatermia por ondas curtas, essa modalidade não tem a dispersão e a perda de radiação encontrada na diatermia por micro-ondas. Esse fato é especialmente verdadeiro com relação aos modelos mais recentes.

Capítulo 10

Aplicação clínica da diatermia por ondas curtas

Este capítulo descreve os procedimentos gerais utilizados para configurar e aplicar a diatermia por ondas curtas. Em razão da variabilidade entre os aparelhos, o manual de instruções de cada marca e modelo particular deve ser o guia clínico para a configuração e aplicação da diatermia por ondas curtas. As informações de configuração e aplicação aqui apresentadas pretendem servir apenas como um guia geral.

A aplicação de diatermia por ondas curtas (DOC) envolve colocar o paciente no campo eletromagnético do aparelho, para o método indutivo, ou diretamente no percurso elétrico, para o método capacitivo. Esta energia é então convertida em calor nos tecidos corporais.

Unidades de diatermia por ondas curtas são capazes de produzir até 1.000 watts de energia de saída. No entanto, a intensidade de saída não reflete a quantidade de energia que é realmente absorvida pelos tecidos. Ao contrário dos agentes de aquecimento superficiais ou do ultrassom terapêutico, a DOC é capaz de penetrar através de todas as camadas de tecido. Os tecidos afetados dependem do tipo de DOC a ser aplicada (método de campo indutivo ou capacitivo), do local dos tecidos em relação à fonte de energia e da composição dos tecidos (ver Fig. 9.1).

A diatermia médica, incluindo a diatermia por ondas curtas, nos Estados Unidos, é regulada nos termos do Capítulo V, subcapítulo C – Controle de Radiação de Produtos Eletrônicos (Seções 531 a 542) do Federal Food, Drug and Cosmetics Act. O Center for Devices and Radiological Health é o centro da Food and Drug Administration (FDA) responsável pela supervisão desses dispositivos nos EUA. Os regulamentos exatos estão localizados no título 21 do Código de Regulações Federais Norte-americanas (*Code of Federal Regulations*), Partes 1000 a 1050.

Aviso

As nuances de aplicação da diatermia por ondas curtas são específicas quanto ao fabricante e ao gerador. As informações apresentadas neste capítulo descrevem apenas os parâmetros e princípios básicos da aplicação e da configuração da DOC. A aplicação clínica real desta modalidade *deve* estar de acordo com o manual de instrução do aparelho.

Dosagens de tratamento

Os parâmetros de saída gerais para doses de tratamento de DOC pulsada são apresentados na Tabela 10.1, mas as técnicas e o protocolo de dosagem são específicos de cada aparelho. A quantidade de aquecimento também é baseada no método de aplicação (capacitivo ou indutivo), no tamanho dos eletrodos ou do(s) tambor(es) e na distância da fonte de energia em relação ao tecido. A intensidade de saída para tratamentos térmicos é baseada no relato de calor por parte do paciente. Parâmetros para aquecimento vigoroso usando DOC pulsada são apresentados na Tabela 10.2.

Configuração e aplicação de diatermia por ondas curtas

Nesta seção, somente são descritos os métodos de tambor de indução e placa capacitiva e eletrodo para

Capítulo 10 ■ Aplicação clínica da diatermia por ondas curtas

Tabela 10.1 Parâmetros de dosagem utilizados na diatermia por ondas curtas pulsada

Dose	Sensação de temperatura	Indicações	Duração do pulso	Frequência do pulso
NT	Sem calor detectável	Trauma agudo Inflamação aguda Redução de edema	65 μs	100-200 pps
1	Calor ameno	Inflamação subaguda	100-200 μs	800 pps
2	Calor moderado	Síndromes dolorosas Espasmo muscular Inflamação crônica Aumento do fluxo sanguíneo	200-400 μs	800 pps
3	Aquecimento vigoroso	Alongamento de tecidos ricos em colágeno	400 μs	800 pps

NT = não térmico.

Tabela 10.2 Parâmetros de aquecimento típicos - diatermia por ondas curtas pulsada

Parâmetro	Configuração
Modo de saída (emissão)	Pulsada
Disparos por segundo	800
Duração do disparo	400 μs
Intervalo entre disparos	850 μs
Intensidade de saída	Amplitude da RMS de 150 W Emissão da RMS de 48 W por disparo

μs = microssegundo.

configuração e aplicação de diatermia por ondas curtas (Fig. 10.1). Em função de seu procedimento de configuração relativamente difícil e do dano potencial, especificamente queimaduras, associado a seu uso inadequado, os cabos indutivos de ondas curtas estão se tornando incomuns e não são discutidos nesta seção. Não se deve aplicar a DOC em conjunto com qualquer outro dispositivo (p. ex., estimulação elétrica, bolsa de calor úmido).

A área física em que a DOC é aplicada deve estar em conformidade com as recomendações de segurança do fabricante.[158] É recomendado um mínimo de 12 m de distância de aparelhos de turbilhão, pias, canos e outras peças de metal ou que possuam um alto teor de metal. Deve-se consultar as diretrizes de instilação do fabricante.

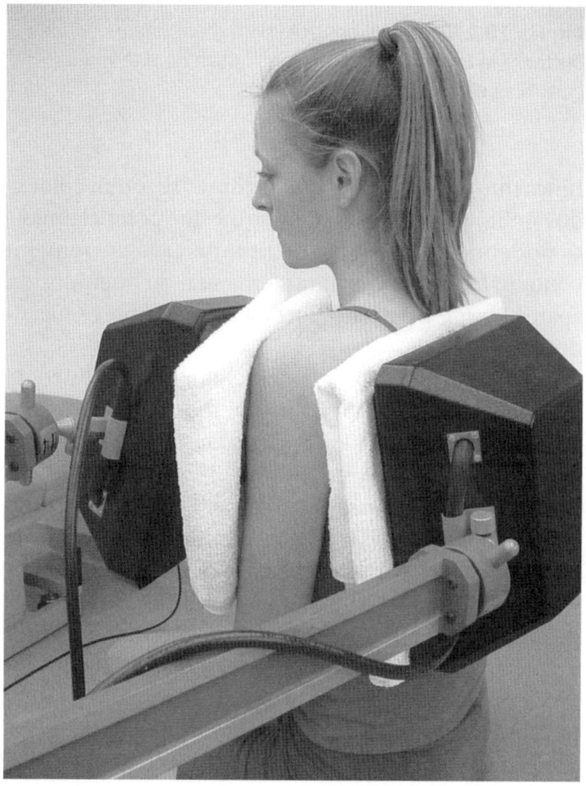

Instrumentação

Esta seção apresenta uma lista de controles que são comumente encontrados em unidades de diatermia por ondas curtas (Fig. 10.2). Em razão da grande variedade de tipos de geradores e de fabricantes, esta lista serve apenas como orientação. Deve-se consultar o manual de instrução do aparelho específico que está sendo usado para obter detalhes precisos. É preciso observar também que os aparelhos de diatermia por ondas curtas de cabeça dupla podem ter controles duplos.

Figura 10.1 Diatermia por ondas curtas com tambor de indução duplo. Tambores duplos permitem o aquecimento de ambos os lados do corpo. Nota: tambores de indução duplos não devem ser confundidos com placas capacitivas.

Unidades de diatermia por ondas curtas que usam cabos, quer como eletrodos terapêuticos a serem colocados no corpo ou como condutores elétricos para tambores indutivos ou placas capacitivas, requerem uma atenção especial. Cabos terapêuticos (ou seus condutores) irão superaquecer e queimar o paciente rapidamente caso se cruzem um sobre o outro ou sejam espaçados muito próximos. Em alguns aparelhos de tambor ou de placa capacitiva, os condutores são "quentes", o que sig-

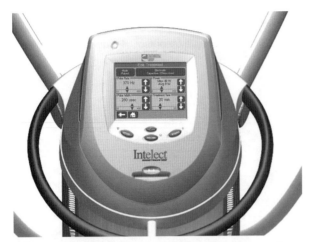

Figura 10.2 Painel de controle para diatermia por ondas curtas. Há uma quantidade significativa de diferença nos controles entre marcas e modelos.

nifica que podem causar queimaduras se forem colocados muito próximos um do outro e que potencialmente podem causar um curto-circuito caso entrem em contato. É preciso consultar o manual do operador do aparelho para se obter detalhes específicos sobre os meandros dos cabos.

Interruptor de início principal: Inicia o fluxo de corrente para o gerador como um todo. Unidades com cabeça e controle duplos podem contar com interruptores individuais para cada um.

Intensidade de saída: Também conhecido como "potência" em alguns aparelhos. Ajusta a quantidade de energia fornecida ao paciente.

Chave de interrupção do paciente (chave de segurança): Um interruptor de botão de pressão segurado pelo paciente, que permite a cessão imediata do tratamento em caso de dor, ardor ou ansiedade. Não se deve permitir que a chave de segurança entre no campo de tratamento da diatermia por ondas curtas. Ao tratar da extremidade direita, o paciente deve segurar a chave na mão esquerda, e vice-versa.

Pausa: Interrompe o tratamento (ao passo que preserva o tempo de tratamento restante) para permitir o reposicionamento do paciente, a remoção de transpiração ou outras situações semelhantes.

Taxa de pulso (frequência de pulso): Define o número de pulsos por segundo (PPS) para a saída. Mais PPS produz maiores efeitos térmicos.

Início/Parada: Inicia ou termina o tratamento. Geradores de cabeçote duplo podem ter chaves de "início/parada" separados para cada cabeça.

Temporizador de tratamento: Define a duração do tratamento. Alguns aparelhos podem utilizar o temporizador de tratamento para "começar" o tratamento: girar o temporizador para além de zero inicia o tratamento.

Ajuste: Ajusta a ressonância de saída para se adequar aos tecidos do paciente. O ajuste maximiza a troca de energia entre o gerador e o paciente. Alguns aparelhos se desligam caso o gerador esteja fora de sintonia.

Inspeção do aparelho de ondas curtas

Muitos aparelhos requerem que o gerador de DOC seja ligado a uma tomada de modelo hospitalar.

1. Inspecionar eletrodos, cabos, chave de segurança e outros acessórios antes da utilização.
2. Assegurar que os cabos de transmissão não estejam cruzados.
3. Certificar-se de que todos os controles estão em bom estado de funcionamento segundo as instruções do fabricante. Operar eletrodos de indução sem um paciente no campo do tratamento pode danificar os eletrodos permanentemente.

Evidência prática

As indicações e os efeitos do aquecimento profundo da diatermia por ondas curtas são semelhantes aos do ultrassom térmico. O benefício da DOC é sua capacidade de aquecer um volume muito maior de tecido. A DOC afeta um volume de tecido de, aproximadamente, o tamanho de uma tigela de cereal; o ultrassom terapêutico afeta tecidos por volta do tamanho de dois sachês de *ketchup*.

Preparação do paciente

4. Certificar-se de que o paciente esteja livre de todas as contraindicações para o uso de diatermia por ondas curtas.
5. Certificar-se de que quaisquer metais implantados (p. ex., dispositivos de fixação interna, suturas, joias, aparelhos auditivos) não sejam contraindicados pelo dispositivo (consultar o manual de instrução do aparelho) ou pelo protocolo de tratamento.
6. Remover todas as joias, moedas e outros itens metálicos do paciente (Tab. 10.3).
7. Os tecidos de tratamento não devem estar cobertos pela roupa. Roupas sintéticas resistentes à umidade, seda e tecidos que possuam implantes metálicos são de particular preocupação por causa do potencial de superaquecimento.
8. Lavar a pele sobre a área de tratamento. Secar intensamente antes do tratamento.
9. Para segurança pessoal, o clínico deve remover quaisquer anéis, relógios, pulseiras etc.
10. Em muitos casos, não deve haver nenhum metal dentro da área de tratamento imediato, cerca de 1 m em caso de emissão contínua e de 0,5 m

Em foco:
Diatermia por ondas curtas

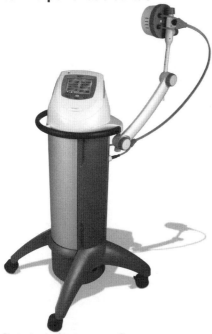

Cortesia de Chattanooga Group.

Descrição

Correntes elétricas de alta frequência produzem aquecimento profundo de um grande volume de tecido. A diatermia por ondas curtas é frequentemente indicada nos casos em que o ultrassom terapêutico térmico seria apropriado, mas em que o volume dos tecidos-alvo é muito grande. A DOC capacitiva coloca os tecidos em um campo eletromagnético; DOC indutiva.

Indicações

- Dor aguda e crônica
- Condições subagudas e inflamatórias crônicas em camadas profundas do tecido
- Condições inflamatórias crônicas (artrite, bursite, tendinite, **miosite**, **osteoartrite** etc.)
- Restrições de amplitude de movimento
- Espasmo muscular
- Redução de edema
- Sobre locais de fratura
- Hematomas e contusões
- Sinusite
- **Úlceras de estase venosa**

Efeitos primários

Efeitos térmicos

- Aquecimento profundo
- Aumento do fluxo sanguíneo
- Aumento da extensibilidade dos tecidos ricos em colágeno
- Aumento do metabolismo celular
- Relaxamento muscular
- Possíveis alterações em algumas reações enzimáticas

Efeitos não térmicos

- Cicatrização dos tecidos melhorada
- Redução de edema
- Redução de **linfedema**
- Cicatrização de feridas abertas superficiais

Contraindicações

Além das contraindicações gerais para emprego de calor (ver Tab. 5.7):

- Marca-passos cardíacos e outros dispositivos de eletrodos implantados
- Implantes metálicos ou metais como joias ou *piercings*: o metal absorve e concentra a energia, potencialmente causando queimaduras. A DOC pulsada possivelmente pode ser usada sobre implantes metálicos que não tenham forma circular (consultar o manual de instrução do aparelho)[157]
- Implantes de plástico ou de cimento ósseo (modo térmico)

(continua)

218　　Parte 3　■　Agentes produtores de aquecimento profundo

Em foco:
Diatermia por ondas curtas (*continuação*)

- Áreas isquêmicas: o aumento da taxa metabólica aumenta a necessidade de oxigênio, causando ainda mais hipóxia
- Lesão aguda (modo térmico)
- Sobre grandes nervos em regeneração (modo térmico)
- Doença periférica vascular
- Sobre áreas de trombose venosa profunda ou tromboflebite ativas
- Tendência à hemorragia, incluindo menstruação
- Gravidez ou a possibilidade de gravidez
- Febre
- Áreas anestésicas (modo térmico)
- Câncer
- Áreas de especial sensibilidade: placas epifisárias em crianças; genitais; lâminas abertas; infecção local ou sistêmica; abdome com dispositivo intrauterino implantado (DIU); sobre o coração; sobre o seio carotídeo/região anterior do pescoço; olhos e face; aplicação através do crânio; transpiração e curativos úmidos (a água se acumula e concentra calor)

Duração do tratamento

Em intensidades moderadas, os tratamentos podem ser administrados por 20 a 30 minutos e podem ser repetidos conforme necessário por 2 semanas. Ao utilizar temperaturas de tratamento mais elevadas, deve-se reduzir a duração do tratamento a 15 minutos e aplicar em dias alternados. Os pacientes não devem receber mais do que um tratamento a cada 2 horas.

Precauções

- Áreas anestésicas (modo não térmico)
- Retirar as lentes de contato ao se aplicar a DOC próximo a cabeça, face ou olhos
- Uma sensação de dor profunda pode ser sintoma de superaquecimento dos tecidos
- A presença de pessoas que estão grávidas, que podem estar grávidas ou *que tenham dispositivos eletrônicos implantados* não deve ser permitida em um raio de 15 m do aparelho enquanto a emissão está sendo gerada
- É difícil aquecer apenas áreas localizadas. Vias líquidas no interior dos tecidos dissipam o calor formado na área tratada
- Nunca se deve permitir que a pele entre em contato direto com o aparelho ou cabos de aquecimento. O contato pode resultar em queimaduras graves
- Caso se utilize o método por cabos, não se deve permitir que eles se toquem. Isso pode criar um curto-circuito
- Caso sejam empregados almofadas de eletrodos, elas devem ser espaçadas a uma distância equivalente a pelo menos sua largura ou diâmetro (p. ex., caso sejam utilizados dois eletrodos de 20 cm de diâmetro, eles devem ser posicionados a pelo menos 20 cm de distância um do outro)
- O superaquecimento dos tecidos do paciente pode causar danos no tecido sem quaisquer sinais imediatos. A queimadura de tecido profundo pode causar destruição do tecido muscular ou necrose de gordura subcutânea

(continua)

Em foco:
Diatermia por ondas curtas (*continuação*)

- A energia eletromagnética não está localizada apenas na área de tratamento, irradiando de 20 a 60 cm a partir da fonte de DOC contínua e 20 cm da fonte de diatermia pulsada.[159] Os clínicos podem ter de se posicionar no campo desta radiação dispersante, possivelmente se expondo excessivamente à diatermia. A distância de 60 cm da fonte de energia deve ser mantida para garantir a segurança do operador. Deve-se consultar o manual de instrução para informações específicas do aparelho
- A pele exposta ao tratamento deve ser coberta por, pelo menos, 1 cm de toalha
- Não permitir que a transpiração se acumule no campo do tratamento
- Ao usar eletrodos capacitivos, a presença de volumes excessivos de tecido adiposo recobrindo a área de tratamento pode resultar em superaquecimento da pele

Tabela 10.3 Precauções contra metal dentro do campo de diatermia por ondas curtas

No ambiente	Próximo ou junto ao paciente	No paciente
Camas	Joias	Aparelhos ortodônticos
Mesas de tratamento	*Piercings*	Obturação dentária
Cadeiras	Brincos	Dispositivos de fixação implantados
Cadeiras de rodas	Relógios	Dispositivos de fixação externa
Bancos de metal	Metal nos bolsos (chaves etc.)	Válvulas cardíacas de metal
Aparelhos de MPC	Fivelas de cinto	Articulações artificiais
Talas	Zíperes	DIU de metal
Estabilizadores	Sutiãs com suporte de metal	*Piercings*
Instrumentos médicos	Aparelhos auditivos	Marca-passos cardíacos
Modalidades elétricas		Geradores de crescimento ósseo implantados
		Marca-passo frênico

MPC = movimentação passiva contínua; DIU = dispositivo intrauterino.
Nota: Cada modelo de diatermia por ondas curtas apresenta determinados limiar e tolerância à presença de metal dentro do campo de tratamento ou ao redor dele. Consulte o maniual de instrução.

em uma emissão pulsada.[124,156] Outros equipamentos médicos devem estar a pelo menos 12 m do aparelho de DOC. A presença de metal vai acumular e concentrar a energia do tratamento do mesmo modo que uma antena capta ondas de rádio.[160] Alguns fabricantes constroem mesas livres de metal para utilização com diatermia por ondas curtas.

11. Manter o paciente fora do alcance de quaisquer objetos de metal que possam servir como aterramento (p. ex., tomadas, tubos).

12. Limpar e secar o segmento corporal. Água, óleos da pele ou cosméticos podem aumentar a produção de calor superficial.

13. Posicionar o paciente da maneira mais apropriada para a área do corpo a ser tratada e se as-segurar de que o paciente esteja confortável antes de iniciar o tratamento.

14. O paciente não deve entrar em contato com objetos que estejam conectados diretamente com o chão, como turbilhões, tubos ou tomadas elétricas (ver Olhada Rápida: diatermia por ondas curtas).

15. Para incentivar o retorno venoso, deve-se elevar a extremidade a ser tratada, se possível.

16. Cobrir a parte do corpo com uma toalha de pano felpuda e *seca*. Isto proporciona um espaçamento em relação à fonte de diatermia por ondas curtas e absorve a transpiração, duas ações que diminuem o risco de queimaduras. Uma parte da área de tratamento deve permanecer visível para se verificar se há queimaduras durante o trata-

mento. Evitar qualquer acúmulo de umidade durante o tratamento, porque a água tende a acumular calor. A intensidade deve ser ajustada em zero ou o tratamento deve ser PAUSADO antes de se secar a área. A umidade não afeta a DOC pulsada quando esta é aplicada utilizando-se uma potência média inferior a 30 W.[156]

17. Para tratamentos térmicos, deve-se explicar ao paciente que um calor leve a moderado deve ser sentido. Instruir o paciente a informar caso experimente qualquer sensação incomum.

Ajuste paciente/gerador

"Ajuste" se refere à ressonância entre a saída do gerador e a capacidade do corpo de absorver essa energia. Se mais do que metade da potência disponível é utilizada para transmitir a energia através do tecido do paciente, a configuração está fora de sintonia, exigindo calibração. Unidades mais antigas requerem que o clínico ajuste o aparelho manualmente. Aparelhos mais novos são capazes de ajustar sua saída à ressonância do paciente automaticamente.

O tópico a seguir fornece uma visão geral do método utilizado para ajustar manualmente um aparelho de DOC. Deve-se consultar o manual de instrução e seguir as instruções do fabricante para o modelo específico a ser utilizado.

1. Posicionar os eletrodos sobre o paciente.
2. Aumentar a intensidade de saída a aproximadamente 40% do máximo.
3. Ajustar (aumentar ou diminuir) o controle AJUSTE até que o medidor de saída atinja seu pico; em seguida, diminuir o controle AJUSTE de acordo com o conforto do paciente.
4. O aparelho está ajustado quando é empregada menos da metade da potência máxima. Alguns aparelhos se desligam automaticamente caso sejam empregados mais do que 50% da potência máxima. Caso isto ocorra, o aparelho deve ser novamente ajustado.

Aplicação (configuração geral)

1. Ligar o aparelho; deixá-lo se aquecer, se necessário.
2. Alguns aparelhos devem estar ajustados para permitir a transferência máxima de energia (ver Ajuste paciente/gerador).

Tambor indutivo

1. Caso esteja indicado nas instruções do fabricante, colocar uma camada dobrada entre o segmento corporal e o tambor.
2. Selecionar o estilo de tambor apropriado (Fig. 10.3).
3. Posicionar o tambor a aproximadamente 1,0 a 2,5 cm acima da toalha. Existe uma relação direta entre a distância do tambor em relação ao paciente e a intensidade de energia necessária para o tratamento.
4. A superfície do tambor deve estar paralela à superfície da pele a ser tratada, caso contrário a pele mais próxima do tambor será superaquecida, de acordo com a lei do cosseno (ver Apêndice A).
5. Caso se aplique, selecionar a taxa de pulso apropriada.

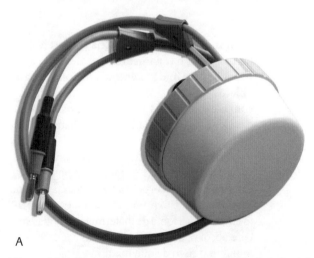
A

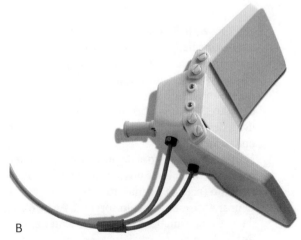
B

Figura 10.3 Tipos de tambores indutivos. (A) Tambor de eletrodo único: usado para tratar áreas de tamanhos médio e grande, como o quadríceps. (B) Tambor de eletrodo duplo: as superfícies articuladas permitem que três lados do segmento corporal sejam tratados simultaneamente, como no ombro ou nas costas. (Cortesia de Chattanooga Group.)

Configuração da placa capacitiva

1. Se indicado pelo aparelho, cobrir com uma toalha a área a ser tratada.
2. Ajustar as placas de modo que elas fiquem paralelas ao segmento corporal, a cerca de 3 cm da pele.
3. Para aquecer tecidos superficiais, colocar os eletrodos próximos à pele; para aquecer os tecidos mais profundos, aumentar a distância em relação à pele. É necessário um espaço maior para aquecer o tecido intramuscular em pacientes que possuam uma camada espessa de tecido adiposo.
4. Colocar ambas as placas a uma distância igual acima do tecido. Se um espaçador for utilizado para este efeito, deve ser removido antes que o tratamento seja iniciado.

Aplicação do eletrodo

1. Conectar os cabos de eletrodos no gerador e nos eletrodos.
2. Escolher os espaçadores apropriados e afixá-los nos eletrodos (Fig. 10.4).
3. Posicionar os eletrodos sobre a pele do paciente.
4. Assegurar que nenhuma parte do eletrodo esteja em contato com a pele do paciente.
5. Manter os eletrodos no local usando tiras de borracha ou sacos de areia.

Todos os métodos

1. Assegurar-se de que os braços de movimentação e/ou as rodas do gerador estejam bem presos antes de iniciar o tratamento.

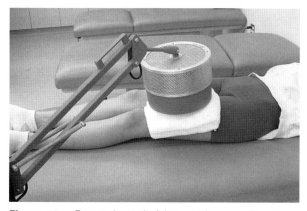

Figura 10.4 Espaçadores de feltro usados na aplicação do eletrodo de DOC.

2. Instruir o paciente a não se mover até que a máquina seja desligada.
3. Ajustar o temporizador para a duração de tratamento desejada.
4. Aumentar a intensidade até que o paciente sinta um calor suave.
5. Caso haja a necessidade de mover os eletrodos ou seja necessário secar a região, voltar a INTENSIDADE para zero antes de fazer qualquer alteração.
6. Não deixar o paciente sozinho. Observar a pele regularmente para detectar sinais de queimaduras, e inquirir sobre sensações incomuns. Ajustar a intensidade, a frequência do pulso ou a colocação do eletrodo, se necessário.

Encerramento do tratamento

1. Após o tratamento, girar o disco de intensidade até zero e desligar o aparelho.
2. Inspecionar a pele para detectar sinais de queimaduras ou outros resultados anormais do tratamento.
3. Registrar os parâmetros de tratamento no prontuário do paciente.

Manutenção

A produção de energia eletromagnética pode exigir precauções adicionais de segurança e saúde por causa da exposição dos trabalhadores à radiação.

Após cada utilização

Desligar o aparelho e limpar a face do tambor ou os cabos utilizando um agente de limpeza recomendado pelo fabricante. Em geral, não é recomendado o uso de produtos de limpeza abrasivos. Não reenergizar o aparelho se a umidade ainda estiver presente nos cabos, tambores ou eletrodos.

Em intervalos regulares

Inspecionar os cabos elétricos quanto a torções, cortes e esgarçamentos.

Anualmente

O aparelho deve ser avaliado e calibrado por um técnico qualificado.

Revisão da Parte 3

Estudo de caso: estudo de caso do Capítulo 10

Carlos é um homem de 32 anos de idade, com marcantes espasmos musculares em sua musculatura lombar. Ele apresentou sintomas progressivos nos últimos 10 anos, mas recentemente teve uma dor significativa associada a uma flexão anterior (para a frente). Ele também tem muita dificuldade em permanecer em pé depois de um período prolongado em uma postura flexionada, tal como ao cavar. Apresenta um corte de 10 × 7,5 cm, como resultado de um acidente de trabalho em que foi atingido por um tubo na região lombar. Os resultados da avaliação mostram espasmo acentuado ao longo dos paravertebrais lombares e limitação de 25 a 50% na amplitude de movimento do tronco.

1. Quais são os melhores agentes térmicos a se considerar para este paciente?
2. Quais são os efeitos fisiológicos da aplicação deste agente térmico sobre o ciclo de resposta da lesão?
3. Por que as bolsas de calor, o gelo e o ultrassom não são as escolhas ideais para este paciente?
4. Quais são os sintomas clínicos que se espera abordar com esta intervenção?
5. Cite três indicações e três precauções para esta modalidade.

Estudo de caso: continuação do Estudo de caso da Parte 1

(A discussão seguinte refere-se ao Estudo de Caso 2 da Parte 1)

O ultrassom pulsado (ciclo de trabalho de 20%) pode ser incorporado no programa do paciente para reduzir a dor e promover a extensibilidade dos tecidos. As alterações na permeabilidade da membrana celular podem provocar alterações na atividade elétrica dos nervos, supostamente aumentando o limiar de dor, e auxiliar no processo de cicatrização.

Quando aplicado com uma emissão contínua (ciclo de 100%), o ultrassom aquece preferencialmente os tecidos ricos em colágeno e auxilia na redução do espasmo muscular. Quando vigorosamente aquecido (3 a 5°C de aumento), a extensibilidade do tecido pode ser aumentada. Para a obtenção dos benefícios máximos de alongamento do tecido, o trapézio deve ser colocado em alongamento durante o tratamento e qualquer exercício de flexibilidade deve ser executado dentro de 3 minutos após a conclusão do tratamento.

A área de tratamento deve ser limitada a uma área duas a três vezes o tamanho do cabeçote de som; a frequência de saída irá depender da profundidade do trauma do paciente. A intensidade e a duração do tratamento devem ser suficientes para produzir um efeito de aquecimento vigoroso. É preciso ter em mente que o uso de ultrassom é uma precaução para aplicação de ultrassom, de modo que deve ser tomado um cuidado adicional ao aplicar estes tratamentos.

■ Questões para revisão da Parte 3

1. Ao aplicar o ultrassom com saída calibrada de 4 W e uma taxa de não uniformidade do raio (BNR) indicada de 4, a maior intensidade no raio é de:
   A. 4 W
   B. 8 W
   C. 16 W
   D. 32 W

2. Qual das seguintes não é uma indicação para o uso de ultrassom?
   A. Condições isquêmicas
   B. Redução da dor
   C. Pontos-gatilho
   D. Contraturas articulares

3. A difusão de energia ultrassônica é denominada:
   A. Atenuação
   B. Colimação
   C. Síntese térmica
   D. Divergência

4. Uma leitura calibrada de 2 W/cm² passando por uma cabeça de som tendo uma área de radiação efetiva de 10 cm² produz uma saída de ___ watts totais.
   A. 5 W
   B. 10 W
   C. 15 W
   D. 20 W

5. A menor quantidade de reflexão de energia ultrassônica ocorre entre:
   A. Água e tecido mole
   B. Tecido mole e gordura
   C. Tecido mole e osso
   D. Tecido mole e ar

6. Todos os seguintes são efeitos não térmicos (mecânicos) do ultrassom, *exceto*:
   A. Aumento do fluxo sanguíneo
   B. Aumento da extensibilidade das estruturas ricas em colágeno
   C. Síntese de proteínas
   D. Aumento da permeabilidade da membrana celular

7. Ao tratar do tendão do quadríceps com ultrassom, qual frequência de saída deve ser empregada?
   A. 1 MHz
   B. 2 MHz
   C. 3 MHz
   D. A frequência de saída não é importante

8. Quando as células são expostas a picos de alta pressão, seu tamanho:
   A. Aumenta
   B. Diminui

9. O ultrassom que é pulsado de modo a fluir por 0,5 segundo e não fluir por 1 segundo está operando em um ciclo de trabalho de _____ por cento.
   A. 33
   B. 50
   C. 66
   D. 133

10. Determinar a duração do tratamento para a aplicação de US térmico é mais estreitamente dependente de que outra característica de saída?
    A. Ciclo de trabalho
    B. Intensidade de saída
    C. Método de acoplamento
    D. Frequência de saída

11. Para promover a extensibilidade, os tecidos devem ser alongados por quantos minutos após a conclusão do tratamento?
    A. 1
    B. 3
    C. 10
    D. 30

12. Aparelhos padrão de ultrassom terapêuticos (clínicos) podem ser empregados para auxiliar na cicatrização de fraturas.
    A. Verdadeiro
    B. Falso

13. Qual das seguintes substâncias transmite a maior percentagem de energia ultrassônica em relação à água?
    A. Gel de petrolato branco
    B. Eucerin creme
    C. Gel de transmissão de ultrassom
    D. Hidrocortisona em pó (1%) em gel de US

14. Durante a aplicação de diatermia por ondas curtas, a energia eletromagnética de alta frequência é alterada para aquecer pelo processo de:
    A. Convecção
    B. Condução
    C. Conversão
    D. Coleção

15. Qual dos seguintes tipos de aplicação de diatermia por ondas curtas coloca os tecidos do atleta dentro do circuito físico do gerador?
    A. Método capacitivo
    B. Método indutivo

16. Quando se usa um tambor de indução para diatermia por ondas curtas, o tambor deve ser posicionado _____ a partir da pele do paciente.
    A. 2,5 cm
    B. 5 cm
    C. 10 cm
    D. 20 cm

17. A energia oriunda de um aparelho de diatermia por ondas curtas pode se espalhar até _____ a partir da fonte.
    A. 30 cm
    B. 1 m
    C. 2 m
    D. 3 m

18. Que forma de diatermia por ondas curtas NÃO deve ser usada em grandes áreas de tecido adiposo?
    A. Método capacitivo
    B. Método indutivo

19. Quais são os quatro fatores que determinam a capacidade de um medicamento em termos de difusão pelos tecidos?
    A. _____   C. _____
    B. _____   D. _____

20. Complete a tabela seguinte comparando e contrastando o ultrassom terapêutico e a diatermia por ondas curtas:

	ULTRASSOM	DIATERMIA POR ONDAS CURTAS
Tipo de energia	_____	_____
Tecido aquecido	_____	_____
Volume de tecido aquecido	_____	_____
Aumento de temperatura	_____	_____
Retenção de calor	_____	_____

Referências bibliográficas

1. Johns LD, Straub SJ, Howard SM: Variability in effective radiating area and output power of new ultrasound transducers at 3 MHz. *J Athl Train.* 42:22, 2007.
2. Speed CA: Therapeutic ultrasound in soft tissue lesions. *Br J Rheumatol.* 40:1331, 2001.
3. Demmink JH, Helders PJM, Hobaek H, et al: The variation of heating depth with therapeutic ultrasound frequency in physiotherapy. *Ultrasound Med Biol.* 29:113, 2003.
4. Ter Haar G: Basic physics of therapeutic ultrasound. *Physiother.* 73:110, 1987.
5. Kitchen SS, Partridge CJ: A review of therapeutic ultrasound: I. Background, physiological effects and hazards. *Physiother.* 76:593, 1990.
6. Hayes BT, Merrick MA, Sandrey MA, et al: Three-MHz ultrasound heats deeper into the tissues than originally theorized. *J Athl Train.* 39:230, 2004.
7. Schneider NC, et al: 3 MHz continuous ultrasound can elevate tissue temperature at 3-cm depths (abstract). *Phys Ther.* 81:A8, 2001.
8. Garrett CL, et al: Heat distribution in the lower leg from pulsed short-wave diathermy and ultrasound treatments. *J Athl Train.* 35:50, 2000.
9. Ferguson BH: A Practitioner's Guide to the Ultrasonic Therapy Equipment Standard. U.S. Department of Health and Human Services, Public Health Service, Food and Drug Administration, Rockville, MD, 1985.
10. U.S. Department of Health and Human Services, Public Health Service: Guide for preparing product reports for ultrasonic therapy products. Food and Drug Administration, Center for Devices and Radiological Health, Rockville, MD, 1996. http://www.fda.gov/downloads/AboutFDA/ ReportsManualsForms/Forms/UCM081645.pdf.
11. Straub SJ, Johns LD, Howard SM: Variability in effective radiating area at 1 MHz affects ultrasound treatment intensity. *Phys Ther.* 88:50, 2008.
12. Draper DO, et al: Rate of temperature increase in human muscle during 1 MHz and 3 MHz continuous ultrasound. *J Orthop Sports Phys Ther.* 22:142, 1995.
13. Tiidus PM, et al: Ultrasound treatment and recovery from eccentric-exercise-induced muscle damage. *J Sport Rehabil.* 11:305, 2002.
14. Gallo JA, Draper DO, Brody LT, et al: A comparison of human muscle temperature increases during 3-MHz continuous and pulsed ultrasound with equivalent temporal average intensities. *J Orthop Sports Phys Ther.* 34:395, 2004.
15. Draper DO, Sunderland S: Examination of the law of Grotthus-Draper: Does ultrasound penetrate subcutaneous fat in humans? *J Athl Train.* 38:246, 1993.
16. Dyson M: Mechanisms involved in therapeutic ultrasound. *Physiother.* 73:116, 1987.
17. White D, Evans JA, Truscott JG, et al: Modelling the propagation of ultrasound in the joint space of a human knee. *Ultrasound Med Biol.* 36:1736, 2010.
18. Ting WW, Vist CD, Sontheimer RD: Review of traditional and novel modalities that enhance the permeability of local therapeutics across the stratum corneum. *Int J Dermatol.* 43:538, 2004.
19. ter Haar G: Therapeutic applications of ultrasound. *Prog Biophys Mol Biol.* 93:111, 2007.
20. Baker KG, et al: A review of therapeutic ultrasound: Biophysical effects. *Phys Ther.* 81:1351, 2001.
21. Johns LD: Nonthermal effects of therapeutic ultrasound: The frequency resonance hypothesis. *J Athl Train.* 37:293, 2002.
22. Dijkman BG, Sprague S, Bhandari M: Low-intensity pulsed ultrasound: Nonunions. *Indian J Orthop.* 43:141, 2009.
23. Mundi R, Petis S, Kaloty R, et al: Low-intensity pulsed ultrasound: Fracture healing. *Indian J Orthop.* 43:132, 2009.
24. VanBavel E: Effects of shear stress on endothelial cells: Possible relevance for ultrasound applications. *Prog Biophys Mol Biol.* 93:374, 2007.
25. Rompe JD, Bürger R, Hopf C, et al: Shoulder function after extracorporal shock wave therapy for calcific tendinitis. *J Shoulder Elbow Surg.* 7:505, 1998.
26. Hammer DS, Rupp S, Esslin S, et al: Extracorporal shock wave therapy in patients with tennis elbow and painful heel. *Arch Orthop Trauma Surg.* 120:304, 2000.
27. Metzner G, Dohnalek C, Aigner E: High-energy extracorporeal shock-wave therapy (ESWT) for the treatment of chronic plantar fasciitis. *Foot Ank Int.* 31:790, 2010.
28. Rasmussen S, Christensen M, Mathiesen I, et al: Shockwave therapy for chronic Achilles tendinopathy. A double-blind, randomized clinical trial of efficacy. *Acta Orthop.* 79:249, 2008.
29. De Deyne P, Kirsch-Volders M: In vitro effects of therapeutic ultrasound on the nucleus of human fibroblasts. *Phys Ther.* 72:629, 1995.
30. Adinno MA, et al: Effect of free radical scavengers on changes in ion conductance during exposure to therapeutic ultrasound. *Membr Biochem.* 10:237, 1993.
31. Blinc A, et al: Characterization of ultrasound-potentiated fibrinolysis in vitro. *Blood.* 81:2636, 1993.
32. Francis CW, et al: Enhancement of fibrinolysis in vitro by ultrasound. *J Clin Invest.* 90:2063, 1992.
33. Byl NN, et al: Low-dose ultrasound effects on wound healing: A controlled study with Yucatan pigs. *Arch Phys Med Rehabil.* 73:656, 1992.
34. Holcomb W, Joyce C: A comparison of temperature increases produced by two commonly used therapeutic ultrasound units. *J Athl Train.* 38:24, 2003.
35. Chan AK, et al: Temperature changes in human patellar tendon in response to therapeutic ultrasound. *J Athl Train.* 33:130, 1998.
36. Demchak TJ, Stone MB: Effectiveness of clinical ultrasound parameters on changing intramuscular temperature. *J Sport Rehabil.* 17:220, 2008.
37. Draper DO, et al: Temperature changes in deep muscle of humans during ice and ultrasound therapies: An in vivo study. *J Orthop Sports Phys Ther.* 21:153, 1995.
38. Draper DO, Ricard MD: Rate of temperature decay in human muscle following 3 MHz ultrasound: The stretching window revealed. *J Athl Train.* 30:304, 1995.
39. Draper DO, et al: Hot-pack and 1-MHz ultrasound treatments have an additive effect on muscle temperature increase. *J Athl Train.* 33:21, 1998.
40. Weinberger A, Lev A: Temperature elevation of connective tissue by physical modalities. *Crit Rev Phys Rehabil Med.* 3:121, 1991.
41. Demchak TJ, Straub SJ, Johns LD: Ultrasound heating is curvilinear in nature and varies between transducers from the same manufacturer. *J Sport Rehabil.* 16:122, 2007.
42. Dyson M, et al: Longwave ultrasound. *Physiotherapy.* 81:40, 1999.
43. Young SR, Dyson M: Macrophage responsiveness to therapeutic ultrasound. *Ultrasound Med Biol.* 16:809, 1990.
44. Pires Oliveria DAA, De Oliveria RF, Magini M, et al: Assessment of cytoskeletan and endoplasmic reticulum of fibroblast cells subjected to low-level laser therapy and low-intensity pulsed ultrasound. *Photomed Laser Surg.* 27:461, 2009.
45. Kitchen SS, Partridge CJ: A review of therapeutic ultrasound: II. The efficacy of ultrasound. *Physiotherapy.* 76:595, 1990.
46. Maxwell L, et al: The augmentation of leukocyte adhesion to endothelium by therapeutic ultrasound. *Ultrasound Med Biol.* 20:383, 1994.
47. Ramirez A, et al: The effect of ultrasound on collagen synthesis and fibroblast proliferation in vitro. *Med Sci Sports Exerc.* 29:326, 1997.
48. Baker RJ, Bell GW: The effect of therapeutic modalities on blood flow in the human calf. *J Orthop Sports Phys Ther.* 13:23, 1991.

49. Robinson SE, Buono MJ: Effect of continuous-wave ultrasound on blood flow in skeletal muscle. *Phys Ther.* 75:147, 1993.
50. Plaskett C, et al: Ultrasound treatment does not affect postexercise muscle strength recovery or soreness. *J Sport Rehabil.* 8:1, 1999.
51. Fabrizio PA, et al: Acute effects of therapeutic ultrasound delivered at varying parameters on the blood flow velocity in a muscular distribution artery. *J Orthop Sports Phys Ther.* 24:294, 1996.
52. Downing DS, Weinstein A: Ultrasound therapy of subacromial bursitis. A double blind trial. *Phys Ther.* 66:194, 1986.
53. Srbely JZ, Dickey JP: Randomized controlled study of the antinociceptive effect of ultrasound on trigger point sensitivity: Novel applications in myofascial therapy? *Clin Rehabil.* 21:411, 2007.
54. Lehmann JF, et al: Effect of therapeutic temperatures on tendon extensibility. *Arch Phys Med Rehabil.* 51:481, 1970.
55. Reed BV, et al: Effects of ultrasound and stretch on knee ligament extensibility. *J Orthop Sports Phys Ther.* 30:341, 2000.
56. Michlovitz SL: Is there a role for ultrasound and electrical stimulation following injury to tendon and nerve? *J Hand Ther.* 18:292, 2005.
57. Jackson BA, et al: Effect of ultrasound therapy on the repair of Achilles tendon injuries in rats. *Med Sci Sports Exerc.* 23:171, 1991.
58. Enwemeka CS: The effect of therapeutic ultrasound on tendon healing: A biomechanical study. *Am J Phys Med Rehabil.* 68:283, 1989.
59. Koeke PU, Parizotto NA, Carrinho PM, Salate ACB: Comparative study of the efficacy of the topical application of hydrocortisone, therapeutic ultrasound and phonophoresis on the tissue repair process in rat tendons. *Ultrasound Med Biol.* 31:345, 2005.
60. Hoppenrath T, Ciccone CD: Evidence in practice. *Phys Ther.* 86:136, 2006.
61. Henley EJ: Transcutaneous drug delivery: Iontophoresis, phonophoresis. *Phys Rehabil Med.* 2:139, 1991.
62. Nussbaum EL, et al: Comparison of ultrasound/ultraviolet-c and laser for treatment of pressure ulcers in patients with spinal cord injury. *Phys Ther.* 74:812, 1994.
63. Heckman JD, et al: Acceleration of tibial fracture-healing by non-invasive, low-intensity pulsed ultrasound. *J Bone Joint Surg Am.* 76:26, 1994.
64. Cook SD, et al: Acceleration of tibia and distal radius fracture healing in patients who smoke. *Clin Orthop.* 337:198, 1997.
65. Azuma Y, et al: Low-intensity pulsed ultrasound accelerates rat femoral fracture healing by acting on the various cellular reactions in the fracture callus. *J Bone Miner Res.* 16:671, 2001.
66. Hadjiargyrou M, et al: Enhancement of fracture healing by low intensity ultrasound. *Clin Orthop.* 333(S):S216, 1998.
67. Tsunoda M, et al: Low-intensity pulsed ultrasound initiates bone healing in rat nonunion fracture model. *J Ultrasound Med.* 20:197, 2001.
68. Wark JD, et al: Low-intensity pulsed ultrasound stimulates bone-forming responses in UMR-106 cells. *Biochem Biophys Res Commun.* 288:443, 2001.
69. Eck JC, et al: Techniques for stimulating spinal fusion: Efficacy of electricity, ultrasound, and biologic factors in achieving fusion. *Am J Orthop.* 30:535, 2001.
70. Jensen JE: Stress fracture in the world class athlete: A case study. *Med Sci Sports Exerc.* 30:783, 1998.
71. Needle AR, Kaminski TW: Effectiveness of low-intensity pulsed ultrasound, capacitively coupled fields, or extracorporeal shockwave therapy in accelerating stress fracture healing. *Athletic Training & Sports Health Care.* 1:133, 2009.
72. Olkku A, Leskinen JJ, Lammi MJ, et al: Ultrasound-induced activation of Wnt signaling in human MG-63 osteoblastic cells. *Bone.* 47:320, 2010.
73. John PS, Poulose CS, George B: Therapeutic ultrasound in fracture healing: The mechanism of osteoinduction. *Indian J Orthop.* 42:444, 2008.

74. Reher P, et al: Effect of ultrasound on the production of IL-8, basic FGF, and VEGF. *Cytokine.* 11:416, 1999.
75. Zorlu U, et al: Comparative study of the effect of ultrasound and electrostimulation on bone healing in rats. *Am J Phys Med Rehabil.* 77:427, 1998.
76. Walker NA, Denegar CR, Preische J: Low-intensity pulsed ultrasound and pulsed electromagnetic field in the treatment of tibial fractures: A systematic review. *J Athl Train.* 42:530, 2007.
77. Busse JW, Bhandari M, Kulkarni AV, et al: The effect of low-intensity pulsed ultrasound therapy on time to fracture healing: A meta-analysis. *CMAJ.* 166:437, 2002.
78. Dell Rocca GJ: The science of ultrasound therapy for fracture healing. *Indian J Orthop.* 43:121, 2009.
79. Emami A, et al: No effect of low-intensity ultrasound on healing time of intramedullary fixed tibial fractures. *J Orthop Trauma.* 13:252, 1999.
80. Mayr E, et al: Ultrasound: An alternative healing method for nonunions? *Arch Orthop Trauma Surg.* 120:1, 2000.
81. Ferrara KW: Driving delivery vehicles with ultrasound. *Adv Drug Deliv Rev.* 60:1097, 2008.
82. Davick JP, et al: Distribution and deposition of tritiated cortisol using phonophoresis. *Phys Ther.* 68:1672, 1988.
83. Quillen WS: Phonophoresis: A review of the literature and technique. *J Athl Train.* 15:109, 1980.
84. Ciccone CD, et al: Effects of ultrasound and trolamine salicylate phonophoresis on delayed-onset muscle soreness. *Phys Ther.* 71:666, 1991.
85. Meidan VM, et al: Phonophoresis of hydrocortisone with enhancers: An acoustically defined model. *Int J Pharmacol.* 170:157, 1998.
86. Byl NN: The use of ultrasound as an enhancer for transcutaneous drug delivery: Phonophoresis. *Phys Ther.* 75:539, 1995.
87. McElnay JC, et al: Phonophoresis of methyl nicotinate: A preliminary study to elucidate the mechanism of action. *Pharmacol Res.* 10:1726, 1993.
88. Machluf M, Kost J: Ultrasonically enhanced transdermal drug delivery. Experimental approaches to elucidate the mechanism. *J Biomater Sci Polym Ed.* 5:147, 1993.
89. Oziomek RS, et al: Effect of phonophoresis on serum salicylate levels. *Med Sci Sports Exerc.* 23:397, 1991.
90. Mitragotri S, et al: Transdermal drug delivery using low-frequency sonophoresis. *Pharmacol Res.* 13:411, 1996.
91. Kuntz AR, Griffiths CM, Rankin JM, et al: Cortisol concentrations in human skeletal muscle after phonophoresis with 10% hydrocortisone gel. *J Athl Train.* 41:321, 2006.
92. Cameron MH, Monroe LG: Relative transmission of ultrasound by media customarily used for phonophoresis. *Phys Ther.* 72:142, 1992.
93. Bensen HAE, et al: Use of ultrasound to enhance percutaneous absorption of benzydamine. *Phys Ther.* 69:113, 1989.
94. Nagrale AV, Herd CR, Ganvir S, et al: Cyriax physiotherapy versus phonophoresis with supervised exercise in subjects with lateral epicondylagia: A randomized clinical trial. *J Man Manip Ther.* 17:171, 2009.
95. Bare AC, et al: Phonophoretic delivery of 10% hydrocortisone through the epidermis of humans as determined by serum cortisol concentrations. *Phys Ther.* 76:738, 1996.
96. Deniz S, et al. Comparison of the effectiveness of pulsed and continuous diclofenac phonophoresis in treatment of knee osteoarthritis. *J Phys Ther Sci.* 21:331, 2009.
97. Byl NN, et al: The effects of phonophoresis with corticosteroids: A controlled pilot study. *J Orthop Sports Phys Ther.* 18:590, 1993.
98. Franklin ME, et al: Effect of phonophoresis with dexamethasone on adrenal function. *J Orthop Sports Phys Ther.* 22:103, 1995.
99. Darrow H, et al: Serum dexamethasone levels after decadron phonophoresis. *J Athl Train.* 34:338, 1999.
100. Mitragotri S, et al: Ultrasound-mediated transdermal protein delivery. *Science.* 269:850, 1995.

101. Meakins A, Watson T: Longwave ultrasound and conductive heating increase functional ankle mobility in asymptomatic subjects. *Phys Ther Sport.* 7:74, 2006.

102. Sicard-Rosenbaum L, et al: Effects of continuous therapeutic ultrasound on growth and metastasis of subcutaneous murine tumors. *Phys Ther.* 75:3, 1995.

103. 103. Draper DO, et al: A comparison of temperature rise in human calf muscles following applications of underwater and topical gel ultrasound. *J Orthop Sports Phys Ther.* 17:247, 1993.

104. Draper DO, Edvalson CG, Knight KL, et al. Temperature increases in the human Achilles tendon during ultrasound treatments with commercial ultrasound gel and full-thickness and half-thickness gel pads. *J Athl Train.* 45:333, 2010.

105. Bishop S, Draper DO, Knight KL, et al: Human tissue-temperature rise during ultrasound treatments with the Aquaflex gel pad. *J Athl Train.* 39:126, 2004.

106. Gulick DT, Ingram N, Krammes T, et al: Comparison of tissue heating using 3 MHz ultrasound with T-Prep® versus Aquasonic® gel. *Phys Ther Sport.* 6:131, 2005.

107. Merrick M, Benard K, Devor S, et al: Identical three-MHz ultrasound treatments with different devices produce different intramuscular temperatures. *J Orthop Sports Phys Ther.* 33:379, 2003.

108. Romano CL, Romano D, Logoluso N: Low-intensity pulsed ultrasound for the treatment of bone delayed union or nonunion: A review. *Ultrasound Med Biol.* 35:529, 2009.

109. Houghton PE, Nussbaum EL, Hoens AM: Continuous and pulsed ultrasound. *Physiother Can.* 62:13, 2010.

110. Williams R: Production and transmission of ultrasound. *Physiotherapy.* 73:113, 1987.

111. Ashton DF, et al: Temperature rise in human muscle during ultrasound treatments using Flex-All as a coupling agent. *J Athl Train.* 33:136, 1998.

112. Myrer JW, et al: Intramuscular temperature rises with topical analgesics used as coupling agents during therapeutic ultrasound. *J Athl Train.* 36:20, 2001.

113. Klucinec B, et al: The transducer pressure variable: Its influence on acoustic energy transmission. *J Sport Rehabil.* 6:47, 1997.

114. Oshikoya CA, et al: Effect of coupling medium temperature on rate of intramuscular temperature rise using continuous ultrasound. *J Athl Train.* 35:417, 2000.

115. Klucinec B, et al: Transmissivity of coupling agents used to deliver ultrasound through indirect methods. *J Orthop Sports Phys Ther.* 30:263, 2000.

116. Kimura IF, et al: Effects of two ultrasound devices and angles of application on the temperature of tissue phantom. *J Orthop Sports Phys Ther.* 27:27, 1998.

117. Burr PO, Demchak TJ, Cordova ML, et al: Effects of alternating intensity during 1-MHz ultrasound treatment on increasing triceps surae temperature. *J Sport Rehabil.* 13:275, 2004.

118. Frye JL, Johns LD, Tom JA, et al: Blisters on the anterior shin in 3 research subjects after a 1-MHz, 1.5-W/cm², continuous ultrasound treatment: A case series. *J Athl Train.* 42:425, 2007.

119. Byl NN, et al: Incisional wound healing: A controlled study of low and high dose ultrasound. *J Orthop Sports Phys Ther.* 18:619, 1993.

120. Cheng N, et al: The effects of electric currents on ATP generation, protein synthesis, and membrane transport in rat skin. *Clin Orthop.* 171:264, 1982.

121. Rand SE, Goerlich C, Marchand K, et al: The physical therapy prescription. *Am Fam Physician.* 76:1661, 2007.

122. McDiarmid T, Burns PN: Clinical application of therapeutic ultrasound. *Physiotherapy.* 73:155, 1987.

123. Saliba S, Mistry DJ, Perrin DH, et al: Phonophoresis and the absorption of dexamethasone in the presence of an occlusive dressing. *J Athl Train.* 42:349, 2007.

124. Merrick MA: Do You Diathermy? *Athletic Ther Today.* 6:55, 2001.

125. Ouellet-Hellstron R, Stewart WF: Miscarriages among female physical therapists who report using radio- and microwave-frequency electromagnetic radiation. *Am J Epidemiol.* 138:775, 1993.

126. Draper DO, et al: Temperature change in human muscle during and after pulsed short-wave diathermy. *J Orthop Sports Phys Ther.* 29:13, 1999.

127. Lehmann JF, et al: Selective muscle heating by shortwave diathermy with a helical coil. *Arch Phys Med Rehabil.* 50:117, 1969.

128. Trock DH, et al: A double-blind trial of the clinical effects of pulsed electromagnetic fields in osteoarthritis. *J Rheumatol.* 20:456, 1993.

129. Murray CC, Kitchen S: Effect of pulse repetition rate on the perception of thermal sensation with pulsed shortwave diathermy. *Physiother Res Int.* 5:73, 2000.

130. Kloth LC, Ziskin MC: Diathermy and pulsed electromagnetic fields. In Michlovitz SL (ed): Thermal Agents in Rehabilitation, ed 3. FA Davis, Philadelphia, 1996, pp 213–284.

131. Santiesteban AJ, Grant C: Post-surgical effect of pulsed shortwave diathermy. *J Am Podiatr Med Assoc.* 75:306, 1985.

132. Markov MS: Electric current electromagnetic field effects on soft tissue: Implications for wound healing. *Wounds.* 7:94, 1995.

133. Pilla AA, Markov MS: Bioeffects of weak electromagnetic fields. *Rev Environ Health.* 10:155, 1994.

134. Wang J, Cheng H, Huang C, et al.: Short waves-induced enhancement of proliferation of human chondrocytes: Involvement of extracellular signal-regulated map-kinase (ERK). *Clin Exp Pharmacol Physiol.* 34:581, 2007.

135. Draper DO, et al: Temperature rise in human muscle during pulsed short wave diathermy: Does this modality parallel ultrasound (abstract)? *J Athl Train.* 32:S35, 1997.

136. Robertson VJ, Ward AR, Jung P: The effect of heat on tissue extensibility: A comparison of deep and superficial heating. *Arch Phys Med Rehabil.* 86:819, 2005.

137. Mitchell SM, Trowbridge CA, Fincher AL, et al: Effect of diathermy on muscle temperature, electromyography, and mechanomyography. *Muscle Nerve.* 39:992, 2008.

138. Oosterveld FG, et al: The effect of local heat and cold therapy on the intraarticular and skin surface temperature of the knee. *Arthritis Rheum.* 35:146, 1992.

139. Castel JC, et al: Rate of temperature decay in human muscle after treatments of pulsed short wave diathermy. *J Athl Train.* 32:S34, 1997.

140. Laufer Y, Porat RZ, Nahir AM: Effect of pulsed short-wave diathermy on pain and function of subjects with osteoarthritis of the knee: A placebo-controlled double-blind clinical trial. *Clin Rehabil.* 19:255, 2005.

141. McCarthy CJ, Callaghan MJ, Oldham JA: Pulsed electromagnetic energy treatment offers no clinical benefit in reducing the pain of knee osteoarthritis: A systematic review. *BMC Musculoskelet Disord.* 7:51, 2006.

142. Callaghan MJ, Whittaker PE, Grimes S, et al: An evaluation of pulsed shortwave on knee osteoarthritis using radioleucoscintigraphy: A randomised, double blind, controlled trial. *Joint Bone Spine.* 72:150, 2005.

143. Rattanachaiyanont M, Kuptniratsaikul V: No additional benefit of shortwave diathermy over exercise program for knee osteoarthritis in peri-/post-menopausal women: An equivalence trial. *Osteoarthritis Cartilage.* 16:823, 2008.

144. Dziedzic K, Hill J, Lewis M, et al: Effectiveness of manual therapy or pulsed shortwave diathermy in addition to advice and exercise for neck disorders: A pragmatic randomized controlled trial in physical therapy clinics. *Arthritis Rheum.* 53:214, 2005.

145. Lewis M, James M, Stokes E, et al: An economic evaluation of three physiotherapy treatments for non-specific neck disorders alongside a randomized trial. *Rheumatology.* 46:1701, 2007.

146. Chou R, Huffman LH: Nonpharmacologic therapies for acute and chronic low back pain: A review of the evidence for an American Pain Society/American College of Physicians clinical practice guidelines. *Ann Intern Med.* 147:492, 2007.

147. Jan M, Chai H, Wang C, et al: Effects of repetitive shortwave diathermy for reducing synovitis in patients with knee osteoarthritis: An ultrasonographic study. *Phys Ther.* 86:236, 2006.

148. Cetin N, Aytar A, Ataly A, et al: Comparing hot pack, short-wave diathermy, ultrasound, and TENS on isokinetic strength, pain, and functional status of women with osteoarthritic knees. A single-blind, randomized, controlled trial. *Am J Phys Med Rehabil.* 87:443, 2008.

149. McCray RE, Patton NJ: Pain relief at trigger points: A comparison of moist heat and shortwave diathermy. *J Orthop Sports Phys Ther.* 5:175, 1984.

150. Brown M, Baker RD: Effect of pulsed shortwave diathermy on skeletal muscle injury in rabbits. *Phys Ther.* 67:208, 1987.

151. Schurman DJ, et al: Shortwave diathermy and fracture healing in rabbit fibula model: Preliminary report (abstract). Transactions of the 26th Annual Meeting Orthopedic Research Society, Atlanta, GA, 1980.

152. Draper DO, et al: The carry-over effects of diathermy and stretching in developing hamstring flexibility. *J Athl Train.* 37:37, 2002.

153. Peres SE, et al: Pulsed shortwave diathermy and prolonged long-duration stretching increase dorsiflexion range of motion more than identical stretching without diathermy. *J Athl Train.* 37:43, 2002.

154. Brucker JB, Knight KL, Rubley MD, et al: An 18-day stretching regimen, with or without pulsed, shortwave diathermy, and ankle dorsiflexion after 3 weeks. *J Athl Train.* 40:276, 2005.

155. Bansal PS, et al: Histomorphochemical effects of shortwave diathermy on healing of experimental muscular injury in dogs. *Indian J Exp Biol.* 28:776, 1990.

156. Houghton PE, Nussbaum EL, Hoens AM: Short-wave therapy. *Physiother Can.* 62:63, 2010.

157. Draper DO, Castel JC, Castel D: Low-watt pulsed shortwave diathermy and metal-plate fixation of the elbow. *Athl Ther Today.* 9:28, 2004.

158. Sarwar SG, Farrow A: Investigation of practices and procedures in the use of therapeutic diathermy: A study from the physiotherapists' health and safety perspective. *Physiother Res Int.* 12:228, 2007.

159. Martin CJ, McCallum HM, Heaton B: An evaluation of the radiofrequency exposure from therapeutic diathermy equipment in light of current recommendations. *Clin Phys Physiol Meas.* 11:53, 1990.

160. Scott DG, Wallbank WA: Electrode burns during local hyperthermia. *Br J Anaesth.* 70:370, 1993.

PARTE 4

Estimulação elétrica

Esta parte é dividida em três capítulos que discutem os princípios, conceitos e termos elétricos básicos; o efeito que uma corrente elétrica exerce sobre o corpo; os objetivos de tratamento subsequentes; e os efeitos de diferentes aparelhos de estimulação elétrica.

Capítulo 11

Princípios da estimulação elétrica

Este capítulo descreve os diferentes tipos de correntes utilizadas para a estimulação elétrica terapêutica. A física e os princípios da eletricidade básicos também são apresentados para construir uma base sólida sobre a qual edificar uma boa compreensão dos objetivos e das técnicas de estimulação elétrica.

Os efeitos da eletricidade no corpo podem ser difíceis de compreender, e a ideia de enviar realmente 500 volts através do corpo de uma pessoa pode ser intimidante. Este capítulo pretende tornar claro que a eletroterapia, quando utilizada corretamente e no momento adequado, é uma forma segura e eficaz de terapia. De igual importância, este capítulo mostrará que a estimulação elétrica é um complemento a outras modalidades terapêuticas e exercícios de reabilitação. No entanto, a estimulação elétrica nem sempre é uma abordagem de tratamento apropriada.

A eletricidade é a força criada por um desequilíbrio no número de **elétrons** de carga negativa entre dois pontos, denominados "polos". Esta força, conhecida como **força eletromagnética, diferença de potencial** ou **voltagem**, gera uma situação na qual os elétrons fluem em uma tentativa de igualar a diferença de cargas, criando uma corrente elétrica. Em sua forma mais simples, uma corrente elétrica toma o caminho de menor resistência do polo negativo (**cátodo**), uma área de alta concentração de elétrons, e flui para o polo positivo (**ânodo**), uma área de baixa concentração de elétrons.

Para que o fluxo de elétrons ocorra, deve haver um caminho completo, um **circuito fechado**. Um caminho incompleto, um **circuito aberto**, impede que os elétrons fluam. Ao se entrar em uma sala e acionar um interruptor para acender a luz, fecha-se um circuito que permite que a eletricidade flua de sua fonte até a lâmpada, e de volta a sua fonte. Da mesma forma, um circuito fechado é criado entre o paciente e um estimulador elétrico ao se afixar eletrodos opostos ao corpo. Os elétrons fluem a partir do gerador, através do corpo do paciente sob a forma de íons, e, em seguida, voltam para o gerador por meio de elétrons.

Correntes de estimulação elétrica

Geralmente, as correntes elétricas são classificadas como sendo uma **corrente contínua** (CC) ou uma **corrente alternada** (CA), dependendo da forma como os elétrons fluem. Uma terceira classificação, **corrente pulsada**, representa um tipo de corrente que tenha sido modificada para produzir efeitos biofísicos específicos (Quadro 11.1).

Os termos "alternada" e "contínua" descrevem o fluxo ininterrupto de elétrons; "pulsada" indica que o fluxo de elétrons é interrompido por períodos discretos de ausência de fluxo de elétrons. As correntes pulsadas podem fluir em uma direção, semelhante a uma CC, ou podem ter movimento bidirecional, como em uma CA.[1] Correntes polifásicas são híbridos que contêm múltiplos tipos de correntes.[2]

As propriedades principais de corrente elétrica são a amplitude (intensidade) e a duração de pulso/fase. A **amplitude** é a distância máxima a que o pulso se eleva acima da linha de base (**ponto isoelétrico**) ou cai abaixo dela, ponto no qual o potencial elétrico entre os dois polos é igual e não ocorre fluxo de corrente. A distância horizontal necessária para completar um ciclo completo do pulso representa a **duração do pulso**. O termo "largura de pulso" é muitas vezes incorretamente substituído por duração de pulso.[3] A área total do interior da forma de onda representa a quantidade de corrente que o pulso contém, a **carga de pulso**.

Quadro 11.1 Classificação das correntes de estimulação elétrica

Classificação atual	Exemplo de forma de onda	Aplicações
Corrente contínua Fluxo de elétrons ininterrupto e unidirecional.		CC pode produzir alterações no tecido com base na polaridade, resultando em íons sendo movidos para a região e a partir dela. A longa duração pode afetar diretamente as fibras musculares e pode alterar o pH local. ***Geradores/técnicas comuns:*** *Iontoforese*: estimulação de baixa voltagem para distribuição de medicamentos: eliciar contrações do músculo **denervado**.
Corrente alternada Fluxo de elétrons ininterrupto e bidirecional.		A CA de alta frequência reduz a resistência da pele, tornando-a uma corrente mais confortável. ***Geradores/técnicas comuns:*** Estimulação interferencial: controle da dor; contrações musculares Correntes pré-moduladas; estimulação neuromuscular: contrações musculares
Corrente pulsada *Monofásica* Fluxo unidirecional de elétrons marcado por períodos de ausência de fluxo.		Como uma corrente contínua, as correntes monofásicas são aplicadas ao corpo com uma carga conhecida em cada eletrodo. A corrente resultante pode despolarizar nervos sensoriais e motores. ***Geradores/técnicas comuns:*** Estimulação pulsada de alta voltagem: contrações musculares, controle da dor.

Bifásica
Fluxo bidirecional de elétrons marcado por períodos de ausência de fluxo.

Simétrica Cada fase é uma imagem em espelho da outra.		O eletrodo transporta cargas positivas e negativas iguais. Os efeitos são iguais tanto para o fluxo positivo como para o negativo e não há nenhuma carga elétrica residual líquida. ***Geradores/técnicas comuns:*** estimulação elétrica neuromuscular.

Assimétrica
As duas fases não espelham uma à outra

Balanceada As duas fases transportam cargas elétricas iguais.		A forma do pulso permite maiores efeitos positivos (anódicos) ou negativos (catódicos), mas, ao longo do tempo, a carga elétrica líquida é 0. ***Geradores/técnicas comuns:*** estimulação elétrica nervosa transcutânea. Controle da dor.
Desbalanceada As duas fases não carregam cargas elétricas iguais.		A forma do pulso permite maiores efeitos positivos (anódicos) ou negativos (catódicos). Ao longo do tempo, há uma carga elétrica líquida. ***Geradores/técnicas comuns:*** estimulação elétrica nervosa neuromuscular.

Correntes contínuas

Correntes contínuas são o fluxo ininterrupto e unidirecional de elétrons. O padrão básico é reconhecido pelo fluxo de corrente contínua apenas em um dos lados da linha de base, na medida em que os elétrons viajam a partir do cátodo (polo negativo) para o ânodo (polo positivo) (Fig. 11.1). Apesar de quaisquer flutuações de voltagem ou amperagem, o fluxo de corrente permanece em uma direção e se mantém de um lado da linha de base. Em aplicações médicas, o termo "galvânica" é usado para descrever correntes contínuas. A iontoforese, uma técnica que utiliza a estimulação elétrica para introduzir medicação no corpo, é um exemplo de uma CC utilizada terapeuticamente.

Talvez uma lanterna seja o exemplo mais simples de CC. A bateria possui um polo positivo, que carece de elétrons, e um polo negativo, que possui um excesso de elétrons. Os elétrons deixam o polo negativo da bateria e fluem através de um fio para a lâmpada. Depois de deixar a lâmpada, os elétrons retornam ao polo positivo da bateria (Fig. 11.2). Quando o número de elétrons no polo negativo é igual ao número no polo positivo, não há mais nenhum potencial para que haja fluxo de corrente. A bateria acabou.

Correntes alternadas

Em uma CA, a direção do fluxo muda ciclicamente de positivo para negativo, embora a magnitude da mudança possa não ser igual em ambas as direções. Ao contrário da CC, uma CA não possui polo positivo ou

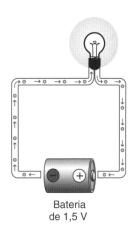

Figura 11.2 Exemplo de uma corrente contínua. Os elétrons saem da bateria através do cátodo (polo negativo), fluem através do fio e da lâmpada e retornam para o ânodo (polo positivo).

negativo verdadeiros. Em vez de se mover constantemente em uma direção, os elétrons alternam para a frente e para trás entre os dois eletrodos na medida em que cada um alterna em ser o polo "positivo" e "negativo". A energia elétrica residencial usa CA.

Pode-se considerar o exemplo da lanterna usado para descrever o fluxo CC (ver Fig. 11.2). Se uma bateria fosse colocada em um dispositivo que lhe permitisse girar entre os dois fios, seria possível duplicar uma CA razoavelmente. Os elétrons iriam escoar-se a partir do terminal quando o cátodo estivesse alinhado com ele. Quando o ânodo se alinha com terminal, os elétrons fluem em direção a este (Fig. 11.3). O padrão básico de uma CA é a onda senoidal (Fig. 11.4). Estimuladores interferenciais utilizam diversas CA.

A amplitude de um AC, ou **valor de pico**, é a distância máxima que a onda alcança acima ou abaixo da linha de base. No caso da onda sinusoidal pura, mostrada na Figura 11.4, o valor de pico é o mesmo em ambos os lados da linha de base. A amplitude **pico a pico** é a distância a partir do pico no lado positivo da linha de base até o pico no lado negativo (Fig. 11.5).

A duração do ciclo de uma CA é medida a partir do ponto de origem da linha de base até seu ponto terminal, e representa a quantidade de tempo necessária para completar um ciclo completo. O número de vezes que a corrente inverte o sentido em 1 segundo é o número de ciclos por segundo da corrente (frequência), e é expresso em hertz (Hz) (Fig. 11.6). Uma corrente de 100 Hz altera sua direção de fluxo 100 vezes durante 1 segundo. Uma corrente de 1 megahertz (MHz) altera sua direção 1 milhão de vezes por segundo. Frequência e duração do ciclo são inversamente proporcionais. Uma vez que as CA são medidas em ciclos por segundo, conforme a duração dos ciclos aumenta, menos ciclos podem ocorrer por segundo.

Embora a amplitude seja muitas vezes usada para descrever a magnitude de uma corrente elétrica, ela não

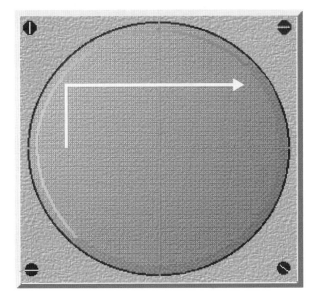

Figura 11.1 Corrente contínua. Caracterizada pelo fluxo constante de elétrons em uma direção, uma corrente contínua permanece ininterrupta (não retorna à linha de base) até que o circuito seja aberto, impedindo assim o fluxo de elétrons.

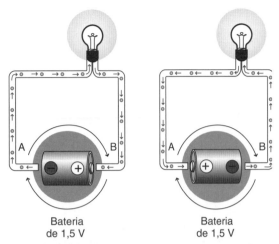

Figura 11.3 Exemplo de uma corrente alternada. Correntes alternadas não possuem verdadeiros polos positivos ou negativos. Neste tipo de corrente, os elétrons fluem para a frente e para trás entre os polos.

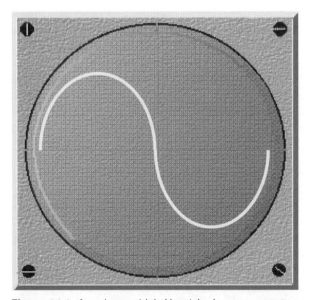

Figura 11.4 A onda senoidal. Um ciclo de uma corrente alternada.

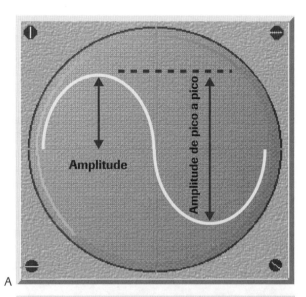

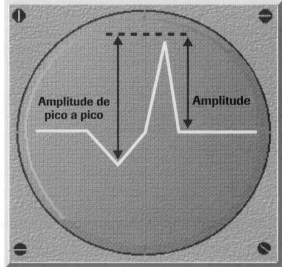

Figura 11.5 Medidas de amplitude. Valores de amplitude de pico e de pico a pico para pulsos (A) simétricos e (B) assimétricos.

descreve a quantidade real de tempo em que a corrente está fluindo. Isso se aplica tanto a correntes alternadas como a pulsadas. O Quadro 11.2 apresenta medidas que levam em consideração a duração do ciclo.

Correntes pulsadas

Correntes pulsadas são fluxos de elétrons unidirecionais (**monofásica**) ou bidirecionais (**bifásica**) que são interrompidos por períodos discretos de ausência de fluxo (ver Quadro 11.1). Usando a analogia da lanterna da Parte CC, acionar o interruptor para ligar e desligar rapidamente (cerca de 3.000 vezes por segundo) é um exemplo de uma corrente monofásica (neste caso, é uma corrente monofásica porque os elétrons fluem em apenas uma direção). A corrente flui apenas por microssegundos (1/1.000.000 de segundo, μs) ou milissegundos (1/1.000 de segundo, ms).

As **fases** são as figuras de pulsos, a seção individual de um pulso que sobe acima ou desce abaixo da linha de base por um período de tempo mensurável. O número e o tipo de fases, portanto, classificam o pulso como sendo monofásico ou bifásico.

Correntes monofásicas

Pulsos monofásicos têm apenas uma fase por pulso, e a corrente flui em uma única direção. Pode-se observar na Figura 11.7 que cada pulso consiste em um único com-

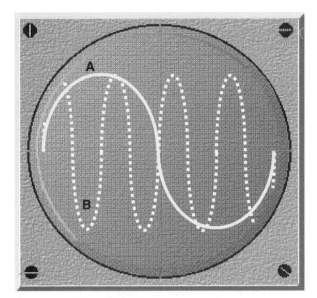

Figura 11.6 Frequência de uma corrente alternada. Cada onda completa é definida como um ciclo. A frequência, hertz (Hz), descreve o número de ciclos por segundo. Se o osciloscópio representa 1 segundo, a forma de onda A (linha contínua) possui uma frequência de 1 Hz e a forma de onda B (linha tracejada) possui uma frequência de 4 Hz.

ponente, a fase. Apesar das diferentes formas envolvidas, há apenas uma fase, a qual se mantém de um lado da linha de base. As correntes monofásicas possuem uma polaridade conhecida sob cada um dos eletrodos. Neste tipo de corrente, um eletrodo é o cátodo (eletrodo negativo), e o eletrodo oposto é o ânodo (eletrodo positivo). A estimulação pulsada de alta voltagem utiliza uma corrente monofásica.

Em uma corrente monofásica, a **amplitude** é a distância máxima que o pulso sobe acima da linha de base. A **duração do pulso** é a distância horizontal necessária para completar uma forma de onda completa (Fig. 11.8). A linha de base horizontal é definida como "tempo", de modo que a distância que um pulso viaja representa a duração pela qual o pulso está fluindo. Com correntes monofásicas, os termos "pulso", "fase" e "forma da onda" são sinônimos.

Correntes bifásicas

As correntes bifásicas consistem em duas fases, cada uma em lados opostos da linha de base (Fig. 11.9). A fase de ligação do pulso é a primeira área definida acima ou abaixo da linha de base, e a fase terminal ocorre no sentido oposto.

Quadro 11.2 Medidas da potência de uma corrente elétrica

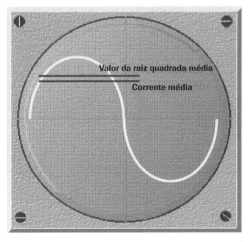

A **corrente média** de uma onda é a metade do seu ciclo completo e leva em conta a quantidade de tempo em que a corrente esteja fluindo. Para calcular o valor médio de uma onda, os valores de seno de todos os ângulos até 180° são somados e divididos pelo número de medições. No caso de uma onda senoidal perfeita, este valor é de cerca de 0,637 (63,7% da corrente de pico). Este valor é então multiplicado pelo valor de pico para obter o valor médio:

Valor médio = Média de senos × valor de pico

Valor médio = 0,637 × 100 V

Valor médio = 63,7 V

O valor da **raiz quadrática média** (RMS) leva em conta a amplitude e a duração da corrente. Descreve a quantidade total de carga aplicada por um único ciclo e é útil quando são utilizadas as correntes bifásicas assimétricas. A RMS é importante porque converte a potência fornecida por uma corrente bifásica para a quantidade equivalente de energia que seria necessária para que uma corrente contínua produzisse a mesma quantidade de calor. No caso de uma onda senoidal pura, o valor da RMS é calculado multiplicando-se o valor de pico por 0,707.

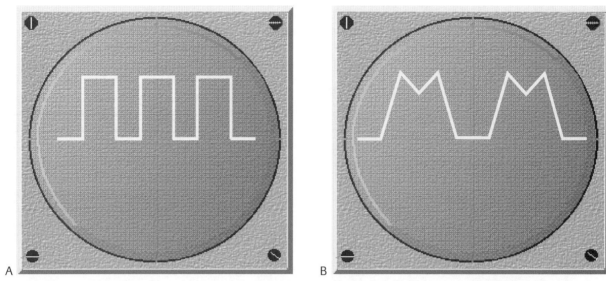

Figura 11.7 Exemplos de correntes monofásicas. Corrente pulsátil consiste em pulsos discretos. Como uma corrente contínua, as correntes monofásicas são caracterizadas pelo fluxo unidirecional de elétrons. (A) Três ondas quadradas. (B) Monofásica com dois picos conjugados. Em uma corrente monofásica, pulsos e fases são termos equivalentes.

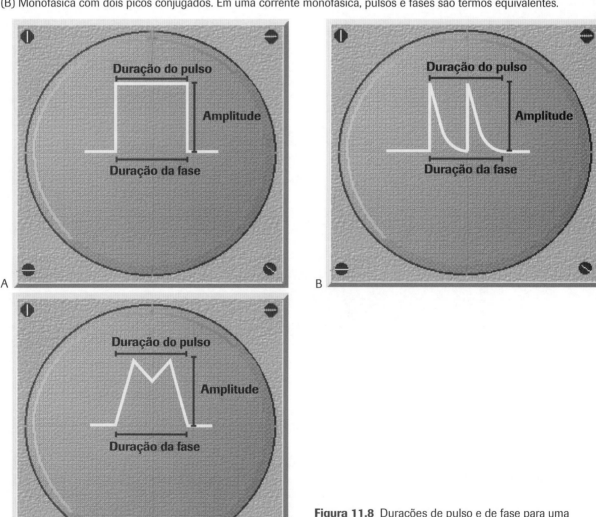

Figura 11.8 Durações de pulso e de fase para uma corrente monofásica. Correntes monofásicas têm fases e pulsos de igual duração. (A) Onda quadrada; (B) onda dente de serra; (C) onda de picos conjugados.

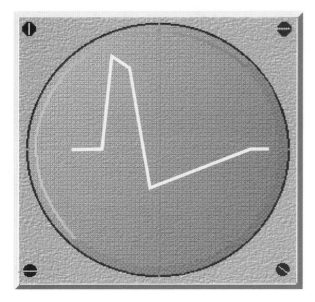

Figura 11.9 Pulso bifásico. Um exemplo de corrente pulsada bifásica comumente empregada com estimulação elétrica nervosa transcutânea (TENS). No pulso acima, a fase de condução se eleva acima da linha de base; a fase terminal desce abaixo da linha de base.

O pulso representado na Figura 11.10A é **simétrico** porque as duas fases são imagens de espelho uma da outra. Neste caso, cada fase tem equilíbrio elétrico igual, mas oposto. As Figuras 11.10B e C representam pulsos **assimétricos** porque cada fase tem uma forma diferente. Quando são empregados pulsos assimétricos, as características de cada fase devem ser consideradas separadamente. Se as cargas (área) das duas fases são iguais, o pulso é eletricamente **balanceado**; caso contrário, ele é **desbalanceado**. As fases em um pulso simétrico ou assimétrico balanceado fazem com que os efeitos fisiológicos de fluxo de corrente positivo e negativo se anulem mutuamente ao longo do tempo. Pulsos assimétricos desbalanceados podem levar a alterações fisiológicas residuais com base nos desequilíbrios das cargas. Ondas bifásicas simétricas tendem a ser mais confortáveis porque aplicam cargas relativamente mais baixas por fase.[4] Aparelhos de estimulação neuromuscular muitas vezes aplicam uma corrente bifásica simétrica; aparelhos de estimulação elétrica nervosa transcutânea usam corrente assimétrica balanceada.

Atributos de pulso

A carga produzida por um gerador elétrico depende da duração e da amplitude do pulso. A relação entre a intensidade e a duração de um único pulso determina a carga total administrada ao corpo. Aumentar a amplitude ou a duração, ou as duas, aumenta a carga total do pulso. As características do pulso tempo-dependentes são apresentadas na Tabela 11.1.

Duração de fase e de pulso

Como mostrado, a linha de base (eixo horizontal) representa o tempo. A distância que um pulso cobre sobre o eixo horizontal representa a duração do pulso: o tempo decorrido desde o início da fase inicial até a conclusão da fase final, incluindo o intervalo intrapulso.[1] A duração dos pulsos bifásicos é descrita pelo tempo necessário para cada fase para completar sua forma: a duração da fase (ver Figs. 11.8 e 11.10).

Em uma corrente monofásica, "duração de pulso" e "duração de fase" são termos equivalentes. Em correntes bifásicas, a duração de pulso é a soma total das duas durações de fase mais o intervalo intrapulso (se presente).

A duração de fase, e sua potência elétrica associada (carga), é o fator mais importante na determinação de qual tipo de tecidos será estimulado.[5] Se a duração de fase é muito curta, a corrente não será capaz de ultrapassar a resistência capacitiva da membrana nervosa e nenhum potencial de ação será desencadeado. À medida que a duração de fase é aumentada, os diferentes tecidos são despolarizados pela corrente elétrica.

Intervalo interpulso, intervalo intrapulso e período de pulso

Correntes pulsadas têm períodos durante os quais os elétrons não estão fluindo. O **intervalo interpulso** é o tempo entre o fim de um pulso e o início do próximo pulso. Um único pulso ou fase pode ser interrompido por um **intervalo intrapulso** (também referido como "intervalo interfase"); a duração do intervalo intrapulso não pode exceder a duração do intervalo interpulso (Fig. 11.11).[1] O intervalo intrapulso permite tempo para que determinados eventos metabólicos ocorram, tais como a repolarização de membranas celulares. O intervalo interpulso fornece tempo para que ocorram eventos mecânicos e recarregamento químico. A duração do

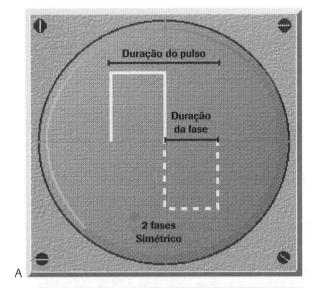
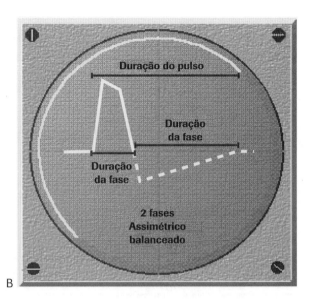
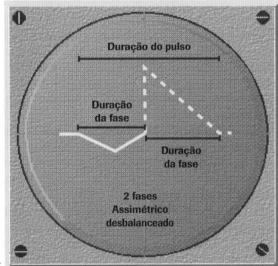

Figura 11.10 Durações de pulso e de fase para uma corrente bifásica. Durações de pulso e de fase para pulsos (A) bifásicos simétricos, (B) bifásicos assimétricos balanceados e (C) assimétricos desbalanceados. Os pulsos balanceados, A e B, possuem uma área igual em cada lado da linha de base, obtendo-se uma carga líquida (a diferença entre as cargas positivas e negativas) igual durante o tratamento. O pulso C possui áreas desiguais dentro de cada fase. Esta forma de onda poderia produzir uma carga líquida positiva, porque a carga da fase positiva (a segunda) é maior do que a da fase negativa (primeira). (A fase de condução é mostrada por meio de uma linha contínua. A fase terminal utiliza uma linha tracejada.)

Carga de pulso

A carga de pulso é o número de elétrons contidos dentro de um pulso, e é expressa em coulombs. Um coulomb é uma unidade muito grande para se utilizar ao descrever a carga produzida por aparelhos de estimulação elétrica. A maioria das modalidades eletroterapêuticas produz cargas medidas em microcoulombs (a carga produzida por 10^{-6} elétrons).

A carga de pulso é uma função da quantidade de área no interior da forma de onda. Aumentar ou diminuir a amplitude ou a duração altera a carga de pulso proporcionalmente. A forma da onda também pode ser alterada para proporcionar mais ou menos carga por pulso para os tecidos.

Cada fase também carrega sua própria carga, a **carga de fase**. Com correntes bifásicas, a carga de fase é importante quando se tenta evocar uma forte contração

Tabela 11.1 Características tempo-dependentes do pulso

Duração da fase
Duração do pulso (duração da fase + intervalo intrapulso + duração de fase)
Intervalo intrapulso
Intervalo interpulso
Período de pulso (duração do pulso + intervalo interpulso)

pulso, do intervalo interpulso e, caso esteja presente, do intervalo intrapulso forma o **período de pulso**, o tempo decorrido entre o início de um pulso e o início do pulso subsequente.

Por definição, as correntes ininterruptas (correntes contínua e alternada) não possuem pulsos. Portanto, a duração do pulso e os períodos de pulso não existem para esses tipos de correntes.

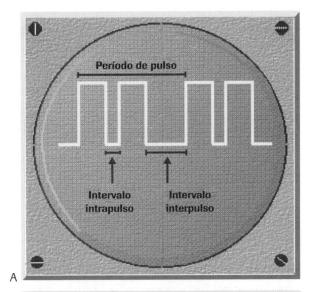

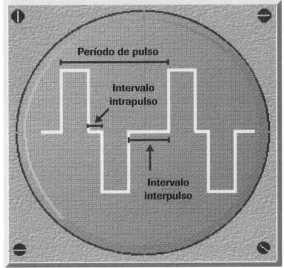

Figura 11.11 Cálculo das características tempo-dependentes do pulso. (A) Correntes monofásicas. (B) Correntes bifásicas. O período de pulso é o tempo (eixo horizontal) desde o início de um pulso até o início do pulso subsequente. O intervalo interpulso separa dois pulsos. O intervalo intrapulso interrompe um único pulso.

muscular. Quanto maior for a carga de fase, mais forte será a contração.[2]

Frequência de pulso

Qualquer forma de onda ou pulso que se repete em intervalos regulares pode ser descrita em termos da sua frequência ou do número de eventos por segundo.[6] Quando uma corrente pulsada está sendo utilizada, a frequência é medida pelo número de pulsos por segundo (pps). A frequência de ciclo de uma CA é medida pelo número de ciclos por segundo (cps) ou Hertz (Hz) (ver Fig. 11.6).

O uso do termo "frequência" pode ser confuso porque ele é usado para descrever onde a corrente cai no espectro eletromagnético, tal como para identificar a diatermia por ondas curtas e micro-ondas (ver Capítulo 9). Em eletroterapia, o termo frequência também é usado para descrever o número de pulsos elétricos (ou ciclos) aplicados aos tecidos. Aparelhos de estimulação elétrica são agrupados por sua frequência de aplicação. Correntes de baixa frequência, inferiores a 1.000 ciclos – ou pulsos – por segundo, são usadas por seus efeitos biológicos; correntes de média frequência, variando de 1.000 a 100.000 pps, e correntes de alta frequência, acima de 100.000 pps, são utilizadas por seus efeitos de aquecimento, como pode ser visto na diatermia. Para ajudar a amenizar esta confusão, o termo "frequência de pulso" é usado para descrever um parâmetro de saída ajustável. O termo "frequência de estimulação" é utilizado para designar as frequências de correntes específicas do equipamento. Em cada caso, o valor numérico exato da frequência é a nomenclatura preferida, em vez de "baixa", "média" e "alta".

Existe uma relação inversa entre a frequência de uma corrente elétrica e a resistência capacitiva oferecida pelos tecidos. Uma corrente com 10 pps encontra mais resistência do tecido do que uma corrente de 1.000 pps, e requer um aumento da intensidade para superar a resistência.

Frequências de pulso acima de 100 pps possuem pouco efeito aditivo sobre a despolarização do nervo. À medida que as frequências de pulso aumentam acima de 100 pps, o fluxo de corrente começa a ocorrer durante os períodos refratários absolutos e relativos. Na maioria dos casos, a intensidade da corrente é insuficiente para causar outra despolarização durante o período refratário relativo. Um nervo não pode ser despolarizado durante o período refratário absoluto.

Tempo de elevação e tempo de decaimento de pulso

Elevação de pulso é a quantidade de tempo necessária para o pulso atingir o seu valor máximo, e é comumente medida em **nanossegundos**. A rápida elevação dos pulsos causa a despolarização do nervo. Se a subida é lenta, o nervo se acomoda ao estímulo e o potencial de ação não é eliciado. A contrapartida do tempo de elevação de pulso é o tempo de decaimento de pulso, o período de tempo necessário para que ele volte do pico até zero (Fig. 11.12).

Trens de pulso (disparos)

Trens de pulsos, ou disparos, são correntes que são regularmente interrompidas por períodos de au-

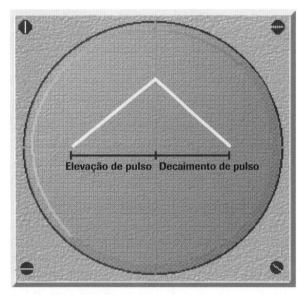

Figura 11.12 Tempo de elevação e decaimento de pulso para corrente monofásica.

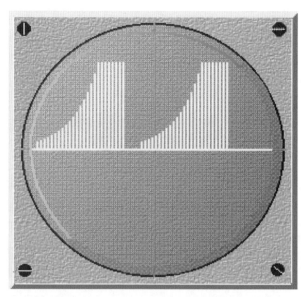

Figura 11.14 Rampa de amplitude. O aumento gradual da intensidade (amplitude) de uma corrente, permitindo contrações musculares mais confortáveis.

sência de fluxo. Estes padrões ligados repetem-se a intervalos regulares (Fig. 11.13). Os disparos são regulados com base na sua duração e frequência, e o intervalo intersurto, pelo período de tempo entre os trens. Cada disparo resulta na despolarização múltipla do(s) nervo(s).[7]

O aumento gradual da amplitude de um trem de pulsos é a **rampa de amplitude** (rampa) (Fig. 11.14). A rampa provoca um aumento gradual na intensidade de

Figura 11.13 Exemplo de um trem de pulsos (disparos). Um padrão de repetição de pulsos elétricos em intervalos regulares. No exemplo apresentado, cada grupo de quatro pulsos monofásicos, o trem de disparos, é seguido por um intervalo de fluxo interdisparo na ausência de corrente.

saída e na força das contrações musculares. Conforme a intensidade da rampa continua a aumentar, cada vez mais unidades motoras são recrutadas para a contração, proporcional ao aumento da amplitude.[8] A contração resultante se assemelha muito mais a uma contração muscular voluntária do que se a rampa não fosse utilizada. O paciente aprecia um tempo de elevação lenta porque a intensidade é gradualmente aumentada, reduzindo a sensação de "choque".

Medidas de fluxo de corrente elétrica

A força de uma corrente elétrica é expressa em amperes e está relacionada à voltagem da corrente e à resistência encontrada. Esta relação, a **lei de Ohm**, é o princípio fundamental que regula o fluxo de corrente elétrica (Quadro 11.3). As seções seguintes descrevem os fatores que afetam a força de uma corrente elétrica que passa através do corpo humano, bem como a terminologia relevante (Tab. 11.2).

Carga elétrica

A corrente elétrica resulta do fluxo de elétrons. O número de elétrons necessários para o fluxo de corrente elétrica é tão grande que é impraticável contar cada um. Da mesma forma que é possível descrever 12 objetos como sendo uma dúzia, ou doze dúzias como uma grosa, um grande número de elétrons pode ser descrito como uma única unidade. Um coulomb ("Q") é usado para descrever a carga produzida por $6,25 \times 10^{-18}$ elétrons (carga negativa) ou prótons (carga positiva).

> **Quadro 11.3** A lei de Ohm
>
> A lei de Ohm descreve a relação entre amperagem, voltagem e resistência. Em termos gerais, a corrente (I) é diretamente proporcional à voltagem (V) e inversamente proporcional à resistência (R):
>
> $$I = V / R$$
>
> Ao utilizar derivações de lei de Ohm, a amperagem, a voltagem e a resistência podem ser calculadas em um circuito se duas das três variáveis forem conhecidas. Em um circuito onde o potencial é de 120 V, com 10 ohms de resistência, a amperagem seria calculada como 120 V/10 ohms, ou 12 A. Circuitos com uma voltagem muito elevada ainda podem ter um pequeno fluxo de corrente caso a resistência seja alta. Por exemplo, a aplicação de 1.000 V a um circuito com uma resistência de 1.000.000 ohms iria produzir apenas 0,001 A. Do mesmo modo, baixas voltagens podem dar origem a um fluxo de corrente muito alta. Considere um circuito de 10 V com 0,01 ohms de resistência. A corrente resultante seria de 1.000 A.
>
> Para determinar o efeito que a corrente (I) e a resistência (R) exercem sobre a voltagem (V), pode-se transpor a lei de Ohm de modo a obter:
>
> $$V = IR$$
>
> Para que a corrente flua através de uma resistência, a voltagem aplicada deve ser igual ou maior que o produto da amperagem pela resistência. Para produzir uma corrente de 12 A que flua através de um circuito de 10 ohms, seriam necessários 120 V (12 A × 10 ohms).
>
> A resistência (R) encontrada em um circuito pode ser calculada ao se transpor a fórmula novamente, de modo a dividir a voltagem (V) pela resistência (I):
>
> $$R = V/I$$
>
> Portanto, ao se utilizar um dispositivo que requeira 120 V e 12 A, pode-se calcular a quantidade de resistência dividindo 120 V por 12 A, obtendo-se 10 ohms.
>
> Nota-se que em todas as equações a corrente é igual a 10 A, a voltagem é igual a 120 V e a resistência é igual a 10 ohms. Isso ilustra a inter-relação entre as variáveis. Caso se reduza a corrente para 5 A e se aumente a voltagem para 200 V, a resistência será, então, de 40 ohms. Em qualquer caso, a voltagem aplicada ao circuito deve ser maior do que a resistência, ou nenhuma corrente irá fluir.

Tabela 11.2 Terminologia elétrica

Amperagem (I)	A taxa em que uma corrente elétrica flui. Um ampere é igual à taxa de fluxo de 1 coulomb por segundo. É análogo à taxa de fluxo de água através de um tubo. $I = V/R$.
Carga	Ver Coulomb.
Coulomb (Q)	A unidade básica de carga é o coulomb, a carga elétrica positiva ou negativa líquida produzida por $6,25 \times 10^{18}$ elétrons ou prótons.
Lei de Coulomb	Cargas iguais se repelem e cargas contrárias (opostas) se atraem.
Joule (J)	Unidade básica de trabalho no Sistema Internacional de Unidades. Representando o trabalho feito ao se mover um coulomb, 1 J é igual a 1 Newton-metro de trabalho. A equação de conversão é $J = QV$.
Ohm (V)	Unidade de resistência elétrica (R). $R = V/I$.
Lei de Ohm	A corrente é diretamente proporcional à voltagem e inversamente proporcional à resistência. $I = V/R$.
Voltagem (V)	O potencial para o fluxo de elétrons ocorrer. Analogamente à altura de uma queda de água, indica a quantidade de energia disponível no sistema. Quanto maior for a altura de uma queda de água, mais energia ela pode transmitir para um moinho que esteja abaixo. $V = I/R$.
Watt (W)	Unidade de potência elétrica (P). Pode ser calculada a partir da relação Watts = Volts x amperagem ($P = VI$). Watts medem a capacidade de realizar trabalho.

A **lei de Coulomb** descreve a relação entre cargas elétricas iguais e diferentes: cargas opostas se atraem e cargas iguais se repelem. A intensidade das forças atrativas ou repulsivas pode ser amplificada por meio do aumento da magnitude das cargas ou por meio da diminuição da distância entre os dois objetos.

Voltagem

Voltagem, a diferença de potencial entre dois polos, mede a tendência para que o fluxo de corrente ocorra. Elétrons colocados dentro de um campo elétrico se movem para o polo oposto, criando assim o potencial para que ocorra trabalho (Trabalho = Força × Distância). O volt é a unidade de diferença de potencial e representa a quantidade de trabalho necessária para mover 1 coulomb de carga. A unidade de energia necessária para mover este coulomb é designada joule. O símbolo utilizado para representar a voltagem é "E" ou "V".

O fluxo de elétrons não é o simples movimento das partículas através de um meio. Em vez disso, o fluxo consiste na passagem de elétrons entre os átomos de um modo semelhante a uma "brigada de balde", quando uma fila de pessoas passam baldes de água. Nessa analogia as pessoas representam átomos, e os baldes de água, os elétrons. A primeira pessoa entrega o balde para a próxima pessoa. Essa pessoa então passa o balde para a próxima pessoa e o processo se repete. O fluxo de elétrons é semelhante; em vez de um único elétron passar ao longo de um fio, os elétrons são passados de átomo a átomo.

Corrente

Amperagem é a velocidade com a qual a corrente elétrica (medida em coulombs) flui. Mais especificamente, 1 ampere (A) é a corrente quando 1 coulomb passa um único ponto em 1 segundo. Conceitualmente, pode-se fazer a analogia com o número de pessoas que passam por uma roleta em qualquer dado momento. Se 1 coulomb passa por um ponto em 1 segundo, a taxa de fluxo é de 1 A. Se 20 coulombs passam por um ponto em 1 segundo, a taxa de fluxo é de 20 A.

O símbolo para o fluxo de corrente é "I" ou "A." A maioria das modalidades terapêuticas elétricas mensura o fluxo de corrente em **miliamperes** (mA), 1/1.000 de um ampere, ou em **microamperes** (μA), 1/1.000.000 de um ampere.

Resistência

Todos os materiais apresentam algum grau de oposição ao fluxo de corrente elétrica. Aqueles materiais que permitem que a corrente passe com relativa facilidade são condutores e aqueles que tendem a se opor ao fluxo de corrente, resistores. A resistência de um material em relação ao movimento de elétrons é medida em ohms. Um ohm é a quantidade de resistência necessária para desenvolver 0,24 calorias de calor quando 1 A de corrente é aplicado durante 1 segundo. O símbolo para a resistência é "R", e por ohms, Ω (ômega). A pele é a resistência biológica primária à passagem da corrente elétrica terapêutica.

A condutância é uma medida da facilidade com a qual a corrente é deixada passar. A condutância é o recíproco matemático da resistência e é medida pela unidade **mho** – 'ohm' de trás para a frente.

A quantidade de resistência elétrica é uma função do tipo, do comprimento, da área da secção transversal e da temperatura do condutor (Quadro 11.4). Como já foi discutido, a diferença de potencial em cada extremidade do circuito deve ser suficientemente grande para superar a resistência, ou nenhuma corrente irá fluir.

Impedância

Em uma CA, duas propriedades adicionais, indutância e capacitância, resistem ao fluxo de corrente. Coletivamente conhecida como impedância, esta forma de resistência também é medida em ohms, mas utiliza o símbolo "Z."

A **indutância**, a capacidade de armazenar energia elétrica por meio de um campo eletromagnético, é medida em **henry**. A variação na magnitude e na direção da corrente elétrica cria um **fluxo** que induz voltagem. Indutores tendem a se opor ao fluxo de corrente elétrica. Um transformador utilizado para converter a corrente doméstica para uma CC de voltagem mais baixa é um exemplo de indutor. A indutância é insignificante em sistemas biológicos.[1]

A **capacitância** é a capacidade de armazenar energia por meio de um **campo eletrostático** que proporciona resistência frequência-dependente ao fluxo de corrente elétrica. As membranas celulares atuam como capacitores que separam as cargas positivas e negativas entre o interior e o exterior da célula. A camada de lipídeos da membrana é um isolante elétrico entre as placas condutoras, neste caso, o líquido intracelular e o extracelular (Fig. 11.15).

A capacitância é um fator na determinação dos efeitos do fluxo de corrente no corpo. Correntes de frequência mais elevada encontram menor resistência capacitiva da pele que correntes de baixa frequência. A saída dos capacitores é medida em farads (F), microfarads (mF, 10^{-6} F), ou picofarads (pF, 10^{-10} F). Um farad armazena uma carga de 1 coulomb quando é aplicado 1 V. Como visto na discussão referente à frequência, quanto menor a capacitância de um circuito, maior a frequência de CA permitida por ele, e vice-versa.[9]

Potência

A relação entre a voltagem e a amperagem é expressa em unidades de potência (W) e é utilizada para designar a potência de uma corrente. A potência (P) descreve a quantidade de trabalho realizado em uma unidade de tempo. A voltagem descreve a quantidade de trabalho sendo feito pela corrente; a amperagem define a unidade de tempo. Um watt é a potência produzida por 1 A de corrente fluindo com uma força de 1 V. Com isso em mente, a potência é descrita como

$$W = VI$$

Quadro 11.4 Fatores que determinam a resistência de um circuito elétrico

	Material do circuito	**Comprimento do circuito**	**Área da secção transversal do circuito**	**Temperatura do circuito**
Conceito	Os materiais são classificados como resistores ou condutores com base no número de elétrons livres na **camada de valência**.	Existe uma relação proporcional entre o comprimento de um circuito e a resistência ao fluxo de elétrons.	A resistência de um circuito elétrico (via) é inversamente proporcional ao seu diâmetro de secção transversal.	O aumento da temperatura aumenta o movimento aleatório de elétrons livres.
Relação	Quanto mais elétrons livres um material possui, melhor condutor de corrente ele se torna.	Quanto menor for a distância que um elétron tenha que percorrer, menor resistência haverá ao fluxo de corrente elétrica.	Quanto maior for a área de secção transversal de uma via, menor resistência haverá ao fluxo de corrente.	O aumento da temperatura de um circuito diminui a resistência ao fluxo de corrente.
Aplicabilidade	Nem todos os tecidos do corpo conduzem uma corrente elétrica muito bem.	A distância entre os dois condutores de um estimulador elétrico afeta a intensidade de saída necessária para evocar a resposta pretendida.	Os nervos de grande diâmetro são despolarizados antes dos nervos de diâmetros menores.	O pré-aquecimento da área de tratamento pode aumentar o conforto do tratamento, diminuindo a resistência e a necessidade de elevadas intensidades de saída.
Exemplo	Sangue e nervos possuem mais elétrons livres do que a pele ou o osso, de modo que a corrente prefere viajar por estes caminhos.	Os efeitos são observados a uma intensidade de saída menor se os eletrodos forem colocados mais próximos um do outro, em vez de mais afastados. Tecidos superficiais são estimulados antes de tecidos mais profundos.	Isso, em parte, explica como uma corrente elétrica estimula nervos seletivamente. Nervos sensoriais tendem a ser estimulados antes dos nervos motores, porque os nervos sensoriais possuem um diâmetro maior.	A eficácia clínica da temperatura corporal e do fluxo elétrico diminuído não foi fundamentada.

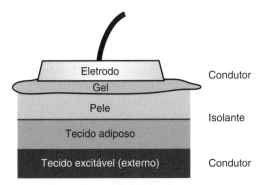

Figura 11.15 Tecidos como capacitores. Condutores de transporte de carga (o eletrodo e os tecidos excitáveis) são separados por isolantes (a pele e o tecido adiposo).

Usando as variáveis do Quadro 11.3, pode-se calcular a potência utilizada por um dispositivo que requer 12 A de uma fonte de 120 V para ter 1.440 W.

A mudança na potência de um circuito elétrico reflete a mudança na amperagem, na voltagem, ou nas duas. Se a amperagem ou a voltagem é aumentada ou diminuída, a potência muda proporcionalmente. No entanto, se uma variável é aumentada e a outra é diminuída, o aumento ou a diminuição da potência depende da magnitude relativa das variações de voltagem e amperagem.

Tipos de circuito

Uma corrente elétrica introduzida em um meio condutor pode fluir ao longo de um percurso definido (circuito em série), através de muitos caminhos diferentes (circuito paralelo), ou através de uma combinação de percursos. Pode-se considerar uma cadeia tradicional de luzes para árvore de Natal. Se a cadeia é ligada como um circuito em série, quando uma lâmpada queima, todas as outras luzes se apagam porque a corrente não tem outro caminho a tomar (Fig. 11.16).

Em uma cadeia de luzes ligada em um circuito paralelo, uma lâmpada queimada não afeta as outras luzes porque a corrente ainda tem outras rotas pelas quais pode alcançá-las. A eletricidade opera sob diferentes restrições quando trafega por circuitos em série e paralelos, e cada tipo de circuito tem propriedades únicas.

Circuito em série

Os elétrons em um circuito em série têm apenas um caminho disponível para trafegar. Ligar um fio entre os dois polos de uma bateria forma um circuito em série simples (ver Fig. 11.2). Em circuitos em série mais complexos, resistores como as lâmpadas estão alinhados "de ponta a ponta" de modo que a corrente deixe um resistor e entre no próximo. Em um circuito em série, a corrente continua a ser a mesma em todos os componentes ao longo do circuito e a resistência total é igual à soma dos resistores individuais (ver Apêndice E).

Circuito paralelo

Elétrons em um circuito paralelo têm vários caminhos pelos quais podem seguir, e tendem a tomar o caminho de menor resistência elétrica. Cada caminho tem a sua própria amperagem e a voltagem permanece constante. O fluxo em cada um desses caminhos é inversamente proporcional à resistência fornecida. Em um circuito paralelo, a amperagem é variada entre os caminhos, mas a voltagem permanece constante. Consultar o Apêndice E para os cálculos da lei de Ohm em um circuito paralelo.

Características de geradores elétricos

As modalidades elétricas são movidas por corrente doméstica normal (CA de 120 V) ou por baterias (CC de 1,5 V a 9 V). Antes de esta corrente ser aplicada ao corpo, ela é ajustada aos parâmetros de estimulação desejados.

Em uma visão simplificada, a corrente passa através de um transformador que produz o tipo desejado de corrente (CA para CC, ou CC para CA). Outro componente, genericamente conhecido como gerador, molda a corrente (forma de onda) utilizada pela modalidade. Outros componentes dentro do gerador controlam as características dos pulsos elétricos.

Cada elemento da forma de onda exerce um efeito sobre a reação dos tecidos ao fluxo de corrente. As seções seguintes abordam as características de cada gerador e descrevem como elas afetam o tratamento.

Atributos da corrente

Os atributos da corrente afetam sua capacidade de despolarizar o tecido excitável. A intensidade da corrente, a quantidade de corrente por unidade de área corporal, o ciclo de trabalho e a quantidade de tempo que a corrente está fluindo em relação ao tempo em que não está influenciam os efeitos terapêuticos do tratamento.

Corrente média

Corrente média descreve o valor absoluto da corrente por unidade de tempo e só é significativa para correntes monofásicas e bifásicas desbalanceadas. As alterações físico-químicas nos tecidos se baseiam na corrente média.[10]

Aumentar o número de pulsos por segundo ou a duração do pulso aumenta a corrente média e a percepção do estímulo. Há mais corrente por unidade de tempo em geradores de alta frequência do que em outros tipos. Durações longas de pulso combinadas a corrente média elevada resultam em um aumento da sensação de desconforto.

A corrente média encontrada na maior parte dos aparelhos de estimulação elétrica é medida em miliamperes. Esta medida não é significativa para uma corrente simétrica balanceada porque as cargas de fase para este tipo de corrente são iguais e a corrente média é zero.

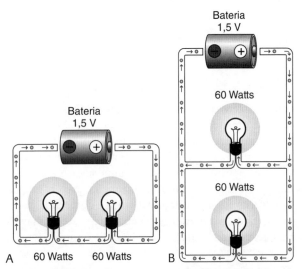

Figura 11.16 Circuitos em série e paralelo. (A) Em um circuito em série, existe apenas um percurso para a corrente elétrica seguir. (B) Em um circuito paralelo, a corrente pode tomar um dos vários caminhos.

Uma vez que a carga líquida para correntes bifásicas balanceadas e CA é zero, o valor quadrático médio deve ser utilizado para estas correntes (ver Quadro 11.2).

Densidade da corrente

Os efeitos fisiológicos de estimulação elétrica estão relacionados à densidade de corrente, a quantidade de corrente por unidade de área. A densidade de corrente é inversamente proporcional ao tamanho do eletrodo. Por exemplo, ao se passar 300 V através de um eletrodo de 10 polegadas quadradas (pol^2), a densidade de corrente resultante seria de 30 V/pol^2. Reduzindo a área de superfície do eletrodo à metade, 300 V passam então através de um eletrodo de 5 polegadas quadradas, com uma densidade de corrente de 60 V/pol^2. Se a área da superfície do eletrodo é novamente reduzida, desta vez a 1 polegada quadrada, o resultado é uma densidade de corrente de 300 V/pol^2.

Conforme a densidade de corrente aumenta, o mesmo acontece com a percepção do estímulo. Se o estímulo era confortável para o paciente no primeiro exemplo, seria muito mais desconfortável no último exemplo, porque a mesma quantidade de corrente está sendo aplicada através de um décimo da área da superfície inicial.

Ciclo de trabalho

O ciclo de trabalho descreve a quantidade de tempo em que a corrente está fluindo (ON) em relação ao tempo em que a corrente não está fluindo (OFF). Expresso em percentagem, os ciclos de funcionamento são calculados dividindo-se o tempo que a corrente flui pelo tempo de ciclo total (o tempo em que há fluxo de corrente somado ao tempo em que não há). Por exemplo, para calcular o ciclo de funcionamento de um gerador produzindo 10 segundos de estimulação, seguido por 10 segundos sem fluxo de corrente, utiliza-se a seguinte equação:

$$\text{Ciclo de trabalho (percentagem)} =$$
$$\text{Tempo de corrente ON/tempo total do ciclo}$$
$$\times\ 100$$
$$= 10\text{ s (ON)}/10\text{ s (ON)} + 10\text{ s}$$
$$\text{(OFF)} \times 100$$
$$= 10\text{ s} / 20\text{ s (tempo total do ciclo)} \times 100 = 0,5 \times 100$$
$$= 50\%\text{ do ciclo}$$

Esta relação também pode ser expressa como uma razão. Usando os parâmetros dos exemplos anteriores:

$$\text{Ciclo de trabalho (razão)} = 10\text{ s (ON)}:$$
$$20\text{ s (OFF)} = 1{:}2$$

A estimulação muscular é iniciada com um ciclo de trabalho de 25%, que é progressivamente aumentado conforme a condição melhora.[11] Fornecer intervalos de repouso mais longos (p. ex., 2 minutos) entre as repetições reduz a quantidade de fadiga durante o curso do tratamento.[12]

Capítulo 12

Técnicas de estimulação elétrica

Este capítulo descreve os objetivos, métodos e efeitos terapêuticos de uma corrente elétrica terapêutica aplicada ao corpo humano.

Os efeitos principais de eletroterapia são resultado da despolarização de nervos sensoriais, motores ou nociceptivos. Outros efeitos são causados pelas trocas eletroquímicas no tecido muscular e qualquer contração muscular resultante. O Capítulo 12 descreve os diferentes parâmetros elétricos que podem ser aplicados e modificados e cada tipo de corrente produzindo efeitos únicos nos tecidos e causando uma grande variedade de respostas terapêuticas (Tab. 12.1).

O tipo de corrente, os parâmetros da corrente (intensidade, duração de fase e frequência de pulso) e o tamanho e arranjo dos eletrodos podem produzir eventos fisiológicos determinados e atingir tecidos específicos.

Tabela 12.1 Usos terapêuticos de correntes elétricas

Controlar a dor aguda e crônica
Reduzir o edema
Reduzir o espasmo muscular
Reduzir contraturas articulares
Inibir espasmo muscular
Minimizar a atrofia por desuso
Facilitar a cicatrização tecidual
Facilitar a reeducação muscular
Facilitar a consolidação de fratura
Fortalecer o músculo
Efetuar a substituição ortótica (a estimulação elétrica pode ser usada para forçar contrações de músculos específicos durante a marcha)

A estimulação elétrica tem pouco efeito direto na resposta inflamatória no nível celular, caso realmente tenha algum, o que não implica que ela não possa exercer um papel útil no tratamento de uma lesão.

O circuito corporal

O corpo humano é uma massa de tecidos e fluidos, cada um tendo sua própria capacidade de conduzir uma corrente elétrica com base em seu teor de água. À medida que a percentagem de água no tecido aumenta, sua capacidade para transmitir energia elétrica também aumenta.

Os tecidos são ou excitáveis ou não excitáveis. **Tecidos excitáveis**, tais como os nervos, as fibras musculares e as membranas celulares, são influenciados diretamente pela corrente elétrica. **Tecidos não excitáveis**, tais como ossos, cartilagens, tendões, tecido adiposo e ligamentos, não respondem diretamente ao fluxo de corrente, mas podem ser indiretamente influenciados pelos campos elétricos provocados pela corrente (Fig. 12.1).

A camada exterior da pele possui baixo teor de água, o que a torna um resistor elétrico. Ossos, tendões, fáscias e tecido adiposo também são maus condutores de correntes elétricas, em razão de seu baixo teor aquoso (de 20 a 30%). As membranas celulares possuem a maior resistência ao fluxo de corrente. Músculos, nervos e sangue possuem teor aquoso elevado (70 a 75%) e são bons condutores de correntes elétricas. Os órgãos internos, especialmente o coração, pos-

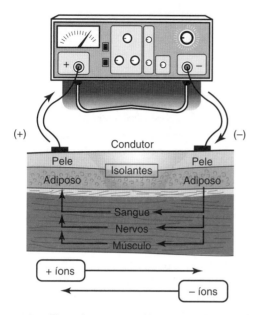

Figura 12.1 Fluxo da corrente elétrica terapêutica. Na interface pele-eletrodo, o fluxo de elétrons é trocado pelo fluxo de íons no interior do corpo. Dentro dos tecidos, a corrente tem diversos caminhos dentre os quais escolher. Íons carregados positivamente se movem para o cátodo (-) e se distanciam do ânodo (+). Íons com carga negativa se movem para o ânodo (+) e se distanciam do cátodo (-).

suem uma baixa resistência à passagem da corrente elétrica (Quadro 12.1).

A corrente entra no corpo através de um circuito paralelo. Embora a composição e a textura da pele sejam relativamente consistentes, existem zonas com graus de resistência variados. **Pontos de estimulação** são áreas da pele que possuem resistência elétrica reduzida (ver Quadro 12.3). Em razão do aumento da concentração de fluido e de íons, tecidos inflamados possuem resistência elétrica reduzida em relação aos tecidos saudáveis.[13] Uma vez que a corrente entra nos tecidos, ela pode tomar muitos caminhos diferentes, formando um circuito paralelo, com a corrente preferindo seguir pelo caminho de menor resistência, tais como aqueles formados por músculos, nervos, efusões e sangue.

A passagem de corrente através de tecidos vivos produz efeitos biofísicos diversos, incluindo efeitos físico-químicos e reações fisiológicas. Em intensidades terapêuticas, a estimulação elétrica clínica provoca alterações térmicas insignificantes nos tecidos, principalmente como resultado de contrações musculares.[10] Correntes elétricas de alta frequência, como aquelas empregadas na diatermia clínica, produzem efeitos térmicos (ver Cap. 9).

Quadro 12.1 O caminho de menor resistência

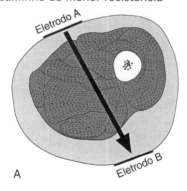
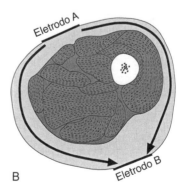

É preciso ter em mente que os elétrons seguem o caminho de menor resistência e que a amperagem e a voltagem devem ser suficientes para superar a resistência total imposta pelo circuito. Considere uma situação em que os eletrodos são colocados sobre as superfícies anterior e posterior da coxa; pode-se acreditar que a corrente irá fluir diretamente através dos tecidos de um eletrodo para outro, conforme apresentado na figura A. A maioria das dosagens de tratamento terapêutico não possui a energia elétrica necessária para superar a resistência resultante gerada pela secção transversal dos tecidos. Na maioria dos casos, a corrente viaja pela periferia, seguindo por meio de vasos sanguíneos e nervos superficiais (B). Os tecidos mais profundos são afetados pela estimulação dos nervos superficiais.

A estimulação transtorácica e a transcraniana são, geralmente, contraindicadas, mas isso não necessariamente afasta o medo de fazer passar uma corrente através do coração ou do cérebro. Eletrodos colocados apropriadamente podem afetar as funções desses órgãos secundariamente à estimulação de nervos superficiais. Muitas técnicas de estimulação, tais como aquelas para disfunção da articulação temporomandibular e para auriculoterapia, envolvem a aplicação de eletricidade na cabeça. No entanto, nestas intensidades, as correntes permanecem no interior dos tecidos imediatamente subcutâneos a essas regiões.

É preciso ter cuidado ao aplicar uma corrente elétrica em qualquer parte do tronco, pescoço ou cabeça. Nestas porções, o caminho de menor resistência pode envolver nervos que regulam a frequência cardíaca, a pressão arterial e outras funções vitais involuntárias.

Conectores de eletrodos

Os conectores de eletrodos ligam os eletrodos ao gerador. Os eletrodos, então, transferem a corrente para e a partir dos tecidos do paciente. Um mínimo de dois conectores é necessário para completar o percurso elétrico, com cada conector representando um polo do circuito. Conectores individuais podem ser **bifurcados**, permitindo que vários pares de eletrodos sejam ligados a cada conector (Fig. 12.2).

Os padrões de desempenho para fios de conexão de eletrodos e cabos destinados ao paciente da Food and Drug Administration (FDA) (Code of Federal Regulations, Capítulo 21, Parte 898), órgão de regulação norte-americano, exigem que os fios de conexão de eletrodos possuam plugues que impeçam o contato involuntário entre o paciente e uma fonte de alimentação elétrica (Fig. 12.3). Houve casos em que conectores de eletrodos foram conectados diretamente às tomadas elétricas (o que não é uma forma de tratamento recomendada). O novo modelo de jaqueta impede que isso aconteça. Aparelhos mais antigos devem ser equipados com estas jaquetas (Fig. 12.4).

Eletrodos

Formados de metal ou de borracha de silicone impregnada de carbono, os eletrodos introduzem a corrente no corpo a partir do estimulador por meio dos fios conectores de eletrodos, formando um circuito fechado (Fig. 12.5). Quando os elétrons atingem o eletrodo, eles se movem em direção à periferia.[14] O local em que os eletrodos tocam a pele é o ponto em que o fluxo de elétrons utilizado pelo estimulador se altera para o fluxo de íons nos tecidos corporais (Quadro 12.2). O fluxo iônico é composto de íons sódio e potássio carregados positivamente que se deslocam em direção ao polo negativo, enquanto os íons negativos, principalmente cloretos, movem-se em direção ao polo positivo.[6] A interface entre o eletrodo e a pele é também a principal fonte de resistência à passagem da corrente.

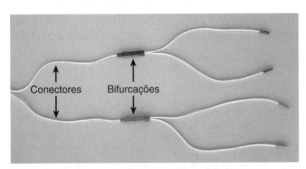

Figura 12.2 Conectores bifurcados de eletrodo. Um conector único pode ser dividido, ou bifurcado, para permitir que dois eletrodos sejam conectados.

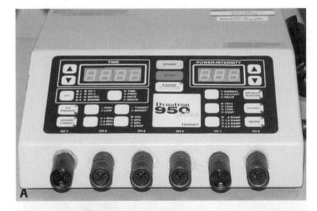

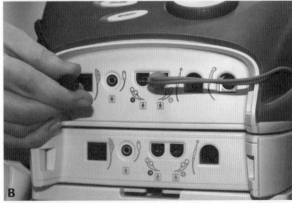

Figura 12.4 Compatibilidade com os Padrões de Desempenho da FDA para fios de conectores de eletrodo e cabos destinados ao paciente. (A) Um gerador antigo, anteriormente incompatível, adaptado com novas jaquetas para tornar o aparelho compatível com a norma. (B) Um aparelho novo com conectores compatíveis (observe os fios conectores de eletrodos faciais embaixo à direita).

Figura 12.3 Conectores de eletrodo. O conector à esquerda é incompatível com as normas da FDA porque as superfícies condutoras de corrente estão expostas. O conector da direita é compatível porque os condutores são protegidos.

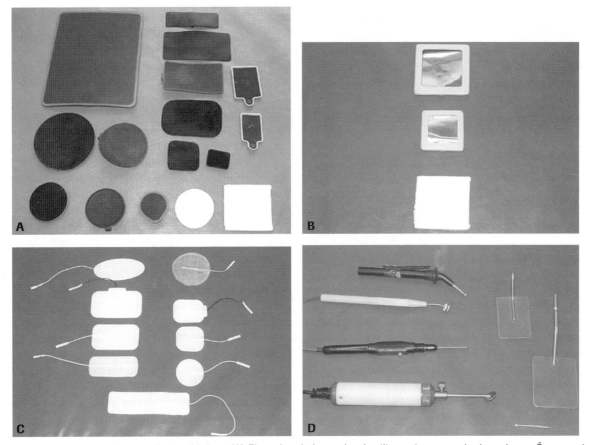

Figura 12.5 Eletrodos de estimulação elétrica. (A) Eletrodos de borracha de silicone impregnada de carbono. É necessária uma esponja ou outro meio condutor. (B) Eletrodos de metal. Uma esponja umedecida (parte inferior) é necessária para conduzir a corrente. (C) Eletrodos de polímero autoadesivo. (D) Probes (estimuladores de ponto) e placas.

Quadro 12.2 Alterações iônicas

No seu estado normal, um átomo possui um número de elétrons igual ao número de prótons. Como as cargas de elétrons (negativa) e prótons (positiva) são iguais, o átomo possui uma carga nula (neutra). Os átomos que já não possuem uma carga líquida nula são conhecidos como íons. Quando um átomo perde um ou mais elétrons, torna-se um íon positivo (cátion), porque o número de prótons é maior do que o número de elétrons. Da mesma forma, os átomos que ganham elétrons se tornam íons carregados negativamente (ânions), porque o número de elétrons é maior do que o número de prótons.

Íons se comportam de maneira diferente de seus parentes de carga neutra. Uma vez que eles possuem uma carga elétrica, estão sujeitos a influências eletromagnéticas e **eletro-osmóticas**. Quando colocados no caminho de uma corrente contínua, os íons carregados positivamente migram para o polo negativo e vice-versa.

Para formar um circuito fechado entre o gerador e os tecidos corporais, pelo menos um eletrodo de cada um dos dois conectores do gerador (polos) deve estar em contato firme com a pele. Eletrodos devidamente preparados e posicionados aumentam a eficiência da corrente elétrica pela redução da resistência pele/eletrodo, melhorando assim o conforto do paciente (Tab. 12.2). Caso a corrente não esteja sendo distribuída uniformemente em todo o eletrodo, o aumento da densidade de corrente gerará "pontos quentes" que podem causar desconforto.

A pele apresenta resistência tanto capacitiva como paralela em relação ao fluxo de corrente. O estrato córneo gera um capacitor entre o eletrodo e os tecidos excitáveis subjacentes (ver Fig. 12.15). Conforme a espessura do estrato córneo diminui, a resistência capacitiva também diminui. A resistência paralela é formada na proporção em que os íons passam por meio dos portais da pele, tais como as glândulas e os poros, para os tecidos subjacentes. À medida que o número de caminhos paralelos aumenta, a resistência paralela geral diminui. Água, gel ou eletrodos autoadesivos transmitem a cor-

Tabela 12.2 Métodos de redução de resistência pele-eletrodo
Umedecer os eletrodos com água ou gel condutor (eletrodos de esponja ou borracha)
Remover sujeira, óleo ou escamação de pele lavando com água e sabão, álcool ou acetona
Aquecer a área com uma bolsa de calor úmido
Esfregar a área suavemente com lixa fina
Remover o excesso de pelos
Saturar esponjas com soro fisiológico comercial em vez de água da torneira
Utilizar eletrodos de prata

rente de maneira mais eficiente, conformando-se aos pequenos contornos da pele.

O tipo de eletrodo e o meio condutor utilizado afetam a eficiência e o conforto da estimulação elétrica. Dos tipos de eletrodos padrão, **eletrodos de borracha e carbono** aplicam a maior quantidade de corrente com a menor impedância da pele, cerca de 200 ohms, permitindo uma estimulação mais confortável. Eletrodos de prata (mais comumente empregados para iontoforese, estimuladores de microcorrente e unidades de eletrodiagnóstico) fornecem cerca de 20 ohms de resistência, de modo que é necessária uma menor quantidade de energia para passar a corrente através deles.[15,16] No entanto, eletrodos de prata são caros.

Eletrodos autoadesivos são comumente empregados durante eletroterapia clínica. Com este tipo de eletrodo, o gel de condução é uma parte do eletrodo. Embora os eletrodos autoadesivos sejam convenientes e fáceis de usar, eles geram uma maior resistência ao fluxo de corrente elétrica.[14,16] Eletrodos autoadesivos são mais desconfortáveis durante o tratamento, com um aumento da sensação de queimação ocorrendo sob o conector de metal do eletrodo.[16] Eletrodos autoadesivos têm uma vida útil limitada e são relativamente caros porque precisam ser substituídos. Deve-se descartá-los quando começarem a ressecar, tornarem-se encardidos ou desgastados, ou atingirem a data de validade recomendada.

Eletrodos de metal utilizam esponjas umedecidas para completar a conexão elétrica com a pele. Eletrodos de borracha e carbono também podem empregar esponjas úmidas ou um gel condutor. Embora a água da torneira seja muitas vezes utilizada para umedecer as esponjas, a qualidade e o alto conteúdo mineral da água da torneira podem aumentar a resistência elétrica. Normalmente, isso não é um problema, mas os pacientes que são sensíveis às correntes elétricas podem se sentir mais confortáveis se a esponja estiver saturada com uma solução salina disponível comercialmente. Eletrodos de borracha e carbono perdem sua condutividade ao lon-go do tempo. Deve-se descartar o eletrodo caso ele se torne gretado ou desgastado, ou caso a face de contato do eletrodo perca seu brilho.

Eletrodos de borracha e carbono e de metal necessitam de um meio condutor para melhorar o contato entre a pele e o eletrodo, melhorar a distribuição da corrente e diminuir a resistência formada pela pele.[14] Géis de acoplamento são agentes sem sal que minimizam a resistência pele-eletrodo. O gel contém água com um agente espessante, um bactericida ou fungicida e sais iônicos. Os íons de sal aumentam a condutividade do gel, permitindo a difusão para dentro da pele e reduzindo a resistência capacitiva da pele. Os sais iônicos podem, no entanto, resultar em irritação da pele. Suas propriedades químicas permitem o uso prolongado com pouca decomposição associada ao fluxo de corrente ou à evaporação, e em função do elevado teor de água e do baixo teor mineral do gel, a irritação da pele e as reações alérgicas são minimizadas.

Antes da colocação do eletrodo de borracha não adesivo sobre a pele do paciente, deve-se espalhar uma quantidade generosa de gel sobre toda a área de superfície condutora. Depois de posicionar o eletrodo sobre a pele, deve-se girá-lo e deslizá-lo ligeiramente para assegurar que o gel tenha sido uniformemente distribuído. Eletrodos não adesivos empregados em tratamentos de curto prazo são geralmente mantidos no lugar por cintas elásticas. No caso de tratamentos de longa duração, os eletrodos devem ser mantidos por meios adesivos. Deve ser utilizado gel, em vez de água, para esse tipo de tratamento. Geralmente, estes tipos de eletrodos e seus adesivos são muito duráveis e resistentes à água.

Tamanho do eletrodo

O tamanho do eletrodo está inversamente relacionado com a densidade da corrente; à medida que o tamanho dos eletrodos aumenta, a densidade de corrente diminui. Considere-se, por exemplo, uma passagem de corrente através de dois eletrodos, um com uma área superficial de 60 cm^2 e o outro com 30 cm^2. O eletrodo menor (30 cm^2) teria duas vezes mais corrente por cm^2 para passar através dele do que o eletrodo maior (Fig. 12.6).

O contato do eletrodo com a pele também influencia os parâmetros de estimulação (densidade de corrente), conforto e tensão muscular associada à estimulação elétrica.[17] Conforme a área da superfície dos eletrodos aumenta, há um maior fluxo de corrente a qualquer tensão aplicada.[1] **A maioria dos eletrodos possui uma densidade de corrente máxima que não deve ser ultrapassada.** Este valor (p. ex., 0,1 watts/cm^2) está presente nas informações da embalagem do eletrodo.

Os tamanhos relativos dos eletrodos alteram as diversas respostas fisiológicas. Eletrodos menores necessitam de menos corrente para estimular os tecidos do que os ele-

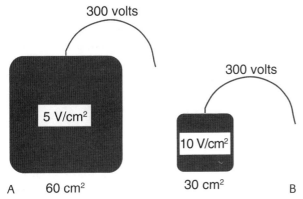

Figura 12.6 Densidade de corrente. Os eletrodos devem transmitir toda a voltagem que flui através do circuito. Nesse caso, o eletrodo maior, o eletrodo A, tem 300 volts o atravessando. O eletrodo B possui metade do tamanho do A, ainda que 300 volts também devam passar por ele. Nesse exemplo, o eletrodo A possui uma densidade de corrente de 5 volts/cm²; o eletrodo B possui 10 volts/cm². A estimulação seria mais intensa sob o eletrodo B, em razão do aumento da densidade de corrente.

trodos maiores, em razão da alta densidade de corrente. O tamanho do eletrodo a ser utilizado é determinado pelo tamanho da área do corpo a ser tratada, o objetivo do tratamento e/ou os demais eletrodos a serem utilizados. Como será mostrado na seção seguinte, o tamanho de um eletrodo a ser utilizado se relaciona ao(s) outro(s) eletrodo(s) empregado(s) e à parte do corpo a ser tratada.

Evidência prática

Pequenos eletrodos (aproximadamente 0,8 cm²) permitem um tratamento mais confortável quando os nervos superficiais são o alvo ou o paciente possui uma camada fina (< 0,25 cm) de tecido adiposo. Grandes eletrodos (aproximadamente 4,1 cm²) são mais confortáveis ao se recrutar nervos mais profundos e/ou quando o paciente possui uma camada de tecido adiposo de mais de 2 cm.[18]

A resistência ao fluxo de corrente (impedância) oferecida pela pele diminui à medida que o tamanho dos eletrodos aumenta. Considera-se que eletrodos maiores são projetados para produzir contrações fortes sem causar dor, mas a estimulação dos tecidos é menos específica, pois a corrente é distribuída ao longo de uma área maior.[16,17] Tais eletrodos também são considerados para se obter um tratamento mais confortável. Na prática, o nível de conforto em relação ao tamanho do eletrodo varia de paciente para paciente e é diferente no mesmo paciente em dias diferentes.[5,13]

Colocação do eletrodo

O tamanho da área de tratamento, a intensidade da corrente e o tipo de tecido a ser estimulado são determinados por uma combinação do tamanho do eletrodo, da localização relativa dos eletrodos no corpo e dos parâmetros de corrente. Certas áreas da pele são mais propícias à estimulação elétrica do que outras. Esses locais, coletivamente referidos como **pontos de estimulação**, consistem em pontos motores, pontos-gatilho e pontos de acupuntura (Quadro 12.3). Anatomicamente, os três tipos de pontos de estimulação tendem a ser localizados próximos uns dos outros, de modo que um eletrodo muitas vezes estimula vários pontos. Da mesma forma, a percepção da intensidade por parte do paciente e a intensidade das contrações musculares são dependentes do número de fibras nervosas que estejam sendo estimuladas.

A proximidade de uns eletrodos em relação aos outros influencia os tecidos a serem estimulados, a profundidade da estimulação e o número de circuitos paralelos que são formados. Quando os eletrodos estão próximos um do outro, a corrente flui superficialmente, formando um número relativamente pequeno de caminhos paralelos. À medida que a distância entre os eletrodos é aumentada, a corrente pode atingir os tecidos mais profundamente. Se a distância entre os dois eletrodos é muito grande, são formados tantos circuitos paralelos que a especificidade da estimulação diminui (Fig. 12.7). As fibras musculares são quatro vezes mais condutivas quando a corrente flui na direção das fibras do que quando ela flui transversalmente a elas.[6]

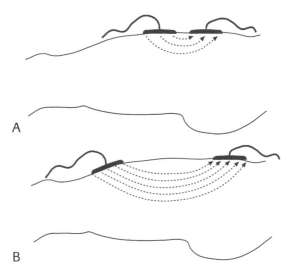

Figura 12.7 Proximidade de eletrodos. (A) Quando os eletrodos são colocados em estreita proximidade um em relação ao outro, o fluxo de corrente forma relativamente poucos caminhos paralelos e não penetra tão profundamente nos tecidos. (B) À medida que a distância entre os eletrodos é aumentada, o número de caminhos paralelos aumenta e a corrente tende a fluir mais profundamente nos tecidos. No entanto, junto a esse efeito, o foco da estimulação torna-se menos definido, porque a corrente encontra mais resistência e mais caminhos paralelos são formados.

Embora cada circuito elétrico deva ter dois terminais de conexão no gerador, mais de um eletrodo pode ser ligado a um único conector. Por meio de **bifurcações**, dois ou mais eletrodos podem se originar de um único conector (ver Fig. 12.2). É comum que os dois conectores tenham dois eletrodos cada, ou que um tenha dois eletrodos e o outro tenha apenas um. A relação entre a densidade total de corrente de um eletrodo (ou grupo de eletrodos) com o outro eletrodo determina a configuração do eletrodo, que pode ser classificada como monopolar, bipolar ou quadripolar.

Os termos "bipolar" e "monopolar" são muitas vezes confundidos com "bifásico" e "monofásico". Isso é feito principalmente por alunos pouco conhecedores do assunto. Deve-se ter em mente que os *eletrodos* representam polos elétricos (técnica mono**polar**) e que *correntes* elétricas são geradas a partir de fases (corrente mono**fásica**).

Técnica bipolar

A aplicação bipolar envolve a utilização de eletrodos com tamanho igual ou semelhante (Fig. 12.8). Os dois eletrodos são geralmente colocados na área a ser tratada. Dado que as densidades de corrente são iguais, uma quantidade igual de estimulação deve ocorrer sob cada eletrodo ou conjunto de eletrodos. Outros fatores podem afetar a qualidade e a igualdade de estimulação em cada eletrodo. Se o eletrodo A é colocado sobre um ponto motor ou outro ponto de estimulação hipersensível (ver Quadro 12.3) e o eletrodo B não é, os efeitos do tratamento irão pender em direção ao eletrodo A. Este cenário seria apropriado se um único ponto, tal como um ponto-gatilho, estivesse sendo almejado durante o tratamento. Neste caso, uma configuração monopolar (descrita na seção seguinte) seria preferível, porque uma única área bem especificada está sendo desejada. No entanto, se o objetivo do tratamento consiste em provocar uma contração do músculo, os eletrodos A e B devem ser colocados sobre pontos motores dentro do mesmo músculo ou grupo muscular.

Técnica monopolar

A aplicação monopolar envolve a utilização de duas classes de eletrodos: (1) um ou mais **eletrodos ativos** colocados ao longo dos tecidos-alvo e (2) um **eletrodo dispersivo** utilizado para completar o circuito (Fig. 12.9). A área da superfície do eletrodo dispersivo é significativamente maior, pelo menos 2,5 vezes a área total dos eletrodos ativos. Em razão da densidade relativamente baixa de corrente, nenhum efeito fisiológico, incluindo a sensação, deve ocorrer sob o eletrodo dispersivo, embora a corrente ainda esteja fluindo através dele. O eletrodo dispersivo é, muitas vezes, erroneamente referido como "terra".

O eletrodo ativo é colocado sobre o tecido-alvo, ou próximo a ele, e o eletrodo dispersivo é fixado em outra parte do corpo (p. ex., o grupo muscular antagonista, o membro oposto, a região lombar). A alta densidade de corrente concentra os efeitos do tratamento sob o menor eletrodo ativo. À medida que a distância entre os eletrodos ativos e dispersivos aumenta, mais caminhos elétricos paralelos são formados, resultando em uma estimulação menos específica de nervos motores mais profundos.

Caso seja vivenciada alguma sensação sob o eletrodo dispersivo, deve-se movê-lo para um local diferente, reumidificá-lo ou usar um eletrodo maior. Sensação sob o eletrodo dispersivo não impede os efeitos do tratamento, mas é desnecessária. Estimulação do nervo motor sob este eletrodo indica que as densidades de corrente dos eletrodos são muito semelhantes. Neste caso, deve-se usar um eletrodo dispersivo maior ou um eletrodo ativo menor.

Técnica quadripolar

A aplicação quadripolar envolve a utilização de dois conjuntos de eletrodos, cada um se originando de seu próprio **canal** elétrico; trata-se da aplicação simultânea de dois circuitos bipolares. As correntes a partir de cada um dos dois canais se cruzam, intensificando e localizando os efeitos do tratamento. O exemplo mais comum disso é a estimulação interferencial. Outras configurações quadripolares incluem posicionamentos paralelos, tais como são encontrados em certas técnicas de estimulação elétrica nervosa transcutânea, ou em posicio-

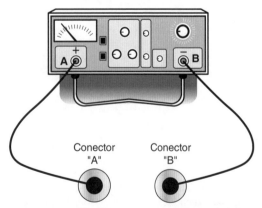

Figura 12.8 Aplicação bipolar de estimulação elétrica. A área da superfície dos eletrodos provenientes de cada conector é igual. Isso cria uma densidade de corrente igual, e os efeitos da estimulação ocorrem igualmente sob cada eletrodo. Cada conexão pode ser dividida para acomodar dois eletrodos. Contanto que os eletrodos sejam de igual tamanho e a densidade de corrente resultante seja igual, a aplicação é classificada como bipolar.

Quadro 12.3 Pontos de estimulação

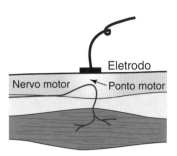

Certas áreas da pele conduzem melhor a eletricidade do que outras áreas. Esses locais, conhecidos coletivamente como pontos de estimulação, representam as áreas que necessitam de menor corrente para produzir contrações musculares, sensação ou dor. Muitas técnicas terapêuticas são concebidas para estimular especificamente um ou mais destes pontos de estimulação. A proximidade dessas áreas umas das outras resulta em um único eletrodo estimulando os três pontos.

Pontos motores

Cada músculo possui uma ou mais áreas na superfície da pele que são hipersensíveis à passagem da corrente elétrica. Estes pontos, conhecidos como pontos motores, são áreas discretas acima do local onde os nervos motores e os vasos sanguíneos penetram a massa muscular. Em razão de sua baixa resistência elétrica, a estimulação desses pontos provoca uma contração mais forte em intensidades mais baixas do que os tecidos circundantes. Os pontos motores associados a uma área lesionada mostram uma sensibilidade aumentada ao fluxo de corrente e à palpação.

Embora haja um certo grau de consistência no local dos pontos motores, há alguma variação entre indivíduos e, dependendo da patologia envolvida, podem variar na mesma pessoa ao longo do tempo. A espessura da camada de tecido adiposo influencia a intensidade de corrente necessária para despolarizar o nervo motor; o aumento do tecido adiposo requer maior intensidade.[19] O Apêndice D apresenta os pontos motores comumente aceitos, para fins de referência. Estes pontos devem ser localizados em cada paciente, encontrando o ponto em que uma contração mais forte resulta de uma menor intensidade de estímulo.

Pontos-gatilho

Os pontos-gatilho são áreas patológicas e localizadas de dor que são hipersensíveis à estimulação. A estimulação dessas áreas "dispara" a dor radiante ou referida. Ao contrário dos pontos motores, os pontos-gatilho podem ser encontrados não só no músculo, mas também em outros tecidos moles, como ligamentos, tendões e fáscias (ver Anexo B).

Pontos de acupuntura

Os pontos de acupuntura são locais específicos na pele que possuem uma resistência elétrica diminuída e condutividade elétrica aumentada. Acupunturistas propõem que estes pontos são conectados por meridianos através dos quais fluem sangue e energia.[20-25] Os **pontos mestres** superficiais, que consistem em doze canais principais, oito canais secundários e uma rede de subcanais, ligam áreas da pele a canais mais profundos, e permitem a regulação sistêmica de muitas funções corporais. Os pontos mestres geralmente são efetivos no alívio da dor ao longo de todo o meridiano, e acredita-se que resultam na liberação de opioides endógenos.[23] Embora a acupuntura venha sendo usada com sucesso por muitos séculos, sua base teórica nunca foi totalmente fundamentada.

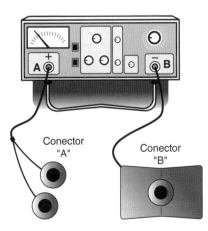

Figura 12.9 Aplicação monopolar de estimulação elétrica. A área total dos eletrodos ativos é significativamente menor do que a área do eletrodo dispersivo. O desequilíbrio na densidade de corrente concentra a estimulação à área abaixo dos eletrodos ativos.

namentos agonistas-antagonistas utilizados nas técnicas de estimulação elétrica neuromuscular (Fig. 12.10).

Movimento de correntes elétricas através do corpo

A maioria das formas de estimulação elétrica clínica é aplicada transcutaneamente. Quando uma corrente passa através da pele, ela tem potencial para perturbar o potencial de repouso de nervos e outros tecidos excitáveis, resultando em uma despolarização (Quadro 12.4).

Uma vez que uma corrente elétrica terapêutica entra no corpo, o movimento de íons substitui o fluxo de elétrons (ver Fig. 12.1). Os íons se afastam do polo de mesma carga e migram para o polo de carga oposta (lei de Coulomb). Quando se emprega uma corrente AC ou pulsada bifásica, os íons se movem para trás e para a

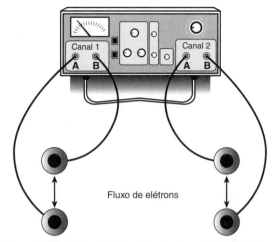

Figura 12.10 Aplicação quadripolar de estimulação elétrica. Dois conjuntos de eletrodos operando com dois canais independentes.

Quadro 12.4 Excitando tecidos excitáveis

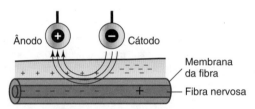

Quando um tecido excitável (nervos, fibras musculares, membranas celulares etc.) permanece sem estímulo, seu potencial de repouso permanece constante. O potencial resultante age como uma fonte de energia armazenada para ser usada na transmissão de pulsos; a energia é armazenada como cargas elétricas separadas no interior e no exterior da membrana celular. Nesse sentido, a membrana serve como um capacitor.

Há a necessidade de uma diminuição (**despolarização**) ou de um aumento (**hiperpolarização**) na carga elétrica da membrana celular antes que um potencial de ação possa tomar lugar. **Reobase** é a quantidade mínima de voltagem, sob o polo negativo, necessária para produzir uma resposta estimulada quando se utiliza uma corrente contínua. A menos que especificamente indicado de outra forma, o termo "despolarização" será utilizado para designar o disparo de um potencial de ação por qualquer despolarização ou hiperpolarização.

Em uma magnitude suficiente, qualquer estímulo, seja elétrico, mecânico, químico, térmico ou hormonal, pode causar a despolarização ao alterar a permeabilidade celular, resultando em um potencial de ação. Uma membrana requer aproximadamente 0,5 ms para recuperar sua excitabilidade depois de um potencial de ação. Esse "tempo ocioso" é o período refratário absoluto. A membrana não vai descarregar durante esse período. Após o período refratário absoluto, há um período refratário relativo, durante o qual outra despolarização pode ocorrer caso a magnitude do estímulo seja maior (ver Quadro 1.2).

Sob o cátodo, o potencial da membrana é reduzido, resultando em despolarização. Cargas negativas são repelidas do cátodo e migram para o lado externo da membrana nervosa, carregado positivamente, aumentando a carga negativa do lado de fora da célula e reduzindo o potencial elétrico entre o interior e o exterior da membrana. O potencial de repouso se altera em direção ao positivo e – tendo potencial elétrico suficiente – dispara um potencial de ação.

Tecidos excitáveis sob o ânodo são hiperpolarizados. Íons negativos migram a partir da membrana nervosa para o ânodo, criando um aumento da carga positiva líquida do lado de fora da membrana. O aumento relativo na carga negativa no interior da membrana desencadeia um potencial de ação.

Para disparar um potencial de ação, o estímulo deve ser maior do que o limiar potencial do nervo. A estimulação catódica, ou a fase negativa de uma corrente bifásica ou alternada, tende a disparar mais facilmente um potencial de ação.[14]

Tipo de nervo	Diâmetro	Velocidade de condução	Nível de estímulo para despolarização
A-beta	12 a 20 μm	30 a 70 m/s	Baixo
A-delta	1 a 4 μm	6 a 30 m/s	Alto
Fibras C	< 1 μm	0,5 a 2 m/s	Alto

frente entre os eletrodos de acordo com o número de ciclos por segundo (ver Fig. 12.6). Quando se emprega uma corrente CC ou monofásica pulsada, esta migração ocorre em apenas uma direção.

Estimulação seletiva de nervos

Os diferentes tipos de nervos são despolarizados de uma forma ordenada e previsível. A resposta do nervo à estimulação elétrica baseia-se em três fatores: (1) o diâmetro do nervo, (2) a profundidade do nervo em relação ao eletrodo e (3) a duração de fase da corrente.[5] Nervos sensoriais são estimulados em primeiro lugar, seguidos de nervos motores e, então, pelas fibras de dor. Somente depois que essas estruturas tenham atingido seu limiar de despolarização (ou caso esses nervos sejam incapazes de despolarizar), a corrente elétrica poderá afetar diretamente as fibras musculares.

Nervos de grande diâmetro são despolarizados antes de nervos de menor diâmetro. A amplitude necessária para estimular um nervo é inversamente proporcional ao diâmetro do nervo. Uma vez que uma maior área de secção transversal do nervo oferece menor resistência capacitiva de membrana, há necessidade de menos corrente (Quadro 12.5).

Níveis de estimulação

As intensidades de estimulação são descritas com referência ao tipo de nervo despolarizado:

Nível subsensorial: a estimulação ocorre entre o ponto em que a intensidade de saída sobe de zero ao ponto inicial em que o paciente tem uma sensação elétrica discreta. Este tipo de estimulação não parece causar benefícios terapêuticos.

Nível sensorial: a estimulação despolariza apenas nervos sensoriais. Este nível é encontrado ao se aumentar a saída até ao ponto em que um ligeiro tremor muscular é observado ou sentido e, em seguida, diminuindo-se a intensidade de saída cerca de 10%.

Nível motor: a estimulação tem uma intensidade que produz uma contração muscular visível, sem causar dor.

Nível nociceptivo: a estimulação é uma corrente aplicada a uma intensidade que estimula as fibras de dor.

Nível de fibra muscular: a estimulação é aplicada com longa duração de fase e uma intensidade de saída que fazem as fibras musculares despolarizarem diretamente.

Existe um efeito cumulativo conforme a intensidade da estimulação é aumentada. À medida que a saída passa pelo nível sensorial e atinge o nível motor, os nervos sensoriais ainda estão sendo despolarizados; conforme a intensidade de saída é aumentada até o nível nociceptivo, os nervos sensoriais e motores ainda estão sendo despolarizados.

Nervos sensoriais superficiais recebem mais estímulo do que os nervos motores localizados mais profundamente. Para ativar um nervo motor profundo, a corrente deve primeiro passar através dos tecidos superficiais, incluindo o tecido adiposo.[19] As fibras de dor são mais superficiais do que os nervos motores, mas também tendem a ter um diâmetro menor. Sua resistência ao fluxo de corrente é tão grande que os nervos motores chegam primeiro ao limiar, permitindo que as contrações musculares sejam eliciadas antes que a dor seja sentida. As ondas senoidais (correntes alternadas) penetram mais profundamente nos tecidos do que as correntes pulsadas.[5]

Fibras de dor superficiais podem, no entanto, ser estimuladas antes dos nervos motores mais profundos. A estimulação da superfície da pele sempre resulta na ativação dos receptores sensoriais antes dos nervos motores ou nociceptivos.[28]

Evidência prática

Com exceção da cicatrização de feridas, dos estimuladores do crescimento ósseo e da iontoforese, os benefícios da estimulação elétrica clínica são derivados da despolarização de nervos sensoriais (p. ex., controle da dor), nervos motores (p. ex., reeducação muscular) ou fibras nociceptivas (p. ex., controle da dor). A estimulação elétrica tem pouco ou nenhum efeito direto sobre o processo inflamatório.

Quadro 12.5 A lei de Dubois Reymond

Fazer com que um nervo despolarize é uma tarefa relativamente fácil; basta aplicar voltagem e amperagem suficientes e a despolarização está fadada a ocorrer. No entanto, este tipo de estimulação raramente é terapêutico ou seletivo.

De acordo com a lei de Dubois Reymond, a variação da densidade de corrente, mais do que a densidade de corrente absoluta, gera a despolarização de nervos ou do tecido muscular.[26] Variações na densidade de corrente ultrapassam a resistência da membrana celular com uma intensidade menor do que as densidades invariáveis. Para despolarizar tecidos excitáveis de uma forma ordenada e sequencial, os seguintes critérios devem ser cumpridos:[27]

- A intensidade da corrente deve ser suficientemente intensa para despolarizar a membrana celular.
- A taxa de aumento da borda dianteira do pulso deve ser suficientemente rápida para evitar acomodação.
- A corrente deve fluir por tempo suficiente em uma direção (duração de fase) para fazer com que o nervo despolarize. Nervos de menor diâmetro exigem uma duração de fase mais longa para despolarizar do que nervos de maior diâmetro.
- Deve ser alocado tempo suficiente para permitir que a membrana repolarize.

Durações de fase curtas permitem uma maior gama de intensidades de estimulação para a despolarização dos três tipos de nervos. À medida que a duração de fase é aumentada, ocorrem dois eventos. Primeiramente, uma menor amplitude é necessária para estimular cada tipo de nervo. Em segundo lugar, a diferença na intensidade necessária para atingir o limiar de despolarização entre cada tipo de nervo é diminuída.[5,29] A Figura 12.11 mostra uma curva de força-duração típica entre a duração de fase e o limiar de excitação para os tipos de nervos indicados. Teoricamente, se a duração da fase continuasse ao longo da linha de base, haveria um ponto no qual cada tipo de nervo seria estimulado quase em simultâneo e a uma intensidade muito baixa.

Vários protocolos de estimulação elétrica exigem que os parâmetros de estimulação sejam suficientes para produzir uma contração do músculo confortável, drenagem de edema ou reeducação muscular, por exemplo. Estimuladores elétricos clínicos geram contração muscular por despolarização de nervos motores, não por despolarização das fibras musculares diretamente. Uma vez que os nervos motores possuem um diâmetro maior do que a fibra muscular, eles apresentam menor resistência elétrica em relação a esta, de modo que são propensos a despolarizar primeiro. Outra razão para isso reside no potencial de repouso de nervos e fibras musculares. Em média, os nervos possuem um potencial de repouso de -75 mV, enquanto o potencial de repouso das fibras musculares é de -90 mV. Portanto, é necessário mais carga elétrica para fazer com que as fibras musculares se despolarizem.

Estimuladores elétricos que possuam uma duração de fase longa e amplitude suficiente podem fazer com que fibras musculares se despolarizem e se contraiam. Contudo, referindo-se a estimulação seletiva de nervos, estes parâmetros também causariam a despolarização de fibras de dor. A despolarização direta da fibra muscular é empregada, algumas vezes, para gerar contrações musculares em pacientes que sofrem de paralisia, permitindo-lhes recuperar parcialmente o uso de seus membros.

Interferência nos sistemas nervosos central e periférico

Quando um estímulo suficiente para provocar a despolarização da membrana celular permanece inalterado, o potencial de repouso da membrana aumenta para acima do seu nível pré-estímulo. Esta resposta do sistema nervoso periférico (SNP), a **acomodação**, ocorre quando a taxa de despolarização do nervo diminui, enquanto o estímulo para despolarização, neste caso uma corrente elétrica, mantém-se inalterado. Nervos sofrendo acomodação requerem estímulos cada vez mais intensos ao longo do tratamento para atingir o limiar de despolarização (Fig. 12.12).

O limiar para o início de um potencial de ação varia de acordo com o estímulo aplicado. Pulsos de ascen-

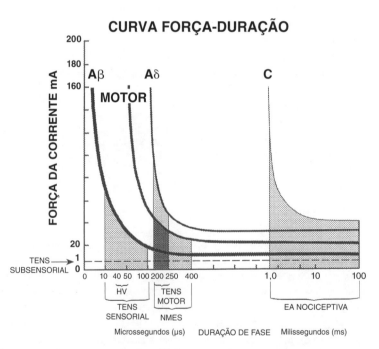

Figura 12.11 Curva força-duração. Em razão da resistência capacitiva formada pelas membranas celulares, durações curtas de pulso ou de fase são mais seletivas quanto às fibras nervosas estimuladas que pulsos com duração mais longa. Correntes de menor duração requerem uma emissão maior de correntes para estimular o mesmo tipo de fibras nervosas que correntes de duração mais longa. (Cortesia de IAPT. Usado com permissão.)

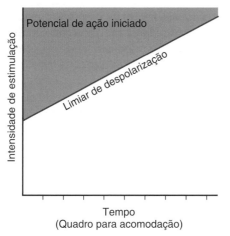

Figura 12.12 Alterações no limiar de despolarização durante a acomodação. Quando tecidos excitáveis são expostos a um estímulo invariável, a membrana da célula se adapta aos estímulos, requerendo um aumento do nível de estimulação para disparar um potencial de ação. Esta figura ilustra como o nível de estimulação, ao longo do tempo, precisaria ser aumentado para causar a despolarização da membrana celular. O início da acomodação pode ser combatido na utilização de estimulação elétrica ao se ajustar os parâmetros de saída, tais como intensidade, frequência e duração em intervalos aleatórios. Estes parâmetros de modulação são incorporados em vários estimuladores elétricos.

são lenta requerem uma maior quantidade de amplitude para iniciarem um potencial de ação. Nervos se acomodam rapidamente; assim, é necessária uma ascensão de pulso abrupta. As fibras musculares se acomodam mais lentamente do que as fibras nervosas, de forma que se utiliza uma ascensão de pulsos gradual.[10] A ascensão de pulso é predefinida pelo gerador e não pode ser modificada pelo usuário.

O sistema nervoso central (SNC) também pode desempenhar um papel na diminuição da estimulação sensorial de longo termo associada à estimulação elétrica. A **habituação** é o processo de filtragem do SNC de um estímulo contínuo não significativo.[30,31] Isso é vivenciado na vida cotidiana: por exemplo, um indivíduo se senta para estudar na cozinha. Seus companheiros saíram para a noite, de modo que o apartamento está tranquilo, exceto pelo zumbido do refrigerador. Depois de começar a estudar, o som do refrigerador é empurrado cada vez mais para o fundo de sua consciência. Ao final, ele já não percebe que o som está lá. Embora ainda o ouça, o estímulo permanece no seu "*background*" mental até que o refrigerador pare de zumbir. Neste ponto, o indivíduo está impressionado com o silêncio estrondoso do ambiente.

A acomodação e a habituação ocorrem durante a aplicação de uma modalidade elétrica. Aumenta-se a intensidade de uma modalidade elétrica ao ponto em que o paciente expressa um discreto desagrado quanto ao conforto do estímulo. Permite-se que a pessoa experimente o fluxo de corrente por cerca de 5 minutos, e depois se questiona se a intensidade pode ser aumentada. Geralmente, o paciente dirá que sim. Esta capacidade de aumentar a intensidade representa a acomodação dos nervos envolvidos. As pessoas se tornam acomodadas a uma corrente elétrica e são capazes de tolerar maior intensidade na medida em que seu número de sessões de tratamento aumenta.[32] A habituação é a tolerância ao estímulo desenvolvida ao longo de vários tratamentos.

Muitas modalidades eletroterapêuticas possuem **parâmetros de modulação** para combater os efeitos da acomodação. O gerador pode alterar aleatoriamente a intensidade, a frequência e/ou a duração de pulso para evitar que o corpo receba um estímulo constante e invariável (Tab. 12.3, e ver Fig. 13.3).

Galvanismo médico

A estimulação galvânica é a aplicação de uma corrente contínua de baixa tensão ao corpo. Uma vez que se utilize uma CC, existe uma polaridade conhecida sob cada um dos eletrodos. Ao controlar a polaridade dos eletrodos, certas respostas celulares e bioquímicas podem ser provocadas. O **pH** dos tecidos sob o cátodo (polo negativo) se torna básico (a alcalinidade dos tecidos é aumentada), aumentando o risco de queimaduras químicas. Ácidos se acumulam sob o ânodo, o que pode provocar a coagulação das proteínas e o enrijecimento do tecido. A estimulação por uma corrente direta pode provocar uma contração do músculo denervado, mas a duração de fase é tão longa que as fibras C também são estimuladas, tornando a contração dolorosa.

Por meio de um processo de eletrosmose, os íons são atraídos para o polo que possua carga oposta e repelidos do polo com a mesma carga. Íons sódio, positivamente carregados (Na^+), se movem em direção ao cátodo (polo negativo), onde ganham um elétron e formam um átomo de sódio, descarregado. Através da reação do sódio com a água, as proteínas são liquefeitas, causando um amolecimento geral dos tecidos na área e uma diminuição da irritabilidade do nervo.[33] Os eventos fisiológicos sob o ânodo

Tabela 12.3 Parâmetros de modulação para retardar a acomodação fisiológica a uma corrente elétrica

Amplitude
Duração de fase/pulso
Frequência
Rampa
Onda
Explosão
Múltiplo (a combinação de dois ou mais dos parâmetros acima)

são essencialmente opostos àqueles que ocorrem no cátodo. Aqui, crê-se que os tecidos sejam enrijecidos porque os mediadores químicos forçam a coagulação das proteínas.

Estes efeitos não são tão pronunciados quando são utilizadas correntes monofásicas, bifásicas ou alternadas. A duração de pulso curta e o intervalo interpulso longo reduzem os efeitos químicos das correntes monofásicas.[34] Correntes bifásicas simétricas ou assimétricas equilibradas ou CA resultam em nenhuma alteração galvânica, porque tais fases têm uma carga igual e oposta. Uma corrente assimétrica desequilibrada pode resultar em alterações químicas residuais caso a duração da corrente seja suficiente.

Estimulação elétrica clínica

Esta parte apresenta objetivos comuns da estimulação elétrica e técnicas para alcançá-los. O próximo capítulo relaciona estes objetivos aos diferentes tipos de aparelhos de estimulação elétrica comumente empregados no tratamento de algumas condições ortopédicas e neurológicas. Com raras exceções de feridas e de cicatrização de fraturas, os efeitos da estimulação elétrica são o resultado da despolarização de fibras sensoriais, motoras ou nervosas de dor (Fig. 12.13).

Estimulação de nível motor

Se aplicado a uma intensidade suficiente, quase qualquer tipo de estimulador elétrico pode provocar uma contração do músculo saudável e normal. Porém nem todos os estimuladores elétricos são apropriados para cada tipo de tratamento em nível motor (Tab. 12.4). Por meio de diferentes tipos de correntes elétricas, diversos estimuladores elétricos permitem contrações mais eficientes, in-

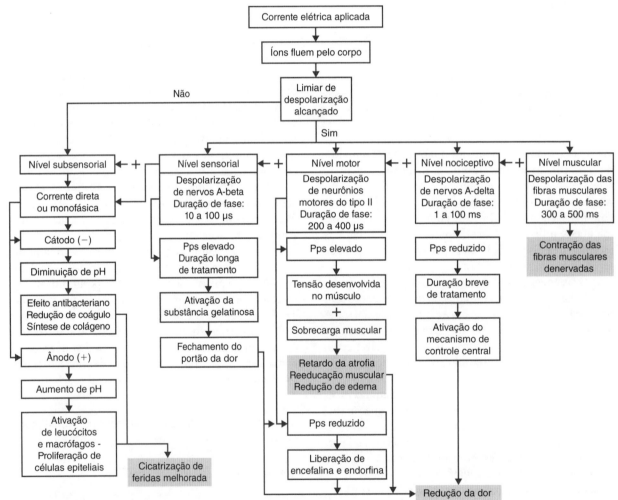

Pps = pulsos por segundo.
* Considerando inervação normal.
Consolidação de fraturas e diatermia não estão incluídas neste esquema.

Figura 12.13 Esquema dos efeitos da estimulação elétrica. Há um efeito aditivo na medida em que o limiar de despolarização aumenta a partir do nível subsensorial até o nível da fibra muscular. Por exemplo, a estimulação de nível motor também ativa os nervos sensoriais.

Tabela 12.4 Usos comuns do protocolo de estimulação de nível motor por tipo de gerador

Tipo de gerador/corrente	Uso/limitações na clínica
Estimulação pulsada de alta voltagem Monofásica	Reeducação neuromuscular Controle da dor em nível motor Redução do edema em nível motor Alguns aparelhos não possuem um controle de ciclo de trabalho Carece da corrente total necessária para a produção de força máxima
Estimulação elétrica nervosa transcutânea Bifásica	Controle da dor em nível motor Sem controle de ciclo de trabalho Baixa corrente total limita a produção de força
Estimulação interferencial Alternância	Controle da dor em nível motor Redução do edema em nível motor Sem controle de ciclo de trabalho Parâmetros pré-modulados dirigem a corrente para os nervos motores
Estimulação elétrica neuromuscular Monofásica, bifásica, alternância	Reeducação neuromuscular Aumento da força

tensas e confortáveis. A combinação da elevação do pulso, a duração de fase e a amplitude de corrente determinam a qualidade e a quantidade da contração. A duração e a intensidade do pulso combinam-se para aumentar o recrutamento de nervos motores (**somação espacial**). A frequência de pulso aumenta a taxa de contrações musculares por unidade de tempo (**somação temporal**).[35]

A estimulação elétrica é utilizada para criar uma tensão no músculo para impedir (ou retardar) a atrofia, restabelecer vias neurológicas, restaurar a força do músculo inibido ou aumentar a força muscular. Clinicamente, a base destas teorias é que a manutenção de uma carga segura no músculo cria uma tensão relativa à imobilização total. Uma vez que existe menos atrofia, há menos perda de função.[36] Quanto mais tensão desenvolvida de modo seguro no músculo, maiores serão os benefícios:

Sem contração	<	Contrações eletricamente induzidas	<	Contrações voluntárias	<	Contrações voluntárias + estimulação elétrica
SEM TENSÃO						TENSÃO MÁXIMA

O torque produzido pela estimulação elétrica é dose-dependente e limitado pelo desconforto.[7,29] Geradores destinados à estimulação neuromuscular devem produzir uma contração forte e confortável.[32,37]

A estimulação elétrica de músculos **inervados** ativa mais o nervo motor que as fibras musculares diretamente. Uma vez que a capacitância dos nervos motores é menor do que a do tecido muscular, a corrente supera a resistência do nervo primeiro (Tab. 12.5). Quando a magnitude da estimulação é suficiente, um potencial de ação é iniciado, enviando um sinal para a unidade motora, o que resulta na contração do músculo. Por essa razão, os eletrodos devem ser colocados sobre os pontos motores do músculo (ver Anexo D). Essas contrações podem ser usadas para retardar os efeitos da atrofia, reeducar o músculo, reduzir edema ou aumentar a capacidade de geração de força do músculo saudável.

Durante as contrações voluntárias, as fibras do tipo I pequenas (motoneurônios alfa) são as primeiras a despolarizar. A força de contração é baseada no número de unidades motoras recrutadas e na frequência de disparo das unidades motoras. As contrações musculares eletricamente induzidas fazem com que as fibras do tipo II sejam ativadas antes das fibras do tipo I. Nas contrações induzidas eletricamente, todas as unidades motoras envolvidas disparam ao mesmo tempo. A tensão se eleva com base na frequência de pulso das unidades motoras. A estimulação elétrica provoca fadiga muscular mais rapidamente do que as contrações voluntárias.[7]

Tabela 12.5 Comparação entre as contrações musculares induzidas fisiologicamente e eletricamente

Contrações induzidas fisiologicamente	Contrações induzidas eletricamente
• Fibras musculares de pequeno diâmetro e de contração lenta são recrutadas em primeiro lugar.	• Fibras musculares de grande diâmetro e de contração rápida são recrutadas primeiro (inversão da ordem de recrutamento voluntário).
• Contrações e recrutamento são assíncronos para diminuir a fadiga muscular.	• Contrações e recrutamento são síncronos, com base no número de pulsos por segundo.
• Órgãos neurotendinosos de Golgi protegem os músculos da produção excessiva de força.	• Órgãos neurotendinosos de Golgi não podem superar a tensão em desenvolvimento na unidade musculotendínea.
Início lento da fadiga	Início mais acelerado da fadiga

Os nervos motores são recrutados para a contração com base no diâmetro dos seus axônios e na sua proximidade com os eletrodos.[38] Neurônios motores de grande diâmetro são recrutados antes dos menores, e os nervos mais próximos ao eletrodo respondem antes daqueles mais distantes. Nas contrações musculares voluntárias, as fibras motoras do tipo I são recrutadas antes de fibras do tipo II. Na estimulação elétrica em nível motor, as fibras do tipo II são recrutadas em primeiro lugar.

Atributos das correntes que influenciam a contração

A qualidade, a eficiência e o conforto das contrações musculares eletricamente induzidas são dependentes do tipo de corrente e das características do pulso. Correntes alternadas ou pulsadas são capazes de produzir contrações, mas o conforto relativo é variável. As características primárias do pulso que determinam a qualidade da contração são a amplitude (intensidade), a duração de fase e a frequência de pulso.

Evidência prática

Clinicamente, todos os tipos de corrente, exceto a corrente contínua, são utilizadas para produzir uma contração do músculo. Muitas vezes, o conforto percebido pelo paciente é variável de pessoa para pessoa.[39] Em geral, não há diferença na quantidade de torque muscular que pode ser produzida por diferentes tipos de corrente, mas com uma onda senoidal tem-se demonstrado obter uma contração mais forte com menos desconforto do que com outro tipo de corrente.[40] Correntes bifásicas possuem uma maior latência para a fadiga muscular do que uma corrente alternada (p. ex., simulação russa), potencialmente maximizando os benefícios do tratamento.[7]

Amplitude de pulso (intensidade)

A força gerada pela contração muscular está linearmente correlacionada com a quantidade de corrente introduzida nos tecidos. A força de contração se eleva conforme a amplitude (intensidade) da corrente aumenta.[35,41,42] A profundidade de penetração da corrente aumenta na medida em que os picos de corrente aumentam, recrutando, assim, mais fibras nervosas. Para despolarizar nervos motores mais profundos, a corrente deve primeiro passar através da camada de tecido adiposo. Os indivíduos com mais tecido adiposo sobreposto aos nervos motores-alvo requerem uma maior intensidade de saída para evocar uma contração muscular forte em relação àqueles com camadas mais finas.[19]

A tolerância do paciente em relação à corrente é, muitas vezes, o fator limitante da força da contração produzida.[29] A intensidade máxima confortável tende a ser inferior a 30% da contração isométrica voluntária máxima (CVM).[43] Uma exposição anterior à estimulação elé-

trica e uma compreensão do tratamento e das sensações esperadas podem levar ao aumento da tensão muscular.[44]

Tratamentos com gelo são muitas vezes utilizados, pelos seus efeitos anestésicos. A investigação sobre a capacidade de aplicação de frio, antes ou durante a estimulação elétrica, para melhorar o conforto do paciente, produziu resultados mistos.[45-47] A dor experimentada durante a estimulação elétrica de alta amplitude é causada pela estimulação dos receptores cutâneos de dor e pelos nociceptores localizados profundamente no interior do músculo.[48] A aplicação de gelo antes do tratamento aumenta a saída máxima tolerada pelo paciente, mas não se traduz em um aumento da produção de torque.[47]

Duração de fase

A carga de fase, a quantidade de corrente enviada por cada fase, determina a qualidade e a quantidade da contração muscular. Uma duração de fase de 200 a 400 microssegundos (μs) recruta especificamente nervos motores.[10,49] Durações de fase curtas exigem uma maior amplitude para evocar um potencial de ação do que as fases de maior duração.[50] Durações de fase de menos de 1 milissegundo (ms) não são capazes de estimular músculos denervados, independentemente da amplitude da corrente.[8,9,51] Já as durações de fase superiores a 400 microssegundos começam a recrutar fibras de dor.[29]

Fibras de dor possuem um diâmetro pequeno em relação aos nervos motores e normalmente só são estimuladas em intensidades mais altas e em durações de fase mais longas, permitindo o recrutamento muscular sem uma quantidade desproporcional de desconforto. No entanto, a dor associada à intensidade da estimulação e à sensação de tensão muscular impede, muitas vezes, que contrações máximas sejam alcançadas.

Frequência de pulso

Quando o estímulo é aplicado a uma frequência de pulso inferior a 15 pulsos por segundo (pps) (ou no caso de AC, Hz), existem contrações musculares distinguíveis para cada pulso elétrico. Sob esse ritmo de pulsos, há tempo suficiente para o processo mecânico necessário para o retorno das fibras musculares ao seu comprimento original antes do início do próximo pulso. Cada uma destas contrações individuais é referida como uma contração (Tab. 12.6).

Em razão da **somação**, as contrações individuais se tornam cada vez menos distinguíveis entre 15 e 25 pps. Neste caso, os pulsos ocorrem em tão rápida sucessão que as fibras musculares não têm tempo para retornar à sua posição original antes que o próximo pulso comece (Fig. 12.14). À medida que a frequência de pulsos aumenta, a quantidade de somação aumenta como resultado de uma maior sobreposição no processo mecânico de contração muscular.[10]

Tabela 12.6 Faixas de frequência de pulso comumente empregadas em eletroterapia

Descritor	Pulsos por segundo (pps)	Efeitos neuromusculares
Baixo (Contração)	< 15	Contrações musculares individuais
Médio (Somação)	15-40	Mistura de contrações individuais resultando em aumento do tônus muscular
Alto (Tônico)	> 40	Contração mantida ou constante

Nota: As faixas acima referidas irão variar de acordo com o indivíduo e o grupo muscular.

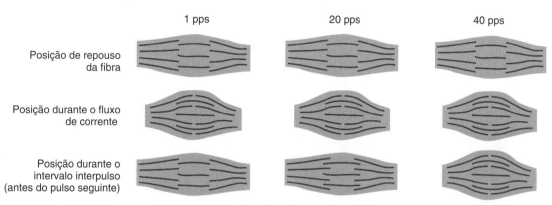

Figura 12.14 Reação da fibra muscular à frequência de pulso. O tônus de um músculo submetido a contrações induzidas eletricamente varia de acordo com a frequência de pulso. Sob menos de aproximadamente 15 pps, as fibras musculares possuem tempo para retornar à sua posição inicial. À medida que a frequência de pulsos aumenta, a duração do intervalo interpulso diminui, impedindo que as fibras musculares regressem à sua posição inicial original antes do pulso seguinte.

A somação continua até que o músculo atinja a **frequência crítica de fusão**, o ponto em que alcança a **tetania**. Neste ponto, o músculo entra em uma **contração tônica**. A frequência crítica de fusão varia discretamente de pessoa para pessoa e entre os grupos musculares, mas geralmente ocorre entre 30 a 40 pps.[52] Músculos posturais (fibras musculares do tipo I) atingem a tetania antes que os músculos não posturais.[9]

O aumento da frequência de estimulação pouco fará para aumentar ainda mais o tônus muscular. Frequências de pulso acima de 60 pps causam um aumento da taxa de fadiga muscular se empregadas por um período suficiente.

É necessária uma forte contração tetânica para retardar a atrofia ou aumentar a força. A estimulação de frequência de pulso moderada (20 pps) reduz a fadiga, mas o músculo desenvolve 45% menos força do que poderia a maiores frequências de pulso.[3] Frequências mais elevadas atingem a tetania mais confortavelmente do que as frequências mais baixas. Correntes bifásicas de frequência média fadigam seletivamente as fibras musculares do tipo II, resultando em diminuição da produção de torque na medida em que o tratamento progride.[53] O decaimento da força ao longo do tratamento pode ser combatido por meio do aumento da quantidade de repouso entre os ciclos de tratamento ou pela diminuição da frequência de pulsos durante o tratamento.

Músculo denervado

Os nervos motores que foram denervados há menos de três semanas ainda são capazes de despolarização. Neste caso, os nervos motores podem continuar a produzir uma contração muscular por meio de estimulação elétrica até que a **degeneração walleriana** se instale.[10] Antes deste ponto, os nervos motores podem ser despolarizados por um pulso que tenha uma duração curta e uma forma de onda lentamente ascendente.

Quando um músculo é totalmente denervado, as fibras musculares já não podem se comunicar com o nervo motor, ou o nervo motor não pode receber sinais a partir da medula espinal, de modo que as fibras musculares devem ser diretamente estimuladas para evocar uma contração.[51] A duração de fase produzida pela maioria dos estimuladores elétricos clínicos é muito curta para despolarizar diretamente as fibras musculares. A corrente deve fluir por um longo tempo em um sentido para despolarizar as membranas da fibra muscular. Deve-se empregar uma corrente galvânica (direta) ou monofásica com uma duração de fase longa (estimulação de baixa tensão). Nos casos em que o paciente sofreu um ferimento da medula espinal, mas os nervos periféricos ainda estão intactos, tal como na **lesão do neurônio motor superior**, as contrações musculares ainda podem ser obtidas através da utilização de uma corrente pulsada.[10,35]

Reeducação neuromuscular

A reeducação neuromuscular envolve "ensinar" um músculo a se contrair novamente. Edema, dor, imobilização, atrofia por desuso e/ou dano nervoso podem interferir com a alça neurológica entre músculo, nervo periférico, medula espinal e cérebro.[32] A estimulação elétrica pode restabelecer as vias neurais, a fim de restaurar contrações voluntárias.[36] A reeducação neuromuscular difere do aumento da força, que é a estimulação elétrica aplicada ao músculo saudável.

Os geradores capazes de produzir um ciclo de trabalho e elevar progressivamente a corrente maximizam os benefícios neuromusculares.[54] Um ciclo de trabalho baixo deve permitir que o músculo relaxe e se recupere entre as contrações.[32] Elevar progressivamente a corrente permite um aumento natural da tensão. A frequência de pulso deve ser suficiente para produzir uma contração tetânica, sendo empregados geralmente 60 pps. Para os programas de reeducação neuromuscular, a força gerada deve ser pelo menos 10% da CVM da extremidade não envolvida.[55]

O paciente pode sentir **dor muscular de início tardio** após o tratamento. Como acontece com qualquer programa de exercícios, a intensidade deve ser ajustada de modo a encontrar um equilíbrio adequado entre os benefícios terapêuticos e o conforto do paciente.[44] Protocolos de reeducação neuromuscular não devem ser administrados quando a inserção tendínea não é segura, o músculo não pode tolerar a tensão ou o movimento articular é contraindicado.

Evidência prática

Para maximizar os efeitos iniciais da reeducação neuromuscular, deve-se utilizar longos períodos de repouso (cerca de 2 minutos) entre as sessões de estimulação elétrica. Este tempo de descanso diminui o declínio na produção de força ao longo do tempo.[12]

Semelhante ao que ocorre com as contrações musculares voluntárias, os protocolos de fortalecimento por estimulação elétrica podem afetar o grupo muscular no membro oposto, aumentando a força em até 10%. Estes ganhos de força podem ser atribuídos a um efeito neurológico cruzado, à aprendizagem motora ou à contração subconsciente do músculo não tratado.[32,56] Quando o paciente é incapaz de contrair um músculo, secundário seja ao desuso ou à imobilização (ou seja, tala ou gesso), fortalecer o membro não envolvido por meio de contrações voluntárias ou induzidas eletricamente pode retardar a atrofia ou ajudar na reeducação do membro envolvido.[36]

Aumento da força

Quando o objetivo é aumentar a força do músculo, as contrações musculares eletricamente induzidas podem complementar, mas não devem substituir as contrações voluntárias. A estimulação elétrica é menos efetiva em aumentar o torque do quadríceps que o *biofeedback* (ver Cap. 18).[57] Ganhos de força obtidos por estimulação elétrica seguem os mesmos parâmetros de especificidade que qualquer outra forma de exercício, isto é, o treinamento isométrico melhora apenas a força isométrica e não se transfere para a força **isotônica** ou **isocinética**.[58]

Ganhos de força realizados por meio do uso de estimulação elétrica são atribuídos a dois fatores:[59]

1. Sobrecarga muscular
2. Reversão de nervos motores dos tipos I e II

Ganhos de força são uma resposta à colocação de um aumento da carga funcional sobre o músculo. Para que o ganho de força ocorra por meio de estimulação elétrica, a carga funcional colocada no músculo deve ser igual a, pelo menos, 30 a 60% de CVM.[2,43] Pode-se reconhecer este fator como sendo, em parte, a base do **princípio da sobrecarga**. Para produzir sobrecarga, o músculo deve exceder o limiar de geração do torque eletricamente evocado (TEE) mínimo, o ponto no qual a contração produz tensão mensurável e significativa no músculo. À medida que a força do músculo aumenta, também aumenta a TEE.[60]

A carga funcional aumentada produzida pelo estímulo elétrico é completada pelo aumento do recrutamento de fibras musculares do tipo II, o segundo fator de aumento de força. Como a corrente elétrica despolariza primeiramente os nervos de maior diâmetro, as fibras do tipo II são levadas à contração mais cedo e fadigam em primeiro lugar.[38,53,61] O recrutamento de fibras do tipo II e a carga funcional aumentada trabalham em conjunto para que o fortalecimento muscular por meio da estimulação elétrica possa ocorrer em níveis produzindo 30% da tensão encontrada na CVM.[3,59]

Diversas variáveis devem ser consideradas ao se buscar aumentar a força muscular por meio da estimulação elétrica. Se o ciclo de trabalho é muito elevado, pode ocorrer fadiga prematura em razão do aumento do uso do **sistema fosfocreatina**. Além disso, a função de proteção dos órgãos neurotendíneos de Golgi é substituída durante a estimulação elétrica. Devem ser tomadas precauções para amortecer os extremos da amplitude de movimento do paciente. Por estas razões, o paciente deve ter sempre um interruptor de segurança que, quando pressionado, desliga o aparelho de estimulação, caso a intensidade ou a tensão muscular se torne muito intensa para o paciente.

Pré-reabilitação

Pré-reabilitação, o processo de aumentar força, potência, resistência e propriocepção muscular, é usada para melhorar os resultados funcionais após uma cirurgia. Déficits musculares relacionados à inflamação estão mais ligados à inibição neurológica que à atrofia do músculo, especialmente em condições artríticas.[62] O uso da estimulação elétrica para fortalecer o músculo antes da cirurgia resulta em melhor recuperação pós-cirúrgica, especialmente no quadríceps.[63]

Controle da dor

Ao auxiliar no processo de cura ou ao afetar a transmissão e a percepção da dor, as correntes elétricas são usadas para reduzir a quantidade de dor experimentada. Diminuir a pressão mecânica exercida sobre as terminações nervosas ou diminuir o grau de espasmo muscular ou de edema elimina os eventos químicos e mecânicos que estimulam a transmissão da dor. Em abordagens específicas de controle de dor, a estimulação elétrica simplesmente mascara a dor ou estimula o corpo a liberar os opiáceos endógenos de controle da dor (Tab. 12.7).

Correntes de nível sensorial de alta frequência de pulso e duração de fase curta ativam o mecanismo de modulação da dor. A estimulação de nervos sensoriais fecha o portão para a transmissão da dor. Estimulações de alta intensidade e de nível nociceptivo de baixa frequência de pulso e de duração de pulso moderada também ativam a marcha espinal, porém possuem o efeito aditivo de estimulação da liberação de opiáceos naturais do organismo – β-endorfinas da glândula hipófise anterior e encefalinas da medula espinal (Tab. 12.8). A estimulação de nível motor de alta frequência de pulso (acima de 80 pps) provoca a liberação de encefalinas.[64]

Nas fases iniciais de controle da dor, as correntes elétricas estimulam o corno posterior da medula espinal. A ativação dos neurônios dos tipos I, II, III e IV pode fazer com que o corno dorsal transmita menos informação nociceptiva para os níveis supraespinais.[65] A condução nervosa reduzida de pequenos nervos de transmissão da dor reduz a quantidade e a taxa de pulsos nociceptivos transmitidos até a medula espinal. Em grandes nervos motores, a condução nervosa reduzida diminui a quantidade de espasmo muscular, gerador de dor, na área tratada.[66] A estimulação periférica poderia aliviar a dor crônica, se aplicada ao local da dor ou a uma área inervada pelo nervo periférico envolvido.

Evidência prática

O efeito placebo de modalidades eletroterapêuticas contribui para o sucesso na redução da dor (ver Cap. 2).[67] Muitos estudos que exploraram os efeitos da estimulação elétrica (bem como de outras modalidades e medicamentos) na percepção da dor relatam que os pacientes que receberam tratamentos com placebo descreveram uma diminuição na intensidade da dor experimentada, apoiando a teoria de que os processos cognitivos estão envolvidos na modulação da dor.[67-73]

Corrente sanguínea

Contrações musculares são necessárias para que a estimulação elétrica aumente o fluxo sanguíneo no mús-

---

Tabela 12.7 Níveis espinais de controle da dor

Nível espinal	Teoria	Estímulos de ativação	Eventos fisiológicos
I	Inibição pré-sináptica (ascendente)	Estimulação sensorial das fibras A-beta Duração de fase de 75 μs	Interneurônios encefalinérgicos bloqueiam a transmissão de impulsos trafegando pelas pequenas fibras C nas células T do corno posterior.
II	Inibição descendente	Intensa estimulação das fibras C (alta frequência) Duração de fase de 1.000 μs	Mecanismos de controle central na substância cinzenta periaquedutal e no núcleo da rafe ativam influências descendentes ao longo do trato dorsolateral da medula espinal.
III	Modulação por β-endorfina (descendente)	Estimulação motora de baixa frequência nociceptiva (A-delta) Duração de fase de 200-400 μs	Ativa as células do trato e a formação reticular, resultando na liberação de β-endorfina pela adeno-hipófise, provocando a degeneração da prostaglandina e a inibição do corno posterior.

Tabela 12.8 Parâmetros elétricos empregados nas abordagens de controle da dor

Abordagem	Nervos-alvo	Duração de fase	Frequência de pulso	Intensidade
Nível sensorial	A-beta	$<$ 100 μs	60-100 pps	Submotor
Nível motor	Nervos motores	200-400 μs	2-4 pps 80-120 pps	Forte contração Contração moderada a forte
Nível nociceptivo	Fibras C e A-delta	1-100 ms	Variável	Tão dolorosa quanto possa ser tolerada

culo.[74] Contrações induzidas eletricamente aumentam o fluxo sanguíneo local aproximadamente na mesma intensidade que as contrações voluntárias, mas a frequência cardíaca, a pressão arterial sistêmica e o fluxo sanguíneo cutâneo não são afetados.[74,75] O aumento do fluxo sanguíneo pode ser causado pela liberação de fatores de relaxamento endoteliais, que causam vasodilatação, e pela demanda de oxigênio associada às contrações musculares.[75] A estimulação de nível sensorial não evoca alterações no músculo ou no fluxo sanguíneo da pele.[76]

Cicatrização de feridas

O uso de CC de baixa intensidade ou de EPAV pode reduzir o tempo necessário para a cicatrização de feridas superficiais de 1,5 a 2,5 vezes o necessário para feridas que não recebem tratamento.[77-80] A corrente elétrica age diretamente, matando os organismos invasores, produzindo fatores antimicrobianos e atraindo fatores antimicrobianos para a ferida.[52] A maior parte das provas que sustentam o uso da estimulação elétrica na cicatrização de feridas em seres humanos envolve condições crônicas, sendo a maioria dos casos **úlceras dérmicas** ou incisões cirúrgicas. É recomendado possuir treinamento especializado ou avançado para o tratamento avançado de feridas por meio da estimulação elétrica.

Explicações para a efetividade da reparação tecidual incluem aumento da circulação, efeitos antibacterianos, influências sobre a migração de células e a presença de um **potencial de lesão** em tecidos lesionados.[80] Em tecidos saudáveis, a superfície externa da pele é carregada negativamente em relação às camadas mais profundas. Quando os tecidos são danificados, as cargas elétricas são invertidas.[81,82] Considera-se que esse potencial de lesão controla eletricamente o reparo tecidual.

Evidência prática

Independentemente da polaridade aplicada, a corrente contínua aumenta a taxa de cicatrização de feridas da pele. Uma polaridade positiva sobre a ferida durante os primeiros 3 dias e uma polaridade negativa durante o tempo de tratamento restante (geralmente 12 dias) fornecem os melhores resultados. Com este método, tanto o tempo de cicatrização como a resistência da reparação são maximizadas.[80]

O ânodo pode aumentar a formação de coágulos.[78] Tem-se demonstrado que a polaridade negativa possui a capacidade de quebrar e absorver coágulos sanguíneos e outros subprodutos hemorrágicos (Tab. 12.9).[80] Os leucócitos migram para o ânodo, o que resulta em aumento da coagulação sanguínea na região.[78] Dependendo da polaridade do eletrodo, certos mediadores inflamatórios, incluindo neutrófilos, macrófagos, células epidér-

Tabela 12.9 Efeitos cicatrizantes sob o ânodo e o cátodo

Ânodo (polo positivo)	Cátodo (polo negativo)
Aumento do pH (ácido → básico)	Diminuição do pH (básico → ácido)
Coagulação sanguínea	Efeitos antibacterianos
Migração de leucócitos para a região	Remoção dos tecidos necróticos
Migração de macrófagos para a região	Diminuição de edema da pele
Extermínio de microrganismos	Proliferação fibroblástica
Proliferação de células epiteliais	Aumento da síntese de colágeno

micas e fibroblastos, são atraídos ou repelidos da região.[78,83] A CC de baixa intensidade promove a hidratação, aumenta o número de receptores de fator de crescimento, aumenta a taxa de formação de colágeno,[84] estimula o crescimento de fibroblastos e de tecidos de granulação,[85] reduz o número de mastócitos no local da lesão[86] e destrói bactérias e outros micróbios.[87]

Na pele saudável, a corrente tende a fluir diretamente de um eletrodo para o outro. Feridas cutâneas geram várias vias paralelas, com a área ao redor da ferida apresentando uma resistência diminuída. Durante o tratamento de feridas superficiais com inflamação moderada, a corrente passa ao redor das margens da ferida e através do centro da ferida. Em casos em que há inflamação profunda, a corrente pode fluir totalmente em torno da ferida, tornando o tratamento inefetivo.[13]

Usando modelos animais, demonstrou-se que as CC também são efetivas na promoção da cicatrização do ligamento colateral medial. Demonstrou-se que ligamentos traumatizados tratados com estimulação elétrica apresentam um aumento da força de ruptura, da quantidade de absorção de energia e diminuição da rigidez e flacidez quando comparados aos ligamentos não estimulados.[88] Quando aplicada a tendões em processo de cura, a CC pareceu suprimir a proliferação de células causadoras de adesão em comparação aos tendões não tratados.[89]

Controle e redução do edema

A estimulação elétrica é muitas vezes empregada para controlar ou reduzir o volume de edema formado após trauma ortopédico, cirurgia, queimaduras e determinadas doenças. Considera-se que a estimulação de nível sensorial inibe a formação de edema, ao impedir que os fluidos, proteínas do plasma e outros sólidos escapem para os tecidos circundantes. Se o edema já está formado, a estimulação de nível motor auxilia os sistemas venoso e linfático no retorno do edema de volta para o tronco, onde pode ser filtrado e removido do organismo.

Estimulação de nível sensorial para controle de edema

No trauma agudo, descobriu-se que a EPAV de nível sensorial aplicada ao local da lesão, ou diretamente ao redor desta, limita o volume de edema formado em animais de laboratório. O conceito central da teoria é limitar a formação de edema, em vez de remover o edema existente. Na verdade, tentar estas técnicas quando o edema já está formado pode inibir a redução do edema. Um possível mecanismo para essa resposta se baseia na pressão capilar e na permeabilidade capilar reduzidas, o que desmotiva as proteínas plasmáticas a adentrar o espaço extracelular.[90] A corrente monofásica pulsada pode causar um espasmo vascular que impede o extravasamento de fluidos para os tecidos.[91]

Os parâmetros de saída resultam em uma diminuição da permeabilidade das estruturas microvasculares nos tecidos-alvo. A diminuição da permeabilidade bloqueia a passagem das proteínas do plasma e ajuda a manter o gradiente osmótico perdido durante a resposta inflamatória aguda, e impede a saída de fluidos para o espaço intersticial.[54] Glóbulos negativamente carregados e proteínas do plasma são repelidos – teoricamente – do cátodo, gerando um gradiente de concentração que estimula a reabsorção local de fluidos.[55]

A permeabilidade dos microvasos locais precisa ser diminuída antes que um grande edema seja formado. Se a estimulação for aplicada muito tardiamente no processo de resposta à lesão, a redução da permeabilidade vascular pode inibir a reabsorção das proteínas e dos fluidos edematosos de volta para os sistemas venoso e linfático, virtualmente prendendo-os dentro dos espaços extracelulares e impedindo a redução do edema.[92]

Quando aplicado imediatamente após o trauma, este protocolo, executado em quatro tratamentos de 30 minutos intercalados com períodos de descanso de 60 minutos, suprimiu a formação de edema por 17 horas. Um tratamento único de 30 minutos controlou a formação de edema por 4 horas, mas não diminuiu significativamente a formação de edema de longo prazo.[90,93-96] A frequência de pulso também influencia a efetividade do controle do edema de nível sensorial. Uma baixa frequência de pulso (por exemplo, 1 pps) não limita significativamente a formação do edema.[94,97,98] A maior parte destas descobertas envolveu estudos em animais e não foi comprovada em humanos.

A aplicação clínica de controle de edema de nível sensorial, descrita na parte Estimulação pulsada de alta voltagem, no próximo capítulo, não é apoiada pela pesquisa atual.

Estimulação de nível motor para redução de edema

O papel da resposta de nível motor na redução da formação de edema é menos controverso e demonstrou maior efetividade clínica do que a abordagem de nível sensorial. As contrações musculares favorecem os retornos venoso e linfático, pressionando os vasos, movendo os fluidos proximalmente e "ordenhando" os fluidos para fora da região. Muitos tipos de aparelhos de estimulação elétrica podem ser usados para produzir uma contração involuntária do músculo que obrigue os fluidos a se deslocarem da região, mas a saída deve ser configurada de maneira que a corrente desenvolva uma contração tetânica que force os fluidos proximalmente ao longo do membro e, então, seja seguida por um período de descanso (p. ex., ciclo de trabalho). Esta técnica é também referida como "ordenha muscular" ou "bomba muscular."

Os eletrodos são dispostos no membro envolvido de modo a seguir o curso da veia principal de saída da área edemaciada. Se o gerador não permite um ciclo de trabalho, uma baixa frequência de pulso, geralmente de 1 pps, é utilizada para fornecer tempo suficiente para que o conteúdo dos sistemas venoso e linfático se mova entre as contrações musculares. Caso um ciclo de trabalho esteja disponível, aumenta-se o número de pulsos por segundo de modo a alcançar uma contração tônica. Utiliza-se, então, um ciclo de trabalho de 50% para se obter as contrações alternadas desejadas.

A intensidade de saída é ajustada de modo que a contração esteja dentro da tolerância do paciente e que movimentos articulares contraindicados sejam evitados. Embora as contrações musculares induzidas eletricamente aumentem a taxa de retorno venoso, o volume do fluxo é menor do que aquele que ocorre com as contrações voluntárias. Se o indivíduo é capaz de produzir contrações fortes, este método é preferível em relação a contrações induzidas eletricamente.

Evidência prática

A redução do edema de nível motor parece ser menos efetiva na fase inflamatória aguda da resposta à lesão que em fases posteriores.[99]

Como seria de se esperar pelo que sabemos dos mecanismos de retorno venoso e linfático (ver Cap. 1), a eficiência dessa técnica melhora quando o membro é elevado, de modo que a gravidade possa ajudar no fluxo do fluido. Além disso, a utilização de um envoltório elástico ou de meias compressivas tubulares no membro auxilia na redução do edema.

Consolidação de fratura

A implantação de eletrodos em ossos agudamente fraturados e a subsequente introdução de uma corrente direta à estrutura de consolidação têm demonstrado um aumento da rigidez de flexão e da densidade mineral óssea em modelos animais.[100] Normalmente, as fraturas se consolidam por meio do processo de **osteogênese**. Se a fratura não se consolidar adequadamente, é preciso que ocorra um melhor reparo por meio da formação de osso endocondral, processo pelo qual o calo ósseo, de tecido mole, se transforma em osso.[101] Historicamente, as fraturas não unidas necessitam de um enxerto ósseo cirúrgico no local da fratura para auxiliar o processo de cicatrização.

A utilização de estimulação elétrica para auxiliar na cicatrização de osso é baseada na teoria de que o osso não é capaz de diferenciar entre as cargas inatas do corpo necessárias para a remodelação óssea normal (ver lei de Wolff no Cap. 1) e aquelas derivadas de fontes externas, tais como geradores elétricos. As fontes naturais destas tensões intrínsecas são as cargas piezoelétricas (cargas elétricas produzidas por estresse mecânico) geradas pela deformação da matriz de colágeno do osso.[102] As cargas piezoelétricas exigem uma tensão intermitente para serem aplicadas ao osso. Estresses estáticos ou constantes não produzem carga elétrica.

Coletivamente conhecidos como geradores de crescimento ósseo, estes aparelhos tentam produzir campos eletromagnéticos que imitem os sinais elétricos normais produzidos pelo osso ou para ativar as propriedades piezoelétricas do osso. Cada abordagem favorece a deposição de cálcio por meio de uma maior atividade osteoblástica, independentemente da técnica empregada para introduzir a corrente (Tab. 12.10). Geralmente, os geradores aplicados transcutaneamente utilizam CA, enquanto aqueles que possuem eletrodos implantados no corpo utilizam CC.[103] O cátodo é colocado próximo ao local da fratura, nos casos em que os eletrodos são implantados nos tecidos, uma vez que o osso neoformado do calo ósseo é eletropositivo.[104,105] Os eletrodos implantados cirurgicamente são, então, removidos tão logo se alcance uma consolidação bem-sucedida.

Geradores de acoplamento capacitivo com eletrodos externos são semelhantes a aparelhos de diatermia (ver Cap. 9), na medida em que seus eletrodos produzem campos eletromagnéticos fortes. Estes campos, então, geram correntes piezoelétricas no local da fratura.

A utilidade de geradores de crescimento ósseo elétricos é discutível e é menos efetiva que estimuladores de crescimento ósseo ultrassônicos.[101,103,104,106] Há evidência de que os geradores de crescimento ósseo elétricos podem realmente retardar a consolidação da fratura, sendo talvez as fraturas por estresse aquelas que mais

Tabela 12.10 Tipos de estimuladores elétricos de crescimento ósseo

Tipo de corrente	Utilização
Corrente direta	Invasiva: os eletrodos são implantados no local da fratura. Semi-invasiva: os eletrodos são colocados subcutaneamente.
Acoplamento indutivo	Dois ou quatro eletrodos introduzem um campo eletromagnético pulsado através da pele. Os tratamentos são aplicados diariamente por 30 minutos.
Acoplamento capacitivo	Um campo eletromagnético semelhante à diatermia por ondas curtas (ver Cap. 9) afeta o local da fratura ou os locais de osteoporose.

Adaptado de Driban, 2004.

sofrem negativamente ou que não obtêm qualquer benefício do tratamento.[100,107] Este efeito negativo pode ser, pelo menos em parte, um resultado do fato de que muitos geradores utilizam "ordens de magnitude" de corrente mais poderosas do que aquelas requeridas para a cicatrização.[102]

Geradores de crescimento ósseo elétricos são prescritos apenas em circunstâncias extraordinárias, tais como certas não uniões de fraturas, e exigem tratamentos de longo prazo (6 meses ou mais). No entanto, as taxas de sucesso da estimulação elétrica na resolução de fraturas não consolidadas são as mesmas decorrentes de procedimentos cirúrgicos isolados. Dado que parece que o protocolo proposto atualmente para o tratamento de fraturas agudas envolve a implantação de eletrodos no osso danificado, os riscos e atrasos de tempo da cirurgia associada podem limitar o uso deste dispositivo a casos em que o paciente está em risco de uma fratura não consolidada ou de consolidação viciosa. No entanto, os clínicos devem estar familiarizados com as funções, os benefícios e as limitações desse aparelho. À medida que essa tecnologia se desenvolve e a efetividade desta modalidade é estabelecida, suas possibilidades para utilização no tratamento de fraturas agudas aumentam. Uma forma especializada de ultrassom também é utilizada para melhorar a consolidação da fratura.

Contraindicações e precauções

As contraindicações e precauções gerais em estimulação elétrica são apresentadas na Tabela 12.11. Contraindicações particulares para estimuladores elétricos específicos são apresentadas no próximo capítulo.

As precauções e contraindicações primárias quanto ao uso de estimulação elétrica estão enraizadas na colocação dos eletrodos. A intensidade (corrente total) do

Tabela 12.11 Contraindicações e precauções gerais para eletroterapia

Contraindicações

Deficiência cardíaca	Estimulação do tórax ou do pescoço pode resultar em interrupção da função respiratória ou cardíaca normal.
Marca-passos de demanda	Colocação do eletrodo sobre áreas onde o fluxo de corrente pode interferir na função do marca-passo. Se o paciente tiver um marca-passo, consultar o médico do paciente para determinar a segurança da intervenção.
Doença arterial	Pode resultar em dor e/ou agravar a isquemia.
Hemorragia descontrolada	A aplicação de estimulação elétrica em áreas de hemorragia pode aumentar a quantidade de sangue perdido.
Locais de infecção	Infecção, incluindo osteomielite, pode ser espalhada com o tratamento, podendo contaminar também os equipamentos. As exceções são os protocolos elaborados especificamente para o tratamento de feridas.
Coágulos sanguíneos	Não aplicar estimulação elétrica em qualquer ponto do corpo quando o paciente tem TVP e/ou tromboflebite ativas. A estimulação elétrica pode ser utilizada em casos de TVP controlada.
Gestação	A estimulação da região abdominal, lombar ou pélvica pode ter um efeito adverso sobre o feto em desenvolvimento. Orientações específicas foram desenvolvidas para diminuir a dor em mulheres grávidas, mas esses protocolos devem ser monitorados de perto por um médico. A estimulação elétrica também tem sido usada durante o parto, embora a corrente possa interferir com as máquinas de monitoração fetal.
Lesões cancerígenas	A corrente elétrica pode, eventualmente, resultar em crescimento ou em disseminação do tumor.
Implantes metálicos expostos	O contato de uma haste de fixação metálica com um objeto aterrado pode resultar em choque elétrico grave. A aplicação sobre suturas descontínuas aumenta o fluxo de corrente subcutânea.
Histórico de convulsões	A aplicação de estimulação elétrica na cabeça ou no pescoço pode desencadear uma convulsão. Pacientes com epilepsia requerem precauções adicionais, incluindo o aconselhamento do médico do paciente, e uma maior monitoração do paciente.
Deficiência sensorial ou mental	O paciente é incapaz de fornecer *feedback* sobre a tolerância ao estímulo, potencialmente resultando em queimaduras ou trauma muscular.
Fraturas instáveis	A estimulação de nível motor pode impor estresse indesejado sobre os tecidos em processo de cicatrização.

Precauções

Menstruação	A estimulação da região abdominal, lombar ou pélvica pode aumentar a hemorragia.
Áreas de sensibilidade nervosa	Deve-se ter maior cuidado ao se aplicar a estimulação elétrica nos seguintes locais: • seio carotídeo • esôfago • laringe • faringe • olhos ou ao redor deles • tórax • região temporal
Placas epifisárias não fundidas	
Deficiências de comunicação	A incapacidade do paciente em fornecer *feedback* significativo em relação à resposta ao tratamento pode resultar na aplicação da estimulação elétrica em intensidades não seguras.
Obesidade grave	O tecido adiposo pode proporcionar um isolamento contra a estimulação efetiva, aumentando o risco de irritação da pele pelo gel, adesivo ou fluxo de corrente em indivíduos que mantêm eletrodos por longos períodos de tempo. A alteração da posição dos eletrodos reduz a irritação.
Equipamentos de monitoramento eletrônico	O uso concomitante de estimuladores elétricos pode fazer com que o equipamento (p. ex., monitores de ECG, alarmes de ECG) não opere corretamente.

TVP = trombose venosa profunda.

tratamento também determina se um tratamento pode ser aplicado de forma segura na presença de uma potencial contraindicação.

O paciente deve ser capaz de fornecer *feedback* imediato e compreensível em relação ao tratamento. Os pacientes que não possuam a função cognitiva ou que não possuam a capacidade de se comunicar requerem atenção especial caso haja necessidade de utilizar a estimulação elétrica. A função sensorial prejudicada impede o paciente de fornecer *feedback* em relação à intensidade do tratamento ou quanto a outros efeitos anormais, tais como queimaduras.

Deve-se evitar o fluxo de corrente através do coração, do **seio carotídeo** e da faringe por causa da potencial interrupção da função cardiovascular normal. A maioria das correntes terapêuticas não afeta diretamente o coração e outros tecidos mais profundos (ver Quadro 12.1). No entanto, o fluxo de corrente pode afetar pontos de estimulação superficiais do coração (p. ex., o seio carotídeo). Marca-passos cardíacos implantados podem ser afetados pela estimulação do tórax, da região lombar ou do membro superior. Em função dos efeitos desconhecidos e imprevisíveis, a eletricidade não é normalmente aplicada sobre locais de infecção.

A estimulação de nível motor é contraindicada na presença de trombose venosa profunda (TVP) ativa. As contrações musculares e o bombeamento muscular associado podem desalojar o coágulo e liberá-lo para o sistema venoso. A estimulação elétrica pode, no entanto, ser usada para prevenir a TVP.[108,109]

Áreas avasculares, áreas de infecção e condições hemorrágicas apresentam precauções e contraindicações. Áreas com circulação diminuída podem se beneficiar da estimulação elétrica secundária ao aumento do fluxo de sangue, como resultado de contrações musculares. Se a área estiver muito isquêmica, a estimulação elétrica pode piorar a condição e causar dor severa. A infecção pode se tornar compartimentada e, em áreas propensas à hemorragia, o sangramento pode aumentar.

A aplicação de estimulação elétrica em uma gestante apresenta uma série de contraindicações e de precauções, principalmente por causa dos efeitos desconhecidos que a estimulação elétrica pode ter sobre o desenvolvimento fetal. Apesar de a estimulação elétrica nervosa transcutânea (TENS) ser utilizada para reduzir a dor antes e durante o trabalho de parto, outros tipos de estimulação elétrica sobre abdome, coluna lombar e pelve geralmente são contraindicados. A estimulação de nível motor de grandes grupos musculares e a estimulação dos pontos de acupuntura são contraindicados.[110] A estimulação elétrica é contraindicada sobre zonas cancerígenas, em razão da possibilidade de se acelerar o crescimento do tumor ou fazer com que o câncer se espalhe. A estimulação elétrica é empregada, algumas vezes, para ajudar a controlar a dor em pacientes com câncer terminal. Neste ponto, a abordagem de tratamento já não se concentra no controle da propagação do câncer, e sim inteiramente no conforto do paciente. O controle da dor de nível sensorial, como o TENS, pode reduzir a dependência de medicamentos narcóticos até o ponto em que o paciente pode permanecer **lúcido** e relativamente livre de dor.

Visão geral da evidência

A estimulação elétrica é uma modalidade efetiva para estimular nervos sensoriais, motores e da dor, e, com a duração de fase adequada, a fibra muscular. Embora não haja acordo universal quanto aos parâmetros,[8,42,111] a utilização da estimulação elétrica para controlar a dor[21,65,112] e reeducar o músculo tem sido consubstanciada,[113,114] mas resultados conflitantes podem ser encontrados na literatura.[115,116] A cicatrização de feridas, a estimulação da consolidação óssea e as alterações no pH tecidual que seguem diversas formas de estimulação elétrica ainda necessitam ser demonstradas de forma conclusiva.

A base teórica para o controle de edema catódico de nível sensorial foi confirmada em laboratório, utilizando-se um modelo animal.[68,90,96] No entanto, ainda há uma falta de provas que demonstrem de forma conclusiva a efetividade clínica dessa abordagem.

Não existe evidência que sugira que a estimulação elétrica tem um efeito sobre a função em nível celular. Isto conduz a erros na aplicação clínica de várias formas de estimulação elétrica. Não há nenhuma evidência que sugira que a estimulação elétrica de nível subsensorial ou sensorial afete a função celular ou a inflamação.

Eletrodos são muitas vezes colocados sobre a área edemaciada sob o pretexto de que a corrente irá "conduzir" o edema para fora daquela área. Este efeito não foi demonstrado com qualquer tipo de corrente ou com qualquer tipo de protocolo de tratamento.[117]

Capítulo **13**

Aplicação clínica de agentes elétricos

Este capítulo descreve a configuração típica e a aplicação clínica de estimuladores elétricos com base no tipo de corrente fornecida. Embora cada método de estimulação seja apresentado como uma modalidade distinta, diversos geradores são capazes de produzir múltiplas formas de corrente elétrica. As informações apresentadas na parte de efeitos biofísicos para cada modalidade deve ser completada com as informações apresentadas no Capítulo 12. A configuração e o protocolo de aplicação são descritos em termos generalizados. Deve-se sempre buscar se familiarizar com o manual de instrução do equipamento específico utilizado.

O diversificado leque de aparelhos, técnicas e teorias de estimulação elétrica pode dificultar a compreensão da aplicação da estimulação elétrica, e pode ficar ainda mais complicada quando fabricantes individuais criam suas próprias terminologias. Uma pergunta comum é "quando eu devo usar cada tipo de estimulador ou corrente?" Em alguns casos, há uma resposta correta óbvia; em outros casos, pode haver mais do que uma opção correta; e em outros casos, a estimulação elétrica pode não ser apropriada.

É importante lembrar que a maioria dos efeitos da estimulação elétrica é resultado direto da despolarização de nervos sensoriais, nervos motores, nervos nociceptivos e, raramente, das fibras musculares diretamente (ver Fig. 12.13). Os limiares de despolarização são sequenciais e cumulativos; por exemplo, os nervos motores não podem ser despolarizados sem também despolarizar os nervos sensoriais.

Alguns estimuladores elétricos aplicam apenas um tipo de corrente. **Aparelhos multimodalidades** são capazes de gerar muitos tipos diferentes de correntes terapêuticas e também podem incluir ultrassom terapêutico (Quadro 13.1). Alguns aparelhos multimodalidades permitem que dois pacientes sejam tratados simultaneamente.

Algumas leis estaduais de regulação da prática, nos Estados Unidos, podem exigir que os aparelhos de eletroestimulação sejam aplicados somente sob ordem médica. Os clínicos devem estar cientes de tais leis que regulam o uso profissional desses dispositivos, bem como das políticas e dos procedimentos para seu emprego na instituição em que atuam. Da mesma forma, um indivíduo devidamente credenciado deve supervisionar o uso desses equipamentos.

Diretrizes básicas para a configuração e aplicação de eletroterapia

Esta parte descreve as etapas gerais utilizadas na preparação do gerador, dos eletrodos e do paciente para eletroterapia. As etapas envolvidas no uso do gerador são descritas com mais detalhes nas partes destinadas a cada uma delas.

Os estimuladores elétricos podem operar a partir da eletricidade geral ou de baterias. Aparelhos clínicos que funcionam com eletricidade geral (120 V) requerem menor intensidade de saída para alcançar os objetivos terapêuticos em relação aos aparelhos portáteis de estimulação que funcionam à base de baterias.[2] Os aparelhos portáteis podem funcionar com baterias comuns ou recarregáveis (1,5 a 9 V). Aparelhos portáteis de maior porte também podem apresentar a opção de funcionamento a partir de um transformador. Não se deve utilizar aparelhos de estimulação elétrica na presença de gases inflamáveis, tais como anestésicos ou oxigênio.

Quadro 13.1 Aparelhos de multimodalidades

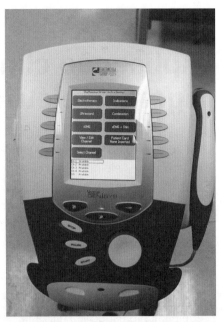

O desenvolvimento de microprocessadores, circuitos avançados e melhores suprimentos de bateria levou a uma evolução no *design* e na função dos estimuladores elétricos. No passado, cada tipo de corrente de estimulação elétrica descrito neste capítulo necessitava de um gerador específico. Agora um único aparelho de multimodalidades baseado em microprocessador é capaz de produzir todos os tipos correntes descritos no Capítulo 12 e ainda pode incluir outros agentes terapêuticos, tais como o ultrassom.

Geralmente a saída de um aparelho de multimodalidades é selecionada com base no objetivo do tratamento, o controle da dor ou a reeducação muscular, por exemplo, em vez do tipo de corrente. Neste caso, uma função de menu mostrará qual corrente está sendo empregada para o tratamento.

O usuário simplesmente seleciona o tipo de saída desejada, normalmente descrito pelo tipo de corrente, e seleciona um regime de tratamento pré-programado (p. ex., redução do edema em nível motor, controle da dor em nível sensorial). Os controles de instrumentação e de saída são únicos para cada aparelho. Em razão das diferenças entre aparelhos de multimodalidades, sua utilização não é descrita neste livro.

Preparação do gerador

1. Caso se esteja utilizando um aparelho portátil ou movido à bateria, deve-se verificar se as baterias estão totalmente carregadas. Caso se trate de um modelo clínico, deve-se verificar se ele está devidamente conectado a uma tomada de parede aterrada. Se o tratamento envolver a imersão em água, deve-se conectar o aparelho a um circuito de alimentação não aterrado. Não utilizar cabos de extensão.
2. Certificar-se de que os cabos dos eletrodos não estejam emaranhados. Inspecionar regularmente os cabos quanto a esgarçamentos, rupturas no isolamento e conexões soltas. Reparar ou substituir os cabos desgastados antes de serem usados.
3. Certificar-se de que todos os controles estejam na posição zero (OFF).

Preparação dos eletrodos

1. Limpar os eletrodos para remover quaisquer géis residuais ou óleos provenientes da pele. Limpar os eletrodos de borracha com álcool; eletrodos autoadesivos à base de gel devem ser limpos com água e sabão, tal como recomendado pelo fabricante. Descartar estes eletrodos quando eles se desgastarem, secarem ou alcançarem sua data de validade recomendada. Não se recomenda a utilização dos mesmos eletrodos autoadesivos em pacientes diversos.
2. Eletrodos de borracha impregnados com carbono devem ser utilizados apenas com um meio úmido, como uma esponja. Não usar géis, a menos que especificamente recomendado pelo fabricante.
3. Caso sejam utilizadas esponjas condutoras, deve-se umedecê-las com água. Se as esponjas não

forem necessárias, aplicar uma camada uniforme de gel condutor aos eletrodos.

4. Conectar os cabos ao aparelho e aos eletrodos.
5. Em todos os casos, ler e seguir as recomendações do fabricante quanto aos eletrodos sendo empregados.

Preparação do paciente

1. Certificar-se de que o paciente não possua contraindicações para o tratamento.
2. Caso seja indicado, realizar um teste sensorial da área a ser tratada, verificando tanto estímulos leves (suaves) quanto intensos (ou frio e calor). A estimulação leve e a sensação de frio são transmitidas pela coluna dorsal da medula espinal. Calor e dor são transmitidos pelo trato espinotalâmico.
3. Se o objetivo da intervenção for o controle da dor, questionar o paciente sobre o consumo de cafeína, como café, bebidas energéticas, refrigerantes ou medicamentos que contenham cafeína. Uma quantidade acima de 200 mg de cafeína pode reduzir a eficácia das técnicas de estimulação elétrica para controle de dor.
4. Se esta for a primeira exposição do paciente à estimulação elétrica, explicar as sensações esperadas (p. ex., "sensação de formigamento" ou de "contração muscular"). É preciso estar ciente de que algumas pessoas são apreensivas quanto a tratamentos eletroterapêuticos. O paciente deve ser aconselhado a não realizar quaisquer movimentos desnecessários, pois isso pode quebrar o circuito entre os eletrodos.
5. Se o paciente passou por estimulação elétrica anteriormente em decorrência da mesma condição, questionar o paciente sobre os resultados do tratamento prévio.
6. Determinar a técnica de aplicação do eletrodo.
7. Limpar a pele com álcool para remover quaisquer óleos corporais, loções ou sujeira. É preciso ter em mente que os pelos do corpo aumentam a resistência ao fluxo de corrente elétrica. Diminuir a resistência da pele aumenta o conforto do paciente. Quando possível, deve-se colocar o eletrodo sobre as áreas de baixa densidade capilar ou raspar a área onde os eletrodos serão colocados (ver Tabela 12.2).
8. Caso se esteja empregando uma técnica monopolar, conectar o eletrodo dispersivo a uma grande massa corporal, como a coxa ou a porção inferior das costas. Se o eletrodo dispersivo for colocado na porção inferior das costas, deve-se posicioná-lo de modo que ele se encontre em um lado da coluna vertebral, e não no meio dela. O vale formado pelos músculos eretores da coluna gera um contato incompleto com o eletrodo dispersivo e pode resultar em sensação sob ele. Evitar colocar o eletrodo dispersivo sobre o abdome ou o torso.
9. Se os eletrodos não forem autoadesivos, utilizar tiras de borracha e de velcro, envoltórios elásticos ou sacos de areia para mantê-los no lugar.

Término do tratamento

1. A maioria dos aparelhos cessa o fluxo de corrente automaticamente quando o tempo de tratamento termina. Se este não for o caso do aparelho em questão, ou caso o tratamento esteja sendo encerrado prematuramente, deve-se diminuir gradualmente a INTENSIDADE e/ou apertar o botão PARAR.
2. Retirar os eletrodos do corpo e limpar qualquer resíduo de água ou gel.
3. Verificar a área de tratamento quanto a queimaduras ou irritações da pele.
4. Entrevistar o paciente imediatamente após o tratamento para determinar a eficácia dos parâmetros utilizados. Os parâmetros de tratamento e os resultados devem ser anotados na ficha do paciente. Devem ser indicadas as futuras modificações do protocolo de tratamento. Reentrevistar o paciente antes do início do tratamento seguinte.

Manutenção

Aderir ao protocolo do fabricante quanto à manutenção necessária. O não cumprimento destas recomendações pode anular a garantia do fabricante.

Manutenção diária

1. Limpar a caixa exterior do aparelho com um produto de limpeza doméstico suave.
2. Manter o cabo de alimentação elétrica e os cabos dos eletrodos devidamente guardados.
3. Esponjas usadas com eletrodos de borracha e carbono são um paraíso para os germes. Elas devem ser limpas regularmente utilizando uma solução aprovada. Embeber uma esponja em água e colocar o recipiente em um forno de micro-ondas por dois minutos também é um meio efetivo para matar bactérias. Substituir as esponjas conforme necessário.

Manutenção mensal

1. Verificar os cabos quanto a esgarçamentos, cortes ou roturas do isolamento ou conexões soltas.
2. Verificar o cabo e o plugue de alimentação quanto a esgarçamentos, dobras ou cortes.
3. Verificar eletrodos de borracha de carbono quanto a rachaduras, desgastes ou mudanças na superfície do eletrodo. Substituir conforme necessário.

Manutenção anual

O aparelho deve ser recalibrado por um técnico autorizado.

Corrente pulsada de alta voltagem (corrente monofásica)

A corrente pulsada de alta voltagem (CPAV) fornece corrente monofásica, de modo que a polaridade de cada eletrodo é conhecida (Quadro 13.2). A CPAV é uma forma versátil de estimulação elétrica e possui uma ampla variedade de utilizações, incluindo a reeducação muscular, a estimulação nervosa, a redução de edema e o controle da dor.[54]

Um gerador CPAV típico produz uma forma de onda de dois picos ou um trem de dois pulsos únicos com uma duração de fase curta e um longo intervalo interpulso. A carga de pulso inferior requer uma tensão

---

Em foco:
Corrente pulsada de alta voltagem

Parâmetros

TIPO DE CORRENTE:	MONOFÁSICA
AMPLITUDE:	0-500 mA RMS
VOLTAGEM:	0-500 V
FREQUÊNCIA DE PULSO:	1-120 pps
DURAÇÃO DE PULSO:	13-100 μs
DURAÇÃO DE FASE:	13-100 μs

Formas da onda

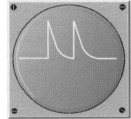
Dente de serra (1 pulso)

Onda M (2 pulsos)

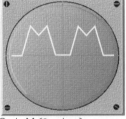
Onda quadrada (3 pulsos)

Modulação de saída
  Ciclo de trabalho
  Taxa de alternância entre eletrodos
  Balanço entre eletrodos
  Intensidade
  Polaridade
  Eletrodo probe
  Onda/rampa

Duração do tratamento
A duração típica de tratamentos CPAV é de 15-30 minutos, e os tratamentos podem ser repetidos tantas vezes por dia quanto necessário.

Indicações
- Reeducação de nervos periféricos
- Atraso de denervação e atrofia por desuso por estimular contrações musculares
- Redução do edema pós-traumático
- Aumento da circulação sanguínea local (sem fundamentação)
- Restauração da amplitude de movimento
- Redução de espasmo muscular
- Inibição da espasticidade
- Reeducação de músculo parcialmente desnervado
- Facilitação da função motora voluntária

Precauções
- A estimulação dos músculos pode fazer com que uma tensão indesejada seja aplicada às fibras musculares, aos tendões ou à inserção óssea.
- A fadiga muscular pode se desenvolver rapidamente caso o ciclo de trabalho seja muito elevado.
- O uso inadequado pode causar queimaduras ou irritação de eletrodos.
- A estimulação intensa ou prolongada pode resultar em espasmos musculares e/ou em dor muscular.

Nota: Ver a Tabela 12.11 para uma lista de contraindicações ao uso de modalidades elétricas.

Quadro 13.2 O que há em um nome? (PARTE I)

O termo "corrente galvânica pulsada de alta voltagem" é um paradoxo semelhante a "camarões jumbo". A contradição decorre do uso dos termos "pulsada" e "galvânica" para descrever o fluxo da mesma corrente. Como descrito na discussão sobre o fluxo de corrente contínua, "galvânica" refere-se a "uma corrente unidirecional contínua sem ondas".[118] Portanto, uma corrente galvânica não pode ser pulsada. A confusão decorre do uso constante desse termo na literatura e nas descrições dos fabricantes.

---

de saída de aproximadamente 150 V ou mais para estimular nervos motores e sensoriais.[3] A duração de fase curta permite a ativação dos nervos sensoriais e motores tipo II a uma baixa intensidade de saída (tensão) sem estimular as fibras nociceptivas.

O intervalo interpulso é muito mais prolongado que a duração de pulso. Considere-se uma corrente consistindo de pulsos com duração de 140 µs e uma frequência de 125 pps. Em 1 segundo a corrente estará fluindo, na verdade, por 0,0175 segundo (0,00014 x 125 = 0,0175). Em decorrência do curto tempo total pelo qual a corrente flui, há tempo para que os íons atraídos por cada eletrodo retornem a sua posição original. Como resultado, a quantidade de reação físicoquímica abaixo dos eletrodos é limitada, e não ocorrem alterações significativas do pH da pele sob o cátodo.[119] O fato de que as alterações galvânicas não parecem ocorrer no interior dos tecidos indica que muitos dos efeitos atribuídos à polaridade durante CPAV podem ser resultado de algum outro mecanismo.

Configuração dos eletrodos

CPAV pode ser aplicado por meio de uma técnica monopolar ou bipolar. A aplicação monopolar é utilizada quando o foco do tratamento está em uma área vasta, tal como no controle da dor de nível sensorial, e em áreas delimitadas quando são utilizadas probes de ponto de estimulação. Uma técnica bipolar é frequentemente utilizada quando se tenta evocar uma contração de um músculo específico ou para o controle da dor em nível motor.

Efeitos sobre
O processo de resposta à lesão

Estimulação neuromuscular

A duração de fase curta permite uma contração muscular de intensidade moderadamente elevada com relativamente pouco desconforto para o paciente. A força de contração é menor do que a de estimuladores elétricos nervosos neuromusculares ou estimuladores interferenciais.[54] Ao contrário das contrações musculares produzidas por outras modalidades elétricas, as frequên-

---

Estratégias de tratamento
Estimulação neuromuscular por meio de corrente pulsada de alta voltagem

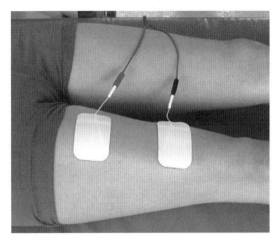

Parâmetro	Configuração
Intensidade de saída	Contrações confortáveis, fortes e intensas.
Frequência de pulso	Caso o ciclo de trabalho não possa ser ajustado: baixa para contrações musculares individuais (< 15 pps). Caso o ciclo de trabalho ajustável esteja disponível: contrações tônicas (> 50 pps).
Polaridade	Negativa sobre o ponto motor primário caso se empregue o arranjo monopolar. (Notar que o arranjo representado na foto acima é o bipolar.)
Aplicação do eletrodo	**Bipolar:** proximal e distal ao músculo (ou grupo muscular) a ser estimulado. Este se configura no método mais direto de estimular áreas específicas. **Monopolar:** sobre pontos motores ou ventre muscular.
Ciclo de trabalho	Tratamentos iniciais devem começar com um ciclo de trabalho baixo (p. ex., 20%) que é aumentado conforme o músculo responde.

Estes parâmetros são modificados para atender aos objetivos do regime de tratamento específico que esteja sendo empregado.

cias de pulso acima de 30 pps parecem ter pouco efeito sobre a tensão máxima produzida em um músculo sob estimulação de CPAV.[32,113]

Essas contrações não parecem se traduzir em aumento da força muscular. Os benefícios de curto prazo derivados da estimulação neuromuscular por CPAV não são claros; os resultados de pesquisas variam desde aumentos significativos na força isométrica até reduções significativas na força relativamente a um grupo-controle não exercitado.[120]

O papel mais importante da CPAV na estimulação neuromuscular é "ensinar" (ou reeducar) um músculo a se contrair após períodos de imobilização ou de denervação transitória. Outros tipos de correntes, tais como a bifásica ou a alternada, as quais funcionam por ciclo de trabalho (como encontrado em estimuladores neuromusculares) devem ser utilizados quando o objetivo do tratamento é o aumento da força.

Controle da dor

A CPAV pode ser empregada como um tratamento coadjuvante no controle da dor aguda e crônica, tanto por meio de estimulação de nível sensorial (controle de portão) e/ou de nível motor (liberação de opiáceos). O mecanismo de modulação da dor pelo controle do portão é ativado por meio da aplicação de correntes de nível sensorial de 100 a 150 pps. As séries de pulsos mantidas sem alteração permitem que o corpo se acomode à estimulação, diminuindo a eficácia das técnicas de controle da dor de longo termo.[31] Em função da relativa falta de portabilidade de alguns geradores de alta voltagem, a CPAV não é a modalidade de escolha para os tratamentos de controle da dor que exijam a estimulação de longo prazo.

A CPAV também pode estimular a liberação de opiáceos. Embora a duração da fase associada ao CPAV não ative facilmente as fibras A-beta, a elevada intensidade (voltagem) de saída pode estimular estas fibras.[121] Deve-se utilizar uma configuração de eletrodos monopolar, com os eletrodos ativos tendo exatamente a dimensão da área a ser estimulada. Uma probe portátil é frequentemente utilizada para este método de aplicação (Fig. 13.1). A redução da dor também pode ser obtida por meio de um protocolo de estimulação curto e intenso.

A polaridade do eletrodo ativo (técnicas monopolares) ou do eletrodo colocado sobre o tecido-alvo (bipolar) influencia a eficácia do tratamento.[118] A dor aguda está associada a uma reação ácida que pode ser repelida pelo polo positivo. No caso de dor crônica, o polo negativo é utilizado por seu potencial de liquefação e suas propriedades vasodilatadoras.

Na prática, o alívio da dor de longo termo decorrente da aplicação da CPAV provavelmente deriva de outros efeitos biofísicos descritos nas partes a seguir.

A redução do edema, a diminuição do espasmo muscular, a reeducação muscular e o aumento do fluxo sanguíneo auxiliam na diminuição dos fatores mecânicos e químicos que disparam os nociceptores. Estes fatores são geralmente insuficientes, entretanto, para diminuir a dor muscular de início tardio.[122,123]

Controle e redução do edema

A estimulação em nível do motor é utilizada para reduzir o volume de líquido que se acumula nos tecidos

---

Estratégias de tratamento

Controle da dor por meio de corrente pulsada de alta voltagem utilizando o mecanismo de controle do portão

Parâmetro	*Configuração*
Intensidade de saída	Nível sensorial
Frequência de pulso	60-100 pps
Modo	Contínuo
Arranjo dos eletrodos	Monopolar ou bipolar
Polaridade	Aguda: positiva Crônica: negativa
Aplicação do eletrodo	Diretamente sobre o local dolorido

Estes parâmetros são modificados para atender aos objetivos do regime de tratamento específico utilizado.

Estratégias de tratamento

Controle da dor por meio da corrente pulsada de alta voltagem utilizando o mecanismo de liberação de opiáceos

Parâmetro	*Configuração*
Intensidade de saída	Nível motor
Frequência de pulso	2-4 pps
Polaridade	Aguda: positiva Crônica: negativa
Modo	Contínuo
Arranjo dos eletrodos	Monopolar ou bipolar
Aplicação do eletrodo	Diretamente sobre o local doloroso, distal à origem da raiz nervosa espinal, pontos-gatilho ou pontos de acupuntura.
Ciclo de trabalho	Contínuo

Estes parâmetros são modificados para atender aos objetivos do regime de tratamento específico utilizado.

Estratégias de tratamento
Controle da dor por meio da corrente pulsada de alta voltagem utilizando o protocolo breve-intenso

Parâmetro	*Configuração*
Intensidade de saída	Nociceptiva
Frequência de pulso	> 120 pps
Polaridade	Aguda: positiva Crônica: negativa
Modo	Contínuo
Arranjo dos eletrodos	Probe (monopolar)
Aplicação do eletrodo	15-60 s a cada ponto da técnica de gradeamento, estimulando áreas hipersensíveis, trabalhando distalmente à área dolorosa em direção proximal a ele.
Ciclo de trabalho	Contínuo

Estes parâmetros são modificados para atender aos objetivos do regime de tratamento específico utilizado.

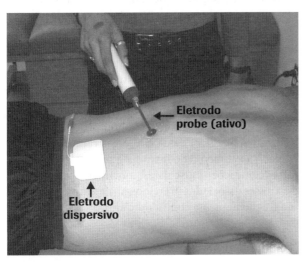

Figura 13.1 Uso de um eletrodo probe com corrente pulsada de alta voltagem. Esta forma de estimulação elétrica é usada para alcançar pontos de estimulação. Em decorrência da densidade de corrente sob a probe, este tipo de estimulação é monopolar.

traumatizados durante a fase subaguda ou crônica de inflamação. Acredita-se que a CPAV em nível sensorial limite a formação de edema agudo após o trauma.

Controle de edema em nível sensorial

Em lesões agudas nas quais a CPAV destina-se a evitar ou limitar o volume de edema, são críticos na obtenção de resultados positivos de tratamento a polaridade, o tempo de intervenção após o aparecimento da lesão, a frequência de pulsos utilizada e o sequenciamento dos tratamentos. Os parâmetros de tratamento são configurados para manter a corrente fluindo tanto tempo quanto possível e para concentrar o cátodo (eletrodo negativo) sobre os tecidos-alvo.

Evidência prática

Embora estudos em animais demonstrem a capacidade da CPAV catódica em limitar a formação do edema após a lesão dos tecidos moles,[90, 93-96] estes resultados não foram replicados clinicamente em seres humanos após distensões laterais do tornozelo.[124-126]

As orientações de tratamento envolvem a estimulação catódica aplicada a 10% abaixo do limiar motor com uma frequência de 120 pps usando o método de imersão.[91] Para que o controle do edema em nível sensorial seja efetivo, o tratamento deve ser iniciado tão cedo quanto possível após a lesão, preferencialmente dentro de seis horas.[91] Para preservar os benefícios associados ao protocolo de tratamento recomendado, deve-se tomar cuidado para limitar a formação de edema entre as sessões de tratamento e entre as aplicações de tratamento. O membro lesionado deve ser elevado ou receber um envoltório de compressão para inibir os fluidos de extravasarem para o espaço intersticial, incentivando os retornos venoso e linfático.

Acreditava-se que a formação de coágulos sanguíneos podia ser melhorada sob o eletrodo positivo, e foi sugerido o uso de estimulação anódica para controlar o edema agudo. No entanto, esta abordagem de tratamento não foi fundamentada.[91,118]

A estimulação elevada de nível sensorial (logo abaixo do limiar de contrações musculares visíveis) da CPAV aumenta significativamente a absorção linfática de proteínas associadas ao edema, mas não reduz o volume do membro.[124,127] Esta técnica, combinada à elevação, compressão sequencial (ver Cap. 14) ou contrações musculares, pode auxiliar na redução do volume do membro.

Redução de edema em nível motor

O Capítulo 1 descreveu como as contrações musculares auxiliam no retorno venoso e linfático, forçando manualmente ("bombeamento") o conteúdo desses vasos para fora do membro. A redução do edema em nível motor tenta replicar esse efeito ao induzir as contrações musculares necessárias. O bombeamento é usado durante a fase subaguda ou crônica da lesão, porque a força de contração do músculo ou o movimento articular associado podem ou limitar a eficácia desta técnica ou serem contraindicados.

Estratégias de tratamento
Redução de edema em nível motor usando corrente pulsada de alta voltagem por meio da técnica de bombeamento muscular

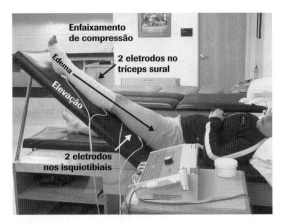

Parâmetro	Configuração
Intensidade de saída	Contração muscular forte, porém confortável. Evitar o movimento articular, que pode ser contraindicado.
Aplicação do eletrodo	**Bipolar:** extremidades proximais e distais do músculo (ou grupo muscular) principal proximal à área edemaciada. **Monopolar:** eletrodos ativos seguem o curso do sistema de retorno venoso. Caso o aparelho possua alternância de eletrodo, coloca-se um conjunto de eletrodos no ventre da panturrilha e o outro sobre os isquiotibiais.
Modo	Preferencialmente em alternância.
Frequência de pulso	Eletrodos em não alternância: baixo. Eletrodos em alternância: alto.
Polaridade	Positiva ou negativa.
Ciclo de trabalho	100%
Comentário	Gelo pode ser aplicado ao local da lesão, mas isso pode impedir o retorno venoso por meio do aumento da viscosidade dos fluidos na região (ver Cap. 5).

Estes parâmetros são modificados para atender aos objetivos do regime de tratamento específico utilizado.

A chave para o bombeamento muscular é provocar contrações musculares fortes e intermitentes. Se o gerador possui saída de alternância de eletrodo, coloca-se um conjunto de eletrodos sobre a panturrilha e o outro sobre os isquiotibiais. Uma alta frequência de pulso (superior a 100 pps) e uma saída suficiente irão criar uma contração tetânica. Conforme a corrente alterna entre a panturrilha e os isquiotibiais, as contrações vão imitar o mecanismo natural do retorno venoso. Se a alternância de eletrodos não estiver disponível, utiliza-se uma frequência de pulso baixa.

Nos dois casos, deve-se colocar os eletrodos nos pontos motores dos principais grupos musculares no percurso do vaso, seguindo a partir da área edemaciada proximalmente ao tronco. Elevar o membro, permitindo que a gravidade auxilie no processo de retorno venoso, aumenta a eficácia do tratamento. Tal como acontece com todas as técnicas de redução de edema, é importante fornecer ao paciente instruções sobre cuidados domiciliares, no sentido de manter o membro elevado e envolto entre as sessões de tratamento.

Fluxo sanguíneo

Não está claro se a CPAV aumenta significativamente o fluxo sanguíneo local. Qualquer influência estaria na dependência da intensidade e da frequência de pulso de saída. A estimulação em nível motor aumenta o metabolismo dos tecidos afetados, aumentando a sua necessidade de oxigênio. Se a demanda de oxigênio excede o fornecimento, o déficit é satisfeito por meio do aumento da quantidade de sangue destinado à região. O número de pulsos por segundo também pode influenciar o aumento do fluxo de sangue, embora esta relação não seja compreendida.

As contrações isométricas que produzem tensão muscular entre 10 e 30% da contração voluntária máxima produzirão um ligeiro aumento no fluxo sanguíneo local, mas em um nível significativamente menor do que aquele associado a contrações voluntárias.[128] O aumento da intensidade de saída está positivamente correlacionado ao aumento do fluxo sanguíneo.[129] No entanto, fortes contrações musculares, movimentação articular e estresses associados exercidos nos tecidos envolvidos são frequentemente contraindicados.

Evidência prática
Frequências de pulso de 10, 20 e 50 pps aumentaram significativamente o fluxo sanguíneo, embora nem todos os estudos suportem estas conclusões.[130] Frequências de pulso de 2 e 128 pps também produziram um aumento significativo no fluxo sanguíneo, mas nenhum aumento significativo foi demonstrado a 32 pps.[129,130]

Se o objetivo do tratamento é aumentar o fluxo de sangue, outras técnicas devem ser consideradas antes da CPAV. Idealmente, contrações musculares voluntárias utilizando exercícios terapêuticos devem ser empregadas para atingir esse objetivo, desde que o paciente esteja apto. Caso não o esteja, deve ser considerada a uti-

Cicatrização

O uso de CPAV para facilitar a cicatrização de feridas deriva dos resultados observados com a aplicação de corrente contínua (CC) de baixa intensidade. A CPAV é semelhante à CC no fato de haver um eletrodo positivo (ânodo) e um negativo (cátodo). A CPAV utiliza durações de fase curtas que não causam respostas iguais às de uma CC de baixa intensidade. A CPAV, no entanto, tem sido utilizada para promover a cicatrização de úlceras de decúbito e de incisões cirúrgicas.[87]

Um efeito antimicrobiano é obtido durante a aplicação de CPAV e persiste após o tratamento ser descontinuado.[87] Dependendo da polaridade do eletrodo de tratamento, leucócitos, células epidérmicas e fibroblastos são atraídos para a região,[83] e o nível de colagenase é aumentado.[131] Também foi mostrado que a corrente pulsada de alta voltagem inibe o crescimento de certas bactérias em feridas infectadas.[132] Durante um tratamento com CPAV por 30 minutos, não ocorrem alterações do pH ou da temperatura do tecido que possam afetar a cicatrização da ferida.[87]

A polaridade negativa favorece a dissolução de coágulos sanguíneos e o aumento de subprodutos do processo inflamatório/hemorrágico, promovendo a cicatrização de tecidos necróticos.[78] A formação de coágulo ao redor da margem da ferida e no tecido de granulação é promovida por uma polaridade positiva.[78]

Uma vez que a maior parte dos efeitos biofísicos da eletricidade sobre a cicatrização de feridas é específica a uma dada polaridade, o protocolo de aplicação deverá refletir os resultados pretendidos com o tratamento. A fim de ter em conta os efeitos da polaridade durante o tratamento de feridas cutâneas, tem sido recomendada a aplicação de 20 minutos de estimulação com polaridade negativa seguida por 40 minutos com polaridade positiva.[133]

Instrumentação

Potência: na posição LIGADO, a corrente flui para os componentes internos do gerador.

Redefinir: esta característica de segurança assegura que a tensão seja reduzida a zero antes que o tratamento seja iniciado.

Temporizador: este controle define a duração do tratamento e, subsequentemente, exibe o tempo restante.

Iniciar-parar: quando este botão é pressionado para iniciar o tratamento, o circuito é fechado, permitindo que a corrente flua para os tecidos do paciente.

Quando ele é pressionado novamente, o circuito é aberto, interrompendo (ou pausando) o fluxo de corrente.

Intensidade (voltagem): este botão ajusta a amplitude do pulso de zero (DESLIGADO) para o valor máximo do aparelho (500 V). A saída aplicada é exibida no medidor de SAÍDA.

Frequência de pulso: este parâmetro controla o número de pulsos (ou trens de pulso) por segundo. Aumentar o número de pulsos por segundo diminui o intervalo interpulso, e vice-versa.

Números baixos de pulsos por segundo estimulam a liberação de endorfina para controle da dor, níveis moderados produzem contrações tetânicas e os níveis superiores são úteis na ativação do mecanismo de portão do controle da dor.

Polaridade: esse interruptor determina a polaridade (positiva ou negativa) do eletrodo, ou eletrodos, ATIVO(S). Dependendo do fabricante do produto, a polaridade pode ser alterada durante o curso do tratamento, sem que primeiro seja diminuída a voltagem. Outros aparelhos requerem que a voltagem seja reduzida antes de se alterar a polaridade.

Modo: quando este parâmetro é definido como CONTÍNUO, a corrente está sempre fluindo para cada um dos eletrodos ativos. Mudar para os modos de ALTERNÂNCIA faz com que a corrente seja encaminhada para apenas um conjunto de eletrodos ativos por vez. Muitos aparelhos também possuem uma seleção PROBE que ativa o eletrodo de mão.

Taxa de alternância: esta opção define a quantidade de tempo pelo qual a corrente é encaminhada para cada eletrodo ativo. Por exemplo, selecionar uma taxa de alternância de eletrodo de 2,5 segundos roteia a corrente a um conjunto de eletrodos por 2,5 segundos e, em seguida, para o outro conjunto pela mesma quantidade de tempo. Esta função só é atuante quando o modo está definido para ALTERNÂNCIA e dois conjuntos de eletrodos ativos estão conectados à entrada do eletrodo "ATIVO".

Alternar os eletrodos é útil para a estimulação recíproca dos grupos musculares agonistas-antagonistas. Outra utilização é a estimulação de diferentes grupos musculares a fim de produzir uma ação de bombeamento para reduzir o edema.

Balanço: no decurso de um tratamento, uma sensibilidade maior pode ser experimentada sob um determinado conjunto de eletrodos ativos do que sob o outro. Esta situação pode ser corrigida por meio do ajuste do BALANÇO. Quando este seletor está na sua posição média, uma quantidade igual de corrente é encaminhada para ambos os conjuntos de eletrodos. Se o seletor é movido em uma direção, para os eletrodos "B", por exemplo, uma maior quantidade de corrente flui para os eletrodos "B" e uma menor para os eletrodos "A".

O desequilíbrio na estimulação sob os eletrodos pode ser o resultado de diversos fatores, incluindo a preparação imprópria dos eletrodos, a localização dos eletrodos e conexões ruins entre os eletrodos e o gerador ou entre os eletrodos e o corpo do paciente. Se ajustar o seletor de BALANÇO não igualar a sensação, deve-se interromper o tratamento, reaplicar os eletrodos e começar novamente.

Ciclo de trabalho: Não disponível em todos os aparelhos CPAV. Ajusta o tempo de LIGADO/DESLIGADO do fluxo de corrente.

Configuração e aplicação

Consultar o manual de instruções do fabricante para os procedimentos específicos quanto ao aparelho que está sendo usado.

Início do tratamento

1. Ligar o aparelho: ativar o interruptor POTÊNCIA.
2. Redefinir parâmetros de saída: reduzir totalmente o controle de INTENSIDADE e apertar o botão REDEFINIR.
3. Selecionar os parâmetros de saída: com base no objetivo do tratamento, ajustar POLARIDADE, DURAÇÃO (amplitude), FREQUÊNCIA e taxa de ALTERNÂNCIA de eletrodos.
4. Definir a duração do tratamento: indicar a duração do tratamento ajustando o TEMPORIZADOR.
5. Começar o tratamento: pressionar o botão INICIAR para fechar o circuito entre o gerador e os tecidos do paciente.
6. Aumentar a intensidade: aumentar lentamente o controle de INTENSIDADE até que o nível adequado de corrente seja alcançado.
7. Ajustar o balanço dos eletrodos: se necessário ou aplicável, ajustar o controle de BALANÇO para maximizar o conforto.

Métodos alternativos de aplicação

Imersão em água

A CPAV pode ser combinada à imersão na água para o tratamento de regiões de formatos irregulares, tais como a mão ou o pé (Fig. 13.2). Neste método de aplicação, a água tocando a pele funciona como o eletrodo ativo. Mesmo utilizando um grande eletrodo de dispersão, o tamanho da área de contato entre a pele do paciente e a água cria uma densidade de corrente igual ou menor do que o eletrodo dispersivo. Em muitos casos, a mudança na densidade de corrente faz com que a configuração do tratamento se torne bipolar.

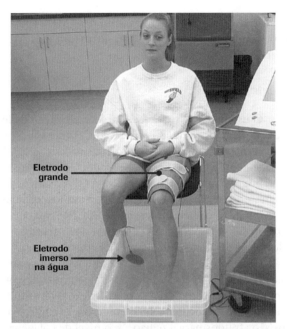

Figura 13.2 Método de estimulação elétrica por imersão. A água serve como o ponto de contato entre a corrente elétrica e a pele do paciente. Este método é útil quando áreas de formatos irregulares, como os pés ou as mãos, são tratadas em nível sensorial.

Por razões de segurança, devem-se utilizar eletrodos de borracha para a imersão com o lado isolado (revestido de borracha) voltado para a porção corporal. Ocorreria uma estimulação intensa se o paciente entrasse em contato com um dos eletrodos. O eletrodo dispersivo é colocado sobre a massa corporal grande que estiver mais próxima. Ao tratar o pé ou o tornozelo, por exemplo, a coxa é um local lógico. A aplicação da corrente é semelhante àquela de todas as outras formas de CPAV. É importante instruir a pessoa a não retirar da água a porção corporal que está sendo tratada; se a intensidade do tratamento estiver muito forte, deve-se imergir uma proporção maior do segmento corporal ou diminuir a intensidade de saída (ver Densidade de corrente).

O tratamento de lesões agudas com imersão em água levanta as mesmas preocupações sobre os cuidados com o edema que a imersão no gelo. Dado que o membro é colocado em uma posição dependente da gravidade, a pressão hidrostática no interior dos capilares é aumentada e a formação de edema é favorecida em vez de combatida. Após o tratamento, o membro tratado deve ser comprimido e elevado para incentivar o retorno venoso.

Probe

Um eletrodo probe é utilizado para estimular especificamente pontos-gatilho ou outras áreas localizadas. A probe serve como um eletrodo ativo muito pequeno em uma configuração monopolar que faz uma alta densidade de corrente ser aplicada sobre um grupo limitado de tecidos. É necessário um eletrodo dispersivo para completar o circuito. Uma probe típica consiste em uma alça com uma ponta de metal que é projetada para sustentar um meio condutor (ver Fig. 13.1).

O dispositivo contém um botão de controle de INTENSIDADE e um botão de INTERRUPÇÃO. A probe é ativada ao se ajustar o interruptor de alternância de eletrodo para PROBE ou ao conectar a probe em um plugue específico no gerador. Em qualquer um dos casos, o ajuste da INTENSIDADE na probe substitui o ajuste do gerador. Isto permite que o operador ajuste remotamente a intensidade do tratamento. O botão de INTERRUPÇÃO permite ao operador abrir e fechar o circuito. Quando o botão está pressionado, o circuito é fechado e os tecidos do paciente são estimulados.

Estimulação elétrica nervosa transcutânea (corrente bifásica balanceada)

Embora todas as modalidades elétricas descritas neste capítulo apliquem sua corrente transcutaneamente, o termo "estimulação elétrica nervosa transcutânea" (TENS) evoluiu para descrever uma abordagem eletroterapêutica específica para controle da dor. TENS descreve o processo de alterar a percepção de dor por meio da utilização de uma corrente elétrica bifásica (Quadro 13.3). Dependendo dos parâmetros utilizados durante o tratamento, a estimulação elétrica pode reduzir a dor por meio da ativação do mecanismo de controle do portão ou centralmente por meio da liberação de **opiáceos endógenos**. O principal benefício do TENS no controle da dor é que os efeitos do tratamento são dependentes da frequência. Frequências de pulso mais baixas requerem maior intensidade de saída para fazer com que o nervo alvo – com base na duração fase – atinja o limiar de despolarização.[135]

A utilização do TENS no tratamento da dor é um derivado do trabalho realizado por Melzack e Wall em suas experiências com a modulação da dor pelo controle do portão (ver Cap. 2).[136] Esta técnica é efetiva no tratamento da dor musculoesquelética aguda ou crônica, mas tem pouco efeito sobre a redução da dor visceral ou **psicogênica**. O TENS objetiva somente a transmissão da dor, não a verdadeira causa da dor.

A eficácia da TENS é tão variada quanto suas técnicas de aplicação. O tratamento depende da natureza da dor, do limiar de dor do indivíduo, da aplicação do eletrodo, da intensidade de estimulação e das características elétricas do estímulo.[115] Tradicionalmente, os aparelhos de TENS incorporam uma corrente pulsada bifásica assimétrica. No entanto, alguns fabricantes utilizam variantes dessa corrente pulsada, incluindo uma forma de onda simétrica bifásica ou monofásica. Quando esse tratamento é aplicado por longos períodos, a forma de onda deve ser concebida de modo que não haja nenhum efeito fisicoquímico nos tecidos.

Efeitos sobre
O processo de resposta à lesão

Controle da dor

O principal objetivo do TENS é controlar a dor pela despolarização de nervos sensoriais, motores ou nociceptivos. A percepção de dor do paciente é reduzida por meio da diminuição da condutividade e transmissão de pulsos nociceptivos oriundos das pequenas fibras de dor para o sistema nervoso central. Ao afetar as grandes fibras motoras, o TENS pode interferir com o padrão normal de proteção do músculo (espasmo muscular), reduzindo ainda mais os estímulos dolorosos.[66,137] A frequência de pulso e a duração de fase, combinadas à intensidade da corrente, ativam respostas em diferentes níveis de modulação da dor (Tab. 13.1).[138] A combinação de parâmetros de saída é mais importante na obtenção do resultado desejado do que qualquer parâmetro isolado.[137]

A redução da dor associada à aplicação da TENS ocorre principalmente por meio de alterações no sistema nervoso. O número de tratamentos necessários para resolver a dor é proporcional à duração da dor: quanto mais tempo o paciente vem experimentando dor, mais tratamentos são necessários.[67] Embora os pacientes que receberam a aplicação de TENS em nível sensorial tenham ficado mais satisfeitos do que aqueles em um grupo placebo, ao longo do tempo não há diferença na intensidade da dor entre os dois grupos. Em ambos os casos, sugestões verbais de que o tratamento iria reduzir a dor resultaram em classificações de dor significativamente menores do que quando o TENS real e o TENS placebo foram aplicados.[67]

A aplicação de TENS tanto em nível sensorial quanto em nível motor moderado não aumenta significativamente o fluxo sanguíneo na área tratada. De fato, a evidência apoia o conceito de que a aplicação de TENS pode ativar os neurônios pré-ganglionares e pós-ganglionares e produzir uma leve vasoconstrição.[139] Aplicações de TENS mais prolongadas podem modular a atividade dos neurônios do corno dorsal secundariamente à estimulação de nervos periféricos e à estimulação química de órgãos viscerais pela liberação de opiáceos endógenos.[65] Por fim, o alívio da dor obtido por meio das diversas formas de aplicação da TENS pode ocorrer em decorrência de fatores psicológicos, seja exclusivamente ou em conjunto a efeitos neurofisiológicos.[140,141]

Em foco:
Estimulação elétrica nervosa transcutânea (TENS)

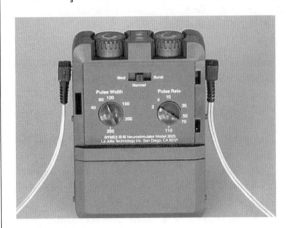

Parâmetros
Tipo de corrente: Bifásica assimétrica equilibrada
Fluxo de corrente total: 0-100 mA
Frequência de pulso: 1- ~150 pps
Duração de fase: 5-250 μs
Duração de pulso: 10-500 μs

Forma de onda

Modulação de saída
 Intensidade Duração de pulso/fase
 Modo (modulação de saída) Frequência de pulso

Duração do tratamento
- TENS de alta frequência convencionais podem ser utilizados conforme necessário, porém devem ser empregados com cuidado quando o paciente estiver dormindo. Tentou-se a utilização de um aparelho de TENS durante uma competição desportiva; no entanto, em decorrência do potencial do TENS de mascarar a dor, seu uso é desencorajado. Uma abordagem alternativa seria a de manter os eletrodos afixados no atleta e aplicar a estimulação quando ele estiver no intervalo.
- TENS de baixa frequência pode ser aplicado conforme necessário em sessões de tratamento não superiores a 30 minutos.
- A aplicação de TENS do tipo breve intenso deve ser realizada apenas uma vez por dia, em sessões de tratamento não superiores a 30 minutos.

Indicações
- Controle da dor aguda ou crônica
- Cuidado da dor pós-operatória
- Redução da dor aguda pós-traumática

Contraindicações
Além das contraindicações apresentadas na Tabela 12.11:
- Dor de origem central
- Dor de origem desconhecida

Precauções
- Estimulação elétrica nervosa transcutânea é um tratamento sintomático que pode mascarar a dor subjacente e outras condições.
- O uso inadequado pode resultar em queimaduras ou irritações da pele causadas pelos eletrodos.
- Uma estimulação intensa ou prolongada pode resultar em espasmos musculares e/ou dor muscular.
- A ingestão de 200 mg ou mais de cafeína pode reduzir a eficácia do TENS.[133]
- O uso de narcóticos diminui a eficácia do TENS.

Quadro 13.3 O que há em um nome? (PARTE II)

Estimulação elétrica nervosa transcutânea, ou TENS, é o termo usado para descrever uma modalidade eletroterapêutica usada no controle da dor. Na realidade, cada uma das modalidades elétricas descritas neste capítulo pode ser denominada TENS. "Transcutânea" significa "através da pele", e "estimulação nervosa" implica que a corrente tem intensidade suficiente para causar a despolarização dos nervos sensoriais, motores ou da dor. Portanto, sempre que os eletrodos são ligados ao corpo, uma corrente elétrica passa através dele, e o paciente relata uma primeira sensação de formigamento, TENS está sendo realizada.

Os nomes dados às modalidades eletroterapêuticas provavelmente surgem a partir da comercialização do produto, ao mesmo tempo em que são reforçadas por ela. Na medida em que os aparelhos de multimodalidades se tornam mais prevalentes, nomes como "TENS" e "CPAV" provavelmente serão substituídos por descritores mais precisos sobre a corrente que está sendo empregada (p. ex., bifásica de baixa voltagem, monofásica de alta voltagem). "Estimulação elétrica nervosa transcutânea" também é utilizado na literatura algumas vezes para descrever qualquer procedimento de estimulação elétrica administrado através da pele. Ao realizar uma revisão de literatura, deve-se sempre verificar a parte referente aos procedimentos para identificar as características da corrente elétrica que está sendo usada.

Tabela 13.1 Protocolo para diversos métodos de aplicação de estimulação elétrica nervosa transcutânea

Parâmetro	TENS elevado	TENS baixo	TENS breve-intenso
Intensidade	Sensorial	Motor	Nociceptivo
Frequência de pulso	60-100 pps	2-4 pps	Variável
Duração de pulso*	60-100 μs	150-250 μs	300-1.000 μs
Modo	Taxa modulada	Explosão modulada	Amplitude modulada
Duração do tratamento	Conforme necessário	30 min	15-30 min
Início do alívio	< 10 min	20-40 min	< 15 min
Duração do alívio	Minutos a horas	Horas	< 30 min

*A soma das duas fases que formam o pulso.
Fonte: Adaptado de Bechtel e Fan, p. 41.

O consumo de níveis moderados de cafeína (200 mg, aproximadamente igual a duas ou três xícaras de café) pode diminuir a eficácia de TENS.[132] A cafeína e medicamentos opioides competem com a adenosina, um mediador primário da redução da dor induzida pelo TENS, por seus sítios receptores.[142] Dado que a cafeína se liga a esses receptores, a adenosina é proibida de completá-los, causando uma redução da eficácia do TENS na redução da dor. Além do café, muitos refrigerantes e incontáveis medicamentos (p. ex., Midol®) contêm quantidades significativas de cafeína.

Deve-se notar que, embora as técnicas seguintes diminuam a percepção de dor do indivíduo, o tratamento tem pouco efeito sobre a patologia subjacente. Essa modalidade deve ser utilizada em conjunto com outras terapias que busquem tratar a fonte da dor.[143]

Evidência prática

Embora o TENS muitas vezes não seja mais eficaz do que os tratamentos com placebo na redução da dor,[31,144] a eficácia do tratamento TENS é maior durante as primeiras seis semanas de uso.[143] Em todos os casos, o TENS deve ser usado para aumentar a adesão dos pacientes aos programas de exercícios terapêuticos.[145,146]

TENS de alta frequência (nível sensorial)

O tratamento convencional por TENS, aplicado com uma alta frequência de pulso (60 a 100 pps), duração de pulso curta (menos do que 100 μs, obtendo-se uma duração de fase de aproximadamente 50 μs) e intensidade em nível sensorial que estimula as fibras A-beta, ativa o portão modulador da dor na medula espinal.[31] Os pulsos dolorosos são transmitidos por nervos de transmissão lenta, desmielinizados e de pequeno diâmetro. A informação sensorial não dolorosa viaja a uma taxa mais rápida ao longo de neurônios de diâmetro maior.

A duração de fase curta e a alta frequência de pulso usadas com TENS de alta frequência se focam seletivamente nas fibras de grande diâmetro A-beta dos nervos sensoriais.[31,147,148] A ativação de nervos A-beta provoca uma inibição pré-sináptica das fibras A-delta e C na substância gelatinosa, bloqueando a transmissão de impulsos dolorosos para as células T. Em outras palavras, o portão é fechado para a transmissão da dor e aberto para a transmissão de informação sensorial. O resultado é a analgesia segmentar dentro do dermátomo(s) tratado(s).[24,31]

A estimulação de alta frequência e baixa intensidade diminui a atividade dos nervos que estejam disparando espontaneamente, diminui a atividade em neurônios do corno dorsal induzidos nociceptivamente e diminui a atividade nervosa em comparação com os TENS de baixa frequência e o protocolo TENS de alta intensidade (descrito na próxima parte).[65] Os pacientes que buscam a redução da dor subjetivamente preferem o protocolo TENS de alta frequência.[149]

Os benefícios do controle da dor em nível sensorial são de curta duração. A sensação de toque retorna ao nível pré-tratamento dentro de 30 minutos depois que o TENS é interrompido, embora os limiares térmicos possam permanecer elevados.[148]

Acomodação e habituação são preocupações quando o TENS de alta frequência é utilizado por um tempo prolongado. Se os parâmetros de estimulação são mantidos constantes, o sistema nervoso se adapta ao estímulo sem mudanças. A maioria dos geradores TENS possui parâmetros de modulação de corrente destinados a diminuir esses efeitos. O gerador deve ser ajustado de modo que a saída seja modulada para diminuir a acomodação, com as modulações por explosão e por frequência sendo as mais preferidas pelos pacientes.[150,151] Mesmo assim, a intensidade da corrente é normalmente aumentada durante o curso do tratamento.

O TENS de alta frequência é efetivo no tratamento da lesão aguda do tecido mole, mas deve-se tomar cuidado para evitar contrações musculares indesejadas. Outras indicações para o TENS de alta frequência incluem o tratamento da dor associada a lesões musculoesqueléticas, dor pós-operatória, condições inflamatórias e dor miofascial.

TENS de baixa frequência (nível motor)

TENS de baixa frequência (TENS baixo) é aplicado com uma frequência baixa de pulso (2 a 4 pps), duração de fase longa (150 a 250 μs, produzindo uma duração de fase de cerca de 75 a 125 μs) e uma intensidade forte, mas não dolorosa, em nível motor em sessões de tratamento com uma duração mínima de 45 minutos. Esses parâmetros de estimulação ativam as fibras nervosas motoras de pequeno diâmetro e, possivelmente, as fibras C.[24] Este protocolo também ativa as fibras A-beta.

A informação sensorial viaja ao longo de nervos aferentes do fuso muscular, que ativam mecanismos descendentes de supressão da dor. Acredita-se que o alívio da dor obtido por meio deste método ocorra pela liberação de β-endorfina, o que resulta em uma redução da dor semelhante àquela causada por narcóticos.[140] Algumas vezes, o TENS de baixa frequência é referido como "TENS de acupuntura", embora isso se baseie mais nos nervos endereçados do que na estimulação de pontos de acupuntura.[31,152]

Durante o tratamento, a glândula hipófise libera ACTH e β-lipotropina para a corrente sanguínea. Uma vez presentes, esses dois mediadores desencadeiam a liberação de β-endorfina, que se liga aos sítios receptores das fibras A-beta e C, bloqueando a transmissão da dor. A diminuição da dor é mais proeminente no miótomo suprido pelo(s) nervo(s) motor(es).[24]

Alguns estudos concluíram que não há diferença na redução da dor entre TENS de nível sensorial e motor.[21,115] O TENS de nível motor aumenta significativamente o limiar de dor mecânica em relação ao TENS de nível sensorial.[153,154] Nos casos em que a dor é o resultado da pressão mecânica, tais como em casos de edema, espasmos musculares ou pontos-gatilho, o paciente pode obter mais benefícios com o TENS de nível motor.

O alívio real da dor pode não ser experimentado por algum tempo após a conclusão do tratamento, mas os efeitos duram muito mais tempo do que com o TENS de alta frequência.[20,34,155] Os usos sugeridos para o TENS de baixa frequência incluem o tratamento da dor crônica, dor causada por danos aos tecidos profundos, dor miofascial e a dor causada por espasmos musculares. Como esse método de aplicação de TENS envolve contrações musculares, deve-se tomar cuidado para evitar qualquer movimento da articulação que possa ser contraindicado.

TENS breve-intenso (nível nociceptivo)

Este método de aplicação da TENS é feito a uma elevada frequência de pulso (maior que 100 pps), duração de pulso longa (300 a 1.000 μs, obtendo-se uma duração de fase de cerca de 150 a 500 μs) e uma intensidade de nível motor em sessões de tratamento durando de alguns segundos a alguns minutos. O alívio da dor é obtido por meio da ativação de mecanismos no tronco cerebral que amortecem ou amplificam os pulsos dolorosos. Embora esse protocolo de aplicação seja algumas vezes referido como TENS de nível nociceptivo, um verdadeiro estímulo em nível nociceptivo não é efetivamente alcançado porque a duração de fase limitada encontrada nos geradores TENS é muito curta para ativar as fibras C.

O alívio da dor é obtido neste protocolo TENS pela formação de um circuito de *feedback* negativo no sistema nervoso central. A estimulação intensa ativa mecanismos neurais ascendentes que, ao atingirem o cérebro, tornam a pessoa consciente da dor causada pela estimulação. Durante a passagem do pulso através do mesencéfalo, ocorre um "curto-circuito", estimulando a liberação de opiáceos endógenos nos núcleos da rafe. É ativado um sistema descendente de supressão da dor que reverbera pulsos eferentes para a medula espinal.[140] Nesse ponto, os opiáceos inibem a liberação de substância P, um neurotransmissor de pulsos nociceptivos, bloqueando assim a transmissão da dor.[156]

Um elevado nível de analgesia é alcançado por meio deste protocolo de aplicação, mas os efeitos são mais transitórios do que os derivados do TENS de alta e baixa frequência. Em decorrência da curta duração do alívio da dor, esta técnica é recomendada para a redução da dor antes de exercícios de reabilitação.[20]

Outros efeitos biofísicos de TENS

A amplitude de movimento e a força muscular podem ser melhoradas secundariamente à redução da dor. O uso do TENS de baixa frequência pode ser mais efetivo na melhoria da amplitude de movimento do que o protocolo TENS de alta frequência.[112,156] Durante as primeiras fases de reabilitação, pacientes utilizando TENS demonstraram a capacidade de reduzir a necessidade de medicamento para a dor e um retorno mais rápido ao exercício ativo em relação aos pacientes que não utilizaram o TENS.[70]

Aplicação do eletrodo

A aplicação dos eletrodos do TENS para um tratamento ideal ainda não foi estabelecida, mas o processo se torna mais fácil se for seguido um procedimento consistente de tomada de decisões. As técnicas de aplicação são descritas pela localização dos eletrodos em relação à área dolorosa: aplicação direta, aplicação contígua, pontos de estimulação, aplicação por dermátomo e aplicação no nível da raiz do nervo espinal envolvido (Quadro 13.4).[157]

O TENS de alta frequência utiliza mais comumente a aplicação de eletrodo direta, contígua, por dermátomo ou ao nível da raiz nervosa. Os tratamentos com TENS de baixa frequência e o TENS breve-intenso se focam nos pontos de estimulação. Os parâmetros podem ser misturados e combinados para se obter os melhores resultados de tratamento.

A maioria dos aparelhos de TENS empregam quatro eletrodos, dois originários de cada um dos dois canais utilizados. No entanto, alguns aparelhos podem apresentar somente dois eletrodos (um canal), ou até oito (quatro canais). Quando dois ou mais canais são utilizados, a aplicação dos eletrodos também é definida pela aplicação do eletrodo de um canal em relação aos demais posicionamentos possíveis.

Os efeitos do TENS podem ser maximizados se o nervo (ou nervos) envolvido na transmissão da dor for o alvo. Por exemplo, a redução da dor associada a um polegar lesionado é facilitada se o nervo radial, ou porções do seu percurso, é estimulado, em vez do nervo mediano ou ulnar.[148]

Instrumentação

Intensidade: na maioria dos aparelhos há um seletor de intensidade para cada canal. Embora a intensidade de cada canal seja controlada individualmente, os demais parâmetros de corrente (duração de pulso e frequência de pulso) regulam a atividade em todos os canais.

Duração de pulso: normalmente rotulada como "LARGURA DE PULSO" no aparelho, esse ajuste deve ser definido de acordo com o método de tratamento a ser utilizado. Durações menores são empregadas para abordagens em nível sensorial, durações moderadas são empregadas em técnicas de nível motor e durações longas, para estimulação nociceptiva.

Frequência de pulso: também denominada "TAXA DE PULSO", este ajuste define o número de pulsos por segundo utilizados durante o tratamento. O aumento da frequência de pulso diminui o intervalo interpulso.

Modo de modulação: modos são usados para alterar a corrente em uma tentativa de reduzir a quantidade de acomodação que ocorre (Fig. 13.3). Os diversos modos que são comumente selecionáveis são:

Constante: o fluxo de corrente ocorre a amplitude, frequência e duração de pulso constantes. Este modo é mais bem descrito como não modulado, para evitar confusão com corrente ininterrupta. Este modo é utilizado quando o tratamento não é necessário por um período prolongado e quando a acomodação não é uma preocupação.

Modulação da explosão: no modo explosão, as frequências de pulso são interrompidas em intervalos regulares. As explosões permitem o tempo "DESLIGADO" do estímulo e auxiliam a reduzir a fadiga muscular em tratamentos TENS de baixa frequência.

Modulação da frequência: esta configuração altera, em um percentual pré-definido, a frequência na qual o estímulo é aplicado. Por exemplo, se a taxa de pulso foi ajustada para 100 pps, o aparelho alternará a taxa entre 90 e 110 pps. Tem-se documentado que a modulação da frequência é efetiva no tratamento da dor musculoesquelética crônica.[20]

Modulação da amplitude: a amplitude do pulso é aumentada e diminuída a uma porcentagem predefinida. A modulação da amplitude vem sendo mostrada como capaz de proporcionar analgesia de curta duração na área.

Modulação múltipla (aleatória): intensidade, frequência e duração de pulso são alternadamente moduladas, de tal forma que ocorre a aplicação de uma quantidade constante de corrente para o corpo, mas o corpo tem uma percepção sensorial variável do tratamento. Este modo diminui os efeitos de acomodação durante a aplicação prolongada de TENS.

Configuração e aplicação

Consultar o manual de instruções do fabricante para os procedimentos específicos quanto ao aparelho que esteja sendo usado.

Quadro 13.4 Aplicação de eletrodos para TENS

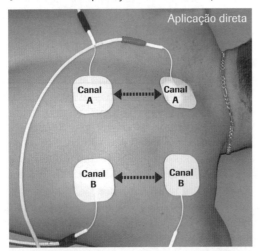
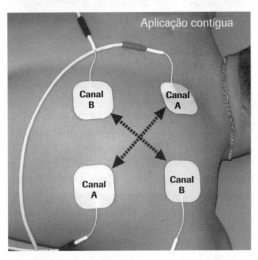

Aplicação direta
Os eletrodos são colocados diretamente no local doloroso. Os canais elétricos correm paralelos uns aos outros.

Aplicação para estimulação de ponto
Pontos de acupuntura, motor e/ou gatilho são objetivados (ver Quadro 11.3). Em decorrência da localização próxima dessas áreas, um único eletrodo TENS podem estimular todos os três pontos de uma só vez.

Aplicação no nível da medula espinal
As raízes nervosas da medula espinal associadas à dor são objetivadas. Os eletrodos são colocados entre os processos espinhosos, paralelos à coluna vertebral.

Aplicação contígua
Usada quando a aplicação direta é contraindicada. Os eletrodos são colocados ao redor dos tecidos dolorosos. Os canais elétricos podem funcionar em paralelo uns com os outros ou suas correntes podem atravessar o tecido-alvo.

Aplicação por dermátomo
Um eletrodo é colocado na raiz do nervo espinal correspondente e o outro na extremidade distal do dermátomo. Quando a dor é distribuída ao longo de um ou mais dermátomos, deve-se colocar os eletrodos dentro do dermátomo acometido e do dermátomo contralateral.[148]

Aplicação contralateral
Com base no conceito de transferência bilateral, os eletrodos são colocados no lado oposto do corpo, correspondendo aproximadamente ao local de onde a dor provém do lado lesionado.

Início do tratamento

1. Ajustar os parâmetros de saída: dependendo do método de aplicação do TENS utilizado (ver Tab. 13.1), ajustar os seletores da duração de pulso (LARGURA) e da frequência de pulso (TAXA) para a faixa média dos parâmetros recomendados.
2. Selecionar os eletrodos: TENS de alta frequência deve ser aplicado com eletrodos maiores. TENS de baixa frequência e TENS breve-intenso devem empregar eletrodos progressivamente menores.
3. Definir o modo de saída: selecionar o modo apropriado para o método e a duração da aplicação do TENS.
4. Verificar se o aparelho está desligado: certificar-se de que a intensidade de saída foi redefinida em zero, e ligar o aparelho. Notar que muitos aparelhos de TENS possuem o seletor de corrente incorporado aos botões de intensidade. Neste caso, o nível de intensidade zero é igual a "DESLIGADO".
5. Aumentar a intensidade de saída (canal 1): lentamente aumentar a intensidade do canal 1. Caso o tratamento envolva estimulação em nível sensorial, continuar a aumentar a intensidade até que uma ligeira contração muscular seja visível e, em seguida, reduzir a intensidade em aproximadamente 10%. (Monitorar o paciente com relação ao conforto enquanto aumenta a intensidade.)
6. Aumentar a intensidade de saída (canal 2): se mais que um canal estiver sendo usado, aumentar a intensidade dos canais restantes.
7. Balancear os canais: ajustar a intensidade dos canais de modo que ocorra uma quantidade igual de estimulação sob cada conjunto de eletrodos.

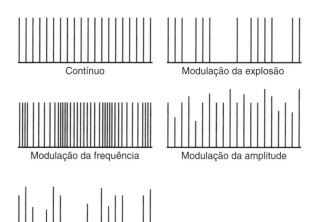

Figura 13.3 Modulação de saída. Para evitar a acomodação e a habituação, o gerador pode alterar aleatoriamente diversos parâmetros de saída.

8. Ajustar finamente a saída: ao fazer o ajuste fino dos parâmetros de tratamento, a maioria dos fabricantes recomenda primeiro ajustar a intensidade, em seguida a duração de pulso e, finalmente, a frequência de pulso.
9. Dar instruções quanto aos cuidados em domicílio: se o paciente estiver sendo enviado para casa ou para a aula enquanto porta o aparelho, deve-se dar instruções sobre como ajustar a intensidade. Caso seja indicado, dar instruções sobre como desligar o aparelho antes de tomar banho ou retirá-lo para dormir e durante a recarga.

Formas alternativas de aplicação

Estimuladores de ponto

Dispositivos como o Neuroprobe® são dispositivos TENS modificados destinados a localizar e estimular o ponto-gatilho e os pontos de acupuntura por meio da mensuração da resistência da pele. Neuroprobes e estimuladores galvânicos são os únicos tipos de corrente que causam a ativação das fibras C diretamente. Estimuladores de ponto podem diminuir a velocidade de condução de nervos superficiais.[158]

Auriculoterapia

Auriculoterapia descreve a estimulação por TENS dos pontos de acupuntura na orelha.[69,159] Este método é baseado na premissa de que um corpo ferido ou doente reflete a dor ou a sensibilidade a pontos específicos na orelha. Diz-se que esses pontos, dispostos sob a forma de um feto invertido, representam o local em que todos os canais de acupuntura se encontram, e que respondem à estimulação diminuindo a percepção da dor na área correspondente do corpo (Fig. 13.4). Apesar de não ser conclusivamente apoiada por pesquisas, documentou-se que esta forma de eletroestimulação foi efetiva na redução da dor causada pelo trauma musculoesquelético.[159]

Estimulação elétrica neuromuscular (corrente [premodulada] monofásica, bifásica ou alternada)

A estimulação elétrica neuromuscular (EENM) é usada para reeducação muscular, redução da espasticidade, redução do ritmo de atrofia e fortalecimento muscular. A utilização da estimulação elétrica inverte a ordem em que as fibras musculares são recrutadas para a contração. Durante as contrações musculares voluntárias, os neurônios motores do tipo I, de pequeno diâmetro, são os primeiros a se contrair. As fibras do tipo I não geram muita força, mas são capazes de sustentar a contração por um período prolongado. A estimulação elétrica faz com que os neurônios motores do tipo II, de grande diâmetro, deflagrem uma contração antes das fibras do tipo I. Uma vez que as fibras do tipo II são capazes de produzir mais força, a força de contração é aumentada.

Esta inversão na ordem de recrutamento do neurônio motor é o resultado dos tamanhos relativos dos neurônios e de suas profundidades abaixo da superfície da pele. A estimulação elétrica primeiramente provoca uma despolarização dos motoneurônios do tipo II, de

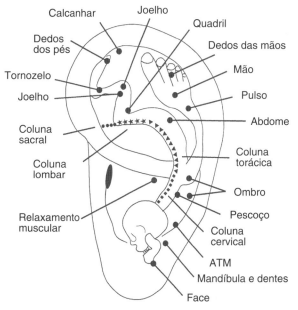

Figura 13.4 Pontos de auriculoterapia. Estes pontos de acupuntura estão dispostos em cada orelha na forma aproximada de um feto invertido. A estimulação desses pontos supostamente diminui a dor na região corporal correspondente.

> **Em foco:**
> **Estimulação elétrica neuromuscular**
>
> **Parâmetros**
>
> | | |
> |---|---|
> | Tipo de corrente: | Bifásica ou premodulada |
> | Fluxo de corrente total: | 0-200 mA |
> | Frequência de pulso: | 1-200 pps |
> | Duração de fase: | 20-300 µs |
> | Intervalo intrapulso | Aproximadamente 100 µs |
>
> **Formas da onda**
>
>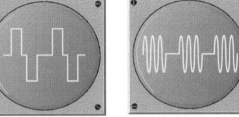
>
> Bifásica balanceada   Premodulada
>
> **Modulação de saída**
> Intensidade   Pulsos por segundo
> Ciclo de trabalho   Taxa de reciprocidade
> Rampa
>
> **Duração do tratamento**
> Os tratamentos utilizados para a reeducação muscular podem ser feitos diariamente, mas como acontece com qualquer programa de fortalecimento muscular, o paciente deve ser monitorado quanto a dores indevidas. O tratamento para refrear a atrofia é feito ao longo do dia, com a utilização de um estimulador portátil.
>
> **Indicações**
>
> - Manutenção da amplitude de movimento
> - Prevenção de contraturas articulares
> - Aumento do fluxo sanguíneo local
> - Reeducação muscular
> - Prevenção da atrofia por desuso
> - Diminuição de espasmos musculares
>
> **Contraindicações**
> Além das apresentadas na Tabela 12.11, outras contraindicações para a utilização de EENM incluem:
> - Lesões musculotendíneas, nas quais a tensão produzida pela contração irá danificar ainda mais as fibras musculares ou tendíneas
> - Casos em que não há uma fixação óssea segura do músculo
>
> **Precauções**
> - O uso inadequado pode resultar em queimaduras ou irritação da pele em decorrência dos eletrodos.
> - Estimulação intensa ou prolongada pode resultar em espasmos musculares e/ou dor muscular.
> - Uma contração induzida eletricamente pode gerar muita tensão dentro do músculo (a função dos órgãos neurotendíneos de Golgi é ultrapassada).

grande diâmetro, porque a área destes em corte transversal oferece menor resistência ao fluxo de corrente. Além disso, motoneurônios do tipo II, sendo mais superficiais, recebem uma maior estimulação do que os motoneurônios do tipo I, mais profundos.

A quantidade de torque muscular produzido está diretamente relacionada com a quantidade de corrente introduzida no motoneurônio.[41] A força de contração pode ser adicionalmente alterada por meio da manipulação da aplicação do eletrodo. Geradores para EENM empregam uma ampla gama de formas de onda, embora a maioria dos aparelhos atualmente no mercado utilizem uma onda bifásica, e embora as correntes alternadas (ver Estimulação russa na parte Instrumentação) penetrem mais profundamente no músculo.[5]

A revisão de literatura indica que nenhuma onda é universalmente "confortável". O conforto percebido é baseado na preferência individual do paciente. Pulsos simétricos tendem a ser menos dolorosos quando aplicados a uma grande massa muscular, porque há uma quantidade igual de estimulação sob cada eletrodo.[49] Para diminuir o desconforto do tratamento, tanto o gelo como o TENS vêm sendo aplicados simultaneamente à EENM. Ambas as estratégias não foram bem-sucedidas em aumentar a tolerância do paciente ao tratamento.[37]

A estimulação neuromuscular é uma modalidade dependente da frequência. A corrente deve ser suficientemente forte para ultrapassar a resistência capacitiva dos tecidos antes que os nervos motores possam ser estimulados. A resistência tecidual capacitiva é inversamente proporcional à frequência da corrente. Portanto, as frequências relativamente baixas utilizadas pelos geradores de EENM devem produzir uma corrente maior para superar essa resistência.

Efeitos sobre
O processo de resposta à lesão

Estimulação neuromuscular

Em decorrência da grande amplitude e da duração de fase longa, a EENM fornece estimulação mais forte do que outras formas de estimulação elétrica. A duração da fase e a amperagem maiores, no entanto, tendem a resultar na diminuição do conforto. Aumentar a duração dos pulsos resulta em um aumento da estimulação das fibras nervosas da dor. Quando o objetivo da sessão de tratamento é aumentar a força muscular, a saída do tratamento deve ser tão elevada quanto o paciente permita; se o objetivo for a reeducação muscular, uma contração tônica suave como "dica" é tudo o que é necessário.[3]

A EENM é capaz de melhorar a força muscular isométrica, o que ocorre como resultado do aumento do estresse funcional colocado no músculo e como resultado da reversão do recrutamento dos neurônios motores.[59] A EENM pode produzir torque igual a 90% da contração voluntária máxima.[42]

Evidência prática

Durações de fase longas são necessárias para provocar contrações musculares eletricamente induzidas de qualidade.[50] Tratamentos mais fortes e mais confortáveis são obtidos quando é utilizada a duração de fase mais curta necessária para se obter uma contração muscular em sua menor intensidade. O aumento da intensidade de saída irá produzir uma contração mais forte e mais confortável do que quando uma duração de fase mais prolongada é usada (recrutando, assim, fibras dolorosas conforme a intensidade é aumentada).[35]

Os pacientes que fazem reeducação muscular com EENM podem aumentar significativamente a força em oposição aos pacientes que não estão se exercitando. Os pacientes que utilizam EENM aplicada sob um ciclo de trabalho de 60% demonstraram ganhos de força maiores que os pacientes que utilizaram apenas exercício isométrico.[160,161] Após a reconstrução do LCA, a EENM de alta intensidade pode aumentar a força do músculo quadríceps envolvido em até 70%, em comparação aos 57% com contrações voluntárias e 51% com EENM de baixa intensidade.[162]

As contrações musculares obtidas por meio de EENM podem aumentar o fluxo sanguíneo periférico para o membro tratado. Isso ocorre como resultado do aumento da taxa metabólica associado às contrações. Durante o tratamento, o fluxo sanguíneo aumenta durante o primeiro minuto, quando atinge um estado estacionário até o final do tratamento.[109] Esta resposta é independente da intensidade de estimulação. Também podem ocorrer alterações simpáticas no fluxo sanguíneo no hemicorpo oposto.[163]

A Tabela 13.2 apresenta diversos tipos de vantagens e efeitos relatados como sendo associados à EENM e vários protocolos.

Redução de edema

A EENM é semelhante a outras formas de eletroterapia para redução do edema em nível motor. O protocolo descrito para a redução do edema em nível motor utilizando CPAV pode ser usado com esta corrente. Os retornos venoso e linfático são reforçados por meio do bombeamento desses vasos causado pelas contrações musculares. Uma vez que o objetivo deste método é a produção de contrações musculares individuais, são empregados uma frequência baixa (1 a 10 pps) ou uma frequência alta (100 ou mais pps) de pulsos e um ciclo de trabalho de 50%. A intensidade da corrente deve produzir uma contração visível, mas não deve provocar o movimento indesejado da articulação. Tal como ocorre com outros métodos de redução do edema, os benefícios deste tratamento são melhorados se o membro for elevado.

Tabela 13.2 Efeitos associados à estimulação elétrica neuromuscular

As contrações isométricas do quadríceps induzidas eletricamente podem aumentar significativamente a força em determinadas posições articulares:
- Posições articulares do joelho variam de 30 a 90° de flexão.
- A quantidade de flexão do quadril pode influenciar a força das contrações, possivelmente de forma secundária à dotação do grupo muscular de uma vantagem mecânica.
- Ganhos de força totalizados variaram de 7 a 48%.
- A estimulação elétrica pode aumentar a força isocinética em determinadas velocidades.
- A velocidade de 65° por segundo mostrou os aumentos mais substanciais.
- Não foram reportados aumentos significativos na força em velocidades superiores a 120° por segundo.
- Não foram demonstrados aumentos estatisticamente significativos na força entre os ganhos de força obtidos via estimulação elétrica, contrações voluntárias e uma combinação de estimulação elétrica e contrações voluntárias.
- A maior parte da literatura revisada indicou maior ganho de força em contrações voluntárias do que em contrações induzidas eletricamente.
- Embora as diferenças nos ganhos de força obtidos a partir de contrações voluntárias em comparação com os obtidos com estimulação elétrica não tenham sido estatisticamente significativas, os resultados podem ser clinicamente significativos. O aumento da força obtido com estimulação elétrica foi, em média, 10% maior do que aqueles derivados de contrações voluntárias.

Aplicação do eletrodo

A aplicação do eletrodo bipolar é comumente empregada em tratamentos de EENM. Os eletrodos são colocados sobre as extremidades proximais e distais do músculo ou do grupo muscular. Dado que grandes eletrodos se estendem ao longo de vários músculos ou pontos motores, obtém-se uma contração mais generalizada. O uso de pequenos eletrodos vai provocar uma contração mais específica por estimular diretamente o ponto motor do músculo. À medida que os eletrodos são aproximados um do outro, o efeito da estimulação torna-se mais superficial e a intensidade relativa da contração diminui.

A aplicação quadripolar requer a utilização de dois canais separados, com cada canal tendo pelo menos dois eletrodos. Este método de aplicação é utilizado quando se estimula grupos musculares agonistas e antagonistas.

Uma técnica monopolar pode ser empregada por meio da utilização de um eletrodo pequeno e um maior ou por meio da utilização de um aplicador de mão. Esse método de aplicação do eletrodo é útil quando um músculo específico, ou um grupo muscular pequeno, é o alvo do tratamento.

O tamanho dos eletrodos deve ser apenas o necessário para estimular os tecidos desejados. Eletrodos muito pequenos resultam em uma densidade de corrente muito elevada, enquanto eletrodos maiores que o necessário podem estimular nervos indesejados.

Instrumentação

Potência: quando este interruptor está na posição LIGADO, a corrente pode fluir para os componentes internos do gerador.

Redefinir: esta característica de segurança assegura que a saída seja reduzida a zero antes que o tratamento seja iniciado.

Temporizador: este controle define a duração do tratamento e, subsequentemente, exibe o tempo restante.

Intensidade: este botão ajusta a amplitude dos pulsos.

Taxa de pulso: esse parâmetro determina o tipo de contração muscular a ser deflagrada. Dependendo do músculo ou do grupo muscular estimulado, uma taxa de pulso inferior a 15 pps provoca uma contração distinta para cada pulso. Entre 15 e 25 pps, o músculo começa a se contrair mais suavemente, levando a uma contração tônica a cerca de 35 a 50 pps.

Modo: esta opção permite que o usuário selecione o tipo de forma de onda usado no tratamento.

Ciclo de trabalho: este recurso permite que o usuário defina o ciclo de trabalho para o tratamento. Aparelhos de estimulação neuromuscular possuem mostradores separados para ajustar independentemente por quantos segundos a corrente estará fluindo e por quantos segundos não estará. Outros aparelhos possuem ciclos de trabalho pré-configurados, os quais o usuário não pode alterar. Um modo CONSTANTE (100% do ciclo) pode ser proporcionado. Isto é útil para ajustar os demais parâmetros de tratamento (intensidade, duração de pulso, etc), sem que seja necessário esperar que o ciclo de trabalho alterne para o modo LIGADO.

Gatilho externo: é um dispositivo portátil que permite ao usuário controlar manualmente o tempo de estimulação LIGADO-DESLIGADO. Quando o gatilho é pressionado, a corrente flui para os tecidos.

Taxa de reciprocidade: quando dois canais estão sendo utilizados, esta opção seleciona a duração de tempo pela qual a corrente flui para cada canal.

Rampa: o parâmetro RAMPA permite ao utilizador determinar o tempo de subida da amplitude até que se obtenha a corrente de pico. Muitas vezes, a RAMPA representa a percentagem de tempo de ciclo de trabalho requerida para se alcançar a intensidade máxima. Por exemplo, uma rampa de 20% com um tempo de ciclo de trabalho de 5 segundos exigiria 1 segundo para alcançar a intensidade máxima.

Botão de interrupção: este dispositivo é mantido pelo paciente e é usado para cessar o tratamento caso a intensidade se torne muito grande ou muito dolorosa.

Configuração e aplicação

Consultar o manual de instruções do fabricante quanto aos procedimentos específicos para o aparelho que está sendo usado.

Início do tratamento

1. Preparar o gerador: reduzir a intensidade de saída a zero e ligar o aparelho. Se for o caso, pressionar o botão REDEFINIR.
2. Preparar os eletrodos: conectar os cabos ao aparelho e aos eletrodos e fixar os eletrodos no paciente.
3. Disponibilizar o botão interruptor: dá-lo ao paciente e fornecer instruções sobre sua finalidade e utilização.
4. Configurar as variáveis de pulso: definir a duração de fase (LARGURA) e a frequência de pulso (TAXA) na amplitude média dos parâmetros a serem utilizados.
5. Definir as variáveis de corrente: caso os parâmetros de RAMPA e LIGADO-DESLIGADO sejam ajustáveis manualmente no aparelho, aumentar a RAMPA para uma ascensão rápida e ajustar os controles LIGADO-DESLIGADO para um ciclo de trabalho de 100%. Essa confi-

guração permite que a INTENSIDADE seja aumentada sem esperar que o gerador passe por todo o ciclo de trabalho. Caso esses parâmetros não possam ser alterados no decorrer do tratamento, deve-se ajustá-los para as configurações desejadas no momento. (Determinados geradores podem ser concebidos para permitir que a intensidade seja aumentada sem ajustar esses parâmetros.)

6. Ajustar a frequência: ajustar a frequência de saída para o nível apropriado ao tratamento em questão (veja a etapa 11 abaixo).
7. Definir a duração do tratamento: ajustar o TEMPORIZADOR para a sessão.
8. Iniciar o tratamento: pressionar o botão INICIAR para ativar o aparelho.
9. Aumentar a intensidade: iniciar o tratamento aumentando a INTENSIDADE lentamente até que a tensão desejada seja desenvolvida no músculo.
10. Ajustar a rampa aos objetivos do tratamento: sendo aplicável, redefinir o tempo de RAMPA para coincidir com os objetivos do tratamento e as necessidades do paciente.
11. Ajustar o CICLO DE TRABALHO para coincidir com os objetivos do tratamento: o protocolo a seguir pode ser usado como exemplo.[127]
12. Fortalecimento muscular: LIGADO = 10 segundos, DESLIGADO = 50 segundos.
13. Resistência muscular: LIGADO e DESLIGADO possuem durações aproximadamente iguais (de 4 a 15 segundos). FREQUÊNCIA é de 50 a 200 Hz.

Estimulação interferencial (correntes alternadas)

Os aparelhos de estimulação interferencial (IFS) geram duas ACs em dois canais separados. Um canal produz uma onda senoidal de alta frequência constante (4.000 a 5.000 Hz), e o outro canal produz uma onda sinusoidal com frequência variável. As duas correntes se encontram no corpo a fim de produzir uma onda de interferência, a qual possui uma frequência de 1 a 299 Hz. As correntes condutoras de frequência média penetram nos tecidos com muito pouca resistência. As correntes de interferência resultantes estão em um intervalo que permite a estimulação efetiva de tecidos mais profundos do que outras formas de estimulação elétrica, com relativamente pouco desconforto para o paciente.[31,164]

Os geradores interferenciais combinam padrões de interferência construtivos e destrutivos para formar um padrão de interferência contínuo (Quadro 13.5). Estes circuitos são sobrepostos nos tecidos utilizando uma técnica quadripolar, com duas correntes elétricas independentes. **Correntes premoduladas** são misturadas dentro do gerador e utilizam um único canal (técnica bipolar).[135,165]

A taxa na qual a forma de onda interferencial altera sua amplitude é o **padrão de batimento**, a diferença de frequência entre os dois circuitos.[31] Um canal tem uma frequência fixa (p. ex., 5.000 Hz), e o segundo canal tem uma frequência variável. Ao selecionar uma frequência de batimento de 1 Hz, o segundo canal produz uma corrente com uma frequência de 5.001 Hz. Selecionar uma frequência de batimento de 100 Hz aumenta a frequência do segundo canal para 5.100 Hz. A batida produzida pela IFS elicia respostas similares às formas de onda produzidas por aparelhos de TENS, mas é capaz de aplicar uma corrente total maior aos tecidos (70 a 100 mA).[166]

A resistência capacitiva da pele é inversamente proporcional à frequência da corrente. Uma CA de 50 Hz encontra aproximadamente 3.000 ohms de resistência por 100 cm² de pele. Aumentar a frequência para 4.000 Hz reduz a resistência capacitiva da pele a cerca de 40 ohms.

Consequentemente, a IFS encontra menos resistência da pele do que outras formas de estimulação de baixa frequência. No interior dos tecidos, a interferência entre as duas ondas reduz a frequência para um nível que exerce efeitos biológicos sobre os tecidos.

Efeitos sobre
O processo de resposta à lesão

A estimulação interferencial vem sendo utilizada para controlar a dor e provocar contrações musculares para aumentar o retorno venoso. Uma variação do IFS, com um ciclo de trabalho sobreposto, é utilizada para reeducação muscular e para aumentar a resistência muscular.

Controle da dor

Os mecanismos de controle da dor são semelhantes aos encontrados com TENS. As altas frequências de batimento, cerca de 100 Hz, quando acompanhadas de estimulação em nível sensorial, ativam a via espinal, inibindo a transmissão de pulsos nociceptivos. As frequências baixas de batimento, de 2 a 10 Hz, aplicadas em nível motor, devem iniciar a liberação de opiáceos e resultar em uma redução da dor semelhante àquela causada por narcóticos. Embora tanto a IFS de alta frequência como a de baixa frequência resultem na redução da percepção da dor, o mecanismo provavelmente está associado ao mecanismo de portão ou ocorre secundariamente ao efeito placebo. Níveis séricos de cortisol, um importante marcador associado à liberação de β-endorfina, não são aumentados após o tratamento.[64]

Em foco:
Estimulação interferencial

Parâmetros

TIPO DE CORRENTE:	Duas correntes alternadas que formam uma única corrente de interferência. A saída premodulada é baseada em uma única corrente alternada.
FLUXO DE CORRENTE (AMPLITUDE):	1-100 mA
FLUXO DE CORRENTE (RMS):	0-50 mA
VOLTAGEM:	0-200 V
FREQUÊNCIA CONDUTORA:	Fixada em: 2.500-5.000 Hz
FREQUÊNCIA DE BATIMENTO:	0-299 Hz
FREQUÊNCIA DE VARREDURA:	10-500 μs

Forma de onda

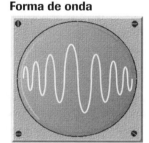

Modulação de saída
Frequência de batimento – análoga ao número de ciclos ou pulsos por segundo
Ciclo de trabalho por explosão – explosões separadas por períodos de ausência de estimulação (intervalo intersurto)
Intensidade
Intervalo interexplosão – duração do tempo entre as explosões
Premodulação (p. ex., estimulação russa)
Rampa
Varredura – variação da frequência de batimento; ajustada com um valor inferior e um valor superior
Vetor/Scan – variação na intensidade de corrente

Duração do tratamento
- A estimulação interferencial pode ser aplicada uma ou duas vezes ao dia em sessões de tratamento normalmente variando de 15 a 30 minutos.
- As sessões de estimulação neuromuscular premodulada são normalmente aplicadas três vezes por semana em sessões de 30 minutos (ver Estimulação elétrica neuromuscular).

Indicações
- Dor aguda
- Dor crônica
- Espasmo muscular

Contraindicações
Além das contraindicações apresentadas na Tabela 12.11, a utilização de IFS é contraindicada em casos de:
- Dor de origem central
- Dor de origem desconhecida

Precauções
- O uso inadequado pode resultar em queimaduras ou irritações da pele em decorrência dos eletrodos.
- A estimulação intensa ou prolongada pode resultar em espasmos musculares e/ou em dor muscular.

A estimulação dos pontos de acupuntura com uma frequência de 2 ou 100 Hz resulta em mediação da dor em sítios receptores específicos. Uma frequência de 30 Hz afeta a maior variedade de receptores, mas a quantidade de redução da dor é menor.[167]

Estimulação neuromuscular

Frequências de batimentos médias, de cerca de 15 Hz, podem ser usadas para reduzir o edema. Os retornos venoso e linfático podem ser aumentados pela estimulação em nível motor. O IFS não parece aumentar significativamente o fluxo sanguíneo na área lesionada.[108]

Correntes premoduladas

Uma corrente premodulada é o resultado de correntes alternadas sendo misturadas dentro do gerador (e não no corpo), produzindo uma onda quadrada senoidal ou bifásica com diferentes amplitudes.[31,135,168] A saída é interrompida para produzir de 1 a 100 explosões por segundo, capazes de produzir fortes contrações musculares com relativamente pouco desconforto, embora seja difícil balancear os parâmetros necessários para produzir uma contração muscular forte e aqueles que produzem dor.[44,168] Correntes premoduladas utilizam dois eletrodos em um único canal, e são indicadas quando o uso de quatro eletrodos é impraticável em decorrência do tamanho da área de tratamento (p. ex., o vasto medial oblíquo).

Quadro 13.5 Interferência elétrica

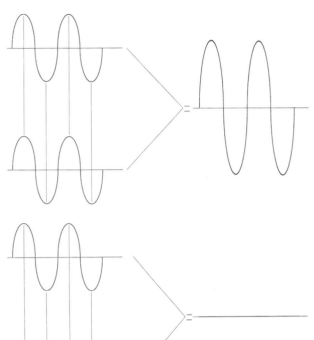

Interferência construtiva

Quando duas correntes elétricas estão em fase perfeita – isto é, os comprimentos de onda são iguais e as fases atravessam a linha de base no mesmo ponto –, a amplitude da onda combinada é igual à soma de suas duas partes.

Interferência destrutiva

Duas correntes estão perfeitamente fora de fase. O pico positivo da primeira forma de onda ocorre no mesmo ponto referido da linha de base horizontal que o pico negativo da segunda onda. Quando estas duas ondas se encontram, as amplitudes se anulam mutuamente, resultando em uma intensidade de onda igual a zero.

Interferência contínua

Quando duas correntes possuem frequências ligeiramente diferentes (p. ex., mais ou menos 1 Hz), a onda resultante alterna entre a interferência construtiva e a destrutiva.

Intervalos longos interexplosões reduzem a raiz quadrática média da amperagem da corrente aplicada, mas permitem o aumento da intensidade por explosão, aumentando a intensidade da contração. O intervalo interexplosão não é longo o suficiente para permitir um relaxamento muscular, mas melhora o conforto da corrente.[44,168] A estimulação russa é uma das correntes premoduladas mais conhecidas (Quadro 13.6).

Redução do edema

O edema crônico pós-traumático pode ser reduzido pelo uso de IFS.[170] Este efeito é atribuível ao bombeamento dos sistemas de retorno venoso e linfático por meio das contrações musculares eletricamente induzidas. Deve-se evitar qualquer movimento articular indesejado que possa produzir maiores prejuízos nas estruturas envolvidas.

Estratégias de tratamento
Controle da dor por meio do mecanismo do portão usando estimulação interferencial

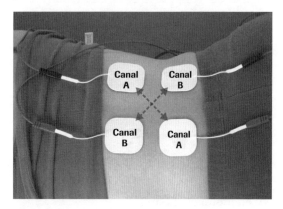

Parâmetro	Configuração
Frequência condutora	Com base no conforto do paciente
Frequência de explosão	80-150 Hz
Varredura	Rápida
Combinação de eletrodos	Quadripolar
Aplicação do eletrodo	Colocar ao redor da periferia da área-alvo
Intensidade de saída	Forte em nível sensorial
Duração do tratamento	20-30 minutos

Estratégias de tratamento
Controle da dor por meio da liberação de opiáceos usando estimulação interferencial

Parâmetro	Configuração
Frequência condutora	Com base no conforto do paciente
Frequência de explosão	1-10 Hz (endorfinas) 80-120 Hz (encefalina)
Varredura	Lenta
Combinação de eletrodos	Quadripolar
Aplicação do eletrodo	Colocar ao redor da periferia da área-alvo
Intensidade de saída	Moderada a forte em nível sensorial
Duração do tratamento	20-30 minutos

Estratégias de tratamento
Estimulação em nível motor usando corrente premodulada

Parâmetro	Configuração
Frequência condutora	2.500 Hz
Frequência de explosão	30-60 explosões por segundo
Ciclo de trabalho de explosão	10%
Duração do ciclo	400 µs
Ciclo de trabalho ligado-desligado	10:50 s
Rampa	2 s
Aplicação do eletrodo	Bipolar: extremidades proximais e distais do músculo (ou grupo muscular)
Intensidade de saída	Contração muscular forte. Desconforto (em oposição à dor) pode ser experimentado.
Duração do tratamento	10 ciclos ou até que ocorra a fadiga

Evidência prática

Tanto com a verdadeira corrente IFS como com a corrente alternada premodulada, a frequência condutora apropriada depende do objetivo do tratamento. Benefícios máximos de tratamento são obtidos quando uma alta frequência condutora é utilizada para tratamentos em nível sensorial e baixas frequências condutoras são utilizadas para tratamentos em nível motor. O conforto do paciente também é influenciado pelo tamanho do eletrodo.[171]

Aplicação do eletrodo

A IFS verdadeira requer a utilização de um arranjo quadripolar de eletrodos. A saída premodulada pode utilizar tanto arranjos bipolares como quadripolares. Quando uma corrente alternada é utilizada, os eletrodos não devem estar a mais que 15 cm de distância um do outro.[5]

Técnica quadripolar

Os quatro eletrodos são posicionados ao redor da área dolorosa, de modo que cada canal corra perpendicularmente ao outro e as correntes se cruzem no ponto médio (Fig. 13.5). Os efeitos de interferência se ramificam em ângulos de 45 graus a partir do centro do tratamento, na forma de um trevo de quatro folhas. Os tecidos dentro desta

Quadro 13.6 Estimulação "russa"

Após as Olimpíadas de 1972, muita atenção foi dada a um regime elétrico de treinamento de força usado por atletas russos. Um médico soviético, dr. Yakov Kots, relatou que os atletas que treinaram sob esta técnica demonstraram uma melhoria de força de 30-40% sobre aqueles que treinaram exclusivamente com exercícios isométricos. Outros benefícios relatados desta técnica incluíram o aumento de resistência muscular e alterações na velocidade das contrações musculares. Esses resultados, em parte em razão da falha do dr. Kots em especificar os parâmetros utilizados por esses atletas, nunca foram duplicados nos Estados Unidos.[3,41,45,46,53,59,169,170] Esse método de aplicação ganhou o nome de estimulação "russa" com base em seu país de origem.

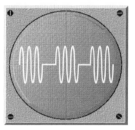

A estimulação russa clássica envolve a utilização de uma onda senoidal condutora de 2.500 Hz com modulação a explosão. A teoria por trás da estimulação russa, tal como com a IFS, é que frequências mais elevadas diminuiriam a quantidade de resistência capacitiva da pele e permitiriam que mais corrente alcançasse o nervo motor, com menor intensidade.[3] Acredita-se também que a frequência condutora de 2.500 Hz "bloqueie" os nervos sensoriais superficiais, estimulando simultaneamente as fibras motoras mais profundas.[5,44] Embora os benefícios de ganho de força não tenham sido duplicados, essa forma de estimulação elétrica é um método excelente para diminuir a atrofia muscular.

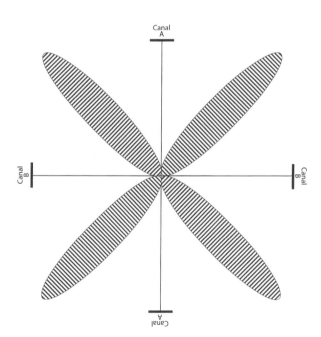

Figura 13.5 Padrão de interferência. O benefício máximo de estimulação interferencial ocorre em ângulos de 45 graus a partir da interseção dos canais.

área recebem o efeito máximo do tratamento; no entanto, a distribuição da corrente é inconsistente, potencialmente conduzindo ao desconforto e diminuindo a eficácia do tratamento.[135] Quando os eletrodos estão posicionados corretamente, a estimulação deve ser sentida apenas entre os eletrodos, e não por baixo dos eletrodos.

Fazendo referência à Figura 13.5, nota-se que o efeito de interferência cobre apenas uma parte da área entre os eletrodos. Caso o paciente apresente uma área muito discreta de dor, o padrão de interferência deve ser capaz de abranger os tecidos apropriados. No entanto, nos casos em que a dor é difusa, pode não ocorrer a redução máxima da dor. Este problema pode ser reduzido por meio da rotação da área de efeito de interferência. Ao se desbalancear ligeiramente as correntes, o padrão de interferência "roda" ou "varre" 45 graus adiante e para trás entre os eletrodos, resultando em uma área de tratamento maior (Fig. 13.6).

Evidência prática

Deve-se evitar o uso de pequenos eletrodos com correntes interferenciais e premoduladas. A alta densidade de corrente combinada à alta energia (amplitude) da corrente pode aumentar o risco de queimadura elétrica da pele. Este risco pode ser aumentado caso sejam aplicadas compressas frias ao mesmo tempo.[172,173]

Aplicação bipolar do eletrodo

Quando a IFS é aplicada por meio de uma técnica bipolar, a mistura dos dois canais ocorre dentro do gerador, em vez de nos tecidos. Dois canais são utilizados dentro do gerador, com um único canal de saída aplicado aos tecidos. Embora a IFS bipolar não penetre tão profundamente nos tecidos como na aplicação quadripolar, o resultado é uma mistura e uma distribuição mais precisas da corrente.[135]

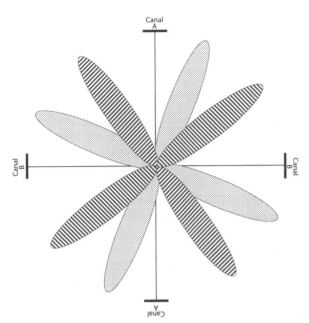

Figura 13.6 Vetorização da interferência dinâmica. O padrão vetor normal é rodado ao longo do tratamento para estimular uma área mais ampla do tecido.

Quando as contrações musculares são o objetivo da sessão de tratamento, seja por meio de IFS ou de estimulação russa, emprega-se as colocações de eletrodos bipolares. Quando os efeitos desejados se concentram em um músculo ou em um grupo muscular específico, apenas um canal é utilizado. Quatro eletrodos são incorporados em um regime de tratamento agonista-antagonista de canal duplo.

Instrumentação

Potência: quando o interruptor estiver na posição LIGADO, a corrente flui para os componentes internos do gerador.

Redefinir: esta característica de segurança assegura que a intensidade seja reduzida a zero antes que o tratamento seja iniciado.

Temporizador: este controle define a duração do tratamento e, subsequentemente, exibe o tempo restante. Em alguns aparelhos, o TEMPORIZADOR serve como interruptor principal de alimentação.

Iniciar-parar: este parâmetro é usado para iniciar e terminar o tratamento.

Intensidade: este controle ajusta a amplitude do pulso, e é apresentada em miliamperes (mA). Ao se utilizar a estimulação quadripolar, o comando de intensidade regula ambos os canais simultaneamente, ou cada canal pode ser regulado individualmente.

Modo: esta opção permite ao usuário escolher entre a verdadeira terapia interferencial e a estimulação bipolar. O modo interferencial permite que a corrente estimule o tecido profundo. No modo bipolar, apenas um canal é usado, e o fluxo de corrente resultante estimula relativamente os nervos subcutâneos.

Estimulação premodulada/russa: este modo altera a saída de amplitude modulada para explosão modulada, a fim de evocar fortes contrações musculares. Essa técnica pode empregar um ou dois canais. Trata-se de uma opção em muitos aparelhos IFS, e outros aparelhos também proporcionam a estimulação russa.

Frequência de batimento: o "batimento" é o resultado da taxa fixa da onda condutora e a taxa variável do segundo canal, provocando mudanças na amplitude da corrente aplicada.

Controle ligado-desligado (ciclo de trabalho): quando a estimulação russa é selecionada no controle MODO, este controle ajusta o ciclo de trabalho por meio da determinação da quantidade de tempo em que a corrente está LIGADO *versus* DESLIGADO.

Rampa: permite que o usuário determine o tempo de subida da amplitude até que o pico da corrente seja alcançado. Muitas vezes, a RAMPA representa a percentagem do tempo de ciclo de trabalho necessária para se alcançar a intensidade máxima.

Balanço: este controle permite ao usuário controlar o balanço de corrente elétrica sob cada conjunto de eletrodos e equalizar a estimulação sensorial. Ele apenas tem sentido durante a estimulação quadripolar.

Configuração e aplicação

Consultar o manual de instruções do fabricante quanto aos procedimentos específicos ao aparelho que esteja sendo usado.

Início do tratamento

1. Ligar o aparelho, ativando o interruptor POTÊNCIA.
2. Redefinir parâmetros: reduzir totalmente o controle de intensidade e apertar o botão REDEFINIR.
3. Selecionar o modo de aplicação: determinar o MODO de aplicação: quadripolar, bipolar ou estimulação russa.
4. Ajustar a frequência de batimento: selecionar as frequências de BATIMENTO adequadas com base nos objetivos do tratamento.
5. Ajustar a frequência de varredura: utilizar a frequência de VARREDURA apropriada para o protocolo de tratamento em questão.
6. Ajustar a duração do tratamento: ajustar a duração do tratamento configurando o TEMPORIZADOR.

7. Iniciar o tratamento: pressionar o botão INICIAR para fechar o circuito entre o gerador e os tecidos do paciente.
8. Aumentar a intensidade de saída: aumentar lentamente o controle de intensidade até alcançar o nível adequado de corrente.
9. Ajustar o balanço: caso seja necessário, ajustar o controle de balanço para obter o máximo de conforto no tratamento.

Iontoforese (corrente direta)

A iontoforese é a introdução de medicamentos ionizados nos tecidos subcutâneos, utilizando uma CC de baixa voltagem. A quantidade de medicamento que penetra nos tecidos se baseia na densidade de corrente e na duração do tratamento. Ao se adaptar às flutuações da resistência do tecido, os geradores de iontoforese produzem uma saída de voltagem constante pelo ajuste da amperagem. Os tipos de medicamentos mais comumente utilizados para iontoforese incluem agentes anestésicos, analgésicos e anti-inflamatórios. Já teve início um trabalho experimental que começa a explorar a utilização de iontoforese como um substituto para certos tipos de **diálise** e de injeções repetidas, tais como insulina.

Com base na reação iônica entre os polos positivo e negativo do gerador, as moléculas ionizadas do medicamento viajam ao longo das linhas de força criadas pela corrente. No eletrodo positivo, os íons positivos são conduzidos através da pele; os íons negativos são introduzidos através da pele usando o polo negativo. A iontoforese tem se mostrado capaz de aplicar o medicamento a profundidades de 6 a 20 mm abaixo da pele.[175,176]

A iontoforese requer a utilização de eletrodos personalizados que são concebidos para armazenar medicamento, ou um tampão. Os tamanhos dos eletrodos são expressos pela quantidade de medicamento necessária para saturá-los. Por exemplo, um eletrodo de 3 mL poderá conter 3 mL de medicamento.

A introdução transdérmica de medicamento apresenta vantagens em relação à ingestão oral ou à injeção de medicamento. Uma vantagem sobre o medicamento oral inclui o *bypass* do fígado, reduzindo assim a degradação metabólica do medicamento. O medicamento também pode ser concentrado em uma área localizada, em vez de ser absorvido no trato gastrintestinal, proporcionando aplicação da droga de maneira local em vez de sistêmica.[174] A maior parte destas vantagens também se verifica com o medicamento injetado, porém a iontoforese é menos traumática e menos dolorosa do que a injeção de medicamento. Além disso, a injeção do medicamento pode resultar em uma elevada concentração de medicamento em uma área localizada, resultando em lesão tecidual.[175,176]

A iontoforese também tem suas desvantagens. Resultados não confiáveis são obtidos com certos medicamentos, e a quantidade de medicamento que é realmente introduzida nos tecidos é desconhecida.[33] Áreas de pele mais grossa, tal como o aspecto plantar do pé, são mais difíceis de penetrar que a pele mais fina. Estruturas profundas, como a articulação do quadril, estão localizadas muito profundamente para serem afetadas pela iontoforese.

Em crianças, a ansiedade causada pela iontoforese não foi significativamente menor do que a de uma injeção. As injeções parecem ser mais toleráveis ao longo do tempo. Além disso, a anestesia cutânea derivada de uma injeção é mais tolerável do que a obtida por meio da iontoforese.[178]

Muitos dos medicamentos utilizados na iontoforese são substâncias controladas que requerem receita médica. O uso do aparelho de iontoforese pode também ser regulado por órgãos governamentais.

Mecanismos de iontoforese

Aparelhos de iontoforese tradicionais aplicam CC de baixa voltagem e alta amperagem ao corpo. A saída do gerador varia de 0 a 5 mA com a impedância da pele variando de 0,5 a 100 kilohms.

Como visto na parte Fonoforese do Capítulo 7, o estrato córneo é a principal barreira para a transferência de substâncias para os tecidos subcutâneos através da pele. A carga elétrica do medicamento ajuda a completar o circuito pela condução da corrente entre os dois eletrodos. Durante a iontoforese, o caminho primário do fluxo de corrente e, portanto, a transferência de medicamento ocorrem através dos portais formados por folículos pilosos e poros da pele.[161] A transferência ocorre por uma força eletromotriz, uma força eletrosmótica ou uma combinação dessas duas.[179]

Para que ocorra a iontoforese, a corrente aplicada deve ser suficiente para superar a resistência da pele/do eletrodo e ainda ter energia suficiente para conduzir o medicamento através de portais da pele (geralmente um peso atômico menor que 500 Da).[179-181] À medida que o tratamento avança, a resistência dos portais ao fluxo de corrente elétrica e à entrada de medicamento no corpo diminui.[182] Uma vez que está no interior dos tecidos, o medicamento se espalha localmente por meio de difusão passiva, a qual não é afetada pela fonte de corrente. A taxa de difusão é tal que o medicamento tende a permanecer mais altamente concentrado no interior daqueles tecidos diretamente subcutâneos ao local de introdução, e progressivamente menos concentrado nos tecidos mais profundos e nos tecidos periféricos ao local de tratamento.[183]

A iontoforese utiliza um arranjo de eletrodo monopolar, no qual o eletrodo que contém o medicamen-

Em foco:
Iontoforese

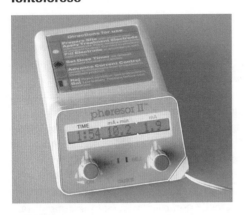

Parâmetros

TIPO DE CORRENTE:	Corrente direta
FLUXO DE CORRENTE TOTAL:	Até 5 mA
VOLTAGEM:	80 V
FREQUÊNCIA DE PULSO:	Não aplicável
DURAÇÃO DE PULSO:	Não aplicável
DURAÇÃO DE FASE:	Não aplicável
DOSAGEM:	0-80 mA/min

Forma de onda

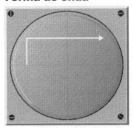

Modulação de saída
- Amperagem
- Dosagem
- Duração
- Polaridade (eletrodo de administração de medicamento)

Duração do tratamento
A duração de um tratamento individual é baseada na intensidade do tratamento e na dose de tratamento desejado (ver Dosagem do medicamento). Os tratamentos geralmente são dados a cada dois dias por até três semanas. Consultar a prescrição do paciente para o regime exato de tratamento.

Indicações
- Inflamação aguda
- Inflamação crônica
- Artrite
- Miosite ossificante
- Síndromes de dor miofascial
- Como veículo para aplicação de anestésicos locais, antes de injeção ou outros procedimentos invasivos menores[174]
- Hiperidrose

Contraindicações
Além das contraindicações apresentadas na Tabela 12.11, a iontoforese não deve ser usada quando:
- O paciente possui um histórico de reações adversas ou de hipersensibilidade à estimulação elétrica
- O paciente possui contraindicações para o(s) medicamento(s) a ser administrado(s)
- Dor ou outros sintomas de origem desconhecida estão presentes

Precauções
- Medicamentos controlados exigem a prescrição de um médico. Deve-se prestar muita atenção a todas as notas ou instruções fornecidas pelo farmacêutico.
- A dosagem exata do medicamento aplicado ao corpo é desconhecida.
- Eritema sob os eletrodos é comum após o tratamento.
- Uma dose de tratamento que seja muito intensa (em amperagem ou duração) pode resultar em queimaduras abaixo do eletrodo de aplicação e/ou de retorno.
- Não reutilizar um eletrodo porque medicamentos permanecem nele, contaminando-o para uso futuro.

to serve como eletrodo ativo. O aumento da densidade de corrente sob o eletrodo de aplicação também diminui a resistência à corrente iontoforética; quanto maior for a densidade de corrente, menor a resistência ao fluxo elétrico.[184] Embora esta característica pareça contradizer a lei de Ohm, a diminuição da resistência é um artefato de um aumento no tamanho dos poros da pele ou da geração de novos poros.[185,186]

O fluxo sanguíneo local se mostra elevado ao longo da primeira hora após o tratamento, e o estrato córneo se encontra hidratado ao longo de 30 minutos após o tratamento. Embora isto auxilie na difusão subcutânea do medicamento, pode resultar em uma difusão mais ampla que o normal, espalhando o medicamento sistemicamente e reduzindo sua concentração na área de tratamento pretendida. O aumento do fluxo sanguíneo também pode explicar a **hiperemia** após o tratamento.[187]

Queimaduras ou irritações graves de pele são problemas inerentes à aplicação de uma CC ao corpo humano. Qualquer uma destas reações negativas está relacionada aos íons de hidrogênio e de hidróxido gerados pela corrente. Um trabalho experimental utilizando CA de baixa frequência ou uma combinação de CA e CC demonstrou que esses modos são efetivos na aplicação de determinadas formas de medicamento ao corpo sem irritação associada de pele.[188,189]

Dosagem de medicamento

A dosagem de medicamento é medida em termos de miliamperes por minuto (mA/min) e se baseia na relação entre a intensidade da corrente e a duração do tratamento:

Amperagem da corrente (mA) × duração do tratamento (min) = mA × min

A maioria dos aparelhos de iontoforese utiliza um protocolo de tratamento orientado pela dosagem, no qual o utilizador indica a dose de tratamento desejada e o gerador calcula a duração e a intensidade do tratamento. Uma mudança subsequente na saída altera a duração do tratamento; aumentar a amperagem diminui a duração, e vice-versa. Se a duração do tratamento for reduzida, a intensidade de saída será aumentada.

Por exemplo, se o medicamento usado tiver sido prescrito na dose de 50 mA/min, o gerador pode escolher por padrão uma saída de 5 mA e uma duração de tratamento de 10 minutos (5 mA × 10 minutos = 50 mA.min). Caso esta seja a primeira exposição do paciente à iontoforese ou caso o paciente possua um histórico de sensibilidade a este tratamento, a intensidade do tratamento poderia ser diminuída. Suponha que a intensidade seja reduzida para 3 mA. O gerador então recalcularia a duração do tratamento para cerca de 16 minutos e 40 segundos (3 mA × 16,67 minutos = 50 mA.min).

Deve-se reduzir a amperagem imediatamente quando o paciente relatar alguma sensação que não seja a de formigamento (p. ex., relato de queimação). A dosagem máxima do tratamento depende da polaridade do eletrodo de administração do medicamento. A polaridade negativa pode aplicar uma dosagem de até 80 mA.min; a polaridade positiva pode aplicar uma dosagem de até 40 mA.min.

A abordagem orientada pela dosagem levou ao desenvolvimento de tratamentos de baixa intensidade e longa duração, nos quais o paciente usa um adesivo por até 24 horas (Fig. 13.7). Usando uma bateria acoplada que fornece uma carga de 1 volt, o paciente usa o adesivo durante 12 horas para administrar uma dose equivalente a 40 mA.min, e durante 24 horas para uma dose equivalente a 80 mA.min.

Medicamentos

O tipo de medicamento utilizado na iontoforese depende da natureza da patologia e do resultado de tratamento desejado. A Tabela 13.3 apresenta alguns medicamentos comuns usados nesta forma de tratamento, indicações de utilização e as dosagens de tratamento tí-

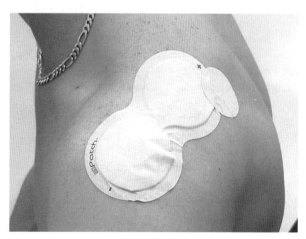

Figura 13.7 Sistema de iontoforese com tempo de liberação estendido IontoPatch. Este tratamento está sendo aplicado para tratar a inflamação da articulação acromioclavicular. Observar o símbolo "-" no canto inferior esquerdo do patch e o símbolo "+" no canto superior direito. Neste caso, o medicamento era carregado negativamente, de modo que foi posicionado no eletrodo negativo. Uma solução tamponante é colocada no eletrodo positivo para completar o circuito. O pequeno adesivo redondo ao lado do símbolo de "+" ajuda a manter o eletrodo no lugar caso o adesivo comece a desgrudar. (IontoPatch, cortesia de Birch Point Medical, Oakdale, MN).

Tabela 13.3 Exemplos de medicamentos, suas indicações e dosagens de tratamento utilizados em iontoforese[*†]

Medicamento(s)	Patologia	Concentração de aplicação	Dosagem	Polaridade
Ácido acético	Ossificação heterotópica	2% misturado com água destilada	80 mA/min	Negativa
Dexametasona e lidocaína	Inflamação Controle da dor	4 mg de Decadron (suspensão 1 cm²) 4% de xilocaína (suspensão 2 cm²)	41 mA/min 40 mA/min	Negativa Positiva
Lidocaína e epinefrina	Controle da dor	4% de lidocaína 0,01 mL 1:50.000 epinefrina	30 mA/min	Positiva
Lidocaína e epinefrina	Controle da dor	4% de lidocaína e 0,25 cc de 1:1.000 epinefrina	20 mA/min	Positiva
Dexametasona	Inflamação	2 cc de 4 mg/mL de dexametasona	41 mA/min	Negativa

[*]Consultar a prescrição do médico para os parâmetros exatos de tratamento.
[†]Cada tamanho de eletrodo tem uma amperagem máxima que não deve ser ultrapassada. Consultar as informações incluídas na embalagem dos eletrodos.

picas. Essas informações não devem ser vistas como protocolos de tratamento recomendados. Deve-se consultar as concentrações e as dosagens de tratamento recomendadas pelo médico ou farmacêutico.

Para a aplicação da iontoforese, medicamentos solúveis em água são dissolvidos em um excipiente. A quantidade e a taxa de administração de medicamento são baseadas na tensão total aplicada, na duração do tratamento, no pH local e na concentração do medicamento no eletrodo de aplicação. Conforme a magnitude de cada um destes fatores aumenta, a dosagem total do tratamento também aumenta. Maiores concentrações (porcentagem) de medicamento têm o potencial de bloquear os poros e diminuir a aplicação do medicamento aos tecidos subjacentes.[190] Um vasoconstritor, tal como a epinefrina, pode ser adicionado ao medicamento para auxiliar na manutenção da concentração local nos tecidos.[179]

A ocorrência de certas reações complica a disponibilização do medicamento para os tecidos. O medicamento compete com outros íons de mesma polaridade do eletrodos de aplicação. Há uma chance igual de que os íons do medicamento sejam conduzidos para os tecidos, tal como outros íons que tenham o mesmo peso e tamanho molecular. Medicamentos de maior peso e massa iônica requerem um aumento da intensidade de saída para conduzi-los através dos tecidos. Em decorrência da quantidade de trabalho (energia) requerida, íons menores tendem a ser preferencialmente movidos em relação a íons maiores.

A iontoforese passiva também altera a quantidade, a taxa e a qualidade da forese. É preciso ter em mente que os íons de cargas diferentes se atraem mutuamente. Conforme um íon carregado entra nos tecidos, ele tende a "atrair" os íons de carga oposta. Considere um íon carregado negativamente sendo conduzido para o interior da pele por um eletrodo de carga negativa. Um íon carregado positivamente nas proximidades pode estar dentro do campo de atração desse íon negativo. O íon carregado positivamente é atraído juntamente ao íon negativo uma vez que este penetra no tecido.

Diferentes tipos de medicamentos podem ser misturados entre si, desde que suas cargas iônicas não se anulem ou enfraqueçam significativamente. Para conseguir doses iguais de um medicamento de tamanho e peso molecular relativamente grande e outro de menor massa, a concentração do medicamento maior e menos móvel deve ser aumentada.[183]

Efeitos sobre
Biofísicos de iontoforese

Os efeitos biofísicos exatos obtidos com o tratamento dependerão do tipo de medicamento utilizado. Medicamentos introduzidos no corpo por meio de iontoforese podem penetrar de 6 a 20 mm abaixo da pele e, na maioria dos casos, podem atingir a profundidade das estruturas tendíneas e da cartilagem subjacente. No entanto, a dose exata de medicamento a atingir esta profundidade é indeterminada.[33,175,176,191]

Quando uma mistura de anti-inflamatório ou anestésico é empregada (p. ex., dexametasona [Decadron] e lidocaína [Xilocaína]), o início do alívio pode levar de 24 a 48 horas, embora, por vezes, seja relatado alívio imediato. Os efeitos latentes podem ser atribuídos a um efeito cumulativo dos tratamentos.[33] A lidocaína, em concentrações de até 50%, requer um mínimo de 10 minutos de corrente elétrica antes que a pele seja anestesiada.[192] A anestesia superficial pode ser obtida por meio da iontoforese, mas a falta de profundidade de penetração evita que se alcance um bloqueio total do nervo.

A utilização de uma corrente contínua pode, potencialmente, alterar o pH da pele. No entanto, as mudanças no pH da pele não ocorrem a menos que a dosagem de tratamento exceda 80 mA.min (além da faixa de dosagem normal).[193]

Aplicação do eletrodo

A aplicação de iontoforese envolve a utilização de um eletrodo de aplicação ("eletrodo de medicamento"), que serve como eletrodo ativo, e um eletrodo de retorno, que serve como eletrodo dispersivo (Fig. 13.8). Muitos procedimentos de aplicação utilizam apenas um eletrodo de aplicação, mas a maioria dos aparelhos permite que dois eletrodos sejam utilizados. O eletrodo de aplicação é colocado sobre os tecidos-alvo. O eletrodo de retorno é colocado de 10 a 15 cm de distância. Ao colocar cada eletrodo no corpo, deve-se tomar o cuidado de considerar os tecidos subjacentes. Por exemplo, caso a iontoforese esteja sendo utilizada para tratar uma fasceíte plantar, o eletrodo de aplicação deve ser colocado no aspecto medial do arco, onde a pele é relativamente fina, em vez de ser colocado sobre a espessa camada do calcanhar.

Instrumentação

Potência: o interruptor POTÊNCIA ativa ou desativa o gerador.

Redefinir: o botão REDEFINIR serve como um "desligamento de emergência" em caso de desconforto por parte do paciente ou uma avaria no gerador. Na conclusão do tratamento, pressionar a tecla REDEFINIR reduz a zero os valores de dosagem, saída e duração.

Dosagem: este parâmetro ajusta a dosagem do medicamento em miliamperes minuto. Alguns aparelhos permitem que a dosagem seja digitada diretamente (p. ex., se for utilizado um teclado, o valor numérico é digitado) ou definida utilizando botões para aumentar e diminuir.

Intensidade (amperagem): ao definir a DOSAGEM, a amperagem aumenta para um nível predefinido. Aumentar a INTENSIDADE diminui a DURAÇÃO do tratamento; diminuir este valor aumenta a DURAÇÃO, mantendo a dosagem no nível indicado.

Duração do tratamento: diminuir a DURAÇÃO aumenta a intensidade do tratamento, e vice-versa.

Polaridade: a polaridade do eletrodo de aplicação deve ser a mesma que a do medicamento a ser aplicado (ou seja, se um medicamento tem uma polaridade negativa, o eletrodo de aplicação também deve ter uma polaridade negativa). Aparelhos com um interruptor de POLARIDADE alternam a polaridade do eletrodo de aplicação para positiva ou negativa. Outros aparelhos exigem que os cabos dos eletrodos estejam fisicamente conectados nas entradas positiva e negativa.

Iniciar-parar: pressionar este botão pela primeira vez dá início ao fluxo de corrente para o corpo do paciente. Para o conforto do paciente, a maioria dos geradores é programada de modo que a corrente seja gradualmente aumentada a partir de zero até a duração efetiva do tratamento. Ao pressionar novamente este botão, ou se pausa ou se encerra o tratamento, dependendo do projeto do aparelho.

Configuração e aplicação

O pré-aquecimento dos tecidos pode abrir caminhos na pele e facilitar a passagem do medicamento através dela. O aumento do fluxo sanguíneo, no entanto, pode acelerar a remoção do medicamento deposto na área. Compressas frias diminuem o fluxo sanguíneo e, portanto, teoricamente, mantêm a concentração de medicamento nos tecidos. No entanto, o frio também pode diminuir a passagem do medicamento para o tecido, fechando os portais da pele. Não se deve aplicar compressas quentes ou frias diretamente sobre os eletrodos de iontoforese, porque pressões irregulares podem resultar em densidades de corrente maiores ou menores, ou mascarar o *feedback* sensorial que indica a ocorrência de uma queimadura térmica ou química.

Consultar o manual de instruções do fabricante para os procedimentos específicos quanto ao aparelho sendo utilizado.

Início do tratamento

1. Limpar o local de tratamento: utilizando álcool, limpar a área onde os eletrodos ativo e de retorno serão afixados ao corpo.
2. As áreas em que os eletrodos serão colocados devem ser livres de cortes, abrasões e outras feridas abertas e de excesso de pelos. Uma vez que a depilação pode causar cortes na pele, deve-se cortar o excesso de pelos com uma tesoura.
3. Preparar o eletrodo – ou eletrodos – ATIVO: preencher o eletrodo de aplicação com o medi-

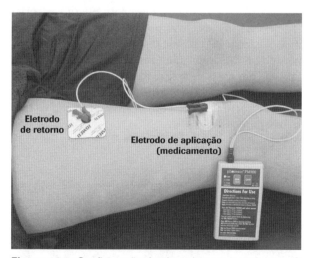

Figura 13.8 Configuração do eletrodo para iontoforese. O medicamento apropriado é introduzido pelo eletrodo de aplicação, e o eletrodo de retorno é saturado com uma solução tamponante eletricamente neutra. A polaridade do eletrodo de aplicação deve ser a mesma do medicamento sendo utilizado.

camento ou medicamentos adequados, da forma aplicável ao tipo de eletrodo a ser utilizado. Caso seja indicado pelo medicamento a ser utilizado, adicionar 1 mL de uma solução tampão (0,9% de solução salina e 0,5% de fosfato de potássio) ao eletrodo ativo. O tampão somente é requerido em dosagens de tratamento mais elevadas (p. ex., 80 mA.min).[193]

4. Umedecer o eletrodo de RETORNO com uma solução de tamponamento adequada.

5. Posição dos eletrodos: colocar o eletrodo de APLICAÇÃO sobre o local de tratamento e o eletrodo de RETORNO de 10 a 15 cm de distância.

6. Configurar a polaridade do eletrodo: dependendo do tipo de gerador em uso, conectar o eletrodo ao gerador, de modo que a polaridade do eletrodo de APLICAÇÃO corresponda à carga do medicamento, ou conectar o eletrodo como indicado e ajustar o seletor POLARIDADE conforme seja necessário.

7. Fornecer instruções ao paciente: informar ao paciente que ele pode vir a experimentar formigamento e coceira durante o tratamento, mas que o tratamento não deve ser desconfortável. Aconselhar o paciente a reportar qualquer dor, ardor ou outras sensações desagradáveis.

8. Definir a dosagem de tratamento: indicar a dosagem de tratamento recomendada pelo médico e farmacêutico. Não exceder a dosagem ou a intensidade recomendada para o eletrodo a ser utilizado.

9. Ajustar os parâmetros de saída: normalmente, o parâmetro de INTENSIDADE é ajustado de modo a se adequar ao conforto do paciente. Caso seja este o primeiro tratamento do paciente ou caso o paciente possua histórico de sensibilidade quanto a esta forma de tratamento ou à estimulação elétrica em geral, a intensidade de saída deve ser diminuída. A intensidade do tratamento pode ser aumentada, caso indicado. Deve-se ter em mente que a diminuição da intensidade aumenta a duração do tratamento, e vice-versa.

10. Tratamento suplementar: administrar quaisquer tratamentos de acompanhamento adequados. O ultrassom pulsado (ver Cap. 6) pode ser usado após a iontoforese de ácido acético para a redução na massa de miosite ossificante traumática.[194]

11. Repetir o tratamento com a polaridade oposta: caso estejam sendo utilizados medicamentos de polaridades diferentes, repetir este procedimento com o outro medicamento, usando a polaridade adequada.

12. Aplicar uma pomada calmante: pode-se aplicar um creme de massagem leve, uma loção com aloe ou uma pomada calmante para a pele nos locais de contato dos eletrodos para ajudar a reduzir a irritação residual da pele associada ao tratamento.

13. Descartar os eletrodos: eletrodos de iontoforese podem ser utilizados apenas para um único tratamento.

Estimulação elétrica por microcorrente (correntes variadas)

Embora não haja uma definição universalmente aceita de "terapia elétrica por microcorrente" (TMC), alguns denominadores comuns podem ser encontrados. A corrente aplicada ao corpo utiliza CC ou pulso monofásico ou bifásico, uma intensidade que geralmente está abaixo do limiar de despolarização dos nervos sensoriais, uma corrente menor que 1.000 mA.[31] Tais aparelhos produzem uma corrente elétrica que possui aproximadamente 1/1.000 da amperagem do TENS, mas uma duração de pulso que pode ser até 2.500 vezes mais longa. A estimulação por microcorrentes é usada para restaurar o potencial elétrico natural do corpo, a fim de acelerar a cicatrização, reduzir o edema e reduzir a dor. A eficácia desta técnica ainda não foi estabelecida.

Ao contrário das demais modalidades elétricas descritas neste capítulo, a característica distintiva da microcorrente é que ela não busca excitar os nervos periféricos.[195] Acredita-se que a corrente subsensorial regule a atividade celular por meio de corrente contínua, alternada ou pulsada (em um ampla gama de formas de onda), com cada uma possuindo uma ampla faixa de durações de pulso, frequências e durações de tratamento. Podem ser utilizados vários canais. Esta gama de correntes torna difícil analisar os efeitos teóricos e clínicos da TMC.

Evidência prática

A eficácia da TMC não foi fundamentada na literatura profissional. Poucos estudos controlados relatam diminuição da dor, aumento da amplitude de movimento e melhora da cicatrização de feridas. No entanto, com maior frequência que o oposto, tais efeitos foram maiores nos indivíduos sob experimentação do que naqueles observados no grupo-controle, porém menores do que em outras modalidades, ou foram conduzidos de uma forma não controlada.[31,77,196-199] Da mesma forma, há pesquisas que não suportam a eficácia da microcorrente como uma modalidade terapêutica.[122,200-205]

Em foco:
Estimulação elétrica por microcorrentes

Parâmetros

TIPO DE CORRENTE: Monofásica, bifásica, direta ou alternada. Correntes monofásicas podem mudar regularmente a polaridade do eletrodo.
FLUXO DE CORRENTE TOTAL: 1-999 µA (corrente de pico) 25-600 µA (RMS)
FREQUÊNCIA DE PULSO: 0,1-1.000 Hz
DURAÇÃO DE PULSO: 0,5-5.000 µs
DURAÇÃO DE FASE: 0,5-5.000 µs

Forma da onda

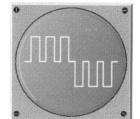

Modulação de saída
Intensidade
Polaridade/polaridade alternada
Rampa
Limiar - ohmímetro

Duração do tratamento
A maioria dos tratamentos EMC varia entre 30 minutos e 2 horas, e podem ser repetidos até quatro vezes por dia.

Indicações*
- Dor aguda e crônica
- Inflamação aguda e crônica
- Redução do edema
- Entorses
- Distensões
- Contusões
- Disfunção da articulação temporomandibular
- Síndrome do túnel do carpo
- Cicatrização de feridas superficiais
- Tecido cicatricial
- Neuropatias

Contraindicações
Além das contraindicações apresentadas na Tabela 12.11, a utilização de estimulação elétrica por microcorrente não deve ser utilizada para:
- Dor ou outros sintomas de origem desconhecida
- **Osteomielite**

Precauções
- O uso da EMC em pacientes desidratados pode resultar em náuseas, tonturas e/ou dores de cabeça.
- "Choques" elétricos podem ser relatados pelo paciente quando a EMC é aplicada ao tecido cicatricial. Isto representa a diminuição da quantidade de corrente necessária para superar a resistência elétrica da cicatriz.

* A eficácia destes tratamentos não teve respaldo de pesquisas científicas publicadas.
RMS = raiz quadrática média

Efeitos sobre
Biofísicos de terapia elétrica por microcorrente

O trauma tecidual afeta o potencial elétrico das células envolvidas, o anteriormente descrito potencial de lesão ou corrente de lesão.[82] A resistência ao fluxo de corrente elétrica aumenta após o trauma, de modo que as correntes bioelétricas intrínsecas do corpo buscam o caminho de menor resistência ao redor dos tecidos envolvidos, em vez de através deles. Como resultado da atividade bioelétrica diminuída dentro da área traumatizada, a capacitância celular é reduzida, e a homeostase da célula é ainda mais alterada.[206-208] Teoricamente, o restabelecimento do equilíbrio elétrico natural do corpo permite que o suprimento de trifosfato de adenosina (ATP) da célula seja refeito, fornecendo assim a energia metabólica para que ocorra a cura.

A teoria que fornece suporte para os efeitos biofísicos da microcorrente sobre o processo de resposta à lesão se baseia no efeito que uma corrente de baixa amperagem exerce sobre os níveis de ATP. Correntes abaixo de 500 mA aumentam os níveis de ATP, ao passo que maiores amperagens os diminuem. A passagem de uma corrente elétrica de baixa amperagem através das mitocôndrias cria um desequilíbrio no número de proteínas em qualquer um dos lados da sua membrana celular. À medida que os prótons se movem do ânodo para o cátodo, eles atravessam a membrana mitocondrial, fazendo com que a adenosina trifosfatase produza ATP. O aumento da produção de ATP estimula o transporte de aminoácidos e o aumento da síntese de proteínas.[31,209]

Embora possa parecer que a CC produz melhor os efeitos descritos nesta parte, muitos protocolos de TMC utilizam corrente alternada ou pulsada.[209,210] É improvável que uma CC seja suficiente para superar a resistência capacitiva da pele em decorrência da baixa amperagem em que a TMC é aplicada. Como visto anteriormente, a resistência capacitiva da pele diminui conforme a frequência de pulso aumenta. Portanto, a aplicação de TMC com corrente alternada ou pulsada reduz o nível de corrente necessário para ultrapassar a resistência da pele. As distâncias entre os eletrodos utilizados durante o tratamento também servem para aumentar a quantidade de energia necessária para completar o circuito.

Pesquisas têm validado os efeitos da estimulação elétrica sublimiar sobre as propriedades da membrana celular, respostas neurológicas e respostas iônicas.[195,211,212] Estes modelos experimentais geralmente utilizam eletrodos que são implantados no interior dos próprios tecidos. Outras derivações surgiram a partir dos benefícios da aplicação de CC em nível sensorial. Ao contrário da TMC, as correntes utilizadas nestes estudos não necessitaram superar a resistência produzida pela pele ou possuir a energia elétrica necessária para superar a resistência representada pelos tecidos. Qualquer interpolação entre esses efeitos e a microcorrente pode ser inadequada.

A aplicação da TMC demonstrou aumento de colágeno no local da ferida, mas isto não se correlacionou ao aumento da resistência à tração ou ao aumento da espessura da ferida.[198] Analgesia transitória[199] e diminuição nos níveis de creatina quinase pós-exercício[213] também têm sido atribuídas à TMC.

Aplicação do eletrodo

Os eletrodos devem ser colocados de modo que uma linha desenhada através deles cruze os tecidos-alvo. Isto, em conceito, é semelhante à técnica de aplicação contígua do eletrodo descrita anteriormente neste capítulo. No entanto, os defensores da TMC visualizam a aplicação do eletrodo em uma imagem tridimensional em vez da forma bidimensional tradicional. Esse ponto de vista sustenta que os eletrodos também devem ser colocados em lados opostos do tronco ou dos membros, e a corrente irá fluir através deles. Tal

vez, se a eletricidade fluísse em uma linha reta perfeita entre os eletrodos opostos, isso seria verdade. No entanto, deve-se ter em mente que a eletricidade segue o caminho de menor resistência, de modo que o curso mais provável para a corrente seria seguir a circunferência do corpo, em vez de em linha reta pelo centro do segmento. Também é preciso recordar que quanto maior for a distância entre os eletrodos, maior é a resistência, e mais corrente é necessária para superar essa resistência.

Uma técnica para o tratamento de lombalgia coloca um eletrodo próximo da coluna, no mesmo nível dos tecidos dolorosos. O eletrodo oposto é, então, posicionado no hemicorpo contralateral na região anterior do abdome. Quando o esqueleto axial está sendo tratado, o protocolo de TMC sugere que o tratamento ocorra bilateralmente.

A utilização de probes de TMC é descrita na seção de configuração e aplicação.

Instrumentação

Potência: quando este interruptor está na posição LIGADO, a corrente pode fluir para os componentes internos do gerador. Alguns aparelhos possuem um alto-falante que emite um som audível quando um determinado limiar elétrico é alcançado. Neste tipo de gerador, o interruptor de potência também serve, muitas vezes, como um controle de VOLUME.

Temporizador: este controle ajusta a duração do tratamento e, subsequentemente, exibe o tempo restante. Em alguns aparelhos, o TEMPORIZADOR serve como o interruptor principal de alimentação.

Iniciar-parar: quando este botão é pressionado para iniciar o tratamento, o circuito é fechado, permitindo que a corrente flua para os tecidos do paciente. Quando ele é pressionado novamente, o circuito é aberto, interrompendo o fluxo de corrente. O botão INICIAR-PARAR também pode definir o modo de tratamento em alguns geradores.

Amplitude: este controle ajusta a intensidade de corrente, de zero (DESLIGADO) até o valor máximo do aparelho. A saída para cada canal possui seu próprio controle de AMPLITUDE. A saída aplicada é exibida no medidor de SAÍDA.

Frequência (Hertz): quando uma corrente pulsada está sendo aplicada, a FREQUÊNCIA define o número de pulsos por segundo; quando uma corrente alternada está sendo administrada, ela define o número de ciclos por segundo. Cada canal tem seu próprio controle de saída.

Multiplicador: um interruptor de três posições que multiplica a FREQUÊNCIA de saída pelo valor indicado. A saída para cada canal tem seu próprio controle multiplicador.

Polaridade: esta chave seleciona a polaridade de saída no modo monofásico, ou a taxa em que a polaridade de saída é alternada no modo bifásico.

Rampa: a rampa seleciona o tempo de subida da saída modulada no modo bifásico.

Limiar: este botão ajusta o nível no medidor de potência no qual ocorre uma saída audível.

Seleção de medidor: este controle ajusta qual canal é exibido no medidor de potência de saída.

Ohmímetro: este dispositivo é utilizado como um método de identificação dos pontos de estimulação. Quando a probe passa sobre uma área de resistência elétrica diminuída (p. ex., pontos de estimulação, tecidos traumatizados), um tom, uma luz ou uma leitura numérica identifica o ponto sobre a pele no qual a estimulação deve ocorrer.

Configuração e aplicação

Consultar o manual de instruções do fabricante para os procedimentos específicos quanto ao aparelho em uso.

Início do tratamento

1. Posicionar os eletrodos: a maior parte dos estimuladores de TMC requer o uso de eletrodos de prata. Eletrodos de carbono e borracha não aprovados podem oferecer muita resistência ao fluxo de corrente e tornar o tratamento inefetivo.
2. Umedecer os eletrodos: caso estejam sendo utilizados eletrodos ou probes de feltro, umedecê-los com solução salina. A água da torneira não deve ser utilizada em razão de seu conteúdo mineral potencialmente elevado. Notar que uma solução salina medicinal requer a prescrição de um médico. Caso este tipo de solução salina não esteja prontamente disponível, um líquido de limpeza de lentes de contato com base em solução salina pode ser utilizado para umedecer os eletrodos.
3. Selecionar a frequência de saída: a maior parte dos protocolos de tratamento de TMC emprega uma frequência de 0,5 Hz. Caso essa frequência se revele inefetiva, uma saída de 1,5 Hz pode ser tentada. Outros protocolos sugerem o uso de uma frequência entre 80 e 100 Hz para condições inflamatórias.
4. Aumentar a intensidade de saída: aumentar a intensidade para o nível confortável mais alto,

tendo em mente que a maioria das aplicações de tratamento ocorre em nível subsensorial. Alguns protocolos sugerem uma série de tratamentos de 5 a 10 minutos, utilizando uma gama de intensidades de saída e diferentes frequências de pulso.

5. Reposicionar os eletrodos: cada porção de tratamento com a técnica de eletrodo dura de 5 a 10 minutos. No final de cada porção, os eletrodos são removidos, reumedecidos e reposicionados ao redor da área dolorosa.
6. Tratar o lado contralateral: muitos protocolos de TMC sugerem que o mesmo tratamento que foi aplicado no membro ferido ou no lado do corpo lesionado seja repetido no lado não lesionado.

Técnica probe

1. Ajustar o temporizador: caso o gerador TMC possua um ajuste PROBE, selecionar esta opção. Caso contrário, cada porção de tratamento deve durar cerca de 10 segundos.
2. Escolher um canal de saída: somente um canal é utilizado durante a técnica probe.
3. Identificar a área de tratamento alvo: localizar o centro de dor com a maior precisão possível. Circular a área sobre a pele usando um lápis ou marcador apropriado para pele.
4. Posicionar a probe: a área em torno dos tecidos-alvo é tratada em uma forma "X". Por exemplo, a primeira porção de tratamento pode ter uma probe posicionada no quadrante superior esquerdo e a probe oposta no quadrante inferior direito, em relação à marca identificada no passo 2. A próxima porção de tratamento teria as probes posicionadas no quadrante superior direito e no quadrante inferior esquerdo. O tratamento progride desta maneira, com as probes sendo rodadas ao redor dos tecidos-alvo em diferentes direções e distâncias, incluindo colocações anteroposteriores e mediolaterais.
5. Determinar o número de divisões da aplicação: cada porção em uma única aplicação dura 10 segundos, e cada aplicação dura aproximadamente 2 minutos. Podem ser feitas até quatro aplicações durante um único tratamento.
6. Reavaliar o paciente: o paciente deve ser reavaliado após cada aplicação, e os parâmetros de tratamento ajustados em conformidade.

Revisão da Parte 4

Estudo de caso: Estudo de caso do capítulo

Os sintomas de Diana começaram com uma dor aguda acentuada, que irradiava em seu ouvido direito desde a inserção da porção transversal do trapézio/levantador da escápula há três semanas. Ela atribui os sintomas ao uso do computador no trabalho, porque a entrada de dados tem aumentado dramaticamente nos últimos dois meses. Sua temperatura da pele é normal, e há um espasmo moderado do levantador da escápula, com um ponto-gatilho extremamente sensível na inserção da escápula.

1. Qual é a melhor modalidade terapêutica a considerar nesta situação?

2. Quais são os efeitos fisiológicos sobre o ciclo de resposta à lesão da aplicação deste agente?
3. Quais são os sintomas clínicos que se espera abordar com esta intervenção?

Estudo de caso: Continuação do estudo de caso da Parte 1

(A discussão seguinte refere-se ao estudo de caso 2 da Parte 1.)

Com base na condição deste paciente, na disponibilidade de outras modalidades e na falta de contraindicações para o uso de modalidades terapêuticas e exercícios terapêuticos, o uso imediato mais provável de estimulação elétrica seria para controle da dor e terapia de ponto-gatilho. No entanto, a falta de acesso a modalidades eletroterapêuticas provavelmente não iria impedir o progresso deste paciente. Outros tipos de modalidades poderiam abordar e resolver adequadamente os problemas do paciente.

Controle da dor

O problema do controle da dor aguda foi abordado pela utilização de agentes térmicos, e o paciente recebeu uma prescrição de relaxantes musculares. Se estas abordagens não conseguirem reduzir a dor de forma adequada, a estimulação elétrica pode ser incorporada ao programa.

A natureza aguda da lesão, a ausência de sintomas radiculares e o fato de que o paciente está tomando medicamento para a dor fariam o controle da dor em nível sensorial ser uma escolha adequada, especialmente caso os sintomas do paciente sejam atenuados durante a aplicação de calor e frio. Neste caso, a utilização de um aparelho portátil de TENS deve ser considerada e integrada como parte do programa do tratamento domiciliar do paciente.

Os eletrodos seriam posicionados de modo que a corrente se cruze sobre a área principal de dor. Seriam utilizados uma curta duração de pulso, um elevado número de pulsos por segundo e uma intensidade em nível sensorial. Como este aparelho seria usado por longos períodos, sua saída deve ser modulada para ajudar a evitar a acomodação. O paciente seria instruído sobre como ligar e desligar o aparelho, como ajustar a intensidade e, se indicado, como modificar as características do pulso.

Terapia de pontos-gatilho

Se os pontos-gatilho do paciente não desaparecem depois do emprego das demais abordagens de tratamento, a estimulação elétrica pode ser usada para esse objetivo. A corrente pulsada de alta voltagem, aplicada com uma probe, um Neuroprobe, TENS breve intenso ou uma estimulação em nível nociceptivo, pode ser usada para tentar desfazer o ponto-gatilho. Interromper o ciclo dor-espasmo-dor local, diminuir a resposta à dor ou fazer com que as fibras do ponto-gatilho entrem em fadiga podem trazer alívio em longo prazo. Os eletrodos poderiam seguramente ser usados sob o colar cervical do paciente.

■ Parte 4 Questionário

1. Os elétrons viajam a partir do _____, o qual possui uma _____ de elétrons, para o _____, que tem uma _____ de elétrons.
   A. Ânodo • elevada concentração • cátodo • baixa concentração
   B. Ânodo • baixa concentração • cátodo • alta concentração
   C. Cátodo • elevada concentração • ânodo • baixa concentração
   D. Cátodo • baixa concentração • ânodo • alta concentração

2. A estimulação monopolar envolve o uso dos eletrodos ativo e dispersivo. O parâmetro que determina qual eletrodo(s) será ativo é:
   A. O ajuste POLARIDADE
   B. A corrente média
   C. A duração de pulso
   D. A densidade de corrente

3. Qual é o ciclo de trabalho, em porcentagem, para uma corrente elétrica que flui durante 30 segundos e cessa por 10 segundos?
   A. 33%
   B. 25%
   C. 75%
   D. 100%

4. Todas as estruturas seguintes são tecidos excitáveis, exceto:
   A. Fibra muscular
   B. Cartilagem do menisco
   C. Nervos sensoriais
   D. Células secretoras

5. Qual das seguintes correntes de estimulação elétrica causaria alterações fisicoquímicas (i. e., galvanização) nos tecidos?
   A. Corrente pulsada de alta voltagem
   B. Estimulação interferencial
   C. Corrente alternada de baixa voltagem
   D. Corrente contínua de baixa voltagem

6. Em circunstâncias normais, qual dos seguintes nervos seria o primeiro a ser despolarizado por uma corrente elétrica?
   A. Um nervo de grande diâmetro superficial
   B. Um nervo de grande diâmetro profundo
   C. Um nervo de pequeno diâmetro superficial
   D. Um nervo de pequeno diâmetro profundo

7. A maioria dos tecidos proporciona resistência capacitiva ao fluxo de corrente elétrica. Qual dos seguintes tipos de corrente iria encontrar a menor quantidade de resistência capacitiva?
   A. Corrente direta
   B. Corrente monofásica
   C. Corrente bifásica
   D. Corrente alternada

8. Acredita-se que um protocolo de estimulação elétrica que utiliza uma alta frequência de pulso (p. ex., 120 pps), duração de fase curta e é aplicada em nível sensorial ative qual mecanismo de controle de dor?
   A. Mecanismo do portão
   B. Opiáceos endógenos
   C. Polarização central
   D. Especificidade

9. Os eletrodos oriundos do plugue A possuem uma área de 20 polegadas quadradas; os eletrodos originários do plugue B possuem uma área de quatro polegadas quadradas. Este tipo de aplicação deve ser classificado como:
   A. Monopolar
   B. Bipolar
   C. Quadripolar
   D. Polipolar

10. Você está configurando um aparelho de estimulação elétrica para controlar a dor por meio da teoria de modulação da dor por opiáceos endógenos. Os parâmetros corretos para isso são:
    A. Alta taxa de pulso, duração de fase longa, duração de tratamento curta e estimulação em nível motor
    B. Baixa taxa de pulso, duração de fase curta, duração de tratamento curta e estimulação em nível sensorial
    C. Alta taxa de pulso, duração de fase curta, duração de tratamento longa e estimulação em nível sensorial
    D. Alta taxa de pulso, duração de fase moderada, duração de tratamento longa e estimulação em nível nociceptivo

11. A iontoforese é uma técnica que introduz medicamentos nos tecidos por meio da utilização de uma corrente elétrica. Para que esse método funcione, o medicamento deve:
    A. Ter sua camada de valência externa cheia
    B. Ter uma carga iônica líquida
    C. Ser eletricamente neutro
    D. Todas estão corretas

12. A estimulação interferencial está sendo aplicada com uma corrente condutora de 4.000 Hz e uma corrente de interferência de 4.130 Hz. A frequência efetiva da corrente no interior dos tecidos seria:
A. 8.130 Hz
B. 130 Hz
C. 30 Hz
D. Nenhuma das anteriores

13. Qual das seguintes condições é uma contraindicação para o uso de estimulação elétrica?
A. Dor pós-traumática
B. Dor pós-operatória
C. Dor crônica
D. Dor de origem desconhecida

14. Um estimulador pulsado de alta voltagem usa que tipo de corrente?
A. Monofásica
C. Polifásica
B. Bifásica
D. Direta

15. Qual dos seguintes ciclos de trabalho é mais adequado ao se tentar reeducar o músculo quadríceps imediatamente após a cirurgia:
A. 20%
D. 80%
B. 40%
C. 60%

16. Em geral, uma contração tônica ocorre quando o número de pulsos por segundo excede:
A. 1
C. 60
B. 30
D. 90

17. "O fluxo ininterrupto e bidirecional de elétrons" descreve melhor qual dos seguintes tipos de correntes?
A. Monofásica
C. Alternada
B. Bifásica
D. Direta

18. Em uma corrente elétrica, o fluxo elétrico consiste no movimento de elétrons; nos tecidos corporais, o fluxo de corrente terapêutica consiste no fluxo de:
A. Prótons
C. Elétrons
B. Coulombs
D. Íons

19. Uma opção POLARIDADE seria encontrada em qual das seguintes modalidades?
A. Corrente pulsada de alta voltagem
B. Aparelho de TENS
C. Estimulador interferencial
D. Estimulador nervoso elétrico neuromuscular

20. Áreas traumatizadas e pontos de estimulação (p. ex., pontos motores, pontos-gatilho) exibem uma resistência _____ ao fluxo de corrente.
A. Aumentada
B. Diminuída

Referências bibliográficas

1. Kloth LC, Cummings JP: Electrotherapeutic Terminology in Physical Therapy. Section on Clinical Electrophysiology and the American Physical Therapy Association, Alexandria, VA, 1990.
2. Laufer Y, et al: Quadriceps femoris muscle torques and fatigue generated by neuromuscular electrical stimulation with three different wave forms. Phys Ther. 81:1307, 2001.
3. Lake DA: Neuromuscular electrical stimulation: An overview and its application in the treatment of sports injuries. Sports Med. 13:320, 1992.
4. Kantor G, et al: The effects of selected stimulus waveforms on pulse and phase characteristics at sensory and motor thresholds. Phys Ther. 74:951, 1994.
5. Petrofsky J, Prowse M, Bain M, et al: Estimation of the distribution of intramuscular current during electrical stimulation of the quadriceps muscle. Eur J Appl Physiol. 103:265, 2008.
6. Cook TM: Instrumentation. In Nelson RM, Currier DP (eds): Clinical Electrotherapy. Appleton & Lange, Norwalk, CT, 1987, pp 11–28.
7. Laufer Y, Elboim M: Effect of burst frequency and duration kilohertz-frequency alternating currents and of low-frequency pulsed currents on strength of contraction, muscle fatigue, and perceived discomfort. Phys Ther. 88:1167, 2008.
8. Baker LL: Neuromuscular electrical stimulation in the restoration of purposeful limb movements. In Wolf SL (ed): Electrotherapy. Churchill Livingstone, New York, 1981, pp 25–48.

9. Urbschait NL: Review of physiology. In Nelson RM, Currier DP (eds): Clinical Electrotherapy. Appleton & Lange, Norwalk, CT, 1987, pp 1–9.
10. Mödlin M, Forstner C, Hofer C, et al: Electrical stimulation of denervated muscles: First results of a clinical study. Artif Organs. 29:203, 2005.
11. DeVahl J: Neuromuscular electrical stimulation (NMES) in rehabilitation. In Gersh MR (ed): Electrotherapy in Rehabilitation. FA Davis, Philadelphia, 1992, pp 218–268.
12. Holcomb WR, Rubley MD, Miller MG, et al: The effect of rest intervals on knee-extension torque production with neuromuscular electrical stimulation. J Sport Rehabil. 15:116, 2006.
13. Petrofsky J, Schawb E: A re-evaluation of modelling of the current flow between electrodes: Consideration of blood flow and wounds. J Med Eng Technol. 31;62, 2007.
14. Walsh DM: TENS: Clinical Application and Related Theory. Churchill Livingstone, New York, 1997.
15. Nolan MF: Conductive differences in electrodes used with transcutaneous electrical nerve stimulation devices. Phys Ther. 71:746, 1991.
16. Lieber RL, Kelly MJ: Factors influencing quadriceps femoris muscle torque using transcutaneous neuromuscular stimulation. Phys Ther. 71:715, 1991.
17. Alon G, et al: Effects of electrode size on basic excitatory responses on selected stimulus parameters. J Orthop Sports Phys Ther. 20:29, 1994.
18. Kuhn A, Keller T, Lawrence M, et al: The influence of electrode size on selectivity and comfort in transcutaneous electrical stimulation of the forearm. IEEE Trans Neural Syst Rehabil Eng. 18:255, 2010.

19. Miller MG, Cheatham CC, Holcomb WR, et al: Subcutaneous tissue thickness alters the effect of NMES. J Sport Rehabil. 17:68, 2008.

20. Ottoson D, Lundeberg T: Pain Treatment by Transcutaneous Electrical Nerve Stimulation: A Practical Manual. Springer-Verlag, New York, 1988.

21. Denegar CR, Huff CB: High and low frequency TENS in the treatment of induced musculoskeletal pain: A comparison study. J Athl Train. 23:235, 1988.

22. Berlant SR: Method of determining optimal stimulation sites for transcutaneous electrical nerve stimulation. Phys Ther. 64:924, 1984.

23. Cheing GLY, Hui-Chan CWY, Chan KM: Does four weeks of TENS and/or isometric exercise produce cumulative reduction of osteoarthritic knee pain? Pain Rev. 9:141, 2002.

24. Brown L, Holmes M, Jones A: The application of transcutaneous electrical nerve stimulation to acupuncture points (Acu-TENS) for pain relief: A discussion of efficacy an potential mechanisms. Phys Ther Rev. 14:93, 2009.

25. Yeh M, Chung Y, Chen K, et al: Acupoint electrical stimulation reduces acute postoperative pain in surgical patients with patient-controlled analgesia: A randomized controlled study. Altern Ther Health Med. 16:10, 2010.

26. Hall JE: Guyton and Hall Textbook of Medical Physiology. Saunders, New York, 2010.

27. Griffin JE, Karselis TC: Physical Agents for Physical Therapists, ed 2. Charles C Thomas, Springfield, IL, 1988.

28. Baker LL, et al: Effects of wave form on comfort during neuromuscular electrical. Clin Orthop. 223:75, 1988.

29. Scott WB, Causey JB, Marshall TL: Comparison of maximum tolerated muscle torques produced by 2 pulse durations. Phys Ther. 89:851, 2009.

30. Donadio V, Lenzi P, Montagna P, et al: Habituation of sympathetic sudomotor and vasomotor skin responses: Neural and non-neural components in healthy subjects. Clin Neurophysiol. 116:2542, 2005.

31. Johnson MI: Transcutaneous electrical nerve stimulation (TENS) and TENS-like devices: Do they provide pain relief? Pain Rev. 8:121, 2001.

32. Balogun JA, et al: High voltage electrical stimulation in the augmentation of muscle strength: Effects of pulse frequency. Arch Phys Med Rehabil. 74:910, 1993.

33. Harris PR: Iontophoresis: Clinical research in musculoskeletal inflammatory conditions. J Orthop Sports Phys Ther. 4:109, 1982.

34. De Domenico G: Interferential Stimulation (monograph). Chattanooga Group, Chattanooga, TN, 1988.

35. Han TR, Kim D, Lim SJ, et al: The control of parameters within the therapeutic range in neuromuscular electrical stimulation. Intern J Neurosci. 117:107, 2007.

36. Kim K, Croy T, Hertel J, et al: Effects of neuromuscular electrical stimulation after anterior cruciate ligament reconstruction of quadriceps strength, function, and patient-oriented outcomes: A systematic review. J Orthop Sports Phys Ther. 40:383, 2010.

37. Laufer Y, Tausher H, Esh R, et al: Sensory transcutaneous electrical stimulation fails to decrease discomfort associated with neuromuscular electrical stimulation in healthy individuals. Am J Phys Med Rehabil. 90:399, 2011.

38. Paillard T: Combined application of neuromuscular electrical stimulation and voluntary muscular contractions. Sports Med. 38:161, 2008.

39. Bircan C, Senocak O, Peker O, et al: Efficacy of two forms of electrical stimulation in increasing quadriceps strength: A randomized controlled trial. Clin Rehabil. 16:194, 2002.

40. Petrofsky J, Laymon M, Prowse M, et al: The transfer of current through skin and muscle during electrical stimulation with sine, square, Russian and interferential waveforms. J Med Eng Technol. 33:170, 2009.

41. Ferguson JP, et al: Effects of varying electrode site placements on the torque output of an electrically stimulated involuntary quadriceps femoris muscle contraction. J Orthop Sports Phys Ther. 11:24, 1989.

42. Delitto A, Rose SJ: Comparative comfort of three wave forms used in electrically eliciting quadriceps femoris muscle contractions. Phys Ther. 66:1704, 1986.

43. Holcomb WR, et al: A comparison of knee-extension torque production with biphasic versus Russian current. J Sports Rehabil. 9:229, 2000.

44. McLoda TA, Carmack JA: Optimal burst duration during a facilitated quadriceps femoris contraction. J Athl Train. 35:145, 2000.

45. Miller CR, Webers RL: The effects of ice massage on an individual's pain tolerance level to electrical stimulation. J Orthop Sports Phys Ther. 12:105, 1990.

46. Durst JW, et al: Effects of ice and recovery time on maximal involuntary isometric torque production using electrical stimulation. J Orthop Sports Phys Ther. 13:240, 1991.

47. Van Lunen BL, Carroll C, Gratias K, et al: The clinical effects of cold application on the production of electrically induced involuntary muscle contractions. J Sport Rehabil. 12:240, 2003.

48. Belanger AY, et al: Cutaneous versus muscular perception of electrically evoked tetanic pain. J Orthop Sports Phys Ther. 16:162, 1992.

49. Bowman BR, Baker LL: Effects of wave form parameters on comfort during transcutaneous neuromuscular electrical stimulation. Ann Biomed Eng. 13:59, 1985.

50. Gorgey AS, Dudley GA: The role of pulse duration and stimulation duration in maximizing the normalized torque during neuromuscular electrical stimulation. J Orthop Sports Phys Ther. 38:508, 2008.

51. Mandl T, Meyerspeer M, Reichel M, et al: Functional electrical stimulation of long-term denervated, degenerated human skeletal muscle: Estimating activation using T2-parameter magnetic resonance imaging methods. Artif Organs. 32:604, 2008.

52. Holcomb WR: A practical guide to electrotherapy. J Sports Rehabil. 6:272, 1997.

53. Parker MG, et al: Fatigue response in human quadriceps femoris muscle during high frequency electrical stimulation. J Orthop Sports Phys Ther. 7:145, 1986.

54. Holcomb WR, Kleiner DM: Versatile electrotherapy with the high-voltage pulsed stimulator. Athl Ther Today. 37, 1998.

55. Jensen JE: Stress fracture in the world class athlete: A case study. Med Sci Sports Exercise. 30:783, 1998.

56. Feil S, Newell J, Minoque C, et al: The effectiveness of supplementing a standard rehabilitation program with superimposed neuromuscular electrical stimulation after anterior cruciate ligament reconstruction: A prospective, randomized, single-blind study. Am J Sports Med. 39:1238, 2011.

57. Draper U, Ballard L: Electrical stimulation versus electromyographic biofeedback in the recovery of quadriceps femoris muscle function following anterior cruciate ligament surgery. Phys Ther. 71:455, 1991.

58. Gorgey AS, Mahoney E, Kendall T, et al: Effects of neuromuscular electrical stimulation parameters on specific tension. Eur J Appl Physiol. 97:737, 2006.

59. Delitto A, Snyder-Mackler, L: Two theories of muscle strength augmentation using percutaneous electrical stimulation. Phys Ther. 70:158, 1990.

60. Miller C, Thepaut-Mathieu C: Strength training by electrostimulation conditions for efficacy. Int J Sports Med. 14:20, 1993.

61. Sinacore DR, et al: Type II fiber activation with electrical stimulation: A preliminary report. Phys Ther. 70:416, 1990.

62. Petterson SC, Barrance P, Buchanan T, et al: Mechanisms underlying quadriceps weakness in knee osteoarthritis. Med Sci Sports Exerc. 40:422, 2008.

63. Walls RJ, McHugh G, O'Gorman DJ, et al: Effects of preoperative neuromuscular electrical stimulation on quadriceps strength and functional recovery in total knee arthroplasty. A pilot study. BMC Musculoskelet Disord. 11:119, 2010.

64. Schmitz RJ, et al: Effect of interferential current on perceived pain and serum cortisol associated with delayed onset muscle soreness. J Sport Rehab. 6:30, 1997.

65. Garrison DW, Foreman RD: Decreased activity of spontaneous and noxiously evoked dorsal horn cells during transcutaneous electrical nerve stimulation (TENS). Pain. 58:309, 1994.

66. Cox PD, et al: Effect of different TENS stimulus parameters on ulnar motor nerve conduction velocity. Am J Phys Med Rehabil. 72:294, 1993.

67. Oosterhof J, De Boo TM, Oostendorp RAB, et al: Outcome of transcutaneous electrical nerve stimulation in chronic pain: short-term results of a double-blind, randomised, placebo-controlled trial. J Headache Pain. 7:196, 2006.

68. Taylor K, et al: Effects of interferential current stimulation for treatment of subjects with recurrent jaw pain. Phys Ther. 67:346, 1987.

69. Longobardi AG, et al: Effects of auricular transcutaneous electrical nerve stimulation on distal extremity pain. Phys Ther. 69:10, 1989.

70. Jensen JE, et al: The use of transcutaneous neural stimulation and isokinetic testing in arthroscopic knee surgery. Am J Sports Med. 13:27, 1985.

71. Lewers D, et al: Transcutaneous electrical nerve stimulation in the relief of primary dysmenorrhea. Phys Ther. 69:3, 1989.

72. Gersh MR: Transcutaneous electrical nerve stimulation (TENS) for management of pain and sensory pathology. In Gersh MR (ed): Electrotherapy in Rehabilitation. FA Davis, Philadelphia, 1992, pp 149–196.

73. French S: Pain: Some psychological and sociological aspects. Physiotherapy. 75:255, 1989.

74. Sandberg ML, Sandberg MK, Dahl J: Blood flow changes in the trapezius muscle and overlying skin following transcutaneous electrical nerve stimulation. Phys Ther. 87:1047, 2007.

75. Miller BF, et al: Circulatory responses to voluntary and electrically induced muscle contractions in humans. Phys Ther. 80:53, 2000.

76. Chen C, Johnson MI, McDonough S, et al: The effect of transcutaneous electrical nerve stimulation on local and distal cutaneous blood flow following a prolonged heat stimulus in health subjects. Clin Physiol Funct Imaging. 27:154, 2007.

77. Carley PJ, Wainapel SF: Electrotherapy for acceleration of wound healing: Low intensity direct current. Arch Phys Med Rehabil. 66:443, 1985.

78. Feedar JA, et al: Chronic dermal ulcer healing enhanced with monophasic pulsed electrical stimulation. Phys Ther. 71:639, 1991.

79. Snyder-Mackler L: Electrical stimulation for tissue repair. In Snyder-Mackler L Robinson AJ (eds): Clinical Electrophysiology: Electrotherapy and Electrophysiologic Testing. Williams & Wilkins, Baltimore, 1989, pp 229–244.

80. Mehmandoust FG, Torkaman G, Firoozabadi M, et al: Anodal and cathodal pulsed electrical stimulation on skin would healing in guinea pigs. J Rehabil Res Dev. 44:611, 2007.

81. Newton R: High-voltage pulsed galvanic stimulation: Theoretical bases and clinical application. In Nelson RM, Currier DP (eds): Clinical Electrotherapy. Appleton & Lange, Norwalk, CT, 1987, pp 165–182.

82. Hart FX: Changes in the electric field at an injury site during healing under electrical stimulation. J Bioelectricity. 10:33, 1991.

83. Kloth LC: Physical modalities in wound management: UVC, therapeutic heating and electrical stimulation. Ostomy Wound Manage. 41:18, 1995.

84. Falanga V, et al: Electrical stimulation increases the expression of fibroblast receptors for transforming growth factor-beta (abstract). J Invest Dermatol. 88:488, 1987.

85. Gentzkow GD: Electrical stimulation to heal dermal wounds. J Dermatol Surg Oncol. 19:753, 1993.

86. Reich JD, et al: The effect of electrical stimulation on the number of mast cells in healing wounds. J Am Acad Dermatol. 25:40, 1991.

87. Szuminsky NJ, et al: Effect of narrow, pulsed high voltages on bacterial viability. Phys Ther. 74:660, 1994.

88. Litke DS, Dahners LE: Effects of different levels of direct current on early ligament healing in a rat model. J Orthop Res. 12:683, 1994.

89. Fujita M, et al: The effect of constant direct electrical current on intrinsic healing in the flexor tendon in vitro: An ultrastructural study of differing attitudes in epitendon cells and tenocytes. J Hand Surg. [Br]17:94, 1992.

90. Bettany JA, et al: Influence of high voltage pulsed direct current on edema formation following impact injury. Phys Ther. 70:219, 1990.

91. Mendel FC, Fish DR: New perspectives in edema control via electrical stimulation. J Athl Train. 28:1, 1993.

92. Reed BV: Effect of high voltage pulsed electrical stimulation on microvascular permeability to plasma proteins: A possible mechanism in minimizing edema. Phys Ther. 68:481, 1988.

93. Fish DR, et al: Effect of anodal high voltage pulsed current on edema formation in frog hind limbs. Phys Ther. 71:724, 1991.

94. Taylor K, et al: Effect of electrically induced muscle contractions on posttraumatic edema formation in frog hind limbs. Phys Ther. 72:127, 1992.

95. Mohr TM, et al: Effect of high voltage stimulation on edema reduction in the rat hind limb. Phys Ther. 67:1703, 1987.

96. Taylor K, et al: Effect of a single 30-minute treatment of high voltage pulsed current on edema formation in frog hind limbs. Phys Ther. 72:63, 1992.

97. Michlovitz S, et al: Ice and high voltage pulsed stimulation in treatment of lateral ankle sprains. J Orthop Sports Phys Ther. 9:301, 1988.

98. Griffin JW, et al: Reduction of chronic posttraumatic hand edema: A comparison of high voltage pulsed current, intermittent pneumatic compression, and placebo treatments. Phys Ther. 70:279, 1990.

99. Man IOW, Morrissey MC, Cywinski KJ: Effect of neuromuscular electrical stimulation on ankle swelling in the early period after ankle sprain. Phys Ther. 87:53, 2007.

100. Chakkalaka DA, et al: Electrophysiology of direct current stimulation of fracture healing in canine radius. IEEE Trans Biomed Eng. 37:1048, 1990.

101. Lilly-Masuda D, Towne, S: Bioelectricity and bone healing. J Orthop Sports Phys Ther. 7:54, 1985.

102. McLeod KJ, Rubin CT: The effect of low-frequency electrical fields on osteogenesis. J Bone Joint Surg. [Am]74:920, 1992.

103. Nash HL, Rogers CC: Does electricity speed the healing of non-union fractures? Phys Sportsmedicine. 16:156, 1988.

104. Stanish WD, et al: The use of electricity in ligament and tendon repair. Phys Sports Med. 13:110, 1985.

105. Driban JB. Bone stimulators and microcurrent: Clinical bioelectrics. Athl Ther Today. 9:22, 2004.

106. Pepper JR, et al: Effect of capacitive coupled electrical stimulation on regenerate bone. J Orthop Res. 14:296, 1996.

107. Needle AR, Kaminski TW: Effectiveness of low-intensity pulsed ultrasound, capacitively coupled fields, or extracorporeal shockwave therapy in accelerating stress fracture healing. Athl Training Sports Health Care. 1:133, 2009.

108. Nussbaum E, Rush P, Disenhaus L: The effects of interferential therapy on peripheral blood flow. Physiother. 76:803, 1990.

109. Currier DP, et al: Effect of graded electrical stimulation on blood flow to healthy muscle. Phys Ther. 66:937, 1986.

110. Houghton PE, Nussbaum EL, Hoens AM: Electrical stimulation. Physiother Can. 62:26, 2010.

111. Robinson AJ: Transcutaneous electrical nerve stimulation for the control of pain in musculoskeletal disorders. J Orthop Sports Phys Ther. 24:208, 1996.

112. Denegar CR, et al: Influence of transcutaneous electrical nerve stimulation on pain, range of motion, and serum cortisol concentration in females experiencing delayed onset muscle soreness. J Orthop Sports Phys Ther. 11:100, 1989.

113. Mohr T, et al: The effect of high volt galvanic stimulation on quadriceps femoris muscle torque. J Orthop Sports Phys Ther. 7:314, 1986.
114. Boutelle D, et al: A strength study utilizing the Electro-Stim 180. J Orthop Sports Phys Ther. 7:50, 1985.
115. Jette DU: Effect of different forms of transcutaneous electrical nerve stimulation on experimental pain. Phys Ther. 66:187, 1986.
116. Angulo DL, Colwell CW: Use of postoperative TENS and continuous passive motion following total knee replacement. J Orthop Sports Phys Ther. 11:599, 1990.
117. Cosgrove KA, et al: The electrical effect of two commonly used clinical stimulators on traumatic edema in rats. Phys Ther. 73:227, 1992.
118. Ralston DJ: High voltage galvanic stimulation: Can there be a "state of the art"? J Athl Train. 20:291, 1985.
119. Newton RA, Karselis TC: Skin pH following high voltage pulsed galvanic stimulation. Phys Ther. 63:1593, 1983.
120. Mohr T, et al: Comparison of isometric exercise and high volt galvanic stimulation on quadriceps femoris muscle strength. J Orthop Sports Phys Ther. 65:606, 1985.
121. Giles BE, Walker JS. Sex differences in pain and analgesia. Pain Rev. 7:181, 2000.
122. Wolcot C, et al: A comparison of the effects of high volt and microcurrent stimulation on delayed onset muscle soreness. Phys Ther. 71:S117, 1991.
123. Butterfield DL, et al: The effects of high-volt pulsed current electrical stimulation on delayed-onset muscle soreness. J Athl Train. 32:15, 1997.
124. Sandoval MC, Ramirez C, Camargo DM, et al: Effect of high-voltage pulsed current plus conventional treatment on acute ankle sprain. Rev Bras Fisioter. 14:193, 2010.
125. Snyder AR, Perotti AL, Lam KC, et al: The influence of high-voltage electrical stimulation on edema formation after acute injury: A systematic review. J Sport Rehab. 19:436, 2010.
126. Mendel FC, Dolan MG, Fish DR, et al: Effect of high-voltage pulsed current on recovery after grades I and II lateral ankle sprains. J Sport Rehab. 19:399, 2010.
127. Cook HA, et al: Effects of electrical stimulation on lymphatic flow and limb volume in the rat. Phys Ther. 74:1040, 1994.
128. Walker DC, et al: Effects of high voltage pulsed electrical stimulation on blood flow. Phys Ther. 68:481, 1988.
129. Heath ME, Gibbs SB: High-voltage pulsed stimulation: Effects of frequency of current on blood flow in the human calf. Clin Sci (Colch). 82:607, 1992.
130. Tracy JE, et al: Comparison of selected pulse frequencies from different electrical stimulators on blood flow in healthy subjects. Phys Ther. 68:1526, 1988.
131. Agren MS, et al: Collagenase during burn wound healing: Influence of a hydrogel dressing and pulsed electrical stimulation. Plast Reconstr Surg. 94:518, 1994.
132. Kincaid CB, Lavoie KH: Inhibition of bacterial growth in vitro following stimulation with high voltage, monophasic, pulsed current. Phys Ther. 69:651, 1989.
133. Fitzgerald GK, Newsome D: Treatment of a large infected thoracic spine wound using high voltage pulsed monophasic current. Phys Ther. 73:355, 1993.
134. Marchand S, et al: Effects of caffeine on analgesia from transcutaneous electrical nerve stimulation (letter to the editor). N Engl J Med. 333:325, 1995.
135. Palmer ST, Martin DJ, Steedman WM, et al: Alteration of interferential current and transcutaneous electrical nerve stimulation frequency: Effects on nerve excitation. Arch Phys Med Rehabil. 80:1065, 1999.
136. Roeser WM, et al: The use of transcutaneous nerve stimulation for pain control in athletic medicine. A preliminary report. Am J Sports Med. 4:210, 1976.

137. Walsh DM, et al: Transcutaneous electrical nerve stimulation: Relevance of stimulation parameters to neurophysiological and hypoalgesic effects. Am J Phys Med Rehabil. 74:199, 1995.
138. Barr JO, et al: Transcutaneous electrical nerve stimulation characteristics for altering pain perception. Phys Ther. 66:1515, 1986.
139. Indergand HJ, Morgan BJ: Effects of high-frequency transcutaneous electrical nerve stimulation on limb blood flow in healthy humans. Phys Ther. 74:361, 1994.
140. Walsh DM, et al: A double-blind investigation of the hypoalgesic effects of transcutaneous electrical nerve stimulation upon experimentally induced ischaemic pain. Pain. 61:39, 1995.
141. Widerström EG, et al: Relations between experimentally induced tooth pain threshold changes, psychometrics and clinical pain relief following TENS. A retrospective study in patients with long-lasting pain. Pain. 51:281, 1992.
142. Dickie A, Tabasam G, Tashani O, et al: A preliminary investigation into the effect of coffee on hypolagesia associated with transcutaneous electrical nerve stimulation. Clin Physiol Funct Imaging. 29:293, 2009.
143. Gaid M, Cozens A: The role of transcutaneous electric nerve stimulation (TENS) for the management of chronic low back pain. Int Musculoskelet Med. 31:19, 2009.
144. Claydon LS, Chesterton LS: Does transcutaneous electrical nerve stimulation (TENS) produce "does-responses"? A review of systematic reviews on chronic pain. Phys Ther Rev. 13:450, 2008.
145. Altay F, Durmuş D, Cantürk F: Effects of TENS on pain, disability, quality of life, and depression in patients with knee osteoarthritis. Turk J Rheumatol. 25:116, 2010.
146. Pietrosimone BG, Saliba SA, Hart JM, et al: Effects of disinhibitory transcutaneous electrical nerve stimulation and therapeutic exercise on sagittal plane peak knee kinematics and kinetics in people with knee osteoarthritis during gait: A randomized controlled trial. Clin Rehabil. 24:1091, 2010.
147. Levin MF, Hui-Chan CWY: Conventional and acupuncture-like transcutaneous electrical nerve stimulation excite similar afferent nerves. Arch Phys Med Rehabil. 74:54, 1993.
148. Dean J, Bowsher D, Johnson MI: The effects of unilateral transcutaneous electrical nerve stimulation of the median nerve on bilateral somatosensory thresholds. Clin Physiol Funct Imaging. 26:314, 2006.
149. Buxton BP, et al: Self selection of transcutaneous electrical nerve stimulation (TENS) parameters for pain relief in injured athletes (abstract). J Athl Train. 29:178, 1994.
150. Tulgar M, et al: Comparative effectiveness of different stimulation modes in relieving pain. I. A pilot study. Pain. 47:151, 1991.
151. Tulgar M, et al: Comparative effectiveness of different stimulation modes in relieving pain. II. A double-blind controlled long-term study. Pain. 47:157, 1991.
152. Reib L, Pomeranz B: Alterations in electrical pain thresholds by use of acupuncture-like transcutaneous electrical nerve stimulation in pain-free subjects. Phys Ther. 72:658, 1992.
153. Aarskog R, Johnson MI, Demmink JH, et al: Is mechanical pain threshold after transcutaneous electrical nerve stimulation (TENS) increased locally and unilaterally? A randomized placebo-controlled trial in healthy subjects. Physiother Res Int. 12:251, 2007.
154. Chen CC, Johnson MI. An investigation the effects of frequency-modulated transcutaneous electrical nerve stimulation (TENS) on experimentally-induced pressure pain in healthy participants. J Pain. 10:1029, 2009.
155. Bechtel TB, Fan PT: When is TENS effective and practical for pain relief? J Musculoskel Med. 2:37, 1985.
156. Gersh MR, Wolf SL: Applications of transcutaneous electrical nerve stimulation in the management of patients with pain. Phys Ther. 65:314, 1985.
157. Somers DL, Somers MF: Treatment of neuropathic pain in a patient with diabetic neuropathy using transcutaneous electrical nerve stim-

ulation applied to the skin of the lumbar region. Phys Ther. 79:767, 1999.

158. Sung P: The effect of Genesen® point stimulator: The median nerve conduction velocity (abstract). Phys Ther. 81:A5, 2001.

159. Paris DL, et al: Effects of the neuroprobe in the treatment of second-degree ankle sprains. Phys Ther. 63:35, 1983.

160. Selkowitz DM: Improvement in isometric strength of the quadriceps femoris muscle after training with electrical stimulation. Phys Ther. 65:186, 1988.

161. Laughman RK, et al: Strength changes in the normal quadriceps femoris muscle group as a result of electrical stimulation. Phys Ther. 63:494, 1983.

162. Snyder-Mackler L, et al: Strength of the quadriceps femoris muscle and functional recovery after reconstruction of the anterior cruciate ligament: A prospective, randomized clinical trial of electrical stimulation. J Bone Joint Surg. Am 77:1166, 1995.

163. Liu H, et al: Circulatory response of digital arteries associated with electrical stimulation of calf muscle in healthy subjects. Phys Ther. 67:340, 1987.

164. Ward AR, Robertson VJ: Sensory, motor, and pain thresholds for stimulation with medium frequency alternating current. Arch Phys Med Rehabil. 79:273, 1998.

165. Snyder-Mackler L: Electrical stimulation for pain modulation. In Snyder-Mackler L, Robinson AJ (eds): Clinical Electrophysiology: Electrotherapy and Electrophysiologic Testing. Williams & Wilkins, Baltimore, 1994, pp 205–227.

166. Kloth LC: Electrotherapeutic alternatives for the treatment of pain. In Gersh MR (ed): Electrotherapy in Rehabilitation. FA Davis, Philadelphia, 1992, pp 197–217.

167. Chen XH, et al: Electrical stimulation at traditional acupuncture sites in periphery produces brain opioid-receptor-mediated antinociception in rats. J Pharmacol Exp Ther. 227:654, 1996.

168. Ozcan J, Ward AR, Robertson VJ: A comparison of true and premodulated interferential currents. Arch Phys Med Rehabil. 85:409, 2004.

169. Kramer JF: Effect of electrical stimulation frequencies on isometric knee extension torque. Phys Ther. 67:31, 1987.

170. Hobler CK: Case study: Reduction of chronic posttraumatic knee edema using interferential stimulation. J Athl Train. 26:364, 1991.

171. Ward AR, Robertson VJ, Makowski RJ: Optimal frequencies for electric stimulation using medium-frequency alternating current. Arch Phys Med Rehabil. 83:1024, 2002.

172. Partridge CJ, Kitchen SS: Adverse effects of electrotherapy used by physiotherapists. J Physio Ther. 85:298, 1999.

173. Ford KS, Shrader MW, Smith J, et al: Full-thickness burn formation after the use of electrical stimulation therapy for rehabilitation of unicompartmental knee arthoplasty. J Athroplasty. 20:950, 2000.

174. Henley EJ: Transcutaneous drug delivery: Iontophoresis, phonophoresis. Phys Rehabil Med. 2:139, 1991.

175. Hasson SH, et al: Exercise training and dexamethasone iontophoresis in rheumatoid arthritis: A case study. Physiother Canada. 43:11, 1991.

176. Glass JM, et al: The quantity and distribution of radiolabeled dexamethasone delivered to tissue by iontophoresis. Int J Dermatol. 19:519, 1980.

177. Gundeman SD, et al: Treatment of plantar fasciitis by iontophoresis of 0.4% Dexamethasone: A randomized, double blind, placebo controlled study. Am J Sports Med. 25:312, 1997.

178. Zeltzer L, et al: Iontophoresis versus subcutaneous injection: A comparison of two methods of local anesthesia delivery in children. Pain. 44:73, 1991.

179. Brown MB, Martin GP, Jones SA, Akomeah FK: Dermal and transdermal drug delivery systems: Current and future prospects. Drug Deliv. 13:175, 2006.

180. Nimmo WS: Novel delivery systems: Electrotransport. J Pain Symptom Manage. 8:160, 1992.

181. Bertolucci LE: Introduction of antiinflammatory drugs by iontophoresis: A double blind study. J Orthop Sport Phys Ther. 4:103, 1982.

182. Scott ER, et al: Transport of ionic species in skin: Contribution of pores to the overall skin conductance. Pharmacol Res. 10:1699, 1993.

183. Bogner RB, Ajay, KM: Iontophoresis and phonophoresis. US Pharmacist. August 1994, H-10.

184. Kalia YN, Guy RH: The electrical characteristics of human skin in vivo. Pharmacol Res. 12:1605, 1995.

185. Pikal MJ, Shah S: Transport mechanisms in iontophoresis. II. Electroosmotic flow and the transference number measurements for hairless mouse skin. Pharmacol Res. 7:213, 1990.

186. Inada H, et al: Studies on the effects of applied voltage and duration on the human epidural membrane alteration/recovery and the resultant effects upon iontophoresis. Pharmacol Res. 11:687, 1994.

187. Grossmann M, et al: The effect of iontophoresis on the cutaneous vasculature: Evidence for current-induced hyperemia. Microvasc Res. 50:444, 1995.

188. Howard JP, et al: Effects of alternating current iontophoresis on drug delivery. Arch Phys Med Rehabil. 76:463, 1995.

189. Reinauer S, et al: Iontophoresis with alternating current and direct current offset (AC/DC iontophoresis): A new approach for the treatment of hyperhydrosis. Br J Dermatol. 129:166, 1993.

190. Evans TA, et al: The immediate effects of lidocaine iontophoresis on trigger-point pain. J Sport Rehabil. 10:287, 2001.

191. Nowicki KD, et al: Effects of iontophoretic versus injection administration of dexamethasone. Med Sci Sports Exerc. 34:1294, 2002.

192. Oshima T, et al: Cutaneous iontophoresis application of condensed lidocaine. Can J Anaesth. 41:667, 1994.

193. Guffey JS, et al: Skin pH changes associated with iontophoresis. J Orthop Sports Phys Ther. 29:656, 1999.

194. Wieder DL: Treatment of traumatic myositis ossificans with acetic acid iontophoresis. Phys Ther. 72:133, 1992.

195. Alon G: "Microcurrent": Subliminal electric stimulation. Does the research support its clinical use? Sports Med Update. 9:8, 1993.

196. Bertolucci LE, Grey T: Clinical comparative study of microcurrent electrical stimulation to mid-laser and placebo treatment in degenerative joint disease of the temporomandibular joint. Craniology. 13:116, 1995.

197. Lerner FN, Kirsch DL: A double-blind comparative study of microstimulation and placebo effect in short-term treatment of chronic back patients. J Am Chiropr Assoc. 15:S101, 1981.

198. Bach S, et al: The effect of electrical current on healing skin incision. An experimental study. Eur J Surg. 157:171, 1991.

199. Denegar CR, et al: The effects of low-volt microamperage on delayed onset muscle soreness. J Sport Rehab. 1:95, 1992.

200. Byl NN, et al: Pulsed microamperage stimulation: A controlled study of healing of surgically induced wounds in Yucatan pigs. Phys Ther. 74:201, 1994.

201. Leffmann DL, et al: The effect of subliminal transcutaneous electrical nerve stimulation of the rate of wound healing in rats. Phys Ther. 74:195, 1994.

202. Sinnreich MJ, et al: Microcurrent electrical nerve stimulation (MENS) and coracoacromial arch pain: The effects after one treatment. Phys Ther. 72:S68, 1992.

203. Ray R, et al: Microcurrent therapy versus a placebo for the control of symptoms in mild and moderate acute ankle sprains (unpublished manuscript). 1996.

204. Weber MD, et al: The effects of three modalities on delayed onset muscle soreness. J Orthop Sports Phys Ther. 20:236, 1994.

205. Allen JD, et al: Effect of microcurrent stimulation on delayed-onset muscle soreness: A double-blind comparison. J Athl Train. 34:334, 1999.

206. Becker RO: The Body Electric. William Morrow, New York, 1985.

207. Becker RO: Electrical control systems and regenerative growth. J Bioelectricity 1:239, 1982.

208. Windsor RE, et al: Electrical stimulation in clinical practice. Phys Sportsmedicine. 21:85, 1993.
209. Cheng N, et al: The effects of electric currents on ATP generation, protein synthesis, and membrane transport in rat skin. Clin Orthop. 171:264, 1982.
210. Stromberg BV: Effects of electrical currents on wound contraction. Ann Plast Surg. 21:121, 1988.
211. Swadlow HA: Monitoring the excitability of neocortical efferent neurons to direct activation by extracellular current pulses. J Neurophysiol. 68:605, 1992.
212. Pubols LM: Characteristics of dorsal horn neurons expressing subliminal responses to sural nerve stimulation. Somatosens Mot Res. 7:137, 1990.
213. Rapaski D, et al: Microcurrent electrical stimulation: A comparison of two protocols in reducing delayed onset muscle soreness. Phys Ther. 71S:116, 1991.

PARTE 5

Modalidades mecânicas e luminosas

Esta parte apresenta os agentes terapêuticos que se fundamentam primariamente na força mecânica e nas propriedades químicas e/ou bioelétricas para afetar o processo de resposta à lesão.

Capítulo 14

Compressão intermitente

Equipamentos de compressão intermitente auxiliam na drenagem venosa e linfática por meio da geração de um gradiente de pressão que força o fluido para fora do membro através do sistema venoso e que distribui a matéria sólida proximalmente ao longo de canais linfáticos. O aparelho pode ser preenchido com ar (compressão pneumática) ou água gelada (criocompressão) e pode inflar como uma única unidade ou sequencialmente. O ciclo ON/OFF auxilia na ordenha ou no bombeamento do edema para fora do membro.

Equipamentos de compressão intermitente utilizam a pressão mecânica para incentivar os retornos venoso e linfático a partir dos membros. Os equipamentos de compressão consistem em um aparelho de nylon concebido para se ajustar ao segmento corporal (p. ex., pé e/ou tornozelo, meia perna, perna inteira) que está ligado ao equipamento por meio de uma ou mais mangueiras. O fluxo de ar ou de água fria para dentro do aparelho gera a compressão ao redor do membro.

A compressão resultante é circunferencial ou sequencial. A compressão circunferencial aplica uma quantidade igual de pressão a todas as partes do membro simultaneamente. A pressão é gradualmente aumentada até um nível determinado pelo operador e mantida durante um tempo pré-determinado durante o ciclo LIGADO. A pressão cai, em seguida, durante o ciclo DESLIGADO. O processo então se repete.

Por meio deste ciclo, o edema é forçado em direção ao tronco por meio dos sistemas de retorno venoso e linfático. A compressão sequencial aumenta o gradiente distal para proximal por meio do enchimento sequencial de câmaras de pressão no interior do aparelho. O compartimento mais distal infla, seguido pelo compartimento seguinte, e assim por diante, até que a pressão tenha sido aplicada a todo o comprimento do aparelho (Fig. 14.1).

Evidência prática
Compressão constante é útil na prevenção de edema e no auxílio ao retorno venoso. A compressão intermitente é mais eficaz na ativação do mecanismo de retorno linfático.[1]

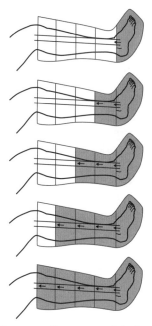

Figura 14.1 Compressão sequencial. Os compartimentos no interior do aparelho são preenchidos de distal para proximal, forçando os fluidos em direção ao tronco. Seguindo o ciclo, todos os compartimentos se desinflam e o processo se repete.

Os aparelhos de compressão trabalham sobre dois princípios. Ondas de pressão mecânica forçam os fluidos no interior do sistema venoso a voltarem em direção ao coração.[2] Quando o edema está confinado a uma área local, um número limitado de canais linfáticos são capazes de reabsorver a matéria sólida. A absorção e o retorno linfáticos são assistidos ao se espalhar o edema por uma região maior (em geral, proximalmente), permitindo que mais canais linfáticos absorvam o material sólido presente no edema.

Equipamentos de compressão a frio intermitentes são usados para o tratamento de lesões agudas em razão de sua facilidade de utilização e sua capacidade de proporcionar compressão e resfriamento enquanto o membro está em elevação (gelo, compressão e elevação) (Fig. 14.2). Equipamentos de compressão circunferencial também podem ser utilizados imediatamente entre as séries de gelo para evitar a formação de edema. No entanto, os equipamentos de compressão não devem ser empregados até que a possibilidade de uma fratura ou de síndrome compartimental tenha sido descartada. Em condições subagudas ou crônicas, a compressão intermitente ou sequencial é utilizada para reduzir o edema e diminuir a área de equimose.

Os equipamentos de terapia de compressão a frio, descritos no Capítulo 6, aplicam compressão contínua e são úteis na prevenção de edema. Equipamentos de compressão intermitente são utilizados para remover o edema que já tenha se acumulado.

Efeitos sobre
O processo de resposta à lesão

O movimento dos fluidos para fora do membro é causado pela formação de um gradiente de pressão.[3,4] Quando a compressão externa é aplicada, o gradiente entre a pressão hidrostática do tecido e a pressão de filtração capilar é reduzido, favorecendo assim a reabsorção de fluidos intersticiais (Fig. 14.3). Uma vez que os tecidos estejam sendo comprimidos, um segundo gradiente de pressão é formado entre a porção distal do membro (alta

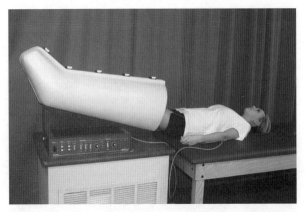

Figura 14.2 Equipamento de compressão a frio sequencial. Este dispositivo permite a compressão fria sequencial com elevação simultânea. (O CRYO*Press*. Cortesia de Grimm Scientific Industries, Inc., Marietta, OH.)

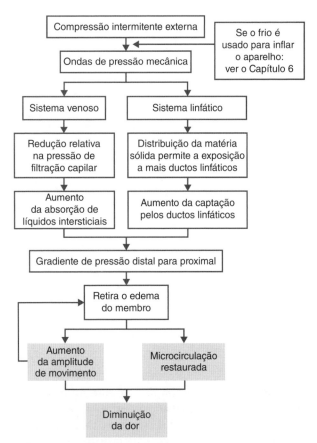

Figura 14.3 Efeitos da compressão intermitente. Ondas de pressão replicam os bombeamentos venoso e linfático associados às contrações musculares voluntárias. A diminuição do edema aumenta a amplitude de movimento, restaura a microcirculação e diminui a dor.

pressão) e a porção proximal (baixa pressão), forçando os fluidos a se movimentarem da zona de alta pressão para a zona de pressão inferior. Se o membro é elevado durante este tratamento, ambas as pressões são aumentadas pela gravidade, acelerando a drenagem venosa. Distribuir a matéria sólida edematosa em uma área maior permite que um maior número de canais linfáticos absorva os resíduos e remova subprodutos do membro.[5]

Durante a sequência de compressão, o fluxo sanguíneo para a área tratada é diminuído em decorrência da pressão externa sobre o membro. O tempo DESLIGADO permite que os vasos venosos e linfáticos sejam recarregados, absorvendo fluidos e proteínas dos tecidos.

Embora a trombose venosa profunda (TVP) seja uma contraindicação para a compressão intermitente, o uso desta pode evitar o surgimento da trombose venosa profunda. O fluxo venoso aumentado ajuda a evitar o acúmulo de substâncias que podem levar à formação de um trombo.

Edema

Tanto os equipamentos de compressão circunferencial como sequencial podem aumentar significativamente o fluxo venoso e reduzir o edema. Durante o tratamento de edema de perna, uma pressão baixa (de 35 a 55 mmHg) aumenta a velocidade do fluxo venoso em 175%. Quando esta pressão é aumentada para o intervalo de 90 a 100 mmHg, o fluxo venoso acelera 336% em relação aos valores de repouso (ver Tab. 1.11).[5] Uma vez que os detritos extracelulares são removidos, o fluxo de sangue fresco para a área aumenta significativamente após o tratamento.[6]

Evidência prática

O fluxo de sangue venoso oriundo da perna é aumentado quando a compressão sequencial é aplicada ao pé e à perna, em relação à compressão intermitente exclusivamente da panturrilha.[9]

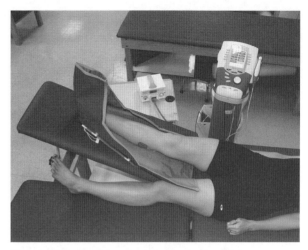

Figura 14.4 Combinação de estimulação elétrica e compressão. Os eletrodos (não visíveis) estão posicionados sobre o músculo da panturrilha.

A compressão intermitente pode ser mais eficaz na redução do edema pós-traumático, rico em fluido, do que do linfedema. O volume reduzido do membro após a compressão intermitente pode ser o resultado dos fluidos (água) forçados pelo sistema venoso. O movimento de moléculas de proteína por meio do sistema linfático não parece ser aumentado pela compressão intermitente. Neste caso, a compressão intermitente pode limitar a formação de edema ao diminuir a pressão de filtração capilar do sangue.[7] Um estudo com entorses de tornozelo pós-agudos que apresentaram **edema com cacifo** mostrou não só que a elevação simples foi mais eficaz na redução do volume do membro que a compressão intermitente e as bandagens elásticas, mas também que estas duas últimas técnicas na verdade aumentaram o volume de edema.[8]

A compressão intermitente é aplicada, algumas vezes, simultaneamente a um protocolo de bombeamento muscular por estimulação elétrica. Esta abordagem combina os benefícios de ambas as técnicas de redução de edema em uma única sessão de tratamento, porém sua eficácia ainda não foi fundamentada (Fig. 14.4).

O pé parece contar com outro mecanismo para iniciar o retorno venoso que não as contrações musculares ou a amplitude de movimento. A bomba venosa do pé é ativada pela pressão aplicada na face plantar, do calcâneo em direção às cabeças dos metatarsos. Esta pressão, normalmente observada durante a sustentação de peso, diminui os arcos do pé, alongando as veias e levando-as a se esvaziar.[10] Isto implica que as técnicas de compressão tradicionais podem não ser bem-sucedidas em casos de redução do edema do pé. Neste caso, a compressão deve ser aplicada ao aspecto plantar do pé por meio da descarga de peso ou da descarga de peso simulada pela aplicação de pressão ao aspecto plantar do pé.

Para reduzir a reacumulação de edema, deve-se enrolar o membro ou aplicar uma peça de compressão e elevar o membro após o tratamento. Para monitorar a eficácia de compressão intermitente na redução do edema, devem ser executadas medições pré e pós-tratamento do volume dos membros. Uma vez que o edema esteja suficientemente reduzido – e a patologia do paciente permita – um programa de exercícios ativos deve ser posto em prática.

Corrente sanguínea

O fluxo de sangue é melhorado pelo descongestionamento da região. A compressão intermitente aumenta a velocidade do fluxo sanguíneo, o que, por sua vez, aumenta a produção de óxido nítrico, um forte vasodilatador.[1]

Amplitude de movimento

As articulações sinoviais, tal como o joelho, as articulações interfalângicas dos dedos das mãos e dos pés e o cotovelo, contêm líquido sinovial alojado no interior de uma cápsula articular relativamente densa. Este fluido deve ser capaz de se deslocar dentro da cápsula para que ocorra o movimento articular normal, sendo que o deslocamento da extensão para a flexão aumenta a quantidade de pressão no interior da articulação.

Ao se acumular um excesso de líquidos no interior de uma articulação, seja como edema ou **sinovite**, o movimento é limitado porque há pouco ou mesmo nenhum espaço restante interiormente à cápsula articular pelo qual o fluido possa se deslocar. O excesso de líquidos pode provocar inibição muscular artrogênica (IMA), um reflexo inibitório que impede o movimento articular ativo (ver Cap. 1)[11,12] Reduzir o volume articular corrobora com a diminuição da IMA e restaura a amplitude de movimento ativo normal ao reduzir a resistência hidráulica ao movimento.[11,13]

Edema das articulações distais diminui a ADM. A diminuição da ADM promove ainda mais edema distal por meio da limitação do bombeamento muscular e da redução dos fluxos venoso e linfático.

Dor

A redução da dor é alcançada ao se reduzir a pressão mecânica causada pelo edema e restaurar a amplitude de movimento e a função articulares normais. Diminuir o ingurgitamento vascular ajuda a restaurar a normalidade das funções arterial e vascular. O aumento subsequente do suprimento arterial reduz a dor isquêmica ao aumentar a taxa de disponibilização de oxigênio e nutrientes para os tecidos.

Contraindicações e precauções

As principais contraindicações para a utilização de compressão intermitente estão associadas à pressão aplicada ao membro. O suprimento de sangue arterial do paciente, considerando-se a frequência cardíaca, a pressão arterial e a continuidade dos vasos, deve ser suficiente para fornecer o sangue oxigenado para o membro durante o tratamento. Equipamentos de compressão também são contraindicados em síndromes compartimentais, como a síndrome do compartimento anterior, em que a pressão intracompartimento dificulta a perfusão sanguínea normal. Outras deficiências vasculares, tais como gangrena, doença vascular periférica, doença vascular isquêmica e arteriosclerose, são geralmente consideradas contraindicações para o tratamento. Sob consentimento médico, os pacientes com insuficiência vascular leve podem ser tratados com pressões reduzidas e/ou períodos LIGADO reduzidos.

Há um certo paradoxo a respeito da TVP. A compressão intermitente aumenta o fluxo de sangue venoso, contribuindo assim para remover detritos estagnados, diminuindo o risco de formação de um trombo. No entanto, em razão do potencial de desalojar um coágulo que tenha se formado, não se aplica a compressão intermitente em pacientes que sofrem de trombose venosa profunda ou tromboflebite.

A insuficiência cardíaca congestiva é uma contraindicação para o uso de dispositivos de compressão. O aumento da pressão na vasculatura pode danificar ainda mais o sistema cardiovascular ou levar a uma diminuição do débito cardíaco. Pacientes que sofrem de insuficiência cardíaca congestiva podem experimentar aumento da retenção de sódio e água após a terapia de compressão, sendo que os dois fatores podem aumentar o edema periférico bilateral. O edema pulmonar é agravado pela terapia de compressão em razão da carga adicionada ao sistema cardiovascular, semelhante ao que foi descrito para a insuficiência cardíaca congestiva.

Evidência prática

A aplicação de compressão pneumática sequencial nos membros inferiores resultou em um ligeiro aumento da pressão arterial sistêmica e em diminuição do débito cardíaco e da frequência cardíaca.[14] Isso gera a necessidade de cautela ao se aplicar dispositivos de compressão a pacientes com deficiências cardíacas e/ou pulmonares.

A insuficiência das válvulas no interior da rede venosa pode resultar na força da gravidade ser capaz de mover o edema distalmente no membro.[3] Como estas válvulas não se fecham o suficiente, a pressão do aparelho de compressão vai forçar os fluidos tanto proximalmente como distalmente no interior do membro (Fig. 14.5). Na presença de insuficiência venosa conhecida, deve-se empregar um aparelho para o membro completo que mantenha um gradiente de pressão distal para proximal.

Os efeitos de compressão intermitente sobre a redução do linfedema não foram ainda conclusivamente fundamentados. No entanto, o tratamento do linfedema pode resultar em edema proximal em relação ao local de tratamento, e o tratamento de linfedema de membro inferior com compressão intermitente pode causar edema genital.[15]

Fraturas não curadas, deslocamentos articulares não resolvidos ou outras instabilidades musculoesqueléticas no plano anteroposterior são contraindicações para o uso de dispositivos de compressão sobre a articulação envolvida. Conforme o aparelho infla, ele tentará mover a articulação em extensão e colocará estresse indesejado nas estruturas da região.

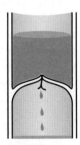

Figura 14.5 Insuficiência venosa. As válvulas de sentido único não se fecham completamente, permitindo que o sangue venoso retorne e se acumule na porção distal do membro, resultando, muitas vezes, em edema das articulações distais.

Em foco:
Compressão intermitente

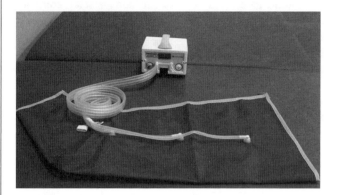

Descrição

Uma bomba externa força ar ou água por meio de um aparelho ajustado ao membro. As alterações na pressão forçam os fluidos através do sistema venoso e os sólidos através do sistema linfático para promover a redução do edema por meio do aumento do retorno venoso. A compressão intermitente pode aumentar o retorno linfático. Matéria rica em proteínas é menos sensível à compressão intermitente do que os fluidos.[7]

Duração de tratamento

A compressão intermitente pode ser aplicada uma ou duas vezes por dia, de 20 minutos a várias horas por sessão para o edema pós-traumático. O tratamento para o linfedema pode ser administrado por várias horas. Se o equipamento utiliza fluido frio, deve-se aumentar a temperatura na medida em que a duração do tratamento aumenta.

Indicações

- Edema pós-traumático
- Edema pós-cirúrgico
- Linfedema primário e secundário
- Melhorar a circulação arterial na presença de doença arterial oclusiva
- Insuficiência vascular ou linfática, incluindo úlceras de estase venosa
- *Prevenção* de trombose venosa profunda. A presença de trombose venosa profunda é uma contraindicação ao tratamento.

Contraindicações

- Condições agudas em que a possibilidade de uma fratura não tenha sido eliminada
- Condições nas quais a pressão iria danificar ainda mais as estruturas (p. ex., síndromes compartimentais)
- Doença vascular periférica
- Arteriosclerose
- Edema secundário à insuficiência cardíaca congestiva
- Doença vascular isquêmica
- Gangrena
- Dermatite
- Trombose venosa profunda
- Tromboflebite
- Edema pulmonar agudo

Precauções

- É preciso ter cuidado ao tratar a perna com um dispositivo de compressão. Mesmo na ausência de uma síndrome compartimental, os dispositivos de insuflação podem elevar a pressão intramuscular a um nível suficiente para causar isquemia.[16]
- O enrugamento da malha de contato pode causar zonas de alta pressão e hematomas subsequentes à medida que aumenta a pressão no interior do aparelho.
- A aplicação sobre nervos superficiais pode resultar em neuropatia e/ou paralisia nervosa.[17]

Visão geral da evidência

A eficácia da compressão intermitente em aumentar o fluxo venoso é amplamente aceita, mas o efeito de compressão intermitente no linfedema não é substanciado.[2] Não existe evidência conclusiva de que a compressão intermitente seja mais eficiente do que um envoltório de compressão e elevação para diminuir o edema com cacifo rico em proteínas,[8] mas a evidência suporta que equipamentos de compressão, elevação e frio reduzem melhor o edema que a crioterapia sozinha.[10]

Nenhuma pesquisa publicada determinou conclusivamente a duração de tratamento e os ciclos de trabalho ideais para reduzir o fluxo venoso ou o linfedema.

Aplicação clínica da compressão intermitente

A instrumentação, configuração e aplicação dos equipamentos de compressão intermitente sequencial e circunferencial são semelhantes. Antes de utilizar um equipamento de compressão intermitente, deve-se consultar a documentação e o protocolo do fabricante quanto aos procedimentos exatos para o modelo utilizado.

Instrumentação

Consultar o manual do operador para o equipamento que se esteja usando.

Potência: liga ou desliga o equipamento.

Temperatura: em equipamentos de compressão fria, regula a temperatura do fluido que passa por um dispositivo de refrigeração para o aparelho. Alguns equipamentos de compressão fria portáteis utilizam cubos de gelo para esta finalidade. A temperatura do fluido é exibida no **MEDIDOR DE TEMPERATURA**.

Pressão: ajusta a quantidade de compressão aplicada no membro, em milímetros de mercúrio (mmHg). Este valor não deve exceder a pressão sanguínea diastólica do paciente. Muitos equipamentos possuem um visor de pressão digital ou analógico.

LIGADO/DESLIGADO: controla a proporção de tempo que a compressão estará ligada ou desligada. Esse controle pode ser um único botão com ciclos de trabalho selecionáveis, ou os ciclos **LIGADO** (tempo de inflação) e **DESLIGADO** (tempo de deflação) podem ser ajustados separadamente para definir o ciclo de trabalho.

Bomba: liga a pressão para o aparelho.

Drenagem: remove a pressão e esvazia o aparelho.

Configuração e aplicação

Não utilizar dispositivos de compressão intermitente na presença de gases inflamáveis, tais como anestésicos ou oxigênio.

Preparação do equipamento

1. Inspecionar o equipamento, malhas e mangueiras quanto a defeitos óbvios.
2. Ligar o equipamento na tomada ou certificar-se de que as baterias estejam totalmente carregadas.
3. Selecionar o tamanho apropriado do aparelho para o membro a ser tratado (Fig. 14.6).
4. Verificar o aparelho quanto a rasgos ou vazamentos. Se um defeito for encontrado, reparar o defeito com um *kit* de instrumentos aprovado, devolver o aparelho ao fabricante para o reparo ou descartar o aparelho.

Preparação do paciente

1. Estabelecer a ausência de contraindicações.
2. Remover qualquer joia no membro a ser tratado.
3. Determinar a pressão diastólica do paciente.
4. Para avaliar a eficácia do tratamento, marcar uma ou mais áreas no membro, medir e registrar a medição do perímetro do segmento corporal sendo tratado.[18]
5. Para fins sanitários, cobrir a área a ser tratada com malha de contato ou material semelhante. Cuidados devem ser tomados para garantir que esta camada interior esteja livre de rugas.
6. Insira o membro lesionado no aparelho. Ao se utilizar aparelhos para a totalidade do membro, evitar o enrugamento do vestuário na axila ou na virilha. Para reduzir o risco de neuropatia, deve-se

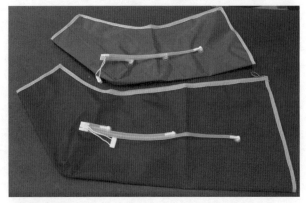

Figura 14.6 Aparelhos de compressão. Acima: meia-perna. Abaixo: perna inteira. Outros tamanhos e variedades também estão disponíveis.

evitar um aperto excessivo do aparelho e a aplicação de correias e fivelas sobre nervos superficiais.[17]

7. Para melhores resultados, elevar o membro durante o tratamento. (Com equipamentos de preenchimento líquido, é mais fácil permitir que o aparelho seja inicialmente preenchido e somente então elevar a parte do corpo.)
8. Conectar o aparelho ao equipamento de compressão. Deve-se notar que estes equipamentos possuem tubos de entrada e de saída. As mangueiras devem ser devidamente conectadas ao equipamento e ao aparelho (Fig. 14.7). Caso se utilize um equipamento de compressão sequencial, o aparelho e as mangueiras devem ser conectados de modo que o aparelho seja preenchido de distal para proximal.

Tabela 14.1 Parâmetros de tratamento de compressão intermitente utilizados para redução do edema

Membro	Pressão de inflação	Razão lig/desl
Membro superior	40-60 mmHg	3:1
Membro inferior	60-100 mmHg	3:1

Iniciação do tratamento

1. Se o equipamento de compressão intermitente utiliza um fluido frio, selecionar a **TEMPERATURA** a ser utilizada, em geral, entre 10 e 13°C.
2. Selecionar a **PRESSÃO** máxima para o tratamento. As amplitudes de pressão normais são de 30 a 60 mmHg para o membro superior e de 60 a 100 mmHg para o membro inferior (Tab. 14.1).[19] Normalmente, esta pressão não deve exceder a pressão sanguínea diastólica. Caso seja necessário que a pressão de tratamento exceda a pressão diastólica, monitora-se o paciente de perto e se utiliza um ciclo de trabalho mais baixo. Deve-se notar que a pressão real dentro do aparelho é, muitas vezes, significativamente maior (até 80% maior) do que a pressão mostrada no medidor, especialmente em equipamentos sequenciais.[11,19] Em função da potencial discrepância entre a pressão calibrada e a pressão real sendo aplicada ao membro, é necessário monitorar a função neurovascular distal do paciente.
3. Selecionar os tempos **LIGADO** e **DESLIGADO**. Um ciclo de trabalho de 3:1 (p. ex., 45s LIGADO, 15s DESLIGADO) é utilizado, embora o benefício do presente protocolo em relação aos demais não tenha sido fundamentado. Fabricantes específicos podem recomendar diferentes protocolos baseados nas caraterísticas das suas máquinas.
4. Selecionar o **TEMPO DE TRATAMENTO** apropriado. O tratamento para o edema pós-traumático pode ser aplicado por 20 a 30 minutos. O tratamento do linfedema pode ser aplicado durante várias horas.
5. Informar o indivíduo sobre as sensações esperadas durante o tratamento. Instruir o paciente a informá-lo caso qualquer sensação incomum, tal como dor ou sensação de "formigamento", seja experimentada durante o tratamento.
6. Encorajar o paciente a realizar exercícios suaves de amplitude de movimento ou a mexer os dedos das mãos (tratamentos do membro superior) ou dos pés (tratamentos do membro inferior) durante o ciclo desligado, se for o caso.
7. Caso estejam sendo administrados tratamentos de longa duração (ou seja, mais de 60 minutos consecutivos), interromper a sessão regularmente e fiscalizar o membro sendo tratado quanto ao enchimento capilar adequado ou à presença de marcações incomuns ou de edema com cacifo inesperados.

Figura 14.7 Conectores para aparelhos de compressão intermitentes e sequenciais. Aparelhos de compressão sequenciais possuem duas vias de fluxo para cada câmara no aparelho, uma para inflar a câmara e outra para esvaziá-la (*conector da esquerda*). Aparelhos de compressão intermitente ou constante geralmente possuem apenas uma via de fluxo (*direita*).

Evidência prática

Casos de neuropatia fibular como resultado da aplicação de compressão sequencial vêm sendo documentados. Para evitar isso, deve-se assegurar que o aparelho seja do tamanho apropriado (a evidência sugere que pessoas de menor estatura são mais predispostas à neuropatia).[17]

Término do tratamento

1. Reduzir o tempo LIGADO ou, se for o caso, selecionar o modo DRENAGEM para retirar o ar ou fluido do equipamento.
2. Remover cuidadosamente o segmento corporal do aparelho.
3. Mensurar novamente o perímetro do membro e determinar a quantidade de redução do edema.
4. Aplicar uma bandagem ou malha de compressão e quaisquer dispositivos de suporte apropriados. Instruir o paciente a manter o membro elevado sempre que possível entre os tratamentos.

Manutenção

Consultar as recomendações do fabricante quanto aos intervalos e procedimentos de manutenção. Desligar o aparelho de compressão da fonte de alimentação eléctrica antes de limpar.

Após cada tratamento

1. Limpar o aparelho com um produto aprovado.

2. Se os aparelhos forem laváveis à máquina, virá-los do avesso e fechá-los usando o zíper.
3. Sistemas de esterilização a gás devem ser usados sempre que possível.
4. Após a limpeza, deixar o aparelho para secar, enrolar a(s) mangueira(s) e armazenar em uma área seca.

Trimestralmente, ou conforme indicado

1. Verificar as mangueiras de ar/água com relação a defeitos e substituí-las, se necessário.
2. Limpar o equipamento externo usando um produto aprovado.
3. Verificar o plugue, o fio elétrico e o cabo de controle (se houver) quanto a cortes, esgarçamentos ou outros danos visíveis.

Anualmente, ou como requerido

1. Um técnico qualificado deve realizar uma inspeção e qualquer posterior manutenção, se necessário.

Capítulo 15

Movimento passivo contínuo

Aparelhos de movimento passivo contínuo são equipamentos motorizados que movem uma ou mais articulações por meio de uma série programada de movimentos a uma velocidade controlada. Teoriza-se que o movimento da articulação melhore a cicatrização de tecidos moles e certas patologias articulares e pode prevenir contraturas das articulações e atrasar a atrofia. Embora estes equipamentos tenham sido originalmente concebidos para utilização com o joelho, foram desenvolvidos modelos para a maioria das articulações.

O movimento passivo contínuo (MPC) é a antítese da imobilização, uma técnica comum de conduta pós-cirúrgica. Para impedir os efeitos indesejados da imobilização, os equipamentos de MPC aplicam tensões suaves aos tecidos de cicatrização. Ainda predominantemente utilizados para lesões de joelho, foram fabricados aparelhos de MPC para mão, punho, quadril, ombro, cotovelo e tornozelo (Fig. 15.1). Embora o movimento passivo possa ser aplicado por meio de um aparelho específico para MPC, ele também pode ser aplicado manualmente pelo médico, porém por um tempo muito mais curto.

Robert Salter,[20] um médico canadense, propôs originalmente o uso de MPC para auxiliar na cura de articulações sinoviais. Com base em suas observações clínicas, Salter lançou a hipótese de que a aplicação de MPC seria benéfica de três maneiras:

- Aumentando a atividade de nutrição e metabolismo da cartilagem articular
- Estimulando a remodelação do tecido e a reformação da cartilagem articular
- Acelerando a cicatrização da cartilagem articular, dos tendões e dos ligamentos

Equipamentos de MPC são classificados em três tipos de modelo: ligação livre, anatômico e não anatômico.[21,22] O modelo de ligação livre é similar a mover manualmente o membro do paciente ao longo da amplitude de movimento (ADM), apertando-o proximal e distalmente à articulação. Dado que a própria articula-

ção não é suportada, os aparelhos de ligação livre não são adequados para articulações instáveis.[22] Equipamentos de MPC que incorporam um modelo anatômico tentam mimetizar o movimento natural da articulação envolvida e das articulações proximais. MPC anatômicos são os mais adequados para o joelho.

Aparelhos de MPC projetados não anatomicamente não buscam replicar o movimento articular natural, com um movimento compensatório ocorrendo entre o membro do paciente e o carrinho do MPC. A Tabela 15.1 sumariza as vantagens e as desvantagens de cada um destes estilos de aparelhos de MPC. Independentemente do tipo de aparelho de MPC empregado, deve-se evitar aplicar estresse indesejado sobre as estruturas articulares.

Efeitos sobre
O processo de resposta à lesão

A filosofia sobre os efeitos do MPC é: "movimento que nunca se perde nunca precisa ser recuperado. É a reconquista de movimento que é dolorosa."[23] Estresses constantes e suaves aplicados à estrutura lesionada incentivam a remodelação do colágeno ao longo das linhas de força e reduzem os efeitos negativos da imobilização articular.[24] Quando a articulação lesionada é mantida em movimento, são reduzidos os efeitos indesejados da imobilização sobre músculos, tendões, ligamentos, cartilagem hialina e articular e sobre os suprimentos sanguíneo e nervoso (Fig. 15.2).

324 Parte 5 ■ Modalidades mecânicas e luminosas

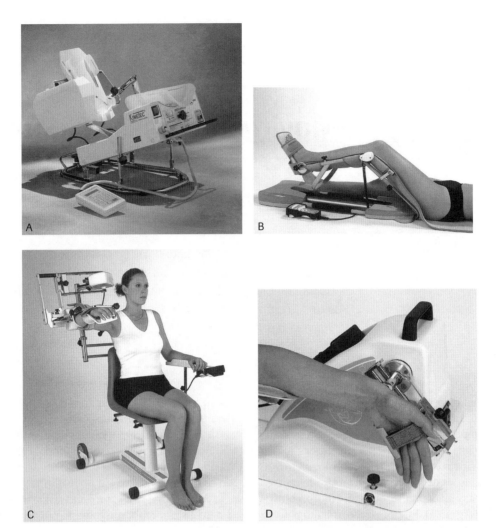

Figura 15.1 Equipamentos de movimento passivo contínuo. (A) Tornozelo. (B) Joelho. (C) Ombro. (D) Pulso e mão. (cortesia [Kinetec] de Sammons Preston Rolyan, Ability One Company.)

Tabela 15.1 Características dos modelos de movimento passivo contínuo

Modelo de ligação de movimento passivo contínuo

Parâmetro	Ligação livre	Modelo anatômico	Modelo não anatômico
Estabilidade articular	Muito pobre	Boa	Adequada
Controle da ADM	Muito pobre	Excelente	Adequado
ADM total	Pobre	Excelente	Boa
Movimento multieixos	Bom	Pobre	Adequado
Ajustável ao paciente	Excelente	Pobre	Adequado

ADM = amplitude de movimento.
Fonte: Adaptado de Saringer[22]

Sob o estresse do movimento, o colágeno – normalmente depositado de uma forma aleatória – alinha-se ao longo da linha da tensão aplicada. Tal realinhamento reduz o encurtamento funcional, as ligações cruzadas de colágeno e as adesões capsulares, mantendo assim a ADM,[21,25] aumentando a resistência à tração de tendões, **aloenxertos** e pele,[20] e estimulando a reparação da cartilagem articular[26-28] meniscal.[26]

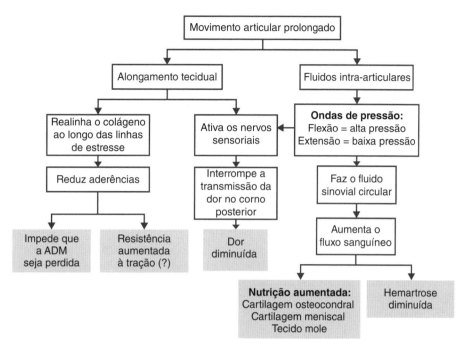

Figura 15.2 Efeitos do movimento passivo contínuo.

Na medida em que a articulação se move da extensão para a flexão e vice-versa, o fluido no interior da cápsula é exposto a baixa pressão quando o volume articular é maior (normalmente em extensão), e a alta pressão quando o volume articular é menor. Com o aumento do ângulo de flexão, as pressões articulares aumentam. Quando este ciclo se repete, a alteração na pressão cria um efeito de bombeamento que faz o fluido sinovial circular. O fluido circulante pode auxiliar na remoção de **hemartrose** articular, edema periarticular e sangue dos tecidos circundantes.[29] A circulação dos fluidos sinoviais ativa mediadores anti-inflamatórios na cartilagem meniscal.[26] A quantidade de ADM aplicada durante as sessões de MPC deve ser suficiente para aumentar a pressão intra-articular, mas não deve ser grande a ponto de danificar o tecido mole ou o enxerto circundante.[30]

Os efeitos e benefícios associados ao MPC não são universalmente fundamentados ou aceitos. A decisão de utilizar ou não MPC deve ser tomada conforme o paciente, e não em relação a patologias específicas. Os benefícios derivados deste tratamento e os custos associados em relação a outras técnicas de tratamento devem ser considerados no desenvolvimento do plano de tratamento.[31,32] Exercícios ativos de ADM devem ser incorporados ao plano de tratamento do paciente tão logo seja praticável.[33]

Amplitude de movimento

Introduzir o MPC precoce no regime de reabilitação pode permitir que rotinas de treinamento de movimento e de força ativas sejam incorporadas no início do programa do paciente, uma consideração importante quando se lida com uma população ativa.[34-36] Quando comparados ao desenvolvimento observado em pacientes que recebem terapia-padrão, os benefícios da MPC no aumento da ADM articular são vistos no início de programa de reabilitação do paciente, mas não são observadas diferenças em longo prazo.[28] Quando é dada ao paciente a liberdade para controlar a ADM, eles, utilizando o conforto como guia, aumentam sua ADM de 6 a 7 graus por dia.[37]

O MPC é mais eficaz no aumento da ADM causado pela restrição de tecidos moles (p. ex., a rigidez do tendão do calcâneo durante a dorsiflexão do tornozelo) do que o alongamento estático.[38] Quando aplicado imediatamente após a cirurgia, o MPC pode ser efetivo para aumentar a quantidade de flexão do joelho, mas este efeito não foi consubstanciado após **artroplastia** total do joelho.[39,40] A necessidade de manipulação do joelho após artroplastia é significativamente reduzida ou eliminada por meio de utilização de MPC.[29,41,42]

Evidência prática

Estudos geralmente concordam que o MPC possui utilidade limitada após artroplastia de joelho.[43-46] Somente discretos aumentos na flexão (2 graus) e na extensão (3 graus) do joelho são observados quando o MPC é aplicado imediatamente após a cirurgia. O tempo de permanência hospitalar não é afetado, mas a necessidade de manipulação de acompanhamento é reduzida. As diferenças quanto a protocolo, patologias e base de pacientes utilizados nestes estudos tornam impraticável a obtenção de uma firme conclusão sobre a eficácia do MPC em ADM, embora a maioria dos estudos demonstre equivalência na ADM total em longo prazo.

O aumento da ADM pode ser contingente na quantidade de tempo que a articulação passa nos extremos da ADM, ou o **tempo total de fim de amplitude** (TTFA). O aumento do TTFA proporciona um estresse prolongado de carga baixa sobre os tecidos, aumentando significativamente a ADM em comparação ao estresse de curta duração e carga alta.[47]

A utilização de MPC por si só não restaura completamente a ADM e tem pouco efeito sobre a força muscular. A terapia manual ou ativa é necessária para restaurar completamente a força e a ADM. Um benefício não documentado da aplicação antecipada do MPC pode ser sua assistência em auxiliar o paciente a superar a apreensão de mover o joelho após a cirurgia.

O MPC de membro inferior também foi utilizado para manter a ADM em pacientes que sofrem de patologias cardiovasculares avançadas restritivas para marcha. MPC diminui a taxa de atrofia e de encurtamento funcional do quadríceps com pequeno acréscimo na demanda cardiovascular.[48]

Após reparo do manguito rotador, pacientes submetidos a MPC demonstraram melhoras seguras quanto a dor, ADM e outras medidas funcionais.[28] No entanto, esses resultados não foram melhores do que os obtidos com exercícios de ADM passivos manuais.[32]

Nutrição articular

Tanto a cartilagem articular como a meniscal são relativamente avasculares e derivam a maioria de seus nutrientes do líquido sinovial. As cartilagens meniscal e articular são esponjosas e alimentadas pela expansão e compressão; por meio do movimento natural da articulação, o líquido sinovial é alternadamente absorvido pela cartilagem e espremido para fora dela. Durante a imobilização, o fluido sinovial não é distribuído ao longo de toda a articulação. A ideia da aplicação de MPC é estimular a circulação de fluidos sinoviais e fazer com que a cartilagem meniscal aumente sua absorção de nutrientes. A distribuição e a subsequente absorção de nutrientes auxiliam ambos os tipos de cartilagem no processo de cicatrização.[49-51]

O emprego precoce do MPC para defeitos da cartilagem condilar auxilia no processo de cicatrização, mantém a ADM articular e apresenta um melhor resultado funcional do que o movimento ativo precoce.[52-54] A ADM ativa pode aplicar forças de compressão indesejáveis nas superfícies articulares, como no caso de defeitos osteocondrais ou condromalácia. Por meio da circulação do líquido sinovial, a cicatrização da cartilagem condilar é acelerada pela deposição de colágeno tipo II,[50,53,54] embora a inspeção intraoperatória não suporte tais achados.[28] A cicatrização de defeitos de espessura total pode exigir até duas semanas de tratamento.[50]

Redução de edema

A eficácia do MPC na redução de edema não é claramente compreendida, e varia de acordo com a parte do corpo e a condição a ser tratada.[55] Os movimentos passivos do membro e a elevação do segmento corporal devem auxiliar nos retornos venoso e linfático por meio de bombeamento muscular.[56] Vem sendo documentada redução significativa do edema após artroplastia de joelho e de tornozelo,[29,36,57] após cirurgia de ligamento cruzado anterior (LCA), em condições inflamatórias do joelho[58] e de edema manual.[59,60]

Redução da dor

O movimento articular ativa nervos aferentes localizados em músculos, articulações e na pele, e possivelmente proporciona controle da dor por meio do mecanismo do portão. Qualquer redução associada no edema ou no espasmo muscular, bem como qualquer desencorajamento ao encurtamento funcional, ajudaria a limitar a dor. No entanto, o MPC não é empregado como técnica de controle da dor aguda.

Evidência prática

Estudos mostram nenhuma diferença significativa na dor (como relatado por meio de uma escala visual analógica) e no uso de medicação para dor entre pacientes que receberam MPC e aqueles que não receberam,[31,61] que receberam tratamentos de ADM passiva manuais[32] e aqueles pacientes que controlam sua própria dosagem de medicação.[62]

No pós-operatório, os medicamentos de controle da dor podem ser administrados ao paciente durante o tratamento com MPC. Injeções de narcóticos ou bombas de analgesia controladas pelo paciente, injeção de anestésico local ou bloqueios nervosos regionais são utilizados para reduzir a dor pós-operatória do paciente e o desconforto associado ao MPC.[30]

Cicatrização ligamentar

Com frequência, o uso precoce de MPC promove mais cicatrização do que a correção cirúrgica quando um único ligamento está envolvido e há pouca instabilidade rotacional da articulação.[63] Os benefícios fisiológicos da aplicação do MPC pós-cirurgia de LCA não são tão promissores como sua utilização em outras condições. O LCA não recebe os mesmos benefícios nutricionais do MPC que a cartilagem meniscal ou articular.[64] O LCA é cercado por seu próprio revestimento sinovial, que impede o ligamento de receber nutrição a partir do líquido sinovial da articulação. Em vez disso, o LCA deve confiar em seus vasos sanguíneos intrínsecos.

> **Evidência prática**
> Embora o MPC seja muitas vezes empregado após a reconstrução do LCA e a reparação do manguito rotador, uma síntese das pesquisas publicadas não suporta esta prática em detrimento ao exercício ativo isolado, especialmente quando são considerados os custos.[46,65-67]

A ADM inicial imediatamente após a cirurgia é aumentada em pacientes que recebem MPC em relação àqueles que não recebem. No entanto, desde que a terapia de acompanhamento seja administrada por um longo período, não há diferença de longo prazo na ADM articular.[68-70] O MPC aplicado imediatamente após a cirurgia tem demonstrado ser efetivo em aumentar as propriedades biomecânicas da reconstrução do ligamento colateral medial por aumento com aloenxerto.[71]

Muitos aparelhos de MPC do joelho possuindo uma barra tibial posterior proximal causam uma quantidade excessiva de **translação** da tíbia no fêmur. Em procedimentos tais como a cirurgia de LCA, este movimento pode produzir tensão suficiente para danificar o tecido cicatricial e o enxerto (Fig. 15.3).[72] Após a cirurgia, pode-se empregar o MPC, devidamente ajustado sem aumentar a lacidez anterior do LCA.[73,74]

Contraindicações

Movimento articular indesejado e os estresses associados em ossos e estruturas articulares são as contraindicações primárias ao MPC (veja Em foco: movimento contínuo passivo). O MPC não deve ser aplicado na presença de uma fratura instável. Em razão do risco de expansão, o MPC não deve ser utilizado em áreas de infecção descontrolada. Da mesma forma, o MPC é contraindicado em paralisias espásticas porque o movimento antagônico pode resultar em lesão muscular.

O MPC deve ser utilizado com precaução caso o paciente possua histórico de trombose venosa profunda. A pressão do suporte do MPC e o retorno venoso aumentado causado pelo movimento e pela elevação do membro pode desalojar o coágulo. Pressões intracompartimentais podem ser aumentadas pelo movimento e/ou pelas tiras de contenção do suporte.

Alguns modelos de MPC aumentam a quantidade de forças de cisalhamento que cruzam a articulação e estressam desnecessariamente tecidos moles e enxerto. O tipo de MPC, o arco de movimento e a velocidade de movimento devem ser ajustados com base nas recomendações do médico quanto à patologia a ser tratada.

Visão geral da evidência

Embora a justificativa racional para o uso do MPC seja sólida, muitos artigos científicos questionam a eficácia quanto à maioria das aplicações clínicas. Da mesma forma, o MPC não tem demonstrado ser mais eficaz do que as terapias manuais tradicionais (normalmente ADM passiva).[31] A exceção a isto é a condição envolvendo a cartilagem articular em que a compressão das superfícies articulares deve ser evitada.[52,53] Os efeitos do MPC na cicatrização da cartilagem articular não podem ser validados em função da falta de estudos controlados de qualidade.[28]

O MPC é frequentemente utilizado após artroplastia total de joelho e subsequentemente vem sendo o foco de investigação retrospectiva e prospectiva. Alguns estudos concluíram que o MPC é benéfico na redução do tempo de internação, na diminuição da necessidade de medicação analgésica, na adoção precoce de exercícios de elevação de membro inferior e na melhoria da função do joelho e dos índices de satisfação no momento da alta.[75] A evidência também sugere que a necessidade de manipulações do joelho após a artroplastia é reduzida.[41,42]

Após a artroplastia total do joelho, pacientes executando a ADM em maiores graus de flexão do joelho (70 a 110 graus) requerem menos medicação para dor que pacientes recebendo MPC na faixa de 0 a 50 graus de flexão ou sem uso de MPC, embora essas diferenças não tenham sido estatisticamente significativas.[61] Outros estudos demonstraram que os efeitos sobre tempo de internação[40-42] e sobre o Knee Society Score (uma medida da função do joelho e da satisfação dos pacientes) seguiram padrões semelhantes.[40,61]

Quase todos os estudos concluem que não há nenhuma diferença significativa de longo prazo na dor ou na ADM entre os pacientes que receberam MPC no pós-operatório e aqueles que não receberam.[29,32,40-42,61,75-79] A decisão de incluir o MPC no protocolo de tratamento precoce deve ser tomada considerando os benefícios imediatos e de longo prazo em relação aos custos associados e potenciais riscos.[31,39]

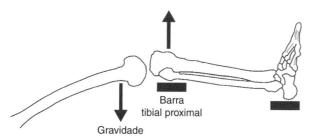

Figura 15.3 Translação tibial durante o movimento passivo contínuo. Uma barra proximal suporta a tíbia enquanto a gravidade permite que o fêmur se mova para baixo. Este efeito, combinado à força do movimento, pode colocar tensões indesejadas no ligamento cruzado anterior.

Aplicação clínica do movimento passivo contínuo

Instrumentação

Deve-se consultar o manual de instrução para o aparelho que está sendo usado.

Ligar: Essa opção ativa os circuitos internos do aparelho de MPC.

Limpar: Este botão apaga todas as configurações anteriores da memória do aparelho de MPC.

Temporizador: Este controle define a duração do tratamento. Uma configuração CONTÍNUO é fornecida para tratamentos de longa duração.

ADM: Este controle ajusta o ADM de hiperextensão discreta (cerca de 5 graus) até a flexão completa (cerca de 130 graus). Alguns aparelhos possuem controles separados para ajustar a quantidade de flexão e extensão.

Velocidade: Este botão ajusta a taxa de movimento entre 10 e 120 graus por segundo. Velocidades mais lentas são usadas imediatamente após a cirurgia ou após a lesão. Pensa-se que velocidades maiores (ciclos por segundo) sejam capazes de produzir melhores propriedades elásticas de tendões em cicatrização que velocidades menores.[80]

Desaceleração/aceleração: Ajusta o número de graus por segundo que a articulação acelera no início do movimento e desacelera durante a fase terminal de movimento.

TTFA: Tempo total de fim de amplitude. A quantidade de tempo em que a articulação é mantida no final da ADM de flexão e de extensão.

Pausa (Atraso extensão/flexão): Esse botão interrompe o movimento no extremo da ADM (flexão e/ou extensão) para permitir que ocorra um alongamento passivo das fibras.

Botão de interrupção: Esse controle permite que o paciente interrompa o MPC.

Plugue de disparo: Alguns aparelhos permitem a sincronização do MPC com a estimulação elétrica. O plugue de disparo permite que o aparelho de estimulação elétrica neuromuscular seja ativado durante a função PAUSA.

Programa: Equipamentos de MPC controlados por microprocessadores podem apresentar protocolos pré-programados que são selecionados a partir de um menu. O protocolo definido pelo usuário também pode ser armazenado e recuperado para uso posterior. Deve-se consultar o manual de instrução para obter instruções passo a passo.

Configuração e aplicação

Muitas vezes, o aparelho de MPC é aplicado por um técnico MPC na sala de recuperação após a cirurgia.

O protocolo a seguir é fornecido como um exemplo para um pós-cirúrgico de reconstrução de LCA. É preciso consultar o manual de instrução para outros protocolos de joelho e/ou para o funcionamento de aparelhos MPC projetados para outros segmentos corporais. Aparelhos avançados, especialmente aqueles para o ombro, podem exigir treinamento especializado para garantir a correta configuração e seleção de protocolo. Equipamentos de MPC não devem ser empregados na presença de gases inflamáveis, tais como anestésicos ou oxigênio.

Preparação para o tratamento

1. Confirmar se o paciente está livre de contraindicações para o uso de MPC (veja Em foco: movimento passivo contínuo).
2. Certificar-se de que o aparelho esteja limpo e ajustar o aparelho MPC com uma tampa de suporte limpa.
3. A maioria dos equipamentos de MPC pode ser ajustada de acordo com o membro envolvido, mesmo quando o paciente está usando um imobilizador ou curativos cirúrgicos.
4. O médico pode optar por remover bandagens circunferenciais (p. ex., faixa de algodão, faixas elásticas) e cobrir o membro com um única malha elástica ou de algodão.[30]
5. Medir o comprimento da coxa do paciente a partir da tuberosidade isquiática até a linha articular do joelho. Ajustar o suporte proximal de modo que a borda proximal se encontre com o limite distal das nádegas e, se for o caso para o aparelho, que se alinhe com a articulação coxofemoral.
6. Determinar o comprimento da perna medindo a partir da linha articular do joelho até, aproximadamente, 6 mm além do calcanhar. Ajustar a porção distal do suporte em conformidade.
7. Colocar a extremidade inferior no aparelho com a linha articular do joelho alinhada à articulação do aparelho de MPC (Fig. 15.4).
8. Ajustar o pé no suporte para o pé de modo que a tíbia seja colocada em posição neutra. Rodar a tíbia interna ou externamente pode resultar em aumento do estresse sobre o LCA.

Iniciação do tratamento

1. Dar ao paciente o controle de mão e fornecer instruções sobre como e quando usá-lo, incluindo para ajustar a velocidade e a ADM e para encerrar o tratamento.
2. Configurar a ADM conforme prescrita pelo médico. Geralmente este protocolo é iniciado com uma ADM limitada (0-60 graus) e avança para a

Em foco:
Movimento passivo contínuo

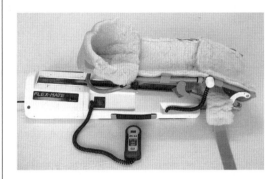

Descrição

Um equipamento motorizado que move uma ou mais articulações a uma velocidade controlada ao longo de uma amplitude de movimento predeterminada. O movimento passivo contínuo é empregado para restaurar precocemente a amplitude de movimento, retardar a atrofia e melhorar a nutrição articular.

Efeitos primários

- Melhora da nutrição das estruturas articulares
- Aumento da atividade metabólica das estruturas articulares
- Aumento da remodelação do colágeno ao longo das linhas de estresse
- Aumento da resistência à tração de tendões, ligamentos e outros tecidos moles em cicatrização
- Melhora precoce da amplitude de movimento
- Redução do edema potencial
- Redução da dor por meio de mecanismos secundários (p. ex., o aumento da ADM)

Duração do tratamento

O movimento passivo contínuo pode ser aplicado em sessões de longa duração, em que o paciente permanece continuamente ligado ao aparelho, ou o equipamento pode ser aplicado em sessões de tratamento de 1 hora, três vezes por dia. Após cirurgia, o uso é de 6 a 8 horas por dia, embora a duração preferida pelos pacientes seja de 4 a 8 horas.[37] Os pacientes também podem ser instruídos no uso do MPC para tratamentos em casa, ou podem ser requeridas visitas de atendimento domiciliar.

Indicações

- Após a correção cirúrgica de fraturas intrarticulares ou extrarticulares estáveis
- Após cirurgia articular, incluindo cirurgia de LCA[74]
- Após a abordagem da fratura com redução aberta e fixação interna
- Após artroplastia
- Após cirurgia ou patologia crônica nos mecanismos extensores de joelho
- Contraturas articulares
- Após meniscectomia
- Após manipulações de joelho
- Após desbridamento articular por **artrofibrose**
- Lacerações tendíneas
- Após reparo osteocondral
- Para aumentar a reabsorção de uma hemartrose
- Tromboflebite
- Após correção cirúrgica de condromalácia patelar

Contraindicações

- Casos em que o equipamento cause uma translação indesejada de ossos opostos, estressando acentuadamente os tecidos de cicatrização
- Fraturas instáveis
- Paralisias espásticas
- Infecção não controlada

Precauções

- O uso de movimento passivo contínuo em conjunto com terapia de anticoagulação pode produzir hematoma intracompartimental[81] ou trombose venosa profunda.[30]
- Pode-se desenvolver irritação da pele pelas cintas ou pela cobertura do suporte. Um aperto excessivo das tiras e/ou da malha pode levar à necrose dos locais de incisão ou de outros tecidos locais.[10]

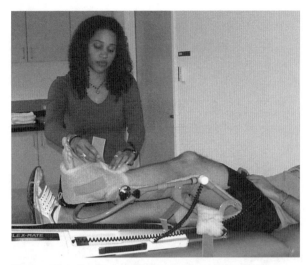

Figura 15.4 Configuração para o movimento passivo contínuo. O eixo da articulação deve estar alinhado às dobradiças sobre o suporte do MPC.

ADM completa na medida em que ocorre a cicatrização e a dor diminui. A ADM programada e a ADM real aplicada à articulação podem ser diferentes em até 20 graus.[22,82] Confirmar o movimento articular real usando um goniômetro.

3. Configurar a VELOCIDADE do tratamento (p. ex., tempo de ciclo de 4 minutos; 15 ciclos por hora). Os aparelhos podem ter protocolos pré-programados que são escolhidos a partir de um menu.
4. O paciente pode ser instruído a aumentar a ADM a intervalos regulares, conforme tolerado. Alguns aparelhos não permitem que o protocolo seja alterado uma vez que o tratamento tenha se iniciado.
5. Instruir o paciente e aqueles que cuidam do paciente (incluindo membros da família) a reconhecer problemas relacionados à pressão causados pelo suporte do MPC. Ajustar o suporte em conformidade.
6. Caso se trate de um tratamento baseado em domicílio, o paciente deve receber instruções escritas e um número de contato de emergência.
7. Verificar regularmente o paciente em busca de sinais de hemorragia intracompartimental ou de trombose venosa profunda.

Término do tratamento

1. Posicionar o suporte para melhor atender a retirada do membro do aparelho, geralmente pouco menos que a extensão completa.
2. Soltar as tiras de restrição, o suporte para o pé ou outros suportes.
3. Levantar cuidadosamente o membro e contar com um assistente para remover o aparelho de MPC.
4. Cortar ou remover a malha do membro.
5. Inspecionar o membro quanto a úlceras de pressão, vermelhidão distal ou edema que seja indicativo de aumento da pressão compartimental ou de trombose venosa profunda, e os locais cirúrgicos para a cicatrização adequada. Notificar um médico se forem notadas quaisquer anomalias.
6. Limpar o membro de acordo com o protocolo do médico.
7. Caso seja indicado, cobrir novamente as feridas cirúrgicas e reaplicar uma compressa esterilizada ou um envoltório de compressão.

Manutenção

Consultar as recomendações do fabricante quanto a intervalos e procedimentos de manutenção. Desligar o aparelho de MPC da fonte de alimentação elétrica antes da limpeza.

Após cada tratamento

1. Limpar as superfícies com um sabão desinfetante. Caso o aparelho esteja sujo com sangue ou outros fluidos corporais, deve-se utilizar uma solução a 10% de solução clorada para limpar as superfícies.
2. Limpar ou substituir a tampa do suporte. Algumas tampas podem ser esterilizadas utilizando um **autoclave** a 125°C. Verificar as recomendações do fabricante quanto a precauções suplementares de higiene. As tampas podem ser reutilizadas para o mesmo paciente, mas a reutilização em diferentes pacientes não é recomendada.

Trimestralmente ou conforme indicado

Alguns aparelhos possuem um alerta automático quando a manutenção é necessária.

1. Lubrificar todas as partes móveis (p. ex., articulações, rolamentos de esferas, hastes roscadas).
2. Verificar o plugue elétrico, o fio elétrico e o cabo de controle (se houver) quanto a cortes, esgarçamentos ou outros danos visíveis.

Capítulo 16

Trações cervical e lombar

As trações cervical e lombar são aplicações de uma força que separa as vértebras e abre o espaço intervertebral na área tratada. O aumento do espaço reduz a pressão sobre os discos intervertebrais e as raízes nervosas, afasta as facetas articulares e alonga o tecido mole.

A tração é uma técnica que aplica uma força longitudinal à coluna vertebral e às estruturas associadas, distraindo as vértebras. A força de distração pode ser administrada pela gravidade (pesos ou peso corporal), por meio de uma máquina, pelo clínico ou pela posição do corpo do paciente. A força mecânica é aplicada seja com tensão contínua ou intermitente, utilizando vários métodos diferentes. A força de tração pode ocorrer em um plano ou em planos múltiplos (tração poliaxial).

A tração é indicada em condições nas quais a dor do paciente é causada por uma pressão mecânica sobre vértebras, articulações ou raízes nervosas, ou em outras condições nas quais a remoção dos estresses mecânicos resulta na redução da dor. A menos que especificamente prescrita por um médico, a tração não deve ser utilizada em casos de lesões agudas, vértebras hipermóveis ou outros casos em que a estabilidade da coluna vertebral esteja em questão.

Tração, imobilização e repouso no leito eram os tratamentos comuns de escolha para dores na coluna e nas costas, em princípio. A prática contemporânea costuma enfatizar o emprego do exercício ativo com a tração para fornecer em curto prazo o alívio mecânico da pressão imposta sobre raízes nervosas, facetas articulares e outras estruturas.

Princípios da tração

O efeito e a eficácia da tração estão relacionados à posição do segmento corporal, à posição do paciente, à força e duração da tração e ao ângulo de tração.[83] Para distrair as vértebras, a força aplicada deve ser suficiente para superar a soma da resistência do peso do segmento corporal a ser tratado, a tensão dos tecidos moles adjacentes, a força de atrito entre o paciente e a maca, e a força da gravidade. O atrito é insignificante durante a tração cervical e a tração lombar/pélvica quando se utiliza uma maca segmentada. A gravidade trabalha contra a tração da coluna cervical quando o paciente está sentado; quando o paciente está em decúbito dorsal, a gravidade não é um fator.

A tração é uma modalidade de tratamento adequada para vértebras hipomóveis. A tração não deve ser empregada na presença de hipermobilidade dos segmentos vertebrais. A tensão pode levar à subluxação ou ao deslocamento da vértebra, ou aumentar ainda mais a hipermobilidade do segmento.

Tipos de tração

A tração mantém a coluna cervical ou lombar em uma posição alongada e pode ser administrada de maneira contínua ou intermitente (Tab. 16.1). A **tração prolongada** é aplicada com força relativamente pequena, durante 45 minutos ou menos; a tensão na **tração contínua** não se altera ao longo de horas ou dias. Estes métodos de aplicação estimulam as funções de suporte e estabilização das estruturas da coluna vertebral, permitindo que os músculos relaxem.

A tração prolongada é aplicada por meio de sistema de pesos e polias, sistema pneumático, dispositivo

Tabela 16.1 Tipos de tração

Tipo	Descrição
Contínua	Tensão constante aplicada por um período de tempo prolongado (i. e., dias) por meios mecânicos, tais como pesos e polias. A tração é aplicada com carga baixa e é usada para alongar os tecidos moles ligeiramente ou para a imobilização.
Prolongada	Tensão constante aplicada por menos de 45 minutos por meios mecânicos (p. ex., aparelho motorizado, pesos e polias). A tensão é administrada com uma carga mais elevada do que a tração contínua, permitindo a separação das estruturas ósseas.
Intermitente	Alterna momentos de tensão e sem tensão. A tensão é aplicada durante 15 a 120 segundos e é seguida por um intervalo de diminuição ou ausência de tensão. Aplicada por meio de aparelhos motorizados ou técnicas manuais, a tração intermitente proporciona uma carga relativamente alta de tração que alonga os tecidos moles e separa a vértebra.
Tração manual	Tração prolongada ou intermitente aplicada pelo clínico.
Tração posicional	Tração colocada sobre a coluna vertebral com base na postura do paciente e/ou na gravidade. A tração posicional alonga o tecido mole e afeta a pressão sobre as superfícies ósseas.
Autotração	Tração mecânica em que o paciente controla a quantidade de tensão.

Nota: Alguns dos tipos de tração acima podem ser aplicado sem combinação.

motorizado ou pelo posicionamento do paciente. A **tração manual** é administrada pelo clínico. Durante a **autotração**, o paciente controla a quantidade de tração aplicada.

A **tração intermitente** alterna períodos de força de tração com intervalos de relaxamento na tensão por meio de um ciclo de trabalho LIGADO/DESLIGADO. Durante a fase LIGADO, os segmentos vertebrais são distraídos e os tecidos moles são alongados. A fase DESLIGADO, ou de relaxamento, permite uma diminuição relativa na quantidade de atividade neuromuscular. A tração intermitente é mais frequentemente aplicada por meio do uso de um sistema motorizado, ou manualmente pelo clínico (Fig. 16.1).

O paciente também pode autoadministrar técnicas de **tração posicionais** (Fig. 16.2). A posição do corpo é usada para alongar os tecidos envolvidos ou reduzir a pressão sobre as estruturas vertebrais.

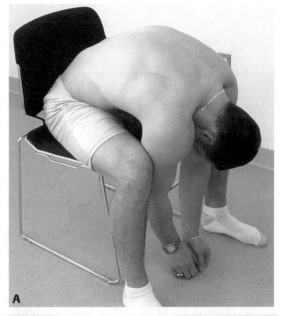

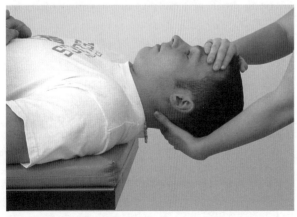

Figura 16.1 Tração cervical manual. O clínico segura o occipital do paciente para aplicar a tração ao longo do comprimento de toda a coluna cervical.

Figura 16.2 Técnicas de tração posicional. (A) Para a coluna torácica e cervical. (B) Para a coluna lombar.

Ângulo de tração

O ângulo da tração aplicada é descrito em relação ao eixo longitudinal da coluna vertebral, e deve ser apropriado para a patologia a ser tratada. Ângulos de tração são descritos como neutro (plano transverso), de flexão ou extensão (plano frontal) ou unilateral (plano sagital). A tração multiaxial (algumas vezes referida como poliaxial) aplica uma força de distração tanto no plano frontal como no sagital.

Ângulo sagital

No tecido saudável, a aplicação de uma quantidade igual de tensão no lado direito e esquerdo do corpo deve resultar em uma quantidade aproximadamente igual de separação de ambos os lados das vértebras. Condições de hipomobilidade, tais como espasmo muscular unilateral ou aderências, podem causar aumento da abertura no lado não envolvido quando a tração é aplicada; a frouxidão unilateral dos tecidos moles pode resultar em aumento da abertura no lado envolvido (Fig. 16.3). O exame físico do paciente deve identificar o equilíbrio bilateral de tração a ser usado durante o tratamento.

A tensão unilateral pode ser aplicada sobre as vértebras pelo uso de um arnês poliaxial ou pelo posicionamento do paciente. Este método aumenta a quantidade de tensão aplicada às estruturas a direita ou esquerda das vértebras e é útil em casos de patologia articular unilateral facetária, compressão de raízes nervosas ou espasmo muscular.

Muitas vezes, a tração unilateral pode ser obtida simplesmente por meio do posicionamento do paciente. Esse método de tração é empregado quando a flexão lateral da coluna vertebral reduz os sintomas do paciente.

Ângulo frontal

O efeito do ângulo de tração no plano frontal produz resultados diferentes nas articulações na coluna cervical e lombar. Nas vértebras cervicais inferiores, as facetas articulares são anguladas anteriormente; na coluna lombar, elas são anguladas posteriormente. Colocar a coluna cervical em flexão abre as articulações e aumenta o espaço intervertebral, mas uma flexão demasiada irá resultar em diminuição no espaço anterior. Uma vez que as facetas lombares são anguladas posteriormente, colocar a coluna lombar em extensão irá abrir as facetas articulares. Quando a tração é aplicada na posição neutra, permite-se que o disco intervertebral se alongue.

Tensão

A quantidade de tensão aplicada ao corpo é expressa em termos de kg (ou libras) ou como uma percentagem do peso do corpo do paciente. Uma vez que a força de tração supera os efeitos da gravidade, da fricção e do peso corporal, a força é então absorvida e dissipada pelo tônus muscular e pela tensão dos tecidos moles do paciente. A força necessária para distrair a coluna cervical é menor do que para a coluna lombar. As vértebras mais próximas da fonte da tração, C1-C2 durante a tração cervical ou L5-S1 durante a tração lombar, por exemplo, requerem menos força para se separar do que aquelas mais distantes do arnês.

Não existe uma fórmula clara para determinar a quantidade de tensão a se aplicar durante o tratamento. A orientação geral é usar a menor quantidade de tensão necessária para aliviar os sintomas ou produzir os efeitos desejados. A intensidade da tração deve ser inversamente relacionada à duração do tratamento. Os pacientes podem tolerar mais tensão se a duração da tração for reduzida.

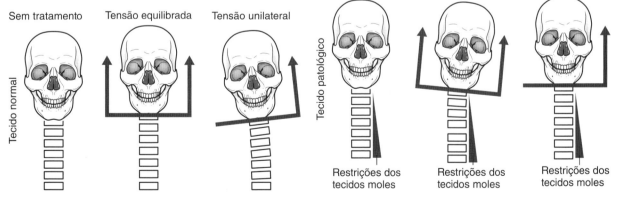

Figura 16.3 Tensão no plano sagital. Na ausência de tecidos hiper ou hipomóveis, uma tensão equilibrada durante a tração deverá causar uma quantidade igual de separação entre as vértebras. Uma tensão desequilibrada deve resultar em um aumento da abertura no lado com a maior tensão. Na presença de tecido patológico, neste exemplo uma hipomobilidade no lado esquerdo do paciente, uma tensão igual irá resultar em um aumento da separação no lado não afetado. Caso a tensão seja maior no lado da hipomobilidade, deverá ocorrer uma quantidade igual de separação. No caso de tecido hipermóvel, ocorreria o oposto.

Como é de conhecimento geral, "mais" nem sempre é sinônimo de "melhor". Este é certamente o caso com a tração, especialmente na presença de articulações instáveis. Muita força pode produzir uma resposta de proteção muscular ou pode ferir ainda mais o tecido mole. Como discutido na parte seguinte, o excesso de força ou uma duração excessiva de tratamento podem causar uma hidratação excessiva dos discos intervertebrais e aumentar suas chances de ruptura.[84]

Usos gerais para as trações cervical e lombar

Os efeitos fundamentais da tração cervical e da tração lombar surgem a partir da distração dos segmentos vertebrais. Antes que possa ocorrer uma separação óssea significativa, a força de tração deve superar a resistência exercida pelos tecidos moles. Os benefícios da tração tendem a ser de curta duração, mas podem ser suficientes para quebrar o ciclo dor-espasmo-dor (Fig. 16.4).

Esta parte apresenta os benefícios terapêuticos comuns de tratamento (Tab. 16.2). Os efeitos ou influências específicos são descritos na parte apropriada.

Protrusões discais

As protrusões discais podem aplicar pressão sobre uma raiz nervosa espinal, geralmente aquela imediatamente abaixo do disco envolvido, ou comprimir a medula espinal. Em função de sua estrutura anatômica e de seu alto teor aquoso, os discos possuem a capacidade de se deformar (Quadro 16.1). Na presença de uma protrusão de disco, o peso corporal e o tônus muscular comprimem o disco e forçam o **núcleo pulposo** para fora (Fig. 16.5).

A tração afeta os discos por meio da diminuição da pressão entre vértebras contíguas. Sob uma tensão suficiente, as vértebras se separam e alongam os discos. A pressão negativa dentro do disco remove as forças sobre o núcleo pulposo, diminuindo assim a pressão sobre a medula espinal e a raiz nervosa (Fig. 16.6).[88,89]

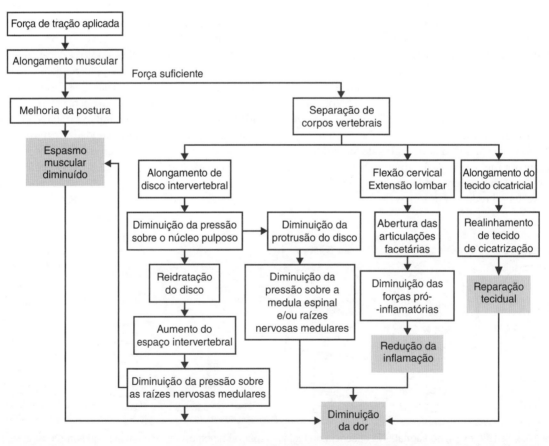

Figura 16.4 Efeitos gerais da tração. Os benefícios primários da tração ocorrem em função da diminuição das forças de compressão entre vértebras adjacentes. Depois de superar a tensão muscular, os efeitos resultantes diminuem a pressão sobre os discos intervertebrais, abrem as articulações facetárias e alongam os ligamentos e outros tecidos moles intrínsecos. Deve-se notar que a colocação da coluna cervical em flexão abre as articulações facetárias; a aplicação de força de tração com a coluna lombar em extensão irá abrir as articulações facetárias.

Tabela 16.2 Diretrizes para o tratamento de diversas patologias com tração

Patologia	Ângulo	Tipo
Articulação facetária	Cervical: flexão Lombar: extensão Unilateral (se a patologia é unilateral)	Intermitente
Espaço intervertebral (p. ex., doença degenerativa discal)	Cervical: flexão (muita flexão vai resultar em diminuição do espaço anterior) Lombar: neutro	Prolongada
Pinçamento da raiz nervosa	Bilateral: neutro Unilateral: neutro com a coluna flexionada lateralmente para o lado oposto	Prolongada
Protrusão de disco	Extensão, neutro ou flexão (baseado no alívio da dor obtido)	Intermitente
Espasmo muscular	Posicionamento da tração para alongar os tecidos afetados Bilateral: equilibrado Unilateral: unilateral	Prolongada

---

Quadro 16.1 Discos intervertebrais e lesões discais

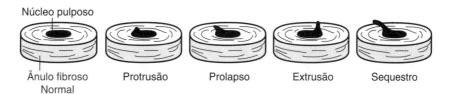

Os discos vertebrais consistem em duas porções distintas. A porção exterior do disco, o anel fibroso, é uma substância relativamente inflexível, densa, rica em colágeno. A porção do centro, o núcleo pulposo, é um material de absorção de choques que apresenta uma consistência gelatinosa. Cada disco é composto de 60 a 70% de água, permitindo que seja deformável, ainda que não facilmente compressível.[85]

Durante o dia, o peso do corpo comprime lentamente os discos, levando-os a desidratar. À noite, ou quando o corpo fica reclinado durante longos períodos, a carga é retirada dos discos, que se expandem e reabsorvem fluidos. Por esta razão, o indivíduo é um pouco mais alto de manhã do que à noite.[86] Ao longo do tempo, os discos também perdem proteoglicanas, uma molécula que atrai e retém água. Os discos se tornam cada vez mais desidratados entre as idades de 40 e 60, resultando em diminuição da amplitude de movimento e em estreitamento do **forame** intervertebral.[85,87]

A desidratação também enfraquece o anel fibroso, o que permite que o núcleo pulposo se protruse e exerça pressão sobre a raiz nervosa espinal. As protrusões descrevem qualquer coisa desde uma protuberância no disco até sua ruptura completa, em que o núcleo pulposo sai do disco. Um **diagnóstico** definitivo destas condições é feito por meio de ressonância magnética, tomografia computadorizada ou outra técnica de imagem.

A tração ajuda a reduzir as protrusões discais ao separar as vértebras, criando uma pressão negativa no interior do disco e fazendo com que o núcleo pulposo recue para longe da raiz do nervo espinal e da medula espinal.

A pressão do ligamento longitudinal posterior tensionado também pode forçar o núcleo pulposo para dentro.[90] Lesões discais agudas respondem melhor à tração do que as lesões crônicas.[91] Um fragmento discal deslocado também pode conseguir se realinhar no disco – e, posteriormente, cicatrizar-se – reduzindo a pressão e aumentando a hidratação do disco. Os tratamentos de condições discais normalmente exigem uma longa fase LIGADO (p. ex., 60 segundos) e uma fase curta DESLIGADO (p. ex., 20 segundos).

Muitas vezes, a compressão discal é reproduzida pelo posicionamento do paciente. Na Figura 16.6A, se o paciente flexiona a coluna vertebral, o núcleo pulposo é forçado posteriormente, exercendo pressão sobre a raiz do nervo. Se os sintomas se movem para as extremidades (periferização), deve-se evitar tal posição durante o tratamento. Procura-se educar o paciente a sempre mudar de posição ou a evitar atividades que causam a periferização dos sintomas.

A tração aplicada por muito tempo pode levar o disco a absorver muito líquido (embebição). De modo semelhante a um balão de água cheio, um disco excessivamente hidratado pode estar predisposto à ruptura.[84] A tração prolongada também pode aumentar a quantidade de pressão no final do tratamento, especialmente se a tensão não for gradualmente reduzida.

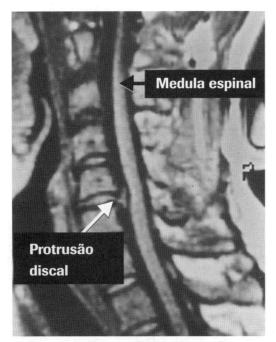

Figura 16.5 Hérnia de disco cervical. Nota-se a protrusão posterior do núcleo pulposo que exerce pressão sobre a medula espinal. A tração cervical pode diminuir a quantidade de pressão causada por uma hérnia de disco.

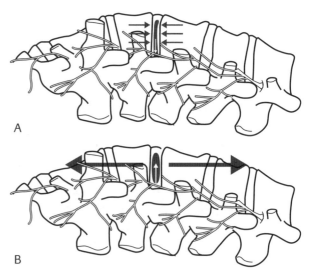

Figura 16.6 Compressão da raiz nervosa causada por uma protrusão de disco. (A) Quando as vértebras estão suportando carga, o disco intervertebral se comprime, forçando o núcleo pulposo posterior e lateralmente para fora (semelhante ao que ocorre ao se apertar um tubo de pasta de dente), muitas vezes exercendo pressão sobre uma raiz nervosa. (B) Retirar as forças de sustentação de peso faz com que o núcleo pulposo retorne para o interior do disco e alivie a pressão sobre a raiz nervosa.

Doença degenerativa discal e compressão da raiz nervosa

A doença degenerativa discal é a perda gradual e progressiva dos discos intervertebrais. À medida que os discos perdem sua massa, o espaço entre os discos diminui (Quadro 16.2). Com o tempo, as vértebras começam a formar esporões e outros **osteófitos**, fazendo a coluna vertebral se enrijecer, criando uma aparência de "vara de bambu" (Fig. 16.7).

O aumento do espaço intervertebral abre o forame intervertebral e reduz a quantidade de pressão sobre a raiz do nervo. Remover a pressão mecânica sobre a raiz do nervo permite que se reduza a inflamação da raiz nervosa.[88,89] Uma maior compressão da raiz nervosa pode ser evitada por meio da redução de aderências no interior do saco dural ao se alongar as estruturas circundantes.[91] Nas raízes nervosas lombares, a tração também pode reduzir sintomas radiculares ao restaurar a folga normal das estruturas neuromeníngeas.[92]

Patologia articular facetária

A faceta inferior das vértebras superiores se articula com a faceta superior da vértebra abaixo (ver Quadro 16.2). As articulações facetárias contribuem significativamente para o movimento da coluna vertebral e diminuem a pressão exercida sobre os corpos vertebrais e os discos. Em uma vértebra saudável, aproximadamente 20% da carga do próprio peso da coluna é transmitida por meio das articulações facetárias. Quando as articulações facetárias da coluna lombar estão inflamadas, elas suportam até 47% da carga.[93]

Quando o ângulo de tração coloca a coluna lombar em extensão ou a coluna cervical em flexão, a tensão resultante abre as articulações facetárias. A hipomobilidade das articulações facetárias é reduzida pela colocação da coluna em sua posição neutra. A tração resultante produz deslizamento entre as facetas superiores e inferiores.

Na coluna lombar, são necessárias aproximadamente duas vezes a tensão necessária para alongar a coluna lombar a fim de distrair as articulações facetárias.[94] Embora seja necessária uma tensão menor na coluna cervical, seria esperado que as proporções de força necessária para se obter a distração facetária fossem reduzidas. A carga reduzida resultante pode diminuir a inflamação e outros problemas de compressão.

Espasmo muscular

A tração pode ser útil no alívio de espasmos musculares causados por compressão de raízes nervosas ou decorrentes de alterações posturais. Alongamentos pro-

Quadro 16.2 Estenose do forame intervertebral

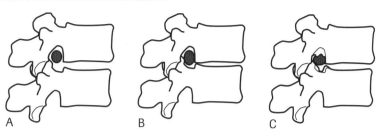

Trinta e um pares de raízes nervosas se ramificam a partir da medula espinal, oito na região cervical, doze na região torácica, cinco na coluna lombar e seis no sacro. Na coluna móvel, essas raízes emergem da coluna vertebral por meio do forame intervertebral, uma abertura formada por pares de incisuras na superfície inferior de uma vértebra unida a uma incisura correspondente na superfície superior da vértebra abaixo. O forame intervertebral normalmente fornece muito espaço para a raiz nervosa emergir entre as vértebras (Fig. A).

Um estreitamento do espaço intervertebral, a área entre os corpos vertebrais, tal como no caso de uma degeneração discal (ver Quadro 16.1), pode provocar uma diminuição do diâmetro do forame intervertebral (Fig. B). Em alguns casos, esta redução é suficiente para produzir sintomas **radiculares** ao longo da região de inervação da raiz nervosa envolvida.

As alterações na carga de suporte de peso sobre os corpos vertebrais e as articulações facetárias e as alterações biomecânicas podem resultar na formação de osteófitos (Fig. C). A presença deste crescimento ósseo não só diminui o tamanho do forame intervertebral como pode causar inflamação da bainha do nervo. Nervos inflamados ocupam mais espaço do que nervos saudáveis, aumentando assim a possibilidade de pinçamento.

Apesar da estenose do forame intervertebral poder ocorrer em qualquer nível, esta condição é mais prevalente nas regiões cervical e lombar.

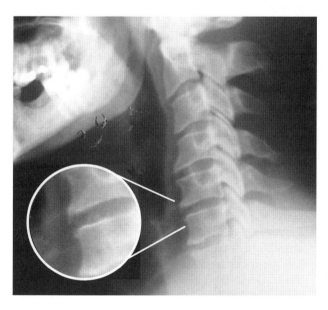

Figura 16.7 Visão radiográfica da doença degenerativa discal. Notar a ausência da curvatura normal da coluna vertebral e a aparência de "bico de pássaro" dos aspectos anteriores e posteriores dos corpos vertebrais (*detalhe*).

longados e lentos podem reduzir contrações musculares tônicas ao alongar as fibras envolvidas.[91] A estimulação dos mecanoceptores musculares pode diminuir a dor e o espasmo ao ativar o portão da dor.[92] A tração intermitente promove o relaxamento durante a fase DESLIGADO. A diminuição da pressão sobre as raízes nervosas medulares alcançada por meio do aumento do diâmetro do forame intervertebral também resulta em redução do espasmo muscular (ver Doença degenerativa discal e compressão da raiz nervosa).

Outros efeitos

Embora ainda não fundamentado, a tração também pode fornecer outros benefícios para as estruturas paravertebrais. Melhora da circulação, aumento do metabolismo e melhora da nutrição das estruturas foram todas atribuídas à aplicação das trações cervical e lombar.[90,91,95]

A tração cervical

A cabeça humana é responsável por aproximadamente 8,1% do peso corporal total (cerca de 6,3 kg para o adulto médio), porém mais força é necessária para produzir o afastamento das estruturas vertebrais em razão da musculatura cervical e outros tecidos moles. Para a maioria das patologias, a distração da coluna cervical começa a ocorrer com uma força aplicada de cerca de 20% do peso corporal, com o paciente reclinado.[96] Quando o paciente está na posição de sedestação, sob ação da gravidade, uma maior proporção do peso corporal total é necessária para que ocorra a separação. O efeito de atrito durante a tração cervical é, na sua maior parte, insignificante.

Aparelhos motorizados podem ser utilizados para administrar tração intermitente ou contínua. A tração intermitente pode ser aplicada manualmente (ver Fig. 16.1). A tração prolongada também podem ser administrada por meio de um sistema de pesos e polias ou por um dispositivo pneumático (Fig. 16.8).

A tração mecânica é aplicada à coluna cervical por meio de um arnês afixado à cabeça. Existem dois tipos básicos de arneses: o arnês mandíbulo-occipital e o arnês occipital (Fig. 16.9). O arnês mandíbulo-occipital pode exercer pressão demasiada sobre a articulação temporomandibular (ATM) e pode causar desconforto, especialmente se houver uma patologia de ATM preexistente.

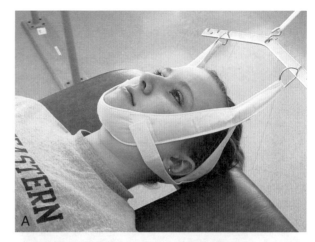
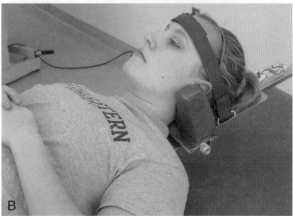

Figura 16.9 Arneses empregados na aplicação de tração cervical mecânica. (A) Arnês mandíbulo-occipital. (B) Arnês occipital.

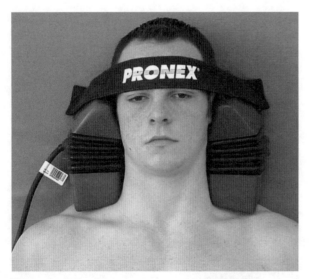

Figura 16.8 Tração prolongada por meio de pressão pneumática. Este método possui vantagem sobre os aparelhos montados em porta porque o paciente é colocado na posição horizontal, eliminando a ação da gravidade. (Pronex, cortesia de Glacier Cross, Inc., Kalispell, MT.)

Os arneses occipitais exercem toda a força no osso occipital do crânio e podem colocar a coluna cervical em diversos graus de flexão, extensão ou flexão lateral. Outros estilos específicos de arneses são projetados para permitir a especificidade da separação da coluna vertebral sob uma percentagem menor do peso corporal.[97] Em geral, os pacientes sentem menos desconforto na boca e no queixo quando utilizam um protetor bucal durante o tratamento. Esta técnica é particularmente útil em pacientes com problemas de saúde periodontais (p. ex., cárie dentária).[98]

Parâmetros de tratamento

Esta parte descreve as variáveis de posicionamento do paciente e do tipo e quantidade de tração empregados durante a tração cervical. Essas variáveis devem ser coerentes com os objetivos do tratamento necessários para resolver a incapacidade do paciente. Deve-se consultar a Tabela 16.2 quanto às orientações gerais de tratamento para patologias comuns. Exceto quando mencionado, esta parte se refere a técnicas de tração mecânica.

Posição do paciente

A tração cervical pode ser aplicada com o paciente em uma dentre diversas posições, mas as duas mais comuns são em sedestação e em bipedestação. Quando o paciente está sentado, a tração deve primeiramente superar a força da gravidade até que as forças terapêuticas sejam aplicadas sobre as estruturas cervicais. Em função disto, uma maior tensão é necessária para separar as vértebras quando o paciente está sentado do que quando o paciente está na horizontal.

A posição de decúbito dorsal apresenta diversas vantagens. Com o paciente deitado de costas, os músculos cervicais são capazes de relaxar porque não precisam suportar o peso da cabeça. Por conseguinte, uma menor quantidade de tensão é necessária para separar a vértebra e obter efeitos terapêuticos.[99]

Ângulo de tração

Para abrir o espaço intervertebral, coloca-se a coluna cervical em aproximadamente 25 a 30 graus de flexão. Esta posição retifica a curvatura **lordótica** cervical normal, abrindo as articulações posteriores, ampliando o forame intervertebral e alongando os tecidos moles posteriores. As porções anteriores dos discos intervertebrais são comprimidas, e a porção posterior se alonga quando o pescoço é colocado em flexão. Quando a coluna cervical é colocada em extensão, ocorre o efeito oposto.

Para separar as superfícies da articulação facetária, a tração deve ser administrada em, pelo menos, 15 graus de flexão (Tab. 16.3).[100] Quando o paciente está sendo tratado na posição sentada, a separação vertebral é significativamente aumentada quando ele está em posição de flexão anterior, aumentando o ângulo de tração.[101]

Tensão

Embora os períodos de tratamento de tração cervical possam durar horas, as vantagens mecânicas parecem ocorrer nos primeiros poucos minutos de tratamento. Quando o paciente é colocado em decúbito dorsal, a separação vertebral começa quando uma tensão igual a 7% do peso corporal do paciente é aplicada.[102,103] Por causa do peso das estruturas e do tecido mole associado, as vértebras superiores, C1-C2, requerem menos força para se separar do que a coluna cervical inferior. Deve ser empregada a menor quantidade de força necessária para produzir os efeitos desejados (p. ex., diminuição dos sintomas). Há um aumento significativo na abertura do forame intervertebral entre 5 e 10 kg de força de tração; no entanto, não há nenhum benefício aditivo quando a força é aumentada para 15 kg.[104]

O excesso de força aplicada à coluna cervical durante a tração pode ser transmitida para a região lombar por meio do revestimento de dura-máter da medula espinal. Isso pode levar ao pinçamento residual das raízes nervosas lombares e subsequentemente à dor, em especial quando o paciente possui uma história de osteoartrite lombar

---

Tabela 16.3 Quantidade de separação intervertebral cervical com base no ângulo de tração

Estrutura	Segmento da coluna	Ângulo de tração		
		Neutro	**30° de flexão**	**15° de extensão**
Separação intervertebral anterior	C2-C3	6%	21%	2%
	C3-C4	8%	10%	-1%
	C4-C5	12%	16%	-1%
	C5-C6	5%	15%	-2%
	C6-C7	0%	9%	-2%
Separação intervertebral posterior	C2-C3	15%	5%	4%
	C3-C4	22%	4%	-14%
	C4-C5	19%	17%	-26%
	C5-C6	19%	19%	-37%
	C6-C7	37%	20%	-50%
Separação articular facetária	C2-C3	2%	-12%	7%
	C3-C4	2%	-14%	3%
	C4-C5	5%	-19%	15%
	C5-C6	3%	-10%	17%
	C6-C7	10%	-5%	6%

Percentagens negativas indicam uma redução no espaço intervertebral.
Fonte: Adaptado de Wong, AM, et al.: Clinical trial of a cervical traction modality with electromyographic biofeedback. Am J Phys Med Rehabil 76:19, 1997.

ou outras alterações lombares degenerativas.[83] Durante o tratamento, deve-se questionar o paciente quanto a sensações nas partes cervical, torácica e lombar da coluna vertebral, e também nas extremidades.

Efeitos sobre
O processo de resposta à lesão

Os efeitos básicos da tração cervical são semelhantes aos apresentados na parte de efeitos biofísicos deste capítulo. Esta seção apresenta a pesquisa sobre os efeitos específicos da tração cervical.

A aplicação da tração cervical reduz a pressão sobre as raízes nervosas cervicais causada pela pressão mecânica de protuberâncias ósseas ou de protrusões discais intervertebrais. O alongamento da coluna cervical separa as vértebras e descomprime essas estruturas.

A tração cervical intermitente é incorporada no plano de tratamento para reduzir a dor e a parestesia cervical associada à compressão de raízes nervosas, ao espasmo muscular ou à disfunção articular. As melhoras mais significativas são observadas em pacientes que apresentavam sintomas a menos de 12 semanas.[90] Este tratamento passivo pode ser combinado ao exercício ativo para aumentar os benefícios do tratamento.

Evidência prática

Uma regra de predição clínica foi desenvolvida para identificar os pacientes que têm a maior probabilidade de se beneficiar da tração cervical e do exercício. Com base nos seguintes achados clínicos:

- 55 anos ou mais
- Periferização de sintomas com a mobilização das vértebras C4-C7
- Teste de abdução do ombro positivo
- Teste de tensão nervosa do membro superior positivo
- Teste de distração cervical positivo

Pacientes que demonstram três destes achados elevam os resultados positivos a 79%. Quando quatro destes achados estão presentes, os resultados aumentam para 95%.[105] No entanto, na maioria dos casos de radiculopatia cervical, a adição de tração cervical não melhora os resultados do paciente.[106]

Espasmo muscular

A tração pode ser utilizada para aliviar o espasmo da musculatura cervical pela redução da pressão sobre as raízes dos nervos cervicais ou pelo alongamento do músculo, em um esforço para interromper o ciclo dor-espasmo-dor. Uma análise de **eletromiogramas** após períodos de tratamento de tração cervical intermitente mostrou nenhuma diminuição na quantidade de espasmo nos tecidos tratados quando comparados a uma atividade pré-tratamento.[96,107,108] No entanto, outro estudo mostrou redução da excitabilidade do *pool* de motoneurônios alfa.[109]

A redução do espasmo muscular cervical depende de se encontrar a quantidade ideal de força de tração. Uma força muito pequena não alongará a musculatura ou abrirá o forame intervertebral de maneira suficiente, e pouco ou nenhum benefício será adquirido. Caso muita força seja aplicada, ocorrerá uma contração muscular indesejada conforme o corpo busca se proteger, resultando no efeito oposto ao desejado.

Dor

Além de interromper o ciclo dor-espasmo-dor, tal como descrito na parte anterior, vários outros fatores têm sido associados à redução da dor. A tração pode reduzir a dor ao diminuir a quantidade de pressão mecânica exercida sobre as raízes nervosas cervicais. Acredita-se que a tração intermitente melhore o fluxo sanguíneo e reduza aderências miofasciais. Esse mesmo ritmo também pode estimular as articulações e os nervos sensoriais musculares e inibir a transmissão da dor por meio do mecanismo do portão.[110] Na prática clínica, no entanto, a adição de tração cervical intermitente ao tratamento da dor cervical crônica não parece melhorar os resultados dos pacientes.[111]

A tração cervical diminui os sintomas radiculares associados ao pinçamento da raiz nervosa cervical.[91] Se a dor é resultado de uma lesão discal, o núcleo pulposo abaulado é impulsionado a se centralizar ou a retornar a sua posição normal. Embora uma lesão discal não seja normalmente responsiva à tração intermitente, a tração prolongada pode fornecer o tempo necessário para a reabsorção do núcleo pulposo.

Evidência prática

Indivíduos com diagnóstico de radiculopatia cervical respondem favoravelmente a um regime de tratamento de terapia manual, tração cervical e fortalecimento da musculatura flexora do pescoço quando os seguintes preditores estão presentes: mais jovem que 54 anos de idade, braço afetado não dominante e ato de olhar para baixo causando aumento dos sintomas.[112]

Contraindicações para o uso da tração cervical

A tração cervical clínica é absolutamente contraindicada na presença de fratura ou luxação vertebral. A exceção a isto é o uso de tração de imobilização, tal como uma tala em forma de halo aplicada por um médico. Todo trauma agudo da coluna cervical deve ser avaliado por um médico a fim de se excluir fraturas, luxações ou outra instabilidade vertebral antes do tratamento clínico (ver Em foco: Tração cervical). A menos que especificamente recomendada por um médico, a tração cervical não deve ser utilizada em pacientes com doenças, infecções ou tumores que afetem as vértebras cervicais. Cuidados também devem ser tomados para evitar movimentos cervicais que sejam contraindicados.

A tração aplicada às articulações hipermóveis pode alongar os tecidos de estabilização e levar a um aumento da instabilidade.[92] Não se deve utilizar a tração na presença de herniações discais graves, em razão da possibilidade de se aumentar a taxa de degeneração. A artrite reumatoide e a osteoartrite são contraindicações porque a necrose pode gerar fraqueza ligamentar. A força da tração aplicada pode resultar em subluxação ou luxação vertebral e enfraquecer ainda mais as estruturas de tecidos moles.

A disfunção da artéria vertebral é uma contraindicação para tração cervical por meio de técnicas unilaterais ou poliaxiais. A tração cervical não deve ser utilizada em pacientes que tenham tonturas durante o tratamento ou quando a cabeça é estendida ou rodada, ou para aqueles com teste positivo para artéria vertebral.

Os tratamentos iniciais devem ser administrados com tensão relativamente baixa para determinar a resposta do paciente. Descontinuar o uso da tração caso os sintomas do paciente aumentem ou caso se desenvolvam novos sintomas.

Visão geral da evidência

Embora os efeitos da posição do paciente e do ângulo de tração nas vértebras tenham sido fundamentados, os demais parâmetros de tratamento são menos claros. A quantidade exata de tensão e a duração do tratamento são relativamente indefinidas. Os parâmetros utilizados para cada indivíduo são, muitas vezes, obtidos por meio de tentativa e erro. Por esta razão, entrevistas com pacientes para determinar os efeitos do tratamento assumem um nível adicional de importância na determinação do protocolo.

Estudos que investigam os efeitos das trações lombar e cervical indicam que esta abordagem de tratamento não é melhor ou pior do que outras modalidades na redução dos sintomas de compressão discal, mas os pacientes que receberam tratamento apresentaram melhoras comparados àqueles que não receberam.[95] A quantidade real de reabsorção do núcleo pulposo cervical não foi estabelecida.

O benefício adicional de se adicionar a tração cervical a um programa de intervenção que inclua diversos exercícios e modalidades terapêuticas tem sido questionado. Em um ensaio clínico randomizado, o grupo que recebeu a tração cervical somada a outras linhas de cuidado não demonstrou alívio adicional da dor, da perda de função ou da deficiência.

Aplicação clínica da tração cervical intermitente

O protocolo a seguir descreve a configuração e a aplicação de tração cervical intermitente motorizada com o paciente em posição reclinada. A tração manual pode ser utilizada antes da tração mecanizada para determinar os potenciais benefícios do tratamento.

Instrumentação

Deve-se consultar o manual de instrução quanto ao aparelho particular a ser utilizado.

Modo: esta configuração permite que a tração seja aplicada de forma contínua ou intermitente.

Tipo: para aparelhos polivalentes que tratam tanto da coluna lombar como da cervical. Se for selecionado "cervical", a função TIPO pré-configura uma quantidade máxima de tensão que pode ser produzida.

Liberação do cabo: elimina a tensão no cabo de tração. Em alguns aparelhos, a LIBERAÇÃO DO CABO é desativada se o cabo estiver sob carga. Neste caso, para diminuir a força de tração sobre a coluna cervical, deve-se deslizar o paciente na direção do aparelho.

Tempo de retenção: este controle ajusta a duração da fase de tração (em segundos).

Tempo de descanso: este controle ajusta a duração da fase de relaxamento (em segundos). É aplicável apenas à tração intermitente.

Tensão: controla a quantidade de tensão, em quilogramas, aplicada ao arnês.

Tensão inferior: define a quantidade mínima de tensão a ser aplicada durante o ciclo DESLIGADO.

Aumento/diminuição da tensão: ajusta a taxa de aumento e de diminuição da força de tração (em segundos).

Etapas de tensão: permite o aumento e/ou a diminuição incremental da quantidade de tensão. A tensão em cada passo é aplicada durante um tempo predeterminado até que a tensão seja aumentada ou diminuída.

Duração: seleciona o tempo total de tratamento.

Arnês (mentoneira): a mentoneira "padrão" aplica a força à mandíbula e ao **occipício**. Mentoneiras modificadas têm sido projetadas para exercer a força na região occipital e poder permitir especificidade em relação ao nível cervical onde ocorre a separação e diminuir as forças aplicadas à ATM (ver Fig. 16.9).

Barra de afastamento: este dispositivo conecta mentoneiras de estilo mais antigo ao dispositivo de tração por meio de um cabo de polia e evita que os cabos entrem em atrito contra o rosto e as orelhas do paciente.

Interruptor de segurança: essa opção permite que o paciente interrompa o tratamento e diminua a tensão.

Eletrodos de EMG: alguns aparelhos permitem o uso concomitante de EMG. Aconselha-se consultar o

Em foco:
Tração cervical

Descrição

A tração cervical distrai as vértebras cervicais e pode ser aplicada de forma contínua ou intermitente. Esta tração pode ser aplicada por meio de aparelhos motorizados, pesos, gravidade ou manualmente pelo clínico.

Efeitos primários

- Distração das vértebras cervicais, aliviando a pressão sobre os discos intervertebrais e auxiliando na reabsorção do núcleo pulposo, o qual exerce pressão sobre as raízes nervosas cervicais
- Alivia a pressão sobre as raízes nervosas medulares causada pelo estreitamento do forame intervertebral
- Reduz a pressão sobre as articulações facetárias
- Alonga a musculatura cervical

Duração do tratamento

- Patologia articular facetária: 25 min
- Doença degenerativa discal: 10 min
- Protrusão de disco: 8-10 min
- Espasmo muscular: 20 min
- (Durações aproximadas de tratamento)

Indicações

- Doenças degenerativas discais
- Disco intervertebral herniado ou protruso
- Compressão/dor radicular da raiz nervosa e espasmo muscular associado
- Osteoartrite ou inflamação das articulações facetárias
- Patologia articular facetária limitando a amplitude de movimento, incluindo articulações facetárias hipomóveis
- Capsulite das articulações vertebrais
- Patologia dos ligamentos longitudinais anterior ou posterior
- Espasmo muscular cervical

Contraindicações

- Lesão aguda
- Coluna instável
- Doenças que afetem as vértebras ou a medula espinal, incluindo câncer e **meningite**
- Fraturas vertebrais
- Fragmentação do disco extrusado
- Compressão da medula espinal
- Teste da artéria vertebral positivo
- Condições em que há contraindicação para a flexão e/ou a extensão vertebral
- Osteoporose
- Artrite reumatoide
- Condições que pioram após tratamentos ou movimento de tração

Precauções

- A tração cervical nunca deve ser tentada em condições traumáticas que não tenham sido avaliadas no sentido de descartar uma fratura ou luxação.
- O paciente deve ser monitorado de perto durante todo o tratamento, e o tratamento deve ser imediatamente interrompido caso os sintomas aumentem ou caso o paciente experimente dor ou parestesia.
- Uma tração inadequada em extensão pode resultar em ruptura do esôfago cervical.[113]
- Duração e/ou peso de tração em excesso podem causar trombose da veia jugular interna.[114]
- Deve ser empregada uma baixa tensão quando a hipermobilidade estiver presente (verificar com um médico antes do tratamento).
- Apenas a tração contínua ou a prolongada devem ser utilizadas quando o movimento é contraindicado.
- Arneses mandíbulo-occipitais não devem ser utilizados caso o paciente esteja sofrendo de patologia da articulação temporomandibular.

Capítulo 18 para obter mais informações sobre o uso clínico do *biofeedback* por EMG.

Alarme: Soa quando o paciente aciona o interruptor de segurança. Também vai soar se a quantidade de tensão selecionada for grande demais para a coluna cervical ou se algum mau funcionamento for detectado pelo aparelho.

Configuração e aplicação

Aparelhos digitais podem exibir força em libras (lb) ou quilogramas (kg). Deve-se buscar se familiarizar com as unidades de medida utilizadas pela clínica.

Dispositivos de tração motorizados não devem ser usados na presença de gases inflamáveis, tais como oxigênio, óxido nitroso e muitos gases anestésicos. O aparelho pode interferir com equipamentos elétricos sensíveis.

Preparação do paciente

1. Determinar a presença de quaisquer contraindicações. Em alguns casos, o **teste da artéria vertebral** deve ser realizado para descartar a presença de condições que ocluam o suprimento de sangue para o cérebro.
2. Determinar o peso corporal do paciente.
3. A musculatura cervical pode ser pré-tratada com calor úmido, a fim de diminuir o espasmo muscular.
4. Instruir o paciente a remover brincos, óculos ou qualquer outro vestuário que possa interferir com a aplicação da mentoneira.
5. Colocar o paciente na maca de tratamento em decúbito dorsal.
6. Colocar um travesseiro ou outro suporte sob os joelhos do paciente.
7. Certificar-se de que o aparelho motorizado está firmemente ligado a sua base.
8. Certos indivíduos, incluindo aqueles com doença periodontal, podem sentir menos desconforto se estiverem usando um protetor bucal durante o tratamento.[98]
9. Para tração bilateral, posicionar a aparelho de modo que a linha de tração esteja alinhada à linha mediana do corpo (i. e., de modo que a cabeça não esteja flexionada lateralmente). Para tração unilateral, ajustar a mentoneira ou posicionar o paciente de acordo.
10. Fixar a mentoneira à região cervical de acordo com as instruções do fabricante. Normalmente, os pontos de pressão são sobre os processos occipitais. Mentoneiras de estilos mais antigos também exercem pressão sobre o queixo. Para evitar pressão sobre a mandíbula ou a ATM, utilizar mentoneira occipital (ver Fig. 16.9).

11. Conectar a mentoneira à barra de afastamento.
12. Alinhar o aparelho de forma que o ângulo de tração corresponda à patologia a ser tratada (ver Tab. 16.2).
13. Dar ao paciente o interruptor de SEGURANÇA e explicar sua finalidade e utilização. **O interruptor de SEGURANÇA deve estar na posse do paciente durante toda a duração do tratamento.**
14. Explicar ao paciente as sensações esperadas durante o tratamento e solicitar que ele relate dor, desconforto ou agravamento dos sintomas.

Início do tratamento

1. Redefinir todos os controles em zero e ligar o aparelho.
2. Se for o caso, configurar o interruptor TIPO em "cervical".
3. Remover qualquer folga no cabo de polia.
4. Ajustar a RELAÇÃO à sequência apropriada de ligar-desligar, normalmente uma relação de 3:1 ou 4:1.
5. Ajustar a TENSÃO para cerca de 4,5 kg ou 7% de peso corporal do paciente. Se esta é a primeira exposição do paciente à tração cervical intermitente, ou caso a pessoa esteja exibindo apreensão sobre o tratamento, usar uma TENSÃO menor que o normal.
6. Se o controle for ajustável, ajustar a TENSÃO INFERIOR (este valor é muitas vezes configurado em zero ou 10% da tensão máxima).
7. Instruir o paciente quanto ao que esperar durante o tratamento e a informar caso qualquer desconforto seja experimentado. Explicar que a força da tração é sentida no occipício, e não no queixo.
8. Definir a DURAÇÃO de tratamento adequada, e iniciar o tratamento (consultar Tab. 16.2).
9. Permitir que o aparelho execute seu primeiro ciclo de tensão. A TENSÃO pode ser aumentada gradualmente durante os ciclos subsequentes. Se dor for experimentada em qualquer altura do tratamento, diminuir a quantidade de força ou descontinuar o tratamento.
10. Instruir o paciente a permanecer relaxado tanto durante a fase LIGADO quanto na fase DESLIGADO.
11. Se a pressão exercida sobre a mandíbula causar desconforto nos dentes ou na ATM, uma gaze ou um protetor bucal pode ser colocado entre os dentes para dissipar a força.
12. Em intervalos regulares, questionar o paciente sobre sensações anormais nas colunas cervical, torácica e lombar e nos membros.

Término do tratamento

1. Se o aparelho motorizado não o fizer automaticamente, reduzir gradualmente a TENSÃO ao longo de um período de três ou quatro ciclos.
2. Ganhar alguma folga no cabo e desligar o aparelho.
3. Remover a BARRA DE AFASTAMENTO e a MENTONEIRA.
4. Questionar o paciente quanto a quaisquer benefícios ou complicações derivados do tratamento.
5. Fazer com que o paciente permaneça sentado ou em decúbito dorsal por 5 minutos após a conclusão do tratamento. Registrar as informações pertinentes (tensão, duração, ciclo de trabalho) no arquivo clínico do paciente.

Manutenção

Descontinuar o tratamento e desligar o aparelho caso sejam observados ruídos incomuns ou função anormal durante o tratamento. Entre em contato com um técnico autorizado para o serviço.

Após cada utilização

1. Limpar o aparelho de acordo com a recomendação do fabricante.
2. Evitar que líquidos (incluindo soluções de limpeza) entrem no aparelho.

Em intervalos regulares

1. Verificar o cabo de energia elétrica quanto a dobras, esgarçamentos ou cortes.
2. Verificar o cabo de tração quanto a nós, torções e, se for o caso, quanto a danos do revestimento de proteção (geralmente de náilon).
3. Recalibrar o aparelho. Siga os procedimentos e o calendário recomendados pelo fabricante para recalibrar o dispositivo de tração.
4. Limpar o arnês de acordo com as instruções do fabricante.

Anual

O dispositivo de tração deve ser inspecionado e reparado por um técnico autorizado.

Tração lombar

Para ser efetiva, a tração lombar deve ultrapassar o peso dos membros inferiores (cerca de metade do peso total do corpo), da pelve e a tensão do tecido mole produzida pelos músculos e ligamentos paraespinais. Tal como acontece com a tração cervical, os benefícios de tração lombar são obtidos pela separação das vértebras lombares. Ao contrário de tração cervical, o atrito é uma intensa força de direção oposta à força da tração e que aumenta a quantidade total de tensão que deve ser aplicada durante o tratamento. Uma maca de separação (também referida como maca de tração lombar), na qual a porção destinada aos membros inferiores é livre para deslizar sobre trilhos, reduz a influência do atrito entre o corpo e a maca (Fig. 16.10).

A tração lombar é comumente aplicada por meio de um aparelho motorizado. A tração manual pode ser aplicada por meio de um cinto que permita que o peso corporal do clínico o auxilie a aplicar a força. Um medidor de força opcional irá ajudar no fornecimento de uma tensão mais precisa. Cada um destes métodos exige que o paciente utilize um arnês de tração pélvica e um arnês de estabilização torácica que fixe o paciente à maca (Fig. 16.11). A eficácia do tratamento é reduzida caso não haja um bom contato entre o cinto e a pele do paciente.

O peso corporal do paciente pode ser usado para fornecer tração à coluna lombar. A tração de inversão – na qual o paciente está suspenso de cabeça para baixo pelos tornozelos ou pelas pernas – foi um método popular de alongamento da coluna lombar. No entanto, este método é perigoso para pacientes que têm hipertensão, outros distúrbios cardiovasculares e glaucoma.[90]

A tração gravitacional pode ser administrada com o paciente na posição vertical, embora alguns pacientes possam não tolerar o desconforto causado pelo arnês torácico.[90] Este método não traz consigo os problemas

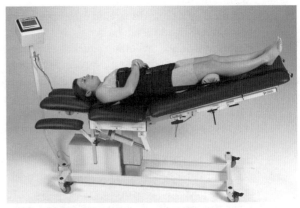

Figura 16.10 Maca de separação multiaxial para tração lombar. Além do deslizamento sobre rolamentos da metade inferior da maca, para eliminar a fricção e permitir que a separação vertebral ocorra a uma menor força aplicada, este aparelho também se flexiona, estende e gira a extremidade inferior, permitindo tração unilateral. (Usado com a permissão de Saunders Group, Inc.)

cardiovasculares associados à tração de inversão, aumentando apenas ligeiramente a pressão arterial sistólica e sem nenhum efeito sobre a pressão arterial diastólica. A tração gravitacional é capaz de aumentar o espaço discal posterior entre L1 e S1 (o comprimento da coluna vertebral lombar) em até 31 mm.[90]

O paciente também pode autoadministrar a tração gravitacional, chamada autotração. Pender em uma barra ou suportar o peso do corpo sobre os braços de uma cadeira ou entre barras paralelas enquanto relaxa os músculos da coluna vertebral pode distrair as vértebras (Fig. 16.12). Este método está limitado pela força da porção superior do corpo do paciente.

Parâmetros do tratamento

Os parâmetros fundamentais para tração lombar são apresentados na Tabela 16.2. A diferença primária entre as trações cervical e lombar é a maior quantidade de tensão necessária para separar as vértebras lombares. Exceto quando mencionado, esta seção refere-se a técnicas de tração mecânica.

Tensão

O atrito, a tensão muscular e de tecidos moles e o peso da porção inferior requerem significativamente mais tensão para separar as vértebras lombares do que o necessário para a coluna cervical. Quando a tração lombar é aplicada por meio de um plinto padrão, aproximadamente metade da força aplicada é necessária para superar o peso do segmento corporal. Por exemplo, se os membros inferiores de um paciente e sua pelve pesam 45 kg, a separação vertebral não começa até que sejam aplicados pelo menos 22,5 kg de tensão. Macas de separação para tração removem o efeito do atrito (ver Fig. 16.10).

A faixa de tensão utilizada durante a tração lombar é bastante variável, e a eficácia de vários pesos não foi estabelecida. Faixas publicadas para a quantidade de tensão utilizada vão desde 10% até 300% do peso corporal do paciente.[92,115]

Mais de 90% do aumento na separação intervertebral ocorre durante os primeiros 15 minutos de tração estática.[90,115] Após 25 minutos de tração estática, o comprimento médio do tronco aumenta em uma média de 8,9 mm.[115]

Posição do paciente e ângulo de tração

A posição do paciente exerce mais influência sobre o ângulo de tração durante a tração lombar do que a tração cervical. A tração lombar pode ser aplicada com o paciente em decúbito ventral ou dorsal (Fig. 16.13). Cada uma

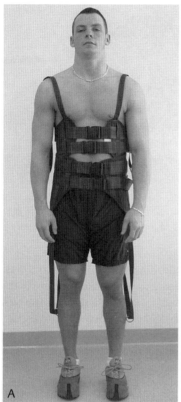

Figura 16.11 Arneses pélvico e torácico empregados durante a tração lombar. (A) Arnês de estilo mais antigo com tracionadores bilaterais (observar as correias penduradas ao lado de cada membro inferior). (B) Um sistema de arnês contemporâneo que utiliza um único eixo de tração. (B, Cortesia de Chattanooga Group, Hixson, TN.)

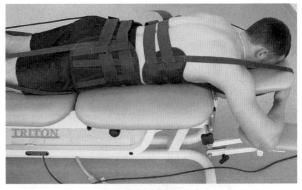

Figura 16.13 Tração lombar aplicada na posição de decúbito ventral. Esta posição permite que outras modalidades sejam aplicadas simultaneamente à tração.

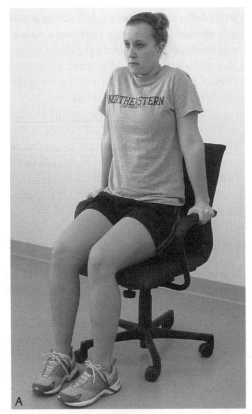

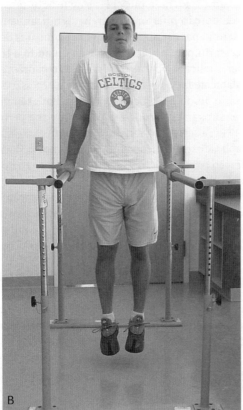

Figura 16.12 Métodos de autotração. (A) Sentada em uma cadeira para a articulação sacroilíaca. (B) Usando barras paralelas para a articulação sacroilíaca e a coluna lombar.

destas posições diminui igualmente a quantidade de atividade mioelétrica da musculatura paraespinal.[116] O conforto do paciente, a patologia a ser tratada e os segmentos e estruturas da coluna vertebral sendo tratados também auxiliam na determinação da posição do paciente.

Posicionar o paciente em decúbito dorsal aumenta a flexão da coluna lombar. Flexionar quadris e joelhos aumenta ainda mais a flexão da coluna lombar e da pelve, retificando a coluna lombar. Flexionar os quadris de 45 a 60 graus aumenta a frouxidão no segmento L5-S1, de 60 a 75 graus no segmento de L4-L5, e de 75 a 90 graus no segmento L3-L4.[117] Flexionar os quadris a 90 graus também aumenta o espaço intervertebral posterior.[117] Na coluna lombar, a extensão abre as articulações facetárias e aumenta a distração na porção superior da lombar e, possivelmente, nos segmentos torácicos inferiores.

A posição de decúbito ventral é utilizada quando a flexão excessiva da coluna lombar e da pelve ou o decúbito dorsal provocam dor ou aumentam sintomas periféricos. Uma maior quantidade de distração ocorre nos segmentos lombares inferiores quando o paciente está em decúbito ventral, um efeito benéfico com protrusões discais mais baixas. Esta posição tem a vantagem de permitir que outras modalidades sejam aplicadas simultaneamente à tração.[95]

A posição do paciente e o ângulo de tração devem maximizar a separação e o alongamento dos tecidos-alvo. Um ângulo anterior de tração aumenta a lordose lombar. Um ângulo posterior de tração aumenta a retificação lombar, porém uma flexão excessiva pode comprimir os ligamentos espinais posteriores.

A determinação da posição e do ângulo de tração ótimos é, muitas vezes, determinada por tentativa e erro e depende do paciente e da patologia (ver Tab. 16.2). Por exemplo, um disco de protrusão posterior pode responder melhor com o paciente em decúbito ventral e a coluna colocada em extensão ou em posição neutra. No entanto, caso não se obtenha nenhum alívio da dor em qualquer uma destas posições, posicionar o paciente em decúbito dorsal com a coluna lombar colocada em flexão pode produzir resultados benéficos.

O alívio dos sintomas causados pela compressão de raízes nervosas deve ser obtido com o paciente em decúbito dorsal e a coluna flexionada. Se o choque é unilateral, um maior alívio da dor poderá ser obtido por meio da rotação do lado envolvido ligeiramente para cima (aplicação de uma toalha dobrada ou de outro apoio sob o lado envolvido).

A tração unilateral é utilizada para o tratamento de **escoliose funcional** das porções lombar e torácica da coluna (Fig. 16.14). A tensão é aplicada no lado convexo da curvatura, retificando a coluna vertebral e alongando os músculos do lado oposto, o lado côncavo da coluna.[118] A tração não é considerada efetiva para o tratamento de **escoliose estrutural**.

Efeitos sobre
O processo de resposta à lesão

A tração lombar é útil no tratamento de muitas das mesmas condições que a tração cervical trata, resultando em diminuição da lordose lombar, distração dos corpos vertebrais, aumento da altura do disco, alongamento dos músculos lombares e alargamento do forame intervertebral.[90] Os efeitos da tração lombar são semelhantes aos descritos na parte de usos gerais para as trações cervical e lombar deste capítulo.

Evidência prática

Uma regra de predição clínica foi desenvolvida para identificar os pacientes que são mais suscetíveis de se beneficiar da tração lombar. Com base nos seguintes achados clínicos:

- Idade superior a 30 anos
- Nenhum envolvimento de déficit neurológico
- O paciente não está envolvido em trabalho manual
- Pontuação no questionário Fear-Avoidance Beliefs Questionnaire menor que 21

Pacientes que são positivos em todas as quatro variáveis têm uma probabilidade de 69% para uma tração bem-sucedida; a presença de três variáveis diminui a probabilidade para 42%, duas variáveis para 30% e uma variável para 20%.[119]

Espasmo muscular

A tração lombar pode ser efetiva na redução do espasmo muscular causado pela compressão de raízes nervosas por estreitamento do forame intervertebral, estenose ou protrusões discais. Em menor grau, o espasmo muscular traumático pode ser diminuído pelo alongamento muscular, embora a quantidade de alongamento seja inferior à obtida pelas rotinas normais de alongamento. A análise do EMG demonstra que o ângulo de tração não afeta a atividade muscular em adultos saudáveis. O aumento da mobilidade após o tratamento pode ser associado à reidratação do disco.[120]

Dor associada à degeneração discal

O aumento da quantidade de separação entre as vértebras pode reduzir o impacto das raízes nervosas lombares. O aprisionamento do nervo como resultado de uma protrusão discal pode ser reduzido ao se permitir que o disco volte a sua forma original, descomprimindo o núcleo pulposo a menos de 100 mmHg (Fig. 16.15).[88,121] A dor radicular causada pela herniação do disco lombar é reduzida com forças de 30 e 60% do peso corporal.[88,89,92] A tração em decúbito ventral aplicada durante 30 minutos ao longo de 8 semanas (cinco sessões de 30 min por semana durante 4 semanas, seguidas de uma sessão de 30 min por semana durante 4 semanas) demonstrou significativa melhora nas escalas de dor e de incapacidade em pacientes com degeneração discal lombar.[122]

Contraindicações para o uso de tração lombar

As contraindicações para o emprego de tração lombar são semelhantes às descritas para a tração cervical.

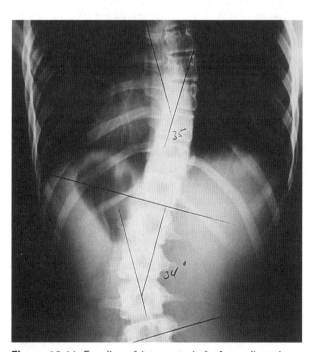

Figura 16.14 Escoliose (vista posterior). A escoliose é a curvatura lateral da coluna vertebral no plano frontal. Com enfoque no segmento lombar, esta radiografia mostra uma curvatura convexa do lado esquerdo, alongando o tecido mole desse mesmo lado. A curvatura lombar direita é côncava. Os músculos desse lado são encurtados. Notar que esta radiografia apresenta uma escoliose estrutural causada por vértebras mal formadas. A tração é efetiva apenas na escoliose funcional.

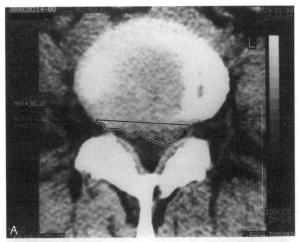

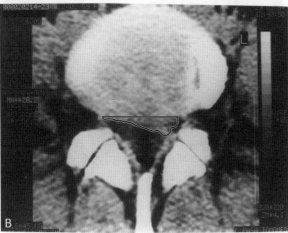

Figura 16.15 TC demonstrando a captação do núcleo pulposo do disco L4-L5 durante a tração lombar. (A) O material nuclear pode ser visto adentrando o canal espinal e o forame neural esquerdo (área sombreada). (B) Quando 45 kg de força de tração são aplicados à coluna lombar, o material nuclear regride para o disco, diminuindo a pressão no canal espinal e no forame neural esquerdo.

Fraturas do corpo vertebral ou segmentos instáveis da coluna são uma contraindicação absoluta para a tração lombar, a menos que o tratamento seja especificamente aprovado pelo médico do paciente.

A tração lombar tem sido utilizada em casos de **espondilolistese** e de **espondilólise**, mas isso deve ser feito com cuidado e diligência (Fig. 16.16). A espondilolistese pode levar à hipermobilidade do segmento vertebral, uma contraindicação à tração prolongada e à intermitente. A tensão excessiva pode acelerar a degeneração associada à espondilólise.

Evidência prática

A tração lombar não é uma abordagem de tratamento efetiva para pacientes com lombalgia inespecífica.[123]

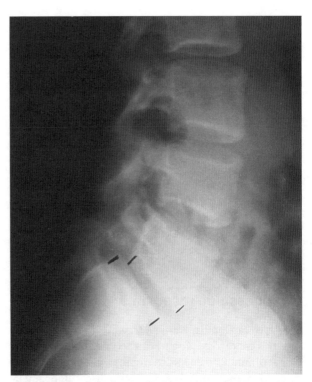

Figura 16.16 Espondilolistese vertebral L5-S1. Espondilolistese é o deslizamento para a frente de uma vértebra sobre aquela abaixo dela. Essa condição resulta em dor na coluna lombar e nas nádegas que aumenta quando a coluna lombar é colocada em extensão. A tração lombar não deve ser usada quando o segmento vertebral é hipermóvel.

Não se deve utilizar a tração lombar para pacientes com dor de origem desconhecida ou causada por doenças, infecções ou tumores (veja Em foco: tração lombar). A tração aplicada a discos severamente herniados pode aumentar a taxa de degeneração. Deve-se suspender o uso caso o tratamento aumente a gravidade dos sintomas do paciente.

A artrite reumatoide e a osteoartrite são casos de contraindicação, pois a necrose pode causar fraqueza ligamentar. A força da tração aplicada pode resultar em subluxação ou luxação vertebral e enfraquecer ainda mais as estruturas de tecidos moles.

Controvérsias no tratamento

A eficácia da tração lombar foi suportada para vários tipos de patologia. A tração lombar não é considerada efetiva na diminuição de lombalgia inespecífica.[123,124]

A tomografia computadorizada indica que a tração lombar aumenta a reabsorção do núcleo pulposo. No entanto, a localização da protrusão afeta a eficácia do tratamento. Protrusões mais próximas da linha média corporal são mais propensas a apresentar resultados positivos de tratamento que protrusões laterais. Fatores como a calcificação do disco também diminuem a eficácia do tratamento.[125] Uma comparação entre a tração lombar e o exercício isométrico indicou que nenhuma das intervenções foi mais efetiva na diminuição da dor causada pela hérnia discal que o placebo.[126]

Aplicação clínica de tração lombar intermitente

A seção a seguir descreve o uso de tração motorizada lombar. A posição do paciente e o ângulo de tração devem ser apropriados para a condição a ser tratada. A tração manual pode ser utilizada antes da tração mecanizada para determinar os potenciais benefícios do tratamento.

Instrumentação

Consultar o manual de instrução do aparelho em particular a ser utilizado.

Arnês de tração: às vezes referido como "espartilho" pélvico. Ajusta-se ao redor da pelve do paciente e se conecta ao cabo de polia do aparelho de tração.

Arnês de estabilização: ajusta-se ao redor do tronco do paciente e se conecta à maca de tratamento.

Maca de separação: a metade inferior da maca desliza sobre rolamentos, eliminando assim o atrito e permitindo que a separação vertebral ocorra sob uma força aplicada menor.

Modo: esta configuração permite que a tração seja aplicada de forma intermitente ou contínua.

Tipo: para aparelhos polivalentes que tratam tanto da coluna lombar como da cervical.

Tempo de retenção: este controle ajusta a duração da fase de tração (em segundos).

Tempo de descanso: este controle ajusta a duração da fase de relaxamento (em segundos). Aplicável apenas à tração intermitente.

Tensão: controla a quantidade de tensão, em quilogramas, aplicada ao arnês.

Liberação do cabo: elimina a tensão no cabo de tração.

Tensão inferior: define a quantidade mínima de tensão a ser aplicada durante o ciclo DESLIGADO.

Aumento/diminuição da tensão: ajusta a taxa de aumento e de diminuição da força de tração (em segundos).

Etapas de tensão: permite o aumento e/ou a diminuição incremental da quantidade de tensão. A tensão em cada passo é aplicada durante um tempo predeterminado até que a tensão seja aumentada ou diminuída.

Duração: seleciona o tempo total de tratamento.

Interruptor de segurança: permite que o paciente interrompa o tratamento e diminua imediatamente a tensão, caso experimente dor ou outro desconforto.

Alarme: soa quando o paciente aciona o interruptor de segurança ou quando é detectado um mau funcionamento no aparelho.

Configuração e aplicação

O protocolo a seguir descreve a configuração e a aplicação de tração lombar motorizada intermitente com o paciente em decúbito dorsal e os joelhos e quadris flexionados (p. ex., para o tratamento de compressão de raízes nervosas) em uma maca de separação para tração (negando o efeito do atrito entre o paciente e a superfície da maca).

Aparelhos digitais podem exibir a força em libras (lb) ou quilogramas (kg). Deve-se buscar se familiarizar com a unidade de medida utilizada na clínica.

Dispositivos motorizados de tração não devem ser empregados na presença de gases inflamáveis, tais como oxigênio, óxido nitroso e diversos gases anestésicos. O aparelho pode interferir com equipamentos elétricos sensíveis.

Preparação do paciente

1. Determinar a presença de quaisquer contraindicações.
2. Calcular o peso corporal do paciente.
3. Se uma maca de separação está sendo usada, desbloquear a parte inferior para permitir que ela deslize.
4. A roupa do paciente não deve interferir com o ajuste do arnês e não deve permitir que o cinto de tração ou de estabilização deslize durante o tratamento.
5. Ajustar o cinto de tração à pelve do paciente. Dependendo do tipo de arnês a ser utilizado, pode ser necessária a aplicação de uma toalha ou de outro tipo de acolchoamento entre o cinto e a pele do paciente.
6. Ajustar o arnês de estabilização ao tronco do paciente, normalmente sobre a 8ª até a 10ª costela. Pode haver uma ligeira sobreposição entre os arneses de estabilização e de tração.
7. Se necessário, envolver o paciente de uma forma mais solta, por questão de discrição.
8. Caso se utilize uma maca de separação, alinhar o segmento alvo da coluna vertebral sobre a abertura entre a parte fixa e a parte móvel da maca.
9. Posicionar o paciente, posicionar os quadris e joelhos do paciente e o ângulo de tração adequado para o tratamento a ser realizado (consultar Tab. 16.2). Se o paciente estiver em decúbito dorsal e a flexão lombar/pélvica for indicada, elevar as pernas dele.
10. Alinhar o ângulo de tração de acordo com a patologia do paciente (ver Tab. 16.2).

Em foco:
Tração lombar

Descrição

A tração lombar distrai a lombar e possivelmente as vértebras torácicas inferiores. O uso de um aparelho motorizado (mostrado acima) permite que a tração lombar seja aplicada de forma contínua ou intermitente. A tração lombar também pode ser aplicada manualmente pelo clínico, por pesos ou pela gravidade (autotração).

Efeitos primários

- Afastamento das vértebras lombares, aliviando a pressão sobre discos intervertebrais. Auxílio na reabsorção do núcleo pulposo.
- Alívio da pressão sobre as raízes nervosas medulares causada pelo estreitamento do forame intervertebral.
- Redução da pressão sobre as articulações facetárias.

Duração do tratamento

- Patologia articular facetária: 25 min
- Doença degenerativa discal: 10 min
- Protrusão discal: 8-10 min
- Espasmo muscular: 20 min

Indicações

- Compressão de raiz nervosa
- Dor radicular
- Disco intervertebral herniado ou protruso
- Doença degenerativa discal
- Espasmo muscular lombar
- Osteoartrite ou inflamação da articulação facetária
- Patologia articular facetária incluindo hipomobilidade das articulações facetárias

Contraindicações

- Lesão aguda
- Segmentos instáveis da coluna
- Câncer, meningite ou outras doenças que afetem a medula espinal ou as vértebras
- Fragmentação de disco extrusado
- Degeneração discal avançada ou herniação avançada
- Compressão da medula espinal
- Artrite reumatoide
- Condições que piorem após tratamento

Precauções

- Monitorar o paciente de perto durante o tratamento. Interromper o uso, caso os sintomas aumentem.
- Deve ser utilizada tração de baixa tensão, caso haja suspeita de dano ligamentar.
- Utilizar apenas tração prolongada ou contínua, caso o movimento lombar seja contraindicado.

---

11. Dar ao paciente o interruptor de SEGURANÇA e explicar-lhe sua finalidade e forma de uso. **O interruptor de SEGURANÇA deve estar na posse do paciente durante toda a duração do tratamento.**
12. Explicar ao paciente as sensações esperadas durante o tratamento e orientá-lo a relatar dor, desconforto ou agravamento dos sintomas.

Início do tratamento

1. Redefinir todos os controles em zero e ligar o aparelho.
2. Se for o caso, configurar o interruptor TIPO em "lombar".
3. Remover qualquer folga no cabo de polia.
4. Ajustar a RELAÇÃO à sequência apropriada de ligar-desligar (consultar Tab. 16.2).
5. Ajustar a tensão a aproximadamente 25% do peso corporal do paciente. A dor radicular causada pela hérnia de disco lombar é geralmente reduzida com forças de 30 a 60% do peso corporal.[92,102]
6. Se o controle for ajustável, ajustar a TENSÃO INFERIOR (este valor é muitas vezes configurado em zero ou 10% da tensão máxima).

7. Instruir o paciente quanto ao que esperar durante o tratamento e a informar caso qualquer desconforto seja experimentado.
8. Definir a DURAÇÃO de tratamento adequado, e iniciar o tratamento (consultar Tab. 16.2).
9. Permitir que o aparelho execute seu primeiro ciclo de tensão. A TENSÃO pode ser aumentada gradualmente durante os ciclos subsequentes. Aumentar a tensão conforme indicado. Se a dor for experimentada em qualquer altura do tratamento, diminuir a quantidade de força ou descontinuar o tratamento.
10. Instruir o paciente a permanecer relaxado tanto durante a fase LIGADO quanto na fase DESLIGADO.
11. Em intervalos regulares, questionar o paciente sobre sensações anormais nas colunas cervical, torácica e lombar e nos membros.

Término do tratamento
1. Se o aparelho não o fizer automaticamente, reduzir gradualmente a TENSÃO ao longo de um período de três ou quatro ciclos.
2. Ganhar alguma folga no cabo, e desligar o aparelho.
3. Remover a tração e o cinto de estabilização.
4. Questionar o paciente quanto a quaisquer benefícios ou complicações derivados do tratamento.

5. Fazer com que o paciente permaneça deitado por 5 minutos após a conclusão do tratamento.
6. Registrar as informações pertinentes (tensão, duração, ciclo de trabalho) no arquivo clínico do paciente.

Manutenção

Após cada utilização

Após cada uso
1. Limpar o aparelho de acordo com a recomendação do fabricante.
2. Evitar que líquidos (incluindo soluções de limpeza) entrem no aparelho.

Em intervalos regulares
1. Verificar o cabo de energia elétrica quanto a dobras, esgarçamentos ou cortes.
2. Verificar o cabo de tração quanto a nós, torções e, se for o caso, quanto a danos do revestimento de proteção (geralmente de náilon).
3. Recalibrar a aparelho. Seguir os procedimentos e o calendário recomendados pelo fabricante para recalibrar o dispositivo de tração.
4. Limpar o arnês de acordo com as instruções do fabricante.

Anual

O dispositivo de tração deve ser inspecionado e reparado por um técnico autorizado.

Capítulo 17

Massagem terapêutica

A massagem é uma das formas mais antigas de técnicas de cura. Usando o toque terapêutico, os tecidos corporais são manipulados para reduzir o espasmo muscular, promover o relaxamento, melhorar o fluxo sanguíneo e aumentar a drenagem venosa. O âmbito das teorias, das técnicas e dos efeitos da massagem é amplo. Este capítulo aborda as técnicas de massagem que são mais frequentemente utilizadas no tratamento de condições musculoesqueléticas.

Massagem, a manipulação sistemática de tecidos corporais, esteve presente na maioria das culturas e pode ser rastreada até os antigos jogos olímpicos. As variações regionais têm contribuído para as diferentes formas de massagem utilizadas atualmente. Esta formação diversificada leva a diferenças de protocolo e teoria de aplicação (Tab. 17.1).

A massagem e a liberação miofascial são formas de mobilização do tecido mole em que os tecidos são manipulados para produzir os efeitos desejados. A mobilização articular, uma outra forma de terapia manual, não é discutida neste livro.

A massagem é um método de tratamento efetivo para promover relaxamento ou revigoramento local e sistêmico, aumentando o fluxo sanguíneo local, quebrando aderências e incentivando os retornos venoso e linfático. Uma vez que se trata de uma tarefa demorada que requer toda a atenção do clínico, ela raramente é utilizada em centros de saúde policlínicos. Ainda assim, a massagem tem crescido em popularidade e a massagem terapêutica é um segmento em constante crescimento.

Trata-se de uma técnica baseada em habilidades e conhecimento, e, em razão da possibilidade de mau uso, muitos estados nos Estados Unidos exigem licenciamento para massoterapeutas. A maioria das outras profissões de cura, incluindo o treinamento atlético e a fisioterapia, incorpora técnicas de massagem em sua preparação profissional. Muitas vezes, os massoterapeutas trabalham em cooperação com outros prestadores de cuidados de saúde ou podem ser duplamente credenciados.

Toques de massagem

Existem vários tipos diferentes de toques de massagem e cada um pode variar por meio da adição de mais ou menos pressão, utilizando-se diferentes partes da mão ou mudando a direção e a frequência dos toques (Tab. 17.2). Estes elementos são então sequenciados para produzir efeitos diferentes. As partes seguintes descrevem os elementos básicos de diversas técnicas e discutem como eles podem variar.

Deslizamento

Deslizamento, o ato de tocar a pele, é realizado com a palma da mão ou os nós dos dedos para estimular tecidos profundos, ou com as pontas dos dedos para estimular os nervos sensoriais. Este toque é classificado como superficial ou profundo. O toque superficial pode tanto seguir o contorno do próprio corpo como seguir a direção dos músculos subjacentes, mas não tenta movimentar estes. O toque profundo requer mais pressão para alcançar e alongar a fibra muscular e a fáscia.

Um toque leve e lento promove o relaxamento, introduz o paciente ao tratamento e é empregado para espalhar o óleo de massagem sobre a área a ser tratada. Toques rápidos incentivam o fluxo sanguíneo e estimulam os tecidos. Toques profundos podem ser usados para alongar músculos, e devem seguir o curso das veias e dos vasos linfáticos de distal para proximal, a fim de forçar fluidos de volta para o coração.

Capítulo 17 ▪ Massagem terapêutica

Tabela 17.1 Métodos selecionados de técnicas de terapia manual

Técnica	Descrição
Acupressão	A pressão é aplicada ao longo dos meridianos de acupuntura, alterando o padrão de energia corporal.
Terapia craniossacral	Altera o fluxo do fluido cerebrospinal por pontos levemente massageados ao longo da coluna vertebral.
Massagem do tecido profundo	Foca-se em fibras musculares profundas individuais e tenta liberar aderências e aumentar o fluxo sanguíneo para áreas restritas.
Massagem linfática	Foca-se no sistema linfático e tenta remover edema, resíduos e toxinas corporais usando toques rítmicos suaves.[127] Esta é uma das poucas técnicas que podem ser usadas em lesões musculoesqueléticas agudas. A ativação do sistema linfático pode limitar a inflamação aguda.[128]
Liberação miofascial	Quebra aderências e outras restrições na rede fascial corporal, a fim de restaurar a função normal.
Terapia neuromuscular	Centra-se na redução da dor e do espasmo muscular por meio da identificação de pontos-gatilho e do tratamento com compressão isquêmica.
Mobilização de tecido mole assistida por instrumento	A utilização de uma ferramenta que não seja as mãos para tratar a disfunção miofascial e as aderências dos tecidos moles.
Shiatsu	O uso de várias formas de toques de compressão e de alongamentos com base na fisiologia ou na medicina tradicional chinesa.
Massagem sueca	Técnicas de massagem tradicional empregadas para aumentar o relaxamento muscular e reduzir a dor e a rigidez articular.

Tabela 17.2 Resumo dos toques de massagem básica e seu efeito fisiológico

Toque	Técnica	Efeito
Deslizamento	Toque da pele	**Toque profundo:** estimula tecidos profundos, força os fluidos na direção do toque. **Toque superficial:** toques lentos: promove o relaxamento. **Toques rápidos:** estimula tecidos e o fluxo sanguíneo.
Amassamento	Elevação e amassamento	Alonga e separa a fibra muscular e a fáscia da pele e do tecido cicatricial.
Fricção	Toque da fibra com pressão profunda cruzada	Estimula o processo de cicatrização natural do corpo, separa os tecidos e quebra o tecido cicatricial.
Ativo-assistido	Combinação de compressão, abertura e trabalho em faixas musculares	Alonga os músculos afetados para aumentar a amplitude de movimento e diminuir a restrição.
Neuromuscular	Compressão isquêmica	Diminui a hipersensibilidade e a hipertonia em faixas musculares tensas.
Percussão	Percussão	Promove o relaxamento e a dessensibilização de terminações nervosas da pele.
Vibração	Agitação rápida	Aumenta a circulação sanguínea e provê revigoramento sistêmico dos tecidos.

O deslizamento leve é geralmente realizado tanto no início como no final da massagem, e pode ser usado entre toques de amassamento. Durante as fases iniciais do tratamento, o deslizamento relaxa o paciente e indica as áreas que irão ser massageadas. Na conclusão do tratamento, o deslizamento pode "acalmar" os nervos que tenham se tornado irritados durante a massagem.

Amassamento

Amassamento é o ato de levantar, amassar e rolar a pele, os tecidos subcutâneos e o músculo com os dedos ou a mão. Este toque tem algumas semelhanças com a técnica de rolamento miofascial da pele, mas o amassamento tem como alvo o músculo subjacente e é particularmente útil em músculos superficiais e móveis, tais como a porção descendente do trapézio ou os múscu-

los do antebraço. O amassamento libera aderências pelo alongamento e pela separação de fibras musculares, fáscia e tecido cicatricial. Esta técnica retira produtos residuais do músculo, auxilia no retorno venoso e pode levar ao relaxamento muscular.

Massagem de fricção

A massagem de fricção mobiliza fibras musculares e separa aderências no músculo, nas fibras tendíneas ou no tecido cicatricial que restringem o movimento e causam dor, e é utilizada para facilitar a perfusão sanguínea local.[129] A massagem de fricção transversal também é utilizada para o tratamento de pontos-gatilho, tendinite, cicatrizes pós-cirúrgicas ou outras formas de aderências articulares, a fim de promover o realinhamento funcional das fibras.[130]

Técnicas clínicas:
Deslizamento

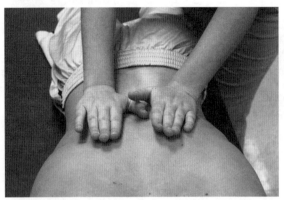
Técnica básica

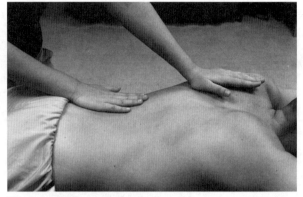
Técnica contínua

Indicações

- Tensões musculares
- A técnica contínua é recomendada para grandes músculos
- Melhorar a circulação
- Antes ou depois de competições junto a técnicas de massagem esportiva

Técnica

- Todos os toques de deslizamento são realizados de forma rítmica
- Os toques devem ser direcionados para o coração
- Os polegares podem ser usados para se amoldar a contornos anatômicos (p. ex., entre os metatarsos ou na porção posterior dos maléolos)
- Idealmente, ao menos uma mão deve estar em contato com a pele a todo momento

Deslizamento básico

1. Colocar as mãos (palmas das mãos, dedos ou articulações dos dedos) paralelas ao segmento corporal a ser tratado e simétricas em relação ao eixo longitudinal.
2. Aplicar a quantidade apropriada de pressão para os efeitos desejados.
3. Usando um movimento espelhado, tocar o segmento corporal ao longo de seu eixo maior – os toques também podem seguir o curso de veias e de vasos linfáticos ou de grandes massas musculares (p. ex., latíssimo do dorso).
4. Ainda espelhando uma à outra, deslizar as mãos levemente para trás até o ponto de partida, utilizando um toque leve com as pontas dos dedos.
5. Repetir os procedimentos 1 a 4 até que os tecidos-alvo tenham sido cobertos e/ou os efeitos desejados tenham sido obtidos.

Técnica contínua

1. Colocar uma mão sobre o tecido-alvo.
2. Usando a palma da mão, fazer toques curtos (p. ex., de 20 cm) a moderados (p. ex., 30 cm) seguindo o caminho do músculo ou da veia subjacente, empregando a quantidade de pressão adequada para os efeitos desejados.
3. Pouco antes da mão deixar o corpo, repetir o toque utilizando a mão oposta, iniciando aproximadamente na metade da distância entre o ponto de partida e o ponto final do toque anterior, dessa forma sobrepondo os toques de forma semelhante às telhas de um telhado e proporcionando ao paciente a sensação de contato ininterrupto.
4. Continuar ao longo do comprimento da área de tratamento. Manter os toques na posição original, progredir novamente em direção ao ponto de partida.
5. Repetir os procedimentos 1 a 4 até que os tecidos-alvo tenham sido cobertos e/ou os efeitos desejados tenham sido obtidos.

Técnicas clínicas
Amassamento

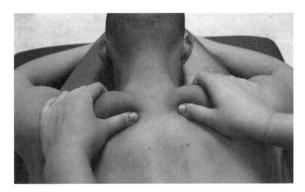

Indicações

- Lesões nos estágios finais de cicatrização/condições crônicas
- Regiões que possuem diversos músculos
- Músculos superficiais

Técnica

1. Se o amassamento é a única técnica sendo executada, pode ser realizada sem a utilização de lubrificante.
2. O amassamento é geralmente administrado após o deslizamento e/ou a aplicação de calor úmido.
3. Usando uma ou duas mãos, delicadamente agarrar e levantar o músculo subjacente e mover o tecido para trás e para a frente.
4. Repetir o passo 3 algumas vezes antes de avançar para um novo local.

Existem dois tipos básicos de massagem de fricção: a massagem circular e a de fibra cruzada. Ambas são empregadas com a intenção de tratar a estrutura muscular subjacente em comparação à epiderme sobreposta (como no deslizamento). A **massagem de fricção circular** é aplicada com os polegares, que trabalham em movimento circular, e é frequentemente efetiva no tratamento de pontos-gatilho (ver Cap. 1). Um trabalho profundo e preciso, tal como a liberação de pontos-gatilho, deve ser evitado antes de eventos. Na **massagem de fricção transversal**, o polegar ou os dedos tocam o tecido partindo de direções opostas dirigidas à estrutura do tecido subjacente. Receber a massagem de fricção pode ser doloroso, mas pode produzir um efeito analgésico temporário pós-tratamento. Ao se tratar uma grande massa muscular, o cotovelo ou um dispositivo comercial de amassamento profundo pode ser usado no lugar dos polegares.[131]

A pressão profunda aplicada durante a massagem de fricção é utilizada para evocar alterações mecânicas no tecido, conduzindo ao desenvolvimento de um tecido cicatricial funcional e minimizando as aderências. Como resultado da estimulação de nervos sensoriais e do aumento da circulação sanguínea local, ocorre um efeito analgésico temporário. O tratamento deve ser seguido pelo alongamento do grupo muscular tratado.[131]

Técnicas neuromusculares

Um ponto-gatilho é uma área de hiperirritabilidade tecidual que, quando comprimida, é localmente sensível. Se o ponto for suficientemente hipersensível, ele dará origem a dor referida e sensibilidade (também conhecido como "fenômenos autonômicos referidos" e como "distorção da propriocepção").[132] Os diferentes tipos de pontos-gatilho incluem miofascial, cutâneo, fascial, ligamentar e periósteo.

Compressão isquêmica

Uma vez que um ponto-gatilho em uma faixa tensa palpável é localizado, ele pode ser tratado utilizando a **compressão isquêmica**. Esta técnica consiste em aplicar pressão direta a um ponto-gatilho com o dedo polegar, a ponta dos dedos ou o cotovelo. Esta técnica pode ser dolorosa. A quantidade de pressão aplicada é determinada pela tolerância à dor do paciente e não deve exceder um 7 ou 8 (de 10) na escala da dor.[133] A compressão é mantida durante 30 a 90 segundos ou até que haja uma diminuição da dor ou da hipertonicidade. Tanto as técnicas de compressão isquêmica de curta duração (30 segundos) e alta intensidade como as de longa duração (90 segundos) e intensidade moderada reduzem a dor

Técnicas clínicas
Massagem de fricção

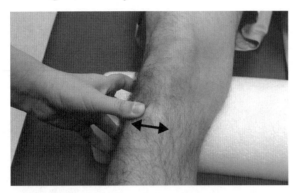
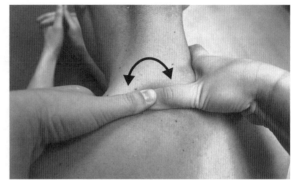

Indicações

- Aderências musculotendíneas
- Realinhamento de tecido cicatricial
- Terapia de ponto-gatilho
- Tendinopatia crônica

Técnica

1. A área pode ser pré-aquecida usando um aparelho de calor úmido ou ultrassom.
2. Posicionar o paciente de modo que o músculo esteja em uma posição relaxada.
3. Usar o polegar para "pinçar" o tecido e localizar as aderências
4. Começar levemente e progredir gradualmente para toques circulares mais firmes e mais profundos ou toques que avancem perpendicular ou paralelamente ao tecido-alvo subjacente.
5. A força deve ser aplicada de modo que a pressão alcance e separe os tecidos profundos.
6. A massagem de fricção pode ser seguida de uma rotina de alongamento, para facilitar ainda mais a amplitude de movimento.

Comentários

Este método de massagem deve ser evitado em condições nas quais os tecidos subjacentes possam se lesionar ainda mais com a pressão, tais como lesões agudas, em que pode ocorrer uma aceleração indesejada da resposta inflamatória.

A massagem de fricção pode ser realizada pelo paciente como parte de um programa de tratamento domiciliar.
Para reduzir a dor, esse tratamento pode ser seguido por gelo ou por massagem com gelo.

---

e a sensibilidade dos pontos-gatilho.[134] Não se deve empregar essa técnica em lesões agudas.

Evidência prática

Em pessoas com diagnóstico de síndrome do túnel do carpo, o tratamento de pontos-gatilho no braço por meio de compressão isquêmica reduziu os sintomas relatados pelos pacientes por seis meses.[135]

Massagem desportiva

"Massagem desportiva" é um termo amplo utilizado para descrever uma combinação de deslizamento, amassamento e massagem de fricção. Essa técnica é usada para equilibrar os grupos musculares, reduzir o tempo de recuperação e aumentar a amplitude de movimento funcional em preparação para a atividade ou em um momento pós-atividade. Toques vigorosos são aplicados sobre as roupas para ajudar a estimular o sistema nervoso a se preparar para a atividade. A pressão deve aumentar progressivamente de leve a profunda e a duração deve ser inferior a 30 minutos.

O **trabalho em faixas musculares** é uma técnica de massagem desportiva específica que exerce uma pressão contínua ao longo das fibras musculares, geralmente aplicada a partir da inserção (distal) até a origem (proximal) e paralelamente às fibras musculares a serem trabalhadas. O trabalho em faixas musculares é efetivo em grupos musculares grandes, como os isquiotibiais ou o quadríceps.

As **técnicas ativo-assistidas** utilizam técnicas de compressão e abertura (alongamento perpendicular às fibras musculares) aplicadas enquanto o músculo está contraído concentricamente. O trabalho em faixas musculares é executado contra uma contração antagonista a outras para acentuar a liberação de restrições no interior da massa muscular e da fáscia circundante. Com o paciente em decúbito ventral e o joelho flexionado em 90 graus, aplica-se os toques de compressão e de abertura perpendicularmente à fibra muscular (Fig. 17.1). Repete-se várias vezes até que toda a extensão do músculo tenha sido tratada. O paciente então estende ativamente o joelho enquanto o trabalho longitudinal em faixas musculares com os polegares é aplicado da inserção até a origem. Repete-se até que toda a extensão do músculo tenha sido tratada. Esta técnica é utilizada de forma mais eficiente quando aplicada em membros. Um alongamento ativo ou aquecimento após tal técnica de massagem terá um efeito neuromuscular positivo sobre a elasticidade do músculo.

Liberação miofascial

A liberação miofascial envolve a combinação de deslizamento tradicional, amassamento e massagem de fricção com alongamento simultâneo dos músculos e da fáscia para obter o relaxamento dos tecidos tensos ou aderidos e restaurar a mobilidade do tecido. As fáscias formam uma rede interligada que liga e envolve músculos, tendões e nervos e separa a pele e o tecido adiposo do músculo subjacente. Aderências ou restrições fasciais em uma região podem afetar a função de outros lugares. Acredita-se que as anomalias do sistema miofascial estejam relacionadas a desvios posturais e fibromialgia, síndrome da fadiga crônica, síndrome dolorosa miofascial e diminuição da função muscular.[136-139]

A liberação miofascial tenta restaurar a função normal pela quebra de aderências e pela restauração do comprimento fascial normal. Pode-se imaginar a fáscia como uma roupa. Roupas molhadas tendem a se grudar à pele e não permitem o movimento livre abaixo dela. Isso mimetiza as restrições fasciais. A liberação miofascial é análoga a separar a roupa molhada da pele. Ela permite a eficácia do movimento nas estruturas subjacentes que estão restritas. A fáscia não se deforma quando é exposta a uma força rápida e de alta intensidade. No entanto, a fáscia se alonga quando uma força lenta e de intensidade moderada é aplicada a ela, um efeito referido como **fluência**. As pressões utilizadas na maioria das técnicas miofasciais tiram proveito deste fenômeno para alongar a fáscia subjacente. Estas técnicas miofasciais devem ser seguidas por técnicas de alongamento muscular tradicionais.

A aplicação real de técnicas de liberação miofascial tende a não seguir um padrão estruturado. Em vez disso, o clínico recebe sugestões e *feedback* dos tecidos do paciente que indicam quais toques e alongamentos são adequados. As técnicas básicas de liberação miofascial envolvem o tracionamento dos tecidos em direções opostas, a estabilização da posição superior ou proximal com uma mão durante a aplicação de um alongamento com a mão oposta ou o emprego do peso corporal do paciente para estabilizar o membro enquanto uma tensão longitudinal é aplicada.

Evidência prática

Pesquisa de alta qualidade suporta a premissa da liberação miofascial; a fáscia possui propriedades contráteis que lhe permitem alongar ou contrair, é capaz de ser alongada por meio da pele e contém terminações nervosas e vasos capilares. No entanto, a falta de estudos de alta qualidade não permite apoiar ou refutar os benefícios clínicos da liberação miofascial.[140]

Áreas de aderências ou encurtamentos miofasciais são encontrados ao se deslizar suavemente a pele em múltiplas direções, buscando identificar áreas de movimento restrito ou observando a postura do paciente e anotando áreas de possível encurtamento fascial. Uma vez que a restrição é identificada, a liberação miofascial pode ser utilizada para restaurar a mobilidade. Por exemplo, um paciente sentado pode sentir um estiramento ou um tracionamento nas colunas torácica e lombar quando solicitado a flexionar a cabeça e o tórax. Isso identifica uma

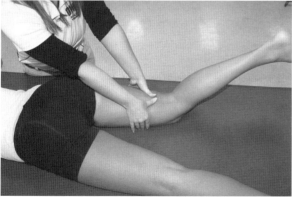

Figura 17.1 Trabalho em faixas musculares ativo-assistido.

restrição fascial que, uma vez tratada, pode ser imediatamente reavaliada, a fim de se determinar os resultados do tratamento. É necessário um treinamento especializado em técnicas de liberação miofascial para se obter a proficiência em tais procedimentos.

O **toque em J** é uma das formas mais fundamentais de liberação miofascial e é utilizado para mobilizar as restrições fasciais superficiais. O **rolamento da pele** também diminui aderências miofasciais superficiais. Dependendo da quantidade e da profundidade da pressão aplicada, o **alongamento localizado** pode liberar tanto as restrições fasciais superficiais como as profundas. A **tração de membros superiores**, a **tração de membros inferiores** e a **liberação diagonal** buscam alongar grandes áreas de fáscia nas extremidades e no tronco.

A autoliberação miofascial é uma forma efetiva de abordar as restrições fasciais quando há um tempo limitado para técnicas manuais de mobilização de tecidos moles. A inibição autógena pode ajudar a melhorar a extensibilidade do tecido mole pelo relaxamento do músculo, permitindo assim a ativação do músculo antagonista. Existe uma grande variedade de equipamentos disponíveis, desde rolos de espuma a bolas de golfe, que podem ser usados para liberar as aderências miofasciais de maneira efetiva. Quanto menor e mais denso o equipamento, mais intensa será a pressão.[141]

O paciente deve começar com um rolo de espuma de baixa densidade até que se possa desenvolver uma tolerância apropriada para, progressivamente, aumentar a intensidade. O paciente deve rolar perpendicularmente à direção das fibras musculares, localizar uma área de hipersensibilidade e manter por um período mínimo de 30 segundos até no máximo 90 segundos antes de se mover para outra posição. Como isso pode causar alguma dor muscular, similar à sensação de uma contusão, esta técnica não deve ser repetida até que a dor se resolva. Tipicamente, ela pode durar de 1 a 2 dias.

As **técnicas de liberação ativas** também podem ser muito efetivas no tratamento de aderências dos tecidos moles, especialmente em locais onde uma distensão ou uma lesão muscular tenham cicatrizado. A liberação ativa pode ajudar em uma distensão muscular cicatrizada,

---

Técnicas clínicas:

Técnicas miofasciais: toques em J

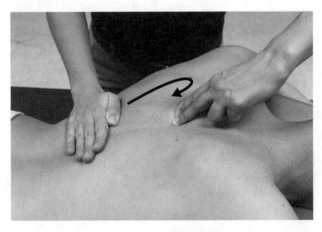

Descrição

Quebra aderências e outras restrições na rede fascial corporal para restaurar a função normal.

Indicações

Tratamento de mau alinhamento crônico de tecidos moles, incluindo dor cervical/lombar crônica e aderências de tecido cicatricial.

Efeito

Liberação localizada de restrições fasciais superficiais

Técnica

Depois de localizar a aderência:

1. Uma mão move a pele para colocar a aderência em alongamento.
2. Usando o segundo e o terceiro dedos da outra mão, massagear no sentido oposto ao da força, terminando em uma curva, formando um J. Manter por 90 a 120 segundos ou até a restrição ser liberada. É possível sentir um calor ou uma sensação pulsante abaixo dos dedos.
3. Repetir até que todas as aderências tenham sido reduzidas.

Técnicas clínicas
Técnicas miofasciais: alongamento localizado

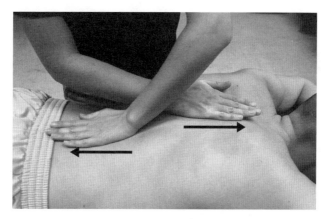

Descrição

O alongamento localizado é utilizado para reduzir aderências superficiais ou profundas, movendo a pele e a fáscia em sentidos opostos. No caso representado, a força é paralela à linha dos músculos, mas esta técnica também pode ser realizada perpendicularmente às fibras musculares.

Indicações

Grandes grupos musculares, como os do dorso.

Técnica

Depois de identificar a área de restrição:
1. Colocar a palma de uma das mãos na área da restrição.
2. O braço oposto é cruzado adiante e a mão é colocada abaixo da primeira mão.
3. Tracionar os tecidos para superar a folga.
4. Utilizando uma pressão lenta e profunda, alongar os tecidos.
5. Repetir os passos acima em direções opostas até que nenhuma restrição seja sentida.

Técnicas clínicas
Técnicas miofasciais: rolamento de pele

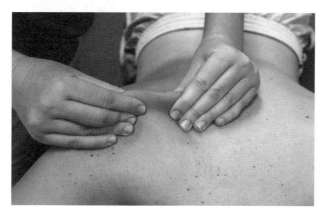

Descrição

Exteriormente, o rolamento de pele na terapia miofascial é semelhante ao amassamento, exceto que ele aborda especificamente a fáscia em vez do músculo subjacente (ver Técnicas clínicas: Amassamento). A pele é levantada e rolada entre os dedos, identificando e focando em áreas de aderências miofasciais superficiais.

(continua)

Técnicas clínicas
Técnicas miofasciais: rolamento de pele *(continuação)*

Indicações
Liberação de aderências miofasciais superficiais.

Técnica
1. Começar do segmento inferior e lateral da área corporal a ser tratada e progredir medial e superiormente.[133]
2. Utilizando os dedos e o polegar, levantar e separar a pele dos tecidos subjacentes.
3. Rolar a pele entre os dedos, observando quaisquer aderências, rigidez ou outras limitações.
4. Quando uma área de aderência é identificada:
   - Levantar a pele e movê-la na direção da restrição.
   - Mover a pele no sentido da restrição.
   - Se a aderência ainda estiver presente, mover a pele diagonalmente à restrição.
   - Repetir até que a restrição tenha sido resolvida.
5. Repetir os passos anteriores, desta vez progredindo a partir da porção superior e lateral do segmento corporal em direção à porção inferior e medial.

Técnicas clínicas
Técnicas miofasciais: Tração de MMSS/ Tração de MMII

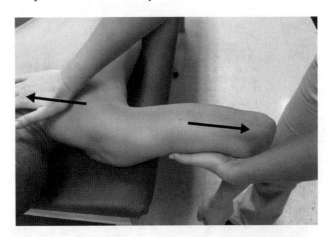

Descrição
As trações de membros alongam a fáscia primeiro como uma única unidade e, em seguida, concentram-se em áreas locais de aderência. A teoria e a técnica para a tração de MMII são semelhantes àquelas para a tração de MMSS.

Indicações
Alongar grandes áreas de fáscia nos membros.

Técnica
1. Posicionar o paciente em decúbito dorsal com o braço relaxado ao lado.
2. Segurar o membro entre as eminências tenar e hipotenar ou apenas proximalmente ao punho.
3. Aplicar uma força de tração suave (20 a 45 kg, dependendo do tamanho do paciente) alinhada à porção anterior do deltoide.
4. Manter o alongamento até que o relaxamento seja sentido no membro.
5. Abduzir o ombro de 10 a 15 graus aproximadamente e repetir o procedimento. Continuar até alcançar a abdução completa ou até que a dor ou a patologia glenoumeral limitem o movimento.
6. Durante este processo, identificar quaisquer áreas de restrição regional e empregar as técnicas miofasciais adequadas para reduzir a aderência.

Técnicas clínicas
Técnicas miofasciais: Liberação diagonal

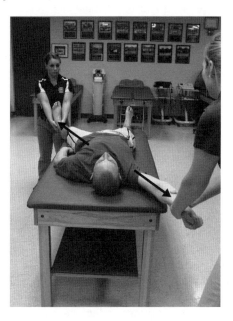

Descrição

A liberação diagonal é semelhante à tração de MMSS ou de MMII, mas afeta uma área maior de tecido.

Indicações

Alongar grandes áreas de fáscia de membros contralaterais.

Técnica

1. Posicionar o paciente em decúbito ventral ou dorsal. Caso se utilize o decúbito ventral, o rosto deve ser acolchoado.
2. Um clínico segura a perna imediatamente proximal à articulação talocrural.
3. O outro clínico segura o braço oposto proximalmente ao punho.
4. Mantendo o braço e a perna horizontais um ao outro, um clínico estabiliza o membro enquanto o outro move o membro até que as aderências sejam sentidas. Uma força de tração suave então é aplicada.
5. O passo 4 é repetido até que todas as aderências sejam identificadas e liberadas (ou reduzidas).
6. Repetir esse processo com o membro oposto e/ou com o outro clínico fornecendo a força de estabilização.

---

incentivando um realinhamento mais funcional do tecido cicatricial. Existem três etapas para essa técnica:

1. Localizar a estrutura e encurtar passivamente o músculo.
2. Aplicar a tensão diretamente sobre a aderência com o polegar.
3. Orientar o paciente a contrair ativamente o músculo antagonista enquanto o tecido desliza abaixo do polegar do clínico.

A liberação ativa pode ser muito dolorosa e deve ser limitada a três deslizamentos por área de tratamento, com um mínimo de 48 horas entre as sessões de tratamento. Ela também pode ser efetiva no tratamento de compressões nervosas. Um extenso conhecimento de anatomia irá ajudar a aumentar a eficácia deste tratamento, uma vez que ele é muito específico em relação à estrutura a ser mobilizada. Uma certificação avançada é necessária para se tornar proficiente na técnica de liberação ativa.

Mobilização do tecido mole assistida por instrumento

A mobilização do tecido mole assistida por instrumento (a MTMAI) é utilizada para identificar e tratar disfunções miofasciais como tendinopatias crônicas, cicatrizes que se desenvolveram de forma inadequada, restrições (como a fibrose dos tecidos moles) e outras doenças inflamatórias crônicas. MTMAI pode incentivar o realinhamento de cicatrizes em fase final e de restrições miofasciais que causam forças de tração impróprias em junções musculotendíneas.

O conceito geral de MTMAI é baseado na Gua Sha, uma antiga técnica de cura da medicina oriental, e na teoria de mobilização manual profunda do tecido mole de Cyriax.[142] Existem vários tipos de instrumentos comerciais construídos em aço inoxidável, cerâmica ou plástico. Exemplos incluem o Sound Assisted Soft Tissue Mobilization (SASTM®) o Augmented Soft Tissue Mobilization (ASTYM®) e o Graston®. Estes instrumentos auxiliam o clínico na identificação de áreas de aderências fasciais ao amplificar a textura do tecido subjacente não saudável e melhorar a sensação das mãos do clínico, aumentando assim a eficácia do tratamento (Fig. 17.2). Isto ajuda a isolar o tratamento ao tecido afetado e a proteger o clínico de técnicas de terapia manuais repetitivas que podem ser fisicamente desgastantes.

A carga mecânica provocada pelos instrumentos parece ser o mecanismo primário que inicia a resposta de cicatrização.[143] Os instrumentos são projetados para causar uma resposta inflamatória local, incluindo extravasamento de sangue capilar e uma resposta fibroblástica que reativa o processo de cicatrização.[144] A intenção é criar uma alteração permanente na elasticidade do tecido tratado. Petéquias vermelhas não devem ser confundidas com hematomas e são uma consequência esperada de um tratamento efetivo. Se o tratamento for feito de forma inadequada, pode causar danos ao tecido saudável ou exacerbar o tecido não saudável. Portanto, este tratamento é contraindicado em caso de lesões agudas. Para maximizar os benefícios dessa intervenção, os tecidos moles envolvidos devem ser alongados imediatamente após o tratamento. A carga de tensão externa de alongamento auxilia no realinhamento do colágeno por meio do aumento da síntese de colágeno e proteoglicanos, a substância "de preenchimento" na maioria dos tecidos moles.[143,145] O MTMAI também é usado antes de exercícios de reabilitação e/ou exercícios em geral. Exercício subsequente auxilia em estressar positivamente o tecido em seu estado recém-alinhado. Resultados positivos foram encontrados no tecido degenerado após MTMAI.[146] Os pacientes em estudos clínicos que sofrem de síndrome do túnel do carpo ou de fascite plantar relataram diminuição da dor e aumento da amplitude de movimento e da função após a conclusão da bateria de tratamento. Alguns pacientes podem relatar um aumento da dor imediatamente após MTMAI e hematomas algum tempo após o tratamento. No entanto, estes efeitos são de curta duração.[146]

Efeitos sobre
O processo de resposta à lesão

A massagem é promovida para provocar um certo número de respostas no corpo. Estas respostas estão relacionadas aos efeitos mecânicos diretos no tecido (p. ex., quebra de aderências), respostas reflexas que ocorrem secundariamente à estimulação dos nervos (p. ex., redução de dor) ou por meios psicológicos (p. ex., relaxamento sistêmico).

Em geral, os toques de massagem podem produzir diversas respostas, dependendo do segmento corporal, da quantidade de pressão aplicada e da velocidade do toque. Um toque leve e lento da pele resulta em relaxamento sistêmico. Toques rápidos e profundos causam um aumento do fluxo sanguíneo para a região, revigorando a pessoa em preparação para uma competição.

Efeitos cardiovasculares

Acredita-se que a fricção ou a massagem profunda vigorosa produzem alterações vasculares semelhantes às da inflamação, com a área tratada sendo marcada pelo aumento do fluxo sanguíneo, liberação de histamina e aumento da temperatura. Uma massagem leve pode ativar o sistema nervoso simpático, que causa vasodilatação capilar temporária. A massagem mais vigorosa e profunda é utilizada para produzir uma vasodilatação mais duradoura de capilares e arteríolas, aumentando assim o fluxo sanguíneo para a área. A massagem pode evocar um aumento em pico inicial da pressão arterial, apresentando uma precaução quanto a sua aplicação em indivíduos com hipertensão não controlada.

A massagem aplicada com a finalidade de induzir o relaxamento sistêmico produz alterações fisiológicas no sistema cardiovascular. Diminuição da frequência cardíaca, da frequência respiratória e da pressão arterial foi ob-

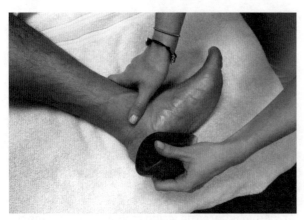

Figura 17.2 Mobilização do tecido mole assistida por instrumento.

servada em pacientes após 30 minutos de massagem.[147] Há relatos de que massagear pontos de acupressão diminui as pressões arteriais sistólica e diastólica, diminui a frequência cardíaca e reduz o fluxo sanguíneo cutâneo.[148] A massagem de pontos-gatilho também pode reduzir as pressões arteriais sistólica e diastólica e a frequência cardíaca e promover relaxamento sistêmico.[149]

Efeitos neuromusculares

Tem sido demonstrado que o amassamento diminui a excitabilidade neuromuscular, porém apenas durante a massagem, e os efeitos são limitados aos músculos sendo massageados.[150-152] Uma rotina de massagem, que consiste em deslizamento profundo, fricção circular e fricção transversal aplicada a isquiotibiais, pode aumentar a flexibilidade dos isquiotibiais.[153] Este efeito é o resultado da combinação da diminuição da excitabilidade neuromuscular (relaxamento) e do alongamento do músculo e do tecido cicatricial. Massagem ou técnicas miofasciais elaboradas para aumentar a extensibilidade muscular, fascial ou capsular devem ser seguidas de alongamento manual do membro.

A massagem é menos efetiva na diminuição do tempo de recuperação muscular após o exercício, mas pode ser efetiva na redução da intensidade da dor muscular de início tardio (quando aplicada duas horas após o exercício explosivo ou o treinamento de resistência), reduzindo a **emigração** dos neutrófilos e aumentando os níveis de cortisol sérico.[154,155]

Redução de edema

Quando realizada adequadamente, a massagem aumenta os fluxos venoso e linfático, auxiliando na remoção de edemas linfático e venoso e aumentando a absorção linfática por espalhar as substâncias extravasadas, expondo-as, dessa forma, a um maior número de pontos de absorção linfática.[156] Estudos laboratoriais sugerem que a ativação do sistema linfático pode limitar a inflamação aguda.[128] A massagem manual ou mecânica (ver Cap. 14) obriga os fluidos no interior dos vasos a se moverem em direção ao coração. Em razão das pressões associadas, a massagem para redução de edema não deve ser empregada diretamente em tecidos lesionados de forma aguda.

> **Evidência prática**
> Muitas vezes, a massagem manual para redução de edema é adicionada à intervenção convencional de elevação, compressão e treinamento funcional. Embora não tenha ocorrido diferenças de longo prazo nos resultados, o grupo que recebeu massagem teve uma resolução mais rápida do edema.[157]

A chave para reduzir o edema é, primeiramente, mobilizar a área proximal de edema antes de tentar mover as áreas distais. Este procedimento, conhecido como "desobstruir o caminho", pode ser visualizado como a remoção de um engarrafamento. Os carros na parte de trás do conjunto não podem se mover para a frente até que o carro na ponta da fila se movimente. Clinicamente, isto é realizado ao se aplicar a técnica proximalmente à área de lesão em primeiro lugar e, em seguida, trabalhar distalmente a essa área. Para manter o nível de redução de edema e evitar o rebote do edema, deve-se aplicar um envoltório de compressão após o tratamento e manter o membro elevado sempre que possível.[158,159]

Estratégias de tratamento:
Massagem para redução de edema

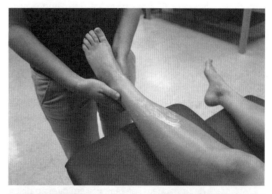
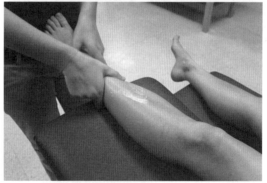
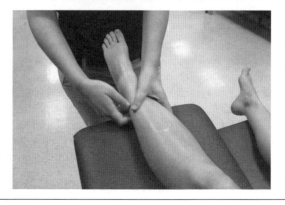

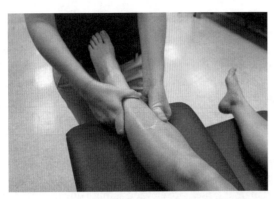

A massagem para redução de edema é iniciada proximalmente à área edemaciada, progredindo distalmente em direção ao edema e em seguida trabalhando proximalmente mais uma vez, e repetindo tantas vezes quantas forem necessárias. Este efeito, "desobstruindo o caminho", aumenta a absorção linfática e o fluxo venoso ao mobilizar, em primeiro lugar, os fluidos proximais, permitindo assim que o edema distal flua proximalmente.

1. Elevar o segmento corporal a ser tratado usando plano inclinado, travesseiro ou outro dispositivo.
2. Cobrir toda a superfície a ser tratada com uma loção de massagem lubrificante.
3. Posicionar-se distalmente ao membro. Por exemplo, caso o tornozelo seja a parte a ser massageada, deve-se posicionar de modo a visualizar a planta do pé.
4. Começar com toques longos e lentos em direção ao coração, iniciando proximalmente à área lesionada. A cada quatro ou cinco toques, move-se o ponto inicial da massagem ligeiramente em direção distal.
5. Continuar massageando no sentido longitudinal, com o ponto de partida sendo gradualmente transferido em direção distal.
6. Quando a porção distal da região edemaciada é atingida, passa-se a trabalhar de volta até o ponto de partida original.

Controle da dor

A redução da dor obtida por meio da massagem é o resultado de vários mecanismos diferentes, mas o principal efeito é derivado da estimulação dos receptores sensoriais cutâneos, ativando o portão medular da dor e liberando opiáceos endógenos, interrompendo o ciclo dor-espasmo-dor. Os benefícios da redução da dor mediada pela massagem podem durar até 24 horas após o tratamento.[160]

A dor mecânica é reduzida por meio da interrupção do espasmo muscular e da redução do edema. Acredita-se que a dor química é diminuída por meio do aumento do fluxo sanguíneo e pelo incentivo à remoção dos resíduos celulares, mas essas reações não foram fundamentadas. No entanto, apenas tocar a pele também pode reduzir a dor pela ativação de receptores cutâneos. A massagem suave ativa nervos sensoriais e, portanto, inibe a dor por meio do mecanismo do portão.[161,162] Também vem sendo demonstrado que a massagem ativa o sistema nervoso autonômico e os receptores de Pacini, os dois capazes de auxiliar a impedir impulsos nociceptivos[156] e diminuir a amplitude do reflexo H de pacientes com lesão medular, mas apenas durante a administração da massagem.[163,164] Não foi demonstrado que a massagem afete significativamente os níveis séricos de opiáceos endógenos, como a β-endorfina, em um grupo de tratamento comparado a um grupo controle.[165] Maior redução da dor pode ocorrer secundariamente à mediação de reflexos neurológicos.[166]

Benefícios psicológicos

Apesar da falta de evidência empírica de muitos dos benefícios fisiológicos que são imputados como associados à massagem, há bastante suporte para os benefícios psicológicos desse tratamento. Muitos destes benefícios se estendem a partir da interação um a um necessária entre o clínico e o paciente.[161,167] Esta interação reduz a ansiedade, a depressão e o estresse mental do paciente.[147,168] Embora a redução da dor possa ser atribuída à estimulação dos nervos sensoriais e à diminuição da espasticidade na área tratada, a administração de massagem em áreas não envolvidas também traz alívio da dor.[169] A adesão do paciente em comparecer às sessões de tratamento é bastante reforçada quando a massagem é incluída como parte do regime de tratamento.[170]

Contraindicações à massagem terapêutica

A massagem terapêutica que requeira pressão profunda é contraindicada em lesão ou inflamação aguda, incluindo entorses, fraturas, luxações e outras condições em que a pressão ou o movimento possam piorar a situação. A massagem não deve ser aplicada diretamente em feridas abertas da pele ou sob certas condições da pele (p. ex., celulite, dermatite) que não devam ser tocadas de qualquer forma, ou sobre áreas infectadas. Condições vasculares, como varizes ou hematomas, nas quais a pressão direta sobre os vasos deva ser evitada ou nas quais a pressão possa liberar um coágulo também são contraindicações à massagem terapêutica. A massagem não é indicada para a redução de todas as formas de edema. No edema agudo, pode causar mais inflamação e ainda mais edema. No edema causado por insuficiência cardiovascular, incluindo pressão arterial elevada não controlada, doença renal ou hepática ou derrame pleural, a massagem é contraindicada.

Controvérsias no tratamento

A massagem é geralmente terapêutica em razão de seu efeito de "toque de cura", aspectos espirituais e outros efeitos emocionais ou cognitivos. Como tal, os benefícios holísticos desta abordagem de tratamento não devem ser descontados. No entanto, a evidência empírica põe em questão muitos dos efeitos atribuídos a massagem terapêutica.

Os efeitos da massagem sobre o fluxo sanguíneo não são claros. A massagem dos músculos do antebraço e do quadríceps com deslizamento, amassamento e percussão não conseguiu aumentar o fluxo sanguíneo arterial fornecido a estes grupos.[171] Massagem antes do teste ergométrico submáximo não revelou diferenças significativas no débito cardíaco, na pressão arterial e na concentração de ácido lático em um grupo de tratamento em comparação com um grupo que não recebeu massagem antes do teste.[172]

Embora a massagem seja frequentemente utilizada antes da competição atlética para melhorar o desempenho, um estudo sobre os efeitos da massagem antes da competição concluiu que esta técnica não aumenta significativamente a frequência de passadas de corredores de explosão.[173] Massagear os músculos entre as séries de exercício, sejam as pernas de um corredor de explosão entre corridas ou o ombro de um lançador entre jogadas, pouco contribuiu para reduzir a fadiga muscular.[153,174] No entanto, os benefícios psicológicos ainda podem ser adquiridos a partir destas técnicas.

A atividade atlética pode resultar em lesão muscular, dor muscular de início tardio e diminuição da força, condições que muitas vezes são tratadas com massagem. No entanto, parece que as técnicas de "massagem esportiva" não conseguem resolver alguns destes efeitos prejudiciais[175] e não reduzem significativamente a concentração de lactato sanguíneo.[176]

A recuperação do exercício não parece ser melhorada após o tratamento de massagem. A massagem exerce pouco efeito fisiológico sobre as concentrações de lactato sanguíneo ou de outros subprodutos metabólicos.[171,172,176] O efeito da massagem na dor muscular de início tardio é misto.[154,155,177] Exercícios ativos de baixa intensidade, tais como andar de bicicleta ergométrica ou caminhar, devem ser usados para acelerar a remoção dos subprodutos metabólicos do exercício.[176]

Embora a evidência oriunda de relatos indique o contrário, não se encontrou que a massagem de fricção transversal seja efetiva no tratamento da síndrome do trato iliotibial[130] ou da epicondilite lateral em estudos controlados.[178]

Aplicação clínica da massagem

A massagem é tanto uma arte como uma ciência. Existem várias maneiras de realizar a massagem terapêutica, mas a maioria das sessões começa com aquecimento e toques superficiais e é concluída com toques superficiais lentos. A proporção de toques e de técnicas utilizadas no restante da sessão é baseada na patologia do paciente e nos resultados de tratamento desejados.

Preparação

Para ser realizada adequadamente, o paciente deve ser posicionado confortavelmente e, se for o caso, deve ser usado um lubrificante para massagem. Antes de se administrar a massagem, o paciente deve estar apropriadamente coberto e a área a ser tratada deve estar exposta.

Meio de massagem

A maioria das massagens incorpora algum tipo de lubrificante para reduzir a fricção entre a pele do paciente e a mão; no entanto, a massagem pode ser administrada sem que qualquer lubrificante seja utilizado. Lubrificantes, incluindo loção para massagem, óleo de amendoim, óleo de coco, pó e até mesmo soluções calmantes, permitem que as mãos deslizem suavemente sobre a pele e concentrem os efeitos no músculo subjacente. Se a massagem está sendo aplicada sobre áreas pilosas, os lubrificantes são necessários para impedir o tracionamento dos pelos.

Deve-se aplicar a menor quantidade de lubrificante de massagem necessária para realizar a massagem. Utilizar muito lubrificante torna difícil manipular os tecidos adequadamente. Muito pouco lubrificante pode causar irritação da pele ou tracionar os pelos do corpo do paciente. Os pacientes que possuem pele seca necessitam que o lubrificante seja adicionado ao longo do curso do tratamento. O lubrificante não deve ser aplicado ao rosto.

Várias técnicas de massagem e liberação miofascial são reforçadas quando realizadas sem a utilização de um lubrificante. Além disso, o atrito auxilia na mobilização da pele sobre os tecidos subjacentes, tornando o uso de lubrificantes contraindicado neste estilo de massagem.

Macas e cadeiras

Macas de massagem especializadas, que possuam um entalhe para receber confortavelmente a face e os membros superiores do paciente, podem ser utilizadas para o tratamento. Macas de tratamento padrão também podem ser usadas, mas deve ser usada uma almofada para o rosto ou uma toalha enrolada quando o paciente for colocado em decúbito ventral, e apoios devem ser colocados sob o abdome para permitir a diminuição da tensão na coluna lombar. As cadeiras de massagem podem ser usadas para sessões de massagem das colunas torácica e cervical e dos membros superiores (Fig. 17.3).

Em foco:
Massagem terapêutica

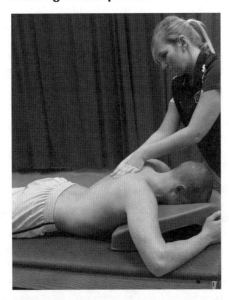

Descrição

A massagem utiliza o toque para produzir alterações musculares, nervosas e cardiovasculares. Técnicas específicas são empregadas para romper aderências e reduzir o espasmo muscular.

Efeitos primários

- Aumento do fluxo sanguíneo
- Aumento das drenagens venosa e linfática
- Sedação
- Redução da dor
- Alongamento de fibras musculares e de outros tecidos moles
- Hipotonicidade

Duração do tratamento

- A duração da massagem varia de alguns minutos até uma hora. A duração é dependente do tipo de massagem a ser aplicada e da situação clínica na qual ela é administrada.
- Massagem para redução de edema é administrada uma vez por dia com uma duração média de 5 a 10 minutos.
- Massagem de fricção é realizada uma vez por dia por cinco minutos ou conforme necessário.

Indicações

- Aliviar a fibrose e outras aderências miofasciais
- Aumentar o retorno venoso
- Redução de edema
- Redução de edema linfático ou venoso
- Quebrar o ciclo dor-espasmo-dor
- Evocar o relaxamento sistêmico
- Pontos-gatilho
- Melhorar ou estimular o fluxo sanguíneo local
- Aumentar a amplitude de movimento

Contraindicações

- Áreas de inflamação ativa
- Locais em que fraturas não foram capazes de se consolidar
- Problemas da pele na área a ser tratada
- Feridas abertas na área a ser tratada
- Infecção causando **linfangite**
- Flebite, tromboflebite ou hematoma
- Varizes
- Arteriosclerose
- Celulite
- Abscesso ou outras formas de infecção
- Hipertensão não controlada

Precauções

- Áreas de déficit sensorial
- Entorses ou distensões agudas – evitar a aplicação de pressão profunda
- A massagem pode aumentar a resposta inflamatória quando utilizada no início da fase aguda ou subaguda do ciclo de resposta à lesão
- Empregar uma pressão menor ao aplicar a massagem sobre áreas com diminuição da sensibilidade
- Não empregar a massagem em edemas causados por insuficiência cardiovascular, doença renal ou hepática ou derrame pleural

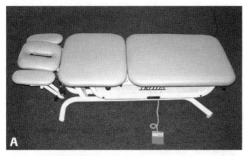

Figura 17.3 Maca (A) e cadeira (B) de massagem.

Considerações gerais

1. Estabelecer a ausência de contraindicações.
2. Explicar o tipo de massagem que será aplicada e as sensações esperadas.
3. Se uma maca de altura ajustável estiver sendo usada, a altura deve permitir que o clínico mantenha a coluna ereta durante as massagens. Qualquer flexão ou movimento deve ocorrer nos joelhos, não na cintura.
4. Cobrir a maca com um lençol.
5. A posição do paciente em relação ao clínico é importante para ambas as partes. Ao tratar pequenas áreas, o clínico deve permanecer em um lugar que requeira pouco ou nenhum reposicionamento. Da mesma forma, toques longos, como aqueles aplicados às costas ou aos isquiotibiais, devem ser realizados realizando pequenos passos ao invés de flexionando a coluna.
6. Posicionar o paciente para que os músculos massageados estejam relaxados. Se um membro estiver sendo tratado para redução de edema, ele deve ser elevado.
7. Caso se esteja utilizando algum lubrificante para massagem, deve-se aquecê-lo ligeiramente entre as mãos para que ele não seja desconfortável quando aplicado (ou seja, não muito quente ou muito frio). Em seguida espalhar o lubrificante sobre a pele. Não despejar o lubrificante diretamente sobre o corpo.
8. Quando uma área dolorosa estiver sendo tratada, a massagem começa em uma área não dolorosa, trabalha com a área de dor e conclui em outra área livre de dor.
9. Cobrir o paciente para assegurar o decoro e expor a área a ser tratada.

Massagem tradicional

1. A área pode ser pré-aquecida com calor úmido para promover o relaxamento da musculatura.
2. Uma almofada pode ser colocada sob os tornozelos e uma pequena almofada, tal como uma toalha dobrada ou um pequeno travesseiro, colocada sob o abdome para auxiliar no relaxamento da musculatura lombar.
3. Se for o caso, aplicar o lubrificante de massagem nas partes do corpo a serem tratadas.
4. Seguir a aplicação do lubrificante com um deslizamento lento e suave.
5. Aumentar gradualmente até o deslizamento profundo.
6. Começar os toques de amassamento.
7. Usando uma toalha, retirar o lubrificante da pele do paciente antes de aplicar a massagem de fricção profunda onde (e se) for aplicável.
8. Aplicar percussão às costas e aos membros (se tratados).
9. Reaplicar o amassamento e o deslizamento profundo.
10. Terminar o tratamento com deslizamento suave.

Término do tratamento

1. Se foi utilizado um lubrificante, retirá-lo com uma toalha.
2. Caso seja apropriado para o estágio da lesão, incentivar os exercícios ativos de amplitude de movimento.
3. Após a massagem para redução de edema, aplicar um envoltório compressivo e manter o membro elevado sempre que possível.
4. Para auxiliar na eliminação dos resíduos metabólicos corporais, o paciente deve ser encorajado a beber água após o tratamento.
5. Retirar o lençol da maca e lavá-lo adequadamente.

Capítulo 18

Biofeedback eletromiográfico

Ao contrário de outras modalidades terapêuticas apresentadas nesta obra, o *biofeedback* eletromiográfico não fornece energia ao corpo. Em vez disso, o *biofeedback* mede a quantidade de um determinado tipo de atividade fisiológica que esteja ocorrendo. No caso das contrações musculares, a quantidade de atividade do nervo motor está sendo observada. O aparelho de *biofeedback* converte esta atividade, então, em uma forma visual ou sonora que possa ser interpretada pelo paciente e pelo clínico.

Biofeedback é o processo de detecção da atividade fisiológica no corpo e de conversão desta atividade em sinais visuais e/ou auditivos que o paciente possa usar. No *biofeedback* eletromiográfico (EMG), o aparelho amplia a atividade elétrica neuromuscular corporal e a converte em sinais auditivos e/ou visuais. O paciente, então, usa estas informações para modificar a atividade, por exemplo, aumentando a contração muscular.

Pode-se considerar, por exemplo, um paciente que esteja se recuperando de uma cirurgia do ligamento cruzado anterior (LCA) e que seja incapaz de contrair voluntariamente o músculo vasto medial oblíquo (VMO). Em decorrência do edema, da falta de utilização (atrofia por desuso) e da dor, o paciente não contrai este músculo. Com o tempo, o circuito neurológico normal utilizado na inervação do VMO é perdido; o paciente "se esquece" como contrair o músculo. Quando o *biofeedback* é usado sobre o VMO, o *feedback* indica quando os impulsos nervosos motores estão sendo direcionados para o músculo (Fig. 18.1).

O *biofeedback* mensura pelo menos uma dentre cinco propriedades biofísicas (Tab. 18.1). O *feedback* resultante pode ser utilizado para reeducar o músculo, facilitar o relaxamento muscular, controlar a pressão arterial e a frequência cardíaca e diminuir os sinais físicos do estresse emocional.

O *biofeedback* não monitora a própria resposta real (p. ex., a força de contração); antes, mede as condições associadas à resposta (p. ex., a atividade neurológica). A entrada proprioceptiva normal é amplificada por meio do uso de som, luz ou medidores. A força do *feedback*

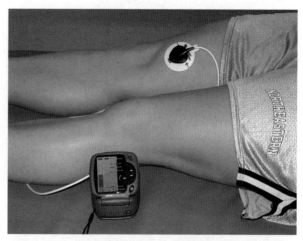

Figura 18.1 *Biofeedback* eletromiográfico. Aplicação do eletrodo para o músculo vasto medial oblíquo.

aumenta à medida que o número de unidades motoras recrutadas na contração aumenta. Esta informação pode ser utilizada para aumentar a força de músculo saudável e restaurar a função normal.[180]

Uma vez que a maioria das aplicações clínicas do *biofeedback* EMG utiliza eletrodos de superfície, esta técnica será o foco deste capítulo. Conceitualmente, o *biofeedback* funciona:[181]

- Monitorando o processo fisiológico.
- Mensurando objetivamente o processo.
- Convertendo o que está sendo monitorado em um *feedback* que otimize os efeitos desejados.

Tabela 18.1 Tipos de *biofeedback*

Tipo	Princípio
Eletromiografia (EMG)	Mede a atividade elétrica no músculo esquelético.
Mecanomiografia	Mede o deslocamento transversal da pele sobre o músculo-alvo com base no som produzido e/ou na tensão da pele. Quantifica oscilações na pele causadas por alterações nas fibras musculares.[179]
Temperatura periférica	Mede as alterações de temperatura nas extremidades distais (p. ex., dedos). O aumento da temperatura indica um estado relaxado (aumento do fluxo sanguíneo superficial). A diminuição da temperatura indica estresse, medo ou ansiedade (diminuição do fluxo sanguíneo superficial).
Fotopletismografia	Mede a quantidade de luz refletida pelo tecido subcutâneo com base na quantidade de fluxo sanguíneo.
Resposta galvânica da pele	Mede a quantidade de suor na pele pela passagem de uma pequena corrente pelos dedos e/ou pela palma. A pele suada contém sal e é um condutor melhor do que a pele seca.

Com pacientes ortopédicos, o *biofeedback* é mais frequentemente utilizado como um complemento para a reeducação e o treinamento muscular ou para encorajar o relaxamento de determinado grupo muscular. O *biofeedback* também é usado em pacientes que tenham sofrido algum trauma do sistema nervoso central, como lesão da medula espinal ou acidente vascular cerebral. Padrões funcionais, tais como a marcha e a pinça, e o treinamento de força também podem ser restabelecidos usando *biofeedback*.

Mensurações

Os mecanismos eletrônicos e fisiológicos associados ao *biofeedback* EMG são abordados na próxima seção. Neste ponto, uma clarificação deve ser feita entre "monitoramento" e "mensuração" da atividade elétrica. **Monitorar** envolve determinar se a atividade neuromuscular está presente e, em caso afirmativo, se está aumentando ou diminuindo. **Mensurar** a atividade envolve a aplicação de uma escala objetiva sobre a leitura monitorada.

Considere os dois medidores representados na Figura 18.2. O medidor na Figura 18.2A mostra que a atividade está ocorrendo, e podemos dizer se ela está aumentando, diminuindo ou se mantendo estática ao observar a posição relativa da agulha. Quando uma escala é adicionada ao medidor, a quantidade de atividade e, por conseguinte, o grau de alteração podem ser objetivamente mensurados (Fig. 18.2B). A escala em um aparelho de *biofeedback* pode usar a quantidade de microvolts, uma escala simples de 0 a 10, um gráfico de barras ou outra representação visual como medida. Em função da falta de uma escala padrão de *biofeedback*, as mensurações feitas em um aparelho de determinada marca não podem ser comparadas às mensurações feitas em um aparelho de outra marca.[181,182] Além disso, a aplicação de eletrodos cutâneos para tratamento afeta a confiabilidade da mensuração.[183]

O medidor é apenas uma forma de informação significativa que os aparelhos de *biofeedback* podem proporcionar. A maioria dos aparelhos pode converter os sinais em ondas sonoras, algo vantajoso porque eles permitem que o paciente se concentre no músculo em vez de olhar para o aparelho de *biofeedback*. O ritmo do som aumenta e diminui com base na quantidade de atividade neuromuscular. Interfaces de computador também são usadas para criar maiores interpretações do *feedback* e podem proporcionar maior motivação por meio da criação de um ambiente competitivo similar a um jogo.

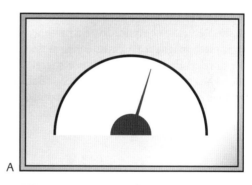

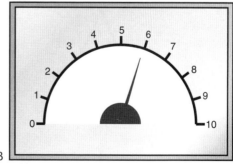

Figura 18.2 Mensuração *versus* monitoramento de *biofeedback*. O medidor (A) indica se a atividade está ocorrendo e a mudança ao longo do tempo. O medidor (B) proporciona uma medida objetiva por meio da utilização de uma escala numérica.

Processos biofísicos e integração elétrica

A aplicação de *biofeedback* EMG envolve a utilização de três eletrodos posicionados sobre o músculo ou grupo muscular-alvo. Aparelhos básicos de *biofeedback* EMG possuem um canal composto de três eletrodos de superfície combinados em um único eletrodo autoadesivo. Dois destes eletrodos são eletrodos "ativos", que mensuram a quantidade de atividade elétrica no músculo. O terceiro eletrodo, o "eletrodo de referência", é usado para filtrar a atividade elétrica sem significância. Os monitores de EMG de superfície mais sensíveis possuem eletrodos feitos de prata (Fig. 18.3). Eletrodos de superfície são mais sensíveis à atividade elétrica dos músculos superficiais do que de músculos mais profundos. Eletrodos de agulha, implantados diretamente no músculo, são usados com aparelhos de EMG para fins de diagnóstico e de pesquisa.

Os eletrodos monitoram a atividade elétrica em uma área local de um músculo, normalmente o ventre do músculo (Fig. 18.4).

Alguns aparelhos EMG possuem dois ou mais canais que permitem que vários músculos sejam monitorados ou que um único músculo seja monitorado em diferentes áreas. A quantidade de atividade elétrica no músculo aumenta à medida que mais unidades motoras são recrutadas para a contração. Esses sinais são então captados por eletrodos, amplificados e convertidos em sinais visuais ou auditivos. Embora esse processo possa parecer simples, ele é complicado pela presença de outra energia eletromagnética no nosso meio ambiente. Estamos sempre sendo bombardeados por energia eletromagnética. Uma pequena porção desta energia é absorvida pelo corpo e, subsequentemente, detectada pelo aparelho de *biofeedback*. Esta energia não desejada, o "ruído", deve ser filtrada antes que a atividade significativa possa ser determinada (Quadro 18.1).

Embora o *biofeedback* EMG requeira três eletrodos, estes são encontrados, muitas vezes, em um único pacote autoadesivo com os eletrodos ativos espaçados ao longo de aproximadamente 3 cm (alguns aparelhos requerem que cada eletrodo seja aplicado individualmente) (ver Fig. 18.3). Posicionar os eletrodos ativos próximos um do outro focaliza o músculo específico, mas o sinal bruto é relativamente fraco. O aumento da distância entre os eletrodos ativos aumenta a força do sinal bruto e monitora uma maior proporção do músculo. No entanto, conforme a distância é aumentada, a confiabilidade do sinal diminui porque a atividade elétrica dos músculos circundantes e a interferência elétrica externa serão detectadas pelo aparelho de *biofeedback*.[182]

Efeitos sobre
O processo de resposta à lesão

O *biofeedback* EMG por si só não afeta o processo de resposta à lesão. Ao contrário de outras modalidades apresentadas nesta obra, aparelhos de *biofeedback* auxiliam as funções voluntárias a produzir os resultados desejados. Outros tipos de aparelhos de *biofeedback* monitoram a função do sistema nervoso autônomo, tal como a frequência cardíaca. Em função disso, a eficácia do *biofeedback* é avaliada caso a caso.[182] O *biofeedback* facilita a reeducação muscular e promove o relaxamento. O aumento da força muscular pode então aumentar a amplitude de movimento. Por sua vez, estes efeitos podem conduzir a uma redução na dor e um aumento na função (Fig. 18.5).[183]

Dado que o *biofeedback* EMG detecta a atividade elétrica associada às contrações musculares, deve exis-

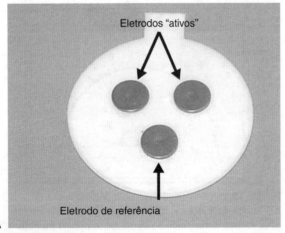
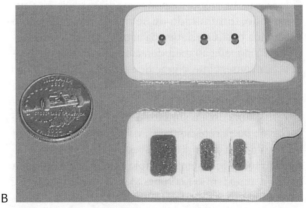

Figura 18.3 Eletrodos de superfície de *biofeedback* EMG. (A) Modelo autoadesivo padrão mostrando os eletrodos ativos e de referência. (B) Eletrodos de prata. Uma moeda de 25 centavos dos EUA é usada como referência de tamanho.

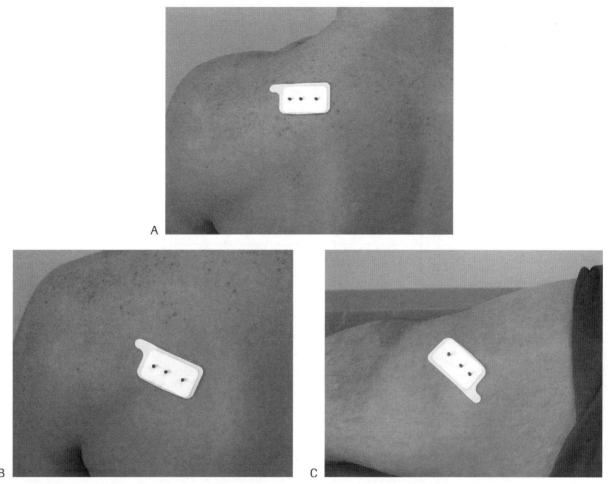

Figura 18.4 Aplicação de eletrodos de *biofeedback*. (A) Supraespinal. (B) Infraespinal. (C) Vasto medial oblíquo.

tir um suprimento nervoso intacto a partir do músculo e para ele. Estratégias auxiliares podem ser empregadas para ajudar a facilitar uma contração muscular (Tab. 18.2). Os tecidos lesionados devem ser capazes de suportar a tensão e o estresse associados ao movimento, e deve haver algum nível de inervação do músculo ou grupo muscular-alvo.

O *biofeedback* pode ser usado com estimulação elétrica para restabelecer ainda mais a função neuromuscular. O aparelho de estimulação elétrica é programado para produzir uma contração muscular, uma vez que o paciente tenha atingido o limiar estabelecido com o aparelho de *biofeedback*.

Os benefícios do *biofeedback* são reforçados ao se educar o paciente com relação ao conceito de *biofeedback*, incorporar estratégias de aprendizagem e definir os objetivos do paciente.[184,185] O *feedback* verbal pode reforçar a reeducação neuromuscular e proporcionar um reforço cognitivo positivo para o paciente. No entanto, enquanto o paciente está se concentrando na produção de uma contração muscular, este tipo de *feedback* pode distrair o paciente da tarefa em questão, de forma que é preciso se refrear quanto a falar com o paciente até que o exercício tenha sido completado.[186]

Efeitos neuromusculares

Geralmente, o *biofeedback* é incorporado em um programa de tratamento e de reabilitação ortopédica após uma cirurgia ou imobilização de longo prazo. Edema, dor e diminuição da entrada oriunda de receptores articulares inibem as contrações musculares voluntárias. O uso de *biofeedback* modela a resposta que permite ao sistema nervoso central restabelecer os circuitos sensoriomotores "esquecidos" pelo paciente.[187,188] Ao chegar ao cérebro, os sinais sonoros ou visuais estimulam áreas cerebrais que normalmente recebem informação proprioceptiva. Estes sinais artificiais, combinados à pista visual de realmente observar a contração muscular, ajudam na reabertura de um circuito neural que envia sinais eferentes para os músculos apropriados. O *biofeedback* facilitador pode modificar os padrões temporais da contração.[189]

Quadro 18.1 Processamento de sinal de *biofeedback* EMG

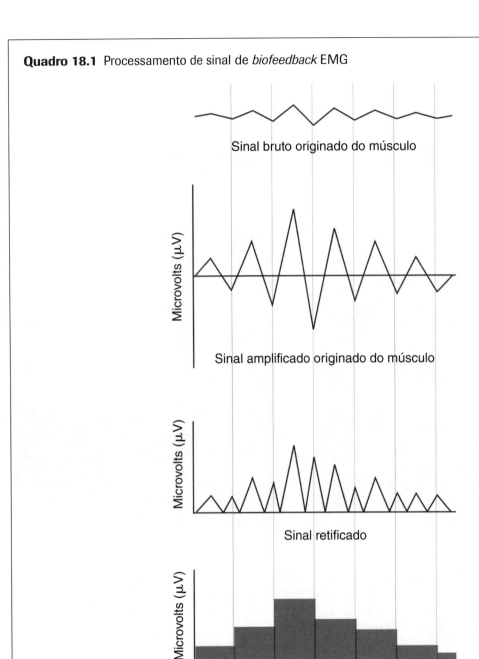

Cinco passos são necessários para processar e fornecer *feedback* da atividade elétrica neuromuscular:

Identificar ⇒ **Amplificar** ⇒ **Retificar** ⇒ **Integrar** ⇒ **Sinal**
sinal   sinal   sinal   sinal   de saída

O aparelho de EMG filtra os ruídos elétricos e identifica o sinal bruto, a atividade elétrica positiva e negativa associada à despolarização e repolarização das células envolvidas. Referindo-se à Figura 18.3, pode-se notar que dois eletrodos são denominados "ativos" e um como "de referência". O eletrodo de referência serve como um ponto de mensuração de uma pequena cor-

(continua)

Quadro 18.1 Processamento de sinal de *biofeedback* EMG *(continuação)*

rente que passa entre os dois eletrodos ativos. Isso resulta em duas fontes de fornecimento de entrada para um amplificador diferencial no interior do aparelho. Aqui, a informação relevante é separada do ruído sem valor. Uma vez que o ruído estranho é produzido por fontes eletromagnéticas, ele ocorre com frequência constante e é detectável em qualquer parte do corpo. O amplificador diferencial compara a entrada originária das duas fontes e elimina qualquer atividade que seja comum às duas. Em teoria, a atividade remanescente representa o **sinal bruto** da atividade neuromuscular. Contudo, a integridade do sinal final depende da qualidade do aparelho e do número de filtros utilizados (mais filtros levam a um sinal mais preciso). A amplitude do sinal bruto é pequena e tem de ser **amplificada** pelo aparelho. A **retificação** envolve tomar o valor absoluto da atividade elétrica negativa e torná-lo um número positivo matematicamente, fazendo com que a trama se mova para o lado positivo da linha de base. O sinal final de EMG é formado por meio do cálculo do valor quadrático médio da atividade elétrica por unidade de tempo, a **integração**. O sinal integrado é então convertido em um **sinal de saída**, que normalmente é uma apresentação visual ou um tom auditivo.

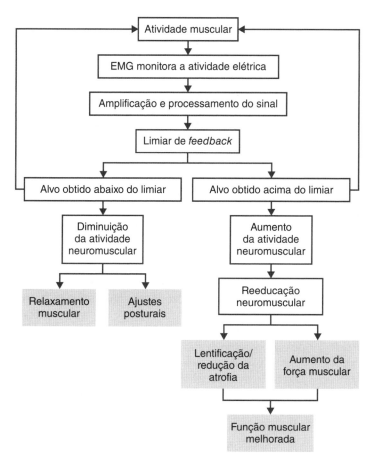

Figura 18.5 Efeitos do *biofeedback* eletromiográfico. O aparelho de EMG detecta e amplifica a atividade elétrica associada aos nervos motores e às contrações musculares. O limiar de *feedback* indica a quantidade de atividade EMG que aumenta ou diminui o *feedback*. Atividade acima do limiar representa um aumento da atividade muscular (recrutamento muscular); atividade abaixo do limiar indica uma diminuição da atividade muscular (relaxamento).

Tabela 18.2 Métodos para facilitar uma contração muscular

Orientar o paciente a contrair o músculo no membro oposto e, em seguida, tentar contrair o músculo envolvido.
Aplicar o aparelho de *biofeedback* ao membro oposto, de modo que a pessoa possa "aprender" a técnica de *biofeedback*.
Observar e/ou tocar o músculo em contração.
Contrair os músculos circundantes ou opostos.
Contrair a porção proximal do músculo para facilitar a atividade neuromuscular nas unidades motoras distais.
Usar a estimulação elétrica para evocar uma contração muscular (nota: desligar o aparelho de *biofeedback* antes de usar essa técnica).

Evidência prática

Durante a reabilitação neuromuscular, o *biofeedback* EMG é mais benéfico quando incorporado no início do programa do paciente, especialmente quando estão envolvidos movimentos ativos.[190,191]

Melhoras na qualidade e na intensidade de uma contração muscular podem ser observadas após uma única sessão de tratamento. Para auxiliar a manter as vias neurológicas recém-adquiridas, o paciente deve realizar contrações musculares ativas sem o aparelho de *biofeedback* imediatamente após cada sessão. Programas de exercícios domiciliares que objetivem os músculos envolvidos irão facilitar a retenção da memória muscular.

O processo cognitivo de relaxamento neuromuscular é semelhante ao de evocação das contrações musculares. No entanto, em vez de tentar restabelecer circuitos neurais, o objetivo é silenciar estas vias. O objetivo da terapia de relaxamento é diminuir o número de impulsos motores sendo retransmitidos para o músculo em espasmo. Ortopedicamente, esta técnica é mais bem usada em casos de proteção muscular subconsciente. O *biofeedback* pode ser utilizado durante as atividades da vida diária para reforçar a postura e a biomecânica[179] apropriadas, e tem sido usado com sucesso para controlar a pré-hipertensão.[192]

O uso de relaxamento por *biofeedback* não aumenta significativamente a flexibilidade em indivíduos saudáveis quando comparado a exercícios de flexibilidade padrão. No entanto, atletas que combinaram exercícios de flexibilidade com *biofeedback* apresentaram uma maior retenção dos ganhos do que aqueles que treinaram sem o auxílio de *biofeedback*.[193]

Redução da dor

A redução da dor em longo prazo decorre da restauração da função normal do segmento corporal. A reeducação muscular e a redução da atrofia ajudam a restaurar a biomecânica normal. Diminuir o espasmo muscular reduz a quantidade de pressão mecânica exercida nos nociceptores.

O *biofeedback* inibitório também tem sido empregado com sucesso na redução da dor miofascial, da dor associada à enxaqueca e da cefaleia tensional, bem como na redução do estresse geral.[194] A maioria das abordagens inibitórias de controle da dor também envolve aspectos cognitivos e comportamentais que são trabalhados nas sessões de *biofeedback*.[195,196]

Contraindicações

As contraindicações principais para o uso de *biofeedback* são aquelas condições em que a tensão muscular ou o movimento articular possam causar mais prejuízos. A orientação geral é não utilizar o *biofeedback* caso o paciente esteja proibido de mover a articulação ou caso as contrações isométricas sejam contraindicadas.

Enxertos tendíneos não cicatrizados, tendões avulsionados e estiramentos de segundo ou terceiro grau podem ser danificados pela tensão associada a contrações musculares até mesmo moderadas. Lesões de estruturas articulares ou fraturas instáveis também são contraindicações para o *biofeedback*.

Visão geral da evidência

A eficácia do *biofeedback* EMG está em uma reeducação neuromuscular clinicamente bem aceita. A principal preocupação se relaciona à precisão do aparelho na detecção do sinal bruto do músculo. Eletrodos de superfície são mais sensíveis aos músculos superficiais. A aplicação dos eletrodos, o ruído eletromagnético e a variabilidade tecidual (p. ex., a quantidade de hidratação) geram significativa variabilidade nos sinais produzidos até mesmo pelo mesmo sujeito.[182]

A despeito da base fisiológica para a utilização do *biofeedback* EMG na reeducação muscular, os benefícios clínicos desta técnica não foram comprovados na literatura. A principal razão é a falta de pesquisas publicadas e as diferenças metodológicas nesses estudos.[197]

Aplicação clínica de *biofeedback*

Instrumentação

Os aparelhos de *biofeedback* variam desde o mais simples ao mais complexo. Aparelhos portáteis "domiciliares" possuem menos recursos e são mais fáceis de usar do que os modelos clínicos. A descrição seguinte é de um aparelho médio típico. Deve-se consultar o manual do usuário do aparelho específico em uso para uma descrição mais detalhada quanto a seu funcionamento.

Alarme: identifica um intervalo-alvo para a atividade EMG. O *feedback* é acionado quando a atividade EMG está dentro de um intervalo especificado do valor-alvo ou está significativamente acima ou abaixo de níveis predefinidos (ver **Faixa de sensibilidade**).

Saída: determina o tipo de *feedback* disponível. *Feedback* visual aparece por meio de um medidor ou um gráfico de barras. A saída de áudio é normalmente ajustável entre várias frequências. Muitos modelos permitem que uma interface de computador apresente o *feedback* em um método gráfico no monitor do computador. Os computadores podem armazenar os resultados da sessão.

Faixa de sensibilidade: este controle permite ajustes grosseiros sobre o nível neuroelétrico necessário para obter *feedback*. O *feedback* pode ser **limiar**, um alarme constante ou uma indicação visual que é eliciado uma vez que o limiar tenha sido atingido, ou **progressivo**, em que o nível de *feedback* aumenta com a intensidade assim que o limiar tenha sido atingido.

Estatísticas: alguns aparelhos de *biofeedback* calculam as estatísticas de atividade muscular do paciente. Estes dados podem ser usados para avaliar o programa de reabilitação. Medidas como a média, o máximo e o desvio padrão da quantidade de atividade EMG fornecem informações quantitativas para avaliar o progresso do paciente.

Ajuste: permite ajustes finos no limiar necessário para obter *feedback*.

Volume: ajusta a saída audível do *feedback*. O retorno audível pode vir de um alto-falante embutido ou por meio de fones de ouvidos.

Configuração e aplicação

Preparação do paciente

1. Questionar o paciente para descartar a presença de contraindicações.
2. Retirar qualquer sujeira, óleo ou maquiagem na área em que os eletrodos serão aplicados por meio da limpeza da pele com álcool. Essas subs-

---

Em foco:
***Biofeedback* eletromiográfico**

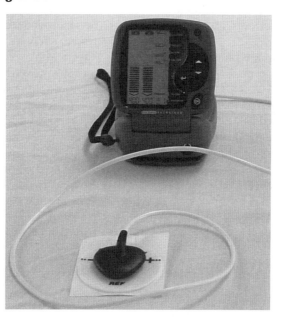

Descrição

O *biofeedback* eletromiográfico detecta a quantidade de atividade elétrica associada a uma contração muscular e a converte em um *feedback* visual e/ou auditivo, que promove a força da contração ou facilita o relaxamento muscular.

Tratamento

O *biofeedback* pode ser realizado diariamente, conforme necessário, seja no ambiente clínico ou no domiciliar. Deve-se estar atento a qualquer dor muscular que possa ocorrer após o exercício e ajustar o protocolo de tratamento em conformidade.

Indicações

- Facilitar contrações musculares
- Recuperar o controle neuromuscular
- Diminuir o espasmo muscular
- Promover o relaxamento sistêmico

Contraindicações

- Condições em que as contrações musculares possam lesionar os tecidos
- Condições em que a contração possa causar movimento articular

Precauções

- Não exceder a amplitude de movimento prescrita
- Evitar a tensão muscular excessiva que possa afetar enxertos ou outras restrições teciduais

tâncias impedem a condução dos sinais bioelétricos, da mesma forma que o excesso de pelos no local em que os eletrodos serão colocados. Raspar a área, se aplicável.

3. Aparelhos de *biofeedback* muito sensíveis podem exigir que o local do eletrodo seja levemente desgastado com uma lixa.

4. Aplicar um gel condutor apropriado para os eletrodos.

5. Prender os eletrodos sobre um ponto motor perto do ventre do músculo-alvo da terapia (ver Anexo C). Caso não haja um gráfico de pontos motores disponível, deve-se localizar os eletrodos sobre o ventre muscular. Notar que os eletrodos ativos devem ser aplicados sobre o músculo-alvo. O eletrodo de referência pode ser colocado em qualquer local do corpo, mas, por convenção, ele normalmente é colocado entre os dois eletrodos ativos (ver Fig. 18.3).

6. Conecte o eletrodo comum nos plugs de ENTRADA do aparelho.

7. LIGAR o aparelho.

8. Ajustar a SAÍDA para o modo desejado de *feedback* (visual, auditivo ou os dois).

9. Fornecer instruções para o indivíduo quanto ao uso adequado de *biofeedback*, incluindo a definição dos objetivos.

10. O paciente deve estar livre de distrações visuais e auditivas no decurso da sessão.

Facilitação da contração isométrica do músculo

1. Instruir o paciente a relaxar o segmento corporal tanto quanto possível.

2. Colocar o segmento corporal na posição desejada.

3. Instruir o paciente a contrair o músculo ao máximo.

4. Ajustar a **faixa de sensibilidade** ao valor mais baixo que não forneça *feedback* e anotar o valor.

5. Orientar o paciente a relaxar da melhor forma possível.

6. Definir a **faixa de sensibilidade** a aproximadamente dois terços do valor.

7. Instruir o paciente a contrair o músculo até que o *feedback* máximo seja obtido e, em seguida, manter a contração por 6 segundos.

8. Orientar o paciente a relaxar completamente, de modo que o medidor reconfigure a linha de base antes da próxima contração.

9. Se o paciente for utilizar um fone de ouvido durante o tratamento, completar duas ou três contrações usando o alto-falante enquanto o paciente está sob supervisão, a fim de familiarizá-lo com o tratamento antes da sua utilização.

10. Repetir as contrações como indicado. Caso o grupo muscular esteja gravemente atrofiado, o número de contrações normalmente é limitado de 10 a 15, em razão da fadiga.

11. Ao diminuir a sensibilidade, o paciente terá de provocar uma contração mais forte para receber o *feedback*.

12. Se o indivíduo não for capaz de evocar uma contração, referir-se às estratégias apresentadas na Tabela 18.2.

Término do procedimento

1. Retirar os eletrodos e limpar qualquer excesso de gel.

2. Caso estejam sendo utilizados eletrodos descartáveis, descartá-los após a utilização.

3. Para evitar a dependência do *biofeedback*, deve-se orientar o paciente a realizar baterias adicionais de contrações sem a ajuda do aparelho para "lembrar" como executar as contrações.

Manutenção

Após cada uso

Limpar o estojo do *biofeedback*, os fios e os fones de ouvido com um limpador suave.

Em intervalos regulares

Inspecionar regularmente os fios de eletrodo de chumbo e os plugs quanto a torções, esgarçamentos e defeitos.

Capítulo 19

Laserterapia de baixa intensidade

O espectro de luz abrange as energias ultravioleta, visível e infravermelha. Embora alguns efeitos térmicos possam ser obtidos a partir dessas modalidades, os principais benefícios são derivados de efeitos fotoquímicos.

A energia eletromagnética é a forma mais abundante de energia no universo. A energia encontrada no espectro eletromagnético, incluindo as ondas de rádio e raios-x, é classificada pela frequência e duração de sua onda (Anexo A). A luz, uma forma de energia eletromagnética, possui três classificações gerais: ultravioleta, visível e infravermelha (Fig. 19.1). A energia que possui um comprimento de onda superior a 780 **nanômetros** (nm) (a extremidade superior da luz visível) é a energia infravermelha. A luz ultravioleta (UV) do espectro está localizada na área abaixo da faixa de luz visível (380 nm).

Muitas modalidades terapêuticas apresentadas neste texto utilizam a energia dentro da faixa de luz do espectro eletromagnético, embora a energia luminosa possa não ser visível para os seres humanos. A luz UV é utilizada para o tratamento de certas doenças da pele. Lasers médicos produzem feixes de energia que podem causar tanto a destruição dos tecidos como efeitos terapêuticos no interior dos tecidos.

Lasers terapêuticos

Lasers produzem uma luz **monocromática** altamente refinada na faixa ultravioleta, visível ou infravermelha. Lasers, um acrônimo para *Light Amplification by Stimulated Emission of Radiation*, consistem de luz altamente organizada (**fótons**) que provoca eventos fisiológicos nos tecidos. A **laserterapia de baixa intensidade (LBI)** normalmente não causa destruição tecidual.[198] A U.S. Food and Drug Administration (FDA), órgão de regulação dos Estados Unidos, aprovou a la-

serterapia para o tratamento de **síndrome do túnel do carpo**, dor musculoesquelética no ombro e cervicalgia; no entanto, ela é utilizada clinicamente em uma gama vasta de condições.

A energia produzida por lasers terapêuticos pode ter um comprimento de onda entre 650 e 1.200 nanômetros (nm).[199] Esta faixa inclui a luz UV, visível e infravermelha do espectro eletromagnético. A frequência (comprimento de onda) determina a cor da luz do laser. Frequência e comprimento de onda, muitas vezes usados como sinônimos, são inversamente relacionados entre si: conforme a frequência aumenta, o comprimento de onda diminui (e vice-versa). Os fótons emitidos durante a LBI ativam determinados receptores da pele que estimulam ou inibem eventos fisiológicos. Estes efeitos são provocados pela ativação de **cromóforos**, partes de uma molécula (geralmente **melanina** e hemoglobina) que absorvem luz com uma cor (comprimento de onda) específica. Em razão da especificidade dos cromóforos em absorver a energia luminosa, acredita-se que o comprimento de onda determine quais receptores da pele são afetados.[200]

Lasers de classe 4 ("lasers quentes") produzem alterações térmicas nos tecidos, fazendo com que os tecidos sejam destruídos, evaporados ou desidratados, ou causando coagulação proteica (ver Tab. 19.1).[201] Lasers quentes são utilizados para cirurgia, redução capsular, cirurgia ocular e remoção de rugas e tatuagens. Em razão de seu potencial destrutivo, lasers de alta potência não são encontrados no contexto da reabilitação.

Outras formas de terapia incluem lâmpadas de luz ultravioleta, diodos superluminosos (SLDs) e diodos emisso-

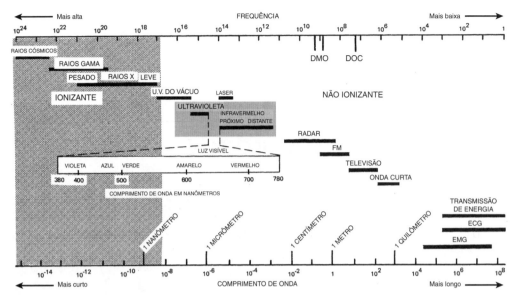

Figura 19.1 O espectro eletromagnético. A parte visível do espectro da luz consiste em energia com um comprimento de onda de cerca de 380 a 780 nm. A luz infravermelha tem um comprimento de onda entre 780 e 12.500 nm; energia com um comprimento de onda entre 180 e 400 nm está na faixa ultravioleta. Há uma pequena quantidade de sobreposição entre a faixa de luz visível e as faixas da luz ultravioleta e infravermelha.

res de luz (LEDs). Esses tipos de modalidades de luz são relatados como capazes de evocar alguns dos efeitos da fototerapia, porém seus efeitos biofísicos são diferentes. Um aplicador de laser pode incluir LEDs e SLDs para produzir luz visível para auxiliar no direcionamento do laser, especialmente quando a saída do laser não se encontra na faixa de luz visível. Alguns fabricantes podem incluir LEDs e SLDs para promover um efeito aditivo ao tratamento a laser.

Características do laser

Os lasers produzem um feixe de luz homogêneo e refinado, que é caracterizado por três aspectos: a luz é (1) monocromática, (2) coerente e (3) colimada. **Monocromática** significa que toda a energia luminosa possui o mesmo comprimento de onda, produzindo assim a mesma cor. A luz solar, ao passar através de um prisma, cria um arco-íris de cores porque ela possui luzes de diferentes comprimentos de onda. A luz laser, ao passar por um prisma, simplesmente se inclina, e a cor ao deixar o prisma é idêntica à que entrou nele.

Fótons de luz viajam em ondas com diferentes comprimentos. Este comprimento de onda determina a cor da luz. Quando todas as ondas de luz estão em fase, elas são ditas **coerentes** (Fig. 19.2). A luz de uma lâmpada se espalha – diverge – na medida em que viaja. A luz do laser é **colimada** porque o feixe não tende a divergir conforme viaja através do espaço.

Nos Estados Unidos, os lasers são classificados pelo Center for Devices and Radiological Health (CDRH) do FDA com base no **Limite de Emissão Acessível** (LEA).

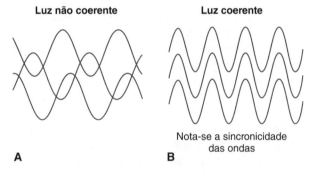

Figura 19.2 Ondas de luz em fase e fora de fase. Luz tendo o mesmo comprimento de onda, mas os fótons estão fora de fase. Com a luz coerente, os fótons estão em fase.

O LEA é o nível de potência máxima admissível para cada classe, variando de 1 (risco mínimo de causar danos) a 4 (risco extremo) (Tab. 19.1).

Parâmetros de saída do laser

Nos Estados Unidos, os lasers terapêuticos possuem um comprimento de onda de 650 nm a 1.200 nm. As saídas de baixa e média potência associadas à LBI não causam alterações térmicas significativas nos tecidos, de modo que se acredita que os benefícios terapêuticos estejam relacionados a eventos fotoquímicos.[199,202] A magnitude da reação do tecido à luz do laser se baseia nas características físicas de saída quanto à frequência/comprimento de onda (absorção, reflexão e transmissão), na densidade de potência (irradiância), na duração do tra-

Tabela 19.1 Sistema de classificação do Center for Devices and Radiological Health Laser da U.S. Food and Drug Administration

Classificação	Descrição
1	Estes lasers são isentos da maioria das medidas de controle. A saída do laser ou é segura para o olho humano ou é contida dentro do dispositivo de maneira a impedir o laser de escapar. Não é necessária qualquer rotulagem especial.
2	Lasers de baixa potência – luz visível pode ser emitida. Saída não ultrapassa 1 mW. O reflexo normal de piscar de olhos (cerca de 0,25 s) protege o olho do contato direto com a saída do laser. Devem ser rotulados com "**CUIDADO – Radiação laser: não olhe fixamente no feixe.**"
2a	Laser visível é produzido (p. ex., um leitor de código de barras). Podem ocorrer danos aos olhos caso o laser penetre no olho por mais de 1.000 segundos. A rotulagem é a mesma usada para lasers do tipo 2.
3a	Produz uma saída de até 5 mW. O contato direto com o olho por curtos períodos não é perigoso. Visualizar o laser por meios óticos de aumento, tais como óculos, pode representar um risco. Devem ser rotulados com "**CUIDADO – Radiação laser: não olhe fixamente no feixe ou diretamente com instrumentos ópticos.**" Lasers de classe 3A não exigem que o paciente e o clínico usem óculos de proteção durante o tratamento.
3b	Lasers de média potência que produzem uma saída de 5 a 500 mW. O contato direto da saída do laser com os olhos pode resultar em danos. Devem ser rotulados com "**PERIGO – radiação laser visível e/ou invisível – evitar a exposição direta ao feixe.**" O paciente e o clínico (e qualquer pessoa na área imediata) deve usar óculos de proteção durante o tratamento.
4	Lasers de alta potência com uma saída superior a 500 mW. O contato direto ou indireto com a pele e os olhos pode ser perigoso. Contaminantes tóxicos transportados pelo ar podem ser produzidos. A saída gera um perigo de incêndio. Devem ser rotulados com "**PERIGO – radiação laser visível e/ou invisível – evitar a exposição dos olhos ou da pele ao feixe direto ou disperso.**"

tamento e na vascularização dos tecidos-alvo.[199, 203] A profundidade de penetração também é afetada pela melanina da pele e pelo conteúdo de hemoglobina do sangue, os dois capazes de absorver fótons.[200]

Os efeitos que ocorrem a partir da absorção de fótons são denominados **efeito direto**. Um **efeito indireto** é produzido por eventos químicos causados pela interação dos fótons emitidos do laser e dos tecidos. O efeito indireto pode produzir mudanças que ocorrem mais profundamente nos tecidos do que as causadas pelo efeito direto.

Em alguns casos, os lasers terapêuticos requerem um aparelho de base que contenha o gerador de laser (Quadro 19.1). A saída é aplicada ao corpo por meio de um cabo de fibra óptica e um aplicador de mão. O meio de laser (p. ex., arsenieto de gálio e alumínio, argônio, hélio-neônio) determina o comprimento de onda – e portanto os efeitos – da saída do laser.

Comprimento de onda e frequência

O comprimento de onda e a frequência são inversamente proporcionais. Comprimentos de onda longos possuem uma frequência menor do que os comprimentos de onda mais curtos (ver Anexo B). LBI possui uma frequência de até 5.000 Hz, uma duração de 1 a 500 mi-

lissegundos, e um intervalo interpulso de 1 a 500 milissegundos, embora haja alguma variabilidade dependendo da marca e do modelo do aparelho.[204]

A profundidade de penetração do laser, o ponto em que os fótons são absorvidos pelos tecidos, depende do comprimento de onda da luz. Lasers com comprimentos de onda maiores (800 a 1.000 nm) penetram mais profundamente nos tecidos do que aqueles com comprimento de onda menores (600 a 700 nm). Existe uma "janela ótica" na qual a penetração da energia luminosa através dos tecidos é maximizada. Essa janela é contingente ao tipo e consistência dos tecidos. [199] A quantidade de potência – discutida na próxima parte – também afeta a profundidade da penetração.

Evidência prática

Foi demonstrado que os lasers de hélio-neônio (HeNe) são os mais efetivos na estimulação da cicatrização tecidual; lasers de arsenieto de gálio e alumínio (AsGaAl) parecem ser mais efetivos na redução da dor.[205,206]

O comprimento de onda do laser depende do meio utilizado (Tab. 19.2). Novos métodos de avaliação têm indicado que alguns lasers de baixa potência podem afetar teci-

Quadro 19.1 Produção do laser

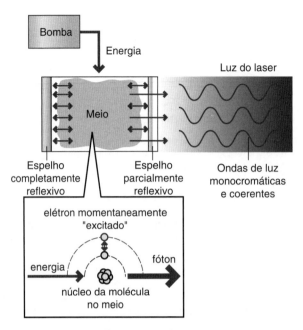

A produção do laser requer quatro componentes essenciais: (1) um meio ativo (de amplificação), (2) um mecanismo para excitar o meio (uma bomba), (3) um espelho refletor e (4) um espelho parcialmente refletor que permita alguma transmissão luminosa e reflita o restante.

Os lasers são referidos pelo tipo de meio ativo (os átomos que são estimulados a produzir a luz) que utilizam, por exemplo, HeNe (hélio-neônio) ou AsGa (arsênio-gálio). O meio ativo é um sólido, um líquido ou um gás que contenha os átomos, moléculas ou íons capazes de armazenar energia e que, quando estimulados, liberam essa energia na forma de luz. Qualquer aumento subsequente na energia luminosa por meio do mecanismo laser é conhecida como **ganho**.

Por meio de um processo conhecido como **bombeamento**, a energia é introduzida no meio ativo. Para um meio sólido, o bombeamento é obtido ao se irradiar o meio com uma luz brilhante; meios gasosos são energizados pela passagem de uma corrente elétrica através deles.

Quando um fóton de luz é absorvido por um átomo, uma molécula ou um íon, um elétron exterior se move de sua órbita normal, seu **estado base**, para uma órbita maior denominada **estado excitado**. Ao ser movido para uma órbita maior, o elétron, e por conseguinte o átomo, alcança um estado de maior energia. Após uma breve permanência (menos que um milionésimo de segundo) na órbita maior, o elétron retorna espontaneamente ao seu estado base e, nesse processo, libera um novo fóton. O fóton liberado terá o mesmo comprimento de onda (e, assim, a mesma frequência) do fóton que havia sido absorvido.

A **resposta estimulada** ocorre quando um fóton se choca com um átomo que já se encontra no estado excitado, e faz com que o elétron que se encontra na órbita maior se mova para uma menor. Nesse caso, em vez de um único fóton sendo liberado, dois fótons são liberados. Cada um desses fótons possui o mesmo comprimento de onda e está em fase. Quando há mais átomos no estado excitado que no estado base — uma **inversão de população** — mais fótons são emitidos que absorvidos, constituindo a base para a emissão do laser.

Um gerador de laser consiste em um **oscilador**, o meio ativo localizado entre dois espelhos. Um dos espelhos reflete 100% dos fótons que se chocam com ele e o outro é apenas parcialmente reflexivo. Fótons que são refletidos do espelho são refletidos novamente para o meio para uma maior amplificação. Aqueles fótons que são transmitidos através do espelho parcialmente reflexivo formam a saída do laser.

Tabela 19.2 Tipos de lasers terapêuticos

Nome	Abreviatura	Comprimento de onda (NM)	Faixa de luz
Argônio	Ar	488	Azul
Arsenieto de gálio	AsGa	904	Infravermelho
Arsenieto de gálio e alumínio*	AsGaAl	830	Infravermelho
Hélio-neônio	HeNe	632,8	Vermelho
Fosfato de alumínio, gálio e índio	InGaAlPO^4	670	Vermelho

* O arsenieto de gálio e alumínio pode ser manipulado para criar diferentes comprimentos de onda.

dos a até 2 cm de profundidade secundariamente a respostas indiretas, especialmente quando aplicados sobre proeminências ósseas, tais como a coluna cervical e o crânio.[207]

Os **lasers de hélio-neônio (HeNe)** estimulam uma mistura de gases hélio e neônio, produzindo luz com um comprimento de onda de 632,8 nm, dentro da faixa de luz vermelha visível. A saída máxima do laser HeNe geralmente é de 1 mW ou menos (embora alguns modelos possam produzir uma saída entre 0,5 e 35 mW), e a energia pode penetrar de 0,8 a 15 mm.[208] O efeito indireto pode produzir alterações teciduais mais profundas que 15 mm. Tipicamente, os lasers de HeNe possuem uma saída na faixa de 14 a 29 mJ (milijoules, 10^{-3} joules). A disponibilidade clínica de laser de HeNe é limitada em razão de seu custo relativamente alto.

O **laser de arsenieto de gálio (AsGa)** é produzido por um chip diodo semicondutor e libera uma onda de luz entre 904 e 910 nm. Este comprimento de onda coloca o laser de AsGa dentro do espectro infravermelho (invisível ao olho humano). A energia pode penetrar nos tecidos em até 2 cm. Lasers de AsGa podem produzir até 2 mW de saída, a qual muitas vezes é pulsada, produzindo uma potência média significativamente mais baixa do que os lasers de HeNe (ver Potência e dosagem de tratamento). Os lasers de AsGa possuem um sistema que aponta uma luz visível, que se acende quando o laser está sendo emitido, para direcionar os efeitos do tratamento.

O **laser de arsenieto de gálio e alumínio (AsGaAl)** possui diodos múltiplos, com cada diodo produzindo até 30 mW de potência em um comprimento de onda de 830 nm. As saídas dos diodos se combinam para produzir uma saída total de tratamento de 90 mW, teoricamente obtendo uma maior profundidade de penetração.[209] Embora os sistemas multidiodos produzam uma saída maior, suas especificações de dosagem não são claras.[202]

Potência

A dosagem, a quantidade de energia aplicada aos tecidos, é semelhante àquela utilizada para o ultrassom terapêutico. A densidade de potência do tratamento é expressa em miliwatts por centímetro quadrado (mW/cm²), e baseia-se na saída do laser (expressa em mW)

e na área da superfície (circunferência) da energia emitida. Este cálculo baseia-se na seguinte fórmula:

$$\text{Densidade de potência (mW/cm}^2) = \text{Watts (mW)/área-alvo (cm}^2)$$

A saída do laser é descrita em joules, e é a medida de saída mais significativa quando é utilizada a emissão pulsada do laser. Este cálculo interfere na quantidade real de tempo em que a energia é produzida, e é expresso em termos de joules por centímetro quadrado (J/cm²):

$$\text{Densidade de energia (J/cm}^2) = \text{Watts (W)} \times \text{Tempo (s)/área-alvo (cm}^2)$$

Dosagem de tratamento

A maior parte dos tratamentos de LBI se baseia em tratamentos orientados pela dose por unidade de área. A duração do tratamento é baseada na densidade de energia (Joules por centímetro quadrado [J/cm²]), potência média da saída e área do feixe de saída. A maioria dos geradores executa o seguinte cálculo para determinar a duração do tratamento:

$$\text{Duração do tratamento} = (\text{J/cm}^2/\text{potência média}) \times \text{área-alvo (cm}^2)$$

Evidência prática

Semelhante ao ultrassom terapêutico, muitos tratamentos LBI são aplicados a uma dosagem muito inferior à esperada para evocar respostas biológicas.[210] A dosagem adequada é necessária para que se produzam os efeitos fisiológicos desejados.

Por exemplo, assumindo uma dose de tratamento de 5 J/cm², com uma saída média de 1 mW em uma área de um centímetro quadrado. O tempo total de tratamento seria:

Duração do tratamento = (5 J/cm²/0,001 W) × 0,01 cm²
Duração do tratamento = 5.000 × 0,01 cm²
Duração do tratamento = 50 segundos

A dosagem clínica comum de LBI varia de 0,5 a 10,0 J/cm². Como a maioria das modalidades terapêuticas, o princípio Arndth-Schultz determina a dosagem apropriada (ver Anexo A).[211] Doses insuficientes não irão estimular a resposta desejada; doses demasiadamente intensas causarão danos nos tecidos ou dificultarão o processo de cicatrização.

Os quadros agudos são tratados com uma potência menor que 0,5 J/cm². A dosagem para doenças crônicas é normalmente inferior a 3,0 J/cm² (Tab. 19.3). Os fabricantes de laser, individualmente, publicam a intensidade e as durações de tratamento recomendadas, embora a base de evidência para essa tomada de decisão ainda seja ausente. Nos aparelhos que combinam laser e emissores de LED e/ou de SLD, a dosagem e a aplicação devem ser determinadas apenas pelo número de diodos laser.

Efeitos sobre
O processo de resposta à lesão

A energia laser pode estimular tecidos a profundidades de até 2 cm abaixo da superfície da pele.[212,213] Embora diversos estudos tenham demonstrado os efeitos positivos da LBI, o mecanismo de ação exato ainda necessita ser identificado. Evidências recentes sugerem que os benefícios biofísicos estejam mais relacionados ao efeito fotomecânico ou fotoquímico do que ao efeito fototérmico.[204] Esta resposta baseia-se na **primeira lei da Fotobiologia**, a qual pontua que, para que a luz afete o tecido, ela deve ser absorvida por receptores específicos (Fig. 19.3).[199]

Nos tecidos humanos, os fotorreceptores primários (cromóforos) incluem hemoglobina, COX, **mioglobina**

Tabela 19.3 Dosagem de tratamento com base na patologia

Condição	Estado inflamatório	
	Aguda	Crônica
Tendinopatia	24 a 30 J	35 a 40 J
Entorses	25 a 30 J	35 a 45 J
Distensões	25 a 35 J	35 a 45 J

A dosagem de tratamento deve ser aplicada com base na densidade da energia (J/cm²).
Esta tabela é fornecida como uma amostra. Deve-se consultar a recomendação do fabricante e a literatura corrente para a dose recomendada.
Adaptado de McLeod IA. Low-level laser therapy in athletic training. Athl Ther Today. 9:17, 2004.

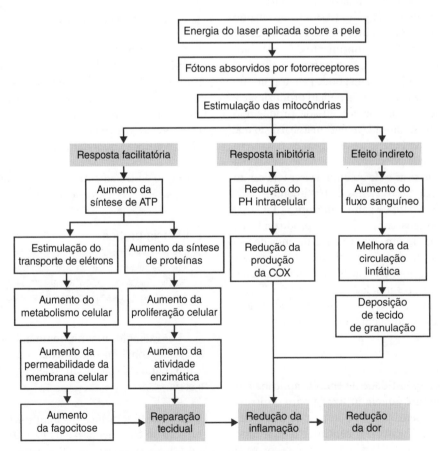

Figura 19.3 Mecanismo proposto para a laserterapia de baixa intensidade.

e **flavoproteínas**. A energia dos fótons absorvidos afeta a mitocôndria, o que estimula a produção de trifosfato de adenosina (ATP).[205] A energia produzida pelo ATP altera a atividade em nível molecular, incluindo a estimulação de curto prazo da cadeia de transporte de elétrons, a estimulação da cadeia respiratória mitocondrial, o aumento da síntese de ATP e uma redução no pH intracelular e na produção de COX.[199,202]

Acredita-se que essas ações afetem o tecido gerador da dor, como áreas de espasmo muscular, ao restaurar as propriedades normais do tecido muscular por meio do aumento da formação de ATP e de um aumento na atividade enzimática.[213,214] Os efeitos da energia do laser são mais pronunciados quando as células estão traumatizadas, possivelmente explicando a ausência de mudanças fisiológicas observadas em estudos contando com a participação de sujeitos saudáveis.[204,209,215]

Inflamação e reparação tecidual

Embora o mecanismo de ação exato ainda necessite ser fundamentado, a laserterapia pode produzir respostas anti-inflamatórias ou pró-inflamatórias que afetam a cura. Os efeitos biofísicos dependem do tipo do laser e da potência aplicada (Fig. 19.4).[216] Há áreas de sobreposição em que ocorrem efeitos múltiplos. No intervalo de aproximadamente 2,5 a 5 J, ocorre um efeito anti-inflamatório e uma estimulação de fibroblastos. Na faixa de cerca de 7 até 14 J, os efeitos anti-inflamatórios continuam, porém a produção de fibroblastos é inibida.[210,216] Os efeitos anti-inflamatórios parecem ser mais pronunciados com lasers nas faixas vermelha alta ou infravermelha (p. ex., HeNe, AsGa e AsGaAl).[210]

Lasers AsGa promovem a cicatrização muscular na fase inflamatória ativa.[217] O laser de HeNe aplicado dois dias após a lesão em intervalos de 48 horas é mais eficaz na promoção da cicatrização do que placebo, nos primeiros 21 dias.[205]

Evidência prática

Quando aplicada a uma dosagem suficiente e adequada, a LBI traz alívio da dor e produz marcadores anti-inflamatórios que são significativamente melhores do que os marcadores observados ao se utilizar o placebo.[210]

Cicatrização

Os lasers são utilizados para auxiliar na cicatrização de feridas superficiais, incluindo ulcerações da pele, incisões cirúrgicas e queimaduras. Em razão de sua potência relativamente baixa, os lasers de HeNe são menos efetivos na destruição de bactérias do que os lasers de fosfato de alumínio, índio e gálio (InGaAlPO$_4$).[218]

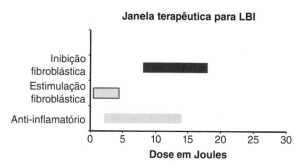

Figura 19.4 Dosagem em joules requerida para afetar a reparação tecidual. Adaptado de Lopes-Martin RAB, Penna SC, Joensen J, Iversen VV, et al: Low level laser therapy [LLLT] in inflammatory and rheumatic diseases: A review of therapeutic mechanisms. *Curr Rheumatol Rev.* 3:147, 2007.

O processo de cicatrização é reforçado pela atividade fagocítica acelerada e pela destruição seletiva de bactérias.[218,219] Acredita-se que a absorção de fótons cause um aumento da síntese de ATP, o que acelera o metabolismo celular e estimula a liberação de radicais livres.[218,220] A permeabilidade da membrana celular é alterada e há um aumento na atividade de fibroblastos, linfócitos e macrófagos.[221] As circulações sanguínea e linfática são melhoradas na área circundante da área de tratamento, promovendo o crescimento de tecido de granulação[222] e o crescimento de novos capilares.[210] O aumento da proliferação fibroblástica tem sido associado à LBI; a resposta parece ser específica ao tecido e ao comprimento de onda.[204] Também se acredita que a laserterapia aumente o conteúdo de colágeno e aumente a resistência à tração de feridas em processo de cicatrização.[223]

Os efeitos bactericidas do laser de baixa potência são reforçados pela pré-aplicação de fotossensibilizantes. Estas substâncias, que não devem ser confundidas com medicamentos fotossensibilizantes tais como a tetraciclina, absorvem a luz que possua uma frequência específica, aumentando a intensidade da saída do laser. O aumento da absorção a laser aumenta a permeabilidade da membrana celular e aumenta a produção de radicais livres e de **oxigênio singlete**, e ocorre a morte celular seletiva.[218]

Redução da dor

A LBI tem sido usada para diminuir as dores aguda e crônica. Os mecanismos propostos de redução da dor incluem a alteração da velocidade de condução nervosa ou a diminuição do espasmo muscular.[224] Essas abordagens de controle da dor têm sido aumentadas com o uso de bloqueios simpáticos e medicação antidepressiva.[225] O laser de baixa intensidade pode reduzir a taxa e a velocidade dos impulsos nervosos sensoriais nos nervos inflamados, mas as alterações são raramente observadas em nervos saudáveis.[210] A diminuição da síntese de prostaglandinas também pode contribuir para a diminuição da dor.[215,216]

As teorias sobre como o laser interrompe a condução do nervo sensorial incluem efeitos semelhantes aos observados durante a aplicação de frio, porém sem as alterações térmicas.[208] O laser de AsGaAl de baixa intensidade, com um comprimento de onda de 830 nm e aplicado a 9,6 J/cm²,[227] e o laser de HeNe, com um comprimento de onda de 632,8 nm e aplicado a 19 mJ/cm²,[208] reduziram a taxa de condução do nervo no local do tratamento e distalmente. Estes efeitos tiveram um período de latência significativa após o tratamento.

A redução da resistência da pele indica a presença de áreas hipersensíveis locais, como pontos-gatilho e pontos de acupuntura. Laser de HeNe aplicado a pontos-gatilho[228] e a pontos de acupuntura cervicais correspondentes à dor causada pela fibromialgia[229] resultou no aumento da resistência da pele e na diminuição da dor. O laser de AsGaAl, aplicado a 50 mW (dose total = 2 J) por 1 minuto (dose total = 2 J) em cada articulação sensível, demonstrou diminuição significativa da dor e melhora da função clínica após 10 dias de tratamento (5 dias por semana durante 2 semanas).[215]

A laserterapia tem demonstrado ser capaz de reduzir a dor associada à neuralgia pós-herpética[225] e de resolver neurapraxia.[222] Outra possível explicação para a redução da dor após o tratamento a laser é a liberação de opiáceos endógenos.[210,230]

Evidência prática

Laser com comprimento de onda de 904 nm (AsGa) tem demonstrado ser efetivo no alívio da dor em curto prazo associada à epicondilite lateral.[231]

Consolidação de fratura

Acredita-se que muitos dos mesmos efeitos biofísicos que auxiliam na cicatrização dos tecidos moles melhorem a consolidação da fratura e a remodelação óssea por meio de um efeito indireto. Estes efeitos, incluindo o aumento da formação capilar, a deposição de cálcio, o aumento da formação de calo e a redução de hematoma, podem estar associados ao efeito direto ou indireto. Ao se chocar com os tecidos, os fótons podem criar ondas de micropressão que afetam a consolidação óssea de um modo semelhante aos estimuladores de crescimento ósseo ultrassônicos.[221,232]

Em modelo animal, tanto o laser de AsGa como o de AsGaAl, aplicados diariamente a 4,0 J/cm², aumentaram a densidade do calo de cicatrização em relação a um grupo-controle. No entanto, o comprimento de onda

mais longo do grupo laser de AsGa apresentou calos significativamente mais densos do que o grupo AsGaAl, mas não houve melhora na resistência à tração óssea.[232,233] Estudos de laboratório também têm demonstrado que o laser AsGaAl melhora a fixação óssea a implantes de titânio.[234] Um laser de dióxido de carbono (CO_2) de alta potência aumentou a taxa de absorção de hematoma e a remoção de tecidos necróticos, levando a uma maior consolidação da fratura em animais de laboratório.[221]

A maior parte dos estudos que comparam os efeitos da consolidação de fratura induzida pelo laser em relação a outras técnicas de estimulação do crescimento ósseo envolve estudos com animais. Neste ponto, esses estudos são limitados e inconclusivos. Um estudo sugere que não há diferença na consolidação entre laser e ultrassom (US) pulsado,[235] enquanto outros estudos sugerem uma melhora da cicatrização em relação ao US pulsado.[236,237] Estes resultados limitados impedem que eles possam ser aplicados na estimulação do crescimento ósseo humano.

Contraindicações e precauções

O laser produz radiação não ionizante, reduzindo a possibilidade de causar danos permanentes a estruturas celulares ou de ser prejudicial ao DNA. A retina é sensível à exposição a laser de baixa potência; mesmo o contato breve (um segundo) pode resultar em dano permanente à retina. A energia infravermelha é invisível, impedindo a proteção reflexa de piscar o olho. Dependendo do tipo de laser sendo utilizado, devem ser usados óculos de segurança apropriados tanto pelo paciente como pelo clínico (consultar as instruções do fabricante em relação à proteção ocular). Em razão do risco de aumentar a taxa de crescimento de células cancerosas, a terapia a laser de baixa potência não deve ser aplicada a tumores ou lesões cancerosas.

Alguns medicamentos, tais como tetraciclina, anti-histamínicos, contraceptivos orais e antidepressivos aumentam a sensibilidade da pele à luz solar. Nestes casos, o paciente inicia com uma dosagem abaixo do normal de LBI, e se observa qualquer reação adversa. Caso exista alguma pergunta sobre uma contraindicação potencial para a terapia a laser, deve-se entrar em contato com o médico do paciente ou um farmacêutico.

Algumas tintas de tatuagem funcionam como um fotossensibilizador, potencialmente predispondo o paciente a efeitos adversos do tratamento. Sempre que possível, deve-se evitar a aplicação de laser diretamente sobre tatuagens. Se a aplicação direta sobre tatuagens é inevitável, diminui-se a intensidade do tratamento inicial e se observa o paciente quanto a sinais de "queimadura" (semelhante a uma queimadura solar) ou ao aumento da inflamação. Esses sinais podem levar até 48 horas para serem observáveis.

Visão geral da evidência

A laserterapia de baixa intensidade é uma abordagem de tratamento em evolução que deve ser considerada no contexto de protocolo de tratamento não definido, diferentes formas de energia laser aplicada, resultados conflitantes e efeitos biofísicos desconhecidos. Embora a evidência para apoiar o uso da LBI esteja se edificando, é difícil tomar uma decisão informada em razão dos problemas metodológicos associados a diversos estudos. A aplicação da energia do laser aos tecidos com uma potência muito inferior à necessária para evocar alterações fisiológicas é, talvez, o maior fator de confusão na fundamentação da efetividade da laserterapia.[210] Outro fator de confusão é que o tecido saudável não parece reagir à energia do laser, negando os resultados dos estudos realizados em sujeitos saudáveis.[204,210,215]

Embora o laser terapêutico venha sendo usado para controlar a dor e, em outros termos, alterar a velocidade de condução nervosa, trabalhos científicos utilizando diversos tipos de lasers e uma série de parâmetros de saída não fundamentaram esse efeito de forma significativa.[202,209,212,239] Os benefícios anti-inflamatórios do laser de AsGa foram fundamentados por um estudo bem elaborado e controlado.[226] No entanto, diversos estudos anteriores concluíram que o tratamento com laser não era efetivo no tratamento da dor musculoesquelética,[210] incluindo dor miofascial,[240] epicondilite lateral,[239] dor ortopédica traumática,[241] artrite reumatoide[230] e extração dentária.[242] Duas meta-análises iniciais a respeito do efeito da laserterapia no tratamento de condições dérmicas e ortopédicas sugerem fortemente que esta não é uma modalidade efetiva para o tratamento de tais condições.[243,244]

Um estudo que investigou os efeitos do laser de HeNe, do laser de AsGa e do protocolo de tratamento padrão para dor e amplitude de movimento em casos de **tendinopatias** demonstrou que todos os três grupos de tratamento melhoraram ao longo de um período de duas semanas, porém os grupos de tratamento a laser não obtiveram benefícios significativos em relação ao grupo-controle.[245] Outros estudos, no entanto, demonstram melhora da função e redução da dor após LBI.[215,231,246]

Vários estudos investigando o efeito do laser na cicatrização de feridas têm questionado a eficácia desta tecnologia.[204] Contando com a participação de seres humanos, não foi encontrada diferença significativa nas taxas de cicatrização de úlceras venosas crônicas entre um grupo que recebeu o protocolo de tratamento padrão acrescido de laser de HeNe (aplicado a 6 mW) e um grupo que recebeu o tratamento padrão e laser placebo.[247] Um estudo de laboratório investigou as características da cicatrização de incisões lineares na pele de ratos e concluiu que a aplicação do laser de HeNe demonstrou ligeiros aumentos na resistência à tração e em outras medidas da cicatrização em

princípio, porém essas diferenças foram significativas apenas estatisticamente, e não clinicamente. Não houve nenhuma diferença em longo prazo nas características da cicatrização entre os grupos irradiado e não irradiado.[248]

Embora os efeitos em nível celular e o aumento da formação de calo em fraturas tratadas com lasers de AsGa e GaA1As[232] e de CO_2[221] tenham sido identificados, tais efeitos não foram repetidos ao se empregar os lasers de HeNe mais comuns, aplicados a 2 ou 4 J.[211] Ainda se carece da evidência de que o laser melhore a consolidação de fraturas.[232]

Um mecanismo de ação biológico fundamentado em resposta à LBI, a identificação do comprimento de onda específico para emprego em determinadas condições e a evidência de dosagens de tratamento adequadas são fatores que devem ser aprofundados pela laserterapia para que ela seja aceita pela medicina dominante.[210]

Aplicação clínica de lasers terapêuticos

Configuração e aplicação

A configuração, aplicação e dosagem são específicas do dispositivo. Deve-se consultar o manual de instrução para os procedimentos de aplicação exatos. Os dados a seguir são fornecidos como uma visão geral e não devem substituir o treinamento formal no dispositivo que está sendo usado. A maioria dos aparelhos possui protocolos pré-programados baseados no problema clínico a ser tratado (p. ex., dor, espasmo muscular, cicatrização de feridas).

A terapia com laser deve ser administrada em um espaço que evite a exposição involuntária à saída do laser por outras pessoas na instalação. Lasers de classes II e III somente devem ser administrados por aqueles que foram treinados para utilizar tais equipamentos.[238]

Instrumentação

Embora haja um número limitado de aparelhos de laser comercializados nos Estados Unidos, as funções e os tipos de saída de laser disponíveis (p. ex., HeNe, AsGa) geram diversidade na instrumentação. Quando as unidades produzidas fora dos Estados Unidos são consideradas, a diferença de instrumentação torna-se ainda maior.

Temporizador: Seleciona a duração do tratamento. Em alguns aparelhos, a função do temporizador pode ser ignorada ao se selecionar o interruptor **MANUAL**.

Frequência: Para a emissão pulsada, ajusta a frequência ou a duração, ou as duas características, dos pulsos de laser. Não confundir este parâmetro com a frequência de saída do laser. O comprimento de onda é a melhor descrição da energia sendo administrada.

Fonte: Seleciona o tipo de laser, tipicamente As-GaAl, AsGa ou HeNe.

Potência: Ajusta a saída, em watts. A quantidade total de energia é igual à potência de saída multiplicada pela duração do tratamento (joules = potência × duração). A saída total por unidade de área é medida em joules por centímetro quadrado (J/cm^2).

Preparação do gerador

1. Se for o caso, limpar a(s) lente(s) do laser com um produto de limpeza aprovado e/ou polir.
2. Determinar a dose de tratamento e a técnica a ser administrada durante o tratamento.
3. Selecionar o tamanho do cabeçote aplicador apropriado de laser.
4. Se o laser estiver sendo aplicado em feridas abertas, cobrir a face do aplicador com um plástico limpo para evitar a transmissão de contaminantes. Essa técnica resulta na perda de cerca de 8% do total da energia do laser.[249]
5. Selecionar a apresentação da potência de saída desejada. Joules por centímetro quadrado (J/cm^2) é a medida de saída recomendada.

Preparação do paciente

1. Assegurar-se de que o paciente esteja livre de quaisquer contraindicações para a aplicação da LBI.
2. Caso seja aplicável ao tipo de laser sendo utilizado, o paciente e o clínico devem utilizar óculos de proteção.
3. Limpar a área a ser tratada com água e sabão ou com algodão umedecido em álcool. Deixar a área secar completamente antes de iniciar o tratamento.
4. A crioterapia pode ser administrada antes da LBI. Acredita-se que o fluxo sanguíneo e a perfusão tecidual reduzidos aumentem a profundidade de penetração do laser e diminua os efeitos inflamatórios do tratamento. O aquecimento da área antes da aplicação aumenta o fluxo de sangue, diminuindo assim a profundidade de penetração e aumentando os efeitos inflamatórios.[200]
5. Determinar a técnica de aplicação a ser utilizada:
   Técnica de ponto: o laser é aplicado a pontos pré--determinados durante um período suficiente para fornecer a quantidade apropriada de energia.
   Técnica de grade: utilizada para áreas maiores, uma grade imaginária com pontos espaçados em 1 cm é colocada sobre a área de tratamento. O laser é então aplicado a cada ponto.[200]
   Técnica de exploração: este método de aplicação do laser se assemelha a aplicação tradicional dos Estados Unidos. A caneta laser é movi-

da lentamente sobre os tecidos-alvo até que a dose de tratamento desejada seja atingida. Este método de aplicação pode diminuir a transmissão de energia.

6. Ao se tratar uma articulação, posicioná-la na posição aberta (geralmente em flexão) dentro do conforto do paciente.

Início do tratamento

1. Determinar a **DOSAGEM** de tratamento em J/cm^2.
2. Selecionar a **DURAÇÃO** do tratamento (segundos). Se o gerador utiliza um tratamento orientado pela dose, a saída (J/cm^2) vai mudar em resposta às alterações na duração do tratamento.
3. Selecionar o modo de saída. Caso seja selecionado o modo pulsado, utilizar o controle **FREQUÊNCIA** para selecionar o número de pulsos. Frequências de pulso baixas (de 1 a 20 pps) são empregadas para promover a cicatrização tecidual; a dor é tratada com uma frequência superior a 20 pps.
4. Observar a dosagem com base na duração do tratamento, na frequência e no ciclo de trabalho empregados. Caso a dosagem esteja fora da faixa dos parâmetros de tratamento desejados, fazer os ajustes necessários.
5. Segurar o aplicador de modo que a energia laser atinja a pele em um ângulo de 90 graus.
6. Pressionar o botão **INICIAR**. Caso o cabeçote do laser requeira carregamento, um temporizador de contagem regressiva indicará o momento em que o tratamento realmente tiver início.
7. A menos que contraindicado, o aplicador deve permanecer em contato com a pele do paciente ao longo de todo o tratamento.

Manutenção

Após cada tratamento

1. Limpar o cabeçote utilizando um produto aprovado pelo fabricante.

Em intervalos regulares

1. Verificar todos os fios e cabos quanto a torções, esgarçamentos e cortes.
2. Verificar a lente quanto ao acúmulo de pó, sujeira e/ou óleo.

Anualmente

1. Fazer com que o aparelho seja inspecionado e calibrado por um técnico autorizado. Lasers LED podem necessitar ser recalibrados a cada seis meses.[238]

Em foco:
Lasers terapêuticos "frios"

Descrição

Laser é uma forma altamente organizada de luz ultravioleta, visível ou infravermelha. Os fótons que são absorvidos pelas células produzem mudanças diretas na função destas. Os efeitos indiretos incidem secundariamente a eventos fotoquímicos.

Efeitos primários

- Velocidade de condução nervosa alterada
- Vasodilatação de microvasos
- Aumento da produção de ATP
- Aumento da produção de colágeno
- Aumento da atividade de macrófagos

Duração do tratamento

A duração do tratamento depende do tipo de laser a ser utilizado (p. ex., hélio-neônio), da patologia a ser tratada e da potência de saída.

Indicações

- Cicatrização de feridas
- Consolidação de fratura
- Dor musculoesquelética
- Dor miofascial/fibromialgia[215]
- Pontos-gatilho
- Condições inflamatórias
- Osteoartrite
- Artrite reumatoide
- Artrite
- Síndrome do túnel do carpo

Contraindicações

- Aplicação aos olhos
- Aplicação sobre a glândula tireoide
- Aplicação de alta intensidade sobre áreas de hemorragia
- Sobre áreas de trombose venosa profunda ou tromboflebite ativas
- Sobre áreas cancerosas
- Não aplicar na região lombar ou no abdome durante a gravidez
- Não aplicar nos testículos

Precauções

- LBI não deve ser aplicado no prazo de 6 meses da radioterapia.
- Em razão dos efeitos desconhecidos, os lasers não devem ser aplicados sobre placas epifisárias não fundidas ou ser administrados a crianças pequenas.
- O paciente pode sentir tonturas durante o tratamento. Se isso ocorrer, deve-se interromper o tratamento. Caso o episódio se repita, a terapia a laser não deve ser aplicada ao paciente.
- Deve-se ter cuidado com pacientes que estejam fazendo uso de medicamentos que aumentem a sensibilidade à luz, incluindo alguns anti-histamínicos, contraceptivos orais, anti-inflamatórios, tetraciclinas e antidepressivos.
- Algumas tintas de tatuagem podem aumentar a absorção da energia do laser.

Revisão da Parte 5

Estudo de caso: Bertha

Bertha é uma mulher de 62 anos de idade que sofreu uma fratura no punho direito há seis semanas. Ela foi tratada com imobilização por meio de uma tala de fibra de vidro. A tala foi removida há três dias pelo médico, e hoje você é o terapeuta que irá tratar essa paciente. As principais limitações que ela apresenta são a dor em repouso, com escore de 4/10, e em atividade, com 10/10; amplitude de movimento ativa e passiva do punho limitada em mais de 50%; e força reduzida em razão da dor e do edema. Seu edema mede 3 cm a mais na porção mediana da palma direita do que na esquerda. Ela é clinicamente saudável, exceto por um histórico de câncer de ovário há 20 anos, que foi tratado com sucesso.

1. Quais são algumas das opções de abordagem do edema a serem consideradas nesta situação?
2. Quais são os efeitos fisiológicos sobre o ciclo de resposta à lesão da aplicação deste agente térmico?
3. Quais são os sintomas clínicos que você espera abordar com esta intervenção?
4. Que outras intervenções podem ser apropriadas ao longo das duas semanas seguintes para esse diagnóstico? Por quê?

Estudo de caso: Sam

Sam é um homem de 40 anos de idade que foi diagnosticado com uma hérnia discal com radiculopatia para o membro inferior esquerdo. Ele tem osteoartrite leve. A avaliação mostra amplitude de movimento ativa limitada no tronco, espasmo moderado em paravertebrais lombossacrais e dor que irradia para a nádega esquerda. O médico gostaria que o paciente recebesse um tratamento com tração lombar.

1. Quais são as indicações para a tração?
2. Quais são os efeitos fisiológicos sobre o ciclo de resposta à lesão da aplicação deste agente?

3. Quais são os sintomas clínicos que você espera abordar com esta intervenção?
4. Que outras modalidades térmicas podem ser apropriadas ao longo das próximas duas semanas quanto a esse diagnóstico? Por quê?

Estudo de caso: Sr. Smith

O sr. Smith é um homem de 77 anos de idade com 10 anos de doença articular degenerativa progressiva no joelho. Há dois dias, ele saiu de uma cirurgia de artroplastia total do joelho. Uma máquina de movimento passivo contínuo é solicitada pelo médico.

1. Nomeie três contraindicações para o uso de uma máquina de movimento passivo contínuo?

2. Quais são os efeitos fisiológicos sobre o ciclo de resposta à lesão da aplicação deste agente?
3. Quais são os sintomas clínicos que você espera abordar com esta intervenção?

Capítulo 19 ▪ Laserterapia de baixa intensidade 389

Estudo de caso: Continuação do Estudo de caso da Parte 1

(A discussão seguinte refere-se ao Estudo de caso 2 na Parte 1.)

Duas das modalidades apresentadas nesta seção, a tração cervical e a massagem, seriam apropriadas para o trauma cervical do paciente.

Massagem

Massagem do tecido mole, utilizando toques de deslizamento e amassamento, pode promover o relaxamento dos músculos envolvidos. Dependendo da preferência do clínico, o paciente pode ser colocado em decúbito dorsal, ventral ou em sedestação, com a cabeça apoiada em uma mesa para promover o relaxamento. Os toques de massagem devem ser executados em paralelo às fibras musculares para ajudar a alongá-las. O paciente se beneficiaria ainda mais da massagem pelo aumento do fluxo sanguíneo local e pela diminuição da excitabilidade neuromuscular. A massagem de fricção localizada profunda pode ser empregada para auxiliar a desfazer pontos-gatilho.

Tração cervical

A tração cervical seria usada apenas nas fases posteriores do protocolo de tratamento deste paciente. É preciso recordar que o paciente foi diagnosticado como tendo uma distensão e um entorse cervicais. Se a tração for utilizada muito precocemente após a lesão, a força pode causar ainda mais danos aos ligamentos cervicais. Além disso, o paciente não mostra sinais de dor irradiada, diminuindo a probabilidade de compressão cervical de raízes nervosas.

A tração cervical intermitente, aplicada em dois intervalos de cinco minutos com um máximo de 25 libras de tensão, ajudará a diminuir o espasmo muscular e a dor, especialmente se o tratamento for precedido pela aplicação de bolsas de calor úmido. Colocar o paciente em decúbito dorsal reduz a quantidade de tensão necessária para alongar os músculos por meio da diminuição da atividade motora na musculatura cervical.

▪ Parte 5 Questionário

1. Todos os efeitos seguintes são atribuídos ao movimento passivo contínuo (MPC), exceto:
   A. Aumento da nutrição para o menisco
   B. Aumento da nutrição para a cartilagem articular
   C. Aumento da resistência à tração de tendões e aloenxertos
   D. Aumento da nutrição para o ligamento cruzado anterior

2. A tração cervical intermitente pode ser útil no alívio da dor associada à herniação do disco intervertebral. Essa redução da dor ocorre por meio da redução da protuberância do _____ através do _____.
   A. fibroso pulposo • núcleo pulposo
   B. anel fibroso • núcleo pulposo
   C. núcleo pulposo • anel fibroso
   D. núcleo pulposo • fibroso pulposo

3. Ao se aplicar a compressão intermitente em um membro, a pressão no interior do aparelho não deve exceder:
   A. A pressão arterial diastólica
   B. A pressão arterial sistólica
   C. A diferença entre a pressão arterial sistólica e a diastólica
   D. A frequência cardíaca de repouso

4. O *biofeedback* eletromiográfico mensura:
   A. A quantidade de tensão produzida por um grupo muscular
   B. A quantidade de atividade elétrica em um músculo
   C. A quantidade de atividade mielínica em um músculo
   D. Todas as anteriores

5. Qual das seguintes técnicas produz a maior quantidade de fluxo sanguíneo femoral?
   A. Manga pneumática
   B. Compressão manual da panturrilha
   C. Elevação com membro inferior estendido
   D. MPC anatômico

6. Todos as frases seguintes são indicações para a utilização de compressão intermitente, exceto:
   A. Edema pós-cirúrgico
   B. Gangrena
   C. Linfedema
   D. Úlceras de estase venosa

7. Qual dos seguintes tipos de modelos de movimento passivo contínuo fornece mais estabilidade articular?
   A. Ligação livre
   B. Anatômico
   C. Não anatômico

8. A luz com comprimento de onda de 780 a 12.500 nm seria classificada como:
   A. Ultravioleta
   B. Azul
   C. Vermelha
   D. Infravermelha

9. O laser terapêutico está sendo aplicado a um total de 5 watts durante dez segundos sobre uma área de 10 centímetros quadrados. Qual é a densidade de energia (J/cm^2)?
   A. 5 J/cm^2
   B. 25 J/cm^2
   C. 0,5 J/cm^2
   D. 50 J/cm^2

10. A profundidade que a energia do laser penetra no corpo está relacionada ao:
    A. Total de watts
    B. Ciclo de trabalho
    C. Comprimento de onda
    D. Total de joules

11. A fáscia corporal pode ser alongada empregando-se uma força _____.
    A. Rápida e de alta intensidade
    B. Lenta e de alta intensidade
    C. Rápida e de intensidade moderada
    D. Lenta e de intensidade moderada

12. Além da quantidade de força aplicada, quais outros parâmetros influenciam o efeito de tração cervical? Cite quatro exemplos.
    A.
    B.
    C.
    D.

13. Liste duas razões pelas quais a separação da coluna vertebral ocorre em uma menor percentagem de peso corporal do paciente na posição reclinada do que em sedestação.
    A.
    B.

14. Ligue os seguintes toques de massagem ao método de aplicação:
    A. Amassamento _____bater na pele
    B. Percussão _____apertar a pele
    C. Deslizamento _____tocar a pele

Referências bibliográficas

1. Capps SG: Cryotherapy and intermittent pneumatic compression for soft tissue trauma. *Athl Ther Today.* 14:2, 2009.
2. Partsch H: Intermittent pneumatic compression in immobile patients. *Int Wound J.* 5:389, 2008.
3. Pierce C, McLeod KJ: Feasibility of treatment of lower limb edema with calf muscle pump stimulation in chronic heart failure. *Eur J Cardiovasc Nurs.* 8:345, 2009.
4. Goddard AA, Pierce CS, McLeod KJ: Reversal of lower limb edema by calf muscle pump stimulation. *J Cardiopulm Rehabil Prev.* 28:174, 2008.
5. Muhe E: Intermittent sequential high-pressure compression of the leg: A new method of preventing deep vein thrombosis. *Am J Surg.* 147:781, 1984.
6. Olavi A, et al: Edema and lower leg perfusion in patients with post-traumatic dysfunction. *Acupunct Electrother Res.* 16:7, 1991.
7. Miranda F, et al: Effect of sequential intermittent pneumatic compression on both leg lymphedema volume and on lymph transport as semi-quantitatively evaluated by lymphoscintigraphy. *Lymphology.* 34:135, 2001.
8. Rucinski TJ, et al: The effects of intermittent compression on edema in postacute ankle sprains. *J Orthop Sports Phys Ther.* 14:65, 1991.
9. Iwama H, Obara S, Ohmizo H: Changes in femoral blood flow velocity by intermittent pneumatic compression: calf compression device versus plantar-calf sequential compression device. *J Anesth.* 18:232, 2004.
10. Stöckle U, et al: Fastest reduction of posttraumatic edema: Continuous cryotherapy or intermittent impulse compression? *Foot Ankle Int.* 18:432, 1997.
11. Hopkins JT, et al: Cryotherapy and transcutaneous electric neuromuscular stimulation decrease arthrogenic muscle inhibition of the vastus medialis after knee joint effusion. *J Athl Train.* 37:25, 2001.
12. Hopkins JT, Ingersoll CD: Arthrogenic muscle inhibition: A limiting factor in joint rehabilitation. *J Sports Rehabil.* 9:135, 2000.
13. Hopkins JT, et al: The effects of cryotherapy and TENS on arthrogenic muscle inhibition of the quadriceps. *J Athl Train.* 36:S49, 2001.
14. Fanelli G, Zasa M, Baciarello M, et al: Systemic hemodynamic effects of sequential pneumatic compression of the lower limbs: A prospective study in healthy volunteers. *J Clin Anesth.* 20:388, 2008.
15. Boris M, et al: The risk of genital edema after external pump compression for lower limb lymphedema. *Lymphology.* 31:15, 1998.
16. Gilbart MK, et al: Anterior tibial compartment pressures during intermittent sequential pneumatic compression therapy. *Am J Sports Med.* 23:769, 1995.
17. Wright RC, Yacoubian SV: Sequential compression device may cause peroneal nerve palsy. *Orthopedics.* 9:444, 2010.
18. Mayrovitz HN, Macdonald J, Davey S, et al: Measurement decisions for clinical assessment of limb volume changes in patients with bilateral and unilateral limb edema. *Phys Ther.* 87:1362, 2007.
19. Segers P, Belgrado JP, Leduc A, et al: Excessive pressure in multichambered cuffs used for sequential compression therapy. *Phys Ther.* 82:1000, 2002.
20. Salter RB: The biologic concept of continuous passive motion of synovial joints: The first 18 years of basic research. *Clin Orthop.* 12, May, 1989.
21. McCarthy MR, et al: The clinical use of continuous passive motion in physical therapy. *J Orthop Sports Phys Ther.* 15:132, 1992.
22. Saringer J: Engineering aspects of the design and construction of continuous passive motion devices for humans. In Salter RB (ed): Continuous Passive Motion (CPM): A Biological Concept for the Healing and Regeneration of Articular Cartilage, Ligaments, and Tendons—From Origination to Research to Clinical Applications. Williams & Wilkins, Baltimore, 1993, pp 403–410.

23. Diehm SL: The power of CPM: Healing through motion. *Patient Care* 8:34, 1989.
24. O'Donoghue PC, et al: Clinical use of continuous passive motion in athletic training. *J Athl Train*. 26:200, 1991.
25. Jordan LR, et al: Early flexion routine: An alternative method of continuous passive motion. Clin Orthop. 231, June, 1995.
26. Ferretti M, Srinivasan A, Deschner J, et al: Anti-inflammatory effects of continuous passive motion on meniscal fibrocartilage. *J Orthop Res*. 23:1165, 2005.
27. Williams JM, et al: Continuous passive motion stimulates repair of rabbit knee cartilage after matrix proteoglycan loss. *Clin Orthop*. 252, July, 1994.
28. Plessis MD, Eksteen E, Jenneker A, et al: The effectiveness of continuous passive motion on range of motion, pain and muscle strength following rotator cuff repair: A systematic review. *Clin Rehabil*. 25:291, 2011.
29. McInnes J, et al: A controlled evaluation of continuous passive motion in patients undergoing total knee arthroplasty. *JAMA*. 268:1423, 1992.
30. O'Driscoll SW, Nicholas JG: Continuous passive motion (CPM): Theory and principles of clinical application. *J Rehabil Res Dev*. 37:178, 2000.
31. Ring D, et al: Continuous passive motion following metacarpophalangeal joint arthroplasty. *J Hand Surg A]*. 23:505, 1998.
32. LaStayo PC, et al: Continuous passive motion after repair of the rotator cuff. A prospective outcome study. *J Bone Joint Surg Am*. 80:1002, 1998.
33. Trumble T, Vedder NB, Seiler JG, et al: Zone-IT flexor tendon repair: A randomized prospective trial of active place-and-hold-therapy compared with passive motion therapy. *J Bone Joint Surg*. 92A:1381, 2010.
34. Gates HS, et al: Anterior capsulotomy and continuous passive motion in the treatment of posttraumatic flexion contracture of the elbow: A prospective study. *J Bone Joint Surg Am*. 74:1229, 1992.
35. Nadler SF, et al: Continuous passive motion in the rehabilitation setting: A retrospective study. *J Phys Med Rehabil*. 72:162, 1993.
36. Montgomery F, Eliasson M: Continuous passive motion compared to active physical therapy after knee arthroplasty: Similar hospitalization times in a randomized study of 68 patients. *Acta Orthop Scand*. 67:7, 1996.
37. Chiarello CM, et al: The effect of continuous passive motion duration and increment on range of motion in total knee arthroplasty patients. *J Orthop Sports Phys Ther*. 25:119, 1997.
38. McNair PJ, et al: Stretching at the ankle joint: Viscoelastic responses to holds and continuous passive motion. *Med Sci Sports Exerc*. 33:354, 2001.
39. London N, et al: Continuous passive motion: Evaluation of a new portable low cost machine. *Physiother*. 85:610, 1999.
40. Chin B, et al: Continuous passive motion after total knee arthroplasty. *Am J Phys Med Rehabil*. 79:421, 2000.
41. Ververeli PA, et al: Continuous passive motion after total knee arthroplasty: Analysis of costs and benefits. Clin Orthop. 208, December, 1995.
42. Lachiewicz PF: The role of continuous passive motion after total knee arthroplasty. *Clin Orthop*. 380:144, 2000.
43. Harvey LA, Brosseau L, Herbert RD: Continuous passive motion following total knee arthoplasty in people with arthritis. *Cochrane Database Sys Rev*. 2:CD004260, 2003.
44. Leach W, Reid J, Murphy F: Continuous passive motion following total knee replacement: A prospective randomized trial with follow-up to 1 year. *Knee Surg Sports Traumatol Arthrosc*. 14:922, 2006.
45. Lenssen TAF, van Steyn MJA, Crijins YHF, et al: Effectiveness of prolonged use of continuous passive motion (CPM), as an adjunct to physiotherapy, after total knee arthroplasty. *BMC Musculoskelet Disord*. 9:60, 2008.

46. Bruun-Olsen V, Heiberg KE, Mengshoel AM: Continuous passive motion as an adjunct to active exercises in early rehabilitation following total knee arthroplasty—a randomized controlled trial. 31:277, 2009.
47. Flowers KR, LaStayo, P: Effect of total end range time on improving passive range of motion. *J Hand Ther*. 7:150, 1994.
48. Wright A, et al: An investigation of the effect of continuous passive motion and lower limb passive movement on heart rate in normal volunteers. *Physiother Theory Pract*. 9:13, 1993.
49. Gershuni DH, et al: Regional nutrition and cellularity of the meniscus. Implications for tear and repair. *Sports Med*. 5:322, 1988.
50. Kim HKL, et al: The potential for regeneration of articular cartilage in defects created by chondral shaving and subchondral abrasion: An experimental investigation in rabbits. *J Bone Joint Surg Am*. 73:1301, 1991.
51. Kim HKW, et al: Effects of continuous passive motion and immobilization on synovitis and cartilage degeneration in antigen induced arthritis. *J Rheumatol*. 22:1714, 1995.
52. Alfredson H, Lorentzon R: Superior results with continuous passive motion compared to active motion after periosteal transplantation. A retrospective study of human patella cartilage defect treatment. *Knee Surge Sports Traumatol*. 7:232, 1999.
53. Mussa R, et al: Condylar cartilage response to continuous passive motion in adult guinea pigs: A pilot study. *Am J Orthod Dentofacial Orthop*. 115:360, 1999.
54. Moran ME, Salter RB: Biological resurfacing of full-thickness defects in patellar articular cartilage of the rabbit. Investigation of autogenous periosteal grafts subjected to continuous passive motion. *J Bone Joint Surg Br*. 74:659, 1992.
55. Namba RS, et al: Continuous passive motion versus immobilization: The effect on posttraumatic joint stiffness. *Clin Orthop*. 218, June, 1991.
56. Von Schroeder HP, et al: The changes in intramuscular pressure and femoral vein flow with continuous passive motion, pneumatic compression stockings, and leg manipulations. *Clin Orthop*. 218, May, 1991.
57. Grumbine NA, et al: Continuous passive motion following partial ankle joint arthroplasty. *J Foot Surg*. 29:557, 1990.
58. Mullaji AB, Shahane MN: Continuous passive motion for prevention and rehabilitation of knee stiffness: A clinical evaluation. *J Postgrad Med*. 35:204, 1989.
59. Giudice ML: Effects of continuous passive motion and elevation on hand edema. *Am J Occup Ther*. 44:914, 1990.
60. Dirette D, Hinojosa J: Effects of continuous passive motion to the edematous hands of two persons with flaccid hemiplegia. *Am J Occup Ther*. 48:403, 1994.
61. Macdonald SJ, et al: Prospective randomized clinical trial of continuous passive motion after total knee arthroplasty. *Clin Orthop*. 380:30, 2000.
62. Barthelet Y, et al: Effects of perioperative analgesic technique on the surgical outcome and duration of rehabilitation after major knee surgery. *Anesthesiology*. 91:8, 1999.
63. Kannus P: Immobilization or early mobilization after an acute soft-tissue injury? *Phys Sports Med*. 28:55, 2000.
64. Skyhar MJ, et al: Nutrition of the anterior cruciate ligament: Effects of continuous passive motion. *Am J Sports Med*. 13:415, 1985.
65. Smith TO, Davies L: The efficacy of continuous passive motion after anterior cruciate ligament construction: A systematic review. *Phys Ther Sport*. 8:141, 2007.
66. Wright RW, et al: A systematic review of anterior cruciate ligament reconstruction rehabilitation. Part I: Continuous passive motion, early weight bearing, postoperative bracing, and home-based rehabilitation. *J Knee Surg*. 21:217, 2008.
67. Wright RW, Preston E, Flemming BC, et al: A systematic review of anterior cruciate ligament reconstruction rehabilitation. Part I: Con-

tinuous passive motion, early weight bearing, postoperative bracing, and home-based rehabilitation. *J Knee Surg*. 21:217, 2008.

68. Engstrom B, et al: Continuous passive motion in rehabilitation after anterior cruciate ligament reconstruction. *Knee Surg Sports Traumatol Arthrosc*. 3:18, 1995.

69. McCarthy MR, et al: The effect of immediate continuous passive motion on pain during the inflammatory phase of soft tissue healing following anterior cruciate ligament reconstruction. *J Orthop Sports Phys Ther*. 17:96, 1993.

70. Witherow GE, et al: The use of continuous passive motion after arthroscopically assisted anterior cruciate ligament reconstruction: Help or hindrance? *Knee Surg Sports Traumatol Arthrosc*. 1:68, 1993.

71. Zarnett R, et al: The effect of continuous passive motion on knee ligament reconstruction with carbon fiber. *J Bone Joint Surg Br*. 73:47, 1991.

72. Drez D, et al: In vivo measurement of anterior tibial translation using continuous passive motion devices. *Am J Sports Med*. 19:381, 1991.

73. Rosen MA, et al: The efficacy of continuous passive motion in the rehabilitation of anterior cruciate ligament reconstructions. *Am J Sports Med*. 20:122, 1992.

74. McCarthy MR, et al: Effects of continuous passive motion on anterior laxity following ACL reconstruction with autogenous patellar tendon grafts. *J Sports Rehabil*. 2:171, 1993.

75. Wasilewski SA, et al: Value of continuous passive motion in total knee arthroplasty. *Orthopedics*. 13:291, 1990.

76. Yashar AA, et al: Continuous passive motion with accelerated flexion after total knee arthroplasty. *Clin Orthop*. 345:38, 1998.

77. Chen B, et al: Continuous passive motion after total knee arthroplasty: A prospective study. *Am J Phys Med Rehabil*. 79:421, 2000.

78. Sperber A, Wredmark T: Continuous passive motion in rehabilitation after anterior cruciate ligament reconstruction. *Knee Surg Sports Traumatol*. 3:18, 1995.

79. Richmond JC, et al: Continuous passive motion after arthroscopically assisted anterior cruciate ligament reconstruction: Comparison of short- versus long-term use. *Arthroscopy*. 7:39, 1991.

80. Takai S, et al: The effects of frequency and duration of controlled passive mobilization on tendon healing. *J Orthop Res*. 9:705, 1991.

81. Graham G, Loomer RL: Anterior compartment syndrome in a patient with fracture of the tibial plateau treated by continuous passive motion and anticoagulants: Report of a case. *Clin Orthop*. 197, May, 1985.

82. Bible JE, Simpson AK, Biswas D, et al: Actual knee motion during continuous passive motion protocols is less than expected. *Clin Orthop Relat Res*. 467:2656, 2009.

83. LaBan MM, et al: Intermittent cervical traction: A progenitor of lumbar radicular pain. *Arch Phys Med Rehabil*. 73:295, 1992.

84. Saunders H: The use of spinal traction in the treatment of neck and back conditions. *Clin Orthop Rel Res*. 179:31, 1983.

85. Roberts S, Evans H, Trivedi J, et al: Histology and pathology of the human intervertebral disc. *J Bone Joint Surg Am*. 88:S10, 2006.

86. Lundon K, Bolton K: Structure and function of the lumbar intervertebral disk in health, aging, and pathologic conditions. *J Orthop Sports Phys Ther*. 31:291, 2001.

87. Murakami H, Yoon TS, Attallah-Wasif ES, et al: Quantitative differences in intervertebral disc-matrix composition with age-related degeneration. *Med Biol Eng Comput*. 48:469, 2010.

88. Sari H, Akarirmak U, Karacan I, et al: Computed tomographic evaluation of lumbar spinal structures during traction. *Physiother Theory Pract*. 21:3, 2005.

89. Ozturk B, Gunduz OH, Ozoran K, et al: Effect of continuous lumbar traction on the size of herniated disc material in lumbar disc herniation. *Rheumatol Int*. 26:622, 2006.

90. Tekeoglu I, et al: Distraction of lumbar vertebrae in gravitational traction. *Spine*. 23:1061, 1998.

91. Moeti P, Marchetti G: Clinical outcome from mechanical intermittent cervical traction for the treatment of cervical radiculopathy: A case series. *Phys Ther*. 31:207, 2001.

92. Meszaros TF, et al: Effect of 10%, 30%, and 60% body weight traction on the straight leg raise test of symptomatic patients with low back pain. *J Orthop Sports Phys Ther*. 30:595, 2000.

93. Yang KH, King AI: Mechanism of facet load transmission as a hypothesis for low-back pain. *Spine*. 9:557, 1984.

94. Judovich B, Nobel GR: Traction therapy: A study of resistance forces. *Am J Surg*. 93:108, 1957.

95. Werners R, et al: Randomized trial comparing interferential therapy with motorized lumbar traction and massage in the management of low back pain in a primary care setting. *Spine*. 24:1579, 1999.

96. Wong AM, et al: Clinical trial of a cervical traction modality with electromyographic biofeedback. *Am J Phys Med Rehabil*. 76:19, 1997.

97. Walker GL: Goodley polyaxial cervical traction: A new approach to a traditional treatment. *Phys Ther*. 66:1255, 1986.

98. Demir T, Canakci V, Eltas A, et al: Effectiveness of mouthguards on tooth pain and mobility in cervical traction treatment. *J Back Musculoskelet Rehabil*. 21:91, 2008.

99. Fater DCW, Kernozek TW: Comparison of cervical vertebral separation in the supine and seated positions using home traction units. *Physiother Theory Pract*. 24:430, 2008.

100. Wong AM, et al: The traction angle and cervical intervertebral separation. *Spine*. 17:136, 1992.

101. Chung CT, Tsai SW, Chen CJ, et al: Comparison of the intervertebral disc spaces between axial and anterior lean cervical traction. *Eur Spine J*. 18:1669, 2009.

102. Deets D, et al: Cervical traction: A comparison of sitting and supine positions. *Phys Ther*. 57:225, 1977.

103. Fater DC, Kernozek TW: Comparison of cervical vertebral separation in the supine and seated position using home traction units. *Physiother Theory Pract*. 24:430, 2008.

104. Liu J, Ebraheim NA, Sanford CG, et al: Quantitative changes in the cervical neural foramen resulting from axial traction: In vivo imaging study. *Spine J*. 8:619, 2008.

105. Raney NH, Peterson EJ, Smith TA, et al: Development of a clinical prediction rule to identify patients with neck pain likely to benefit from cervical traction and exercise. *Eur Spine J*. 18:382, 2009.

106. Young IA, Michener LA, Cleland JA, et al: Manual therapy, exercise, and traction for patients with cervical radiculopathy: A randomized clinical trial. *Phys Ther*. 89:632, 2009.

107. Jette DU, et al: Effect of intermittent, supine cervical traction on the myoelectric activity of the upper trapezius muscle in subjects with neck pain. *Phys Ther*. 65:1173, 1985.

108. Murphy, MJ: Effects of cervical traction on muscle activity. *J Orthop Sports Phys Ther*. 13:220, 1991.

109. Bradnam L, et al: Manual cervical traction reduces alpha-motoneuron excitability in normal subjects. *Electromyogr Clin Neurophysiol*. 40:259, 2000.

110. DeLacerda FG: Effect of angle of traction pull on upper trapezius muscle activity. *J Orthop Sports Phys Ther*. 1:205, 1980.

111. Borman P, Keskin D, Ekici B, et al: The efficacy of intermittent cervical traction in patients with chronic neck pain. *Clin Rheumatol*. 27:1249, 2008.

112. Cleland JA, Fritz JM, Whitman JM, et al: Predictors of short-term outcome in people with a clinical diagnosis of cervical radiculopathy. *Phys Ther*. 87:1619, 2007.

113. Latimer EA, et al: Tear of the cervical esophagus following hyperextension from manual traction: Case report. *J Trauma*. 31:1448, 1991.

114. Simmers TA, et al: Internal jugular vein thrombosis after cervical traction. *J Int Med Res*. 241:333, 1997.

115. Bridger RS, et al: Effect of lumbar traction on stature. *Spine*. 15:522, 1990.

116. Letchuman R, Deusinger RH: Comparison of sacrospinalis myoelectric activity and pain levels in patients undergoing static and intermittent lumbar traction. *Spine*. 18:1361, 1993.

117. Harrison DE, Cailliet R, Harrison DD, et al: A review of biomechanics of the central nervous system—Part III: Spinal cord stresses from postural loads and their neurologic effects. *J Manipulative Physiol Ther*. 22:399, 1999.

118. Saunders HD: Unilateral lumbar traction. *Phys Ther*. 61:221, 1981.

119. Cai C, Pua YH, Lim KC: A clinical prediction rule for classifying patients with low back pain who demonstrate short-term improvement with mechanical lumbar traction. *Eur Spine J*. 18:554, 2009.

120. Cholewicki J, Lee AS, Reeves NP, et al: Trunk muscle response to various protocols of lumbar traction. *Man Ther*. 14:562, 2009.

121. Ramos G, Martin W: Effects of vertebral axial decompression on intradiscal pressure. *J Neurosurg*. 81:350, 1994.

122. Beattie PF, Nelson RM, Michener LA, et al: Outcomes after a prone lumbar traction protocol for patients with activity-limiting low back pain: A prospective case series study. *Arch Phys Med Rehabil*. 89:269, 2008.

123. Beurskens AJ, et al: Efficacy of traction for nonspecific low back pain. 12-week and 6-month results of a randomized clinical trial. *Spine*. 22:2756, 1997.

124. Beurskens AJ, et al: Efficacy of traction for non-specific low back pain. A randomized clinical trial. *Lancet*. 346:1596, 1995.

125. Onel D, et al: Computer tomographic investigation of the effect of traction on lumbar disc herniations. *Spine*. 14:82, 1989.

126. Ljunggren AE, et al: Manual traction versus isometric exercises in patients with herniated intervertebral lumbar discs. *Physiother Theory Pract*. 8:207, 1992.

127. Schillinger A, et al: Effect of manual lymph drainage on the course of serum levels of muscle enzymes after treadmill exercise. *Am J Phys Med Rehabil*. 85:516, 2006.

128. Huggenberger R, Siddiqui SS, Brander D, et al: An important role in lymphatic vessel activation in limiting acute inflammation. *Blood*. 117:4667, 2011.

129. Cyriax, JH: Clinical applications of massage. In Rogoff JB (ed): Manipulation, Traction, and Massage, ed 2. Williams & Wilkins, Baltimore, 1980.

130. Brasseau, L, et al: Deep transverse friction massage for treating tendinitis. *Cochrane Database Syst Rev*. 1:CD003528, 2002.

131. Sefton J: Myofascial release for athletic trainers, part 3: Specific techniques. *Athl Ther Today*. 9(3):40, 2004.

132. Simons D, Travell J, Simons L: Upper Half of the Body. Travell & Simons' Myofascial Pain and Dysfunction: The Trigger Point Manual, ed. 2 vol. 1. Williams & Wilkins, 1999.

133. Sefton J: Myofascial release for athletic trainers, part 2: Guidelines and techniques. *Athl Ther Today*. 9(2):52, 2004.

134. Hou C, Tsai L, Cheng K, et al: Immediate effects of various physical therapeutic modalities on cervical myofascial pain and trigger-point sensitivity. *Arch Phys Med Rehabil*. 83:1406, 2002.

135. Hains G, Descarreaux M, Lamy A, et al: A randomized controlled (intervention) trial of ischemic compression therapy for chronic carpal tunnel syndrome. *J Can Chiropr Assoc*. 54: 155, 2010.

136. Goldenberg DL: Fibromyalgia, chronic fatigue syndrome, and myofascial pain syndrome. *Curr Opin Rheumatol*. 3:247, 1991.

137. Wolfe F, et al: The fibromyalgia and myofascial pain syndromes: A preliminary study of tender points and trigger points in persons with fibromyalgia, myofascial pain syndrome and no disease. *J Rheumatol*. 19:944, 1992.

138. King JC, Goddard MJ: Pain rehabilitation: II. Chronic pain syndrome and myofascial pain. *Arch Phys Med Rehabil*. 75:S9, 1994.

139. Sefton J: Myofascial release for athletic trainers, part 1: Theory and session guidelines. *Athl Ther Today*. 9(1):48, 2004.

140. Remvig L, Ellis RM, Patijn J: Myofascial release: An evidence-based treatment approach? *Int Musculoskelet Med*. 30:29, 2008.

141. Curran PF, Fiore RD, Crisco JJ: A comparison of the pressure exerted on soft tissue by 2 myofascial rollers. *J Sport Rehabil*. 17:432, 2008.

142. Stasinopoulos D, Johnson MI: Cyriax physiotherapy for tennis elbow/lateral epicondylitis. *Br J Sports Med*. 38:675, 2004.

143. Hammer WI, Pfefer MT: Treatment of a case of subacute lumbar compartment syndrome using the Graston technique. *J Manipulative Physiol Ther*. 28:199, 2005.

144. Gehlsen GM, Ganion LR, Helfst RH: Fibroblast responses to variation in soft tissue mobilization pressure. *Med Sci Sports Exerc*. 31:531, 1999.

145. Hammer WI: The effect of mechanical load on degenerated soft tissue. *Journal of Bodywork and Movement Therapies*. 12:246, 2008.

146. Burke J, Buchberger DJ, Carey-Logmani T, et al: A pilot study comparing two manual therapy interventions for carpal tunnel syndrome. *J Manipulative Physiol Ther*. 30:50, 2007.

147. Ferrell-Torry AT, Glick OJ: The use of therapeutic massage as a nursing intervention to modify anxiety and the perception of cancer pain. *Cancer Nurs*. 16:93, 1993.

148. Felhendler D, Lisander B: Effects of non-invasive stimulation of acupoints on the cardiovascular system. *Complement Ther Med*. 7:231, 1999.

149. Delaney JP, et al: The short-term effects of myofascial trigger point massage therapy on cardiac autonomic tone in healthy subjects. *J Adv Nurs*. 37:364, 2002.

150. Morelli M, et al: Changes in H-reflex amplitude during massage of triceps surae in healthy subjects. *J Orthop Sports Phys Ther*. 12:55, 1990.

151. Sullivan SJ, et al: Effects of massage on alpha motoneuron excitability. *Phys Ther*. 71:555, 1991.

152. Morelli M, et al: H-reflex modulation during manual muscle massage of human triceps surae. *Arch Phys Med Rehabil*. 72:915, 1991.

153. Crosman LJ, et al: The effects of massage to the hamstring muscle group on range of motion. *J Orthop Sports Phys Ther*. 6:168, 1984.

154. Smith LL, et al: The effects of athletic massage on delayed onset muscle soreness, creatine kinase, and neutrophil count: A preliminary report. *J Orthop Sports Phys Ther*. 19:93, 1994.

155. Tiidus PM, Shoemaker JK: Effleurage massage, muscle blood flow and long-term post exercise strength recovery. *Int J Sports Med*. 16:478, 1995.

156. Nalilbolff BD, Tachiki KH: Autonomic and skeletal muscle response to nonelectrical cutaneous stimulation. *Percept Motor Skills*. 72:575, 1991.

157. Knygsand-Roenhoej K, Maribo T: A randomized clinical controlled study comparing the effect of modified manual edema mobilization treatment with traditional edema technique in patients with a fracture of the distal radius. *J Hand Ther*. 24:184, 2011.

158. Kriederman B, et al: Limb volume reduction after physical treatment by compression and/or massage in a rodent model of peripheral lymphedema. *Lymphology*. 35:23, 2002.

159. Howard SB, Krishnagiri S: The use of manual edema mobilization for the reduction of persistent edema in the upper limb. *J Hand Ther*. 14:291, 2000.

160. Nixon M, et al: Expanding the nursing repertoire: The effect of massage on post-operative pain. *Australian J Adv Nurs*. 14:21, 1997.

161. Malkin K: Use of massage in clinical practice. *Br J Nurs*. 3:292, 1994.

162. Furlan AD, et al: Massage for low back pain. *Cochrane Database Syst Rev*. 2:CD001929, 2002.

163. Goldberg J, et al: The effect of two intensities of massage on H-reflex amplitude. *Phys Ther*. 72:449, 1992.

164. Goldberg J, et al: The effect of therapeutic massage on H-reflex amplitude in persons with a spinal cord injury. *Phys Ther*. 74:728, 1994.

165. Day JA, et al: Effect of massage on serum level of a-endorphin and a-lipotropin in healthy adults. *Phys Ther*. 67:926, 1987.

166. Goats GC, Keir KA: Connective tissue massage. *Br J Sports Med*. 25:131, 1991.

167. Ching M: The use of touch in nursing practice. *Australian J Adv Nurs*. 10:4, 1993.

168. Field T, et al: Massage therapy reduces anxiety and enhances EEG pattern of alertness and math computations. *Int J Neurosci.* 86:197, 1996.

169. Weinrich SP, Weinrich MC: The effect of massage on pain in cancer patients. *Appl Nurs Res.* 3:140, 1990.

170. Ferrell BA, et al: A randomized trial of walking versus physical methods for chronic pain management. *Aging* (Milano). 9:99, 1997.

171. Shoemaker JK, et al: Failure of manual massage to alter limb blood flow: Measures by Doppler ultrasound. *Med Sci Sports Exer.* 29:610, 1997.

172. Boone T, et al: A physiologic evaluation of the sports massage. *J Athl Train.* 26:51, 1991.

173. Harmer PA: The effect of pre-performance massage on stride frequency in sprinters. *J Athl Train.* 26:55, 1991.

174. Cafarelli E, et al: Vibratory massage and short-term recovery from muscular fatigue. *Int J Sports Med.* 11:474, 1990.

175. Tiidus PM: Manual massage and recovery of muscle function following exercise. A literature review. *J Orthop Sports Phys Ther.* 25:107, 1997.

176. Martin NA, Zoeller RF, Robertson RJ, et al: The comparative effects of sports massage, active recovery, and rest in promoting blood lactate clearance after supramaximal leg exercise. *J Athl Train.* 33:30, 1998.

177. Striggle JM, et al: Effects of vibrational massage on delayed onset muscle soreness and H-reflex amplitude. *J Athl Train.* 37(S):S105, 2002.

178. Lehmann JF, et al: Effect of therapeutic temperatures on tendon extensibility. *Arch Phys Med Rehabil.* 51:481, 1970.

179. Madeleine P, Vedsted P, Blangsted K, et al: Effects of electromyographic and mechanomyograpic biofeedback on upper trapezius muscle activity during standardized computer work. *Ergonomics.* 49:921, 2006.

180. Croce RV: The effects of EMG biofeedback on strength acquisition. *Biofeedback Self Regul.* 11:299, 1986.

181. Peek CJ: A primer of biofeedback instrumentation. In Schwartz MS (ed): Biofeedback: A Practitioner's Guide. Guilford Press, New York, 1987.

182. Araujo RC, et al: On the inter- and intra-subject variability of the electromyographic signal in isometric contractions. *Electromyogr Clin Neurophysiol.* 40:225, 2000.

183. Intiso D, et al: Rehabilitation of walking with electromyographic biofeedback in drop-foot after stroke. *Stroke.* 25:1189, 1994.

184. Utz SW: The effect of instructions on cognitive strategies and performance in biofeedback. *J Behav Med.* 17:291, 1994.

185. Segreto J: The role of EMG awareness in EMG biofeedback learning. *Biofeedback Self Regul.* 20:155, 1995.

186. Vander Linden DW, et al: The effect of frequency of kinetic feedback on learning an isometric force production task in nondisabled subjects. *Phys Ther.* 73:79, 1993.

187. Draper V: Electromyographic biofeedback and recovery of quadriceps femoris muscle function following anterior cruciate ligament reconstruction. *Phys Ther.* 70:25, 1990.

188. Wolf SL: Neurophysiological factors in electromyographic feedback for neuromotor disturbances. In Basmajian JV (ed): Biofeedback: Principles and Practice for Clinicians. Williams & Wilkins, Baltimore, 1983.

189. Ingersoll CD, Knight KL: Patellar location changes following EMG biofeedback or progressive resistive exercises. *Med Sci Sports Exerc.* 23:1122, 1991.

190. Coleborne GR, et al: Feedback of ankle joint angle and soleus electromyography in the rehabilitation of hemiplegic gait. *Arch Phys Med Rehabil.* 74:1100, 1993.

191. Yip SLM, Ng GYF: Biofeedback supplementation to physiotherapy exercise programme for rehabilitation of patellofemoral pain syndrome: A randomized controlled pilot study. *Clin Rehabil.* 20:1050, 2006.

192. Wang S, Li S, Xu X, et al: Effect of slow abdominal breathing combined with biofeedback on blood pressure and heart rate variability in prehypertension. *J Altern Complement Med.* 16:1039, 2010.

193. Cummings MS, et al: Flexibility development in sprinters using EMG biofeedback and relaxation training. *Biofeedback Self Regul.* 9:395, 1984.

194. Flor H, Birbaumer N: Comparison of the efficacy of electromyographic biofeedback, cognitive-behavioral therapy, and conservative medical interventions in the treatment of chronic musculoskeletal pain. *J Consult Clin Psychol.* 61:653, 1993.

195. Newton-John TR, et al: Cognitive-behavioural therapy versus EMG biofeedback in the treatment of chronic low back pain. *Behav Res Ther.* 33:691, 1995.

196. Valeyen J, et al: Behavioural rehabilitation of chronic low back pain: Comparison of an operant treatment, an operant-cognitive treatment and an operant-respondent treatment. *Br J Clin Psychol.* 34:95, 1995.

197. Silkman C, McKeon J: The effectiveness of electromyographic biofeedback supplementation duration knee rehabilitation after injury. *J Sport Rehabil.* 19:343, 2010.

198. Bischko JJ: Use of the laser beam in acupuncture. *Acupunct Electrother Res.* 5:29, 1980.

199. Huang YY, Chen AC, Carroll JD, et al: Biphasic dose response in low level light therapy. *Dose Response.* 7:358, 2009.

200. McLeod IA. Low-level laser therapy in athletic training. *Athl Ther Today.* 9:17, 2004.

201. Perkins SA, Massie JE: Patient satisfaction after thermal shrinkage of the glenohumeral-joint capsule. *J Sports Rehabil.* 10:157, 2001.

202. Bartlett WP, et al: Effect of Gallium-aluminum-arsenide triple-diode laser irradiation on evoked motor and sensory action potentials of the median nerve. *J Sports Rehabil.* 11:12, 2002.

203. Lehmann JF, De Lateur BJ: Laser as a physical treatment modality. In Lehmann JF (ed): Therapeutic Heat and Cold, ed 4. Williams & Wilkins, Baltimore, 1990, p. 582.

204. Posten W, Wrone DA, Dover JS, et al: Low-level laser therapy for wound healing: Mechanism and efficacy. *Dermatol Surg.* 31:3, 2005.

205. McBrier N, Olczak JA: Low level laser therapy for stimulating muscle regeneration following injury. *Athl Ther Today.* 14:20, 2009.

206. Enewemeka C, Parker J, Dowdy D, et al: The efficacy of low-power lasers in tissue repair and pain control: A meta-analysis study. *Photomed Laser Surg.* 22:323, 2004.

207. Ohshiro T, et al: Penetration depths of 830 nm diode laser irradiation of the head and neck assessed using a radiographic phantom model and wavelength-specific imaging film. *Laser Ther.* 8:197, 1996.

208. Snyder-Mackler L, Bork CE: Effect of helium-neon laser irradiation on peripheral sensory nerve latency. *Phys Ther.* 68:223, 1988.

209. Bartlett WP, et al: Effect of gallium aluminum arsenide triple-diode laser on median nerve latency in human subjects. *J Sports Rehabil.* 8:99, 1999.

210. Bjordal JM, Johnson MI, Iversen V, et al: Low-level laser therapy in acute pain: A systematic review of possible mechanisms of action and clinical effects in randomized placebo-controlled trials. *Photomed Laser Surg.* 24:158, 2006.

211. David R, et al: Effect of low-power He-Ne laser on fracture healing in rats. *Lasers Surg Med.* 19:458, 1996.

212. Greathouse DG, et al: Effects of clinical infrared laser on superficial radial nerve conduction. *Phys Ther.* 65:1184, 1985.

213. King CE, et al: Effect of helium-neon laser auriculotherapy on experimental pain threshold. *Phys Ther.* 70:24, 1990.

214. Pires Oliveria DAA, De Oliveria RF, Magini M, et al: Assessment of cytoskeletan and endoplasmic reticulum of fibroblast cells subjected to low-level laser therapy and low-intensity pulsed ultrasound. *Photomed Laser Surg.* 27:461, 2009.

215. Armagan O, Tascioglu F, Ekim A, et al: Long-term efficacy of low level laser therapy in women with fibromyalgia: A placebo-controlled study. *J Back Musculoskelet Rehabil.* 19:135, 2006.

216. Lopes-Martin RAB, Penna SC, Joensen J, et al: Low level laser therapy [LLLT] in inflammatory and rheumatic diseases: A review of therapeutic mechanisms. *Curr Rheumatol Rev.* 3:147, 2007.

217. Rizzi CF, et al: Effects of low-level laser therapy (LLLT) on the nuclear factor (NF)-kB signaling pathway in traumatized muscle. *Lasers Surg Med.* 38:704, 2006.

218. DeSimone NA, et al: Bactericidal effect of 0.95-mW helium-neon and 5-mW indium-gallium-aluminum-phosphate laser irradiation at exposure times of 30, 60, and 120 seconds on photosensitized *Staphylococcus aureus* and *Pseudomonas aeruginosa* in vitro. *Phys Ther.* 79:839, 1999.

219. Hawkins D, Houreld N, Abrahamse H: Low level laser therapy (LLLT) as an effective modality for delayed would healing. *Ann NY Acad Sci.*1056:486, 2005.

220. Ricevuti G, et al: In vivo and in vitro HeNe laser effects on phagocyte functions. *Inflammation.* 13:507, 1989.

221. Tang XM, Chai BP: Effect of CO_2 laser irradiation on experimental fracture healing: A transmission electron microscope study. *Lasers Surg Med.* 6:346, 1986.

222. Hamilton GF, et al: The effects of helium-neon laser upon regeneration of the crushed peroneal nerve. *J Orthop Sports Phys Ther.* 15:209, 1992.

223. Wood VT, Pinfildi CE, Neves MAI, et al: Collagen changes and realignment induced by low-level laser therapy and low-intensity ultrasound in the calcaneal tendon. *Lasers Surg Med.* 42:559, 2010.

224. Ilbuldu E, Cakmak A, Disci R, et al: Comparison of laser, dry needling, and placebo laser treatments in myofascial pain syndrome. *Photomed Laser Surg.* 22:306, 2004.

225. Numazawa R, et al: The role of laser therapy in intensive pain management of postherpetic neuralgia. *Laser Ther.* 8:143, 1996.

226. Bjordal JM, Lopes-Martins RAB, Iversen VV: A randomised, placebo controlled trial of low level laser therapy for activated Achilles tendinitis with microdialysis measurement of peritendinous prostaglandin E_2 concentrations. *Br J Sports Med.* 40:76, 2006.

227. Baxter GD, et al: Effects of low intensity infrared laser irradiation upon conduction in the human median nerve in vivo. *Exp Physiol.* 79:227, 1994.

228. Snyder-Mackler L, et al: Effects of helium-neon laser irradiation on skin resistance and pain in patients with trigger points in the neck or back. *Phys Ther.* 69:336, 1989.

229. Sprott H, Mueller W: Efficiency of acupuncture in patients with fibromyalgia. *Reumatologia* (Warsaw). 32:414, 1994.

230. Heussler JK, et al: A double blind randomized trial of low power laser treatment in rheumatoid arthritis. *Ann Rheum Dis.* 52:703, 1993.

231. Bjordal J, Lopes-Martins RAB, Joensen J, et al: A systematic review with procedural assessments and meta-analysis of low level laser therapy in lateral elbow tendinopathy (tennis elbow). *BMC Musculoskelet Disord.* 9:75, 2008.

232. Glinkowski W, Rowinski, J: Effect of low incident levels of infrared laser energy on the healing of experimental bone fractures. *Laser Ther.* 7:67, 1995.

233. Shakouri SK, Soleimanpour J, Salekzamani Y, et al: Effect of low-level laser therapy on the fracture healing process. *Lasers Med Sci.* 25:73, 2010.

234. Khadra M, Lyngstadaas SP, Haanaes HR, et al: Effect of laser therapy on attachment, proliferation and differentation of human osteoblast-like cells cultured on titanium implant material. *Biomaterials.* 26:3503, 2005.

235. Oliveria P, Sperandio E, Fernandes KR, et al: Comparison of the effects of low-level laser therapy and low-intensity pulsed ultrasound on the process of bone repair in the rat tibia. *Rev Bas Fisioter.* 15:200, 2011.

236. Fávaro-Pipi E, Feitosa SM, Riberio DA, et al: Comparative study of the effects of low-intensity pulsed ultrasound and low-level laser therapy on bone defects in tibias of rats. *Lasers Med Sci.* 25:727, 2010.

237. Lirani-Galvão AP, Jorgetti V, da Silva OL: Comparative study of how low-level laser therapy and low-intensity pulsed ultrasound affect bone repair in rats. *Photomed Laser Surg.* 24:735, 2006.

238. Houghton PE, Nussbaum EL, Hoens AM: Low-level laser therapy (LLLT)/non-coherent light. *Physiother Can.* 62:39, 2010.

239. Lundeberg T, et al: Effect of laser versus placebo in tennis elbow. *Scand J Rehabil Med.* 19:135, 1987.

240. Thorsen H, et al: Low laser laser therapy for myofascial pain in the neck and shoulder girdle. A double-blind cross-over study. *Scand J Rheumatol.* 21:139, 1992.

241. Mulcahy D, et al: Low level laser therapy: a prospective double blind trial of its use in an orthopaedic population. *Injury.* 26:315, 1995.

242. Fernando S, et al: A randomized double blind comparative study of low level laser therapy following surgical extraction of lower third molar teeth. *Br J Oral Maxillofac Surg.* 31:170, 1993.

243. Gam AN, et al: The effect of low-level laser therapy on musculoskeletal pain: A meta-analysis. *Pain.* 52:63, 1993.

244. Beckerman H, et al: The efficacy of laser therapy for musculoskeletal and skin disorders: A criteria-based meta-analysis of randomized clinical trials. *Phys Ther.* 72:483, 1992.

245. Siebert W, et al: What is the efficacy of soft and mid lasers in therapy of tendinopathies? A double-blind study. *Arch Orthop Trauma Surg.* 106:358, 1987.

246. Ay S, Dogan SK, Evcik D: Is low-level laser therapy effective in acute or chronic low back pain? *Clin Rheumatol.* 29:905, 2010.

247. Lundeberg T, Malm M: Low-power HeNe laser treatment of venous leg ulcers. *Ann Plastic Surg.* 27:537, 1991.

248. Surinchak JS, et al: Effects of low level energy lasers on the healing of full thickness skin defects. *Lasers Surg Med.* 2:267, 1983.

249. Chen C, Diven DG, Lockart S, et al: Laser transmission through transparent membranes used in cutaneous laser treatment. *J Am Acad Dermatol.* 45:919, 2001.

Apêndice A

Propriedades físicas que regem modalidades terapêuticas

As leis da física regem as energias empregadas nas modalidades terapêuticas. Este apêndice apresenta uma visão geral dessas propriedades físicas. Propriedades físicas específicas de cada modalidade são discutidas nos capítulos pertinentes.

O espectro eletromagnético

Várias formas de energia estão constantemente nos bombardeando: a luz do sol, o calor do fogo e as ondas emitidas de transmissores de rádio. Essa energia, conhecida como **radiação eletromagnética**, é produzida por praticamente todos os elementos no universo e apresenta as seguintes características:

- Transporta energia através do espaço
- Não requer nenhum meio de transmissão
- Viaja através de um vácuo a uma taxa constante de 300 milhões de metros por segundo
- Não tem massa e é composta de pura energia

Cada forma de energia é ordenada no espectro eletromagnético com base em seu comprimento de onda ou em sua frequência (Fig. A.1).

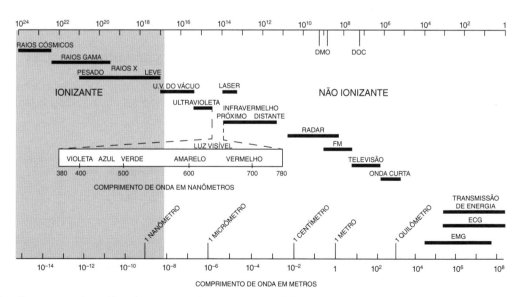

Figura A.1 Representação gráfica do espectro eletromagnético. (Adaptado de Illuminating Engineering Society of North America Lighting Handbook, New York, ed. 8, 1993.)

Regiões do espectro eletromagnético

O comprimento de onda da energia define exclusivamente cada porção do espectro eletromagnético. A medida de referência para o comprimento de onda é o metro (Tab. A.1).

Faixa ionizante

A energia na faixa ionizante do espectro eletromagnético é caracterizada pela relativa facilidade com que os átomos podem liberar elétrons, prótons ou nêutrons livres. A radiação ionizante pode facilmente penetrar nos tecidos e depositar sua energia no interior das células. Se esta energia é suficientemente alta, a célula perde sua capacidade de se dividir, matando a célula ao final.

A radiação ionizante é utilizada para diagnóstico na obtenção de radiografias (abaixo do limiar requerido para a morte celular) e para terapia no tratamento de radiação para algumas formas de câncer (acima do limite). Uma vez que a radiação ionizante é perigosa, a dosagem total de exposição deve ser rigorosamente monitorada e controlada. A energia encontrada nesta porção do espectro eletromagnético é utilizada apenas sob condições intensamente controladas.

O espectro de luz

Esta porção do espectro abrange a energia luminosa ultravioleta, visível, e a infravermelha. A radiação eletromagnética que possui um comprimento de onda entre 380 e 780 nm forma o espectro da luz "branca" visível. A luz branca é a combinação de sete cores, cada uma representando um comprimento de onda diferente no espectro. Estas sete cores, classificadas do comprimento de onda mais curto para o mais longo, são violeta, índigo, azul, verde, amarelo, laranja e vermelho.

A energia luminosa de comprimento de onda acima de 780 nm é denominada **luz infravermelha** ou energia infravermelha. Uma vez que este comprimento de onda é maior do que os limites que o olho humano é capaz de detectar, a energia infravermelha é invisível. Qualquer objeto que possui uma temperatura acima do zero absoluto emite energia infravermelha proporcional a sua temperatura. Fontes mais quentes transmitem mais energia infravermelha porque possuem um comprimento de onda mais curto do que objetos mais frios.

O espectro infravermelho está dividido em duas seções distintas. O infravermelho próximo é a porção do espectro mais próxima da luz visível, com comprimentos de onda que variam entre 780 e 1.500 nm. A porção infravermelha distante está localizada entre 1.500 e 12.500 nm. A energia na faixa do infravermelho próximo é capaz de produzir efeitos térmicos de 5 a 10 mm de profundidade no tecido, ao passo que a energia infravermelha distante resulta em aquecimento mais superficial da pele (menos de 2 mm de profundidade).

A luz com comprimento de onda mais curto do que a luz visível é a **luz ultravioleta**. Como a energia infravermelha, a luz ultravioleta é indetectável pelo olho humano. A energia na faixa do ultravioleta próximo possui comprimentos de onda que variam entre 290 e 400 nm, ao passo que a faixa ultravioleta distante abrange comprimentos de onda entre 180 e 290 nm. Ambas as formas de luz ultravioleta produzem alterações químicas superficiais na pele. A queimadura solar é um exemplo do efeito de uma dose exagerada de radiação ultravioleta.

Muitas modalidades terapêuticas utilizam a energia dentro da faixa de luz do espectro eletromagnético. A luz ultravioleta é usada para o tratamento de certas doenças de pele. Dependendo das temperaturas relativas envolvidas, a transferência de energia infravermelha é utilizada para aquecer ou arrefecer os tecidos corporais. Lasers médicos produzem feixes de energia nas regiões de luz ultravioleta, visível e infravermelha, capazes de resultar em destruição tecidual ou em efeitos terapêuticos na intimidade dos tecidos.

Diatermia e correntes elétricas

A radiação eletromagnética com comprimentos de onda mais longos possui intensidade suficiente para pro-

Tabela A.1 Unidades de medida para comprimentos de onda em relação ao metro (39,37 pol.)

Nome	Símbolo	Comprimento de onda
Angstrom	Å	10.210 m
Nanômetro	nm	1.029 m
Micrômetro	mm	1.026 m
Milímetro	mm	1.023 m
Centímetro	cm	1.022 m
Metro	m	–
Quilômetro	km	103 m

vocar um aumento na temperatura tecidual. Coletivamente conhecidas como "diatermia", esses tipos de energia eletromagnética geram um campo magnético que é transformado em calor por meio do processo de conversão. Os dois tipos mais comuns de diatermia terapêutica são as microondas e a diatermia por ondas curtas.

Na faixa acima da diatermia por ondas curtas e se estendendo até o infinito estão as correntes elétricas de estimulação. Seus aparelhos empregam o fluxo direto de elétrons e de íons para provocar alterações fisiológicas no interior dos tecidos. Deve-se notar que as manipulações físicas feitas à corrente elétrica não permitem sua localização precisa no espectro eletromagnético. A exceção a isso é a corrente contínua ininterrupta, que possui o comprimento de onda teórico infinito.

Leis físicas que regem a aplicação das modalidades terapêuticas

A eficácia de um tratamento em particular depende da escolha apropriada e da aplicação de uma modalidade. A modalidade deve ser capaz de produzir as alterações fisiológicas desejadas na profundidade do tecido a que se destinam. Um agente de aquecimento superficial tem pouco efeito positivo sobre um ferimento profundo. A modalidade adequada não irá produzir os melhores resultados se for aplicada de forma incorreta.

Para que ocorram alterações fisiológicas, a energia aplicada ao corpo deve ser absorvida pelos tecidos. Em todo o espectro eletromagnético, há pouca correlação entre o comprimento de onda e a capacidade de penetração no tecido afetado.[1] Tanto os raios X como as ondas de rádio penetram nos tecidos, a despeito de suas posições polares no espectro.

Transferência de calor

A transferência de calor para ou a partir do corpo é regido pelas leis da termodinâmica. A quantidade de energia trocada durante a crioterapia ou termoterapia pode ser calculada usando a seguinte equação:

$$H = k\, A\, t\, (\Delta T / \Delta L)$$

Em que:

H = transferência total de calor
k = condutividade térmica dos tecidos
A = área através da qual a energia está sendo transmitida
t = tempo total no qual a modalidade é aplicada
ΔT = gradiente de temperatura entre a modalidade e os tecidos
ΔL = distância que separa o gradiente térmico

Ao aplicar modalidades tais como bolsas úmidas ou de gelo, a área (A) representa a área de superfície na qual a modalidade contata a pele. Aumentar a área de superfície aumenta a quantidade de energia trocada. A condutividade térmica (k) difere entre as camadas de tecido, com o tecido adiposo representando a menor taxa de troca. A distância que separa o gradiente térmico (ΔL) é a distância da modalidade em relação aos tecidos-alvo.

Adicionar uma camada de isolamento entre a modalidade e a pele reduz a troca de energia de duas maneiras. Isolantes possuem uma baixa capacidade térmica, o que diminui a quantidade de energia trocada. O material isolante também aumenta a distância entre a modalidade e a pele, aumentando o valor de ΔL e, portanto, reduzindo a troca de energia total.

Lei do cosseno

A energia eletromagnética é mais eficientemente transmitida aos tecidos quando ela atinge o corpo em ângulo reto (90 graus). Uma vez que esse ângulo (o ângulo de incidência) se distancia de 90 graus, a eficiência da energia afetando os tecidos é reduzida pelo cosseno do ângulo. A lei do cosseno define essa relação como:

$$\text{Energia eficaz} = \text{Energia} \times \text{Cosseno do ângulo de incidência}$$

Com energia radiante, uma diferença de $\pm$ 10 graus em relação ao ângulo reto é considerada dentro dos limites aceitáveis durante o tratamento.[2]

Lei do inverso do quadrado

A intensidade de energia radiante depende da distância entre a fonte e os tecidos e é descrita pela lei do inverso do quadrado. A intensidade de energia que golpeia os tecidos é proporcional ao quadrado da distância entre a fonte de energia e os tecidos:

$$\mathbf{E = Es/D^2}$$

Em que:

E = a quantidade de energia recebida pelo tecido
Es = a quantidade de energia produzida pela fonte
D^2 = o quadrado da distância entre o alvo e a fonte

Dobrar a distância entre o tecido e a energia diminui a intensidade no tecido por um fator de quatro (Fig. A.2).

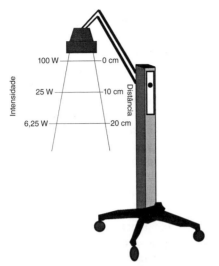

Figura A.2 Um exemplo da lei do inverso do quadrado. Cada vez que a distância entre a fonte de energia infravermelha e o tecido é dobrada, a intensidade da energia fornecida ao tecido é reduzida por um fator de quatro.

Princípio de Arndt-Schultz

Para permitir que a energia afete o corpo, ela deve ser absorvida pelos tecidos em nível suficiente para estimular uma resposta fisiológica. Como descrito pela síndrome geral de adaptação (ver Cap. 1), se a quantidade de energia absorvida é muito pequena, nenhuma reação ocorre, e se a quantidade de energia é muito grande, resulta em dano. Esse conceito aplicado no emprego de modalidades terapêuticas é conhecido como princípio de Arndt-Schultz e é traduzido na prática clínica pela aplicação da modalidade adequada na intensidade correta pela duração apropriada.

Lei de Grotthus-Draper

A lei de Grotthus-Draper descreve uma relação inversa entre a penetração e a absorção de energia por meio da qual toda a energia que penetra no corpo e não é absorvida por uma camada de tecido é passada adiante para a camada seguinte. Quanto mais energia é absorvida pelos tecidos superficiais, menos resta para ser transmitida aos tecidos subjacentes.

Considere-se, por exemplo, a aplicação de calor úmido ao músculo quadríceps. Uma parte da energia é absorvida pela pele, diminuindo a quantidade de energia disponibilizada ao tecido adiposo. Uma parte da energia remanescente é absorvida pelo tecido adiposo, deixando apenas uma fração da energia inicial para aquecer o músculo. Este exemplo também ilustra o fato de que o tecido adiposo pode agir como um isolante, inibindo o aquecimento do músculo. Esse conceito se aplica à maioria das modalidades terapêuticas, sendo que a diferença é a camada, ou as camadas, em que ocorre a maior perda de energia.

Medidas

Conversão de distância

A base de mensuração no sistema métrico é o metro (m), uma distância de 39,37 polegadas. A distância exata de 1 m é o comprimento de onda associado a uma frequência específica do espectro eletromagnético. A polegada, de acordo com a história, foi derivada do comprimento da falange média do dedo indicador de um rei.

Para converter medidas norte-americanas para metros, deve-se multiplicar a unidade pelas seguintes constantes de conversão. Para converter metros para o sistema norte-americano, divide-se pela constante.

Medida no sistema norte-americano	Constante
Polegadas	0,0254
Pés	0,3048

Conversão de peso e de massa

Medida no sistema norte-americano	Constante
Onças	0,0283495
Libras	0,4535924

Comparação entre as medidas de comprimento no sistema norte-americano e no SI					
Milímetros	**Centímetros**	**Metros**	**Polegadas**	**Pés**	**Jardas**
1 milímetro = 1,0	0,1	0,001	0,03937	0,00328	0,0011
1 centímetro = 10,0	1,0	0,01	0,3937	0,03281	0,0109
1 pol. = 25,4	2,54	0,0254	1,0	0,0833	0,0278
1 pé = 304,8	30,48	0,3048	12,0	1,0	0,333
1 jd = 914,4	91,44	0,9144	36,0	3,0	1,0
1 m = 1000,0	100,0	1,0	39,37	3,2808	1,0936

Fonte: Adaptado de Venes D, Thomas CL (eds): *Taber's Cyclopedic Medical Dictionary*, ed 21. FA Davis, Philadelphia, 2009, p. 2585.

Conversão de temperatura

Para converter Fahrenheit para Celsius:

$$°C = (F° - 32) \times 5/9$$

Para converter Fahrenheit para Celsius:

$$F° = (°C \times 9/5) + 32$$

Referências bibliográficas

1. Kloth LC, Ziskin MC: Diathermy and pulsed electromagnetic fields. In Michlovitz SL (ed): Thermal Agents in Rehabilitation, ed 2. FA Davis, Philadelphia, 1990, pp 170–199.
2. Griffin JE, Karselis TC: Physical Agents for Physical Therapists, ed 3. Charles C Thomas, Springfield, IL, 1988, pp 229–263.

Apêndice B

Pontos-gatilho e padrões de dor

"Pontos-gatilho" são pequenas áreas de sensibilidade e dor localizadas nos músculos e no tecido conjuntivo.[1] Eles podem ser produzidos por trauma agudo, inflamação crônica ou isquemia, ou podem ser desenvolvidos como resultado do estresse oriundo de atividades diárias ou hábitos posturais. Embora a dor e a sensibilidade sejam localizadas, os relatos na literatura sugerem que o desconforto pode ser referido a outras partes do corpo ("dor referida") por meio do sistema nervoso autônomo.

Essas áreas podem ser localizadas por palpação, com o auxílio da extremidade de borracha de um lápis ou por meio de correntes elétricas. Tem sido sugerido que a combinação de estimulação elétrica e ultrassom é benéfica tanto na localização quanto no tratamento das áreas envolvidas. Uma corrente de tetanização dentro da faixa de intensidade confortável para o paciente é normalmente utilizada tanto para a localização como para o tratamento, oferecendo uma contração "semelhante à massagem" para os músculos nos quais é aplicada.[2]

As ilustrações são de Mettler Eletronics Corporation, Anaheim, Califórnia, com permissão.

Referências bibliográficas

1. Alvarez DJ, Rockwell PG: Trigger points: Diagnosis and management. Am Fam Physician 65:653, 2002.
2. Travel J, Rinzier SH: The myofascial genesis of pain. Postgrad Med. II(5): May 1952.

Apêndice B ■ Pontos-gatilho e padrões de dor 403

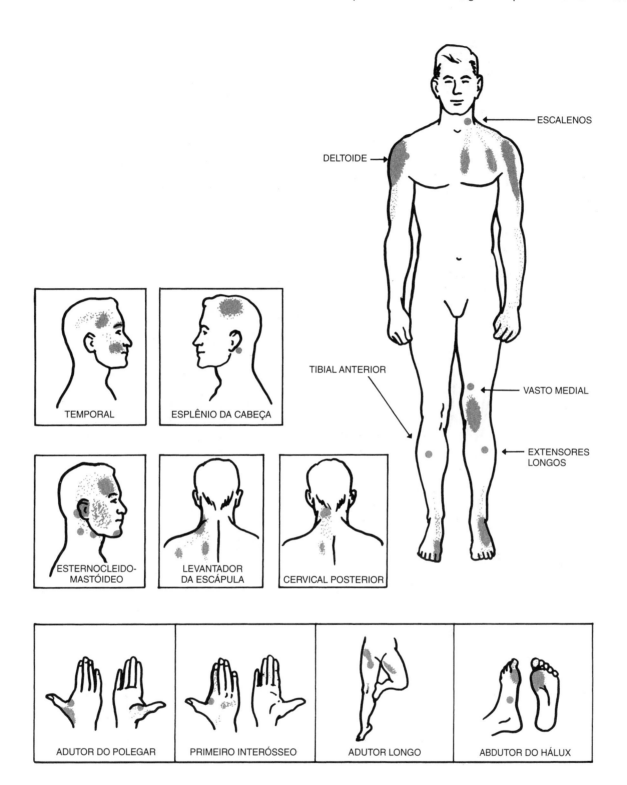

Apêndice B ■ Pontos-gatilho e padrões de dor

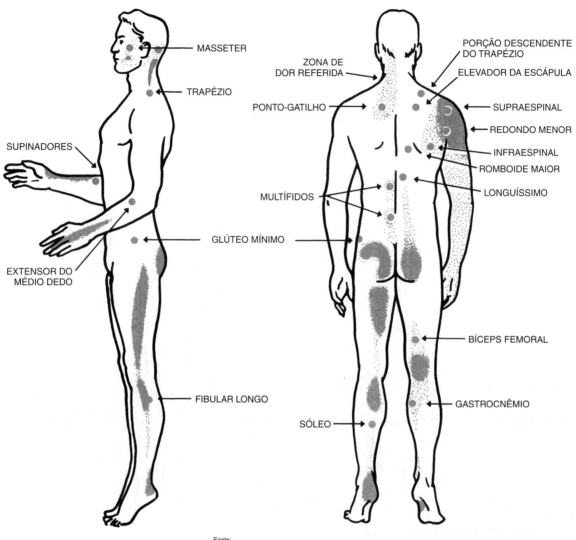

Fonte:
Travel, J. and Rinzier, S.H., "The Myofascial Genesis of Pain," POSTGRADUATE MEDICINE, Vol. II, No. 5, May, 1952.

Sola, A. E. "Myofascial Trigger Point Pain in the Neck and Shoulder Girdle," NORTHWEST MEDICINE, Vol. 54, pp. 980-984 September, 1955.

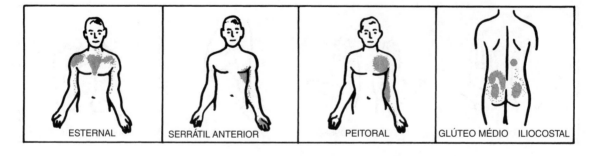

Apêndice C

Abreviaturas

O texto a seguir traz exemplos de abreviaturas para facilitar anotações e registros clínicos. Em função das semelhanças e das diferenças entre diferentes siglas, recomenda-se que as instituições elaborem uma lista de siglas aprovadas por elas mesmas e que a disponibilizem aos seus funcionários e administradores.

Modalidades ou tratamentos terapêuticos

BQ	Bolsa quente
DMO	Diatermia por microondas
DOC	Diatermia por ondas curtas
EE	Estimulação elétrica
EEM	Estimulação elétrica muscular
ENMM	Estimulação elétrica neuromuscular por microcorrentes
EPAV	Estimulação pulsada de alta voltagem
ICE	*Ice* (gelo, em inglês), compressão, elevação
IFS	Estimulação interferencial
MFT	Massagem de fricção transversa
MG	Massagem com gelo
RICE	Repouso, *ice* (gelo, em inglês), compressão, elevação
T	Turbilhão
TENS	Estimulação elétrica nervosa transcutânea
TF	Turbilhão frio
TH	Tanque de Hubbard
TM	Terapia manual
TQ	Turbilhão quente
TX	Tração
US	Ultrassom
UV	Ultravioleta

Dosagem/administração

1x/d	Uma vez por dia
2x/d	Duas vezes por dia
2x/s	Duas vezes por semana
3x/d	Três vezes por dia
3x/s	Três vezes por semana
4x/d	Quatro vezes ao dia
A/C	A critério/como desejado
AAS	Aspirina
AR	Antes das refeições
Máx.	Máximo
Méd.	Médio
Mín.	Mínimo
Mod.	Moderado
NO	Noite, noturno
NVO	Nada via oral
PC	Após as refeições
prn	Quando necessário (do latim *pro re nata*)
q	Sempre
q.__h.	A cada x horas (p. ex., Q3H = a cada 3 horas)

qd	Todos os dias
qh	A cada hora
qn	Toda noite
qod	A cada dois dias
SIG	Orientações de uso
SN	Quando necessário, se necessário
ST	Iniciar
VO	Via oral
W/cm^2	Watts por centímetro quadrado

Amplitude de movimento, exercício e atividade

ABD	Abdução
AD	Adução
ADM	Amplitude de movimento
ADMa	Amplitude de movimento ativo
ADMaa	Amplitude de movimento ativo assistida
ADMac	Amplitude de movimento ativo completa
ADMp	Amplitude de movimento passivo
ADMr	Amplitude de movimento resistido
AVD	Atividades de vida diária
BT	Bombas de tornozelo
Deamb	Deambulação
DPct	Descarga de peso conforme tolerado
DPD	Descarga de peso sobre dedos
DPP	Descarga de peso parcial
DPT	Descarga de peso total
EMIE	Elevação de membro inferior estendido
ERP	Exercícios de resistência progressivos
Ev	Eversão
Ext	Extensão
Fdl	Fora do leito
Fdt	Fora do trabalho
FLL	Flexão lateral
Flx	Flexão
FNP	Facilitação neuromuscular proprioceptiva
Inv	Inversão
Mvt	Movimento
PED	Programa de exercícios domiciliares
PRO	Pronação
QS	Quadríceps
RaT	Retorno ao trabalho
Reab	Reabilitação
Reps	Repetições
RL	Repouso no leito
ROT	Rotação, rotacional
SDP	Sem descarga de peso
SUP	Supinação
TM	Treino de marcha
TMM	Teste muscular manual

Procedimentos médicos e cirúrgicos

ATJ	Artroplastia total de joelho
ATQ	Artroplastia total de quadril
Bio	Biópsia
CT/CAT	Tomografia assistida por computador
HC	Hemograma completo
LTC	Liberação do túnel do carpo
MRI/RM	Ressonância magnética
RAFE	Redução aberta, fixação externa
RAFI	Redução aberta, fixação interna
RLCA	Reconstrução do ligamento cruzado anterior
STJ	Substituição total de joelho
STQ	Substituição total de quadril

Aparelhos e equipamentos de apoio

CR	Cadeira de rodas
M	Muletas
MM	Marcha com muleta
OIB	Órtese de imobilização para braço
OIC	Órtese de imobilização curta para membro superior
OID	Órtese de imobilização para deambulação
OIMI	Órtese de imobilização para membro inferior
OIMS	Órtese de imobilização para membro superior
OIP	Órtese de imobilização para perna
OJTP	Órtese joelho-tornozelo-pé
OTP	Órtese tornozelo-pé

Medições e tempo

–, neg	Negativo
+, pos	Positivo
<	Menor que
=	Igual
>	Maior que
a	Ano
a.m.	Manhã (logo após a meia-noite até pouco antes do meio-dia)
Aad	Anterior à admissão
alt	Altura
C	Centígrados, Celsius
c-c	Colher de chá
c-s	Colher de sopa
Cm	Centímetro
cont.	Continuar
Dad	Data de admissão
Dcir	Data de cirurgia

des	Desconhecido
Dle	Data de lesão
DLN	Dentro dos limites normais
G	Gram
h- dormir	Na hora de dormir
h, hr	Horas
id	Idade
ID	Idade de desenvolvimento
IG	Idade gestacional
kg	Quilograma
L, l	Litro
Lb	Libras
m	Mês
m	Metro
mg	Miligrama
min	Minutos
mL	Mililitro
mm	Milímetro
oz	Onça
p	Peso
p.m.	Período da tarde (logo depois do meio-dia até um pouco antes da meia-noite)
pé	Pé/ pés
pol	Polegadas
seg	Segundos
sem	Semana
x	Número de vezes executadas (p. ex., 2x)

Graus

Anl	Anormal
R	Razoável
B	Bom
nl	Normal
P	Pobre
T	Traço
N/A	Não aplicável
DLN	Dentro dos limites normais
1	Primeiro grau
2	Segundo grau
3	Terceiro grau

Regiões corporais

↑dC	Acima do cotovelo
↑dJ	Acima do joelho
↓dC	Abaixo do cotovelo
↓dJ	Abaixo do joelho
AAC	Articulação acromioclavicular
AEC	Articulação esternoclavicular
AGU	Articulação glenoumeral
Ant	Anterior
AP	Anteroposterior

art	Articulação
B	Bilateral
Bilat.	Bilateralmente
C	Coluna cervical
C#	Nível da coluna cervical (p. ex., C1, C2)
CV	Cardiovascular
D	Direita
Dis	Distal
E	Esquerda
EIAI	Espinha ilíaca anteroinferior
EIAS	Espinha ilíaca anterossuperior
EIPS	Espinha ilíaca póstero-superior
IFD	Articulação interfalângica distal
IFP	Articulação interfalângica proximal
Inf	Inferior
L	Coluna lombar
L #	Nível lombar da coluna (por exemplo, L1, L2)
LCA	Ligamento cruzado anterior
LCF	Ligamento calcaneofibular
LCL	Ligamento colateral lateral
LCM	Ligamento colateral medial
LCP	Ligamento cruzado posterior
LTFa	Ligamento talofibular anterior
LTFp	Ligamento talofibular posterior
MI	Membro inferior
MMII	Membros inferiores
MMSS	Membros superiores
MS	Membro superior
PA	Posteroanterior
Pé	Pé/ pés
Prox	Proximal
RL	Região lombar
T	Coluna torácica
T#	Nível da coluna torácica (p. ex., T1, T2)

Anotações gerais

↑	Para cima, aumentando
↓	Para baixo, diminuindo
><	Descartar
~	Aproximadamente
1°	Primário
2°	Secundário
3°	Terciário
a	Antes
A:	Avaliação
Ad	Admissão
Amb	Ambulatório
AMed	Assistência médica
Av	Avaliação
c	Com
cc	Centímetro cúbico
CI	Consentimento informado

d	Depois	DDA	Doença degenerativa articular
Dx	Diagnóstico	DDD	Doença degenerativa discal
EF	exame/avaliação física	DIP	Doença inflamatória pélvica
HF	Histórico familiar	DM	Diabetes melito
imp.	Impressão	DM2	Diabetes melito de início na vida adulta
in situ	Em seu lugar natural	DMnid	Diabetes não insulinodependente
Indep	Independente	DPOC	Doença pulmonar obstrutiva crônica
M&A	Medir e anotar	DVP	Doença vascular periférica
Med	Medicação	EM	Esclerose múltipla
N/A	Não aplicável	Ent	Entorse
NP	Número de prontuário	Est	Estiramento
O:	Objetivo	FAI	Ferida autoinfligida
OCP	Objetivos de curto prazo	Far	Falta de ar
OLT	Objetivos de longo termo	Fd	Febre, origem desconhecida
P:	Plano	Frat	Fratura
PALP	Palpação	H	Hipertensão
PAP	Plano de atenção padrão	HA	Pressão arterial elevada
Pat	Patologia	HIV	Vírus da imunodeficiência humana
POP	Procedimento operacional padrão	HNP	Hérnia de núcleo pulposo
POS	A seguir, depois de	IAM	Infarto agudo do miocárdio
Pos-op	Após a cirurgia	IRA	Insuficiência renal aguda
POSS	Possível	lac	Laceração
Pre-op	Antes da cirurgia	LC	Lesão de crânio
PROG	Progresso/progredindo	LCTl	Lesão cerebral traumática leve
qp	Queixa principal	LG	Lombalgia
Re-ad	Readmissão	LME	Lesão da medula espinal
re:	No que diz respeito, em relação a, pertinente a	LNP	Lesão do nervo periférico
RMOP	Registro médico orientado pelo problema	OA	Osteoartrite
s	Sem	PARA	Paraplégico
S:	Subjetivo	PC	Paralisia cerebral
S/P	*Status post* (condição após algo)	Pcons	Perda de consciência
SAC	Sem alergias conhecidas	SFP	Síndrome da articulação femoropatelar
SCir	Sala de cirurgia	TCE	Traumatismo crânio-encefálico
SDC	Sem distúrbios conhecidos	TETRA	Tetraplégico
Sint	Sintomas	TVP	Trombose venosa profunda
SOAP	Subjetivo, objetivo, plano de avaliação; formato de anotações		

Profissionais de saúde

asft	Assistente de fisioterapia
Enf	Enfermeiro
Ft	Fisioterapeuta/Fisioterapia
Ftr	Fisioterapeuta respiratório
GIN	Ginecologia
Md	Médico
Mt	Massoterapeuta
NT	Nutricionista
Ob	Obstetrícia
ONG	Ouvidos, nariz e garganta
OONG	Olhos, ouvidos, nariz e garganta
Qp	Quiropraxista
TF	Treinador físico
TO	Terapeuta ocupacional/Terapia ocupacional

Do lado esquerdo, continuação:

sv	Sinais vitais
TPR	Temperatura, pulso e respiração
Δ	Alteração

Lesões e doenças

Aids	Síndrome da imunodeficiência adquirida
AMC	Acidente com motocicleta
AR	Artrite reumatoide
AVE	Acidente vascular encefálico
CA	Câncer
DAC	Doença arterial coronariana
DC, Cef	Dor de cabeça
DCVH	Doença cardiovascular hipertensiva

Apêndice D

Pontos motores

Um ponto motor é o local em que o músculo é mais facilmente excitado com uma quantidade mínima de estimulação elétrica; está geralmente localizado próximo ao centro da massa muscular, onde o nervo motor penetra no músculo. Para cada músculo, o ponto motor pode variar de paciente para paciente, ou ainda em momentos diferentes para o mesmo paciente, dependendo da patologia. Os gráficos que acompanham são guias para os pontos motores.

As ilustrações são de Mettler Corporation, Anaheim, Califórnia, com permissão.

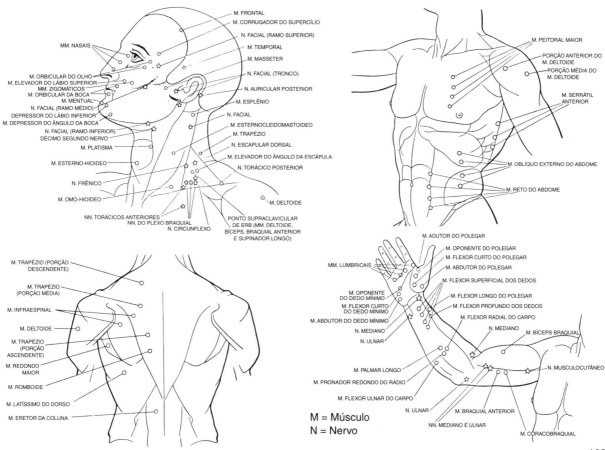

410 Apêndice D ■ Pontos motores

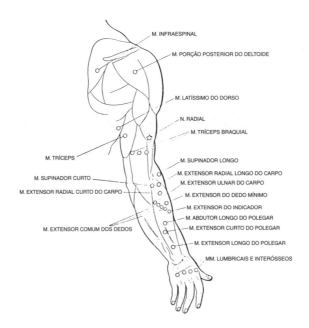

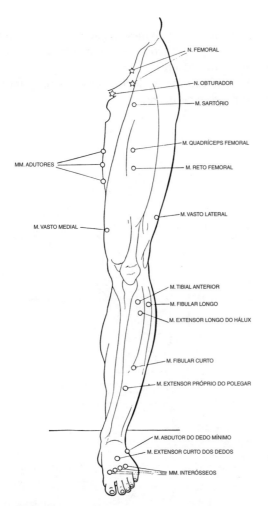

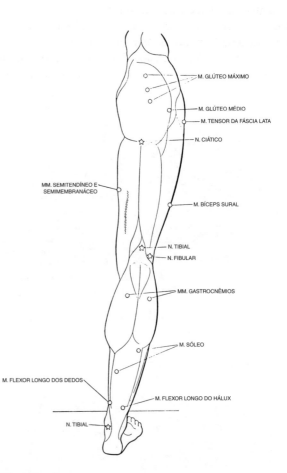

M = Músculo
N = Nervo

M = músculo
N = nervo

Apêndice E

Lei de Ohm

Cálculo da Lei de Ohm em circuitos em série e em paralelo

Em um circuito em série

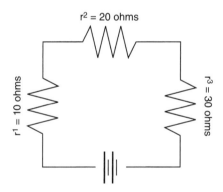

Sabendo-se que um potencial de 120 V é aplicado a um circuito com 60 ohms de resistência, a amperagem pode ser calculada por meio da Lei de Ohm. Utilizando os valores na figura acima, a equação para o cálculo do fluxo de corrente através da série de resistências é:

$$I = V/R_t$$
$$I = 120 \text{ V}/60 \text{ ohms}$$
$$I = 2A$$

Se cada uma das três resistências possui uma resistência diferente (p. ex., 10 ohms, 20 ohms e 30 ohms), a voltagem irá variar entre as resistências. Pela aplicação de uma derivação da lei de Ohm, V = IR, a voltagem em cada resistência pode ser calculada como:

$$V_1 = Ir_1$$
$$V_1 = 2A \times 10 \text{ ohms}$$
$$V_1 = 20 \text{ V}$$

$$V_2 = Ir_2$$
$$V_2 = 2A \times 20 \text{ ohms}$$
$$V_2 = 40 \text{ V}$$

$$V_3 = Ir_3$$
$$V_3 = 2A \times 30 \text{ ohms}$$
$$V_3 = 60 \text{ V}$$

Ao adicionar $V_1 + V_2 + V_3$, é possível ver que a soma do potencial ao longo das resistências individuais é igual à energia total aplicada ao circuito. A corrente (amperagem) permanece a mesma ao longo de um circuito em série. A voltagem e a resistência variam.

Em um circuito paralelo

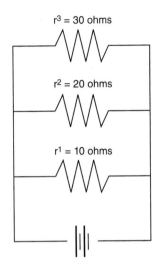

Para calcular a resistência total de um circuito em paralelo, deve-se ter em mente que o fluxo em cada caminho é inversamente proporcional à sua resistência. Uma vez que a voltagem é constante, esse valor pode ser anulado, e o recíproco matemático (1/n) da resistência pode ser utilizado:

$$I = V / R_t$$
$$I = 120 \text{ V} / 5{,}56 \text{ ohms}$$
$$I = 21{,}6 \text{ A}$$

A quantidade de corrente que flui através de cada resistência (e caminho) é calculado por:

$$i_1 = v/r_1$$
$$i_1 = 120 \text{ V}/10 \text{ ohms}$$
$$i_1 = 12 \text{ A}$$

$$i_2 = v/r_2$$
$$i_2 = 120 \text{ V}/20 \text{ ohms}$$
$$i_2 = 6 \text{ A}$$

$$i_3 = v/r_3$$
$$i_3 = 120 \text{ V}/30 \text{ ohms}$$
$$i_3 = 4 \text{ A}$$

Em que:

i_n = amperagem através da resistência n
v = voltagem aplicada ao circuito
r_n = resistência em ohms

Ao contrário dos circuitos em série, os circuitos paralelos possuem a mesma voltagem ao longo de cada caminho. A amperagem e a resistência diferem de caminho para caminho. Portanto, se a voltagem ao longo de um caminho pode ser calculada, a voltagem para a totalidade do circuito é conhecida.

Apêndice F

Respostas das questões para revisão

Parte 1

1. B	7. A	13. A	19. C
2. C	8. C	14. B	20. D
3. C	9. C	15. B, D	21. B
4. B	10. A	16. D	22. C
5. C	11. D	17. B	23. A
6. A	12. C	18. A	24. D

Parte 2

1. B	6. B	11. B	16. C
2. D	7. C	12. C	17. D
3. B	8. B	13. B	
4. D	9. B	14. D	
5. D	10. D	15. C	

Parte 3

1. C	10. B	19. Quaisquer dentre as seguintes são respostas aceitáveis:
2. A	11. B	
3. D	12. B	
4. D	13. C	Hidratação
5. A	14. C	Idade
6. A	15. A	Composição
7. C	16. A	Vascularidade
8. D	17. B	Espessura
9. A	18. A	

413

	Ultrassom	Diatermia por ondas curtas
Tipo de energia	Acústica	Eletromagnética
Tecido aquecido	Rico em colágeno	C: tecido adiposo, pele I: músculo, vasos sanguíneos
Volume de tecido aquecido	Pequeno ($\sim$ 20 cm²)	Grande ($\sim$ 200 cm²)
Aumento da temperatura	1 MHz:$>$ 3,5°C 3 MHz:$>$ 8,3°C	C:$>$ 3,9°C (tecido adiposo) I:$>$ 10°C (tecido intramuscular)
Retenção de calor	Curta (aproximadamente 3 minutos)	Longa (aproximadamente 9 minutos)

Parte 4

1. C
2. D
3. C
4. B
5. D

6. A
7. D
8. A
9. A
10. A

11. B
12. B
13. D
14. A
15. A

16. B
17. B
18. D
19. A
20. B

Parte 5

1. D
2. C
3. A
4. B
5. C
6. B
7. B
8. D
9. A
10. C
11. D

12. Posição da coluna cervical
 Posição do paciente
 Angulo de tração
 Duração do tratamento
13. A força da gravidade é eliminada
 Os músculos cervicais são colocados em uma
 posição mais relaxada
14. B
 A
 C

Apêndice G

Discussão de estudo de caso

Parte dois

A aplicação de crioterapia é a intervenção de escolha. A combinação ideal de gelo, compressão e elevação para limitar o acúmulo de fluido pós-lesão é melhor obtida com bolsas de gelo ou bolsas de gel resfriado convencionais. As alterações fisiológicas reduzem a liberação de mediadores inflamatórios, diminui a síntese de prostaglandina e diminui a permeabilidade capilar.

Os sintomas clínicos neste caso são observados de um ponto de vista da prevenção porque a lesão acabou de ocorrer. A aplicação de gelo se destina a limitar o acúmulo de edema, minimizando a dor, limitando os espasmos musculares e limitando a perda de amplitude de movimento.

A aplicação de gelo pode ser feita após episódios agudos de recorrência da lesão (incidente de torção de tornozelo, exercício ou atividade em excesso), para reduzir a dor em um dia "ruim", para reduzir o espasmo muscular ou para ajudar na restauração da amplitude de movimento. Outros agentes térmicos podem incluir a imersão no gelo, o turbilhão (temperatura morna) e a massagem com gelo. A imersão no gelo permite que a amplitude de movimento seja realizada simultaneamente para aumentar o papel ativo do paciente na recuperação; o turbilhão permitirá exercícios de amplitude de movimento, e a temperatura pode ser aumentada conforme a lesão entra na fase subaguda de recuperação para aumentar o metabolismo a fim de promover a cura. A massagem com gelo funciona melhor para áreas de lesão pequenas e irregulares (como os ligamentos laterais ou intrínsecos do pé), onde o trauma ocorreu em princípio. Os agentes térmicos podem ser uma opção se a inflamação aguda foi resolvida, mas é recomendada uma baixa intensidade em razão da alta proporção de osso em relação ao tecido mole na região lesada.

Parte três

A diatermia por ondas curtas com bobina de indução tipo tambor é a melhor opção em razão da grande área de superfície dos tecidos envolvidos, do espasmo muscular acentuado e da ferida aberta na região lombar. O clínico deverá ter certeza de que não há metal no campo da diatermia por ondas curtas. Se o paciente possui escoliose com uma haste implantada na coluna, por exemplo, o tratamento pode requerer a aplicação de uma vestimenta estéril para minimizar o risco de infecção e toalhas estéreis utilizadas como uma cobertura de bolsa quente.

Durante o aquecimento, as seguintes respostas fisiológicas são estimuladas: metabolismo celular local, fluxo sanguíneo, atividade fibroblástica, deposição de colágeno e novo crescimento capilar.

Agentes de aquecimento podem colocar o paciente em maior risco de infecção pelo contato de toalhas ou coberturas de bolsas quentes não estéreis. O ultrassom pode ser aplicado apenas a uma porção da área do problema, em razão da ferida.

Clinicamente, o tratamento é voltado ao espasmo muscular acentuado, à perda de amplitude de movimento, à dor e à cicatrização de feridas.

Parte quatro

Em um ambiente clínico, a melhor opção para este paciente varia enormemente de acordo com a taxa de sucesso anterior do clínico, a preferência do paciente e as abordagens de tratamento simultâneas empregadas. Um maior sucesso vem de remover a fonte, a ergonomia da estação de trabalho do computador. Até que a estação de trabalho seja ajustada à mecânica corporal adequada, é improvável que os problemas se resolvam. As opções de intervenção podem incluir ultrassom térmico, massagem, gelo e alongamento (p. ex., *spray* e alongamento), e estimulação elétrica interferencial ou neuromuscular. Fisiologicamente, o principal efeito seria reduzir o espasmo muscular pela inibição da contração do músculo.

Os sintomas clínicos que devem ser abordados são amplitude de movimento, dor, espasmo, sensibilidade e força e resistência musculares.

Parte cinco

Comentário – Bertha

O edema pode ser tratado com massagem, estimulação elétrica e agentes térmicos quentes e frios. Os efeitos fisiológicos são: auxiliar o retorno venoso e linfático, reduzir a viscosidade do fluido, remover os detritos celulares e aumentar o fornecimento de nutrientes para a cicatrização dos tecidos moles. Os objetivos clínicos são baseados nos déficits dela, e o tratamento é elaborado para reduzir o edema, melhorar a amplitude de

movimento, diminuir a dor e melhorar a função. Em razão de sua história de câncer, o ultrassom deve ser evitado. A estimulação elétrica interferencial e as bolsas de calor seriam apropriadas.

Comentário – Sam

As indicações incluem espasmo muscular, doença discal degenerativa, compressão da raiz nervosa, capsulite da articulação vertebral e hérnia discal. A tração pode ser empregada para tentar interromper o ciclo dor-espasmo-dor. A pressão sobre as raízes nervosas deve ser reduzida pela força de distração do aparelho de tração. Clinicamente, a centralização dos sintomas é um sinal de progresso, pela opinião de um homem. Os sintomas clínicos que devem ser reduzidos são dor, amplitude de movimento e dor radicular. Outras intervenções para aliviar o espasmo muscular, sem comprometer a pressão do disco, poderiam incluir terapia de calor, estimulação elétrica, compressas de gelo e ultrassom, se os sintomas estão localizados em uma pequena área.

Comentário – Sr. Smith

As contraindicações incluem doença vascular periférica, trombose venosa profunda, dermatite, gangrena e síndromes compartimentais. Exercícios para amplitude de movimento constantes e suaves irão aumentar a remodelação do colágeno de forma ordenada e promover a troca de nutrientes. São esperados ganhos clínicos em amplitude de movimento, redução do edema, gestão da dor e diminuição do espasmo de tecidos moles.

Glossário

Absorção: processo de um meio para captar energia térmica e transformá-la em energia cinética.

Acetilcolina: neurotransmissor responsável pela transmissão dos impulsos nos nervos motores.

Ácido desoxirribonucleico: ácido que conduz informação genética para todos os organismos, exceto RNA.

Ácido lático: resíduo celular produzido pela contração muscular ou metabolismo da célula. Um carboidrato ligado à fadiga.

Ácido ribonucleico: controla a síntese de proteínas.

Acomodação: diminuição na frequência do potencial de ação do nervo ao longo do tempo quando exposto a um estímulo de despolarização constante.

Actina: proteína contrátil do músculo.

Actinomicose: estado de doença da actina causado por fungo.

Adriamicina: medicamento antibiótico.

Aeróbio: que requer a presença de oxigênio.

Aferente: que conduz impulsos em direção a uma estrutura central, por exemplo, o cérebro.

Água desgaseificada: água que foi fervida por 30 a 45 minutos e então deixada em repouso por 4 a 24 horas, permitindo o escape das bolhas gasosas.

Albinismo: condição em que o indivíduo não possui pigmentação na pele, cabelos e olhos. A pele é propensa a queimaduras de sol e os olhos são particularmente sensíveis à luz (fotofobia).

Aloenxerto: substituição ou aumento de uma estrutura biológica usando-se uma estrutura sintética.

Alta frequência (estimulação elétrica): corrente elétrica que tem uma frequência acima de 100.000 cps.

Aminoácidos: elementos básicos constituintes das proteínas.

Amperagem: taxa de fluxo de uma corrente elétrica. Um ampere é igual à taxa de fluxo de 1 coulomb por segundo.

Amplitude: afastamento máximo de uma onda em relação à sua linha basal.

Amplitude de movimento: a distância, medida em graus, em que um membro se move em um plano (p. ex., flexão-extensão, adução-abdução).

Anabólica: diz-se da síntese de moléculas a partir de seus elementos componentes, metabolismo construtivo.

Anaeróbio: que é capaz de sobreviver na ausência de oxigênio. Os sistemas anaeróbios derivam sua energia da quebra de trifosfato de adenosina (ATP) em difosfato de adenosina (ADP).

Analgesia: ausência da sensação de dor.

Analgésico: substância que reduz a dor.

Analógico: referente à leitura em uma escala continuamente variável. Um relógio com ponteiros é um tipo de mostrador analógico.

Anel fibroso: estrutura composta pelas camadas externas densas, não flexíveis, de um disco intervertebral.

Anestesia: perda ou diminuição na sensação.

Angiogênese: formação de novos vasos sanguíneos.

Angstrom (Å): distância igual a 10^{-10} m ou um bilionésimo de um metro.

Ânodo: polo positivo de um circuito elétrico. Tem uma concentração baixa de elétrons e é o oposto do cátodo.

Antibiótico: substância que inibe o crescimento de micro-organismos ou causa sua morte.

Antietanol: medicamento usado no tratamento do alcoolismo (nome genérico: dissulfiram). O consumo de bebidas alcoólicas enquanto se toma antietanol resulta em náusea intensa e vômito.

Área de radiação efetiva (ERA): porção da superfície de um transdutor de ultrassom (cabeçote de ultrassom) que emite energia ultrassônica.

Arteríola: artéria pequena que conduz a um capilar na sua extremidade distal.

Artrofibrose: reparo e substituição do tecido articular inflamado por tecidos conjuntivos.

Artroplastia: reconstrução ou substituição cirúrgica de uma articulação.

Assadura do esporte: abrasão profunda causada pelo atrito entre a pele e superfícies esportivas artificiais.

Assimétrico: que não apresenta simetria, ou seja, cujo tamanho ou formato é desigual.

Atenuação: diminuição na intensidade de uma onda que resulta da absorção, reflexão e refração da energia.

Atividades da vida diária: habilidades fundamentais necessárias para um certo estilo de vida, incluindo mobilidade, cuidados pessoais e higiene.

Atmosferas absolutas (ATA): pressão de água (ou ar) exercida sobre o corpo. Uma ATA é a pressão-padrão imposta ao corpo no nível do mar. Cada 10 m de imersão a partir do nível do mar equivalem a um aumento de 1 ATA. Por exemplo, a imersão em uma profundidade de 10 m exerce 2 ATA, em 20 m exerce 3 ATA, em 30 m exerce 4 ATA, e assim por diante.

ATP: *ver* trifosfato de adenosina.

Autoclave: dispositivo usado para esterilizar instrumentos médicos utilizando vapor aquecido a 121°C.

Autotratamento: tratamento ou reabilitação executado pelo paciente sem supervisão direta, incluindo programas de tratamento domiciliar.

Axônio: prolongamento de um nervo.

Axonotmese: dano do tecido nervoso sem rompimento físico do nervo.

Bactéria: microrganismo unicelular procariota.

Baixa frequência (estimulação elétrica): corrente elétrica que tem uma frequência abaixo de 1.000 cps.

Betaendorfina: um neuro-hormônio similar à morfina.

Bilateral: referente aos dois lados do corpo.

Calor específico: quantidade de energia necessária para aumentar a temperatura de uma unidade de massa em 1°C. O calor específico de uma substância varia com sua temperatura. O calor específico de cada um dos três estados da água é: gelo 0,50, líquido 1, e vapor 0,48.

Caloria: quantidade de energia necessária para elevar a temperatura de 1 g de água em 1°C. Uma caloria equivale a 4.1860 joules de energia.

Campo eletromagnético: campo criado pelas linhas de força geradas pelos polos positivo e negativo.

Campo eletrostático: campo criado pela eletricidade estática.

Campo próximo: porção de um feixe ultrassônico que está próxima do cabeçote de ultrassom.

Campo receptivo somático: área na qual um estímulo é aplicado para obter a resposta ideal.

Canal (elétrico): circuito elétrico que consiste em dois polos que operam de modo independente de outros circuitos.

Capacidade de aquecimento: *ver* Capacidade térmica.

Capacidade térmica: número de unidades de calor necessárias para elevar em 1°C uma unidade de massa.

Capacitância: a habilidade, dependente da frequência, de armazenar uma carga. O símbolo de capacitância é C, e é expressa em farads (F).

Cápsula interna: banda maciça de fibras ascendentes e descendentes dentro do prosencéfalo que conecta o córtex cerebral ao tálamo, tronco encefálico e medula espinal.

Carga do pulso: número de coulombs contido em um pulso elétrico.

Catabólico: processo metabólico que quebra uma molécula em seus elementos componentes, desse modo liberando energia.

Catalisador: substância que acelera uma reação química.

Cátodo: polo negativo de um circuito elétrico. Possui alta concentração de elétrons e conduz a carga oposta para o ânodo.

Cavitação: formação de bolhas microscópicas durante a aplicação do ultrassom terapêutico.

Cavitação estável: expansão e contração suave das bolhas formadas durante a aplicação de ultrassom.

Cavitação instável: oscilação violenta e subsequente ruptura de bolhas durante a aplicação de ultrassom com uma intensidade alta demais.

Cavitação transitória: *ver* Cavitação instável.

Célula de transmissão: neurônio de segunda ordem das vias de dor e temperatura. Os axônios dessas células cruzam a linha média da medula espinal e sobem no fascículo anterolateral. As células de transmissão são às vezes chamadas de células T, porém não devem ser confundidas com as células T do sistema imune. *Ver* Célula T.

Célula satélite: célula em forma de fuso que auxilia no reparo do músculo esquelético.

Célula T: célula transmissora de impulsos que conecta os nervos sensoriais ao sistema nervoso central. Não deve ser confundida com as células T encontradas no sistema imune. *Ver* Célula de transmissão.

Células (neurônios) polimodais: neurônios na medula espinal e tálamo que respondem a uma ampla variedade de pressões mecânicas. Eles respondem tanto ao toque quanto à dor.

Células endoteliais: células achatadas que revestem os vasos sanguíneos e linfáticos e o coração.

Células estáveis: células que possuem alguma habilidade de regeneração.

Células lábeis: células localizadas na pele, trato intestinal e sangue, que possuem boas habilidades regenerativas.

Chassi: estrutura na qual os componentes elétricos são montados.

Cianose: descoloração azul-acinzentada da pele causada por falta de oxigênio.

Ciclo de trabalho: proporção entre a duração do pulso e o intervalo de pulso: ciclo de trabalho = duração do pulso / (duração do pulso + intervalo de pulso) × 100.

Ciclo-oxigenase-2 (COX-2): agente inflamatório que encoraja a cicatrização óssea.

Circuito aberto: via incompleta que não permite que os elétrons fluam para a fonte elétrica ou para longe dela.

Circuito em série: circuito no qual a corrente tem apenas um caminho para seguir.

Circuito fechado: via completa que permite que os elétrons fluam em direção a uma fonte elétrica e para longe dela.

Circuito paralelo: circuito elétrico no qual os elétrons têm mais do que uma rota para seguir.

Citocina: proteína produzida pelas células sanguíneas brancas.

Classificação Internacional de Doenças (CID): nomenclatura padrão usada para codificar lesões e doenças. Os códigos CID são usados para pesquisa e reembolso de procedimentos de saúde.

Coagulação: processo de formação de coágulos no sangue.

Colagenase: substância que provoca a decomposição do colágeno.

Colágeno: tecido conjuntivo à base de proteína.

Colimado: que possui um feixe de raios ou ondas paralelos que formam uma coluna de energia.

Colunas dorsais: feixes largos de fibras na medula espinal dorsal formados por fibras aferentes primárias ascendentes que conduzem a sensação de toque e propriocepção.

Comissura branca ventral: feixe de fibras na medula espinal por onde as fibras dolorosas de segunda ordem cruzam a linha média antes de entrarem no fascículo lateral.

Compressão (mecânica): força externa aplicada ao corpo (p. ex., uma bandagem elástica) que serve para diminuir o gradiente de pressão entre os vasos sanguíneos e o tecido.

Compressão (ultrassônica): diminuição no tamanho de uma célula durante picos de alta pressão.

Compressão circunferencial: compressão aplicada de uma maneira que proporciona pressão igual em torno da circunferência de uma parte do corpo.

Compressão colateral: forma de compressão que proporciona pressão em apenas dois lados da parte do corpo.

Compressão focal: aplicação de pressão direta nos tecidos moles cercados por estruturas proeminentes.

Compressão sequencial: compressão de um membro caracterizada pelo fluxo de distal para proximal.

Condução: transferência de calor de uma temperatura alta para uma temperatura baixa entre dois objetos em contato.

Condutividade térmica: quantidade de calor (em calorias por segundo) que passa através de uma substância de 1 cm de espessura por 1 cm de largura, tendo um gradiente de temperatura de 1°C.

Condutor (elétrico): material que tem a habilidade de transmitir eletricidade. Os condutores têm muitos elétrons livres e proporcionam relativamente pouca resistência ao fluxo elétrico. Dentro do corpo, tecidos que têm alto teor de água são considerados condutores.

Consolidação viciosa de fratura: cicatrização falha ou incorreta do osso.

Contração rápida: contração muscular repetida caracterizada pelo retorno das fibras ao seu comprimento original subsequente à contração seguinte. As contrações rápidas podem ser diferenciadas uma da outra.

Contração tônica: contração prolongada de um músculo.

Contrairritante: substância que causa irritação dos nervos sensoriais superficiais para reduzir a transmissão da dor proveniente de nervos subjacentes.

Contralateral: pertinente ao lado oposto do corpo. O lado esquerdo é contralateral ao direito.

Contratura: condição que resulta da perda da capacidade de alongamento de um tecido.

Convecção: resfriamento de um objeto e o subsequente aquecimento de outro pela circulação de um fluido, em geral água, ou ar.

Conversão: transformação de energia elétrica de alta frequência em calor.

Corpúsculos de Pacini (receptores pacinianos): grandes órgãos receptores encapsulados, encontrados na pele e tecidos mais profundos. Esses receptores de adaptação rápida são mais bem ativados por um estímulo alternante, por exemplo, um diapasão. Dentro das articulações, eles assistem na transmissão de informações proprioceptivas.

Corrente alternada: fluxo ininterrupto de elétrons marcado por uma mudança na direção e na magnitude do movimento.

Corrente bifásica: corrente pulsada que possui duas fases, cada uma delas ocorrendo em lados opostos da linha basal elétrica. O fluxo bidirecional de elétrons que é marcado por períodos distintos sem fluxo de corrente.

Corrente direta: fluxo unidirecional, ininterrupto, de elétrons.

Corrente galvânica: corrente direta de baixa voltagem.

Corrente média: amplitude média de uma corrente. Quando a corrente pode ser representada por uma onda senoidal, a corrente média é calculada multiplicando-se a amplitude por 0,637.

Corrente monofásica: fluxo unidirecional de elétrons que é interrompido por períodos distintos sem fluxo de corrente.

Corrente pulsada: fluxo de elétrons marcado por períodos distintos sem fluxo de elétrons.

Correnteza acústica: fluxo unidirecional de fluidos dentro dos tecidos causado pela aplicação do ultrassom terapêutico.

Córtex somatossensorial: área no córtex cerebral localizada no giro pós-central do lobo parietal, que é importante na percepção do toque e propriocepção e na localização da sensação dolorosa.

Cortisol: substância produzida no corpo e que é semelhante à cortisona.

Coulomb: quantidade de carga produzida por $6,25 \times 10^{18}$ elétrons (carga negativa) ou prótons (carga positiva).

Crepitação: som ou sensação de triturar ou moer.

Criocinética: técnica de tratamento que envolve mover a parte lesionada do corpo enquanto está sendo tratada com frio, diminuindo, assim, a dor ao mesmo tempo em que se aumenta a amplitude de movimento.

Crioglobulinemia: condição em que proteínas sanguíneas anormais, as crioglobulinas, se agrupam quando expostas ao frio. Essa condição pode levar a alterações na cor da pele, urticária, hemorragia subcutânea e outros distúrbios.

Crioterapia: aplicação de frio terapêutico aos tecidos vivos.

Cristal piezoelétrico: cristal que produz cargas elétricas positivas e negativas quando é comprimido ou expandido.

Crônico: que continua por um longo período; no caso de lesão, que se estende além do ciclo primário de hemorragia e inflamação.

Dados normativos: informações que podem ser usadas para descrever uma população específica.

Defesa muscular: contração voluntária ou subconsciente do músculo para proteger uma área lesionada.

Degeneração muscular: a redução no tamanho e na força de um músculo que ocorre secundariamente à atrofia.

Degeneração walleriana: degeneração fisiológica gradual do axônio de um nervo que foi separado de seu corpo.

Demência: perda progressiva das funções cognitivas e intelectuais, sem o comprometimento da percepção ou da consciência. Os sintomas incluem desorientação, deficiência de memória, de julgamento e de habilidade intelectual.

Dendritos: conexões sinápticas de um nervo que se originam do corpo celular.

Denervado: que não tem o suprimento nervoso apropriado ou a função nervosa para uma área ou grupo muscular, por exemplo.

Dermátomo: área segmentar da pele suprida por uma única raiz nervosa.

Desmame: ação de diminuir a dependência de uma substância ou aparelho por meio da redução gradual de seu uso.

Diagnóstico: determinação da natureza e abrangência de uma lesão ou doença.

Diálise: dispositivo externo que é usado para assistir ou substituir a função de filtração do sangue dos rins.

Diapedese: parte da resposta inflamatória caracterizada pelo movimento de células sanguíneas brancas e outras substâncias através de lacunas formadas nas paredes vasculares para a entrada nos tecidos.

Diatermia: classificação de recurso terapêutico que usa energia elétrica de alta frequência para aquecer os tecidos subcutâneos.

Difamação escrita: difamação de caráter por palavra escrita.

Dinamômetro: dispositivo usado para medir a força muscular.

Dipolo: par de cargas iguais e opostas, separadas por certa distância.

Discinesia: falha na capacidade de realizar movimento articular voluntário.

Dispositivo intrauterino (DIU): espiral de plástico ou metal inserida dentro do útero para impedir a gravidez.

Dispositivos para fixação interna: fios, parafusos, placas ou pinos usados para reparar fraturas.

Divergência: alastramento de um feixe ou onda.

DNA: *ver* ácido desoxirribonucleico.

Doença vascular periférica: síndrome que descreve uma insuficiência das artérias e/ou veias para manutenção da circulação apropriada (também conhecida como DVP).

Dor epicrítica: uma dor bem localizada.

Dor muscular tardia: dor muscular residual, causada secundariamente ao dano das células musculares, que aparece dentro de 24 horas após uma atividade muscular pesada, em particular com ações musculares excêntricas.

Dor periosteal: dor profunda que resulta da aplicação excessiva de energia ultrassônica, o que irrita o periósteo ósseo.

Dor protopática: sensação dolorosa mal localizada.

Dormência: falta de sensação em uma parte do corpo.

Duração da fase: o tempo para que uma única fase complete sua rota. Durante a aplicação monopolar, os termos "duração da fase" e "duração do pulso" são equivalentes. A duração da fase precisa ser suficiente para causar despolarização.

Duração do pulso: quantidade de tempo desde a carga inicial diferente de zero até o retorno a uma carga zero, incluindo o intervalo intrapulso.

Duto torácico: ponto de coleta central para o sistema linfático. Os conteúdos do duto torácico são direcionados para dentro da veia subclávia esquerda, de onde retornam para o sistema sanguíneo.

Ectópico: fora ou afastado da posição normal; em uma posição ou sequência anormal.

Edema: acúmulo excessivo de fluidos serosos.

Edema depressível: uma forma de edema rico em exsudato caracterizado pela concavidade facilmente produzida pela pressão (por isso "depressível").

Efeito galvânico: migração de íons como resultado da aplicação de uma corrente galvânica.

Efeito Q10: descreve a relação entre a temperatura do tecido e o metabolismo celular. Para cada 10°C de aumento na temperatura, o metabolismo celular aumenta por um fator de 2 a 3.

Eferente: que conduz os impulsos para longe de uma estrutura central. Os nervos que deixam o sistema nervoso central são nervos eferentes.

Effleurage **(deslizamento):** técnica de massagem que utiliza movimentos longos e profundos.

Eficácia: capacidade de um recurso terapêutico ou regime de tratamento em produzir os efeitos desejados.

Eletromiograma: registro de cargas elétricas associadas à contração de um músculo.

Elétron: partícula atômica com carga negativa.

Eletropiezo: vibração causada por uma corrente alternada que passa através de um cristal.

Eletrosmótico: pertinente ao movimento de íons como resultado das cargas elétricas. Os íons positivos se movem para longe do polo positivo e em direção ao polo negativo; os íons negativos se movem para longe do polo negativo e em direção ao polo positivo.

Embolia: bloqueio de um vaso sanguíneo por um coágulo sanguíneo ou outra substância estranha.

Emigração: passagem de corpúsculos sanguíneos brancos através das paredes de capilares e veias durante um processo inflamatório.

Encefalina: substância liberada pelo corpo que reduz a percepção de dor ao se ligar com os sítios receptores de dor.

Endorfina: neuro-hormônio semelhante à morfina produzido a partir da B-lipotropina na hipófise. Acredita-se que as endorfinas aumentem o limiar da dor por meio de ligações com os sítios receptores.

Energia cinética: energia de um objeto em virtude de seu movimento.

Energia radiante: calor que é ganho ou perdido por radiação.

Entesopatia: patologia da inserção óssea do tendão, ligamento ou cápsula articular.

Entorse: um estiramento ou ruptura de ligamentos.

Epidemiologia: estudo da distribuição, das taxas e das causas de lesões e doenças dentro de uma população específica. Essa informação pode então ser usada para prevenir ocorrências futuras.

Equimose: descoloração escura azulada da pele causada pelo movimento de sangue dentro dos tecidos. Nos estágios avançados, a cor pode parecer um marrom esverdeado ou amarelo.

Ergômetro: dispositivo usado para medir a quantidade de trabalho realizado pelas pernas ou braços.

Esclerótomo: porção do osso que é suprida por uma raiz nervosa espinal.

Escoliose: curvatura lateral da coluna vertebral no plano frontal.

Escoliose estrutural: curvatura lateral da coluna vertebral causada por vértebras e/ou discos intervertebrais malformados.

Escoliose funcional: curvatura lateral da coluna vertebral no plano frontal, causada conforme a coluna tenta compensar déficits posturais, tais como uma discrepância no comprimento das pernas. A escoliose funcional também é conhecida como escoliose de proteção.

Esferocitose: condição anêmica na qual os eritrócitos assumem uma forma esferoide.

Espectro acústico: energia transmitida por meio de ondas mecânicas.

Espectro eletromagnético: *continuum* ordenado pelo comprimento de onda ou frequência da energia produzida.

Espondilólise: quebra da estrutura vertebral.

Espondilolistese: escorregamento de uma vértebra lombar sobre a vértebra localizada acima.

Estados da matéria: as três formas de matéria física: sólida, líquida e gasosa. Usando a água como exemplo, os três estados da matéria são vistos como gelo, água e vapor.

Estágio de alarme: primeiro estágio na síndrome de adaptação geral, no qual o corpo prepara seus sistemas defensivos.

Estágio de exaustão: o terceiro e último estágio na síndrome de adaptação geral; o estágio no qual ocorre a morte celular.

Estágio de resistência: o segundo estágio na síndrome de adaptação geral. Durante esse estágio, o corpo se adapta às cargas impostas a ele.

Estimulação bipolar: estimulação elétrica que usa eletrodos com áreas de superfície relativamente iguais partindo de cada cabo. A densidade de corrente resultante sob os eletrodos a partir de cada cabo é relativamente igual.

Estimulação monopolar: a aplicação de uma estimulação elétrica na qual a densidade da corrente sob um conjunto de eletrodos (os eletrodos ativos) é muito maior do que sob o outro eletrodo (o eletrodo dispersivo). Todos os efeitos do tratamento devem ser experimentados apenas embaixo dos eletrodos ativos.

Estimulação no nível motor: estimulação elétrica aplicada com uma intensidade de emissão que produz contração muscular visível sem ativar fibras dolorosas.

Estimulação no nível nocivo: aplicação de estimulação elétrica que produz dor; causada pela ativação de fibras C.

Estimulação no nível sensorial: estimulação elétrica aplicada com uma intensidade na qual os nervos sensoriais são estimulados sem que seja produzida também uma contração muscular.

Estimulação quadripolar: estimulação elétrica aplicada com dois canais.

Estímulo nociceptivo: impulso que dá origem à sensação de dor.

Estiramento: alongamento ou ruptura de tendões ou músculos.

Estrato basal: camada mais profunda do revestimento do útero.

Estrato córneo: porção mais externa da epiderme, formada por células mortas.

Estresse: força que perturba a homeostase normal de um sistema.

Evaporação: a mudança do estado líquido para o gasoso.

Exsudato: fluido que se acumula em uma cavidade e tem alta concentração de células, proteínas e outras matérias sólidas.

Extracelular: referente ao lado de fora da membrana celular.

Extravasamento: vazar ou passar para fora de um vaso e para dentro dos tecidos; é dito do sangue, linfa ou urina.

Fagócito: classificação de células "coletoras de lixo" que ingerem e destroem substâncias indesejadas no corpo.

Fagocitose: ingestão e digestão de bactérias e partículas pelos fagócitos.

Falha de aterramento: perturbação na circuitaria elétrica na qual a corrente sai de sua via normal.

Farad: medida da capacidade de armazenamento dos capacitores. Um farad armazena uma carga de 1 coulomb quando 1 V é aplicado.

Fáscia: tecido conjuntivo fibroso encontrado no músculo, embaixo da pele e nas vísceras.

Fáscia profunda: encontrada dentro do músculo, esse tipo de fáscia tem um alto conteúdo de colágeno. As fibras fasciais são arranjadas paralelamente à linha de carga.

Fáscia superficial: encontrada entre a pele e o músculo subjacente. A fáscia superficial tem um arranjo fibroso frouxo e aleatório.

Fascículo anterolateral: feixe largo de fibras no cordão espinal anterolateral e tronco encefálico que conduz fibras dolorosas de segunda ordem até o tronco encefálico e o tálamo.

Fascículo dorsolateral: feixe pequeno de fibras na medula espinal dorsolateral formado por fibras aferentes primárias ascendentes que conduzem sensação de dor e temperatura.

Fases: partes individuais de um único pulso que permanecem de um lado da linha basal durante um determinado período.

Fator de crescimento básico do fibroblasto (bFGF): aumenta o tamanho do calo ósseo e a forma mecânica do reparo durante a cicatrização de uma fratura.

Fator de crescimento do endotélio vascular: encoraja a formação capilar que precede a cicatrização óssea.

Fatores de crescimento: substâncias que estimulam a produção de tipos de células específicos.

Fenômeno de Raynaud: reação vascular à aplicação de frio ou estresse que resulta em uma descoloração branca, vermelha ou azulada dos membros. Os dedos das mãos e dos pés são os primeiros a serem afetados.

Fibra aferente primária: fibra nervosa completa de um neurônio de primeira ordem, tanto o processo periférico quanto a porção central.

Fibra C: um tipo de nervo que transmite informações de dor que costumam ser interpretadas pelo cérebro como uma dor latejante ou profunda.

Fibras A-delta: um tipo de nervo que transmite informações sobre dor que são sempre interpretadas pelo cérebro como dor em queimação ou do tipo ferroada.

Fibras musculares do tipo I: fibras musculares que geram um nível de força relativamente baixo, porém podem sustentar as contrações por um período longo. Essas fibras musculares são propícias para a atividade aeróbia e são também denominadas de fibras tônicas ou de contração lenta.

Fibras musculares do tipo II: fibras musculares que geram uma quantidade grande de força em um curto período. São propícias para a atividade anaeróbia e chamadas também de fibras fásicas ou de contração rápida.

Fibrina: proteína filamentar formada pela ação da trombina sobre o fibrinogênio.

Fibrinogênio: proteína presente no plasma sanguíneo, essencial para a coagulação do sangue.

Fibrinólise: quebra patológica da fibrina.

Fibromialgia: inflamação crônica de um músculo ou tecido conjuntivo.

Fibrose: formação de tecido fibroso inelástico maior do que o normal.

Fise: placa de crescimento do osso.

Fixação externa: técnica de correção de fratura que incorpora o uso de hastes de metal, que se estendem através da pele e são inseridas em um dispositivo fora do corpo.

Flavoproteína: proteína envolvida na oxidação dentro de uma célula.

Fluxo: campo eletromagnético residual criado por duas cargas diferentes.

Fonoforese: introdução de medicamentos no corpo por meio do uso de energia ultrassônica.

Forame: abertura (p. ex., em um osso) que permite a passagem de vasos sanguíneos ou nervos.

Força tensiva: habilidade de uma estrutura de suportar uma força de tração ao longo de seu comprimento. Resistência à ruptura.

Fosfocreatina: composto importante para o metabolismo muscular.

Fóton: unidade de energia luminosa que tem massa zero, nenhuma carga elétrica e tempo de vida indefinido.

Frequência: número de vezes em que determinado evento ocorre em 1 segundo; medida em hertz (ciclos por segundo) ou pulsos por segundo.

Frequência de pulso: número de pulsos elétricos que ocorre em um período de 1 segundo.

Frequência média (estimulação elétrica): corrente elétrica que possui uma frequência de 1.000 a 100.000 cps.

Fuso muscular: órgão localizado dentro do tecido muscular, que detecta a taxa e a magnitude de uma contração muscular.

Gamaglobulina: proteína sanguínea que combate a infecção.

Gânglios: agrupamento de neurônios no sistema nervoso periférico.

Gauss: unidade de força magnética.

Giro do cíngulo: região larga do córtex cerebral que se encontra superiormente ao corpo caloso. É importante nas respostas afetivas à dor.

Granuloma: massa dura de tecido fibroso.

Gravidade específica: razão entre a densidade de uma substância e a densidade de um determinado material de referência; geralmente se refere a uma densidade relativa em relação à água.

Grotthus-Draper, lei de: lei que afirma que há uma relação inversa entre a quantidade de penetração e de absorção. Quanto mais energia é absorvida pelos tecidos superficiais, menos energia permanece para ser transmitida aos tecidos subjacentes.

Habituação: função do sistema nervoso central que filtra e bloqueia informações não significativas.

Haste intramedular: dispositivo para fixação interna inserido na medula do osso fraturado.

Hemartrose: presença de sangue dentro de uma articulação.

Hematoma: massa de sangue confinada a uma área limitada, que resulta do vazamento subcutâneo de sangue.

Hemodinâmicas: diz-se das características sistêmicas e locais do fluxo sanguíneo.

Hemoglobinemia: proporção excessiva de hemoglobina no plasma como resultado da separação da hemoglobina dos eritrócitos.

Hemorragia: sangramento proveniente das veias, artérias ou capilares.

Henry: medida de indutância (H); 1 henry induz uma força eletromagnética de 1 V quando a corrente se modifica a uma taxa de 1 A por segundo.

Heparina: mediador inflamatório produzido pelos mastócitos do fígado. Inibe o processo de coagulação ao impedir a transformação da protrombina em trombina.

Hertz (Hz): número de ciclos por segundo.

Hidrocortisona: medicamento anti-inflamatório que se assemelha bastante ao cortisol.

Hidrópico: relativo ao edema; uma quantidade excessiva de líquido.

Hidrostático: relacionado à pressão dos líquidos em equilíbrio ou à pressão que eles exercem.

Hiperalgesia primária: dor resultante de uma diminuição no limiar do nervo; sensação dolorosa aumentada perto do local da lesão.

Hiperalgesia secundária: alastramento da dor causado por mediadores químicos que são liberados dentro dos tecidos dolorosos.

Hiperemia: descoloração vermelha da pele causada pelo aumento do fluxo sanguíneo. A pele fica branca quando a pressão é aplicada.

Hipermobilidade: quantidade de movimento maior que a normal.

Hipersensibilidade: sensibilidade aumentada de maneira anormal; uma condição na qual há uma resposta exagerada do corpo a um estímulo.

Hipertensão: pressão arterial elevada.

Hipertermia: temperatura central elevada.

Hipertireoidismo: distúrbio metabólico caracterizado pela produção excessiva de hormônios endócrinos; inclui condições como doença de Graves e tumores gonadais.

Hipertrofia: desenvolver um aumento no volume, por exemplo, na área de secção transversa de um músculo.

Hipertrófico: com tamanho aumentado.

Hipomobilidade: limitação anormal do movimento normal.

Hiporreflexia: função diminuída dos reflexos.

Hipotálamo: centro termorregulador do corpo.

Hipotensão: pressão arterial baixa.

Hipotermia: temperatura central diminuída.

Hipóxia: falta de um suprimento adequado de oxigênio.

Histamina: substância química que torna o sangue menos espesso; é liberada dos tecidos danificados durante o processo inflamatório. Suas funções primárias são a vasodilatação das arteríolas e o aumento da permeabilidade vascular das vênulas.

Homeostase: estado de equilíbrio no corpo e seus sistemas, que proporciona um ambiente interno estável.

Homúnculo: mapa da superfície corporal sobre uma região do corpo, em geral um giro do córtex cerebral.

Imagem por ressonância magnética (IRM): visão das estruturas internas do corpo, obtida pelo uso de campos magnéticos e de rádio.

Impedância: resistência ao fluxo de uma corrente alternada que resulta da indutância e da capacitância.

Indisposição: desconforto, falta de clareza mental ou desorientação. Geralmente associada a infecção ou febre.

Induração: endurecimento do tecido, em geral causado pela deposição de células fibroconjuntivas.

Indutância: grau com que uma corrente variável pode induzir a voltagem; é expressa em henry (H).

Infecção: estado de doença produzido pela invasão de um organismo contaminante.

Inflamação: reação do tecido à lesão.

Infrapatelar: a porção distal da patela, incluindo o tendão patelar.

Infravermelho: porção do espectro da luz localizada entre 1.500 e 12.500 nm.

Infravermelho luminoso: *ver* Infravermelho próximo.

Infravermelho próximo: a faixa de luz infravermelha que está mais próxima da luz visível, com comprimentos de onda variando entre 770 e 1.500 nm no espectro eletromagnético. Também conhecido como infravermelho luminoso.

Inibição muscular artrogênica: denervação de um músculo ou grupo muscular causada pelo edema articular.

Intensidade média temporal: quantidade média de potência emitida para o corpo durante um ultrassom pulsado.

Interface acústica: superfície na qual dois materiais de densidades diferentes se encontram.

Interferência construtiva: duas ondas que, perfeitamente sincronizadas, se combinam para produzir uma onda única de amplitude maior.

Interferência contínua: duas ondas que estão levemente fora de fase, interagindo para produzir uma única onda cuja amplitude e/ou frequência varia.

Interferência destrutiva: duas ondas que se encontram fora de fase e interagem para se cancelarem mutuamente.

Interferon gama: grupo de proteínas liberadas pelas células sanguíneas brancas e fibroblastos quando devoram tecidos indesejados. A classificação gama é também chamada de "macrófagos *angry*" por causa da sua atividade fagocitária elevada.

Interleucina-8 (IL-8): produzida primariamente pelas células endoteliais e macrófagos, a IL-8 ativa as células imunes dentro dos tecidos e age como um quimiotáxico para os neutrófilos.

Interneurônio: neurônio que conecta dois nervos.

Interruptor para falha de aterramento: interruptor que descontinua o fluxo de corrente quando uma falha de aterramento é detectada.

Intersticial: situado entre os tecidos.

Intervalo de pulso (ultrassom): o tempo entre os pulsos ultrassônicos.

Intervalo interpulso: tempo decorrido entre a conclusão de um pulso e o início do pulso seguinte.

Intervalo intrapulso: o período dentro de um pulso único quando a corrente não está fluindo. A duração do intervalo intrapulso não pode exceder a duração do intervalo interpulso.

Intra-articular: situado dentro de uma articulação

Intracelular: situado dentro da membrana de uma célula.

Íon: átomo, ou grupo de átomos, com uma carga resultante diferente de zero.

Iontoforese: introdução de íons dentro do corpo por meio do uso de uma corrente elétrica.

Ipsilateral: que está no mesmo lado do corpo.

Isocinética: contração muscular contra resistência variável na qual o membro se move ao longo da amplitude de movimento em uma velocidade constante.

Isométrica: contração muscular sem movimento articular apreciável.

Isotônica: contração muscular ao longo da amplitude de movimento contra uma resistência constante.

Isquemia: deficiência local e temporária do suprimento sanguíneo causada pela obstrução da circulação para uma parte do corpo.

Joule: unidade básica de trabalho do Sistema Internacional de Unidades. Um joule equivale a 0,74 pés-libra de trabalho (1 Newton-metro). Joules = Coulombs × Volts.

Laminectomia: remoção cirúrgica da lâmina de uma vértebra.

Laser: acrônimo de *Light Amplification by Stimulated Emission of Radiation* (amplificação da luz por emissão estimulada de radiação). Um feixe de luz altamente organizado.

Laser de arseneto de gálio: *ver* Laser GaAs.

Laser GaAs: laser produzido pela excitação do arseneto de gálio.

Laser hélio-neônio: *ver* laser HeNe.

Laser HeNe: laser produzido pela excitação dos átomos de hélio e neon.

Latente: período de demora entre o estímulo e a resposta.

Lei de Coulomb: lei que afirma que cargas opostas se atraem e cargas iguais se repelem.

Lei de Ohm: lei que afirma que a corrente é diretamente proporcional à resistência: amperagem = voltagem/resistência (1 = V/R).

Lei do cosseno: lei que declara que, conforme um ângulo se desvia para longe de 90 graus, a energia efetiva é reduzida pelo múltiplo do cosseno do ângulo: energia efetiva = energia × cosseno do ângulo. Um desvio de ±10 graus é considerado dentro dos limites aceitáveis para os tratamentos terapêuticos.

Lei do inverso do quadrado: lei que afirma que a intensidade da energia que incide sobre os tecidos é proporcional ao quadrado da distância entre a fonte de energia e os tecidos. Energia recebida = Energia na fonte / Distância da fonte ao quadrado.

Lemnisco medial: feixe largo de fibras na medula espinal dorsal formado por axônios ascendentes de segunda ordem que conduzem sensação de toque e propriocepção.

Lesão de neurônio motor superior: lesão da medula espinal que resulta em paralisia, perda de movimento voluntário, espasticidade, perda sensorial e reflexos patológicos.

Lesão hipóxica secundária: morte celular que resulta de falta de oxigênio.

Leucócitos: células sanguíneas brancas que servem como "coletores de lixo".

Leucotrienos: ácidos graxos que causam a contração do músculo liso, aumentam a permeabilidade vascular e atraem neutrófilos.

Limiar de dor: nível de estímulo nocivo necessário para alertar a pessoa de possível dano tecidual.

Linfangite: inflamação dos vasos linfáticos que drenam um membro. Essa condição costuma estar associada a inflamação ou infecção.

Linfedema: edema dos nodos linfáticos causado pelo bloqueio de vasos por substâncias ricas em proteínas.

Lipídeos: uma categoria ampla de substâncias semelhantes à gordura.

Lordose: curvatura para a frente nas partes cervical e lombar da coluna vertebral.

Lúpus: distúrbio crônico do sistema imune do corpo que afeta a pele, articulações, órgãos internos e sistema neurológico.

Luz infravermelha: energia eletromagnética que possui um comprimento de onda entre 780 e 12.500 nm. A luz infravermelha é invisível para o olho humano.

Luz ultravioleta: energia no espectro eletromagnético que tem um comprimento de onda entre 180 e 390 nm. A luz ultravioleta é invisível para o olho humano.

Luz visível: energia eletromagnética que possui um comprimento de onda entre 390 e 760 nm. A luz visível é uma combinação de violeta, índigo, azul, verde, amarelo, laranja e vermelho.

Macrófago: célula que possui a habilidade de devorar partículas; um fagócito.

Marcha antálgica: tipo de marcha que resulta da dor durante o apoio de peso. A fase de apoio da marcha se mostra encurtada no lado afetado.

Marginação: estado no qual plaquetas e leucócitos, que fluem normalmente na corrente sanguínea, começam a colidir com as paredes do vaso.

Mecanorreceptores: *ver* Receptores mecanossensitivos.

Mediadores: substâncias químicas que agem por meios indiretos.

Medida volumétrica: determinação do tamanho de uma parte do corpo por meio da medida da quantidade de água que ela desloca.

Medidas dos resultados: dados que são usados para avaliar a eficácia de um programa ou protocolo de tratamento.

Mega-hertz (MHz): 1 milhão de ciclos por segundo.

Meio: material usado para promover a transferência de energia. Um objeto ou substância que permite a transmissão de energia através dele.

Melanina: pigmentação do cabelo, da pele e dos olhos produzida por melanócitos.

Membrana basal: material extracelular que separa a base das células epiteliais do tecido conjuntivo.

Membrana timpânica: o tímpano.

Meridianos: na acupuntura, vias primárias por onde flui a energia corporal.

Metabolismo: soma de reações físicas e químicas que ocorrem dentro do corpo.

Metabólito: subproduto do metabolismo.

Mho: medida de condutância elétrica de um material; a recíproca matemática da resistência elétrica.

Microcorrenteza: fluxo localizado de fluidos que resulta da cavitação, durante a aplicação do ultrassom.

Microcoulomb: carga produzida por 10^{-6} elétrons.

Micrômetro (mm): 1/1.000.000 de 1 metro.

Microvolt (mV): um microvolt equivale a 1/1.000.000 de 1 volt.

Mielina: camada de gordura em torno dos nervos.

Mielinizado: que tem um revestimento externo semelhante a gordura (mielina), o qual serve de isolamento para os nervos.

Milivolt (mV): 1 milivolt equivale a 1/1.000 de 1 volt.

Miocárdico: relacionado à camada média das paredes do coração.

Miofibroblastos: fibroblastos que têm propriedades contráteis.

Mioglobina: proteína do sangue que armazena oxigênio nos tecidos.

Mionecrose: morte do tecido muscular.

Miosina: proteína muscular não contrátil.

Miosite: inflamação do tecido muscular.

Miosite ossificante: ossificação ou deposição de osso dentro da fáscia muscular, que resulta em dor e edema.

Mitocôndria: a porção da célula que gera a energia celular na forma de trifosfato de adenosina (ATP); a "usina elétrica" da célula.

Modulação: regulação ou ajuste.

Modular: regular ou ajustar.

Monócito: célula sanguínea branca que ao amadurecer se torna um macrófago.

Monocromática: luz que consiste apenas em uma cor.

Mosqueamento: descoloração manchada da pele.

Motoneurônios alfa: neurônios motores eferentes que inervam as fibras musculares.

Motoneurônios gama: nervos motores eferentes que inervam as fibras intrafusais de um fuso muscular.

Mudança de estado: transformação de um estado físico para outro (p. ex., de gelo para água).

Músculo cardíaco: músculo associado com o coração e responsável pelo bombeamento do sangue.

Músculo esquelético: músculo responsável pelo movimento das articulações do corpo.

Músculo liso: tecido contrátil associado aos órgãos ocos do corpo. O músculo liso não se encontra sob controle voluntário.

Nanômetro: 1 bilionésimo (10^{-9}) de 1 metro.

Nanossegundo: 1 bilionésimo (10^{-9}) de 1 segundo.

Necrose: morte celular.

Negligência: ato intencional e consciente ou omissão, cometido por uma pessoa, com desconsideração irresponsável das consequências; falha total em prover o que normalmente seria considerado apropriado em uma determinada situação.

Neoplasma: tecido anormal, tal como um tumor, que cresce à custa de organismos saudáveis.

Neoprene: material emborrachado sintético.

Nervo motor: nervo que conduz impulsos para os músculos.

Neuralgia: dor que segue o curso de um nervo; hipersensibilidade em um nervo.

Neurapraxia: perda temporária de função em um nervo periférico.

Neurológico: relacionado ao sistema nervoso.

Neuroma: edema ou outra formação de massa em torno de um nervo (neuro = nervo; oma = tumor).

Neurônio de primeira ordem: nervo sensorial que tem seu trajeto fora do sistema nervoso central e seu corpo alojado dentro de um gânglio da raiz dorsal.

Neurônio de segunda ordem: nervo que tem seu corpo localizado na medula espinal; conecta neurônios de segunda e terceira ordem (nervos que têm seu corpo no tálamo e se estendem para dentro do córtex cerebral).

Neurônio de terceira ordem: nervo que tem seu corpo localizado no tálamo e se estende para dentro do córtex cerebral.

Neuropatia: destruição, trauma ou inibição de um nervo.

Nêutron: partícula eletricamente neutra encontrada no centro de um átomo.

Nociceptores: receptores especializados presentes nos nervos; transmitem impulsos dolorosos.

Nocivo: prejudicial, lesivo ou doloroso. Capaz de produzir dor.

Norepinefrina: hormônio que causa vasoconstrição.

Núcleo: conjunto de neurônios no SNC.

Núcleo cuneiforme: núcleo na medula oblonga que transmite informações de toque leve e propriocepção provenientes do corpo superior do tálamo.

Núcleo grácil: núcleo na medula oblonga que transmite informações de toque leve e propriocepção provenientes do corpo inferior do tálamo.

Núcleo pulposo: porção média gelatinosa do disco intervertebral.

Núcleo ventral posterolateral: núcleo no tálamo posterior que recebe fibras do fascículo anterolateral e lemnisco medial.

Núcleos intralaminar e da linha média: diversos núcleos talâmicos localizados medialmente que recebem informação de dor ascendente a partir do fascículo anterior lateral e dos núcleos reticulares.

Núcleos reticulares (formação reticular): rede difusa de células e fibras localizadas no tronco encefálico. A formação reticular influencia o estado de alerta, vigília, sono e certos reflexos.

Occipital: a base posterior do crânio.

Ohm: unidade de resistência elétrica necessária para desenvolver 0,24 calorias de aquecimento quando 1 A de corrente é aplicado por 1 segundo.

Omissão: falha em responder a uma situação na qual são necessárias ações para limitar ou reduzir o dano.

Onda estacionária: onda de frequência única formada pela colisão de duas ondas de frequência igual se deslocando em direções opostas. A energia de uma onda estacionária não pode ser transmitida de uma área para outra e é focada em uma área confinada.

Opiáceos endógenos: substâncias inibidoras de dor produzidas no cérebro. Incluem endorfinas e encefalinas.

Organela: porção especializada da célula que realiza uma função específica; são exemplos as mitocôndrias e o aparelho de Golgi.

Órgãos tendinosos de Golgi: terminações nervosas encontradas em tendões e aponeuroses que detectam tensão dentro do músculo. Quando a tensão atinge um limiar, a atividade do músculo em contração é inibida e a do músculo antagonista é facilitada.

Órteses: dispositivos ortopédicos usados para correção de deformidades ou mau alinhamento.

Osteoartrite: degeneração da superfície articular de uma articulação.

Osteoblasto: célula envolvida na formação de osso novo.

Osteoclasto: célula que absorve e remove osso indesejado.

Osteófito: crescimento ósseo em forma de broto.

Osteogênese: cicatrização dos locais de fratura por meio da formação de calo, seguida pela deposição de colágeno e sais ósseos.

Osteomielite: inflamação da medula óssea e osso adjacente.

Osteoporose: condição porosa que resulta no afinamento do osso. É vista com maior frequência (porém não exclusivamente) em mulheres após a menopausa.

Oxi-hemoglobina: hemoglobina que transporta o oxigênio encontrado no sistema arterial.

Oxigênio singlete: forma de oxigênio sem carga que pode destruir as células de forma seletiva.

Ozônio: formado pelo grupamento de três átomos de oxigênio (O_3). O ozônio está presente na atmosfera, onde filtra a luz ultravioleta (em especial na banda C), ajudando a prevenir certas formas de câncer.

Padrão de batimento (*beat pattern*): frequência formada quando dois circuitos elétricos com duas frequências diferentes se combinam.

Padrões de prática: critérios a partir dos quais é medido o desempenho de uma pessoa.

Paliativo: alívio da dor sem abordar sua causa; tratamento apenas dos sintomas.

Palidez: falta de cor na pele.

Parasita: diz-se da corrente circular de fluido que em geral se move contra o fluxo principal.

Patologia: mudança(s) na estrutura ou função causadas por doença ou trauma.

Pavimentação: aderência de plaquetas às paredes dos vasos em múltiplas camadas para formar um caminho sobre o local de lesão.

Perfusão: fluxo sanguíneo local que supre tecidos e órgãos com oxigênio e nutrientes.

Período de pulso: período entre o início de um pulso e o início do pulso subsequente, incluindo a duração da fase, o intervalo intrapulso e o intervalo interpulsos.

Período refratário absoluto: período após a despolarização do nervo durante o qual uma despolarização subsequente não pode ocorrer; usado para recarregar o potencial elétrico.

Peripatelar: situado em torno da patela.

pH (potencial de hidrogênio): medida da acidez ou alcalinidade (bases). Uma solução neutra tem um pH de 7. Os ácidos têm um pH menor que 7; as bases têm um pH maior que 7.

Placas epifisárias: placas de crescimento dos ossos.

Placebo: substância sem valor curativo objetivo que é dada a um paciente para satisfazer uma necessidade de tratamento ou usada como tratamento controle em um estudo experimental. Interessante notar que essa palavra significa "Eu agradarei" em latim.

Plaqueta: fragmento de célula que flui livremente na corrente sanguínea.

Pletismografia de impedância: determinação do fluxo sanguíneo baseada na quantidade de resistência elétrica na área.

Pneumotórax: acúmulo de ar na cavidade pleural (um espaço entre os pulmões e a caixa torácica) que inibe a capacidade de expansão do pulmão.

Polimodal: capaz de ser despolarizado por diferentes tipos de estímulos.

Polimorfa: tipo de célula sanguínea branca; um granulócito.

Ponto-gatilho: área de espasmo localizada dentro de um músculo.

Ponto isoelétrico: ponto no qual pontos elétricos positivos e negativos são iguais. O patamar elétrico é zero.

Ponto motor: área sobre a pele usada para estimular os nervos motores.

Pontos de acupuntura: pontos que, de acordo com a teoria da acupuntura, ligam áreas de pele a canais profundos de energia. A estimulação dos pontos de acupuntura resulta em alterações sistêmicas. Esses pontos ficam ao longo de 12 meridianos principais, oito meridianos secundários e uma rede de submeridianos.

Porfiria: distúrbio hereditário da hemoglobina, mioglobina ou citocromos que resulta na sensibilidade à luz e outras queixas.

Posição pendente: posição na qual uma parte do corpo é colocada em um nível abaixo do coração, aumentando a pressão intravascular.

Potência (elétrica): *ver* Watt.

Potencial de ação: mudança no potencial elétrico de um nervo ou fibra muscular, quando estimulado.

Potencial de hidrogênio: *ver* pH.

Precauções universais: uma série de passos, estabelecidos pela OSHA (Occupational Safety and Health Administration, dos EUA), que as pessoas devem tomar para evitar exposição acidental a patógenos transmissíveis pelo sangue.

Precursor: substância formada antes de ocorrer a mudança para seu estado ou substância final.

Pré-patelar: situado em torno da patela

Pressão arterial diastólica: nível mais baixo de pressão nas artérias. Por exemplo, quando é dada uma leitura de 120/80 na pressão arterial, 80 representa o valor diastólico.

Pressão de filtração capilar: a pressão que move os conteúdos de um capilar para fora, para os tecidos.

Pressão hidrostática: pressão do sangue dentro do capilar.

Pressão hidrostática do tecido: pressão que move os fluidos dos tecidos para os capilares.

Princípio da sobrecarga: princípio que afirma que para que ocorram ganhos de força, o corpo precisa ser submetido a uma carga maior do que está acostumado. Isso se consegue aumentando a carga, a frequência ou a duração do exercício.

Princípio de Arndt-Schultz: princípio que declara que, para a energia afetar o corpo, ela precisa ser absorvida pelos tecidos até um nível suficiente para estimular uma resposta fisiológica.

Profundidade de meio valor: a profundidade, medida em cm, na qual 50% da energia ultrassônica foi absorvida pelos tecidos.

Programa de retorno ao trabalho: exercícios específicos para determinada profissão, usados para prevenir lesões de trabalho ou reabilitar trabalhadores lesionados.

Pronação: achatamento e inclinação do pé para dentro, que resulta no rebaixamento do arco longitudinal medial.

Propagação: transmissão através de um meio.

Proporção de não uniformidade do feixe (BNR): a proporção entre a intensidade mais alta em um feixe ultrassônico e a emissão apresentada no mostrador.

Propriedades condutivas: capacidade de um tecido para transferir calor (de uma temperatura alta para uma temperatura baixa) ou energia elétrica.

Próton: partícula atômica com carga positiva.

Protrombina: substância química encontrada no sangue que reage com uma enzima para produzir trombina.

Pseudartrose: fratura que falha em cicatrizar de modo espontâneo dentro de um período de tempo normal.

Psicogênica: dor de origem mental, e não física.

Psoraleno: grupo de substâncias que produzem inflamação da pele quando expostas à luz do sol e ultravioleta.

Queloide: massa nodular, firme, móvel e macia de tecido cicatricial de colágeno denso, distribuído de forma irregular, na derme e tecido subcutâneo. A formação de cicatrizes com queloides é comum na população negra e tende a ocorrer após trauma ou cirurgia.

Queratina: proteína fibrosa e seca que substitui o citoplasma nas células do estrato córneo.

Questionário de dor de McGill: uma dentre muitas escalas para estimar o nível de dor. Esse é um método que faz uso de desenhos, escalas e palavras para descrever a localização, o tipo e a magnitude da dor.

Quilo-hertz (kHz): mil ciclos por segundo.

Quimiotaxia: movimento do protoplasma vivo em direção a um estímulo químico ou para longe dele.

Quininas: grupo de polipeptídios que dilata as arteríolas, serve como quimiotático forte e produz dor. Estão envolvidas primariamente no processo inflamatório, especificamente nos estágios iniciais da resposta vascular.

Radiação: transferência de energia eletromagnética que não requer a presença de um meio.

Radiação eletromagnética: energia encontrada no espectro eletromagnético capaz de se deslocar perto da velocidade da luz e que exibe propriedades tanto elétricas quanto magnéticas.

Radicais livres: molécula altamente reativa que possui um número ímpar de elétrons. A produção de radicais livres tem um papel importante na progressão de uma lesão isquêmica.

Radicular: dor irradiada distalmente, causada por envolvimento de raiz de nervo espinal.

Raio X: onda eletromagnética com 0,05 a 100 Å de comprimento que é capaz de penetrar a maior parte da matéria sólida.

Rampa de amplitude: aumento ou queda gradual na amplitude de um trem de pulsos.

Raquitismo: comum em crianças, trata-se de uma deficiência de vitamina D que resulta na deposição inadequada de sais de cálcio, alterando a forma, estrutura e função do osso.

Reação oscilatória: resposta vascular à aplicação do frio marcada por uma série de vasoconstrições e vasodilatações. Tem sido mostrado que esta resposta ocorre apenas em áreas limitadas do corpo.

Receptor encapsulado: receptor sensorial formado por uma fibra nervosa e células de tecido conjuntivo circundantes.

Receptores de dor quimiossensíveis: nervos que são excitados pela presença de certas substâncias químicas.

Receptores mecanossensitivos: terminações nervosas que são sensíveis à pressão mecânica.

Recurso terapêutico: aplicação de uma forma de energia ao corpo que desencadeia uma resposta involuntária.

Reflexão: retorno de ondas a partir de um objeto.

Reflexo de retirada: reflexo espinal multissináptico que é normalmente desencadeado por um estímulo nocivo. Os grupos musculares são ativados de modo que o corpo se afasta do estímulo danoso.

Refração: curvamento de uma onda conforme ela passa através de um objeto.

Regeneração (tecido): restauração dos tecidos danificados com células do mesmo tipo e função que as células danificadas.

Reobase: quantidade mínima de voltagem sob o polo negativo que é necessária para despolarização quando uma corrente direta é aplicada aos tecidos vivos.

Resistor (elétrico): material que tem poucos elétrons livres e se opõe ao fluxo de eletricidade. Dentro do corpo, os tecidos que têm um baixo conteúdo de água são considerados resistores.

Resposta inflamatória aguda: estágio da resposta do corpo à lesão em que se tenta isolar e localizar o trauma.

Resposta inflamatória, fase de maturação: estágio da resposta à lesão durante o qual o corpo tenta restaurar a orientação e função dos tecidos lesionados.

Resposta inflamatória, fase de proliferação: estágio da resposta à lesão durante o qual o corpo se prepara para reconstruir os tecidos danificados.

Ressonante: que vibra.

Retináculo: membrana fibrosa que mantém um órgão ou parte do corpo no lugar.

Retinoide: medicamento tópico que consiste em ácido retinoico. Usado para tratar psoríase e acne grave.

Retorno linfático: processo de retorno similar ao da rede venosa, porém especializado na remoção de fluidos intersticiais.

RNA: *ver* Ácido ribonucleico.

RNA mensageiro (RNAm): serve como modelo para a síntese de proteínas.

Salicilatos: família de compostos analgésicos que inclui a aspirina.

Sedação: resultado obtido quando as terminações nervosas deixam de ser perturbadas.

Sedativo: agente que causa sedação.

Seio carotídeo: alargamento da artéria carótida perto do ramo da artéria carótida interna, localizado distalmente ao arco inferior da mandíbula. Os barorreceptores nesse local monitoram e assistem na regulação da pressão arterial.

Sensibilização: processo de se tornar sensível a uma substância específica.

Serotonina: substância que causa vasodilatação local e aumenta a permeabilidade dos capilares.

Sílica: uma forma de areia muito fina, capaz de reter água.

Sinais cardinais de inflamação: calor, rubor, edema, dor e perda de função na área; usados como padrão na determinação da extensão e estágio do processo de resposta à lesão.

Sinapse: junção na qual dois nervos se comunicam.

Sinapse elétrica: junção entre dois nervos caracterizada por uma junção comunicante. O impulso nervoso é transferido diretamente para o nervo subsequente.

Sinapse excitatória: liberação do neurotransmissor que tende a ativar o nervo pós-sináptico.

Sinapse inibitória: liberação do neurotransmissor que aumenta o potencial de repouso do nervo, diminuindo a probabilidade de o impulso nervoso ser propagado.

Sinapse química: junção entre dois nervos caracterizada por uma fenda sináptica. Os neurotransmissores químicos conduzem o impulso de um nervo para o nervo seguinte.

Síndrome compartimental: aumento da pressão dentro de um compartimento muscular, causando diminuição no fluxo sanguíneo para a extremidade distal e a partir dela, diminuição da função no nervo distal, diminuição na perfusão muscular local e dor.

Síndrome de adaptação geral: teoria que afirma que o corpo tem um mecanismo comum para se adaptar ao estresse. Os três estágios dessa resposta são alarme, resistência e exaustão.

Síndrome do túnel do carpo: compressão do nervo mediano que produz dor, dormência e fraqueza na palma e nos dedos anelar e indicador.

Síndrome pós-pólio: sintomas musculoesqueléticos, que incluem dor e atrofia e afetam pacientes 25 a 30 anos após a ocorrência dos sintomas originais da pólio.

Sinóvia: membrana que reveste a cápsula de uma articulação.

Sinovite: inflamação da membrana sinovial.

Sistema anterolateral: sistema de fibras ascendentes que conduz dor e sensação de temperatura da medula espinal até o tálamo.

Sistema límbico: sistema no cérebro que controla as emoções.

Sistêmico: que afeta o corpo como um todo.

Somação: sobreposição de contrações musculares causada pela estimulação elétrica.

Somático: pertinente ao corpo.

Subagudo: entre os estágios agudo e crônico dos estágios inflamatórios.

Subcutâneo: embaixo da pele.

Subjetivo: sintomas relatados pelo paciente que não são aparentes externamente, como a dor. Crenças e atitudes pessoais podem alterar os sintomas subjetivos.

Substância amorfa fundamental: material que ocupa os espaços intercelulares dentro do osso, tecido conjuntivo fibroso, cartilagem ou osso; também conhecida como matriz.

Substância cinzenta central: região mesencefálica localizada em torno do aqueduto cerebral. Essa região regula a sensação de dor por meio de projeções multissinápticas descendentes para o corno dorsal.

Substância P: um neurotransmissor que, segundo se acredita, é responsável pela transmissão dos impulsos que produzem a dor.

Substituição (tecido): substituição dos tecidos danificados por células de um tipo diferente do original.

Tálamo: matéria cinzenta localizada na base do cérebro.

Tecido conjuntivo: tecido que dá suporte e conecta outros tipos de tecidos.

Tecido de granulação: tecido delicado composto de fibroblastos, colágeno e capilares formados durante a fase de revascularização da cicatrização da ferida.

Tecido epitelial: tecido que forma a porção exterior da pele e reveste as cavidades do corpo. Esse tipo de tecido tem um alto potencial de regeneração.

Tecido muscular: tecido composto de músculo liso (encontrado nos órgãos internos), cardíaco e esquelético; tem a habilidade de encurtar-se de forma ativa e alongar-se de forma passiva.

Tecido nervoso: tecido que possui a capacidade de conduzir impulsos eletroquímicos.

Tendinite: inflamação do tendão.

Tendinopatia: qualquer doença ou trauma envolvendo o tendão de um músculo, os tecidos em torno do tendão ou a inserção do tendão no osso.

Tendinose: degeneração do tendão decorrente de microtraumas repetitivos ou da degeneração do colágeno dentro de um tendão.

TENS de alta frequência: aplicação de estimulação nervosa elétrica transcutânea que possui pulsos de alta frequência e curta duração, aplicados no nível sensorial.

TENS de baixa frequência: aplicação de estimulação elétrica nervosa transcutânea com o uso de pulsos de baixa frequência e longa duração, aplicados no nível motor.

TENS no nível nocivo: estimulação elétrica breve, intensa (acima do limiar de dor) que, segundo se acredita, ativa a liberação de opiáceos endógenos.

Teoria de valência: concha imaginária na qual os elétrons responsáveis pela reatividade química orbitam em torno do núcleo de um átomo.

Terapêutico: que tem propriedades curativas.

Terminações nervosas livres: receptores não capsulados das fibras aferentes primárias de dor e temperatura. Diferentes dos órgãos receptores encapsulados, as terminações nervosas livres não têm cápsula de tecido conjuntivo e parecem ser fibras nervosas nuas. Dentro das suas membranas, contudo, são moléculas receptoras térmicas, mecânicas e químicas.

Termólise: decomposição química causada pelo aquecimento.

Termorreceptores: receptores sensoriais que detectam temperatura.

Termoterapia: aplicação de calor terapêutico a tecidos vivos.

Terra: conexão elétrica que proporciona uma via para que a corrente em fuga retorne com segurança ao solo.

Tesla: unidade de força magnética. 1 tesla = 1.000 gauss.

Tetania: a contração total de um músculo obtida pelo recrutamento e contração de todas as unidades motoras.

Tolerância à dor: quantidade de tempo em que uma pessoa pode suportar a dor.

Transcutâneo: através da pele.

Transdérmico (transdermal): introdução de medicamento nos tecidos subcutâneos sem que haja rompimento da pele.

Transdução: processo de converter um estímulo em potenciais de ação.

Transdutor: dispositivo que converte uma forma de energia em outra.

Transferência: mobilidade assistida do paciente, por exemplo para se mover de uma cadeira de rodas para a cama.

Translação: deslizamento ou escorregamento de superfícies articulares opostas.

Tratamento imediato: usado no atendimento inicial de lesões ortopédicas. O tratamento imediato é composto de quatro componentes: repouso, gelo, compressão e elevação.

Trato de Lissauer: *ver* Fascículo dorsolateral.

Trifosfato de adenosina (ATP): uma importante fonte de energia para o metabolismo intracelular.

Trombina: enzima formada no sangue da área danificada.

Tromboflebite: inflamação das veias.

Trombose: formação ou presença de um coágulo sanguíneo dentro do sistema vascular.

Úlcera dérmica: cicatrização lenta ou a não cicatrização de uma falha na pele.

Úlcera por estase venosa: necrose isquêmica e ulceração do tecido, em especial sobre proeminências ósseas, causada por pressão prolongada. Também chamada de úlcera de decúbito ou escara.

Ultravioleta distante: a porção do espectro da luz localizada entre 180 e 290 nm.

Ultravioleta próximo: a faixa de luz que tem comprimentos de onda entre 290 e 390 nm no espectro eletromagnético. Esta é a porção do espectro ultravioleta que está localizado mais próximo à luz visível.

Unidade motora: grupo de fibras de músculo esquelético que são inervadas por um único nervo motor.

Urticária: reação vascular da pele a um irritante, caracterizada por vermelhidão, áreas com prurido, bolhas ou pápulas; alergia de pele.

Valor pico a pico: a soma do desvio máximo de um pulso acima e abaixo da linha basal.

Valor quadrático médio (RMS): conversão de potência elétrica emitida por uma corrente alternada na potência da corrente direta equivalente, calculada por meio da multiplicação do valor de pico por 0,707.

Vasoconstrição: redução no diâmetro do vaso sanguíneo, que resulta na diminuição do fluxo sanguíneo.

Vasoconstrição por efeito rebote: constrição reflexa dos vasos sanguíneos causada pela exposição prolongada a temperaturas extremas.

Vasodilatação: aumento no diâmetro de um vaso sanguíneo, que resulta em um aumento no fluxo sanguíneo.

Vasodilatação induzida pelo frio: teoria não fundamentada que sugere que a aplicação de frio resulta no aumento líquido do diâmetro de secção transversa dos vasos sanguíneos.

Vasomotores: músculos e nervos associados que agem sobre artérias e veias e causam constrição e/ou dilatação.

Vênula: veia pequena que sai de um capilar.

Via glicolítica: reação química complexa que fornece trifosfato de adenosina (ATP) a partir da glicose.

Visceral: relacionado aos órgãos do corpo.

Viscosidade: resistência de um fluido ao fluxo.

Vitamina D: vitamina necessária para a formação óssea e funções endócrina, intestinal e cerebral normais.

Voltagem: uma medida do potencial para o fluxo de elétrons.

Watt: unidade de potência elétrica. Para uma corrente elétrica: watts = voltagem × amperagem.

Zero absoluto: teoricamente, a temperatura mais baixa possível, equivalente a -273°C. Nesse ponto, cessa todo o movimento atômico e molecular.

Zona de Fresnel: *ver* Campo próximo.

Índice remissivo

A

Água 146
  características físicas 146
Alça polissináptica 38
Analgésicos 47
  opioides 47
Anestésicos locais 47
Anti-inflamatórios não esteroides 47
Aplicação das intervenções 78
  considerações administrativas 78
    documentação médica 84
    locais de atendimento 87
    manual de políticas e procedimentos 90
    manutenção dos produtos 89
    prática baseada em evidências 87
    reembolso por terceiros 86
Atendimento do paciente
  considerações legais 78
    âmbito de prática 78
    autorização para liberação de informações médicas 79
    confidencialidade do paciente 79
    consentimento informado 79
    considerações sobre locais de atendimento seguros 82
    elementos do consentimento informado para tratamento 79
    negligência 80-81
    prescrições médicas 79
    regulamentações de segurança ocupacional e administração da saúde 84
    supervisão da Food and Drug Administration (FDA) 83
Atividades da vida diária 74

Atrofia muscular 29
  retardamento da 29
Axonotmese 118

B

Bandagens compressivas 25
Banho de parafina 154, 156
  banho de imersão 155
  contraindicações 156
  descrição 156
  duração do tratamento 156
  efeitos primários 156
  efeitos sobre o processo de resposta à lesão 155
  faixa de temperatura 156
  indicações 156
  método da bolsa (luva) 155
  precauções 156
  preparo e aplicação 155
Biofeedback 368
  aplicação clínica 374
    instrumentação 374
    manutenção 376
  aplicação de eletrodos 371
  eletrodos de superfície 370
  mensuração *versus* monitoramento 369
  processamento de sinal 372
  tipos 369
Biofeedback eletromiográfico 368, 375
  contraindicações 374-375
  descrição 375
  efeitos sobre o processo de resposta à lesão 370
    efeitos neuromusculares 371
  redução da dor 374

  indicações 375
  mensurações 369
  precauções 375
  processos biofísicos e integração elétrica 370
  tratamento 375
  visão geral da evidência 374
Bolsas frias 136
  contraindicações 136
  descrição 136
  duração do tratamento 136
  efeitos primários 136
  indicações 136
  precauções 136

C

Calor 128
  como entidade física 106
Calorias 106
Campo eletromagnético 205
Células 6
  capacidade de regeneração 6
  de tecido conjuntivo
    tipos e função 12
  estáveis 6
  lábeis 6
  permanentes 6
  tecidos onde se encontram 6
Cicatrização 73
  de fraturas 187
    fases da cicatrização óssea 187
  estágio de inflamação ativa 73
  fase de maturação 74
  fase de proliferação 74
Ciclo dor-espasmo-dor 54

433

434 Índice remissivo

Classificação Internacional de Doenças (CID)
86
Classificação internacional de função 55
Coagulação 17-18
Colágeno 5, 20
Compressão
circunferencial 25
colateral 25
focal 25
para os ligamentos laterais do tornozelo
25
intermitente 315, 319
aplicação clínica 320
configuração e aplicação 320
instrumentação 320
manutenção 322
combinação de estimulação elétrica e
compressão 317
compressão sequencial 315
contraindicações 318-319
descrição 319
duração de tratamento 319
efeitos sobre o processo de resposta à
lesão 316
amplitude de movimento 317
corrente sanguínea 317
dor 318
edema 317
equipamentos 315-316
indicações 319
parâmetros de tratamento 321
precauções 318-319
visão geral da evidência 320
Compressas
frias 133
bolsas de gelo 134, 137
bolsas frias 136
instantâneas 135, 138
reutilizáveis 134, 137
duração do tratamento 139
efeitos sobre o processo de resposta à
lesão 135
preparo e aplicação 137
terapia de compressão a frio 135, 138
úmidas quentes 151, 153
contraindicações 153
descrição 153
duração do tratamento 153
efeitos primários 153
efeitos sobre o processo de resposta à
lesão 152
faixa de temperatura 153
indicações 153
manutenção 152, 154
precauções 153
preparo e aplicação 152
Condução 6, 106, 126
aquecimento da pele e dos tecidos
subcutâneos por condução 126
Condutividade térmica 106
dos tecidos 108
Convecção 106

Conversão 107
Correntes elétricas 398
Crioalongamento 143-144
contraindicações 143
descrição 143
duração do tratamento 143
efeitos primários 143
efeitos sobre o processo de resposta à lesão
144
indicações 143
precauções 143
técnicas 144
Criocinética 121
Crioterapia 109

D

Defesa muscular 14
Dermátomo 36-37
Diatermia 6, 398
por campo capacitivo 207
por micro-ondas 206
por ondas curtas 205, 214, 217
aplicação 207
clínica 214
aquecimento utilizando bolsas capacitivas
209
com tambor de indução duplo 215
comparação com ultrassom térmico 206
configuração e aplicação 214
ajuste paciente/gerador 220
aplicação (configuração geral) 220
inspeção do aparelho de ondas curtas
216
instrumentação 215
manutenção 221
preparação do paciente 216
contraindicações 212, 217
descrição 217
dosagens de tratamento 214
duração do tratamento 218
efeitos biofísicos da aplicação de 209
efeitos não térmicos 209
efeitos térmicos 210
efeitos primários 217
efeitos sobre o processo de resposta à
lesão 211
cicatrização de feridas 212
condução nervosa e controle da dor
211
dinâmica do sangue e dos fluidos 211
elasticidade tecidual 212
inflamação 211
geração de 205
indicações 217
modos de aplicação 208
painel de controle 216
parâmetros de aquecimento típicos 215
parâmetros de dosagem 215
precauções 212, 218
contra metal dentro do campo de
diatermia por ondas curtas 219

resposta dipolar a um campo
eletromagnético 208
tambor de indução 208
visão geral da evidência 213
Discos intervertebrais 335
Documentação médica 84
continuidade do atendimento 84
documentação para reembolso 85
propósito dos registros médicos 84
registro legal 85
tipos de registros médicos 85
tratamento oferecido e progresso do paciente
84
Doença degenerativa discal 336-337
Dor 32
avaliação 47
autorrelato do paciente 48
avaliação clínica subjetiva da dor
48
escala para
com descritores verbais 49
de estimativa numérica 49, 51
de estimativa verbal 51
de dor PROMIS 51
visual analógica 49, 51
medidas 48
questionário de dor de McGill 48, 50
sensibilidade das escalas de dor 52
controle clínico da 46
agentes térmicos 46
controle da dor por estimulação elétrica
47
exercícios 47
medicamentos 47
recursos terapêuticos 46-47
ultrassom terapêutico e diatermia por
ondas curtas 46
crônica 42
dimensões da percepção da 33
fisiologia 32
limiar de 33
padrões de 402
percepção da 33
dimensões 33
influências na 33
psicologia da 32
referida 43-44
teoria do controle da 39
modulação central 41
opiáceos endógenos 41
teoria da comporta para controle da dor
de Melzak e Wall 40
tolerância à 33
características 43
Drenagem venosa 27
efeito da gravidade na 27

E

Edema 22
formação 23
redução 23

Índice remissivo 435

Eletricidade 231
  efeitos no corpo 231
Energia
  eletromagnética 377
  térmica 106
    transferência 106
Entorse 4
Ergômetro de membro superior 74
Espasmo muscular 28, 119, 129, 186, 336
  e pontos-gatilho
    estratégias de tratamento 29
Espectro de luz 398
  eletromagnético 378, 397
    regiões 398
Estenose do forame intervertebral 337
Estimulação elétrica 231, 246
  alterações iônicas 249
  aparelhos de multimodalidades 270
  aplicação
    clínica 269
    monopolar 253
  características de geradores elétricos 244
  circuito corporal 246
  clínica 258
    cicatrização de feridas 264
    consolidação de fratura 266
    controle da dor 263
    controle e redução do edema 264
    corrente sanguínea 263
    estimulação de nível motor 258
    reeducação neuromuscular 262
  conectores de eletrodos 248
  contraindicações e precauções 266, 267
  corrente pulsada de alta voltagem (corrente
    monofásica) 272
    configuração
      dos eletrodos 273
      e aplicação 278
    efeitos sobre o processo de resposta à
      lesão 273
    estimulação neuromuscular 273
    estratégias de tratamento 273-276
    instrumentação 277
    métodos alternativos de aplicação 278
  correntes de 231
    alternadas 231, 233
    atributos de pulso 237
    bifásicas 235
    classificação 232
    contínuas 231, 233
    densidade de 251
    medidas da potência 235
    monofásicas 234
    pulsadas 231, 234
  diretrizes básicas para a configuração e
    aplicação 269
  manutenção 271
  preparação
    do gerador 270
    do paciente 271
    dos eletrodos 270
  término do tratamento 271

eletrodos 248, 251
  colocação 251
  tamanho 250
esquema dos efeitos 258
estimulação
  elétrica nervosa transcutânea 279-280
    aplicação de eletrodos 283-284
    configuração e aplicação 283
    efeitos sobre o processo de resposta à
      lesão 279
    formas alternativas de aplicação 285
    instrumentação 283
    protocolo para diversos métodos de
      aplicação 281
  elétrica neuromuscular 285-286
    aplicação do eletrodo 288
    configuração e aplicação 288
    efeitos sobre o processo de resposta à
      lesão 287
    instrumentação 288
  elétrica por microcorrente 300-301
    aplicação do eletrodo 302
    configuração e aplicação 303
    efeitos biofísicos 301
    instrumentação 302
  galvânica 257
  interferencial 289-290
    aplicação do eletrodo 292
    configuração e aplicação 294
    efeitos sobre o processo de resposta à
      lesão 289
    estimulação "russa" 293
    estratégias de tratamento 292
    instrumentação 294
  seletiva de nervos 255
faixas de frequência de pulso comumente
  empregadas 261
fluxo da corrente elétrica terapêutica 247
galvanismo médico 257
interferência nos sistemas nervosos central e
  periférico 256
iontoforese 295
  aplicação do eletrodo 298
  configuração e aplicação 299
  dosagem de medicamento 297
  efeitos biofísicos 298
  instrumentação 299
  mecanismos 295
  medicamentos 297
lei
  de Coulomb 241
  de Dubois Reymond 255
  de Ohm 240
medidas de fluxo de corrente elétrica 240
  carga elétrica 240
  impedância 242
  potência 242
métodos de redução de resistência pele-
  eletrodo 250
movimento de correntes elétricas através do
  corpo 254
pontos de estimulação 251, 253

técnicas 246
  bipolar 252
  monopolar 252
  quadripolar 252
terminologia elétrica 241
tipos de circuito 243
usos terapêuticos de correntes elétricas 246
visão geral da evidência 268
Estiramento 4
Estratégias de intervenção 54
  abordagem de solução de problemas 54, 58
  classificação internacional de função 55
  componentes da abordagem de solução de
    problemas 61
  desenvolvimento e aplicação 54
  exame do paciente 61
  incorporação das evidências científicas à
    tomada de decisão
    56
    árvore decisória baseada em evidências
      científicas 58
    busca por evidências usando o banco de
      dados PEDro 59
  influências no atendimento do paciente 75
  mudanças no programa 77
  planejamento do tratamento 76
  resultados da intervenção 55
    medições dos resultados obtidos 56
  tipos de evidências científicas para recursos
    terapêuticos 57
Evaporação 107
Exame do paciente 61
  entrevista com o paciente 64
  estabelecimento de metas 68
    de curto prazo 71-72
    de longo prazo 70, 72
    desenvolvimento de metas escritas 69
    mensuráveis 70
    razões para não alcançar as metas 75
    viáveis 71
  história médica 61, 65
  identificação do problema 64, 67
  instrumentos selecionados usados no exame
    de condições ortopédicas 66
  priorização do problema 67-68
Exsudato
  tipos 24

F

Fagocitose 18
Faixa ionizante 398
Fibras
  de colágeno
    tipos 13
  musculares
    do tipo I 7
    do tipo II 7
  nervosas periféricas, Sistema de classificação
    de Erlanger e Gasser das 36
Fibrinogênio 15
Fibromialgia 28

436 Índice remissivo

Fluidoterapia 157, 159
  contraindicações 159
  descrição 159
  duração do tratamento 159
  efeitos sobre o processo de resposta à lesão 157
  faixa de temperatura 159
  indicações 159
  início do tratamento 158
  instrumentação 158
  manutenção 158
  precauções 159
  preparo do paciente 158
  preparo e aplicação 158
  término do tratamento 158
Fonoforese 188, 203
  medicamentos comumente aplicados via 189
Food and Drug Administration (FDA) 83
  requisitos mínimos de rotulação de equipamentos 83
  supervisão da 83
Fraqueza 29
Fraturas 4
  por estresse 5

G

Gamaglobulinas 15
Gânglios simpáticos 45
Geladura 122
  sinais e sintomas 123
Gradiente de temperatura 105
Granuloma 31

H

Hemorragia 17
  subcutânea 17
Hiperalgesia 34
  mecanismo de 36
  primária 36
  secundária 36
Hiperestesia 34
Hipersensibilidade 28
Hipertensão 123
Hipotensão 123
Homúnculo sensorial 39

I

Imersão com gelo 140, 141
  contraindicações 141
  descrição 141
  duração do tratamento 141
  efeitos primários 141
  efeitos sobre o processo de resposta à lesão 141
  faixa de temperatura 141
  indicações 141
  precauções 141
  preparo e aplicação 142

Impulsos
  aferentes e eferentes 8
  nervosos 11
    propagação 11
Inchaço 22
Induração 31
Inflamação 15, 185
  crônica 31
  estágios após uma lesão 15
  mediadores de 16
Inibição muscular artrogênica 30
Insuficiência venosa 318

L

Lasers terapêuticos 377
  aplicação clínica 385
    configuração e aplicação 385
  características 378
    comprimento de onda e frequência 379
    dosagem de tratamento 381
    parâmetros de saída do laser 378
    potência 381
  dosagem de tratamento com base na patologia 382
  efeitos sobre o processo de resposta à lesão 382
    cicatrização 383
    consolidação de fratura 384
    inflamação e reparação tecidual 383
    redução da dor 383
  "frios" 387
    contraindicações 387
    descrição 387
    duração do tratamento 387
    efeitos primários 387
    indicações 387
    precauções 387
  produção 380
  sistema de classificação 379
  tipos 381
Laserterapia de baixa intensidade 377
  contraindicações e precauções 384
  mecanismo 382
  visão geral da evidência 385
Lei(s)
  de Coulomb 241
  de Dubois Reymond 255
  de Fourier 105
  de Grotthus-Draper 400
  de Ohm 240, 241, 411
  de Starling 22
  de Wolff 5
  do cosseno 399
  do inverso do quadrado 399
  que regem a aplicação das modalidades terapêuticas 399
Lesão(ões) 1
  aguda 4
  consequências possíveis da 21
  discais 335
  planejamento do tratamento 1

  primária 13, 21
  processo de resposta à lesão 3
  respostas fisiológicas e psicológicas do corpo 1
  secundária 13, 21
    prevenção 22
  traumáticas 13
Liberação miofascial 357
Locais de atendimento 87
  área de hidroterapia 88
  área de tratamento 87
  sistemas elétricos 87
Luz ultravioleta 377

M

Macrófagos 19
Massagem
  com gelo
    contraindicações 139
    descrição 139
    duração do tratamento 139
    efeitos
      primários 139
      sobre o ciclo de resposta à lesão 140
    indicações 139
    precauções 139
    preparo e aplicação 140
  terapêutica 352, 366
    aplicação clínica 365
      considerações gerais 367
      massagem tradicional 367
      preparação 365
      término do tratamento 367
    contraindicações 364, 366
    controvérsias no tratamento 365
    descrição 366
    duração do tratamento 366
    efeitos primários 366
    indicações 366
    liberação miofascial 357
      técnicas clínicas 358-360
    massagem para redução de edema 363
    mobilização do tecido mole assistida por instrumento 361
      efeitos sobre o processo de resposta à lesão 362
      estratégias de tratamento 363
    precauções 366
    técnicas 353
    técnicas clínicas 354-356
    técnicas neuromusculares 355
      compressão isquêmica 355
      massagem desportiva 356
    toques de massagem 352
      amassamento 353
      deslizamento 352
      e seu efeito fisiológico 353
      massagem de fricção 353
Medula espinal 45
Mobilização do tecido mole assistida por instrumento 361

Modalidades terapêuticas 397
   propriedades físicas que regem 397
Movimento passivo contínuo 323, 329
   aplicação clínica 328
      configuração e aplicação 328
      iniciação do tratamento 328
      manutenção 330
      preparação para o tratamento 328
      término do tratamento 330
   características dos modelos 324
   contraindicações 327, 329
   descrição 329
   duração do tratamento 329
   efeitos primários 329
   efeitos sobre o processo de resposta à lesão 323
      amplitude de movimento 325
      cicatrização ligamentar 326
      nutrição articular 326
      redução da dor 326
      redução de edema 326
   equipamentos 324
   indicações 329
   precauções 329
   visão geral da evidência 327

N

Necrose 21
Negligência 80-81
   aplicação negligente do tratamento 80
   dos locais de atendimento 82
Nervos
   motores 7
   periféricos 37
      tipos e funções 9
   sensoriais 39
Neurapraxia 118
Neurônios 39
Neuropatia 43
   induzida pelo frio 122
Neurotransmissores comuns e suas funções 10
Núcleos da rafe 42

O

Omissão 80
Ondas de luz 378
Organização laminar de Rexed 38
Osteoblastos 5
Osteoclastos 5

P

Pele 7
   corte transversal 7
Polimorfos 19
Pontos-gatilho 28, 402
   e padrões de dor 402
Pontos motores 409
Posições gravitacionais, pendente e não
      pendente 24

Precauções universais 84
Princípio de Arndt-Schultz 400
Processo de cicatrização 13
   fases 13
      de maturação 13
      de proliferação 13
      inflamatória 14
Processo de resposta à lesão 3, 13
   estresses aplicados aos tecidos 3
      estágio de alarme 4
      estágio de exaustão 4
      estágio de resistência 4
      estresse físico e sua relação com o
         tratamento 5
      estresses benéficos 4
      estresses prejudiciais 4
      nível de estresse físico 4
      relação entre estresse físico e trauma 4
      síndrome de adaptação geral 4
   fase de maturação 21
   fase de proliferação 18
      contração da ferida 20
      remodelação da ferida 20
      revascularização 19
   fases de cicatrização da ferida 14
   resposta inflamatória aguda 14
      sinais cardinais de inflamação 15
   resultados possíveis 19
Propriocepção 119
   prancha de 119
Protrombina 18
Protrusões discais 334

Q

Quimiotaxia 16

R

Radiação 107
Raízes de nervos periféricos e medula espinal 45
Reabilitação domiciliar 77
Recursos terapêuticos 54, 71
   contraindicações médicas 62
   esquema de tomada de decisão para seleção de 73
   tipos de evidências científicas para 57
Recursos terapêuticos frios 109
   contraindicações e precauções 122
   criocinética 121
   crioterapia 109
   efeitos do tratamento imediato 120
   efeitos sobre o processo de resposta à lesão 114
      condução nervosa 116
      dinâmica do sangue e dos líquidos corporais 115
      espasmo muscular 119
      formação e redução do edema 116
      função muscular 120
      inflamação 115

      resposta celular 114
      resposta vascular à aplicação de frio 117
   fatores que influenciam a profundidade,
      a magnitude e a duração dos
      tratamentos com 113
   gelo, compressão e elevação 120
   indicações e contraindicações gerais para os
      tratamentos com agentes frios 110
   lesão relacionada ao frio 121
      geladura 122
      neuropatia induzida pelo frio 122
   magnitude e duração da diminuição na
      temperatura 110
   padrões de temperatura terapêutica 113
   reaquecimento do tecido 112
   representação esquemática dos efeitos da
      aplicação de frio 109
   resfriamento da pele 110
      e tecidos subcutâneos por condução 111
   resfriamento dos tecidos 111
   sensações associadas à aplicação de frio 114
   visão geral das evidências científicas 124
Recursos terapêuticos quentes 124
   classificação dos agentes de aquecimento 125
   contraindicações e precauções para a
      aplicação de calor 130
   efeitos sobre o processo de resposta à lesão 127
      condução nervosa 129
      dinâmica do sangue e dos líquidos corpóreos 128
      efeito na inflamação 128
      formação e redução do edema 129
      resposta celular 128
   elasticidade dos tecidos 130
   espasmo e função muscular 129
   exercício como agente de aquecimento 130
   indicações e contraindicações gerais para os
      tratamentos com calor 126
   magnitude e duração do aumento de
      temperatura 126
   padrões de temperatura terapêutica 127
   reaquecimento do tecido 127
   representação esquemática dos efeitos locais
      da aplicação de calor 125
   visão geral das evidências 130
Recursos terapêuticos térmicos 105, 133
   aplicação clínica 133
      banho de parafina 154
      compressas frias 133
      compressas úmidas quentes 151
      crioalongamento 143
      fluidoterapia 157
      imersão com gelo 140
      massagem com gelo 139
      terapia de contraste 159
      turbilhões 145
   contraste e comparação da aplicação de calor
      e de frio 131
   decisão quanto ao uso de calor ou de frio 132

438 Índice remissivo

Reflexo de retirada 38
Regeneração 19
Reparo 19
Responsabilidade vicária 80
Retorno à função após a lesão 64
Retorno venoso ou linfático 26

S

Sensação somática 43
Sinapses
  elétricas 8
  químicas 8
Síndromes dolorosas comuns 42
  dor crônica 42
  dor referida 43
  raízes de nervos periféricos e medula espinal
    45
  síndrome da dor miofascial 45
  síndrome da dor simpaticamente mantida
    45
Sistema somatossensorial 34
  centros superiores 39
  mecanorreceptores 35
  neurônios de primeira ordem 36
  neurônios de segunda ordem 38
  receptores sensoriais especializados 34
  receptores somatossensoriais superficiais 35
Solução de problemas, abordagem de 54
Substância amorfa fundamental 12

T

Tecido(s)
  elasticidade dos 130
  moles 6-8
    músculo 6
    músculo esquelético 8
    tecido adiposo 6, 108
    tecido conjuntivo 12
    tecido nervoso 8
    tecidos epiteliais 6
    tipos 6
  tecidos-alvo 6
Temperatura tecidual 128
Teoria
  da comporta para controle da dor de Melzak
    e Wall 40
  interação de aferentes de diâmetro
    pequeno e diâmetro largo 40
  mecanismo ascendente 40
  modulação descendente da dor 41
  do controle da dor 39
Terapia de contraste 159, 161
  contraindicações 161
  descrição 161
  duração do tratamento 161
  efeitos primários 161
  efeitos sobre o processo de resposta à lesão
    160
  faixa de temperatura 161
  indicações 161

precauções 161
preparo e aplicação 160
técnica com bolsa quente/fria 160
técnica de imersão 160
Termoterapia 125
Tração 331
  ângulo 333
    frontal 333
    sagital 333
  cervical 332, 338, 342
    aplicação clínica 341
      configuração e aplicação 343
      instrumentação 341
      manutenção 344
    contraindicações 340, 342
    descrição 342
    duração do tratamento 342
    efeitos primários 342
    efeitos sobre o processo de resposta à
      lesão 340
      dor 340
      espasmo muscular 340
    indicações 342
    parâmetros de tratamento 338
    posição do paciente 339
    precauções 342
    visão geral da evidência 341
  cervical e lombar 331, 334
    usos gerais 334
      doença degenerativa discal e
        compressão da raiz nervosa 336
      espasmo muscular 336
      patologia articular facetária 336
      protrusões discais 334
  diretrizes para o tratamento de diversas
    patologias com 335
  efeitos gerais 334
  lombar 344, 350
    aplicação clínica 349
      configuração e aplicação 349
      instrumentação 349
      manutenção 351
    contraindicações 347, 350
    controvérsias no tratamento 348
    descrição 350
    duração do tratamento 350
    efeitos primários 350
    efeitos sobre o processo de resposta à
      lesão 347
      dor associada à degeneração discal 347
      espasmo muscular 347
    indicações 350
    métodos de autotração 346
    parâmetros do tratamento 345
      posição do paciente e ângulo de tração
        345
      tensão 345
    precauções 350
  princípios 331
  técnicas de tração posicional 332
  tensão 333
  tipos 331-332

Transferência de calor 399
Tratos do sistema nervoso 39
Turbilhões 145, 149
  contraindicações 149
  descrição 149
  duração do tratamento 150
  efeitos físicos da imersão na água 146
  efeitos primários 149
  efeitos sobre o processo de resposta à lesão
    147
    amplitude de movimento 147
    controle da dor 147
    fluxo sanguíneo 147
    formação e redução do edema 147
    limpeza de feridas 148
  faixa de temperatura 149
  indicações 149
  precauções 149
  preparo e aplicação 148
  tanques de Hubbard 148
  turbina do turbilhão 145

U

Ultrassom terapêutico 171, 193, 201
  aplicação clínica 193
  aplicação de fonoforese 203
  áreas de tratamento 193-194
  cicatrização de fraturas 187
  ciclo de trabalho do ultrassom 179
  comparação entre a aplicação de ultrassom
    térmico de 1 e de 3 MHz 176
  configuração e aplicação 200
  contraindicações 190, 201
  de ondas longas 191
  descrição 201
  duração do tratamento 202
  e estimulação elétrica 199
  efeitos biofísicos da aplicação de ultrassom
    180
    diagrama esquemático 181
    efeitos atérmicos 181
    efeitos térmicos 183
  efeitos primários 201
  efeitos sobre o processo de resposta à lesão
    185
    cicatrização de feridas 186
    cicatrização de músculo e tendão 186
    condução nervosa e controle da dor 185
    dinâmica do sangue e dos fluidos
      corporais 185
    elasticidade dos tecidos 186
    espasmo muscular 186
    inflamação 185
    resposta celular 185
  emissão do 178
  energia
    acústica 172
    ultrassônica 174
      área de radiação efetiva 176
      ciclo de trabalho 178
      frequência 176

não uniformidade do feixe de ultrassom 178
potência e intensidade 177
profundidade de meio valor 178
relação entre a área de radiação do ultrassom e a quantidade total de energia produzida 177
feixe de ultrassom 175
fonoforese 188
geradores ultrassônicos de crescimento ósseo 182
indicações 201
influências na transmissão de energia 174
início do tratamento 203
instrumentação 200
manutenção 204
métodos de acoplamento 193
  direto 194
  método do balão 196
técnica de imersão 196
ondas
  longitudinais 173
  transversais 174
parâmetros e medidas de emissão (saída) do ultrassom 175
precauções 202
preparação do paciente 202
produção de ultrassom 171
profundidade relativa de penetração do ultrassom 177
pulsado de baixa intensidade 187
seleção dos parâmetros de saída 197
  duração do tratamento 199
  metodologia 197
  tratamentos não térmicos 199
  tratamentos orientados pela dosagem 199
  tratamentos térmicos 198
técnicas clínicas 195
teoria da frequência de ressonância 183
terapia extracorpórea por ondas de choque 188
térmico 206
  comparação com a diatermia por ondas curtas 206
término do tratamento 203
transferência de ultrassom pelos tecidos 180
transmissão de ondas ultrassônicas 171
variedade de cabeçotes de 176
visão geral das evidências científicas 191
Unidades motoras 7

V

Vasodilatação 16, 128
Veias 26
  função das válvulas unidirecionais 26
Viscosidade do sangue 26